BOURDON

ISBN 978-80-905173-7-0

MNICHOV

Krize appeasementu 1938

DAVID FABER

Obsah

Mojí matce, která si pamatuje
české uprchlíky na Birch Grove

Poděkování

V prvé řadě chci poděkovat vlastníkům autorských práv a archivářům v nejrůznějších knihovnách a archivech, kde jsem shromažďoval materiál pro tuto knihu. Patří mezi ně The Royal Archives na hradě Windsor, The National Archives, národní knihovna The British Library (a depozitář novin v Colindale), oxfordská The Bodleian Library, knihovna University of Birmingham, The Churchill Archives Centre, The Parliamentary Archive, knihovna The University of Reading Library, The British Library of Political and Economic Science na The London School of Economics and Political Science, The Borthwick Institute na University of York a The BBC Written Archives v Cavershamu. Dále jsem vděčný lordu a lady Homeovým za jejich pohostinnost na Hirselu během mého výzkumu písemností předešlého lorda Homea.

Jsem též velkým dlužníkem všech pracovníků londýnské knihovny, kde tato kniha vznikala, neboť pro ně nikdy nic nebylo problémem; a také mnoha kolegům čtenářům za jejich slova podpory. Jmenovitě bych chtěl uvést Joachima von Halasze, který měl tu smůlu, že seděl právě tak, abych mu mohl zaťukat na rameno a tázat se na cokoli z místopisu Třetí říše. Byl mi vždy přítomným zdrojem pomoci a informací. Vystupoval jako průvodce německým pravopisem a dohlížel, zda vše píši správně, dále mi kontroloval jména a zásoboval mě fotografiemi. Dokonce velkoryse uspořádal výlet do Mnichova, kde se mu podařilo obstarat přístup do místnosti, v níž byla podepsána Mnichovská dohoda, což značně pobavilo mladého pianistu, který zde zrovna trénoval.

Colin Lee se také velkoryse ochuzoval o svůj čas, když pročítal rukopis, a to nikoli jedenkrát, ale hned dvakrát. V řadě témat mi byl neocenitelným zdrojem pomoci, zejména ohledně politických a parlamentních záležitostí. Také jsem velice vděčný Niallu Murphymu z Radley College, který tuto knihu četl bystrým okem experta na dané období. D. R. Thorpe se po celou dobu důkladně zajímal a naváděl mě k vhodným odkazům, na něž při svém studiu náhodou narazil.

Z nakladatelství Simon & Schuster musím uvést Andrewa Gordona, který to statečně všechno rozpoutal, a mého editora Mika Jonese, jenž mě od té doby podporoval a z jehož rad promlouvaly zkušenosti a vytříbený styl. Rory Scarfe neúnavně pracoval na rukopisu a vydržel můj často náročný přístup k edičním úpravám. Všem jsem jim velice vděčný za důvěru, kterou do mě vložili, stejně tak jako další trojici, která předvedla neobyčejnou trpělivost, když mi pomáhala text dokončit. Byli to můj stylistický editor Hugo de Klee, korektor Martin Bryant a Andy Armitage, který zpracoval rejstřík. Mé díky také směřují k mému agentu Michaeli Sissonsovi z Peters Fraser & Dunlop a k Fioně Petheramové.

V neposlední řadě chci z celého svého srdce poděkovat své rodině. Moje žena musela opět zakusit, že jsem se choval téměř posedle – v tomto případě pěkně odpornými postavami. Kdybych ji neměl po svém boku, nikdy by tato kniha nevznikla. Dcery mi byly, navzdory svému věku, zdrojem trvalé podpory a bylo mi potěšením, že jsem mohl se synem diskutovat nad postupem prací na textu či příběhu, který kniha zachycuje. Jen doufám, že se mu alespoň trochu hodily v přípravách na maturitní zkoušku z dějepisu! Nakonec chci poděkovat své matce, která tu dobu zažila a řadu z hlavních postav potkala. Po celý můj život mi byla vzpruhou bez jakýchkoli pochybností, ať jsem dělal cokoli, i když nesouhlasila. Bez nezměrné podpory, kterou mě zahrnula moje matka a zesnulý otec, bych tak daleko nikdy nedospěl. Knihu proto věnuji jí.

Prolog

Letiště Heston

ADVOKÁT: *Pane Chamberlaine. Jste obviněn, že oné noci 30. září v roce 1938 jste se nemístně ukázal ve vašem okně na Downing Street 10 a oděn pouhým cárem papíru jste vykřikoval: „Čestný mír. Čestný mír." Cítíte se vinen, nebo nevinen?*
CHAMBERLAIN: *Nejsem si jistý.*

Alan Bennett, *Forty Years On*, 1969

V pátek 30. září 1938 bylo jasno, svítilo slunce, prostě pozdně letní den. Během odpoledne se na Hestonském letišti západně od Londýna shromažďovaly obrovské davy. Spoustu z nich sem přilákaly zprávy v ranních novinách. Ministerský předseda Neville Chamberlain se triumfálně vrátil ze setkání s německým kancléřem a führerem Adolfem Hitlerem v Mnichově. „MÍR!" hlásal třípalcový titulek Beaverbrookových *Daily Express*, vysázený největšími písmeny, jaká se kdy objevila na titulní stránce britských novin.[1] „Žádný dobyvatel se nikdy nevrátil z vítězného bojiště," rozplývaly se *The Times*, „ověnčen vznešenějšími vavříny."[2] Zvláštní vydání *Evening News*, otitulkované „Londýn jde na Heston", obsahovalo informace, jak se nejlépe dostat na letiště – zda autem, autobusem nebo vlakem. Bylo posíleno autobusové spojení na hlavních linkách ze středu Londýna do nedalekého Cranfordu a na stanici metra Hounslow – západ povoláni další zaměstnanci, aby nasměrovali masy lidí přijíždějící linkami District a Piccadilly Lines.[3]
Letiště v Hestonu bylo devět mil západně od Londýna a zahájilo činnost v roce 1929 jako soukromý letecký klub. Do června 1936 šlo o hlavní terminál denních letů British Airways, které se poté přemístily na nově zmodernizované letiště Gatwick. Nicméně problémy se vzletovou dráhou rozbahněnou kvůli zaplavování a výskyt mlhy v Croydonu, kde našly British Airways dočasné útočiště, vedly aerolinie

v květnu 1938 k návratu na Heston. Letecká doprava tehdy byla ještě poměrně nedostupným luxusem, který si mohla dovolit jen hrstka, a Heston se nacházel v klidném vesnickém prostředí mimo stále rostoucí předměstí.[4] S přibývajícími odpoledními hodinami provoz na Great West Road houstl, a to takovým způsobem, že se příjezdové silnice k letišti v obou směrech ucpaly. Mnoho diváků, lačných nezmeškat okamžik Chamberlainova návratu, tak prostě zanechalo auto vedle silnice a poslední kus cesty se vydalo pěšky.

Do 17.00 hodin byly na příjezdových cestách namačkány tisíce diváků nalepených na plot kolem letiště. Policisté tak byli přinuceni silnice v blízkosti letiště uzavřít a komukoli dalšímu bez oficiálního povolení znemožnit přístup. Spousta lidí už nicméně po několik hodin šťastně čekala uvnitř. Hned za branou letiště bylo 120 školáků z blízké Eton College, kterým se „z vlastní iniciativy podařilo získat povolení", a zde podél aleje vedoucí k hlavnímu terminálu utvořili improvizovanou čestnou stráž.[5] Další vylezli na střechy letištních budov, nebo se mačkali za bariérami sestávajícími z lan a fošen, které značily přistávací prostor. Přímo na letištní dráze se nakupil impozantní hlouček významných osobností, jemuž vévodil lord komoří, hrabě z Clarendonu, který zde reprezentoval krále a přijel zavčas. Vedle něj byl primátor Londýna, sir Harry Twyford, a dále různí členové kabinetu, vysocí komisaři všech dominií a velvyslanci Francie a Itálie s německým chargé d'affaires.

Jen ministr zahraničí, hrabě z Halifaxu, chyběl. Spolu s manželkou ho vyzvedl doma na Eaton Square stálý náměstek ministra zahraničních věcí, sir Alexander Cadogan, a jen s námahou se prodírali hustou dopravou. Když se přiblížili k Hestonu, jasné počasí se změnilo v tak prudký liják, že v jednu chvíli musel Cadogan sjet ze silnice, protože téměř neviděl přes přední sklo. Čtvrt míle před Hestonem, již v doslechu motorů letadla, Cadogan zrychlil a razil si cestu mezi davy kolem brány, zatímco ministr zahraničí mával svým policejním pasem na nešťastného strážníka, který byl zrovna ve službě. V 17.38 zaslechly rachot leteckých motorů i shromážděné davy, promoklé náhlou průtrží mračen, a o pár okamžiků později už byla proti hustým šedivým mračnům rozeznatelná silueta stříbrného letadla.

Šlo o poslední přírůstek letky British Airways, Super-Lockheed 14, s volacími znaky AFG-N, který byl z USA dodán začátkem září. Před čtrnácti dny letadlo během prvního letu vytvořilo nový vzdálenostní rekord, když do Stockholmu a zpátky zalétlo jen za něco málo přes deset hodin. Jen před pár dny letěl na jeho palubě Chamberlain na svoji druhou cestu do Německa, bylo to podruhé, co kdy letěl – do Bad Godesbergu na Rýně přes Kolín. Jak tehdy později popsal svůj návrat členům kabinetu,

> to ráno si při přeletu Temže představil německý bombardér letící stejným směrem. A ptal se sám sebe, jakou ochranu můžeme nabídnout těm tisícům domů, které se pod ním rozprostíraly, a pocítil, že nejsme v pozici, která by opravňovala k tomu, abychom ze dne na den vedli válku, jež má zabránit válce budoucí.[6]

Právě když Cadogan zastavil vedle dalších aut zaparkovaných na letišti, letadlo s ministerským předsedou přistálo, následované identickým strojem, na jehož palubě se nacházeli doprovodní úředníci. Obě letadla rolovala k čekajícím davům složeným z hodnostářů, zástupců tisku a široké veřejnosti. Nejspíše kvůli zmíněnému lijáku pilot přejel hlavní terminál a zastavil až u nedalekého hangáru, takže členové uvítacího výboru museli napůl běžet, aby stihli být zavčas namístě. Ve chvíli, kdy se dveře letadla otevřely a v nich se objevil Chamberlain, davy vyrazily kupředu. Byla to dlouhá cesta, přesto vypadal dost čile a mával svým kloboukem na shromážděné jásající zástupy.[7] „Mám to!" zakřičel na Halifaxe. „Mám to!"[8] Na konci schodků z letadla na něj čekal lord z Clarendonu, který mu předal dopis. „Od krále, od krále." Davem to vzrušeně zašumělo. Jako další jej uvítal lord Halifax, který před ním smeknul a potřásl si s ním rukou.[9]

Dvojici ihned obestoupili čekající novináři s připravenými kamerami a mikrofony, aby jim neuniklo ani slovo. BBC, jejíž zpravodajství zajišťoval televizní reportér Richard Dimbleby, přerušila své vysílání, aby mohla Chamberlainovu řeč okamžitě živě přinášet, kdežto kamery ji nahrávaly pro pozdější večerní vysílání v rámci filmových týdeníků či zpráv. Chamberlain se na chvíli odmlčel a poté davy oslovil. „Chtěl bych vám sdělit jen dvě věci," začal.

> Především jsem v těchto napjatých dnech obdržel ohromnou spoustu dopisů – a stejně tak má žena – dopisů podpory, souhlasu a vděčnosti; neumím vám sdělit, jak veliká to pro mě byla podpora. Chci britskému lidu poděkovat za to, co pro mě udělal. Dále chci říci, že urovnání československého problému, jak jej bylo dosaženo, je pro mne jenom začátkem rozsáhlejší dohody, v níž by mohla Evropa nalézt mír.

Zde se znovu odmlčel. Pomalu vytáhl list papíru ze své náprsní kapsy, opatrně ho rozložil a zvedl, aby ho mohly shromážděné davy vidět. „Dnes ráno jsem měl další jednání s německým kancléřem, panem Hitlerem," pokračoval, „a zde je papír, který nese jeho jméno stejně tak jako moje. Někteří z vás již možná ví, co obsahuje, nicméně stejně bych vám to rád přečetl."[10]

My, německý vůdce a kancléř a britský ministerský předseda, jsme se dnes opět setkali a shodli se, že otázka anglo-německých vztahů je prvořadou záležitostí našich dvou zemí a celé Evropy.

Považujeme dohodu podepsanou minulou noc stejně jako anglo--německou námořní smlouvu za symbol touhy našich národů již nikdy nejít proti sobě do války.

Po těchto slovech byl zbytek jeho pečlivě připravené řeči přehlušen jásotem a hlasitým přednesem „Jaký to báječný chlapík" a následné vlastenecké písně „Vládni, Británie!"[11]

Králův rukou psaný dopis Chamberlaina zval, aby ho okamžitě navštívil.

Můj drahý ministerský předsedo,

posílám Vám tento dopis prostřednictvím Našeho lorda komořího s prosbou, zda byste mohl rovnou přijít do Buckinghamského paláce, abychom Vám mohli osobně co nejsrdečněji poblahopřát k úspěchu Vaší mnichovské návštěvy. Mezitím berte tento dopis jako vyjádření nejvřelejších pozdravů tomu, kdo si svou trpělivostí a odhodláním zajistil trvalou vděčnost svých krajanů v celém impériu.

S pozdravem a vděčností, Jiří RI [král a císař][12]

Jakmile v autě spolu s Halifaxem opustili letiště, sesypaly se na ně čekající davy; cestu tak byla nucena uvolnit jízdní policie. Žáci z etonské školy mu provolávali slávu, stovky dětí mávaly vlajkou Velké Británie a ženy otevřeným okýnkem házely květiny. Devítimílová cesta do Londýna tak trvala hodinu a půl. Jak si Chamberlain později vzpomněl, silnice „byly z jednoho konce na druhý obklopeny lidmi všech společenských vrstev, kteří do ochraptění křičeli, vyskakovali na jedoucí auto, bušili na skla a cpali své ruce do auta, aby si s ním mohli potřást."[13]

Stejně jako na Hestonském letišti tomu bylo před Buckinghamským palácem, kde se po většinu odpoledne shromažďovaly davy lidí. „Netečné k lijáku," uvedly The Times, „zde stály hustě namačkány zástupy šťastných lidí a jejich srdce byla plná úlevy a hluboké vděčnosti, poněvadž jejich obrovské starosti tento muž rozptýlil." Setmělo se a bylo cítit, jak očekávání vzrostlo. V 18.15 přijela z Downing Street paní Annie Chamberlainová. Během pravidelné ranní procházky ji vítal početný dav. Pro několik žen to bylo natolik emočně vyčerpávající, že omdlely. Jakmile ustal déšť, objevila se nad Buckinghamským palácem duha, „což někteří brali jako znamení". O hodinu a půl později se konečně Chamberlainovo auto objevilo na dohled. Řidiči troubili a natlačení lidé spěchali, aby mohli zaplnit místo u bran paláce, takže pro auto zůstala volná jen uzounká cestička. V okamžiku, kdy ministerský předseda zmizel v útrobách paláce, začal dav skandovat: „My chceme Chamberlaina! My chceme Nevilla."[14]

Těsně před 19.00 se před hlasitě křičícím a deštěm zmáčeným davem otevřely obrovité dvoukřídlé dveře na balkón Buckinghamského paláce. Jako první vstoupil král s královnou následovaný ministerským předsedou a jeho manželkou. Po několik minut tam tato čtveřice stála a mávajíc na dav se zřetelně usmívala. Celou dobu byla osvětlena fialovým paprskem mohutného reflektoru umístěného na požárním voze před palácem. Z davu se ozvala směsice melodií. Zazněly „Jací jsou báječní lidé", „Vládni, Británie!" a národní hymna. Král pobídl Chamberlaina, aby vykročil dopředu, a ten se tak na dvě minuty ocitl samotný v centru pozornosti záře světlometů a obdivu davu.[15] Byl to, napsal král svojí matce královně Marii, „úžasný den. Ministerský předseda měl radost z takového výsledku své mise stejně jako my všichni, a když sem přišel, následovaly mohutné ovace."[16]

Když Chamberlain opustil palác, navalily se na jeho auto opět zástupy lidí, takže ulicí Mall projížděl značně pomalu a u Whitehallu na něj opět po několik hodin čekaly početné davy. Navzdory dešti panovala karnevalová atmosféra. Prodejci vlajek a suvenýrů na ulici čile obchodovali a do toho pouliční prodejci novin vyvolávali: „Státní hrdina číslo jedna!" Tisícový dav byl sice netrpělivý, ale dobře nalaďený a čekání si zkracoval zpěvem oblíbených písní, jako jsou „Ó Bože, spáso zašlých dob" a „Pryč se starostmi". Ke každému autu, které přijelo ke známým dveřím, se nahrnuli lidé, což se nevyhnulo ani třem velkým dodávkám plným květin. A pak se konečně do Downing

Street došouralo i auto s Chamberlainem. V té době už byli lidé natolik namačkáni a ulice naprosto neprůjezdná, že cestu očekávanému vozu musela uvolňovat jízdní policie s megafony, jejíž dva příslušníci se vezli na stupátku. Před vchodem do domu číslo 10 Chamberlain stěží otevřel dveře auta, aby se mohl dostat ven. Ženy mu v slzách děkovaly: „Díky vám, díky vám." Do dveří Downing Street se také snažili dostat členové kabinetu, promíchali se však přitom s čekajícími lidmi. Nakonec se Chamberlainovi podařilo davem protáhnout a ocitl se v relativním útočišti svého domu.[17]

Přesto i zde byla vstupní hala přeplněná lidmi. Zatímco se Chamberlain ubíral po schodech k oknu v prvním patře, jeho soukromý tajemník, lord Dunglass, zaslechl, jak někdo volá. „Neville, běž nahoru k oknu a řekni ‚Mír pro naši dobu'." Chamberlain se otočil a naštvaně odsekl: „Ne, takové věci já nedělám." Cestou po schodech, které byly natěsnané dalšími lidmi, však změnil názor.[18] Měl na paměti Disraeliho slavné poznámky, které také pronesl po návratu do Downing Street v červenci roku 1878 poté, co na Berlínském kongresu uzavřel mír. V 19.27 Chamberlain z otevřeného okna Downing Street zamával davům. „Projev! Projev!" křičel dav. Chamberlain zvednul ruku a gestem naznačil, aby se lidé utišili.

Drazí přátelé, je to podruhé v naší historii, kdy se britský ministerský předseda vrátil z Německa s čestným mírem. Věřím, že se jedná o mír pro naši dobu. Z celého svého srdce vám děkujeme.

Na to dav souhlasně zaburácel. Chamberlain se odmlčel a naposledy se obrátil k davu. A slovy: „Jděte domů a bez obav se dobře vyspěte," výstup zakončil.[19]

1

Hitler cítí příležitost

Otázka Německa se má takto: kde by mohlo získat co nejvíce za co nejnižší cenu...
Německý problém byl vždy řešitelný jedině silou, což se nikdy neobešlo bez rizika, které
s tím bylo spojeno... Jeho nezvratným rozhodnutím bylo vyřešit problém německého
prostoru nejpozději v letech 1943 až 1945. Napadení Čech se mělo odehrát „rychlostí
blesku" již někdy v roce 1938.

Adolf Hitler, říšské kancléřství, 5. listopadu 1937

Například v Anglii má až příliš lidí naprosto scestnou představu, o co vlastně nacionálně
socialistický režim skutečně usiluje. V opačném případě by tolik lidí nezdůrazňovalo
nacistickou diktaturu, a naopak by se soustředilo na ten úžasný společenský experiment,
který se v Německu právě odehrává.

sir Nevile Henderson na večeři Německo-anglické společnosti, 1. června 1937

Trochu jsme se bavili o führerovi; o jeho vlastnostech, uměleckém nadání, o jeho
ohleduplnosti a nakolik je romantik. Bylo to velmi veselé a žertovné.

lord Halifax, Berlín, 17. listopadu 1937

Pátek 5. listopadu 1937 byl v Berlíně typicky chladný a pošmourný,
brzce zimní den. Bylo to paradoxní a neobvyklé, ale Adolf Hitler se
nacházel ve městě. Jak si to léto postěžoval svému ministru zahraničí
André François-Poncet, francouzský velvyslanec a zkušený zahraniční
diplomat, Hitler „se stále méně a méně věnoval veřejným záležitos-
tem." Namísto toho upřednostňoval „pobyt doma v Obersalzbergu
a mnohem méně času trávil v hlavním městě." Se značnou radostí
přenechával klíčové oblasti domácí politiky těm, „kdo si je pro sebe
uchvátili", zatímco on sám „se, nakolik to jen šlo, zabýval zahraniční
politikou [a] zejména novými a grandiózními projekty a jeho předsta-

vivost na prvním místě zvláště poutalo zvelebení Berlína".[1] Ten den se zdálo, že klid panující nad městskou částí zvanou *„Diplomatstrasse"* nemůže nic narušit.

V poledne ministr propagandy, Dr. Joseph Goebbels, jako obvykle učinil krátkou procházku po Wilhelmstrasse z budovy ministerstva do říšského kancléřství, kde obědvával s Hitlerem, a poté se zase vrátil zpět do práce, aby se mohl věnovat širokému spektru témat, jež prodiskutovali. V posledních týdnech si Goebbels všiml, že se Hitlerova pozornost obrací k Československu, nicméně se při obědě shodli, že Německo zatím není v takové pozici, aby si mohlo dovolit něco podniknout, ačkoli Češi v té době čelili tlaku ze všech stran. Taktéž dořešili místo pro Hjalmara Schachta, ministra hospodářství, jehož dlouhodobé neshody s Hitlerem nakonec vedly k jeho vynucené rezignaci. Jako poslední si Goebbels poznamenal, že dnes odpoledne bude mít führer „jednání s generálním štábem".[2]

A tak, zatímco se stmívalo, se v říšském kancléřství postupně scházeli náčelníci armády, námořnictva a letectva společně s ministrem války a všichni si mysleli, že se jedná o běžné setkání. V posledních týdnech vyjádřil vrchní velitel námořnictva, admirál Erich Raeder, rostoucí znepokojení, že dodávky surové oceli pro ozbrojené síly jsou z jeho pohledu nespravedlivě rozdělovány, a to ve prospěch Luftwaffe na úkor námořnictva. S touto záležitostí se Raeder naléhavě obrátil na ministra války, polního maršála Wernera von Blomberga, a argumentoval, že tolik potřebná námořní expanze je takto nastavenými dodávkami vážně ohrožena. Blomberg obratem požádal Hitlera, aby svolal schůzku, kde by tyto neshody mohly být vyřešeny, a poté, co Hitler zdráhavě souhlasil, to byl právě Blomberg, kdo pozvání těmto třem náčelníkům zaslal. Jakmile se Raeder objevil, nápadně přátelsky naladěný Göring si ho vzal stranou a ujistil ho, že celou záležitost již toto odpoledne prodiskutovali s Hitlerem. Naopak hlavním účelem této schůzky mělo být urychlené vyzbrojování a zejména „zatlačit na [vrchního velitele armády] generála Wernera svobodného pána von Fritsche, protože [Hitler] nebyl s průběhem opětovného vyzbrojování spokojen."

Nikdo však nechápal, proč byl pozván také ministr zahraničí, Konstantin svobodný pán von Neurath, což, jak se zdálo, nevěděl ani on sám. Göring později tvrdil, že Hitler mu to vysvětlil slovy, že „nechtěl, aby celá záležitost vypadala příliš vojensky," a doufal, že Neurathova přítomnost zejména Fritschovi jasně ukáže, jaký význam má opětovné vyzbrojení pro „zahraničněpolitickou situaci".[3] Pravděpodobnější však je, že Hitler věděl, že ministr zahraničí absolutně nebude souhlasit s obsahem jeho řeči, a že tedy setkání bude ideální příležitostí k tomu, aby Neurath dostal jasné varování. Setkání začalo v 16.15. Posledním účastníkem byl plukovník Friedrich Hossbach, vyšší pobočník v Hitlerově štábu, který u stolu v Hitlerově pracovně zaujal místo naproti svému šéfovi. Již záhy bylo všem přítomným jasné, že toto shromáždění rozhodně běžné nebude. To, co zde bude prodiskutováno, začal führer, je tak závažné, že v jakémkoli jiném státu by se kvůli tomu musela sejít celá vláda, ale on tuto ideu předem zamítl s ohledem na vážnost záležitosti a z důvodu nezbytného utajení. Obsahem jeho řeči, pronesl slavnostně, „jsou plody důkladné rozvahy a zkušenosti z jeho čtyřapůlleté vlády". V případě jeho smrti se má s tím, co zazní, nakládat jako s jeho poslední vůlí a závětí, jako s jeho „testamentarische Hinterlassenschaft".[4]

Všichni kolem stolu zalapali po dechu, oči upřené na Hitlera – „dokonce i Göring byl napjatý". Hossbach, kterému došlo, že následující slova budou jistě důležitá, rychle vytáhl svůj zápisník a začal si psát poznámky.[5] Mladý pobočník byl blízkým důvěrníkem a ctitelem generála Ludwiga Becka, náčelníka generálního štábu, který mezi pozvanými nebyl. Hossbach však již znal Beckův rezervovaný pohled na Hitlerovu zahraniční politiku a zvláště pak jeho strach, že případná německá vojenská akce by měla za následek rozpoutání války, kterou podle Beckova úsudku muselo Německo nutně prohrát. Poznámky z takových okázalých prohlášení, která právě tady zněla, ho tedy musely enormně zajímat.

Rychle se ukázalo, že Hitler zde chce vyložit něco, s čím už byl jeho kruh vyvolených seznámen. 24. června vydal Blomberg „přísně tajnou" směrnici adresovanou trojici vrchních velitelů. V oběhu byly jen čtyři kopie a příjemcům bylo okamžitě jasné, že za tím stojí Hitler. Blomberg na začátek uvedl, že teoreticky Německu z žádné strany nehrozí náhlý útok.

> Přesto politicky proměnlivá situace ve světě, která nevylučuje překvapivé incidenty, si vyžaduje neustálou připravenost na válku ze strany německých ozbrojených sil…, aby bylo možno vojensky využít příznivých podmínek, pokud vyvstanou. Tuto skutečnost musíme mít na mysli při přípravě ozbrojených sil pro možnou válku v mobilizačním období 1937–38.

K tomu je nutno přičíst, že existují dvě odlišné možnosti války a k oběma už jsou dobře rozpracované plány. V prvním případě jde o válku na dvou frontách, kde by hlavním dějištěm byla západní fronta, k čemuž by asi došlo, pokud by náhlý útok provedla Francie. Plán je označen *Fall Rot* neboli „Případ červená". Druhou možností by mohla být taktéž válka na dvou frontách, ale hlavní bojiště by bylo na jihovýchodě a označení zní *Fall Grün* či „Případ zelená". Přirozeně by tato situace byla mnohem agresivnější.

> Válka na východě by mohla začít překvapivou německou operací proti Československu, aby se zabránilo hrozícímu útoku kvalitnější nepřátelské koalice. Pro ospravedlnění celé akce z hlediska mezinárodního práva je nutné *předem* vytvořit podmínky.

Československo mělo být „hned ze začátku zneškodněno" a okupováno. Dále měla být zohledněna řada dalších scénářů se „zvláštními případy", jako byl například „plán Otto", který by zahrnoval vojenskou intervenci do Rakouska, pokud by se Otto Habsburský pokusil o obnovení monarchie.

> Za využití politické nejednotnosti rakouského národa se s tímto cílem uskuteční pochod na Vídeň a jakýkoliv odpor bude zlomen.[6]

A tak Hitler začal 5. listopadu v říšském kancléřství číst připravený text, což pro něj bylo neobvyklé, a více rozvíjet toto téma.

> Cílem německé politiky je zabezpečit a zachovat rasové společenství [*Volksmasse*] a dále jej zvětšit. Proto jde o otázku životního prostoru [*Lebensraum*].
> Německé rasové společenství tvoří přes 85 milionů lidí a vzhledem k jeho velikosti a omezenému místu v Evropě jde o tak natěsnané rasové jádro, které se nevyskytuje nikde jinde v Evropě, z čehož pro německý národ vyplývá právo na větší životní prostor, než je tomu v případě národů okolních. Budoucnost Německa je tedy závislá na řešení potřeby životního prostoru.

Evropské politické klima představuje pro německou rasu dosud největší hrozbu, a to nejen co se týče jejího úpadku v Rakousku a Československu, ale také pokud jde o zachování její prosté existence v samotném

Německu. Pakliže by nedošlo ke zvětšení životního prostoru, „dostaví se sterilita a budou následovat poruchy společenského charakteru". Hitler pokračoval návrhem řady možných alternativ, které však vzápětí zavrhnul.

Autarkie či soběstačnost by s ohledem na suroviny byla proveditelná jen omezeně a v případě zásobování potravinami by byla téměř nemožná. Stejně tak by bylo bláhové spoléhat se na to, že německý ekonomický růst bude stále vyšší a že dojde ke zvýšení podílu na světovém obchodu. A to i v případě, že by bylo opět na vzestupu celosvětové znovuvyzbrojení. Jako zdroj životního prostoru, surovin a potravin nemohly posloužit ani vzdálené kolonie, ani ty, na něž mělo Německo oprávněný nárok. Námořní cesty kontrolovala Británie a i sám Hitler koneckonců odmítl principy *„liberalistisch-kapitalistischen"* přístupu, že další prostor nemusí být v Evropě, nýbrž že by tyto potřeby mohly vyřešit kolonie, které Německo drželo před 1. světovou válkou.

Poté, co zamítl tyto alternativy, přešel Hitler ke klíčovému bodu své argumentace.

> Historie všech věků – římské říše i britského císařství – prokázala, že k expanzi může dojít jedině tehdy, pokud je odpor potlačen a přijato riziko; neúspěchy byly nevyhnutelné. V minulých dobách nikdy neexistovalo území, které by nemělo svého pána, a stejně tak je tomu i dnes; útočník vždy vystoupí proti vlastníkovi. Otázka Německa se má takto: kde by mohlo získat nejvíce za nejméně?

Bylo zřejmé, že ví, odkud by vzešel odpor. Německo „musí počítat se dvěma soupeři motivovanými nenávistí, Británií a Francií, kterým je německý velikán ve středu Evropy trnem v oku". Jenomže Británie je ve stavu úpadku a své koloniální panství by mohla ubránit pouze s pomocí druhých. A Francie, přestože je v silnějším postavení, co se týče impéria a vojenské síly, má vnitropolitické problémy, které ji neskutečně oslabují. Tedy:

> Německý problém byl vždy řešitelný jedině silou, což se nikdy neobešlo bez rizika, které se s tím pojí... Pokud člověk přijme jako základ následujícího výkladu možnost uchýlit se k síle s riziky, která to doprovázejí, pak je ještě třeba odpovědět na otázky „kdy" a „jak".[7]

V tomto okamžiku Hitler povstal, prošel se po místnosti a vrátil se ke stolu, kde zůstal rozkročený stát. Nyní rozvíjel tři možné scénáře, kdy by se dalo silou získat nové území. Úvodní argument byl pro něj typický, a sice že „čas není na straně Německa a že je životně důležité jednat nejpozději v letech 1943–5." Poté by již nebylo možné těžit z německého masivního zbrojního programu a z relativní převahy, kterou zatím přináší. Některé zbraně již nebudou tajné, povolaní záložníci budou starší a realitou může být potravinová krize, jež bude následkem nízké úrovně zahraničního obchodu. Stejně tak je nutno počítat s tím, že vedení nacistického hnutí stárne, snižuje se porodnost a může dojít ke snížení životní úrovně – sečteno a podtrženo, vidíme zde velmi reálné vyhlídky možného „faktoru oslabujícího režim". Pokud by byl ještě naživu, „jeho nezvratným rozhodnutím by bylo vyřešit problém německého prostoru nejpozději v letech 1943 až 1945".[8]

Dále existují ještě dva scénáře, které by ho mohly přimět k tomu, aby zasáhl dokonce již dříve. Pokud by byla Francie vážně postižena vnitřními spory, nebo by se zapletla do války s jinou mocností a její armáda by nemohla být nasazena proti Německu, znamenalo by to „čas pro akci proti Čechům".

> Naším prvořadým cílem v případě zapletení do války musí být současné zničení Československa a Rakouska, aby bylo zabráněno nebezpečí bočního vpádu v případě operací na západě… Británie a asi i Francie již tiše Čechy odepsaly a smířily se s faktem, že tato otázka bude v příhodné době vyřešena Německem.

Tuto domněnku učinil s ohledem na očekávatelné problémy Británie v rámci impéria, zejména v Irsku a Indii, a vzhledem k britské neochotě nechat se znovu zaplést do vleklé evropské války. Naopak, vezmeme-li v potaz trvající napětí ve Středomoří kvůli španělské občanské válce, zapojení Francie do války neodehrávající se na domácí půdě, nejspíše po boku Británie a téměř určitě proti Itálii, se „nezadržitelně blížilo". S ohledem na to byl „rozhodnutý této výhody využít, ať se naskytne kdykoli, dokonce i kdyby k tomu mělo dojít již v roce 1938", zatímco „okamžik našeho útoku na Čechy a Rakousko se musí odvíjet od průběhu anglicko-francouzsko-italské války". Na závěr upozornil posluchače, že útok na Československo „musí být proveden ‚rychlostí blesku' [blitzartig schnell]".[9]

V posledních měsících narůstala Hitlerova deziluze z Británie a jeho postoj k ní připomínal odmítnutého ctitele. Sen, že by se s Německem mohly stát spojenci a rozdělit si svět mezi sebe, k němuž ho vedl britsko-italský konflikt v Etiopii, se dočista rozplynul. Bylo jasné, že Británie absolutně nemá v úmyslu se Mussolinimu postavit, jak dříve doufal. Proto dospěl k závěru, že „předstíraná ochota Británie utišit Německo ústupky byla pouhým klamem, jehož cílem bylo vrazit klín mezi Německo a Itálii, a ač bylo nepřátelství k Německu v Britech hluboko zakořeněné, Británie byla na boj příliš slabá".[10] Naopak si stále více cenil italské síly, když po invazi do Etiopie úspěšně vzdorovala jak Británii, tak i Společnosti národů.

Po dvou hodinách ve stoje Hitler svoji řeč zakončil. Nedělal si žádné iluze, jaký šok jeho poznámky vyvolají, a neměl být zklamán. Posluchači byli jako zkamenělí. Jak si Hossbach poznamenal, „ve führerově kanceláři plné zlata a mramoru panovalo absolutní ticho a každý dělal vše pro to, aby s nikým nenavázal oční kontakt".[11] A přestože Hossbach zápisu následné diskuse věnoval mnohem méně místa, je zřejmé, že trvala taktéž dvě hodiny a že „ostrost, s jakou reagovala opozice…, nezůstala bez Hitlerovy reakce, čehož jsem si mohl všimnout z měnícího se výrazu v jeho tváři".[12] Hitlerova zvláštní přesvědčovací moc ho pro jednou nechala na holičkách. Blomberg, Fritsch i Neurath se ozvali s námitkami, i když je záhodno zdůraznit, že to nebylo kvůli tomu, že by je führerova řeč zaskočila. Hitlerovy plány ohledně *Lebensraum* všichni dobře znali a ani řeči o anexi Rakouska a invazi do Československa nebyly ničím novým. Poprvé však od Hitlera slyšeli, a to vyvolalo takový šok, že by Německo k dosažení svých cílů mělo jako první použít síly. Poprvé svým generálům představil jasný plán agrese proti dvěma sousedním státům – akci, k níž byla zatím podle jejich mínění armáda Německa žalostně nepřipravena a která by nevyhnutelně vedla k evropské válce, již by Německo prohrálo.

Jako první promluvili Blomberg a Fritsch. Podle nich bylo zcela nezbytné se válce s Francií a Británií vyhnout, a to za jakýchkoli okolností. Fritsch upozornil na sílu francouzské armády a varoval, že Francie disponuje takovou vojenskou převahou, že může válčit s Itálií na alpské hranici a současně mít v rezervě dostatečnou sílu na to, aby v Porýní mohla zahájit útok proti Německu. Blomberg vyjádřil vážné výhrady k síle německého západního opevnění a naopak vyzvedl parametry českého opevnění na jihovýchodě, „jež by silně zbrzdilo náš útok".

Dokonce i Neurath nakonec sebral odvahu a oponoval, že Hitlerovo přesvědčení, že v blízké době dojde k válce mezi Británií a Francií na jedné straně a Itálií na straně druhé, můžc být neopodstatněné. Nicméně Hitler trval na svém, že „léto 1938 je datem, kdy se to podle něj uskuteční". A na námitky, že Británie s Francií mohou o střední Evropu projevit větší zájem, než předpokládal, jen zopakoval dřívější tvrzení, že „je přesvědčen, že Británie se ničeho účastnit nebude".[13]

Poté, co letmo probrali téma, kvůli němuž byla schůzka svolána, se v 18.30 účastníci rozutekli do studeného berlínského večera. Raeder, který nejspíše do diskuze v říšském kancléřství skoro nezasáhl, později v Norimberku vypovídal, nejspíše kvůli tomu, aby se vyhnul oprátce, že byl „pevně přesvědčen, že smyslem Hitlerova projevu bylo skutečně to, co říkal Göring [totiž urychlit vyzbrojování armády]..., a že celá záležitost není tak vážnou, jak ji vylíčili. Rozhodně jsem neměl pocit, že jsem slyšel něco, co by nějak zásadně měnilo naši zahraniční politiku."[14] Nicméně svědectví ostatních účastníků naznačují něco jiného. Bezprostřednost Hitlerových návrhů Fritsche znepokojila do takové míry, že navrhl zrušení plánové dovolené v Egyptě, kterou si měl ze zdravotních důvodů o několik dní později vzít. Ovšem Hitler ho ujistil, že bezprostřední válka nehrozí. A Neurath později v Norimberku svědčil: „Bylo mi naprosto jasné, že [Hitlerovy] plány byly agresivní povahy. Z Hitlerovy řeči jsem byl naprosto nešťastný, protože podřízla větev pod zahraniční politikou, kterou jsem do té doby prosazoval".

Ve skutečnosti byl Neurath tónem a obsahem Hitlerovy řeči natolik otřesen, že v následujících dnech nejspíše „prodělal několik infarktů".[15] Nazítří mu už ale bylo natolik dobře, že zvládl navštívit Fritsche a náčelníka generálního štábu, generála Becka, kterého již o schůzce informoval Hossbach. Říká se, že projev na generála udělal „děsný" dojem.[16] Značně optimistický byl úmysl „přesvědčit Hitlera, aby změnil své plány". Fritsch měl za úkol, než odjede do Egypta, promluvit si s führerem na plánovaném setkání v Obersalzbergu o způsobilosti vojska provést invazi do Rakouska či Československa. Neurath se měl pokusit o rozhovor na podobné téma, kde by se probraly politické a diplomatické důsledky Hitlerových návrhů.[17]

Fritsch se tedy viděl s Hitlerem 9. listopadu, a ačkoli nemáme žádné zprávy o setkání, můžeme předpokládat, že vrchní velitel zopakoval vojenské argumenty, které již pronesl o několik dní dříve v říšském kancléřství. Stoupající kritika však führera stále větší měrou popouzela, a tak Fritschovy námitky zamítl, aniž by se jimi skutečně zabýval. Když se den poté Hossbach konečně dostal k zápisu protokolu ze setkání, Hitler neoblomně odmítal se na ně, byť jen kraťounce, podívat, i když ho o to jeho pobočník několikrát žádal. A Neurathovy prosby o podobný rozhovor, jakého dosáhl Fritsch, opakovaně zůstávaly oslyšeny. Hitler nekompromisně odmítl ministra zahraničí vyslechnout, a místo toho se na dlouhou dobu stáhl do ústraní, které mu poskytovalo jeho horské útočiště v Berchtesgadenu. Neurath do poloviny ledna zůstal bez možnosti se s ním soukromě setkat.

Jedním z těch, kteří na schůzku v říšském kancléřství nebyli pozvaní, byl admirál Wilhelm Canaris, vedoucí německé vojenské zpravodajské služby, Abwehru. Věděl, že k setkání došlo a že bylo významné, a domníval se, že o celé záležitosti měl být informován. Jenže po šesti dnech se k němu stále nic nedoneslo a nebyl si jistý, zda účastníky zná natolik, aby se jich napřímo zeptal. Poté se 11. listopadu ocitl v kanceláři Becka, kterého si nesmírně vážil a s nímž se nedávno velice spřátelil. Oba dva sice sdíleli vážné obavy, že Německo stojí na prahu války, na kterou je špatně připraveno, ale Canaris jako správný příslušník zpravodajské služby nic neříkal, dokud na něj Beck z čista jasna nevyhrkl: „Hitler vede Německo do záhuby a je nutno ho zastavit, než bude příliš pozdě." Beck právě dočetl Hossbachův protokol a teď ho ukazoval Canarisovi, který jeho význam okamžitě pochopil. „Tvář měl vážnější a vážnější… a jeho výraz Beckovi prozrazoval, že Hitlerovy plány se mu zdají jako čiré bláznovství".

„Hitler rozpoutá válku v tom nejhorším okamžiku, protože celá jeho hypotéza je založena na mylném hodnocení," začal Canaris.

Beck přitakal. „Bude nutné zlomit kouzlo, jímž Hitler okouzlil německý lid."

„To se lehce řekne," namítl Canaris. „Nevěřím, že je nějaká šance, že by došlo k ozbrojené vzpouře anebo k lidovému povstání. Policie je v rukou SS a strana kontroluje propagandu i sdělovací prostředky. Většina lidí stojí za führerem. Jak máme Němcům toužícím po míru vysvětlit, že Hitlerovy plány je přivedou na jatka?"[18]

12. listopadu sepsal Beck své úvahy a ukázal je Blombergovi. Odmítl pesimistický názor, že německé problémy lze řešit jedině silou, a podpořil politiku zastávanou Schachtem a Neurathem, že zvyšovat podíl na světovém obchodě je nesrovnatelně lepší než vojenská expanze.

Zcela bez diskuze je francouzský a britský odpor k jakémukoli rozšíření německého životního prostoru nebo k nárůstu německé moci.

Ale není na místě chápat tuto opozici jako neměnnou... Politika je umění možného. Bylo by proto mnohem lepší nejprve vyčerpat všechny možnosti k dosažení určitého narovnání, zejména co se týče vzájemných mocenských vztahů. Navíc bude taková politika chytřejší, a to i za cenu, že by někdy v budoucnu mohla vést ke střetu.[19]

Byla by to odvážná slova, kdyby se dostala k führerovým uším. Jenomže přelétavý Blomberg již změnil svůj názor na věc; jeho dřívější pochybnosti měly jen krátký život. Touto dobou už mazaně zásoboval Hitlerovými plány nejvyšší patra wehrmachtu, aby se do Vánoc stihla vydat nová direktiva, která by upravovala mobilizační plány na vedení spíše ofenzivní než defenzivní války s Československem. O Beckovy obavy se Blomberg dále nezajímal.

■■■

13. října 1937 přistála na stole prezidenta rady, lorda Halifaxe, ve Whitehallu nablýskaná pozvánka od Erica Parkera, redaktora magazínu *Field*. Doprovodný dopis Halifaxe informoval, že pozvánka na Mezinárodní loveckou výstavu, která se měla zakrátko konat v Berlíně, byla zaslána „na přání prince Loewensteina... z Německého mysliveckého sdružení". Záštitu nad výstavou měl převzít sám Reichsjägermeister, říšský lovčí, Hermann Göring.[20] Halifaxova láska k myslivosti a jeho titul psovoda smečky na lovech v Middletonu v Yorkshiru byly dobře známé. Doprovodný program výstavy sliboval „lovení velké i drobné divoké zvěře ve východním Prusku, Pomořanech, Meklenbursku, Kumarku, Slezsku, Sasku a Brunšvicku". Možnost zaškrtnout více políček naznačovala očekávatelný rozsah řeže. Na výběr byli kupříkladu „jelen, daněk, kanec, zajíci, bažanti a králíci". Halifaxova volba naznačuje, že chtěl střílet lišky, a to v Sasku 10. a 11. listopadu.[21]

Následující den se Halifax účastnil večírku na ministerstvu zahraničí na počest jugoslávského předsedy vlády Milana Stojadinoviće. Po jídle se zapovídal s Winstonem Churchillem a ministrem zahraničí, Anthony Edenem. Churchill v pamětech vzpomíná, že Halifax „společenským tónem pronesl, že ho Göring pozval do Německa na lovecký pobyt, a byla naděje, že se bude moci sejít také s Hitlerem. Řekl, že o tom už mluvil s ministerským předsedou, který celou věc považuje za velmi dobrý nápad, a proto pozvání přijal." Churchill to popsal slovy, že „Eden byl překvapen a vůbec se mu to nelíbilo",[22] a Eden později sám potvrdil, že „z toho sice nebyl na větvi, ale neviděl žádný důvod, aby byl proti".[23] Halifax nicméně interpretoval celou konverzaci zcela jinak, když uvedl, že „prvně si z mého střílení lišek tropili značnou legraci", a navíc Eden „nad nápadem ohrnoval nos", přesto však navrhovanou návštěvu podpořil a přislíbil, že si o ní s Chamberlainem promluví. A tak, „po jejich společných výzvách, abych této příležitosti využil", tedy pozvánku přijal.[24] Také Chamberlain si myslel, že „Anthony... by [z návštěvy] mohl mít radost".[25]

Jen co došlo k pozvání, nápadu na Halifaxovu návštěvu se nadšeně zhostil nedávno jmenovaný velvyslanec v Německu, sir Nevile Henderson. Šlo o velice zběhlého diplomata, který zkušenosti nasbíral v celé plejádě často nesnadných pozic po celém světě. Dojem učinilo zvláště jeho působení v Bělehradě, kde měl pověst „dobrého člověka a dobrého střelce," a na základě těchto kvalit se mu podařilo s diktátorským králem Alexandrem a regentským princem Pavlem dosáhnout konstruktivního vztahu. „V Bělehradě jste si vedl výborně a udělal jste si skvělé jméno," napsal mu stálý náměstek na ministerstvu zahraničí, sir Robert Vansittart. „Teď si zasloužíte trochu slunka a místo v první lajně." K Hendersonovu rozčarování však „slunko" nejprve znamenalo přesun do zapadlého Buenos Aires, takže skončil daleko od toho, „čemu se říkalo okouzlující evropský kruh vyvolených".[26] Na vstup do „první lajny" ale neměl dlouho čekat.

Končící berlínský velvyslanec sir Eric Phipps se nikdy netajil tím, že jednání s Hitlerem mu vůbec není po chuti. A skutečně, tehdejší ministerský předseda Stanley Baldwin slýchával rady, že „jestliže naše politika má za cíl dostat na svou stranu Německo, čím dříve bude pryč Phipps, tím lépe".[27] Naopak Henderson měl mít přesně ty kvality potřebné k tomu, aby se s diktátorem alespoň trochu sblížil. Jeden bývalý velvyslanec, u něhož působil Henderson v Konstantinopoli, vychvaloval jeho „džiu-džitsu metody v diplomacii". [28] Bylo zvláštní ironií, že vlivem neústupného odpůrce appeasementu Vansittarta padla volba ze tří uchazečů nakonec na Hendersona, který tak byl vysvobozen z poměrně neznámého Buenos Aires. „Sir Nevile si odkroutil směnu v Jižní Americe," uvedl Vansittart, „a zaslouží si za to odměnu."[29]

Henderson zahájil svoji berlínskou kariéru s určitými rozpaky. Zpočátku se domníval, že „není tím pravým na místo, jež je bezpochyby jak nejsložitější, tak i nejdůležitější v celé britské diplomacii". Nicméně jeho silný sklon k fatalismu ho rychle přiměl k tomu, aby se poněkud grandiózně domníval, že byl „vybrán speciálně Prozřetelností, aby vykonal zvláštní misi… s cílem zachovat na světě mír".[30] Po prvním setkání s Chamberlainem se jen posílilo jeho přesvědčení, „že byl spíše osobním zástupcem ministerského předsedy než vykonavatelem politiky ministerstva zahraničí".[31] Jeho soukromý tajemník na ambasádě později potvrdil, že Henderson ostatně „od ministerského předsedy obdržel velice detailní instrukce zlepšit vztahy s Německem a navázat s nacistickým vedením dobré vztahy. Ačkoli jeho němčina nebyla zrovna plynulá, snaživě si získával německé předáky a neúnavně ozřejmoval Chamberlainovu politiku. Nad Chamberlainovými pokyny nikdy neváhal. Domníval se, že jsou správné, a tuto politiku až do konce loajálně vykonával."[32]

Jmenování tohoto vždy vzorně oblečeného starého mládence, a do určité míry podivína, přijali v Londýně i Berlíně se zvláštní směsicí překvapení a obav. Jeho zaměstnanci ho měli za odměřeného, což bylo dáno i staromódním vzhledem ambasády samotné – „impozantní žlutobílé klasicistní budovy na bulváru Unter den Linden u konce Wilhelmstrasse".[33] Jelikož v podstatě šlo o soukromou rezidenci velvyslance, kde nechybělo služebnictvo a vinný sklípek, musel personál velvyslanectví pracovat ve stísněných podmínkách v suterénu. Hendersonův první sekretář Ivone Kirkpatrick se o něm vyjádřil jako o „nadřízeném s lidským přístupem, u něhož je radost pracovat". Zároveň však Kirkpatrickovi brzy došlo, že v Německu má být nastolen „nový režim" a že „Henderson nevyhnutelně podlehne Hitlerově laskavosti".[34] Vojenský atašé ho popsal jako „šéfa, který je puritán, a ještě k tomu jízlivý,"[35] zatímco jeho soukromý tajemník ho měl za „diplomata ze staré školy s kultivovaným vystupováním a zdvořilými způsoby. Sice nebyl intelektuál ani důmyslný, ale dokázal být velice vytrvalý a jednal podle svého přesvědčení. Nemohl vystát blbce."[36]

Netrvalo dlouho, a Hendersonovi se podařilo vyvolat rozruch. Mezi jeho první povinnosti po příjezdu patřilo promluvit na večeři Německo-anglické společnosti, která se konala na jeho počest. Hostil ho vévoda sasko-kobursko-gothajský. Henderson se u něj cítil dobře, protože spolu studovali na Etonu.[37] Mezi přítomnými však byl i Heinrich Himmler, říšský vůdce SS, Viktor Lutze, velitel SA (nacistických útočných oddílů – hnědých košil), generál Erhard Milch, Göringův státní sekretář ministerstva letectví, a Alfred Rosenberg, klíčový ideologický teoretik nacistické strany. „V Anglii," sdělil Henderson posluchačům, „má příliš mnoho lidí naprosto scestnou představu o tom, o co vlastně nacionálně socialistický režim skutečně usiluje. V opačném případě by tolik lidí nezdůrazňovalo nacistickou diktaturu, a naopak by se soustředilo na ten úžasný společenský experiment, který se v Německu právě odehrává."[38] Zatímco v Británii si touto řečí Henderson vysloužil od některých novin přezdívku „náš nacistický velvyslanec v Berlíně",[39] berlínský velvyslanec USA William Dodd si postěžoval, že Henderson ve skutečnosti „sdělil německé vládě, že Anglie nebude mít nic proti tomu, když Hitler obsadí Rakousko a Československo".[40]

Ať už Hendersonova zručnost při zacházení s brokovnicí a ručnicí přispěla k jeho jmenování či nikoli, je jisté, že se brzy stal blízkým přítelem Göringa, který byl stejně posedlý lovem, a patřil k jeho pravidelným hostům. Zdá se, že z nějakého důvodu, i když to bylo všeobecně známo, jej však nikdo neupozornil na to, že Hitler má k loveckému sportu odpor. K Hendersonovu zděšení měla být Británie jediným evropským státem, který nebude zastoupen na chystané lovecké výstavě. S pomocí Foreign Office (ministerstva zahraničí) tak začal urychleně sestavovat „více než přijatelnou" sbírku trofejí z celého světa, mezi nimiž nechyběly ani kousky skolené králem a královnou.[41] Popoháněl Halifaxe, aby pozvání přijal – ten tak po počátečním váhání 21. října učinil. Jak lord prezident napsal, doufal, že „spatří něco na způsob německého sportu", ale taktně předstíral, že na radu doktora „nebude střílet, poněvadž si týden nebo dva zpátky namohl rameno". Bude se tedy účastnit jen jako divák.[42]

Koncem října navštívil Henderson Londýn a zakotvil v Brownově hotelu u ulice Piccadilly. Jedním z vysoce postavených politiků, s nimiž si tehdy promluvil, byl stínový (labouristický) ministr zahraničí Hugh Dalton. „Ani charakterově ani co se týče politické inteligence," poznamenal si Dalton, „na mě neudělal moc velký dojem." Kvůli setkání si Dalton vyžádal zprávu od François-Ponceta, který si postěžoval, že „Henderson se až moc přiklání na stranu nacistů". V reakci na to se Henderson s vervou pustil do vleklého pomlouvačného útoku na práci svého předchůdce Phippse, jehož „jmenování prý bylo nejméně vhodné". Po příjezdu do Berlína „na něj čekal šílený stav…, běžně se hovořilo o tom, že britská ambasáda tam vlastně vůbec neexistuje. Že jde jen o pobočku francouzského ministerstva zahraničí." Dalton zuřil. „Utahovat si ze svého předchůdce v Berlíně před naprostým cizincem nebylo ani příliš džentlmenské ani moc chytré," napsal si. Nicméně Henderson si byl jistý v kramflecích a navrhl, že by Göring měl být pozván do Londýna – „sem tam nějaká lichotka, nový pořádek, jiná uniforma a trocha venkovského života by s ním mohly učinit divy."

Toho večera se Dalton v Poslanecké sněmovně setkal s Edenem a upozornil ministra zahraničí, že jeho velvyslanec v Berlíně „detailně vykládá, co všechno za ústupky bychom podle něj měli nabídnout Německu". Eden „trochu podrážděně" tiše opáčil: „Kéž by si tak nepouštěl před každým pusu na špacír."[43] Ministr zahraničí si skutečně záhy uvědomil, že jmenování Hendersona bylo obrovskou chybou. Později se o tom vyjádřil jako o „mezinárodním neštěstí", ale tehdy „jeho názory nemohl nikdo předvídat". Žehral na Hendersona, že „místo aby před nacisty varoval, neustále si pro ně nacházel omluvy, často v jejich doprovodu".[44] Slovy jiného úředníka z Foreign Office byl Henderson „spíše Hitlerovým velvyslancem, než naším".[45]

Při Hendersonově návštěvě Londýna brzy vyšly najevo názorové rozdíly ohledně Halifaxovy návštěvy, které na jedné straně zastávalo ministerstvo zahraničí a na druhé Downing Street. Tou dobou již Chamberlain s cestou pevně počítal a doufal, že setkání Halifaxe s Hitlerem by se mohlo stát zásadním komponentem „mých dalekosáhlých plánů ohledně evropského usmiřování".[46] Po setkání s ministerským předsedou Henderson Halifaxovi nadšeně sdělil, že „vzhledem k tomu, jak mi to M. P. [ministerský předseda, pozn. překladatele] včera vyložil, bude mít vaše cesta poněkud jiný aspekt". Pokud vše dobře dopadne, mohla by „znamenat nastolení cesty, na níž lze očekávat zlepšení".[47] Další mítink na Foreign Office, jehož účastníky byli Henderson, Halifax a Eden, však přinesl naprosto opačný závěr. Eden Halifaxe nabádal, že až bude v Berlíně, nemá dělat nic jiného „než naslouchat a má se vyhnout jakýmkoli komentářům k Rakousku a Československu". Současně „siru Hendersonovi vštěpoval, že je nutné dělat vše, co je v našich silách, abychom *zabránili* německé intervenci ve jmenovaných státech". Ať už má být cena jakákoli, Německo si musí „náš postoj [v této záležitosti, pozn. překladatele] pouze domýšlet".[48]

Po návratu do Berlína Henderson shledal, že přípravy návštěvy neběží tak hladce, jak doufal. Eden už stihl velvyslanectví upozornit, že „přijetí pozvání by bylo jednoznačně nežádoucí, pokud bychom si nemohli být dostatečně jisti, že se lord Halifax nepotká s některými lidmi z vedení".[49] Nicméně Hitler se k výkopu vůbec neměl. Ještě předtím, než Hitler promluvil 5. listopadu na říšském kancléřství, si jeho ministr zahraničí Neurath Hendersonovi stěžoval, že führer „již Velké Británii bezvýsledně učinil tolik návrhů, že tentokrát po tak zdráhavě natažené ruce nemusí být ochoten sáhnout". Ministerstvo zahraničí na tento pokus o vydírání zareagovalo skutečně chladně.

„Němcům se zdá, že tlačíme na to, aby byl [Lord Halifax] přijat kancléřem," poznamenal si William Strang, vedoucí ústředního oddělení, zatímco sir Orme Sargent, asistent zástupce ministra, si posteskl, že se mu „toto škemrání o pozvánku od Hitlera ani v nejmenším nelíbí".[50]

Ve skutečnosti, jak se již Neurath přesvědčil na vlastní oči, se Hitler po schůzce v říšském kancléřství zamkl doma v Berchtesgadenu a tam kvůli negativní reakci generálů a ministra zahraničí trucoval. Ani náhodou neměl v úmyslu vrátit se do Berlína kvůli setkání, které ho vůbec nezajímalo, natož kvůli čemukoli, co bylo jen mírně spojeno s loveckou výstavou. Záplava telegramů mezi stále více napjatým Hendersonem a jeho nadřízenými v Londýně jasně ukazuje, že pokud se měl Halifax s Hitlerem setkat, bylo na něm, aby pouť na Orlí hnízdo uskutečnil. Otázkou zůstávalo, jak to zařídit, aby to vypadalo, že je pozvaný, a ne že se vnucuje neochotnému Hitlerovi. Nápomocného spojence našel Henderson v ministru zahraničí Neurathovi, který poté, co si s neskrývanou hrůzou 5. listopadu vyslechl Hitlerovy protibritské výpady, zoufale hledal příležitost otevřeně si s Hitlerem promluvit a vyzdvihnout obecnější možnosti mírových rozhovorů s Británií.

Neurath jako první Hendersonovi navrhl, že Hitler, který „si potřeboval pár dní odpočinout nahoře v Salcburku", by mohl přijmout Halifaxe v Berlíně, ale až po skončení lovecké výstavy na konci listopadu. V opačném případě by byla nutná dlouhá cesta do Berchtesgadenu.[51] Tento návrh Henderson podpořil v telegramu ministru zahraničí ze 7. listopadu, kde se obhajoval, že nemohl „svoji naději, že datum navrhované schůzky lorda Halifaxe s kancléřem bude shledáno přijatelným, vyjádřit příliš silně. Jsem zcela přesvědčen, že jde o příležitost, kterou si nemůžeme nechat ujít." Rozplýval se, že včera jej Göring ujistil, že „snad nikdy neslyšel pana Hitlera tak nadšeně mluvit o možnostech porozumění s Velkou Británií" – což byla od Göringa bezostyšně opovážlivá poznámka, vezmeme-li v úvahu, co si jen o několik hodin dříve vyslechl v říšském kancléřství. Dále Henderson učinil neobvyklý návrh, že lovecká výstava nemusí skončit k plánovanému datu, „pokud se má opravdu za to, že návštěva si vyžaduje předstíraný důvod". To už bylo pro Vansittarta příliš a na telegram si poznamenal, že Henderson je „velice naivní". Vansittart docela přesně odhadl, jak na Británii v Berlíně pohlížejí – v nejlepším případě „obzvláště proměnlivě", ale spíše, „s ohledem na Hitlerovu náladu a velice nápaditý tisk nepřejícně".[52]

Eden se vrátil zpátky do Londýna 6. listopadu večer poté, co kvůli záležitostem Společnosti národů strávil pět dní v Bruselu. Nebyl zrovna potěšen, že jak Henderson, tak i Downing Street tlačí na uskutečnění Halifaxova výletu navzdory tomu, že se pravidla hry změnila. Sice s návštěvou zdráhavě souhlasil, ale měl za to, že se vše uskuteční v Berlíně s tím, že zástěrkou bude účast na výstavě. „Přesně toto byl sled událostí," napsal později, „jemuž jsem se snažil vyhnout."[53] Hendersonovi poslal lapidární odpověď, v níž ho upozornil, že „v současné době je nejdůležitější, aby se německé vládě nedostal ani náznak opravňující k přesvědčení, že by vláda Jeho Veličenstva uvažovala nad nějakým narovnáním na úkor politické nezávislosti národů východní a střední Evropy."[54] O dva dny později se k čerstvé potyčce vrátil a na adresu Hendersona jízlivě podotkl, že návrh, ať Hitler Halifaxe přijme až po skončení výstavy, „by návštěvě dodal značně odlišný rozměr a ve skutečnosti by nás připravil o její hlavní výhodu". Halifaxovi by návštěva, jejímž hlavním cílem bylo setkání s Hitlerem, „zajistila takovou publicitu a přinesla tolik spekulací, že by to téměř jistě zhatilo její účel, kterým je neformální zahájení kontaktů".[55]

Během onoho večera 7. listopadu se v Edenově londýnském domě sešla „klika" zahrnující „téměř kompletní elitu, která na ministerstvu zahraničí rozhodovala". Mezi přítomnými byli lord Cranborne, náměstek ministra; Oliver Harvey, Edenův soukromý tajemník; sir Alec Cadogan, v té době vyšší úředník na ministerstvu zahraničí; sir Orme Sargent, asistent zástupce ministra; William Strang, vedoucí ústředního oddělení, a Rex Leeper, vedoucí tiskového oddělení.[56] Diskuze se týkala širokého spektra aktuálních otázek ministerstva zahraničí, od Itálie (a možnosti uznat italské agrese v Etiopii) přes Španělsko až po Německo. Převažoval zde názor, že i když byli všichni „nakloněni úsilí o kontakt s Hitlerem a nabídce bilaterální politiky…, nikomu z nás se nelíbila myšlenka Halifaxovy návštěvy", zejména kvůli riziku, že „obraz Hitlera po jejím uskutečnění může získat na přesvědčivosti i vágnosti, což by pro kabinet mohlo mít ochromující účinky".[57] Čas měl ukázat, že jejich obavy byly naprosto oprávněné.

Chamberlain byl tou dobou stále více rozčarován, jak pomalu probíhala organizace Halifaxova výletu do Německa. Ani na okamžik nepochyboval, čí je to vina. „Zdá se, že v tuto chvíli budou všechny moje plány chybné,"[58] postěžoval si sestře. Když poprvé uslyšel, že Foreign Office je proti návštěvě, „zachvátila ho hrůza…, [že] bude promarněna další příležitost. Ale vážně, to F. O.! Čekám jen na příležitost, kdy to tam budu moci pořádně provětrat."[59] Chamberlain si 8. listopadu předvolal Edena do Downing Street na schůzku, o níž se Harvey vyjádřil, že „proběhla opravdu mizerně". Hlavní výtka ministerského předsedy zněla, že „ministerstvo se nikdy nijak moc nesnažilo, aby došlo k setkání s nějakým diktátorem", což byla námitka, již musel Eden bez pochyb brát jako kompliment.[60] Následující den se Eden vrátil do Bruselu a zpátky do Londýna telegrafoval, že „s ohledem na naši pozici v Evropě a veřejné mínění doma v Británii je klíčové, aby nevznikl dojem, že se ženeme za německým kancléřem". [61] Cranborne měl za úkol sdělit to Chamberlainovi osobně, ale hlásil, že „M. P. a Halifax se už definitivně rozhodli, že návštěva proběhne bez ohledu na fakt, že H. se Hitlerovi vnucuje a že tak vzniká dojem, že jim nadbíháme."[62]

Večer 9. listopadu pronesl Chamberlain řeč na banketu pořádaném starostou Londýna ve středověké budově Guildhall a v části o zahraničních vztazích si neodpustil jasnou narážku. Přislíbil, že vztahy s Německem a Itálií budou vystavěny „na základech vzájemného přátelství a porozumění", ale vzhledem k tomu, že jakýchkoli dalších dohod nemá být „dosaženo pomocí veřejných prohlášení, nýbrž neformální diskuzí", se k tomu odmítl „dále jakkoli vyjádřit". [63] Nemohlo tedy být překvapením, když následující odpoledne vyšly londýnské *Evening Standard* s tučným titulkem „LORD HALIFAX PRO NĚMECKO". Ačkoli zpráva byla na titulní straně až na druhém místě, jelikož první zabíralo oznámení o úmrtí bývalého předsedy vlády Ramsaye MacDonalda, který zemřel na palubě lodi plavící se do Jižní Ameriky, měla pozoruhodné následky.

> „Evening Standard" informoval, že se rodí plány na návštěvu Německa, kterou uskuteční lord Halifax, lord prezident rady. Dojde na rozhovor s panem Hitlerem. A měly by se probírat anglo-německé vztahy.[64]

Toho večera měl Chamberlain řeč na výroční večeři pro řadové poslance konzervativní strany, kterou v hotelu Savoy pořádal Výbor 1922. Přislíbil, že se směrem k Německu chystá učinit „přátelské gesto", a oznámil, že „vysílá lorda Halifaxe", aby se potkal s Hitlerem. Konzervativní poslanec Chips Channon si poznamenal, že „M. P. sklidil bouřlivé přijetí a posluchači mu dlouho a hlasitě tleskali i poté, co se posadil".[65]

To, že se informace dostala na veřejnost, nahrálo Chamberlainovi do karet. „Kvůli Halifaxově návštěvě jsem si prožil s M. Z. opravdu těžké časy," stěžoval si sestře. „Popravdě jsem musel bojovat o každou píď... Bylo to štěstí v neštěstí, že zprávu někdo vypustil ven. Už není možné se vrátit a zbývá jen dokončit střet ohledně instrukcí pro Halifaxe."[66] To se stalo motivem, který se poté objevoval ve všech anglo-německých prohlášeních. Němci trvali na tom, aby se zdůraznilo, že Hitler žádné pozvání neučinil, což byl přesně ten scénář, jehož se Eden obával. Příznivcům ministra zahraničí již bylo jasné, že návštěva je nevyhnutelná, a tak si hořce postěžovali na „spěch, s jakým M. P. a Halifax tlačili na uskutečnění návštěvy, a to v nepřítomnosti A. E. [Anthonyho Edena, pozn. překladatele], a s vědomím toho, že jí není nakloněn". Podle nich to ukázalo „alarmující absenci solidarity a slušného chování". Harvey, Edenův soukromý tajemník, který byl ke svému šéfovi loajální, na něj dokonce několikrát zatlačil, ať pohrozí rezignací.[67] Dohady o Edenových obavách si nakonec našly cestu do *Daily Express*, který uvedl, že vyslat Halifaxe „se rozhodlo, aniž by se někdo poradil s ministrem zahraničí, jenž o plánované události nic netušil a dozvěděl se to až z novin". Podle všeho „zuřil".[68]

Za daných okolností tedy bylo pro „kliku" na ministerstvu zahraničí štěstím, že *Evening Standard* (další z novin lorda Beaverbrooka) v sobotu 13. listopadu pokračoval ve své exkluzivní zprávě ještě větší senzací s titulkem „HITLER PRO PŘÍMĚŘÍ – V PŘÍŠTÍCH DESETI LETECH NEVZNESE ŽÁDNÉ POŽADAVKY NA KOLONIE":

> Britská vláda má z Berlína informaci, že pan Hitler je ochoten, pokud obdrží alespoň nepatrnou výzvu, nabídnout Velké Británii desetileté „příměří" v koloniálních otázkách. Během tohoto „příměří" by Německo nevzneslo žádný požadavek na kolonie. Výměnou za tuto dohodu pan Hitler očekává, že mu britská vláda ponechá volnou ruku ve střední Evropě.[69]

Tento článek rozpoutal v německém tisku příval jedovaté kritiky, o čemž Henderson, značně zděšen, informoval Londýn v sérii telegramů. Obsáhlé prohlášení oficiální nacistické zpravodajské agentury uvádělo slovy *Nationalsozialistische Parteikorrespondenz*, že článek je snůška „nestoudných tvrzení..., výmysl od začátku do konce a promyšlená lež". Šlo o „hledání senzace a tendenční otrávení atmosféry".

> Pokud se návštěva lorda Halifaxe měla konat v takové atmosféře, bylo namístě ptát se, zda by v zájmu appeasementu nebylo lepší, kdyby byla odložena do doby, než se tisk, a to zejména ten britský,

uklidní a začne se chovat slušně a pravdomluvně jako v jiných státech.[70]

Henderson tvrdil, že z důvěryhodného zdroje ví, že oba články v *Evening Standardu* psal jistý Vladimír Poliakoff, bývalý diplomatický korespondent *Timesů* a známý komentátor evropských vztahů, vystupující pod pseudonymem „Augur". Podle jeho zpráv měl Poliakoff informaci obdržet od „osob z Foreign Office, které s návštěvou nesouhlasily," a „v této záležitosti s nimi nadále udržoval kontakt".[71] K tomu ještě přidal Henderson vlastní názor, že německé odmítnutí téměř jistě načrtl sám Hitler, který „kvůli článku *Evening Standardu* zuřil nejen proto, že vyvolává dojem, že lord předseda už přiveze konkrétní návrhy, ale také z toho důvodu, že k návštěvě přitahuje zbytečnou pozornost, a on si její přípravu přál zachoval v co nejvyšším utajení".[72]

Den poté připravil Edenovi Vansittart pobouřenou odpověď pro Hendersona. Hájil úřad, že „Poliakoff již nějaký čas nemá na ministerstvo zahraničí přístup," a domněnka, že informace pocházela právě z tohoto místa, tudíž byla „naprosto nepodložená". Eden svého velvyslance důrazně pokáral, že „proti těmto řečem nezakročil" rázněji, a ostře zkritizoval Němce a taktéž přímo Hendersona – v prvé řadě za to, že podporuje tvrzení o nesouhlasu ministerstva zahraničí s návštěvou. „Na Foreign Office není nikdo, kdo by byl proti návštěvě, stejně tak, jak sám dobře víte, toto nejsou *naše* metody."[73] Návrh telegramu připravoval sám Vansittart a těžko říci, zda si to Eden uvědomil, ale obě tvrzení byla nestoudnou lží. Vliv Vansittarta, prvního náměstka na ministerstvu zahraničí, byl ve všech těchto záležitostech klíčový. Svoji roli také hrály jeho těsné vazby na Secret Intelligence Service, MI6.

Příslušníci SIS, sloužící mimo Británii, bývávali kryti jako úředníci pasové kontroly na britských ambasádách. Předpokládalo se, že tito úředníci budou většinu svého času sbírat informace pro londýnské vedení, zatímco rutinní kancelářskou práci vydávání víz měly vykonávat nižší složky. Jenomže poté, co se dostal k moci Hitler, přivedly „omezené zdroje, nedostatek ukázkového talentu, problém uprchlíků, skandály v Haagu a Varšavě, klesající úroveň krytí a rostoucí zájem Whitehallu o poznatky z nacistického Německa"[74] stávající systém téměř ke kolapsu. S tím, jak úměrně s nacistickou perzekucí Židů rostl zájem o výjezdní víza, se vlastní získávání informací nadobro zhroutilo. Ředitel SIS, admirál sir Hugh „Quex" Sinclair, se proto tajně dohodl s Vansittartem a rozhodl, že vyzkouší alternativní metodu, jak posílat informace zpátky do Londýna. Řešením mělo být vytvoření přísně tajné sítě obchodních kontaktů po celé Evropě, známé jako „organizace Z", která by úředníkům z pasové kontroly poskytovala krytí a mohla by v případě kompromitace samotné SIS během války pokračovat dál v práci. O nové organizaci nevěděli ani zaměstnanci SIS. Opírala se o alternativní centrálu v Bushově domě v Aldwychu a nikoli o tradiční ústředí SIS nalézající se v budovách na Broadway ve Victorii.

Klíčovým členem „organizace Z" byl Frederick Voight z *Manchester Guardian*, doyen středoevropských korespondentů a důvěrník Vansittarta. Vzhledem k tomu, že předtím působil v Berlíně, kde se ho pokusilo zavraždit Gestapo, byl velmi důkladně seznámen s tím, co Vansittart podnikal. Únik informací k Poliakoffovi, jak důvěrně potvrdil svému vydavateli, byl jen částí „boje proti Halifaxově výletu, [který se] stal naprostou nutností". Foreign Office se nepochybně „jen zřídkakdy uchýlila k tak zoufalé akci, jakou bylo zmaření nebezpečného politického kroku vypuštěním informace do senzacechtivých novin". Nicméně přesně toto se stalo. Poliakoff dostal informaci o plánované návštěvě, „aby se jí dostalo kýžené publicity a aby ji Němci popřeli".[75] Na základě ohlasu, který zpráva vzbudila, se zdálo, že Vansittartova taktika se nejspíše vyplatila a že by návštěva mohla být zrušena.

Avšak ministerský předseda se rozhodl pro vlastní taktiku a útočným způsobem článku zneužil. Byl to jasný příznak narůstající zahořklosti, která charakterizovala jeho konflikt s Edenem sedícím naproti přes ulici na ministerstvu zahraničí. Jeho tiskový poradce, George Steward, dostal za úkol informovat jisté noviny o významu Halifaxovy návštěvy a bláznovství článku uveřejněného v *Evening Standard. Daily Telegraph* poslušně označil článek za „neomluvitelnou indiskrétnost" a tvrzení v něm uvedená „jako podvržená, špatně načasovaná a zlá. Nic lepšího, jak otrávit ovzduší, které umožňovalo vést takové rozhovory, ani nemohlo být vymyšleno."[76] *Timesy* souhlasně přikyvovaly, kritizujíce spoušť způsobenou článkem, který zavrhly jako „docela nepodloženou spekulaci".[77] Eden byl zděšen. „Toho rána informovaly noviny (zejména *Timesy* a *Daily Telegraph*) o významu Halifaxovy návštěvy skutečně zveličeně", postěžoval si Harvey. A zpráva, kterou měl na Edenův povel Rex Leeper jménem ministerstva zahraničí šířit a která „zdůrazňovala [, že návštěva] je neformální a omezeného významu a že z ní nevyplývají žádné změny zastávaných pozic V. J. V." [vlády Jeho Veličenstva, pozn. překladatele], nebyla ani publikována.

Edenovi bylo jasné, že podnět k těmto článkům pochází z nejvyšších pater. Byl vlastně tak rozčílený, že se přinutil vylézt z postele, kam se musel kvůli chřipce uchýlit, a přijel na ministerstvo, aby mohl mluvit s Halifaxem, který se, jak záhy zjistil, stejně jako on obával potencionálně hrozících komplikací. Po setkání s Chamberlainem se Harveymu svěřil, že rozhovor už „nemohl být horší". Během dnes již slavné výměny názorů ministerský předseda obvinil svého ministra zahraničí, že má „horečku," a poradil mu: „Jděte domů do postele a vezměte si aspirin!" Vzhledem k tomu, že Eden se právě vrátil do práce, se Chamberlain opět projevil necitlivě a nadto mu navrhl, že by si měl vzít dovolenou, ať si více odpočine. Neuvěřitelné bylo, že Chamberlain s kamennou tváří ubezpečil Edena, že „také odsuzuje zveličenou publicitu a že podnikne kroky, aby věc v tisku osobně uvedl na pravou míru".[78] Přitom to byl Chamberlain, kdo byl v první řadě zodpovědný za informování tisku.

Pokud měli Němci nějaké pochyby o dobrých úmyslech britské vlády, byli v tom utvrzeni v den Halifaxova odjezdu, kdy došlo k neobvyklému setkání. Steward pozval do Downing Street tiskového atašé z německé ambasády, dr. Fritze Hesse, „docela blízkého přítele". Zde se soukromě zařekl, že „článek [v *Evening Standardu*, pozn. překladatele] Chamberlaina značně rozlítil" a že podnikl „důkladné vyšetřování" jeho původu. Steward potvrdil, že autorem byl nejspíše Poliakoff, ale jako zdroj označil italské velvyslanectví v Londýně. Dále si přál, aby Hesse führera ujistil, že „*Evening Standard* je tiskovina, které by se neměl přikládat příliš velký význam".[79] V nadcházejících měsících měl Steward německého tiskového atašé pravidelně zásobovat informacemi, což jeden historik označil za „naprosto v protikladu k zásadám chování státního zaměstnance…, pokud jednal na vlastní pěst, šlo o aktivity naplňující skutkovou podstatu vlastizrady".[80] A jestliže nejednal, pak mohl dostávat pokyny jedině od ministerského předsedy.

■■■

Halifax přiletěl do Berlína ve středu ráno 17. listopadu. Henderson ho instruoval při snídani na velvyslanectví. Pověděl mu, že Göring „je ustavení plného vzájemného porozumění skutečně *velice* nakloněn, stejně tak Hitler". První oficiální schůzkou se stal rodinný oběd s Neurathem, který byl na Hitlera stále „nakvašený", že ho dva týdny po uskutečnění schůzky na říšském kancléřství stále odmítá přijmout. Na britském velvyslanectví se domnívali, že Neurath je „diplomat staré školy, gentleman mezi spratky",[81] což Halifax jistě přijal s povděkem. Neurathovi byli „milí lidé a velice přátelští", poznamenal si nekriticky, „se dvěma mladými jezevčíky, přesně jako je naše Jemma, což se také stalo naším společným tématem." Trochu jsme se bavili o führerovi; o jeho vlastnostech, uměleckém nadání, o jeho ohleduplnosti a nakolik je romantik. Bylo to velmi veselé a žertovné."[82]

Po obědě konečně zavítal na loveckou výstavu, kterou jeho biograf obdivuhodně popsal jako „skrz naskrz germánskou záležitost".[83] Davy diváků hlídaly bataliony uniformovaných nacistů. Nejpozoruhodnějším kouskem byla obří panda. Z evropských zemí vyhrálo první cenu Polsko a Británie, což Hendersona velice potěšilo, skončila mezi prvními v mimopevninské kategorii. Francouzi vyslali celou smečku psů. Doprovázeli je lovci oháňející se lesními rohy nastrojení v červených kabátech. Pro dokreslení atmosféry se z gramofonu ozýval řev divoké zvěře. Promyšleně umístěná mapa světa připomínala návštěvníkům, co že všechno za kolonie ztratilo po Versailles Německo. Záhy se však ukázalo, a Halifaxovi to nebylo proti chuti, že výstavním kouskem byl i on sám. Lovecký výkřik „Tally Ho!" je německy „Halali!", takže si brzy k pobavení svých německých hostitelů vysloužil přezdívku „lord Halalifax". V tlačenici, připomínající „shromáždění stoupenců před volbami", se mu podařil husarský kousek, když na jásot a hajlování reagoval smekáním klobouku. Později se pozastavil nad drsným způsobem, jakým mu – vysoké a malátné anglické celebritě – bodyguard mezi zvědavými přihlížejícími dělal cestu.

Když se návštěva chýlila ke konci, musel na výzvu světového tisku „říci anglicky pár slov uznání, což by bylo nezdvořilé odmítnout!" V tu chvíli „nebyl s to říci nic jiného, než jak to bylo úžasné".[84] V Londýně byly reakce na jeho první den smíšené, a to i v tisku. *Evening Standard* otiskl jízlivý kreslený vtip, jehož autorem byl slavný kreslíř Low. Zatímco Halifax chválil organizátory slovy: „Velká Británie a všechny ostatní státy jsou velice zavázány… za to, jakou podporu tato akce přinesla sportu," Hitler pyšně převáděl svoji sbírku trofejí na zdi, kde již mělo své místo rezervováno Rakousko a Československo. O kus dál v novinách však pisatel s karikaturou nesouhlasil. Článek doprovázený fotografií Halifaxe a Hendersona, kteří nervózně pózují vedle obřích parohů, zněl:

Tak skvělému kreslířovi, jako je Low, ponechává „Evening Standard" volnost. Jak naši čtenáři vědí, politické postoje Lowa se často dia-

metrálně liší od těch, které zastává redakce „Evening Standardu".
Představa, že Británie bude hrát při diskuzích s německou vládou
pouze pasivní roli, je absurdní nepochopení pozice vlády. Zahraniční politika pana Chamberlaina... není založena ani na strachu
ani na slabosti, ale na realismu.[85]

Následující večer odjel Halifax do Berchtesgadenu. Doprovázeli ho
Neurath, Paul Schmidt, všudypřítomný Hitlerův tlumočník, a Ivone
Kirkpatrick, první tajemník na britském velvyslanectví. Nejspíš pouze
s Kirkpatrickem, „menším, upraveným a rozhodným pánem...", obdařeným pronikavou myslí",[86] jediným z personálu velvyslanectví,
se Henderson cítil dobře, ačkoli se jejich názory právě neshodovaly.
Slovy jednoho pomocného diplomata byl Kirkpatrick „pro šéfa kapánek pátým kolem u vozu... trochu moc – možná až příliš – a byl
opravdu loajální".[87] Vzhledem k tomu, že německy mluvil plynule,
měl v nadcházejících měsících hrát důležitou roli. Führer jim na cestu
poskytl svůj vlak, což si Halifax a Kirkpatrick náramně užívali. Byl
zde obývací pokoj, koupelna a dvě spací kupé. Zdálo se, že bíle oděná
obsluha očekávala, že jako všichni Angličané i lord Halifax bude chtít
každou půlhodinu whisky se sodou.

V 9.45 vjel vlak do stanice v Berchtesgadenu, stojící vedle řeky
Ache, a zastavil na soukromém nástupišti, které bylo postaveno speciálně pro Hitlera, s trojobloukovým východem. Zde je vyzvedli členové
jednotek SA, kteří na ně čekali v obrněných pětitunových Mercedesech,
a po průjezdu kontrolním stanovištěm je vyvezli nahoru do Hitlerova
domova, Berghofu. Zem byla zapadaná čerstvým sněhem a jasná ranní
obloha umožňovala nádherné výhledy. Halifax se chystal, že vystoupí
z auta na odmetenou cestu vedoucí k domu. Podíval se z okýnka a jediné, co viděl, byly „něčí černé nohavice, hedvábné ponožky a boty".
Domnívaje se, že tato drobounká postavička je sluha, který mu otevře
dveře, nachystal si pro služebníčka do ruky klobouk. V tu chvíli na něj
zbledlý Neurath zasyčel: „Der Führer, der Führer." Pozornější pohled
na horní část těla odhalil blůzu khaki barvy a pásku se svastikou na
paži. Diplomatickou krizi, hrozící přímo na začátku návštěvy, se tak
na poslední chvíli podařilo odvrátit.[88]

Berghof byl Hitlerovi druhým domovem. Život v bavorských horách nad Berchtesgadenem jako by přesně zrcadlil jeho politický osud.
Nejprve se skrýval v dřevěné chatičce v horách – to bylo, když na něj byl
vydán zatykač po takzvaném mnichovském pivním puči v roce 1923.

Poté si zde pronajal chalupu a dokončoval tu *Mein Kampf*. V roce 1933 získal dům Wachenfeld, z kterého se stal Berghof a který poté v roce 1936 nechal kompletně přebudovat. Jeho přítomnost signalizovala hrdě vlající svastika. Ačkoli Hitler dům rád popisoval jako útulné venkovské sídlo, ve skutečnosti šlo o střed obrovského komplexu, který vytvořil Martin Bormann, když bývalým vesničanům nechal jejich domovy vypálit, nebo jim zničil střechu nad hlavou a nemilosrdně je vyhnal. Na jejich místě začaly vznikat nedobytné *Führergebiet*. Na místě horských chat a statků vyrůstaly vojenské základny, kasárny a luxusní stavení pro nejvýznamnější nacisty. Svoji chalupu tu měli Göring, Goebbels, Rudolf Hess i Albert Speer.

V roce 1936 umožnil březnový *Country Life* čtenářům nahlédnout do Berghofu v sentimentálním článku s titulkem „HITLER VENKO-VANEM – WACHENFELDSKÝ ‚STATKÁŘ'." Pisatel čtenáře ujišťoval, že Hitler má „velmi dobrý umělecký vkus" a že je „vášnivým poslu-chačem hudby – zejména veselého Mozarta, který se narodil necelých deset mil odtud". Během několika let se „dřevěná bouda... proměnila ve vilu... sice útulnou, ale skromnou *horskou chatu*, nacházející se ve výšce přes 600 metrů nad Berchtesgadenem". Na tomto místě Hitler trávil „své nejradostnější chvíle" s neustále „prostřeným stolem pro státnické návštěvy", zatímco on se držel „svého vegetariánství". „Tě-šil se z neskutečně krásných výhledů" i samotného domu barevně laděného do vkusné „světle zelené". V jedné věci se však dopisovatel časopisu *Country Life* šeredně zmýlil. „Jediné ženy, které byly pozvané na tuto *horskou chatu*, byly paní Göringová a Goebbelsová. Je všeobecně známo, že se pan Hitler straní ženské společnosti."[89]

Pravdou bylo, že na Berghofu byla téměř neustále, zejména v Hitlerově přítomnosti, jeho milenka Eva Braunová. I když ji zřídka kdy někdo spatřil a nikdy o ní nevěděli oficiální hosté, měla povole-no, aby si k pobavení přizvala kamarádky. Byly to přátelské dívky, vzpomínal si později Hitlerův komorník. „Měly bohémské chování..., byly lehkomyslné, což někdy působilo až urážlivě." U večeře hovořily „otevřeně o nejintimnějších věcech ..., chodívaly polonahé" před slou-žícími SS a u promítání Hitlerových oblíbených filmů „se překřikovaly při komentování těl herců". „A nijak nezastíraly styky s nadprůměrně vysokými vojáky v Hitlerově stráži."[90] Halifax, jakožto odměřený Angličan pocházející z vyšších vrstev, by byl zděšen z konstatování životopisce Braunové, že „atmosféra na Berghofu, pod jeho nařízenou slupkou, byla velice erotická" a že „Hitlerovi mužní přisluhovači měli přirozeně *droit de seigneur* [právo první noci; pozn. překladatele] a plně ho využívali".[91]

Zástupy britských politiků na Obersalzberg ve třicátých letech vyšlapaly cestu. I když měly dobré úmysly, jen pár se jich odtamtud vrátilo s výhradně kritickým nazíráním na führera. Nyní měl být posledním v dlouhé řadě politiků, kteří si mysleli, že s diktátorem mohou vést jednání, Halifax. Dole pod schody Hitler Halifaxe vřele přivítal a vedl jej nahoru do domu a dále po schodech do své pracovny. Místnost byla přetopená a atmosféra dusná. Poté, co si Halifax svlékl teplý kabát a dva vlněné svetry, v nichž cestoval, nabyli jeho hostitelé na dojmu, že je ještě vyzáblejší, než se jim předtím zdálo. Hitler záměrně požadoval, aby vybavení místnosti bylo nízké, takže oba hlavní aktéři i Neurath a Schmidt seděli v křeslech kolem nepohodlně nízkého stolku. Podle Kirkpatricka byl Hitler od počátku „mrzutý", a když vybídl Halifaxe, aby začal, následovala „nepokrytě strojená" konverzace.[92] Halifax poděkoval, že Hitler souhlasil se schůzkou, „na které může záviset osud celé civilizace", ale taktéž upozornil, že nepřináší „z Londýna rozhodně žádné nové návrhy". Na to se Hitler zlostně zamračil.[93] Následující tříhodinová konverzace byla podle Halifaxova životopisce „největším úspěchem Halifaxova appeasementu".[94]

Hitler vychytrale vyzval Halifaxe, aby uvedl témata, která by chtěl prodiskutovat, načež se lord předseda s postupně vytrácející se vervou pustil do zdlouhavého vychvalování zásluh nacistického Německa.

> Ačkoli v Británii panuje vůči nacistickému systému mnoho výhrad (zacházení s církvemi; snad v menší míře také s Židy; a chování k odborům), nejsem slepý a vidím, co přinesl Německu a že svým způsobem zamezil ovládnutí země komunisty a že, jak se domnívá, brání pronikání komunismu na Západ. A navíc v Anglii nyní panuje daleko větší pochopení toho, co tento systém přináší, než tomu bylo nedávno.[95]

Podle Halifaxe jde o „ohromnou službu…, a ač se čas od času britské mínění k tomu, co se děje v Německu, vysloví kriticky, může to být bez pochyb dáno i tím, že lidé v Anglii nejsou plně informováni o příčinách a následcích některých opatření".[96]

Úvodní řeč zakončil Halifax ujištěním, že Británie nemá v úmyslu vrážet klín mezi Berlín a Řím, a nezávazným návrhem, že dohoda čtyř mocností, která by zahrnovala i Itálií a Francii, by mohla dát nejlepší základ pro mír. Hitler tento nápad odbyl s odůvodněním, že by se dohody nikdy nedosáhlo, a rozvinul vleklý a celkem nezajímavý monolog. Trval na tom, že už je načase, aby svět jednal s Německem jako s „mocností" a aby se „zbavil mentality Versailles". Halifax ho trochu podlézavě ujistil, že „si nikdo nepřeje jednat s Německem jinak než jako s velmocí" a že „nikdo rozumný nepředpokládá, že svět zůstane navždy, jaký je dnes". Na to Hitler opáčil, že jsou jen dvě alternativy, „volné měření sil, což znamená válku, nebo racionální dohoda". Na tuto hatmatilku navázala srozumitelnější a známá tiráda výtek, jak je složité jednat s demokratickými zeměmi a že „veškeré jeho nabídky týkající se odzbrojení či politiky na tomto úskalí ztroskotaly".

Zde konečně Halifax vycenil politické zuby a nepokrytě odbyl führera slovy, že pokud mezi jejich zeměmi nemá dojít k žádnému pokroku, dokud „Británie nepřestane hájit demokratický systém, byla návštěva Berchtesgadenu ztrátou času pro mě i pro něj" [Hitlera; pozn. překladatele].[97] Vzplanutí přívětivého Halifaxe Hitlera zaskočilo, ale záhy našel přerušenou nit a zeptal se, jaká další témata by rád prodiskutoval. Halifax nadnesl otázky Společnosti národů a odzbrojení, ale Hitler obě odpálkoval otřepanými frázemi, že Amerika se aktivit Společnosti neúčastní a že jeho vlastní návrhy na zákaz bombardování byly zamítnuty. A dále dorážel na Halifaxe. Ještě něco jiného?

Právě v tomto okamžiku všechny dobré úmysly Halifaxe opustily. Mělo mu znít v uších Edenovo varování, aby „se vyhnul jakýmkoli poznámkám k Rakousku a Československu", ale z nějakého důvodu se rozhodl slova ministra zahraničí ignorovat.

> Pravil jsem, že z versailleské dohody samozřejmě pramení další otázky, které by podle našeho mínění mohly přinést potíže, pokud by nebyly náležitě vyřešeny, jako je například Gdaňsk, Rakousko či Československo. Ve všech těchto záležitostech nemáme nezbytně zájem podporovat dnešní status quo, máme ovšem zájem na tom, aby nedošlo k takovému zacházení, které by pravděpodobně způsobilo problémy. Pokud by došlo k rozumné dohodě se svobodným souhlasem všech, kterých se primárně týká, pak to jistě nebudeme blokovat.[98]

Odpověď zakončil slovy, že existují „možné úpravy evropského uspořádání, které časem musejí nevyhnutelně přijít". Šlo přesně o poselství, k němuž ho Chamberlain navedl. Stejně tak to ale byla nabídka, jíž se

Eden obával. Eden si později posteskl, „kéž by byl Halifax Hitlera před zásahy ve střední Evropě varoval důrazněji".[99]

V tu chvíli již Hitler slyšel všechno, co potřeboval, a o další konverzaci neměl zájem. Falešně podpořil dosavadní dohody Německa s Rakouskem a vyjádřil naději, že podobné dohody by mohlo být dosaženo s Československem. Zdůraznil přání, aby „se vytratila nálada ‚hrozící katastrofy,'" a svého hosta uklidnil, že „situace momentálně není nebezpečná". Halifax nicméně netušil, jak si správně vyložit Hitlerův chabý vtip, že „pokud byste věřil těmhle tiskovinám, můžete pochopitelně očekávat, že se jednoho dne probudíte a spatříte německou armádu ve Vídni nebo Praze".[100] Následovala další zdlouhavá a zbytečná diskuze o koloniální otázce. A poté dokázal Hitler s vážnou tváří v rámci závěrečných slov Halifaxe ujistit, že „samotné Německo přikládá dobrým vztahům se všemi sousedy velkou váhu".[101] Učinil tak naprosto přirozeně, pouhé dva týdny poté, co poučil generály (a Neuratha, který mu nyní seděl po boku), že by se měli připravit na invazi jak do Rakouska, tak i Československa.

Jednání bylo přerušeno přesně v čas oběda, který proběhl ve „škaredé jídelně" v prvním patře. Místnost byla vybavená rozměrným stolem ze dřeva saténového vzhledu a růžovými čalouněnými židlemi. Hitler poobědval vegetariánskou polévku a zeleninu s ořechy. Tři číšníci z řad SS odění do vojenských sak servírovali hostům „nepříliš valné masité jídlo". Zato do sklenic na víno se stříbrnými držadly jim pravidelně dolévali, ačkoli Hitler se pevně držel svého „horkého lektvaru". Ze „společenského pohledu," referoval Kirkpatrick, „byl oběd mrazivě chladný". Hitler měl špatnou náladu, Neurath byl viditelně nesvůj a Halifax se zapojoval jen nelehko, protože vše se muselo překládat. Kirkpatrick se statečně několikrát pokusil rozproudit konverzaci, „ale ta vždy bídně umlkla kvůli Hitlerově rozhodnutí se jí nezúčastnit". Na téma počasí odsekl, že „lidé předpovídající počasí jsou idioti; pokud řeknou, že bude pěkné počasí, vždycky prší, a když předpoví špatné počasí, je vždy pěkně". Diskuzi o létání uťal tvrzením: „Jenom blázen by někam letěl, když může jet vlakem nebo po silnici".

Stejně tak pokus zhodnotit berlínskou loveckou výstavu přivedl führera téměř k mrtvici.

Nechápu, co lidé vidí na střílení; vyjdete si ven s perfektní moderní puškou, a aniž by vám hrozilo nějaké riziko, zabijete bezbranné zvíře. Göring mě samozřejmě přesvědčoval, že potěšení nespočívá v zabíjení, nýbrž v přátelské výpravě do přírody. Nu dobrá, namítnu. „Pokud jde jen o to, hoďme všechny starosti za hlavu a uspořádejme přátelskou výpravu na jatka. Tam přece také v největším přátelství a pod širým nebem můžeme zabít krávu."

Spokojený, že měl poslední slovo, se s vzdorovitým výrazem posadil. Naposledy se zapojil do konverzace, když se téma stočilo na Hessova čerstvě narozeného syna, což bylo vhodnou příležitostí k tomu, aby hosty poučil o nespravedlivostech klesající porodnosti v Rakousku. Příčina měla vězet v tíživé hospodářské situaci zapříčiněné trvajícím oddělením Rakouska a Německa. Kikrpatrick si kousavě poznamenal, že se führer „po celou dobu choval jako rozmazlený fracek".

Po „bolestivém martýriu" u oběda vzal Hitler hosty dolů do hlavního salónu, který byl vyhlášený díky obrovskému oknu s širokým výhledem. Celé okno vyplňovala jediná tabule skla a bylo možné ji kompletně zasunout do podlahy. Dva příslušníci SS vložili startovací kliky od auta do manipulačních otvorů a poté naprosto sehraně a nehlučně zasunuli okno do podlahy, takže se z pokoje rázem stala krytá terasa s neskutečnými výhledy na pohoří a do Rakouska. Bývalý ministerský předseda David Lloyd George byl při návštěvě v roce 1936 natolik uchvácen, že si podobný mechanismus nechal nainstalovat ve svém domě v Churtu v hrabství Surrey. Skupina vypila kávu v proutěných čalouněných židlích rozmístěných kolem nízkých kulatých stolů. Na obou stranách pokoje stálo křídlo, stěny zdobily obrazy z muzeí a za dvěma rozměrnými gobelíny se skrývala promítací plátna.

Nálada se Hitlerovi stále nezlepšila. S oblibou večer shlédl dva filmy, pokud možno s oblíbenou herečkou Gretou Garbo. Radostně sděloval Halifaxovi, že jeden z jeho oblíbených filmů je *Tři bengálští jezdci*, který líčí příběh o „hrstce Britů, kteří se postaví zotročení kontinentu. To je vzor chování pro nadřazenou rasu. Film se teď pravidelně promítá příslušníkům SS." Zmínka o Indii [zde se odehrává film Tři bengálští jezdci; pozn. překladatele] dala Hitlerovi příležitost spílat bývalému vicekráli za neúspěchy britské politiky v Indii. Podle něj nebyl důvod tolerovat chaos ani plýtvat časem vyjednáváním – „zastřelte Gándhího," doporučoval, „a když to nebude stačit, aby se pokořili, zastřelte dvanáct hlavních představitelů Kongresu; a když to nebude stačit, zastřelte jich dvě stě a tak dál, dokud nebude nastolen pořádek". Při této tirádě „zíral [Halifax; pozn. překladatele] na Hitlera se směsicí ohromení, odporu a soucitu. Naznačil nesouhlas, ale bylo jasné, že debata by byla ztrátou času."[102] Schmidta ohromil pozoruhodný kontrast mezi oběma muži – těžko si představit větší protiklad než „hluboce nábožensky založeného anglického aristokrata z Yorkshiru, nadšeného bojovníka za věc míru, a Hitlera, posíleného ve svéhlavosti a nekompromisnosti svými dosavadními úspěchy a slabostí protivníků, která vyšla otevřeně najevo".[103]

Na cestě zpátky do Mnichova se Neurath s neskrývanými rozpaky omlouval za Hitlerovy manýry. Halifax ve vlaku zatím sepsal vzpomínky na setkání.

Celkově byl Hitler mlčenlivý a zdrženlivý, pokud se zrovna nerozohnil: na téma Ruska či tisku. Při řeči je opravdu živý – koulí očima a jednotlivé body zdůrazňuje prudkými posunky. Je jasné, proč je tak oblíbeným řečníkem. Ta hra emocí – cynický humor, pohrdání, někdy je až tesklivý – se velmi střídá. Ale zasáhla mě jeho upřímnost, a že skutečně věří tomu, co říká. Co se týče politické hodnoty tohoto hovoru, nejsem nakloněn tomu, cenit jej příliš vysoko.

Sice byl naprosto milý a zdvořilý, ale dal najevo i jistou rezervovanost, která mohla pramenit z únavy, i když se domnívám, že hlavním důvodem bylo, že naše soubory hodnot a taktéž jazyky, kterými hovoříme, jsou rozdílné.[104]

I když mluvili různými jazyky, Hitler Halifaxovi rozuměl výborně a jeho nálada nebyla zdaleka tak hloubavá. Ačkoli o setkání nejprve nejevil zájem, „anglický farář" mu dal vše, co chtěl, a ještě víc.[105] Jeho komorník si všiml, že najednou má „jednu ze svých nejlepších nálad a… mne si ruce a plácá se po stehnech, jako by právě uzavřel dobrý obchod". Toho večera se připojil k večeři Evy Braunové a jejích kamarádek a zde poslouchal, jak „si z Halifaxe dělají legraci narážkami na jeho oděv a vyzáblou postavu". Hitler se však Halifaxe zastal a „pochválil ho, že je bystrý politik a že plně podporuje německé cíle". A co bylo nejdůležitější, svěřil se, že „jej Halifax ujistil, že co se týče rakouské politiky, nebude stát Británie Německu v cestě".[106] Kdyby to býval věděl Eden, byl by jistě zděšen.

Večer strávili Halifax a Kirkpatrick v Mnichově. Doprovázel je Schmidt, který jim dělal průvodce. Shlédli nově postavený Führerbau (Vůdcův dům), dva čestné temply věnované padlým při puči v roce 1923 a dům, v němž Hitler přebýval v Mnichově. Po večeři nastoupili nazpět do vlaku a příští ráno přijeli do Berlína rovnou na snídani.

Na oběd jel Halifax přibližně hodinu za Berlín na Göringovo sídlo Karinhall rozprostírající se na ploše přes 400 km². Göring ho uvítal na nádvoří. Byl oděný do jezdeckých kalhot, které plynule přecházely do jezdeckých bot. Přes zelenou koženou vestu měl kabát s kožešinovým límečkem, kolem pasu zapnutý zelený kožený pásek a na něm pověšenou dýku v červené kožené pochvě. Dojem umocňoval zelený klobouk s kamzičí štětkou – „celkově velmi pitoreskní a okouzlující postava," vzpomínal Halifax.[107] Při projížďce v koňmi taženém voze po hustě zalesněném pozemku se hostitel vychloubal výběhy s losem a bizonem a výjimečnými lesnickými stroji.

Rozlehlý kamenný dům s doškovou střechou označil Halifax za něco, „co jsem ještě nikdy neviděl". Nekonečná řada obrovských pokojů a ohromná hlavní hala byly napěchovány „uměleckými poklady různých typů: obrazy, tapisériemi, sochami a plastikami". To vše bylo vydrancováno z nejrůznějších muzeí.[108] O měsíc dříve zavítali na stejné místo windsorský vévoda se svou paní, která zanechala sugestivní popis jejich pouti po tomto domě:

V suterénu se nalézá tělocvična s rozličným vybavením, jako je vzpěračské náčiní, elektrický kůň na cvičení, hrazda a masážní stroj značky Elizabeth Arden.

Přes celé podkroví se táhne dětský pokoj pro děti Göringových příbuzných. Je v něm tolik hraček, že by se za ně nemusela stydět žádná hračkárna. Celou zem v pokoji zabírá nejpropracovanější železnice, jakou jsem kdy viděla – nekonečná spleť propojených tratí, desítky výhybek, nakladače uhlí, okouzlující staničky a nesčetně lokomotiv a aut nejrůznějších typů. Byť byl polní maršál oděn do bílé uniformy, kleknul si a ukázal nám, jak to vše funguje. Posílal vlaky nahoru a dolů, posouval výhybky, hvízdal s píšťalkami a nedopustil ani jednu kolizi. Zručnost, s kterou to všechno ovládal, naznačuje, že na půdě musel strávit pěknou spoustu času.[109]

Vévodkyně zapomněla na Göringovu třešničku na dortu – pomocí komplikovaného systému drátků po pokoji „létaly" modely letadel, které miniaturními pumami bombardovaly železnici.

Halifax k obědu dostal „nepoživatelné" syrové hovězí, které servírovali „salónní služebná ve venkovském kostýmu a sluha v uniformě z osmnáctého století – zelenobílý plyš, krátké kalhoty, kamaše, ohrnuté manžety a zapletené cípy kabátu".[110] Poté se Göring s Halifaxem a Schmidtem, který překládal, odebrali k rozhovoru. Schmidt přijel do Karinhallu již brzo ráno a zpravil Göringa o předchozím dnu. Nezatajil přitom, „jak špatně včera všechno proběhlo". Naproti tomu Göring, který předtím po telefonu hovořil s Hitlerem, byl zcela jiný hostitel. Hovor se v zásadě dotýkal stejných témat jako v Berchtesgadenu, nicméně Göring je podával „nesrovnatelně diplomatičtěji" a za celou dobu nezvýšil hlas. Měl za to, že jakékoli problémy se dají vyřešit jednáním. „Sílu rozhodně nepoužijeme," ujišťoval Halifaxe. [111] Metoda „hodného a zlého poldy" vyšla na jedničku.

Často se cituje pasáž, v níž Halifax vzpomíná na setkání s mužem, který zřizoval koncentrační tábory a vedl noc dlouhých nožů. Pověst lorda prezidenta rady však nikdy zcela nenapravila.

> Setkání s ním bylo nesmírně zábavné. Člověk se nemůže zbavit pomyšlení, že má na svědomí berlínskou „čistku" z 30. června 1934, a přemýšlí, za zabití kolika lidí je asi, ať už z dobrých či špatných důvodů, zodpovědný. Přesto byla jeho osobnost, s touto výhradou, upřímně přitažlivá. Byl jako školák, plný života a pyšný na vše, co dělá. Chlubil se lesy a zvířaty, a pak od zelené vesty a červené dýky přeskočil na téma vysoké politiky... rozervaná osobnost – filmová hvězda, majitel rozsáhlého panství, o které se pozorně stará, ministerský předseda, stranický manažer, vrchní hajný v Chatsworthu.[112]

Halifaxův životopisec se domnívá, že Göringova „vrozená zkaženost [Halifaxovi; pozn. překladatele] unikala", ale že se mu nedostalo „výchovy, aby mohl prohlédnout opravdovou špatnost těchto mužů".[113]

Další den pozval Henderson na britské velvyslanectví k setkání při čaji Josepha a Magdu Goebbelsovy. „Očekával jsem, že mi bude mimořádně nepříjemný," poznamenal si Halifax, „ale se studem musím přiznat, že nebyl."[114] Goebbels se dokonce vyznamenal ještě více než Göring a přímo si zajel do Berchtesgadenu, aby si od Hitlera osobně vyslechl pokyny. Nyní to byl on, kdo uchvacoval svým šarmem. Znepokojoval ho zejména britský tisk a trpce si stěžoval, jak jsou berlínští dopisovatelé nepřátelští k nacistickému Německu a obzvlášť k samotnému Hitlerovi. Podle Goebbelse by si jako hlava státu a národní symbol Německa zasloužil větší respekt. Halifax decentně poukázal na to, že většina z nich už v Berlíně působí po mnoho let. To náhle přestali poctivě pracovat? Na to se Goebbels „bezostyšně uculil: ‚Dřív jsme si nestěžovali, poněvadž jsme nebyli vyzbrojeni. Nyní už jsme dost silní na to, abychom si mohli stěžovat.'"[115] Halifax přesto přislíbil, že o věci promluví s ministerským předsedou a ministrem zahraničí, a „nepochyboval, že vláda Jeho Veličenstva udělá vše, co bude v jejích silách, aby ovlivnila tisk ve smyslu vystříhání se zbytečných urážek".[116]

Reakce tisku na Halifaxův návrat byla zdrženlivá. Přispělo k tomu jednak to, že donutil korespondenty v Německu, aby do jeho odjezdu byli zdrženliví, a jednak to, že návrat se kryl s novinkou, že vévoda windsorský se mimosoudně vyrovnal ve věci nactiutrhání, jehož se měl dopustit vydavatel William Heinemann. Údajné hanlivé obvinění se nalézalo v knize Coronation Commentary, jejímž autorem byl Geoffrey Cox. Ten v ní vznesl domněnku, že vévoda musel abdikovat, poněvadž ministři už z něj byli zoufalí a chtěli se ho zbavit, neboť protahoval krizi požadováním dalších a dalších peněz, a „přitom se měl uchýlit k jiným zdrojům odvahy". A co bylo opravdu nestoudné, vévodův advokát soud ujišťoval, že tvrzení, že vévodkyně byla „před jejich svatbou vévodovou milenkou…, bylo zcela nepravdivé. Žádný jiný dohad nemohl být tolik zraňující či urážlivější." Snad měl vévoda štěstí, že byl případ urovnán, než byl předvolán, aby v této věci učinil výpověď, k čemuž došlo k veliké lítosti předsedajícího nejvyššího soudce, lorda Hewarta. Před soudem uvedl, že by byl mnohem radši, kdyby obvinění nebyla stažena a kdyby mu bylo umožněno učinit spravedlnosti zadost. Soud byl podle něj vlastně tak „podlý a krutý", že „téměř vybízel k bičování koně".[117]

24. listopadu podal Halifax zprávu o návštěvě členům kabinetu. Své poznámky uvedl upozorněním, že „je nutno zohlednit, že návštěva byla velmi krátká, že se mohl nechat oklamat, nebo že jeho úsudek může být chybný". Nicméně ať už byl kdekoli, všude „se setkal s přátelským postojem a touhou po míru". Zejména to bylo patrné u veřejnosti na lovecké výstavě, kde „jej srdečně přijaly davy lidí". Nejspíše s Hitlerovým souhlasem ho Göring ujistil, že ho nenapadají žádné okolnosti, kdy by tyto dvě země spolu měly bojovat", a že „v Evropě nebude prolita ani kapka německé krve, jestliže k tomu nebudou donuceni".

Obecný závěr tedy podle něj zněl, že Němci nezastávají politiku bezprostředního dobrodružství. Na to jsou příliš zaneprázdněni budováním své země, která je dosud ve stavu revoluce. Přesto je na místě očekávat zarputilou houževnatost v prosazování jejich nároků ve střední Evropě, ne však v takové formě, aby dali ostatním záminku – nebo snad příležitost – zasahovat.

Zdálo se, že s takovým závěrem návštěvy, proti níž se původně tak ostře vyslovil, byl překvapivě spokojený i Eden a „vyjádřil velké uspokojení ze způsobu, kterým lord předseda zvládl každý bod konverzace s kancléřem".[118] Chamberlain měl přesto ještě větší radost a vytahoval se sestře:

> Německá návštěva byla z mého pohledu velkým úspěchem, protože dosáhla svého cíle, kterým bylo vytvoření atmosféry, v níž bude možné s Němci prodiskutovat praktické otázky evropského uspořádání.
>
> V mém plánu nebylo nic o tom, že bychom měli předložit nebo nabídnout nějakou nabídku. Jediné, co jsem po H[alifaxovi] chtěl, bylo přesvědčit Hitlera o naší upřímnosti a zjistit, o co usiluje, a domnívám se, že obojí se podařilo. Hitler a Göring se opakovaně a důrazně vyslovili, že nemají žádnou chuť nebo zájem vyvolat válku, a myslím, že alespoň pro tuto chvíli to můžeme považovat za jisté.[119]

Zatímco ve skutečnosti projevil Halifax před Hitlerem upřímnost, führer „si to vyložil jako slabost". Od té doby věděl, že Británie případné změny post-versailleského systému radostně uvítá a že téměř určitě nepůjde do války, aby zabránila rozšíření říše, po kterém tolik toužil. Tak „Halifax," napsal jeho životopisec, „dovolil Hitlerovi vycítit jeho příležitost."[120]

2

Skandál v Berlíně

Jaký vliv může mít žena, a někdy dokonce aniž by si to uvědomovala, na historii státu, a tím i celého světa.

plukovník Alfred Jodl, 26. ledna 1938

Blombergův a Fritschův případ vedl k jakémusi položení třetího základního kamene – vedle požáru Říšského sněmu a Röhmova puče –, jenž upevnil Hitlerovu absolutní moc a v tomto případě zejména jeho moc nad vojskem. Jelikož byla okleštěna svébytnost armády..., Hitlerovo osobní tažení za co nejrychlejší výboje se zbavilo pout, která by snad mohla jeho snahy zbrzdit. Vstup do pásma nebezpečí se stal skutečností.

sir Ian Kershaw, Hitler 1936–45: Nemesis

Polní maršál Werner, svobodný pán von Blomberg, Hitlerův ministr války a vrchní velitel ozbrojených sil, nepatřil ve vyšších armádních kruzích zrovna k oblíbeným postavám. Panovalo přesvědčení, že nezvládá s náležitou důrazností zprostředkovávat Hitlerovi armádní pohled a že mu podlézavé obdivování führera zatemnilo profesní úsudek. Za zády se o něm posměšně mluvilo jako o „Quexovi z Hitlerjungen" podle hrdiny z propagandistického filmu, který byl ochoten za Hitlera položit vlastní život. Měli ho za impulzivního člověka, který se nechá snadno ovlivnit a který to se svojí náklonností k nacistické stranické hierarchii přehání, což odnáší aristokratická stará garda v důstojnickém sboru.[1] Také na britském velvyslanectví si povšimli, že „byl dočista posedlý panem Hitlerem, jehož slova při žádné příležitosti neopomněl citovat". Zato Blomberg sám se považoval za „člověka s větším rozhledem" než většina jeho kolegů, poněvadž v zemích, jako je Rusko, Spojené státy a různé evropské země, studoval a také si je procestoval.[2] Vzhlížel k Británii a náramně si užíval pozici Hitlerova zástupce na korunovaci krále Jiřího VI. v květnu 1937. Na základě této zkušenosti se o něm Chamberlain vyjádřil jako o „velice sympatickém a milém světákovi s neobyčejně dobrou angličtinou".[3] Když Hitler v říšském kancléřství 5. listopadu odhalil své expanzivní plány, dal sice Blomberg na chvíli najevo své znepokojení, ale jeho pochybnosti neměly dlouhého trvání. Na odchodu ze schůzky se svěřil admirálu Raederovi, že Hitlerova řeč „nebyla míněna tak vážně a neměl by se jí přikládat takový význam. Věřil tomu, že führer tyto záležitosti vyřídí beze zbraní."[4] Odmítl se s Fritschem bavit o jeho námitkách, natož aby se zabýval Beckovým memorandem, které dostal 12. listopadu. Místo toho se Blomberg pustil do práce a plnil führerovy rozkazy v oblasti koordinace vojenského plánování, které spadalo pod jeho pravomoc. Do 21. prosince měl přichystanou novou vojenskou směrnici, která pozměňovala opatření z Případu zelená, plánu na bleskovou invazi do Československa.

> Ve chvíli, kdy bude Německo ve všech oblastech připraveno na válku, budou vytvořeny vojenské podmínky, které umožní útočnou válku [*Angriffskrieg*] s Československem. Cílem bude vítězně vyřešit německý problém životního prostoru, a to i za situace, že by proti nám [Německu; pozn. překladatele] vystoupila ta či ona velmoc.[5]

V té době měl Blomberg i jiné starosti – osobnějšího rázu. V roce 1904 si vzal za ženu dceru bývalého důstojníka, ale ta po dlouhé nemoci v roce 1929 zemřela, takže zůstal sám s pěti dospívajícími dětmi. Bylo mu padesát devět let a únava z dlouhého a osamělého vdovství již byla značná, když v září 1937 narazil na mnohem mladší ženu, do které se šíleně zamiloval. Historky se neshodují, zda ji poprvé potkal na lavičce v Tiergartenu, anebo v místní hospodě, kde pracovala. Faktem zůstává, že fräulein [slečna; pozn. překladatele] Margareta Gruhnová, kterou její kamarádky znaly jako Ernu či Evu, byla o třicet pět let mladší a pocházela z naprosto odlišného prostředí. Narodila se v roce 1913 jako dcera uklízečky a zahradnice v královském paláci v Berlíně, ale poté, co jí v první světové válce zemřel otec, matka Luisa přišla o práci a začala pracovat jako masérka. Nějaký čas pracovala s matkou, ale zřejmě se pohádaly a pár let předtím, než potkala Blomberga, se Erna musela postavit na vlastní nohy.[6]

Nejspíše s Blombergovou pomocí získala práci stenografky na Reichseierzentrale (Říšská centrála pro hospodaření s vejci). S tím, jak rostla Blombergova posedlost nově nalezenou láskou, si začal uvědomovat, že o ní bojuje s jinými, mladšími muži. Přirozenou reakcí tak bylo vzít si ji za ženu, i když si byl dobře vědom toho, že aristokratické důstojnické kruhy, kde převažovalo snobství a předsudky, budou z chystaného sňatku zděšeny. Bylo neuvěřitelné, že se Blomberg obrátil zrovna na Göringa, který již notnou dobu prahl po jeho místě vrchního velitele ozbrojených sil. Svěřil se mu, že má poměr s „dívkou z obyčejných poměrů", a důvěrně si zjišťoval, zda je takový sňatek v pořádku, vzhledem k tomu, že dívka „má pestrou minulost". Göring, který si sám po smrti své první manželky vzal za ženu herečku, ho ujistil, že Třetí říše aktivně usiluje o překonání podobných předsudků a že jeho reputace by tím nebyla nijak dotčena. Vlastně by taková svatba mohla napomoci překonat společenské rozdíly, které bohužel dosud existují, a on sám by se mohl přimluvit u Hitlera, aby zajistil potřebnou oporu, což umožní odrazit jakoukoli kritiku pocházející z důstojnického sboru.[7]

Pár dnů poté se znepokojený Blomberg objevil u Göringa znovu a žádal o pomoc. Jeho rival se odmítal vzdát bez boje – nemohl by Göring zařídit jeho tiché odstranění? Göring bez sebemenšího uzardění dál hrál roli Blombergova stoupence a slíbil, že udělá, co bude v jeho silách. Předvolaný ředitel říšského úřadu pro obiloviny slíbil, že pro Blombergova soka najde vhodné a dobře placené místo v Argentině. Vyplašeného mladíka si předvolal Göring a informoval ho, že je pro něj nachystán nový úkol a „že si jeho zdravotní stav vyžaduje zásadní změnu klimatu". V jeho zájmu bylo odjet co nejdříve. Rivalský nápadník byl nepochybně vděčný, že nebyl poslán rovnou do koncentračního tábora, a „moudře se smířil se svým údělem", ale než odjel, navštívil ještě naposledy Göringa. Domníval se, že má plné právo svého nečekaného dobrodince varovat, že fräulein Gruhnová je ženou pochybného původu a „má pestřejší minulost, než asi řekla polnímu maršálovi".[8] Důrazně Göringovi doporučil, aby si Blomberg dobře rozmyslel, zda je vhodnou manželkou.

Svatba samotná nebyla Blombergovým jediným důvodem k radosti. Jeho dcera Dorota byla zasnoubena s nadporučíkem Karl-Heinzem Keitelem, synem generála Wilhelma Keitela, velitele Wehrmachtsamtu, oddělení ozbrojených sil na ministerstvu války. Prakticky tedy dělal Blombergovi náčelníka štábu. Nedávno si Keitel povšiml, že se Blomberg chová čím dál tím zvláštněji a že si vyjíždí v civilních šatech do hotelu v Oberhofu v Turínském lese. Keitelův spolupracovník, plukovník Alfred Jodl, si 15. prosince do deníku poznamenal, že je „generál polní maršál ve stavu rozčílení. Důvod neznámý. Očividně osobní záležitosti. Odebral se na osm dnů na neznámé místo."[9] Blombergův pobočník však Keitelovi nic neprozradil a tvrdil, že jeho velitel byl v Oberhofu na návštěvě u dámy, jež si při lyžování zlomila kotník.

V polovině prosince 1937 zemřel veterán z první světové války generál Ludendorff. Hitler rozhodl, že se mu dostane státního pohřbu v Feldherrnhalle [Dvorana vojevůdců; pozn. překladatele] v Mnichově. A na Blomberga připadlo pronést smuteční řeč. Keitel nechal vypravit zvláštní vlak, který měl přivézt průvod doprovázející Blomberga do Mnichova. Součástí vlaku byl také vůz, který polní maršál nedávno dostal od Hitlera. Avšak Blomberg na rozdíl od ostatních v Berlíně nenastoupil a vlak musel jet oklikou, aby nabral stěžejního pasažéra v Oberhofu, kde opět trávil příjemné chvíle s Ernou. Blomberg po pohřbu přesvědčil Hossbacha, aby ho nechal chvíli o samotě s Hitlerem, a zopakoval holá fakta, jak už zazněla v rozhovoru s Göringem. Opětovně zde uvedl, že jeho snoubenka pochází z prostých poměrů. Hitler podobně jako již před ním Göring podpořil myšlenku, že vyšší německý důstojník tímto způsobem překlene společenské rozdíly. Byl tím nápadem vlastně tak nadšený, že aby vyvrátil jakékoli dohady o snobství, trval na tom, že společně s Göringem půjdou za svědky. Blomberg se tím natolik uklidnil, že Vánoce strávil s Ernou v Oberhofu mimo svoji rodinu a na zpáteční cestě potvrdil své plány Keitelovi. „Není to žádnou ostudou," ospravedlňoval se, „vzít si v našem moderním nacionálně socialistickém Německu za manželku ‚dítě z lidu' a drby tak zvané společnosti ignorovat." Již se s tím svěřil dětem, které z toho měly radost a daly mu k tomu požehnání.[10]

Svatba se měla v tichosti odehrát ve středu 12. ledna v jednom ze salonů na ministerstvu války, sídlícím na Bendlerstrasse. Kvůli diskrétnosti byla svatba jen pro několik lidí – Erninu matku, Blombergova dlouholetého přítele, bývalého pobočníka z námořnictva a jeho tři současné pobočníky. Blomberg se dostavil v běžné uniformě, na níž zářil železný kříž, kdežto nevěsta prosta jakýchkoli šperků na sobě měla šedé šaty s hedvábnou blůzou a nesla kytici rudých růží. Všichni v tichosti nervózně čekali, až v poledne přijdou Hitler s Göringem. Hitler měl na sobě blůzu hnědé uniformy SA, ale bez rukávové pásky se svastikou, zato Göring, který nevynechal ani jednu příležitost, aby se vyparádil, si pro tuto příležitost oblékl společenskou uniformu letectva se všemi řády. Blomberg představil svoji nastávající führerovi a ten jí zase předal kytici žlutých růží. Poté s Göringem zaujali místa každý vedle svatebního páru. V závěru civilního obřadu všichni čtyři podepsali oddací list, jak bylo běžným zvykem, a oddávající úředník novomanželům předal výtisk *Mein Kampfu*, což Hitler bez zájmu přešel. Jeden z Blombergových pobočníků si později vybavil, že kniha zůstala po odchodu hostů ležet na stole.[11]

Zprávy o svatbě a Hitlerově přítomnosti se okamžitě objevily ve večerních novinách, i když bez jakýchkoli doprovodných komentářů. Vzbudilo to značný rozruch a většina vysoce postavených nacistů na informaci pohlížela s nedůvěrou. Řada z nich se s Blombergem přátelila, o chystané svatbě však neměli ani tušení. Stručnost zprávy a absence fotografií okamžitě vyvolaly podezření a záhy začaly kolovat různé zvěsti. O několik dní později publikovaná fotografie, zobrazující Blomberga s novou manželkou na svatební cestě, která byla pořízena nejspíše před opičím výběhem v lipské ZOO, už klepy nemohla utišit. *Daily Mail* ji s cílem zaplnit hluché místo převzal a rychle si zjistil podrobnosti. Hlásil, že „polní maršál von Blomberg své přátele a kolegy překvapil svatbou." Podle informací měla být nevěsta z Hamburku či Ženevy a svatba se konala „v nemocnici, kde se prý nevěsta zotavuje ze zranění, které utrpěla při lyžování".[12] Blombergova varianta popisovaných událostí tak získala na věrohodnosti.

Berlínský korespondent novin předvedl pozoruhodnou vynalézavost a podařilo se mu vysledovat minulost frau Gruhnové [matky; pozn. překladatele] až do „malé dělnické chatrče v Neuköllnu, což byla městská část Berlína, kde žijí dělnické vrstvy". „Nejspíše nás to překvapilo více, než kohokoli jiného," přemítala frau Gruhn, která o sobě uvedla, že je „státem registrovaná masérka". Ujistila reportéra, že její dcera odešla pracovat jako písařka na ministerstvo války již po absolvování školy. „Věděli jsme, že se jí daří, ale ani se nám nesnilo o tom, že se spřátelila s polním maršálem." Na protější straně toho úlovku byla reklama na poslední thriller Agathy Christie *A Date with Death* [česky jako Schůzka se smrtí; pozn. překladatele], který měl v novinách vycházet na pokračování. Jednalo se o „prvotřídní napínavý příběh, jehož četba vás naprosto pohltí".[13] Protože se *Daily Mail* pomalu stával nejčtenějším berlínským plátkem, také Berlíňané si prvotřídní příběh mohli užívat.

Líbánky šťastného páru předčasně ukončila náhlá smrt Blombergovy matky, a ten se kvůli pohřbu konanému 20. ledna v Eberswalde nedaleko Berlína vrátil. Záhady, obklopující jeho novou manželku, oživila její přítomnost na pohřbu, kde se objevila natolik zahalená, že jí nebylo vidět do obličeje, a k tomu odešla tak narychlo, že si s ní nikdo nestihl promluvit. Pramínek zlomyslných zkazek znenadání přerostl v mohutný příval. Následující den přijal Fritschův pobočník telefonní hovor, a když odmítl anonymního volajícího přepojit přímo k vrchnímu veliteli, hlas na druhé straně vyštěkl: „Pak vyřiďte generálu-plukovníkovi, že se polní maršál von Blomberg oženil s kurvou." A s tím zavěsil. Pobočník jen nevěřícně zíral na telefon. Nahlásil hovor Fritschovi, který jej obratem probral s Beckem a Hossbachem. Přestože nad tím ve vedení armády kroutili hlavou, hozenou rukavici odmítli a proti Blombergovi nic nepodnikli.[14]

Ten samý den však pravda o minulosti Erny Gruhnové vyšla najevo. Existuje řada vysvětlení, jak se její policejní spis ocitl na stole velitele berlínské policie hraběte Wolfa Heinricha von Helldorfa. Podle jednoho se měla manželka berlínského policejního inspektora svému muži svěřovat, jaké drby se vykládají o Blombergovi. Ten se příští den podíval do spisů úřadu pro evidenci obyvatel a s překvapením zjistil, že Erna nebyla berlínské policii neznámá. Další říká, že policista na ulici zaslechl děvčátko, jak se před svojí kamarádkou vytahuje, že „mámě Gruhnové se dostalo pěkného zetě, polního maršála". Jiná popisuje, jak byla jedné noci zatčena opilá prostitutka, která se holedbala, že není tak zkažená, když to holky jako ona mohou dotáhnout do nejvyšších míst. Nejpodrobnější je však ta, která líčí, jak úředník z Úřadu pro mravní přestupky pozná Ernino jméno na řadě pornografických fotografií, jež nedávno skončily na úřadě.[15]

Ať už to bylo jakkoli, faktem zůstává, že dopoledne 21. ledna ležel na Helldorfově stole naditý fascikl popisující minulost Erny Gruhnové. Suchý právnický jazyk nemohl zakrýt jasný závěr, že manželka polního maršála von Blomberga, ministra války a vrchního velitele ozbrojených sil, byla prostitutkou. Všichni očividně věděli, že její matka provozovala pod záminkou masážního salónu nevěstinec a že byla dvakrát usvědčena z kuplířství a prostituce. Ani Eva neunikla pozornosti berlínské policie. Její spis uváděl, že už v útlém věku byla prostitutka a že „své bydliště využívá k nestydatým orgiím". Také byla usvědčena z krádeže, což bylo nicotné ve srovnání s dlouhým zápisem v trestním rejstříku za „pózování pro pornografické fotografie s partnery a partnerkami; dále s uvedenými fotografiemi obchodovala", přičemž pět těchto fotek bylo přiloženo ve spise. A co bylo neuvěřitelné, vystoupila tenkrát proti fotografovi a stěžovala si, že za svůj úděl od něj dostala jen šedesát marek.[16] Podle všeho nebyly fotografie „mravné. Právě proto šly na dračku."[17]

Helldorfa britští diplomaté znali jako horlivého nacistu, „tyrana ... proslulého hulvátskými útoky na Židy", který prohrál velké jmění. [18] Každopádně nebyl připraven na takovou situaci. Jak tak pozoroval obličej nahé dívky na inkriminujících fotografiích, „zatmělo se mu před očima" z pomyšlení, že by to mohla být frau von Blomberg.[19] Okamžitě mu došlo, že pokud by jednal podle předpisů a předal fascikl nejvyššímu nadřízenému, Heinrichu Himmlerovi, dal by tak složkám SS do rukou zásadní zbraň, s jejíž pomocí by mohli šéfa ozbrojených sil vydírat. Jen nedávno se opovážil nedodržet úřední postup a předat důkaz, že státní tajemník na ministerstvu propagandy Walther Funk je homosexuál, přímo Goebbelsovi. Byl za to několikrát pokárán, takže zopakovat něco podobného by pro něj bylo značně riskantní.

Avšak Helldorf se odvážně rozhodl, že SS obejde, a místo toho vzal důkazy za nejbližším spolupracovníkem Blomberga, generálem Keitelem. Helldorf začal obezřetně a dotázal se Keitela, zda by podle pasové fotky na přihlašovací kartě poznal frau Blomberg. Keitel musel připustit, že mladou dámu viděl pouze jedenkrát na pohřbu Blombergovy matky, kde byla skryta pod závojem. To se Helldorfovi nezdálo a namítnul, že Blomberg a Keitel se brzy stanou příbuznými, a trval na tom, aby Keitel Blomberga zavolal a mohli si tak ověřit pravdu. Blomberg však byl mimo Berlín. Vyřizoval pozůstalost po matce a nebyl k zastižení. Helldorf nakonec Keitelovi odhalil prostou pravdu a ukázal mu obsah spisu. Jakožto budoucí tchán Blombergovy dcery nemohl Keitel skrýt své rozpaky. Jeho první myšlenkou bylo, ať mu Helldorf materiál předá a on ho Blombergovi ukáže, jakmile se vrátí do Berlína. To však Helldorf odmítl; na zahlazení už je příliš pozdě, protože do případu již bylo zataženo příliš mnoho osob. Keitel, který se záležitostí nechtěl dále zabývat, zdráhavě odkázal Helldorfa na Göringa, „který přece jako svědek na jejich svatbě mladou paní potkal a viděl".[20]

Po setkání s Keitelem Helldorf telefonoval řediteli říšské kriminální policie, Arthurovi Nebemu, a požádal ho, aby se za ním dostavil do kanceláře. Ačkoli byl Nebe v SS generálem, Helldorf mu věřil a věděl o něm, že pokud je to možné, drží si od Himmlera a šéfa Gestapa, Reinharda Heydricha, odstup. Nebe s chladným pohledem listoval spisem a netrpělivý Helldorf se jej tázal, co si o tom myslí. „Evidentně je to pokus zničit maršála von Blomberga," odvětil policejní šéf. „Jde o *puč*, dobře připravený i provedený, nejspíše ze strany Gestapa." Když Helldorf prohodil, že Gestapo o záležitosti doposud nic neví,

Nebe se mu vysmál. „Opravdu věříte tomu, že Heydrich, který má složku na všechny počínaje Hitlerem a Göringem, včetně vás a mě, neví, že Erna Gruhnová byla prostitutkou? Můžete si být jistý, že když se nejdůležitější muž německé armády žení, Heydrich ví o této ženě všechno." Hlavou mu vrtalo jedině to, kdo „prostitutku polnímu maršálovi podstrčil".[21]

Keitel nejen že nevaroval Blomberga před temnými mračny, která se nad ním stahují, ale byl navíc natolik servilní, tak moc se chtěl z celé záležitosti vyvléci, že osobně volal do Göringovy kanceláře, aby Helldorfovi domluvil schůzku. Jak to popsal jeden pozorovatel tehdejších událostí, Helldorf měl „svou bombu, jejíž časovací zapalovač již tiká, zanésti právě tam, odkud může výbuch být způsoben s největším možným hlukem!" Příští ráno, v sobotu, vyrazil Helldorf do Karinhallu, aby se tam setkal s Göringem. Göring neměl rád, když mu někdo narušil víkend, a svého nezvaného hosta přivítal strohým: „Tak co máte?" Jen co se Helldorf pustil do líčení celé záležitosti, Göring začal netrpělivě pochodovat sem a tam po místnosti a s rostoucím zájmem naslouchal, čím více se Helldorf blížil k osudovému vyvrcholení. Göring došel k oknu, rozrazil ho, nadechl se čerstvého vzduchu a zvolal: „To ještě scházelo!"[22] Nakolik jen předstíral svoji roli, nebo zda byl skutečně překvapen, Helldorf nebyl schopen posoudit.

O dva dny později, brzo večer v pondělí 24. ledna, personál na říšském kancléřství nervózně očekával führerův návrat z Obersalzbergu. Hossbach tvrdnul ve vstupní hale. Byl plný obav, protože měl Hitlera zpravit o žádosti naléhavého setkání, kterou obdržel od Blomberga. V tom okamžiku přijel Göring se svým pobočníkem, plukovníkem Karlem Bodenschatzem. Byl neobvykle znepokojený a v ruce tiskl hnědou složku. Na Hossbacha okamžitě spustil zdlouhavou tirádu o politováníhodné záležitosti s polním maršálem Blombergem a jak „je to vždycky jeho údělem, aby se zvláště nepříjemnými záležitostmi předstoupil před führera". Poté pokračoval do Hitlerovy přijímací kanceláře, kde narazil na Hitlerova osobního pobočníka kapitána Fritze Wiedemanna, podle kterého ministr letectva běsnil a po místnosti pochodoval „jako vzteklý lev". Na Fritzův nenucený dotaz, zda je všechno v pořádku, Bodenschatz tajemně zašeptal: „To ti povídám, Blomberg bude muset zmizet; vzal si děvku!"

Když Hitler konečně přijel, pobyl s Göringem značný čas o samotě a všechny dobové zprávy naznačují, že ho tato informace skutečně šokovala. Naříkal: „Ničeho mě neušetří." Wiedemann ho později zastihl

„zdrceného", jak chodí po místnosti, jako by byl v transu. Hlavu měl skloněnou a ruce sevřené za zády.[23] Z Hitlerova pohledu byla ve hře řada faktorů, jež situaci zhoršovaly více, než se zpočátku zdálo. Vyšlo najevo, že necudné fotografie paní Blombergové a jejího tehdejšího milence pořídil československý Žid. Podle pomluvných zkazek, kolujících později po Berlíně, se Hitler „nazítří sedmkrát vykoupal, aby se zbavil poskvrny způsobené políbením rukou paní Blombergové". Ještě horší ale byla představa natolik strašná, že si ji nechtěl ani připustit. Vždyť na svatbě byl jako svědek – co by to mohlo učinit jeho mezinárodní prestiži?!? Tu noc nemohl usnout a ustaraně dumal, jak se vyhnout tomuto ponížení. „Když si vezme německý maršál kurvu," naříkal před Wiedemannem, „pak už je na světě možné všecko."[24] Göring se měl příští den sejít s Blombergem a trvat na tom, ať se okamžitě rozvede, nebo ještě lépe, že manželství bude prohlášeno za neplatné kvůli neomluvitelnému podvodu. Současně mu měl být zamezen přístup na kancléřství a zakázáno nosit uniformu.

Řeči o Blombergově blížícím se odchodu se v politických a diplomatických kruzích rychle rozšířily. Plukovník Jodl si do deníku zapsal, že „telefonáty [Erniných] kamarádek z veřejných domů, kde oslavují společenský vzestup své ‚kolegyně', mají všechny předpoklady k tomu, aby se dostaly k uším generálů".[25] O tom, co se proslýchá, byl informován i admirál Canaris v ústředí Abwehru na berlínské ulici Tirpitzufe. Varoval ho jeho náčelník štábu, plukovník Hans Oster, který byl blízkým přítelem Wiedemanna. Stejně jako řada dalších byl i Canaris zmaten, proč Keitel Blomberga na existenci složky neupozornil. Také ho znepokojovalo Göringovo angažmá, protože celá záležitost byla zcela jasně problémem armády. „Blomberga nelze zachránit," poznamenal si do deníku Goebbels. „Jako mužovi cti mu zbývá jedině pistole… Vůdce jako svědek na svatbě. To je nemyslitelné."[26] Avšak v případě Göringa, který již pošilhával po uvolňující se pozici, bylo ve hře mnohem více. Pokud chtěl Hitler Blomberga ponechat ve funkci pouze za předpokladu, že manželství okamžitě ukončí, bylo pro Göringovy plány klíčové, aby se o této možnosti Blomberg nedozvěděl a aby v jakémsi vzdoru v manželství setrval.

Když Göring ráno 25. ledna navštívil Blomberga na ministerstvu války, choval se nemilosrdně pragmaticky, jako obchodník, spíše ještě hůře. Vyhýbaje se jakýmkoli úvodním zdvořilostním frázím, informoval vystrašeného polního maršála, že vyšly najevo „jisté záležitosti z dávné minulosti" jeho manželky a že má být uvolněn z postu a propuštěn z armády. Zalhal Blombergovi, že velení armády žádá jeho rezignaci a zcela opominul předat Hitlerův vzkaz, že pokud by došlo ke zrušení manželství, možná by mohl ve funkci zůstat. Je otázkou, zda vůbec Göring uvedl veškeré podrobnosti a obvinění proti Blombergově ženě, jak byly sepsány ve spise. Blomberg, který se na základě toho, co slyšel, domníval, že rozvodem by nic nezískal, odmítl manželství ukončit a zdůraznil, že je velice zamilovaný, a s povzdechem si postěžoval na toto „nepopsatelně nespravedlivé zacházení". Proč by zrovna on neměl mít právo vybrat si ženu podle svého gusta? Göring stručně namítl, že v manželství, ať „si poslouží dle své chuti, ale propuštění je naprosto definitivní".[27] Celá konverzace trvala jen pět minut. Poté, co Göring odešel, Blombergův nervózní pobočník pootevřel dveře a spatřil, „jak se tento jinak tak statný generál-polní maršál potácí úplně zlomen do svého soukromého obydlí za pracovnou".[28]

Blomberg nicméně nebyl jediným mužem z velení armády, kterému se právě hroutil svět. Zatímco Göring dělal Blombergovi přednášku na ministerstvu války, Hitler byl „zašitý" na říšském kancléřství spolu s věrným Hossbachem a probírali otázku Blombergova nástupce. Hitler zuřil, že ho Blomberg zradil, když mu o minulosti své ženy nic neřekl, a navíc ho nechal, aby mu šel na svatbě za svědka. Ačkoli Hossbach již měl tušení, co se vlastně stalo, hrozivé detaily ho děsily a štvalo ho, že dobré jméno důstojnického sboru bylo pošpiněno takovou nemorálností. Stále si ještě dával dohromady, co všechno tato novinka přinese, když najednou Hitler namísto Blomberga obrátil řeč na Fritsche. Vrchní velitel armády, pronesl obřadně, je homosexuál a bude muset také odejít. Důkazy o tom měl již nějakou dobu u sebe. Hossbach byl naprosto zkamenělý.

Göring velice dobře věděl, že to bude právě Fritsch, kdo bude prvním kandidátem na uvolněný post ministra války. Využil proto příležitosti a jemně Hitlera upozornil na existenci složky SS, kterou založil Himmler v roce 1936. Psalo se v ní, že berlínský prostitut dlouho vydíral Fritsche kvůli údajným homosexuálním stykům v roce 1933. Když se to doneslo k Hitlerovi, odmítl těmto obviněním věřit, zakázal vyšetřování a nařídil, ať je složka zničena. Nyní požádal Himmlera, aby ji „rekonstruoval", což pro šéfa SS bylo velice jednoduché, poněvadž se dva roky válela v sejfu v Heydrichově kanceláři. A tak již od rána 25. ledna byla zpátky na führerově stole, kam ji přinesl osobně Himmler. Nebyla nedotčená, její obsah nápadně nabyl. Hosbach si ji s hrůzou přečetl a bylo mu naprosto jasné, jaké otřesné důsledky má tento skandál, který vypukl záhy po prvním. Celý den a ještě dlouho do noci se snažil Hitlera přesvědčit, že obvinění Fritsche jsou naprosto nepodložená a že jde o chabý podvrh. Už když opouštěl kancelář, byl rozhodnutý, že celé věci nenechá volný průběh. Ačkoli mu Hitler výslovně zakázal, aby Fritsche na vznesená obvinění upozornil, Hossbach zamířil přímo na Bendlerstrasse, kde měl Fritsch na ministerstvu války svůj byt, a vše mu oznámil. Fritsche to šokovalo a neobvykle svérázným jazykem všechno odmítl, že jde o snůšku výmyslů a „odporných lží".[29]

Příští den, 26. ledna, Hossbach ihned po příchodu do práce vyhledal Hitlera. Přiznal, že byl u Fritsche, popsal proběhlou konverzaci a opět zkoušel přesvědčit svého šéfa, že všechna obvinění jsou nepodložená. Hitler klidně naslouchal a přesvědčivě zahrál, že ho zpráva uklidnila. Všechno by bylo v pořádku a Fritsch se mohl nakonec stát ministrem války, jenomže o něco později přijel na kancléřství Blomberg, s kterým si Hitler vyžádal poslední schůzku, což Hossbach nevěděl. Führer byl klidný, ale neoblomný. Skandál kolem svatby polního maršála byl na Říši trochu moc, a co bylo ještě horší, přimělo ho to k rozhodnutí, že je na čase, aby se jejich cesty rozešly. Blomberg znovu prohlašoval, že je nevinný, a zlehčoval závažnost nařčení své ženy, když trval na tom, že byla jen „prostou dívkou z obyčejných poměrů". To Hitlera otravovalo. Slyšel již dost, a tak co nejrychleji stočil téma hovoru na otázku nástupnictví. Ačkoli to byla jen chvilka, co Hossbachovi sdělil, že Fritsch je znovu ve hře, nyní začal Blombergovi vykládat, že vrchní velitel armády je homosexuál, takže nepřipadá v úvahu.[30]

Blomberg se snažil skrýt své překvapení, a nejspíše i radost, že není sám, kdo má problémy. Dokonce přitakal, že si myslí, že by to mohlo být možné. Souhlasil, že Fritsch není příliš „na ženy" a že jakožto starý mládenec možná „podlehl jisté slabosti".[31]

„V tom případě," prohlásil Blomberg, „je na řadě Göring." Teď byl na řadě Hitler jako ten, kdo má hrát překvapeného.

„To není možné," namítl. „Není trpělivý, a navíc ani nemá předpoklady pro takovou práci."

„Tak nezbývá nic jiného," pokračoval Blomberg, „než že ministerstvo války připadne přímo samotnému führerovi."[32]

Tak převratná myšlenka Hitlera okamžitě zaujala a přislíbil, že o ní bude přemýšlet, ale zdůraznil, že by potřeboval někoho, kdo by vykonával veškerou činnost štábu.

„Jak se jmenuje ten generál, který byl doteď ve vaší kanceláři?" zeptal se Hitler.

„Á, Keitel," odpověděl Blomberg. „Ale ten nepřichází v úvahu; jediné, co dělal, bylo vedení mé kanceláře."

Toho se Hitler okamžitě chopil. „To je přesně ten muž, jehož hledám."[33]

Vzhledem k tomu, že Göring jako původce požadavku na propuštění lživě označil armádní velení, těžko se můžeme divit Blombergovi, že se rozhodl jim to před svým odchodem oplatit. Nejenže odevzdal armádu do rukou Hitlerovi, poté ještě sestavil seznam generálů, kteří podle jeho názoru nebyli dostatečné oddaní aspiracím a mašinérii nacionálního socialismu. Beck prý později kvůli těmto zrádným činům směřujícím proti bývalým kolegům označil bývalého ministra války za „ničemu [Schuft]".[34] Podle všeho však Hitlera informace potěšily a dle Jodla se mu díky „jeho nadlidské laskavosti" podařilo utěšit *Feldmarschalla*. Pravil mu: „Až přijde okamžik Německa, budete stát po mém boku a cokoli z minulosti bude zapomenuto." Blomberg později tvrdil, že mu Hitler slíbil „a kladl na to důraz, že v případě války stanu ve vrchním velení."[35] Mezitím měl nadále pobírat plný plat a dostal 50 000 marek, aby si společně s manželkou mohl vyjet do zahraničí, což Blomberg pochopil jako roční dovolenou.

Vrátil se na ministerstvo války, aby si udělal pořádek ve svých věcech, a oznámil Keitelovi, že se má odpoledne v civilních šatech hlásit führerovi. Dále mu vylíčil podrobnosti ranního rozhovoru a zvláště Hitlerův slib, že v případě války bude povolán zpět do služby. Keitelovi však bylo naprosto jasné, že jeho starý přítel „se k těmto slovům upnul až příliš pevně" a že Hitler nic takového v úmyslu nemá. Keitel Blomberga pokáral, že se mu nesvěřil dříve – tedy dokud nepodnikl tak závažný krok, jako je svatba, a naposledy se svého šéfa snažil přesvědčit, aby započal rozvodové řízení, čímž by si třeba mohl ponechat svoji práci. Tento nápad nicméně Blomberg rozhodně zamítl, a to i pro dobro jejich dětí, které se brzy mají vzít. Na obou stranách to byl „sňatek z lásky" a spíše by si „prohnal hlavou kulku, než aby se rozvedl". S těmito slovy a slzami na tváři chvatně opustil místnost.[36]

Příští den Blomberg s vysokou částkou od Hitlera v kapse vyrazil na opožděné líbánky, což se fakticky rovnalo roku v exilu. Svým přátelům sdělil, že se vydává na cestu po Indickém oceánu, ale na dovolenou nejprve zamířil do Říma a pak na Capri, odkud se poté šířily zprávy, že novomanželé si to na teplém italském slunci pořádně užívají. Agilní reportér z *Daily Express* vypátral šťastný pár až na ostrov, kde se skrývali, a tam popsal paní Blombergovou slovy, která šla jen stěží nespojovat se skandální pověstí, kterou za sebou zanechala v Berlíně.

> Je to vysoká, plnoštíhlá a boubelatá žena. Ve splývavé bílé róbě a s korunou na hlavě by mohla hrát Brunnhildu. A moderně oděná je přesně tím typem ženy, která vám udělá výborný čaj a k snídani vám na stůl vždy nachystá noviny. Má modrošedé oči, a když se na vás podívá, není to ustrašený pohled. Má ostře vyrýsovaný profil, její široké čelo přechází do drobného nosíku. Rty jsou plné a neustále v pohybu a jako většina Němek má zdravou chuť k jídlu.[37]

Senzacechtivý reportér lorda Beaverbrooka ale nebyl jediným ne-chtěným hostem, který Blombergovy na Capri vyslídil. Konec tohoto příběhu byl poněkud bizarní a tragikomický současně. Na ostrově je našel mladý námořní důstojník, baron Hubertus von Wangenheim, který Blombergovi dělal pobočníka ve Wehrmachtsamtu. Stejně jako předtím i Keitel, také admirál Raeder učinil poslední pokus a vyslal ho, aby Blomberga přesvědčil, že rozvod je možnost, jak obnovit čest důstojnického sboru. Nicméně tento namyšlený a nadmíru horlivý mladý důstojník pokyny překročil několikanásobně. Hned, jak našel Blomberga, mu podrobně vylíčil kompletní litanie Erniných minulých omylů a poté mu vecpal svůj revolver a navrhl, ať se zachová čestně. Blomberg si však manželský život natolik užíval, že na takovou hloupost ani nepomyslel, a mladého fanatika vypoklonkoval okamžitě ven. Ještě naštvaný poté napsal Keitelovi a stěžoval si, že Wangenheim „má nejspíše názory z jiného světa a jiné představy o životě". Keitel zuřil, že se Wangenheim vydal na Capri bez jeho svolení a že způsob, jakým Blombergovi učinil netaktní nabídku, prokázal „mimořádnou nadutost mladého důstojníka, který asi věří, že je strážcem cti důstojnického sboru". Göringa tato akce dopálila natolik, že vyhrožoval, že mladého důstojníka nechá zastřelit. Mrtvý polní maršál byla přesně ta poslední věc, kterou v tu chvíli on nebo Hitler potřebovali.[38]

Odpoledne měl Keitel s Hitlerem schůzku v říšském kancléřství. Ještě před ní si ho ale zavolal Göring, který nyní horečně sháněl podporu, aby se mohl stát Blombergovým nástupcem. Dokonce se mu podařilo přesvědčit Wiedemanna, aby ho navrhl, ale Hitler to odbyl mávnutím ruky.

„Nepřichází v úvahu. Vždyť ani nerozumí Luftwaffe."

Když o pár hodin později předstoupil s tímto návrhem Keitel, dostalo se mu identické odpovědi.

„Nikdy!" vykřikl Hitler, „Na to je moc měkký a líný. Velení wehrmachtu si hodlám vzít na starost já."

Když poté Keitel navrhl Fritsche jakožto druhého v hierarchii, také jemu Hitler ukázal kompromitující složku o Fritschově údajné homosexualitě a jasně se vyjádřil, že hledá náhradu jak za Blomberga, tak i za Fritsche. Keitlovi navrhl, aby se stal jeho náčelníkem štábu s tím, že je zde v příhodnou dobu možnost dalšího povýšení, čímž mu značně polichotil. Keitelův první úkol nebyl zrovna příjemný. Sám se o něm vyjádřil jako o „nevděčné povinnosti". Hitler zuřil, že Hossbach neuposlechl jeho rozkazy a za jeho zády varoval Fritsche, z čeho je obviněn. Tím „ztratil jeho [Hitlerovu; pozn. překladatele] důvěru a už ho nikdy nechtěl vidět". Keitelovým úkolem bylo okamžitě ho propustit a najít führerovi nového pobočníka.[39]

...

Vrchní velitel armády generálplukovník baron Werner von Fritsch byl nadaným důstojníkem ze staré školy. Jako správný člen generálního štábu nosil monokl, byl odměřený a zdrženlivý, ale odhodlaný. Pro své profesní schopnosti a naprostou loajalitu k armádě byl široce obdivován a respektován. Armáda mu na oplátku projevovala věrnost a jeho autoritu vrchního velitele nikdo nezpochybňoval. Na rozdíl od Blomberga nespoléhal v otázce svojí prestiže na Hitlerovu náklonnost a führer se v jeho přítomnosti cítil nesvůj. Snažil se držet mimo politické boje, pokud se netýkaly armádních záležitostí, jako tomu bylo na říšském kancléřství 5. listopadu, kde vystoupil proti Hitlerovým plánům. Byl natolik statečný, že se nesnažil zakrývat nejen svůj dlouhotrvající odpor k nacistické straně, ale ani své pohrdání Himmlerem, a zvláště SS. Proto také Himmler jeho odstranění už nějaký čas plánoval. Stejně tak je nepravděpodobné, že by mu Hitler odpustil jeho projevy odporu, či na ně zapomněl. Jakmile byl Blomberg bezpečně odstraněn, byl to Fritsch a jeho dřívější obvinění, co nyní poutalo Hitlerovu pozornost.

Složka měla svůj původ v událostech starých pět let – z listopadu 1933. Jednoho chladného zimního večera se jeden bezvýznamný člen berlínského podsvětí poflakoval po mdle osvětleném vestibulu železniční stanice Postdamer Platz. Otto Schmidt byl příležitostný prostitut, zloděj a vyděrač. A když to bylo nezbytné, byl také policejním informátorem. Jak bylo jeho zvykem, té noci pozorně sledoval, kdo vchází na veřejné toalety a vychází z nich, protože dobře věděl, že toto místo je lukrativním zdrojem snadného vydírání. A trpělivost se mu brzy vyplatila. Přišla skupina důstojníků námořnictva a armády, kterou doprovázel muž ve vyšším středním věku. Na oku měl monokl, oděn byl do tmavého kabátu s kožešinovým límcem a v ruce měl vycházkovou hůl se stříbrnou rukojetí. Nějakou dobu spolu rozmlouvali a poté se rozešli každý svoji cestou. Muž se omluvil a zamířil na toalety. Netrvalo dlouho a vyšel s mladíkem, jehož tvář Schmidt okamžitě poznal – byl to Josef Weingärtner, známý místní prostitut přezdívaný „Bavorský Pepa".

Schmidt oba muže tajně sledoval do temného průchodu u plotu kolem nádraží, dokud se mu neschovali v lešení u rozestavěné budovy. Z dálky místo sledoval a čekal, až se o chvíli později znovu vynořili ze stínů a poté se rychle rozdělili. Předpokládal, že neznámý muž zaplatil Bavorskému Pepovi za homosexuální styk, takže přišel k prostitutovi a na rovinu se ho zeptal, co se událo. Překvapený Weingärtner potvrdil jeho podezření, načež se Schmidt rychle vrátil na nástupiště, kde jeho zamýšlená oběť zrovna nastupovala do vlaku. Zastihl jej ve vlaku a ke staříkově hrůze mu Schmidt vážně oznámil, že je „kriminální komisař Kröger" z mravní policie a konfrontoval ho s ostudnou scénou, které byl podle svých slov svědkem. Je však ochoten za přiměřenou částku tentokrát zavřít oči a záležitost nechat být. Po chvíli dohadování, kolik by tato přiměřená částka obnášela, se vystrašený pán identifikoval jako kapitán jízdy Achim von Frisch a Schmidtovi nabídl 200 marek, všechny peníze, které měl v peněžence. Podobnost jména tohoto muže a vrchního velitele armády měla být později pro druhého jmenovaného zkázonosná.

Schmidt částku odmítl jako nedostatečnou, ale souhlasil, že doprovodí Frische domů na Ferdinandstrasse ve východolichterfeldském předměstí. Zde Frisch zanechal Schmidta venku a za pár okamžiků se objevil s dalšími penězi, takže se celková suma již blížila dohodnutým pěti stům marek. Příští den zašel Frisch do místní banky, vybral další peníze a později toho dne se potkal se Schmidtem v čekárně východolichterfeldského nádraží. Zde mu doplatil zbytek do 500 marek a k tomu mu přidal brandy a cigarety. Frisch se domníval, že celá záležitost je urovnána, ale Schmidt se jako správný vyděrač objevil jen o pár dní později a konfrontoval Frische s dalším mužem, jenž měl být jeho policejním nadřízeným, který požadoval také svůj podíl. Tentokrát se dohodli na částce 2000 marek s tím, že polovina bude zaplacena okamžitě a zbytek během několika týdnů. Při dalším setkání, k němuž došlo opět v železniční čekárně, se Schmidt objevil ještě s jiným „detektivem". Trojice vypila značné množství piva a whisky (takové množství, že vlastník baru si je pamatoval ještě po čtyřech letech) a nakonec mohl Frisch doplatit poslední část ze splácených 1000 marek.

Naneštěstí pro Frische, ale v logice celé události nevyhnutelně, ani tato předpokládaná poslední výplata neutišila krvežíznivého Schmidta, který se čas od času zastavil pro další částku, vždy doprovázenou mimořádnou pitkou. Zdraví starého důstojníka kavalérie se prudce zhoršilo, k čemuž patrně přispěl stres z trvajícího vydírání, a tak byl nucen najmout si zdravotní sestru, kterou by si ale stěží mohl dovolit, i kdyby nebyl vydírán. Když ho Schmidt dočista vyždímal, jednoho dne se před Frischovým domem objevil se svým známým a chvástal se, že zde žil muž, kterého kdysi „dostal na kříž", a že to byl nejlepší úlovek, jaký se mu kdy povedl.[40] Avšak i samotný Otto Schmidt se měl brzy stát obětí, a sice politického klimatu, které se v Německu právě měnilo.

Vzhledem k následkům Noci dlouhých nožů z června 1934 a ve snaze odvrátit pozornost od divokosti svých činů se Hitler rozhodl ospravedlnit likvidaci vedení SA tím, že upozorní na homosexuální zkaženost Ernsta Röhma a jeho následovníků. Ačkoli do té doby Hitler o tuto otázku nejevil mnoho zájmu (a krátkou dobu prosazoval na funkci ministra hospodářství známého homosexuála Waltera Funka), nyní to stačilo k tomu, aby relativně nevytíženému Gestapu posvětil, že se má veškerá energie nacistické represivní mašinérie upnout na očistu od těch, kteří páchají nejodpornější ze všech zločinů. Gestapu se tak naskytla ideální příležitost, aby značně rozšířilo svoji sféru vlivu, a jako oddělení Gestapa II-H vznikl „Říšský úřad pro boj s homosexualitou" a rozpoutal se hon na homosexuály. Vyústil v zatčení stovek mužů, kteří byli předvedeni před zvláštní soudy pracující na objednávku a poté umístěni do koncentračních táborů.

Bylo to nedlouho poté, co na Gestapu dostali důmyslný nápad, jak by rychlost vyšetřování a usvědčování mohli zvýšit. Místo aby přímo hledali homosexuály, bylo mnohem jednodušší lovit v německých vězeních a najít pouliční zvrhlíky, kteří si dříve vydělávali špehováním a vydíráním homosexuálů. Bylo jasné, že když jim na oplátku bude snížen jejich trest, velice rádi všechno vyžvaní. Otto Schmidt se střídavě pohyboval na svobodě a za mřížemi od svých mladistvých let. Od roku 1936 byl znovu ve vězení, tentokrát se sedmiletým trestem. Když byl poprvé dotazován policií, s radostí detailně vylíčil doslova stovky homosexuálů, které v minulosti vydíral. A uvedl, že mezi nimi byl vyšší důstojník jménem von Frisch. Jakmile složka dorazila na oddělení II-H na velitelství Gestapa, jméno, které evokovalo vrchního velitele armády, okamžitě zaujalo šéfa oddělení Josefa Meisingera. Byl „morálně zkažený, odpudivý, jeho chování bylo nechutné a jeho metody vyšetřování byly značně povrchní, čímž opovrhovali jeho precíznější kolegové".[41]

Schmidt byl přemístěn do vězení Gestapa a při prvním výslechu dostal fotografii Fritsche v přehlídkové uniformě plukovníka a s popiskem uvádějícím jeho jméno a vojenskou hodnost. Schmidt, který si nyní užíval, že je pro jednou středem pozornosti, a s radostí, že se může vyšetřovatelům zavděčit, muže na fotografii označil jako dotyčného z nádraží Potsdamer Platz, kterého následně vydíral. Takovému štěstí nemohl Meisinger uvěřit. Zpráva, že SS konečně disponuje zbraní, kterou může použít proti vrchnímu veliteli armády, se brzy dostala k Heydrichovi, záhy poté k Himmlerovi a nakonec k samotnému Hitlerovi. To bylo v roce 1936, tedy v době, kdy se Hitler od této představy, že Fritsch je homosexuál, distancoval a nařídil, aby byl spis spálen. Rozkaz, který Himmler očividně neuposlechl. A tak se složka v ranních hodinách 25. ledna 1938 objevila na führerově stole a, ač to bylo o dva roky později, byla jako nová.

Fritsch se dokonce měl na pozoru už předtím, než se Hossbach vzepřel a navštívil ho s varováním, co za obvinění složka obsahuje. Jen dva dny předtím se za ním zastavil starý přítel, který obdržel anonymní telefonát s výstrahou: „Jste přítel generála von Fritsche. Je v obrovském nebezpečí."[42] Znepokojen dvojnásobným varováním prožil Fritsch besesnou noc, dumal nad nimi a snažil se pochopit, odkud toto obvinění pramení. Vzpomněl si, že v zimě 1933–34 párkrát o samotě povečeřel se sirotky z Hitlerjugend, což byla jeho charitativní a zcela bezelstná snaha, jak přispět na říšskou kampaň Zimní pomoci. A tak ho napadlo, že současné nesnáze musejí pramenit ze zlomyslných, ale nepravdivých drbů. Hned ráno zavolal Hossbachovi a pozval ho na vyjížďku na koni kolem ministerstva války. Nicméně historka o chlapcích z Hitlerjugend jeho horlivého zastánce zrovna neuklidnila.

Hossbach se vrátil na kancléřství a předstoupil před Hitlera s dotazem, jak je možné, že obvinění, kterým v roce 1936 odmítl věřit, najednou nabyla takového významu. Pakliže je materiál natolik průkazný, proč Hitler s Fritschem ty dva roky dále spolupracoval? Hitler zamumlal, že Fritsch byl v době znovuvyzbrojování nepostradatelný, a naznačil, že by se později ještě mohl vrátit na post ministra války. Na to Hossbach namítl, že jediné, co si Fritsch přeje, je zůstat na dosavadním místě. Jak ale Hitler později sdělil Blombergovi a Keitelovi, tato možnost nepřicházela v úvahu vzhledem k obviněním z homosexuality. A jakékoli záchvěvy velkorysosti k Fritschovi úspěšně rozptylovali Göring, Himmler a Heydrich, kteří Hitlera celý den střídavě navštěvovali. Ještě nebylo pozdě odpoledne a Hitler opět varoval Hossbacha, že obvinění Fritsche jsou téměř prokázána. „Homosexuálové," poučoval svého pobočníka, „jsou bez ohledu na své postavení všichni lháři."[43] Fritsch měl být s okamžitou platností dočasně postaven mimo službu. Hossbach tedy navrhl, aby byl Fritsch postaven před čestný soud, který by byl složený z armádních generálů. I tento návrh ale Hitler smetl ze stolu.

Souhlasil však s tím, aby záležitost konzultoval s ministrem spravedlnosti Franzem Gürtnerem, který tak byl předvolán na kancléřství. Gürtner představoval ministra ze staré gardy, ze dnů před vznikem Třetí říše. Před novým režimem sklonil hlavu, a poněvadž převážně říkával Hitlerovi to, co chtěl slyšet, ač tak činil odměřeně a s rozvahou, podařilo se mu udržet si místo. Bylo o něm také známo, že je slaboch, takže když jej Hitler povolal na kancléřství, téměř najisto věděl, že Gürtner svoji roli sehraje dobře. Vrazil mu do rukou složku a požádal, aby Gürtner okamžitě vypracoval posudek. Hitler zdůraznil, jako opakovaně činil i v následujících dnech, že Schmidtovy výpovědi byly v případech, kdy svědčil, vždy spolehlivé (ve skutečnosti tomu bylo přesně naopak, policejní spis uváděl, že se jedná o profesionálního lháře, který nikdy v minulosti nebyl brán vážně). Gürtner urychleně naškrábal své stanovisko, v němž uváděl, že podle dokumentů byl Fritsch obžalován na základě článku 175 trestního zákoníku, že obvinění dosud nevyvrátil a že „na základě toho, co jsem dostal k dispozici, lze podat obvinění k prokurátorovi".[44]

Nakonec Hitler přece jen vyhověl neodbytnému Hossbachovi a přivolil, ať je Fritsch s důkazy konfrontován osobně. „Ale ne, aby se očistil," dodal, „jelikož stejně bude lhát. Smyslem je konfrontovat ho se svědkem jménem Schmidt, kterého drží Gestapo." Ve skutečnosti byl Schmidt poté, co učinil svoji původní výpověď, propuštěn, ale nedávno byl Gestapem opět příhodně zadržen. Pročež byl na Himmlerův příkaz vyslán vyšší příslušník Gestapa Franz Josef Huber, aby jej přivedl nazpět z koncentračního tábora, kde byl držen.[45] Toho večera tak Hossbach telefonicky předvolal Fritsche na kancléřství a poté na něj čekal ve vstupní hale, aby ho, než ho předvede do Hitlerovy knihovny, mohl upozornit, že dojde ke konfrontaci se Schmidtem. Slovy jednoho historika to pro Fritsche měla být zkušenost, na kterou „ho jeho život aristokrata a důstojníka mohl jen stěží připravit".[46]

Když rozhovor započal, byli v místnosti Hitler, Göring a Fritsch. Hitler přešel přímo k věci a zjišťoval, zda jsou nařčení pravdivá. Také přednesl návrh na ututlání celé aféry za předpokladu, že by Fritsch opustil Německo. Fritsch pozorně poslouchal, z čeho je obviněn, a poté důrazně prohlásil, že je nevinný. Mezitím na kancléřství přijel Huber se Schmidtem v doprovodu dalších příslušníků Gestapa. Jeden z Hitlerových osobních pobočníků byl z hrozného stavu Schmidta natolik zděšen, proto trval na tom, že než bude připuštěn k führerovi, musí se oholit a kompletně očistit. Poté zaujali Huber se Schmidtem místo pod schodištěm a na smluvený signál vyšli Hitler s Göringem následovaní Fritschem na podestu nad schodištěm. Huber a Schmidt pomalu vystoupali nahoru, načež Hitler chvíli zíral na „šupácké" vzezření rváče před sebou a pak se ho dotázal, zda poznává Fritsche. Schmidt se odmlčel, dramaticky ukázal na Fritsche, a aniž by byl jakkoli nervózní ze společnosti, v jaké se to ocitl, s jistotou odpověděl, „To je on."[47] Šlechetný Fritsch byl podle všeho natolik ohromený z přítomnosti takového zjevu na posvátné půdě německé vlády, že se nezmohl ani na slovo.

Když se opět ocitli v knihovně, několikrát se hájil proti křivému nařčení. Schmidta nikdy předtím nespatřil a znovu dal führerovi jako důstojník a aristokrat čestné slovo, že s touto nechutnou záležitostí nemá nic do činění. Pak ale udělal chybu. Když se ho Hitler tázal, zda ho napadá nějaký důvod, proč vzbuzuje podezření, že je homosexuál, Fritsch pošetile poukázal na incident s chlapci z Hitlerjugend. Hossbach, který nebyl k rozhovoru záměrně připuštěn, v této věci selhal, když ho předem nevaroval, aby tuto historku ve vlastním zájmu nezmiňoval. Tato výpověď měla na Hitlera přesně opačný účinek, než v jaký Fritsch doufal. Proti němu také svědčil klid, s nímž vystupoval. Obrnil se klidem a sebekontrolou, ale právě to zvýšilo Hitlerovo podezření, protože spíše čekal afektované vystupování. „Jen si to představte, Wiedemanne," svěřil se později toho večera Hitler pobočníkovi. „Najednou to už nejsou dva lidé, ale čtyři, s nimiž měl co do činění. To už nejde dále utajovat. A přitom jediné, co jsem od něj chtěl slyšet, byl nějaký důkaz."[48]

Podle Hitlera byla Fritschova vina nepochybně prokázána. „Je to slovo proti slovu," poznamenal si do deníku Goebbels. „Slovo homosexuálního vyděrače proti šéfovi armády. A Vůdce už Fritschovi nevěří."[49] Hitler navrhoval, aby jeho přední generál tiše zmizel kvůli zdravotním potížím, ale Fritsch až moc dobře chápal, že takový krok by znamenal veřejné doznání viny. Odmítl a požadoval, aby byl souzen čestným soudem složeným ze svých kolegů. Na to mu Hitler bez obalu sdělil, že má na dobu neurčitou dovolenou, a ukázal na dveře. Poníženého a vyčerpaného Fritsche, který byl ještě otřesený z toho, co se právě stalo, doprovodil k autu Hossbach, nadále přesvědčený o jeho nevině. Když se poté vrátil do budovy, Göring se vyřítil z knihovny kancléřství, dopadl na pohovku a s hlavou v dlaních pohnutě mumlal a oznamoval, že je Fritsch vinen: „Byl to on, byl to on, byl to on!" A opakoval to pořád dokola.[50]

Ačkoli už byla půlnoc, Hossbach se dotázal, zda může zavolat generála Becka, který byl nyní nejvyšším důstojníkem ve službě. Vyslali pro něj auto a nový náčelník štábu natolik spěchal, že se dostavil v civilním oblečení. Okamžitě zamířil na jejich poradu a oba dva našel ve stavu maximálního rozčílení. Göring si to po místnosti mašíroval jako šelma a Hitler se nervózně pohupoval na své pohovce a potil se, jen z něj lilo. Hitlerův první dotaz Becka zaskočil: kdy a kde Fritschovi naposledy půjčil peníze? Podle všeho se Gestapu ve východolichterfeldské oblasti nepodařilo vypátrat bankovní účet na Fritschovo jméno, což není překvapivé, vzhledem k tomu, že Fritsch Schmidtovi nic neplatil. A poněvadž v této části Berlína bydlel Beck, jaksi se předpokládalo, že finanční prostředky pocházely od něj. Beck domněnku, že půjčoval peníze nejvyššímu představiteli armády, zlostně odmítl, načež se ke svému zděšení dozvěděl, o co přesně v obvinění proti Blombergovi a Fritschovi jde. Ačkoli o prvním jmenovaném již něco tušil, druhé obvinění pro něj byla naprostá novinka a jeho první reakcí bylo přitakání Fritschově žádosti, aby se záležitostí zabýval vojenský soud.

Tím zrovna Hitlera s Göringem moc nepotěšil, protože ti usilovali o to, aby se oba skandály pojímaly jako jeden problém, zatímco Beck mezi nimi jasně rozlišoval. Pokud šlo o Blomberga, překvapivě zaujal nekompromisní postoj, že se jedná o natolik mravně závažné selhání, že se tímto činem automaticky vyloučil z armády. Později poučoval Keitela: „Není možné schvalovat, aby si jeden z nejvyšších představitelů armády vzal děvku; měli ho buď přinutit se rozvést, anebo vyškrtnout ze seznamu důstojníků; každopádně už nemůže být ani velitelem regimentu."[51] Avšak v případě Fritsche zde byla ještě řada nezodpovězených otázek a v zájmu zachování důstojnosti armády bylo, aby sama armáda tento případ důkladně vyšetřila. A i když bylo po půlnoci, Beck zajel za Fritschem domů na Bendlerstrasse, kde ho nalezl v naprostém zoufalství. Měli spolu dlouhý rozhovor a poté, přesvědčen o Fritschově nevině, se Beck vrátil zpět do kancléřství. Když oznámil, že Fritsch si neoblomně stojí na své verzi událostí a že mu věří, Hitler neochotně souhlasil, že se ráno Göring, Beck a Fritsch setkají a rozlousknou, jak naložit se soudním přezkumem celého případu.

Když se 27. ledna Beck probudil, došel k závěru, že Fritsch nemá žaludek na to, aby se svým obviněním bojoval. Rozhodl se tedy vzít záležitost do svých rukou a zajel za Göringem do Karinhallu, aby tam zjistil, že plánované setkání bylo zrušeno a že Göring před každým ochotným posluchačem roztrubuje, že Fritsch je vinen. Právě v té době byl tyranizovaný Fritsch neuvěřitelně ponížen. Gestapo jej vyslýchalo ve své neslavné centrále na Prinz Albrechtstrasse, což bylo hned za rohem od jeho bytu a vojenského velitelství. Vzhledem k tomu, že Gestapo nad armádou nemělo žádnou pravomoc, takže Fritsche nemohli donutit, aby se nechal vyslýchat, bylo neuvěřitelné, že se vůbec do lví klece rozhodl vstoupit. Fritsch však věřil, že je to jediný způsob, jak může Hitlerovi dosvědčit svoji nevinu.

Ani na Gestapu si nebyli jistí, zda se generál objeví. Když se tak v 10 hodin dopoledne stalo, přijal jej nervózní Franz Huber, tedy příslušník, jenž včera na kancléřství přivedl Schmidta, a odvedl ho do vyslýchací místnosti ve třetím podlaží. Během cesty dlouhými chodbami staré budovy si Fritsch matně povšiml řady šerých postav, které okouněly ve dveřích a různých výklencích. To Gestapo posbíralo některé ze známějších berlínských homosexuálních mladíků, mezi nimiž byl i Bavorský Pepa, a teď jim dali příležitost, aby na Fritsche mrkli a později ho mohli označit za svého klienta. Při výslechu se Fritsch choval apaticky a rezignovaně. Jeho vystupování se nezměnilo ani při druhé konfrontaci se Schmidtem. A to ho vyšetřovatelé soustavně provokovali. „Ale generálplukovníku, pokud má člověk tak pisklavý hlas, musí být přece homosexuálem."[52]

Přípravy právního procesu pokračovaly hlemýždím tempem. I přes své výhrady byl Hitler nakonec donucen připustit, že by měl Fritsch stanout před vojenským soudem, a tam si obžalovaný zvolil za svého právního zástupce hraběte Rüdigera von der Göltze. Keitel předvolal dr. Heinricha Rosenbergera, který měl na starost právní záležitosti wehrmachtu, a dal mu instrukce, aby v této záležitosti pro Gürtnera, ministra spravedlnosti, vypracoval memorandum. Také Rosenberger patřil mezi důstojníky ze staré gardy a obvinění Fritsche se mu moc nepozdávalo. Když Gürtner zprávu přijal, důrazně Hitlera nabádal, aby „na základě takové dokumentace soudní řízení s generálem von Fritschem nezahajoval". Také mu došlo, že neviděl všechny relevantní dokumenty, a bez obalu upozornil, že by byl více platný, kdyby znal celou pravdu. „Ty důkazy jsou značně nepřesvědčivé," upozorňoval führera, „a celý případ by se měl před dalším krokem důkladně přezkoumat."[53] Tuto radu Hitler ignoroval, ale souhlasil, že dva vojenští soudci provedou předběžné vyšetřování. Paralelní vyšetřování mělo provádět Gestapo, což nepůsobilo zrovna povzbudivě.

S tím, jak se Schmidtův příběh podrobil důkladnějšímu zkoumání, se celý případ začal hroutit. A dokonce i na Gestapu začali o věci pochybovat. Nejistota samotného Hubera po Fritschově výslechu natolik vzrostla, že se dvěma podřízenými vzali Schmidta k domu na Ferdinandstrasse, kde ho důkladně vyslechli. Ten jim sice ukázal banku, kde si měl Fritsch vybrat peníze, ale to Hubera nepřesvědčilo. Když jeho kolegové odešli z práce, rozhodl se, že se porozhlédne v dalších kancelářích centrály Gestapa, zvláště ho zajímalo Meisingerovo oddělení II-H. A tam, jako na dlani, ležela na stole složka bankovních účtů na jméno kapitána von Frische a výpisy sahaly až do roku 1933. Jednotlivé položky vybíraných částek se přesně shodovaly s těmi, které byly uvedeny ve složce Fritsche. Hubera zamrazilo, „jako by ho kousla tarantule".[54]

Také vojenští soudci záhy došli k závěru, že jde o chybnou identifikaci, k níž navíc došlo záměrně. Ač se na Gestapu snažili sebevíce, podařilo se jim vypátrat Bavorského Pepu, který rozhodně odmítl, že by tehdy jeho klientem na železniční stanici Potsdamer Platz byl Fritsch. Zřejmý konec vyšetřování zhatila Hitlerova intervence, ať vyšetřování dále pokračuje. A Schmidtův příběh byl najednou prošpikovaný nepřesnostmi. Vypověděl, že Fritsch byl kuřák, což nebyla pravda; tvrdil, že měl na sobě kabát s kožešinovým límcem, který Fritsch nevlastnil; spletl se v jeho hodnosti; a ke všemu Fritsch nikdy nežil v blízkosti Ferdinandstrasse ve čtvrti Lichterfelde. Když se soudci nakonec vydali do Lichterfelde, našli jak dům Frische, tak i banku, v níž měl účet. Ačkoli jim jeho ošetřovatelka sdělila, že jeho zdravotní stav je na přesun příliš vážný, souhlasil s tím, aby ho vyslýchali v posteli. Nemocný kapitán, churavý a zlomený muž, odpřísáhl, že on byl tím, koho Schmidt celou dobu vydíral.

Když jim poté ošetřovatelka ukázala na dveře, šokovala je větou, že tu už bylo Gestapo – což bylo jasným důkazem, že o záměně jmen věděli, ale přesto ve vyšetřování pokračovali. Stejně tak je přeběhli v bance. Ale na Gestapu flintu do žita ještě neházeli. Ještě toho večera vzali postaršího a nemohoucího Frische na Prinz Albrechtstrasse do „ochranné" vazby a „pěkně si ho tam podali". Byl však natolik statečný, že svoji výpověď nezměnil. Současně se pracovalo na Schmidtovi. Zastrašen výhrůžkami Gestapa přišel s naprosto nedůvěryhodným tvrzením, že šlo vlastně o dvě naprosto rozdílné záležitosti a že vydíral jak Fritsche, tak i Frische. Na nové verzi Gestapo neochvějně lpělo, a když vyšetřující soudci přišli za Hitlerem s návrhem, aby byl případ odložen, dostalo se jim odpovědi, že vyšetřování má pokračovat. „Dokud svědek svoji výpověď nestáhne," sdělil jim Hitler, posílený Himmlerem po svém boku, „není pro mě případ vyřešený."[55]

■ ■ ■

V posledním lednovém týdnu panovalo v Berlíně nesmírné napětí. Kolování různých zkazek nikdo nebránil. Nejdříve se říkalo, že Blomberg s Fritschem dostali padáka. Francouzský velvyslanec se doslechl, že Fritsch musel zrušit plánovanou večeři, poněvadž byl zatčen. Někdo říkal, že generálové otevřeně vystoupili proti režimu a plánovali vojenský *puč*. Tyto řeči nabraly na síle poté, co Hitler zrušil vystoupení v Reichstagu, které se mělo konat 30. ledna k pátému výročí uchopení moci. Důvodem mělo být armádní spiknutí. Plánovali obklíčit Reichstag a celou vládu zatknout. To se ale prozradilo, říkalo se. V kancléřství panovala stejně horečnatá atmosféra. Hitlerovi bylo jasné, že vláda čelí mezinárodně-politické ostudě, která může naprosto zničit jeho prestiž jak na domácí půdě, tak i v zahraničí. „Kolují nejdivočejší zvěsti," naříkal si Goebbels. „Vůdce je úplně vyřízený. Nikdo z nás už od pondělka nespal."[56]

Hitlerovi bylo jasné, že situace si vyžaduje odvážný krok, který zlé jazyky zarazí a obnoví jeho reputaci. Navíc pořád nebyla dořešena otázka nástupců Blomberga s Fritschem. Ačkoli moc dobře věděl, jak Göring po Blombergově místě prahne, a ten to koneckonců otevřeně zmínil právě před Blombergem, Keitelem i Wiedemannem, vyhovět tomuto přání bylo to poslední, co měl v úmyslu. Hitlerovo hodnocení Göringových vojenských kompetencí bylo pěkně jízlivé, a tak neměl v úmyslu koncentrovat tolik moci v rukou svého prvního podřízeného. Vybavil si svůj rozlučkový rozhovor s Blombergem a jeho poslední slova. „Ministerstvo války musí připadnout samotnému führerovi."

Také Goebbels přišel s tímto nápadem. Do deníku si poznamenal: „Aby se kolem celé věci spustila kouřová clona, bude se konat zásadní reorganizace."[57] I Keitelovi bylo jasné, že Hitler „pachuti z celé záležitosti využívá k příležitosti provést zásadní obměnu vlády."[58]

Za pár dní byla reorganizace hotova. Čtrnáct generálů bylo odvoláno a na jednapadesáti dalších pozicích došlo k přesunům, řada z nich se uskutečnila v rámci Luftwaffe. Velení námořnictva se změny nedotkly, což byla odměna za Raederovu ostudnou povolnost během celé krize. Fritsche nahradil generál pěchoty Walter von Brauchitsch, jehož prosazoval Keitel a také Blomberg, který se snažil, aby místo nepřipadlo nepopulárnímu generálovi von Reichenauovi. Brauchitsch rozhodně nebyl zarytým nacistou. V armádních kruzích se o něm říkalo, že je perfektním příkladem pruských aristokratických tradic, a na britském velvyslanectví jej hodnotili jako „zdatného a tvrdého velitele".[59] Shodou okolností zrovna řešil svůj zvláště komplikovaný rozvod, a dokonce krátce předtím uvažoval o odchodu do důchodu. Dohadování probíhalo několik dní, které Brauchitsch strávil „zašitý" v berlínském hotelu. Hitler mu nakonec osobně nabídl 80 000 marek, které potřeboval na jednorázové vyrovnání s manželkou. Výsledkem bylo, že se servilní a zavázaný Brauchitsch navždy stal Hitlerovým dlužníkem, k čemuž přispěly i nevěry v jeho druhém manželství.

Jako kompenzace za neúspěšné angažmá na Blombergovo místo byla Göringovi udělena hodnost polního maršála. Mezi ztrátami byl dlouho trpěný ministr zahraničí von Neurath. Když jeho snahy o audienci u Hitlera po památném setkání na kancléřství z 5. listopadu vyzněly naprázdno, napsal nakonec führerovi na začátku prosince dopis, kde projevil přání odstoupit. Tento dopis však Hitler ignoroval. Neurath byl přítomen setkání Hitlera s polským ministrem zahraničí Józefem Beckem a velvyslancem Józefem Lipským a k jeho zarmoucení nadále panovaly nálady z onoho setkání. Hitler znovu vyjevil své zaujetí Rakouskem a Československem, když pronesl „s naprostým přesvědčením, že by neměl nic proti tomu, okamžitě vyrazit... rychlostí blesku".[60] Jakmile tato schůzka skončila, sebral Neurath všechnu kuráž a odporoval führerovi. Taková politika „by vedla ke světové válce" a s tím Neurath „nechce mít nic společného". Ale Hitler si trval na svém, načež mu Neurath, podle své výpovědi v Norimberku, oznámil, že pokud má [Neurath; pozn. překladatele] prosazovat Hitlerovy expanzivní plány, ať „si najde jiného ministra zahraničí, a že spoluviníkem takové politiky nebude".[61]

Ve skutečnosti už byl Hitler rozhodnutý Neuratha propustit. „Ministerstvo zahraničí nespolupracuje," poznamenal si Hans Lammers, který vedl říšské kancléřství. Hitler „se už před nějakým časem rozhodl Neuratha nahradit Ribbentropem".[62] Joachim von Ribbentrop tehdy ještě stále zastával místo velvyslance v Londýně a proti jeho jmenování ministrem zahraničí ostře vystupoval Göring. Ale Hitler už byl pevně rozhodnut „kromě ostatních změn také vyměnit ministra zahraničí, protože právě to byl krok, který v zahraničí vyvolá silné reakce, a tak s vysokou pravděpodobností odvrátí pozornost od armádních záležitostí".[63] Dokonce i odvolání Neuratha proběhlo prazvláštním a zbabělým způsobem. 2. února se Hitler účastnil oslavy při příležitosti Neurathových pětašedesátin a jeho čtyřicetiletého působení v diplomatických službách. Když mu Neurath jemně připomněl své přání odstoupit, Hitler se vytasil s tím, že by ho „nikdy nenechal opustit jeho [Hitlerův; pozn. překladatele] bok. Tuto oběť pro mne musíte podstoupit." A před Neurathovou dcerou se naparoval: „Víte, tento muž je mi téměř otcem. Nemůžu ho jen tak nechat jít."

Jen o dva dny později, co se uskutečnil ten nadmíru přátelský rozhovor s Hitlerem, byl Neurath předvolán do kancléřství. Hitler si ho vzal stranou a stroze mu oznámil. „Podívejte se, novým ministrem zahraničí jsem jmenoval Ribbentropa."[64] Jak navrhl Göring, kompenzací mu měl být post v Tajné vládní radě. Když Hitler naivně poukázal na to, že žádný takový úřad neexistuje, Göring odvětil, že „to bude znít dobře a každý si pod tím něco představí". Rychle si poznačili několik jmen, nicméně většina údajných členů se o existenci rady nikdy nedozvěděla a Neurathovi bylo nové místo celkem ukradené. Jak se vyjádřil Göring, rada se nikdy nesešla „ani na minutu".[65] Poslední tahy diplomatické rošády obnášely jmenování nových velvyslanců na klíčové posty v Londýně, Římě, Tokiu a Vídni. Ulrich von Hassell, dosavadní velvyslanec v Římě, který byl považován za příznivce zdrženlivého jednání, zrovna v té době pobýval v Berlíně a o svém vyhazovu se dozvěděl z novin, které si četl u snídaně.

4. února se sešla vláda, a jak se ukázalo, bylo tomu v éře Třetí říše naposledy. Hitler oznámil, že Blomberg a Fritsch ze zdravotních důvodů rezignovali. A přítomným sdělil: „Od této chvíle osobně přebírám velení všech ozbrojených sil".[66] Ministerstvo války bylo zrušeno a místo něho Hitler ustavil Vrchní velitelství branné moci, Oberkommando der Wehrmacht, zkráceně OKW. Hitler se prohlásil za vrchního velitele a přizpůsobivého Keitela jmenoval svým náčelníkem štábu.

Těsně před půlnocí 4. února vysílal komuniké ohlašující personální změny rozhlas, takže zpráva zaplnila všechny noviny a kolovaly o ní vzrušené pověsti. „NEJVĚTŠÍ SOUSTŘEDĚNÍ MOCI VE FÜHRERO-VÝCH RUKOU" hlásal titulek *Völkischer Beobachter*, novin nacistické strany.[67] V Londýně *Daily Express* informoval, že Blomberg se stal obětí „kliky vyšších důstojníků z Postupimi, kteří zosobňují zaryté prušáctví německého císařství". Den poté se ty samé noviny vytasily s titulkem „CÍSAŘ HITLER… se jmenoval vrchním válečníkem".[68]

Toho odpoledne Hitler promluvil ke zdrceným generálům. V půlkruhu kolem něho stáli v obrovské hale kancléřství a on jim popisoval, co se stalo s Blombergem a Fritschem. Naprosto záměrně jim předčítal ty nejhorší detaily, které z policejních zpráv a Gürtnerovy složky na Fritsche mohl vyštrachat. Tato obvinění jejich kolegů, které považovali za „muže s neposkvrněnou ctí," přítomné generály „zasáhla do morku kosti" a natolik ohromila, že stáli „jako zkamenělí".[69] Hrdý důstojnický sbor tuto nesnesitelnou urážku musel snést bez námitek. Armáda utrpěla zničující úder. Nepadla ani jedna námitka; nikdo neřekl ani slovo. Byli „přechytračeni, demoralizováni a uplaceni".[70] Hitler moc dobře věděl, že bašty vyšší společnosti, armáda a ministerstvo zahraničí, mu nebyly bezvýhradně nakloněny, a tak jim nikdy nevěřil. A zrovna v tom okamžiku, kdy kvůli jeho expanzivním politikám měla začít bít na poplach, „projevila armáda slabost a bez sebemenšího protestu trpně přijala jeho naprostou nadvládu dokonce i v samotném hájemství wehrmachtu".[71]

•••

Vojenský čestný soud, který se měl zabývat obviněním generála Wernera von Fritsche z homosexuality podle článku 175 trestního zákona, se nakonec sešel 10. března v Preussenhausu, kde dříve zasedala pruská panská sněmovna. Předsedal mu Göring, který měl po boku Raedera za námořnictvo a Brauchitsche za armádu. Vše se přirozeně odehrávalo za zavřenými dveřmi, ukryto před zraky veřejnosti a tisku. Fritsch v přehlídkové uniformě nebyl Göringovou poslední hračkou, totiž modrou hůlkou polního maršála, nikterak ohromen a na znamení protestu odmítl na zahájení slyšení povstat. Schmidt opakoval své obvinění celé ráno. Těsně před polednem vtrhl do soudní síně pobočník wehrmachtu a něco sdělil Göringovi. Polní maršál ihned přerušil řízení, poněvadž šlo o „důvody, které se dotýkají zájmů Říše".[72] Ve skutečnosti zrovna vydal Hitler pokyny ke vpádu do Rakouska. Anšlus již probíhal, a tak bylo třeba, aby byli vrchní velitelé na svých postech. Ať už to bylo náhodou či nikoli, obsazení Rakouska bylo přesně tím, co Hitler potřeboval, aby odvrátil pozornost od zprošťujícího rozsudku pro Fritsche a od případných armádních nepokojů.

Soud pokračoval 17. března a následující den byl uzavřen. Schmidt dělal, co mohl, aby splnil svůj úkol, ale Göringovo nepřetržité dotazování ho nakonec zlomilo. Göringovi bylo jasné, že pro Fritsche není cesty zpět, takže případný osvobozující rozsudek stejně nebude mít žádný význam. A tak, což bylo vzhledem k předchozím událostem značně zvrácené, začal předstírat spravedlivého soudce. Pod stupňujícím se nátlakem Schmidt přiznal, že ho zastrašovali, ale odmítal vypovědět kdo. Když na něj naléhal Fritschův obhájce, zmohl se jen na odpověď, že komisař Gestapa Meisinger mu pohrozil, že „pokud svoje obvinění stáhnu zpět, půjdu do nebe".[73] Fritsch byl tedy zproštěn viny a případ uzavřen, ale bylo neuvěřitelné, že nepadla žádná zmínka o Himmlerovi anebo Gestapu a jejich roli v celé záležitosti. Nemělo ani dojít k veřejné rehabilitaci Fritsche a stejně tak se neuvažovalo o tom, že by získal zpátky pozici ve velení armády. Svůj úděl přijal se stejným klidem a mlčenlivostí, s nimiž se předtím postavil nařčení. Po vypuknutí války se vrátil ke svému bývalému pluku a při napadení Polska byl zabit – nejspíše hledaje vlastní smrt. Nikdy se nevyšetřovala účast Gestapa – to ale neprominulo Ottovi Schmidtovi, že ve své roli selhal. V dubnu 1938 beze stopy zmizel.

3

Poslední slabá šance

S Anthonym Edenem je ten problém, že byl trénován, aby vyhrál derby v roce 1938;
startovní boxy mu však otevřeli až 1955.

Harold Macmillan, 23. dubna 1975

Obávám se, že moje neshoda s Anthonym je hlubšího rázu, než si uvědomuje. V podstatě
naprosto odmítá jakékoli dohody s diktátory.

Neville Chamberlain, 15. října 1938

Obávám se, že hlavním problémem je, že Neville je přesvědčen o svém poslání dohodnout
se s diklátory.

Anthony Eden, 17. ledna 1938

Je vždycky nejlepší a nejjistější nepočítat u Američanů s ničím jiným než se slovy.

Neville Chamberlain, 17. prosince 1937

Okamžitě po Vánocích roku 1937 rodina Edenových odjela na dovole-
nou na Francouzskou riviéru do hotelu Parc Palace ve městě Grasse.
Ministr zahraničí doufal, že bude mít trochu času na sebe a na své dvě
oblíbené kratochvíle, plavání a tenis. Nicméně světu politiky nešlo
nadobro uniknout, a tak 5. ledna poobědval s Churchillem a Lloyd
Georgem, kteří nedaleko také trávili dovolenou. Poznamenal si, že
oba dva „důrazně odmítali jakékoli případné uznání italského záboru
Habeše".[1] Ministerský předseda si naopak užíval klidnější Vánoce
a Nový rok. Staral se o svoji rodinu ve vládním zámku Chequers
[venkovské sídlo britských premiérů, pozn. překladatele] a liboval
si ve své střelecké zručnosti. Jediným rozptýlením, s nímž se musel
vypořádat, byl pozoruhodně sebestředný dopis od bývalého krále,

vévody windsorského, který podobně jako Eden trávil zimu v jižní Francii. Na více než sedmi stranách vévoda obšírně vyjmenovával křivdy, které podle jeho mínění mohl napravit jedině sám Chamberlain. „S upřímností, kterou ode mě nemůžete nečekat," končil dopis, „se nemohu ubránit konstatování, že způsob, jakým s mojí manželkou a mnou samým počínaje minulým prosincem jednala královská rodina a vláda, nám způsobil velikou bolest."[2]

Chamberlain se ihned, co odeslal náležitě taktní odpověď, vrátil k palčivějšímu problému evropských vztahů. Edenův nesouhlas s případným uznáním italského záboru Habeše *de jure* nesdílel. Stejně tak nebyl skeptický ohledně možnosti zahájení rozhovorů s Mussolinim. Není proto divu, že mezi Whitehallem a městem Grasse probíhala vleklá a místy i uštěpačná korespondence. 9. ledna Eden varoval, že „Mussolini je, jak se obávám, naprostý zločinec a jeho sliby nic neznamenají. Bylo by velice nešťastné právě v této době podniknout nějaké kroky, jež by daly Mussolinimu do rukou diplomatické trumfy." Chamberlain byl naprosto opačného názoru. „Jedinou šancí, jak si můžeme zachovat tvář," kontroval, „je zahrnout uznání daných území do obecného konceptu appeasementu v oblasti Středomoří a Rudého moře."[3]

Ve skutečnosti neměla Edenova dovolená předčasně skončit kvůli událostem v Evropě, ale kvůli iniciativě, která vznikla na druhé straně Atlantiku. Americký náměstek ministra zahraničí Sumner Welles navštívil večer 11. ledna britského velvyslance ve Washingtonu, sira Ronalda Lindsaye, a předal mu tajnou zprávu od prezidenta Roosevelta, která měla být předána přímo ministerskému předsedovi. Postupující zhoršování mezinárodní situace prezidenta stále více znepokojovalo. Chápal britské úsilí o dosažení dohody s Německem a Itálií a přál si vystoupit s obdobným návrhem, který by britskou diplomacii podpořil. Lindsay význam prezidentových návrhů okamžitě ocenil a komentoval je slovy, že „po více než roce zase dostal naději, že další světové válce by se mohlo zabránit".[4]

Během noci na 12. ledna Lindsay na Foreign Office (ministerstvu zahraničí) odvysílal sérii telegramů, přičemž všem se mělo „na osobní žádost prezidenta... dostat větší pozornosti, než je tomu běžně. Mají se chápat jako zpráva, kterou adresuje přímo ministerskému předsedovi, a jakákoli výzrada [sic] jejich cíle nebo i naznačení jejich existence by překazilo prezidentovy záměry."[5] Velvyslanec dále popsal jádro prezidentova plánu. V případě souhlasu Británie, na kterou se nyní prezident obracel, navrhoval svolat kompletní washingtonský diplomatický sbor na 22. ledna, kde by vše osobně oznámil. Chtěl hovořit o poklesu mezistátních diplomatických standardů, zneklidňujícím tempu mezinárodního zbrojení a o otřesných důsledcích, které má vědecký pokrok na současnou výzbroj. Zvláště se obával zničujících dopadů, které by moderní konflikty mohly mít pro civilisty.

Roosevelt doufal, že by pro „základní a fundamentální principy, které by měly být dodržovány v mezinárodních vztazích", získal bezvýhradnou podporu všech států. Opatření by obnášela „nejúčinnější metody, jak omezit a snížit rozsah zbrojení", zajištění rovného přístupu ke všem „surovinám a dalším faktorům nezbytným pro hospodářství", a „v případě politováníhodné události, jako je válka, práva a povinnosti vlád... a zákony a zvyky vedení války, jejichž dodržování by zajišťovaly neutrální strany". Nepřímo také narážel na versailleskou mírovou smlouvu, když zmínil nutnost provést „různá mezinárodní urovnání..., která by odstranila ty nerovnosti, k nimž došlo kvůli ukončení Velké války". Spojené státy americké by setrvaly na své věhlasné „tradiční politice politického nevměšování", jinými slovy by zůstaly neutrální.[6] V závěru Lindsay zdůraznil, že prozatím prezident tlumočí své úvahy výhradně Británii. „Tento projekt bude dále rozvíjet, pouze pokud *nejpozději do 17. ledna* dostane ujištění, že se mu ze strany vlády J. V. dostává srdečného přijetí."[7]

Tou dobou již byl na ministerstvu zahraničí nový stálý náměstek, sir Alexander Cadogan. Předtím působil jako britský velvyslanec v Číně, odkud ho Eden v roce 1936 povolal zpátky do Londýna. Delší a poněkud komplikované oznámení Foreign Office z 1. ledna 1938 uvádělo, že dlouho působící stálý náměstek sir Robert Vansittart má být „povýšen" na vrchního diplomatického poradce vlády a že bude nahrazen právě Cadoganem. Tato zpráva si vysloužila četné komentáře. Nová pozice pro Vansittarta nebyla ničím jiným než teplým místečkem, byť zněl název sebelépe. Chamberlain nemohl skrýt své potěšení.

Po všech těch měsících, které S. B. [Stanley Baldwin; pozn. překladatele] promrhal marnou snahou dostat Vana z F. O., je zábavné psát, že mně se to povedlo po 3 dnech... Van přijal můj návrh. Vlastně jsem mu nedal jinou možnost! Když bude Anthony moci spolupracovat na svých myšlenkách s rozumným a rozvážným mužem, jako je Alick Cadogan, bude mnohem stabilnější. Van jenom znásoboval rozsah Anthonyho přirozených vibrací a bohužel jeho instinkty šly zcela proti mé politice.[8]

Cadogan platil za spolehlivého a „nejen inteligentního, efektivního, klidného, loajálního, strohého a zcela tradičního diplomata, nadto měl také ‚správný' úsudek, a ač byl rezervovaný, nebyl odtažitý".[9] Ještě nebylo odpoledne 12. ledna, a Lindsayovy telegramy už byly rozšifrovány a předány ministerskému předsedovi na Chequers. Doprovázel je Cadoganův vysvětlující zápis. „Prezident má zcela jistě kuráž," připouštěl, „a my mu nesmíme zkazit chuť, i když vyhlídky na úspěch takového plánu jsou problematické a rizika asi vysoká."[10] Pro sebe si však Cadogan myslel, že „takhle se tedy byznys nedělá". [11] Příští den z Washingtonu dorazil další telegram. Lindsay, bývalý stálý náměstek a velvyslanec v Berlíně, byl vysoce respektovaným a všeobecně uznávaným diplomatem. Ačkoli věděl, že na „výlevy či projevy emocí se nehraje",[12] tlačil na vládu, aby Rooseveltovu „ryzí snahu o zmírnění napětí ve světě" podpořila.

> Destruktivní kritikou, výhradami či pokusy o přesnější definice se dosáhne jen velice málo, a naopak to zavdává podněty k nepatřičným a mylným úvahám administrativy. Proto zdvořile, ale hluboce naléhám, aby vláda Jeho Veličenstva na tuto hodnotnou nabídku odpověděla rychle a se srdečným souhlasem.[13]

Avšak předseda vlády nic takového v úmyslu neměl. „Tento plán," zapsal si do deníku, „se mi jeví jako nereálný a nejspíše se mu dostane ze strany Německa a Itálie posměchu."[14] Sestře si postěžoval, že postoj prezidenta působil jako „bomba" a musel kvůli němu vyvinout „značnou námahu, která se neobešla bez nepříjemných obav".[15] Obával se, že se to pro obě země stane záminkou k odložení rozhovorů, a návrh chápal jako pokus rozeštvat diktátory. Na Foreign Office Cadogan rozpoznal, že Chamberlain cítí k prezidentově nápadu „odpor", ale pochopitelně se mu nechtělo Roosevelta „ignorovat".[16] Připravil proto koncept smířlivé odpovědi a navrhoval, aby byla nejprve zaslána Edenovi do jižní Francie ke schválení. Nicméně Chamberlain tento návrh odmítl (s odůvodněním, že telefonní linky do Grasse nejsou bezpečné). Lindsayův přímluvný telegram a Cadoganův koncept odpovědi ignoroval a namísto toho odsouhlasil do Washingtonu telegram, který podle vlastního vyjádření „značně zdrženlivými výrazy naznačoval zamítavé stanovisko".[17] Jak napsal jeden Edenův životopisec, šlo o zamítnutí „napsané pomocí výrazů samolibosti a nadřazenosti… V moderní mezinárodní politice existuje jen pár osudnějších dokumentů".[18]

Cadogan dokázal neochotného Chamberlaina přesvědčit, aby Edena odvolal z dovolené. Ministr zahraničí žil v blažené nevědomosti a o hrozící transatlantické diplomatické krizi neměl ještě ráno 14. ledna ani tušení, když mu konečně telefonicky Cadogan sdělil, že se musí okamžitě vrátit zpátky a že mu do sluchátka nemůže prozradit více informací. Plán byl, že ještě tu noc vlakem odjede z Cannes a poté z Paříže poletí domů. Diplomatickou zásilku se všemi klíčovými papíry poslali z Londýna do Marseilles, kde měla být ve 22.00 doručena Edenovi do vlaku. Nicméně v Cadoganově plánu se pokazilo vše, co mohlo. Zásilku se v Marseilles nepodařilo předat a všechny lety z Paříže byly kvůli silnému větru zrušeny. Eden přijel vlakem až ke Kanálu, podnikl bouřlivou cestu po moři a nakonec dorazil do Folkestonu pozdě odpoledne následující den. Moře bylo natolik rozbouřené, že loď vrazila do přístavního mola a způsobila značné škody. Zde se setkal s Cadoganem a Harveym, kteří jej přivítali „ustaraným výrazem a šanonem plným papírů",[19] ale aspoň ho během cesty do Londýna mohli zpravit o událostech minulých dnů.

Edena „způsob, jakým byla tato záležitost vyřízena, pobouřil a měl z toho nepříjemný pocit".[20] Moc dobře věděl, že v Grasse mohl být zastižen prostřednictvím britského velvyslanectví v Paříži, a ač se mu některé pasáže prezidentova návrhu nezdály úplně přesvědčivé, dělaly mu starosti širší důsledky ignorace Američanů právě v tak rozhodující chvíli. Téhož večera povečeřel s Cadoganem a krátce po jídle dorazila od Lindsaye zpráva, v níž naznačoval, že Roosevelt je ochoten svoji iniciativu krátce pozdržet. Informoval, že Chamberlainova odpověď vyvolala zklamání a náměstek Welles ji označil za „studenou sprchu". [21] Eden nemarnil další čas, a aniž by to probral s Chamberlainem, napsal Lindsayovi telegram, který kontrastoval s premiérovou předchozí zprávou. Vyjádřil obavu, že „prezident je možná z našich závěrů zklamán a považuje je za zamítavé. Jsem přesvědčen, že takový dojem neměly vyvolat." Situace se poněkud zkomplikovala jeho nepřítomností, takže s Chamberlainem nemohl konzultovat tak „dalekosáhlé návrhy". Slíbil, že ráno promluví s ministerským předsedou a pokusí se rozlousknout tuto bezvýchodnou situaci.[22] Telegram odešel z ministerstva zahraničí ve 2.30 v noci a Eden nato zavolal Lindsayovi, aby zdůraznil jeho význam.

V neděli ráno 16. ledna zajel Eden na Chequers. Ačkoli navenek Chamberlain působil přátelsky a nejspíše měl dobrou náladu, noční aktivita ministra zahraničí mu viditelně nebyla po chuti. Během ledového oběda a dlouhé odpolední procházky jejich pohledy zůstaly jako vždy na hony vzdálené. Eden vehementně prosazoval anglo-americkou spolupráci a přijetí Rooseveltovy iniciativy, ale Chamberlain tvrdošíjně trval na svém, že by to „zkomplikovalo naše vlastní snahy". Dále se pohádali ohledně Mussoliniho a otázky uznání záboru Habeše *de jure* či jen formálně, diplomaticky. „Čím je Mussolini slabší," argumentoval Eden, „tím je méně zajímavý pro Hitlera." Domníval se, že případné uznání nově dobytého území by pouze „zvýšilo jeho autoritu, v Hitlerových očích by získal větší cenu".[23] Ale na Chamberlaina to dojem neučinilo a kromě toho již bez Edenova vědomí plánoval se svojí švagrovou, lady Ivy Chamberlainovou, která v té době zrovna pobývala v Římě, a italským velvyslancem v Londýně, hrabětem Dinem Grandim, další tajnou diplomatickou iniciativu.

Rooseveltova odpověď dorazila do Londýna ráno 18. ledna. Zdráhavě souhlasil, že odloží zveřejnění návrhu, ale Lindsay souběžně varoval, že prezidentovo „zklamání bylo naprosto evidentní". K radosti Edena Roosevelt nad případným uznáním italské Habeše *de jure* vyjádřil veliké obavy, protože se domníval, že by to mělo neblahé důsledky na americké veřejné mínění. Tento bod ještě Lindsay podtrhl v průvodním dopisu.

Vzbudilo by to vlnu odporu; zavdalo by příčiny k obavám, které zde panují z tahání horkých kaštanů z ohně, a dále by je to znásobilo; a v Americe by to celé chápali jako podvodnou smlouvu ve prospěch Evropy a na úkor zájmu Spojených států na Dálném východě, které se USA bytostně dotýkají.[24]

Toho večera Eden přestál dvouhodinovou bouřlivou schůzku s Chamberlainem. Ministerský předseda trval na tom, aby se žádost o pozdržení Rooseveltovy iniciativy nestahovala. Pokud by si to okolnosti vyžádaly, měla být odložena na neurčito, a stejně tak prosazoval, aby se s Mussolinim uzavřela nějaká dohoda. Harvey si k tomu poznamenal, že Chamberlain také „připustil, že se s A. E. neshodují v klíčových otázkách, a zanechal dojem, že jeden z nich bude muset odejít".[25] Nicméně souhlasil, aby se záležitostí příští den zabýval vládní Výbor pro zahraniční politiku. „Obávám se, že hlavním problémem je, že Neville je přesvědčen o svém poslání dohodnout se s diktátory," podělil se o své obavy Eden. Na Rooseveltově plánu mu nejvíce vadí, že „by mohl vyprovokovat diktátorské mocnosti".[26]

Výbor pro zahraniční politiku se v následujících dnech kvůli prezidentově dopisu sešel mnohokrát. Během setkání, které proběhlo 19. ledna, seděl Eden vedle sira Thomase Inskipa, a když mu mrkl přes rameno, spatřil, že ministr koordinace obrany si právě píše poznámku: „Edenova politika spojit USA, Velkou Británii a Francii vyústí ve válku."[27] Ministerský předseda svůj nesouhlas s Rooseveltem právě zdůvodňoval delší ukázkou z dopisu švagrové, který mu napsala z Itálie. Edenovi to nebylo zrovna po chuti. Stálo v něm, že Grandi se právě vrátil z dovolené v Itálii, a na ministerstvu zahraničí potvrdili, že uznání Habeše *de jure* bude cenou za jakékoli další rozhovory s Itálií. Eden byl se svým názorem osamocen a prožil si krušnou chvilku. Vleklá debata nakonec dospěla k závěru, aby Cadogan přepracoval koncept Chamberlainovy odpovědi. Večer Eden pozval Cadogana, Cranborna, Harveyho a Jima Thomase, který byl jeho osobním parlamentním tajemníkem a blízkým přítelem, na večeři. Pozvaní mu dali najevo, že i kdyby chtěl rezignovat sebevíce, v tomto případě tak nemohl učinit, poněvadž celá záležitost musela zůstat skryta před veřejností.

Chamberlainův postoj během noci prošel dílčí proměnou, a když se s ním příští den v době oběda Eden setkal, zdálo se, že chová jisté pochybnosti. Najednou navrhoval kompromis. Rooseveltova iniciativa a rozhovory s Mussolinim měly probíhat současně. S ohledem na prezidentův neměnný postoj v otázce Habeše se to Edenovi zdálo iluzorní, nicméně na odpolední schůzi Výboru pro zahraniční politiku si všiml, že také někteří kolegové z řad ministrů svůj nesouhlas poněkud zmírnili. Harvey měl zato, že „M. P. určitě otřásla představa, že by A. E. rezignoval". Dohodli se, že Eden připraví tři nové telegramy a že možnost, jak dál postupovat, zůstane otevřená. Večer došlo k opětovnému setkání příznivců Edena v jeho domě. Harvey své pocity shrnul následovně. Bylo „by nejlepší, kdyby byl A. E. mimo vládu, protože ta ,stará parta' si ho teď bude dobře hlídat a dávat pozor na každé škobrtnutí. Každopádně teď může vystupovat, jak uzná za vhodné, protože je jim jasné, že v případě sporu rezignuje, čehož se obávají. Teď už víme, že M. P. je spolupráce s Američany proti srsti a že chce s diktátory uzavřít mír."[28]

21. ledna se Výbor pro zahraniční politiku sešel hned dvakrát. Chamberlain byl přes noc v Birminghamu a vrátil se ve špatné náladě. Přijel zrovna, když v 11.30 začínalo první setkání. Eden představil návrhy telegramů, ale Výbor se neshodl. Další schůze byla svolána na třetí hodinu odpoledne a mělo to být počtvrté, co bude Eden ob-

hajovat svůj názor. Ostatní ministři však setrvali na straně předsedy vlády a kompromisní usnesení znělo, že se do Washingtonu odešlou telegramy čtyři. První obsahoval krátký osobní vzkaz Chamberlaina Rooseveltovi. Ministerský předseda projevoval vděčnost, že zveřejnění bude ještě odloženo, a pociťoval prezidentovu nespokojenost. Poslední slova zněla, že Chamberlain „vřele vítá prezidentovu iniciativu" a že udělá „vše pro to, aby byla úspěšná, až se ji prezident rozhodne uskutečnit".[29] Druhý dlouze vysvětloval britský postoj v otázce uznání Habeše a snahu o appeasement ve Středomoří. Zbývající dva telegramy byly určené Lindsayovi, který byl stroze varován, že se pohybuje na tenkém ledě. Pokud budou návrhy zveřejněny a tisk na ně zareaguje negativně, měl se za každou cenu vyvarovat toho, aby s nimi byl jakkoli spojován. A dále bylo v případě jejich publikace klíčové, aby Roosevelt nemohl tvrdit, že iniciativu podporuje Londýn.

Ve Washingtonu přijali s úlevou jak Chamberlainovu polovičatou podporu iniciativy, tak shodu ohledně případného uznání *de jure*, k němuž mělo dojít pouze v případě celkového narovnání vztahů s Itálií. Welles informoval, že prezident „považuje uznání za hořkou pilulku, kterou bude muset polknout jak on, tak i my, a přeje si, abychom ji tedy spolkli společně".[30] Nicméně Rooseveltova iniciativa byla prakticky passé. Eden se 25. ledna vrátil do Ženevy na zasedání Společnosti národů a byl opět mimo úřad, když prezident s výmluvou, že Hitler otěže moci po provedené rošádě ze 4. února svírá ještě pevněji, tiše oznámil, že iniciativu odkládá. Když se Winston Churchill dostal k sepisování svých pamětí, jak přislíbil, napsal, že „žádná událost kromě vstupu Spojených států do okruhu evropských záští a obav pravděpodobně nemohla znamenat překážku, nebo dokonce zabránit válce". Chamberlainovo odmítnutí Rooseveltovy přátelské nabídky představovalo „ztrátu poslední slabé šance na záchranu světa před tyranií jinými prostředky než válkou".[31]

■ ■ ■

Třebaže ministerský předseda strávil většinu ledna dohadováním s ministrem zahraničí ohledně Rooseveltovy nabídky, mimo to také spřádal plány, jak tajným jednáním Londýna s Římem zahájit rozhovory s Mussolinim. Dospěl k přesvědčení, že k tomu měl dvě příležitosti – první, když byl Eden na dovolené v jižní Francii, a druhou, když byl na zasedání Společnosti národů v Ženevě. Měl v úmyslu s Grandim uzavřít dohodu, než se Eden vrátí do Londýna. 9. ledna, v Edenově nepřítomnosti, dospěl k rozhodnutí, že dozrál čas, aby doporučení ministra zahraničí zamítl „ve prospěch svého plánu",[32] kterým mělo být zapojení jeho švagrové, lady Ivy Chamberlainové, vdovy po jeho nevlastním bratru Austenovi. Poprvé se s Mussolinim potkala, když doprovázela svého manžela na konferenci v Locarnu v říjnu 1925. Od té doby se podle Halifaxe stala „vroucí, byť naivní obdivovatelkou italské věci".[33] V prosinci 1937, pár měsíců po smrti manžela, se vrátila do Říma a zabydlela se v Grand hotelu.

Netrvalo dlouho a brzy zapadla do římské společnosti politiků a diplomatů. Chamberlainovi psala vzrušeně o tom, jak ji hostí „lidé, kteří něco znamenají". Dokonce ji „sám od sebe" pozval duce, který si s ní „potřásl oběma rukama a políbil je" a do toho vzpomínal na šťastné dny v Locarnu. „Když nic jiného," holedbala se, „aspoň jsem uvedla do povědomí zdejší britské velvyslanectví." Tato neřízená socializace ale měla i své negativní stránky. „Každý den a při každém jídle," stěžovala si, „musím bojovat s poznámkami mířenými na Anthonyho."[34] Na Silvestra se jí podařilo dosáhnout audience v Palazzo Chigi, kde sídlilo italské ministerstvo zahraničí a kde ji přijal hrabě Galeazzo Ciano, Mussoliniho zeť a ministr zahraničí. S sebou vzala dopis od Chamberlaina, v němž potvrzoval své odhodlání zahájit s Itálií rozhovory. Zdálo se, že to Ciana potěšilo. „Máte pravdu! Je to *velmi* užitečné," ujišťoval ji. „Budu o tomto dopise informovat duceho."[35] V soukromí tak nadšený nebyl. Žehral, že v dopise není „nic nového – jen známé výhrady k propagandě rádia Bari a k italskému tisku, který útočil na Brity, a opětovné vyjádření dobré vůle k jednání. Uvidíme…"[36]

Chamberlainův londýnský prostředník byl z jiného těsta. Sir Joseph Ball v minulosti dlouhou dobu sloužil jako příslušník MI5. V roce 1927 ho předseda konzervativců J. C. C. Davidson přesvědčil, aby si vzal na starost propagaci konzervativců. Později Davidson vzpomínal, že Ball byl „neoblomný a staral se o vlastní zájmy". A bývalého předsedu zvláště ohromovalo, jak byl někdejší příslušník zpravodajské služby „nasáklý zvyklostmi bývalé práce, a neznám nikoho, kdo by měl tolik zkušeností s pohybem za hranou zákona a využíváním darebáků". V roce 1929 se Ball stal prvním ředitelem čerstvě vzniklého Konzervativního výzkumného oddělení a záhy patřil k oddaným spojencům předsedy tohoto oddělení, Nevilla Chamberlaina, a stal se jeho společníkem při rybaření. Schopnosti Balla záhy přišly vhod. Společně s Davidsonem založili „zcela mimo stranickou strukturu vlastní minizpravodajskou službu". Mimořádným úspěchem byla infiltrace ústředí labouristické strany a tiskárny, kde si labouristé nechávali tisknout všechny letáky a politické dokumenty.[37]

Mezi Ballovy kontakty patřil i advokát Adrian Dingli, který byl anglicko-italsko-maltského původu. Dingli vyrůstal na Maltě, kde byl jeho otec předsedou nejvyššího soudu, během první světové války působil v námořním dělostřelectvu a poté se usadil v Londýně. Z kanceláře v Middle Templu [bývalé právnické koleje, nyní sídla kanceláří soudců; pozn. překladatele] působil jako právní zástupce italského velvyslanectví, stal se důvěrným přítelem velvyslance hraběte Grandiho a jakožto člen elitářského toryovského Carlton klubu se seznámil s Ballem. Někdy během roku 1937 nabídl Ballovi, že mu může donášet „tajné informace o diplomatických krocích Itálie".[38] A tak se tito dva muži měli po zbytek roku 1937 setkávat, aby si vyměnili informace. Všechny důkazy ale naznačují, že z otevření tajného kanálu těžila spíše Itálie než Británie.

10. ledna Ball informoval Dingliho, že si ministerský předseda „přeje vědět, zda by Grandi dostal z Říma povolení zahájit v Londýně ‚rozhovory' s M. P.". Dingli byl nedůvěřivý, ale Ball ho ujistil, že Eden je v zahraničí a že jej zastupuje Chamberlain, přičemž „návrh reprezentuje stanovisko M. P."[39] V té době byl Grandi v Římě a Ballovi bylo jasné, že jakýkoli telegram zaslaný en clair [v jednoduchém jazyce; pozn. překladatele] by britská zpravodajská služba rozluštila a předala na Foreign Office, takže by se dostal k Edenovi. Je to neuvěřitelné, ale aby se Chamberlainova zpráva nedostala na stůl vlastního ministra zahraničí, musela se mezi Londýnem a Římem uskutečnit řada utajených telefonátů. Bylo dohodnuto, že se Chamberlain a Grandi setkají v Londýně 17. ledna.

Ke zlosti ministerského předsedy první pokus o tajnou diplomacii prováděnou za zády ministra zahraničí zmařil Cadogan, který trval na tom, že se Eden musí vrátit z dovolené, aby se mohl věnovat Rooseveltově nabídce. Když Eden 16. ledna dorazil do Londýna, byla plánovaná schůzka tiše zrušena. Chamberlain ale nezůstal pozadu a jeho další krok byl obzvláště pozoruhodný. S Ballovou pomocí připravil dopis, který měl Grandi zaslat Edenovi a kde měl požádat o společné setkání s ministerským předsedou a ministrem zahraničí. Ačkoli z toho nebyl Grandi zrovna nadšený, protože dopis vyvolával mylnou představu, že to jsou Italové, kdo se dožaduje schůzky, těžko mohl dopis psaný Ballem a na hlavičkovém papíře Downing Street odmítnout. Dopis byl přepsán, podepsán Grandim a se všemi náležitostmi zaslán Edenovi. Souběžně s tím se na italském velvyslanectví radili Ball, Grandi a Dingli, jak nejlépe podpořit Chamberlaina a „neutralizovat Edenovy případné obstrukce".[40]

21. ledna ve večerních zprávách oznámila BBC, že „se nezvažují žádné snahy o zlepšení anglo-italských vztahů". Tato zpráva vzbudila zděšení nejen na italském velvyslanectví, ale také v Downing Street a Chamberlain osobně pověřil Balla, aby ji vyvrátil. Na Ballův nátlak příští den BBC oznámila, že zpráva byla nepřesná, nicméně mezitím ji převzaly některé sobotní noviny a další den i *Sunday Times*. S obavou, aby Italové kvůli negativní tiskové kampani z plánované schůzky nevycouvali, je Ball ujišťoval, že Chamberlaina „příspěvek velice pobouřil" a osobně mu nařídil všechny přední zpravodajské agentury obeslat zprávou, která vše vyvrací. Dále Ball zdůrazňoval, že si Chamberlain důrazně promluvil s Edenem a nařídil mu, ať drží kurz a vypátrá, odkud zpráva pochází. Ačkoli Ball hlásil, že Eden je „rozmrzelý", Chamberlain si uchovával naději, že by rozhovory mohly proběhnout, jakmile se ministr zahraničí navrátí z blížícího se zasedání Společnosti národů.[41]

Během pobytu v Ženevě se Edenovi dostaly do rukou materiály francouzské zpravodajské služby. Dokumenty, které mu poskytl francouzský ministr zahraničí Yvon Delbos, uváděly, že Itálie v dohledné době neplánuje svoji účast ve španělské občanské válce nijak omezit, ale naopak navýšit. Při cestě do Londýna Eden načrtl pozici ministerstva zahraničí, kde svůj názor vyjasňoval.

> Je naprosto evidentní, že v žádném případě nemůže dojít ke zlepšení vztahů mezi Británií a Itálií, dokud letadla této země opakovaně bombardují civilní obyvatelstvo a dokud trvají další projevy italské intervence, ať už je jejich podoba jakákoli.[42]

Podle všeho se jeho obavy vyplnily začátkem února, když dorazila zpráva, že britská obchodní loď *Endymion* byla potopena ve Středozemním moři neidentifikovanou ponorkou, nejspíše italskou. O několik dní později byla potopena další britská loď, tentokrát útokem ze vzduchu. Vláda na to odpověděla obnovením takzvaných „nyonských" hlídek, které v dané oblasti chránily neutrální přepravu, zatímco Eden si předvolal Grandiho a upozornil ho, že námořnictvo potopí jakoukoli nevynořenou ponorku, která se objeví v britské zóně. Tento důraznější přístup se vyplatil a 4. února Grandi informoval Foreign Office, že se italská vláda také hodlá do hlídek znovu zapojit.

Eden se domníval, že si upevnil postavení, ale nevěděl, že Chamberlain nedávno pokročil se svojí neoficiální diplomacií v Římě. 1. únor strávila lady Chamberlainová prohlížením památek, a když se vrátila do hotelu, vzrušením málem přestala dýchat. „Řím je pro mě jako stvořený… Duce si mě v 19.00 přeje vidět!" Ciano pro ni nechal vypravit auto a doprovodil ji do Palazzo Venezia. Zde ji Mussolini informoval, že má za to, že od švagra dostala důležitý dopis. Zajímal se, zda by jí nevadilo podělit se o jeho obsah. Lady Chamberlainová s přehnanou ochotou souhlasila a během jejího čtení se Ciano postaral o úžasnou show, když překládal pasáže, kterým Mussolini nerozuměl. „Není si moc jistý svojí angličtinou," hlásila Ivy, „přesto ji rád používá!"[43] Nebylo žádným překvapením, že Mussolini o dopisu věděl, takže jistě znal i jeho obsah. Jednak Ivy půlce Říma „vytroubila", že dopis dostala, a britskému velvyslanci lordu Perthovi oznámila, že „ministerský předseda očekává zahájení anglicko-italských rozhovorů do konce února".[44]

Jednak byla bezpečnostní opatření na britském velvyslanectví žalostně mizerná. Řadu let se odtamtud jednou za čas ztratil nějaký dokument a počínaje rokem 1935 začala krádeže organizovat „jednotka P." italské zpravodajské služby („P" znamenalo *prelevamento* či odnětí), která se specializovala na obstarávání tajností z cizích velvyslanectví. Britové se tomu příliš nebránili. Později se zjistilo, že administrativní pracovník, který na velvyslanectví pracoval od roku 1914 a který patřil k důvěryhodným a oblíbeným členům a o němž se diplomaté vyjadřovali, že je „jako rodinný přítel",[45] byl po mnoho let placený „jednotkou P.". Dlouhý čas z velvyslanectví libovolně vynášel tajné dokumenty a šifry a na ulici je předával svému chlebodárci, který si pořídil jejich fotokopii. Do devadesáti minut byly zpět na svém místě. Toto šokující narušení bezpečnosti neodhalila ani řada kontrol, mezi nimiž nechyběla ani jedna zvláštní, k níž došlo po krádeži diamantového náhrdelníku patřícího velvyslancově manželce.[46]

Ačkoli k tomu lady Chamberlainová neměla žádné oprávnění, ujistila duceho, že kabinet pod vlivem švagra na italský zábor Habeše změní názor a že existuje naděje, že by rozhovory započaly koncem měsíce. Mussolini odvětil, že „pohled M. P. jednoznačně sdílí", že v tomto ohledu sám „střízlivě pracuje" a že jakmile rozhovory začnou, je jeho „opravdovým přáním obnovit mezi našimi státy dobré vztahy".[47] Ciano tuto zprávu tlumočil Perthovi, který ji předal do

Londýna s doprovodným telegramem, v němž informoval ministra zahraničí o aktivitách lady Chamberlainové. Nebylo překvapením, že Eden zuřil. Dopálily ho nejen tajnosti, které setkání obklopovaly, ale i výsledné podkopání jeho pozice. Bylo jasné, že s ní ministerský předseda komunikoval za jeho zády.

„Konečně se mi dostaly do rukou zprávy lady Chamberlainové, které v minulých dnech dorazily," psal Chamberlainovi. „Přiznávám, že jejich obsah ve mně vzbudil značné obavy, které ranní zpráva, že má lady Chamberlainová v Římě zůstat další měsíc, zrovna nerozptýlila."

> Nepřeji si, abych vyzněl nepatřičně puntičkářsky, ale jsem si jist, že pochopíte, že tento druh neoficiální diplomacie mě staví do obtížné pozice. Mussolini si může myslet, že nás může rozdělit, a bude nyní dávat daleko menší zřetel na to, co říkám Grandimu. Jak má ve zvyku, zajisté již iniciativy, kterou mu lady Chamberlainová dopřála, využil.[48]

Chamberlain, který švagrové vše napsal v naději, že to prozradí Mussolinimu, předstíral překvapení.

> Je mi líto, že Vás nekonvenční způsoby mé švagrové naplňují zlou předtuchou. Přesto si nemyslím, že by napáchala nějaké škody... Každopádně ji požádám, aby mé dopisy nikomu neukazovala.[49]

Zatímco Ivy Chamberlainová koketovala s ducem, sir Joseph Ball zintenzivnil své úsilí o medializaci tématu anglicko-italských vztahů. Propagační kampaň jela na „plné obrátky" a Grandi měl velikou radost, když se dozvěděl, že „ve snaze naklonit si veřejné mínění se otiskuje jakýkoli myslitelný názor".[50] Typický byl článek *Daily Mail* z 9. února. „BRITÁNIE SPĚCHÁ S NOVÝMI ROZHOVORY S ITÁLIÍ – MÁ SE JEDNAT O VŠECH TÉMATECH. PŘIKLÁNÍ SE HRABĚ CIANO K LONDÝNU?" Zahraniční korespondent čtenářům slavnostně líčil další podrobnosti.

> Mohu kategoricky prohlásit, že britská vláda horlivě usiluje o nové jednání a snaží se vyhnout jakýmkoli odkladům. V těchto dnech se má na Foreign Office pan Eden sejít s italským velvyslancem, hrabětem Grandim. Podle politických kruhů se při hledání řešení názorových rozdílů mezi Británií a Itálií promeškalo mnoho času.

„Součástí celkového narovnání vztahů" mělo být i uznání Habeše, přičemž problémům s protibritskou propagandou se přikládal „druhotný význam".[51] Eden byl pochopitelně podrážděn. O uznání se vůbec nehodlal bavit a italskou propagandu měl za naprosto zásadní. Věděl, že návrh pozvat Ciana do Londýna pochází od lady Chamberlainové, a správně soudil, že tisková kampaň nese „všechny znaky příkazu z nejvyšších pater".[52] Také Harvey si poznačil, že „podle zpravodajského oddělení [ministerstva zahraničí] tato kampaň může pocházet jedině z č. 10 [číslo domu ministerského předsedy, pozn. překladatele]".[53] Když se však Eden kvůli článku z *Daily Mail* obrátil na Chamberlaina, ministerský předseda jakoukoli odpovědnost kategoricky odmítl, což byla nestoudná lež. Tentokrát však byl Ball odhalen. U svého italského informátora se ujišťoval, že „G[randi]" jeho „jméno nikde nevyzradí,"[54] nicméně trvalo to jen několik dní, než si Harvey zapsal: „Donesla se mi kuriózní zkazka, že proitalskou tiskovou kampaň NEŠÍŘÍ č. 10, ale stojí za ní sir Joseph Ball z ústředí konzervativní strany. Táži se, kdo mu k tomu dal oprávnění?"[55] Eden se příznačně domníval, že tak přehnanou publicitu bude Řím interpretovat jako důkaz, jak jsou Britové lační, či přímo zoufalí, a jeho obavy potvrzuje Cianův deník. Italský ministr zahraničí podezříval nejen Brity, ale i svého londýnského velvyslance, který mu přišel nadmíru horlivý. „Grandi zařadil nejvyšší rychlost," zapsal si nesouhlasně, „a žádá o odsouhlasení začátku rozhovorů. Připravil jsem telegram, kde mu doporučuji, aby tváří v tvář britskému zápalu po smíření, který by koneckonců mohl být jen nějakým Edenovým tahem, projevil klid a prozíravost."[56]

Sobotní noviny byly plné řečí o údajných neshodách mezi Chamberlainem a Edenem. Chamberlain si sestře hořce stěžoval, že jsou „stejně lživé a uštěpačné jako pevninské plátky… Nic z toho samozřejmě není pravda. S Anthonym jsem se potkal v pátek ráno a byli jsme zcela zajedno, rozhodně více, než tomu bývalo v minulosti."[57] Takové tvrzení by Edena překvapilo. Příští den *Sunday Times*, které redigoval William Hadley, jeden z nejzarytějších příznivců Chamberlaina mezi novináři, vydaly pod titulkem „POLITICKÁ KACHNA" tak zvané *„dementi"*.

Na zkazkách o neshodách ministerského předsedy a ministra zahraničí není ani zrnko pravdy. Taktéž nepropukla žádná vládní krize. Třebaže se zprávy lišily v rozsahu a podrobnostech, shodovaly se v tom, že pan Chamberlain v zahraniční politice představuje dobrodružného ducha, zatímco pan Eden je příznivcem opatrnějších a rozvážných kroků. Cítím se povolán říci, že na tom není ani zrnko pravdy. Ministerský předseda a pan Eden zastávají naprosto tytéž postoje.[58]

V Londýně i v Římě urychlily přípravu zahájení oficiálních rozhovorů obou zemí dvě vzájemně propojené události. Zaprvé začaly z Německa přicházet zprávy, že si Hitler 12. února předvolal do Berchtesgadenu Schuschnigga a pomocí urputného zastrašování dosáhl „dohody", která předznamenala konec nezávislého Rakouska. Zpravodajská služba zasílala na ministerstvo zahraničí přesvědčivá hlášení, že Mussolini k tomu Hitlerovi udělil tichý souhlas, což vyvolalo obavy, že Hitler nyní dovede svoji politiku do logického konce a za pomoci násilí ovládne Rakousko. Předpokládalo se, že výměnou za to měla Itálie získat volnou ruku ve Španělsku. Domněnku podporovalo i to, že Mussolini nedávno informoval svého ministra zahraničí, že „upřednostňuje nacifikaci Rakouska", a Schuschniggovu návštěvu Berchtesgadenu přijal s potěšením. „Duce zhlédl rakousko-německou smlouvu," hlásil Ciano. „Říká, že to považuje za logický a nevyhnutelný vývoj vztahů dvou německy mluvících států."[59]

16. února napsal Ciano Grandimu a ve světle narůstající německé agrese vůči Rakousku mu nařídil urychlit londýnské snahy.

> Slovy duceho – který se jako vždycky vyjádřil značně působivě – se nalézáme v intervalu mezi čtvrtým a pátým dějstvím rakouské otázky. Kdy začne páté dějství? To nelze předvídat, ale je dost dobře možné, že se toto tempo zrychlí. Tento interval, výlučně tento interval, lze využít pro jednání s Londýnem.[60]

Ciano prostřednictvím britského velvyslance v Římě zaslal Edenovi urgentní zprávu, „že s ohledem na jisté nadcházející události by anglo-italské rozhovory měly započít v brzké době". Ačkoli byl Ciano „záměrně neurčitý", britský velvyslanec Perth se domníval, „že nedávné události v Rakousku uštědřily italské vládě pěknou ránu a ti [Italové, pozn. překladatele] jsou plni obav z toho, co bude následovat".[61] Lady Chamberlainová byla ještě důraznější. Po obědě s Cianem kontaktovala Pertha a prosila ho, aby Edenovi přeposlal osobní dopis, v němž ho zlověstně upozorňovala, že „čas je klíčový. Dnes bude dohoda snadná, ale již zítra to může být nemožné, vzhledem k tomu, co se v Evropě děje za věci."[62]

Naléhavost těchto apelů na Chamberlaina zapůsobila, ale větší riziko představovaly zneklidňující zprávy, jimiž ho zásoboval Ball, že se Grandi ocitá pod stále větším tlakem Říma a děsí ho pozice, do níž se dostal. Grandi se hrozil, že pokud by byl jeho dopis z 19. ledna zveřejněn a on by chtěl „zachovat Itálii čest," neměl by jinou možnost než prozradit, že jeho autorem je sám ministerský předseda. A co bylo ještě horší, kdyby v několika příštích dnech nedošlo k žádnému setkání, měl nejspíše pro vlastní dobro opustit Londýn.[63] Chamberlainovi tak hrozilo, že bude vydírán hned nadvakrát, jednak osobně, jednak politicky, a pochopil, že jeho italské politice hrozí fiasko. Eden se sice netajil tím, že podle něj by se předběžných rozhovorů s Grandim ministerský předseda neměl účastnit, nicméně Chamberlain měl nyní naspěch. Aniž by odhalil svůj zdroj, k Edenově úžasu naznačil, že ví, že Grandi již o setkání požádal, a že má v úmyslu jeho přání splnit.

Eden se dvakrát neúspěšně pokusil Grandiho předvolat na Foreign Office, ale velvyslanec záměrně odmítal přijít. Velice dobře věděl, že zatímco s Edenem by musel probírat nepříjemná témata, jako bylo Španělsko a Rakousko, ministerský předseda plný strachu z prozrazení skutečného autora dopisu bude ochotnější. Grandi se nejprve vytáčel, že čeká na dopis s Cianovými instrukcemi, a další den použil poněkud kuriózní výmluvu, když uvedl, že je zaneprázdněn hraním golfu. Byl skutečně členem exkluzivního Wentworthského golfového klubu a Cianovi se vychloubal, že Edena „opět odbyl, když jsem jako výmluvu uvedl, že mám již domluvený golf (golf nenávidím, ale když je to nutné, předstírám, že ho hraji)".[64] SIS mezitím dala tip Ballovi, že se Grandi záměrně zdržel ve Wentworthu a vyhýbá se schůzce s Edenem; byl proto upozorněn, aby příští pozvání přijal, neboť tentokrát na schůzce bude i ministerský předseda.

Ráno 18. února si Eden odskočil do nedalekého č. 10 na Downing Street a marně se snažil Chamberlaina přesvědčit, ať Grandiho nepřijímá. Když pochopil, že setkání proběhne, napsal ministerskému předsedovi varovný dopis. Upozorňoval, že Grandi přichází s jediným cílem, a sice s „vážně míněnou nabídkou na okamžité zahájení rozhovorů v Římě".

Nezdá se, že by nám v otázce Španělska mohl nabídnout mnoho.
Nemůžu se zbavit dojmu, že naší reakcí na Grandiho žádost – po-

kud to žádost vůbec bude – nesmí být žádné konkrétní závazky. Dostupné informace nasvědčují tomu, že Řím s Berlínem uzavřely nějakou dohodu a že Mussolini výměnou za souhlas s událostmi v Rakousku od Berlína dostal, nebo se domnívá, že dostal, *quid pro quo* [něco za něco, pozn. překladatele].[65]

Předchozího večera Edenův postoj nadšeně podpořili poslanci konzervativní strany, kteří se v hojném počtu účastnili zasedání Výboru pro zahraniční vztahy Dolní sněmovny. Zvláště Churchill na své kolegy naléhal, aby se za ministra zahraničí postavili. O půl dvanácté zavedli Grandiho do místnosti, kde zasedá vláda, a následné setkání se do britské diplomatické historie zapsalo jako jedno z nejpodivnějších.

Eden neměl ani ponětí, že se ministerský předseda již „rozhodl neustoupit ani o píď, i kdyby to mělo znamenat, že přijdu o svého ministra zahraničí".[66] Chamberlain úvodem vyjádřil obavy ohledně nedávných událostí v Rakousku a tázal se, jaký postoj k nim zaujala italská vláda. Grandi nad nimi vyjádřil lítost. Připustil, že Hitlerovy kroky sice nebyly zrovna nečekané, když však na něj Chamberlain zatlačil, zda mezi Německem a Itálií existuje nějaká tajná dohoda, rezolutně to odmítl. Znepokojovalo ho, že „Německo je najednou až u Brenneru, a domníval se, že Itálie ve světě nemůže zůstat osamocena, když proti ní stojí dva potencionální nepřátelé z řad mocností – Německo a Velká Británie".[67] Tím se dostal k připravené litanii plné stížností na Británii. Eden tiše naslouchal a později napsal, že Grandi byl:

> … velice šikovným diplomatem a svoji práci dělal znamenitě. Kdykoli se odmlčel, N. C. ho vybídl, aby pokračoval. Seděl tam [Chamberlain, pozn. překladatele], souhlasně přikyvoval hlavou a Grandi vyjmenovával jednu stížnost za druhou. Čím víc N. C. přitakával, tím urážlivější byla Grandiho slova. Na konci to málem vypadalo, že jsme to byli my, kdo napadl Habeš. Kdyby si N. C. zachoval klidnou hlavu, mohli jsme si dvě třetiny toho všeho ušetřit.

Nato Chamberlain vyzval Grandiho, ať vysvětlí výzvy Ciana a Ivy Chamberlainové, aby rozhovory s ohledem na „možnost jistých nadcházejících událostí" započaly co nejdříve. Ačkoli Eden tuto formulaci pokládal za pouhé „vydírání", které je „pro fašisty příznačné",[68] Grandi se otázce obratně vyhnul a místo odpovědi zopakoval, že „pokud by nebylo možné zlepšit vztahy s Velkou Británií, potom by Itálii nezbylo nic jiného, než se ještě více přimknout k Německu".[69] Zdálo se, že Chamberlaina tato odpověď potěšila, protože potvrdila, co si myslel. Až do té doby Eden tiše naslouchal, což Grandi popsal jako „nesouhlasné mlčení". Ve chvíli, kdy velvyslanec pronesl, že se rozhovory musí konat v Římě, „ostře do toho vstoupil" a vrátil se zpátky k otázce Rakouska. Chamberlain „dal viditelně najevo zklamání a podráždění".[70] Grandi namítl, že „k Rakousku nedostal vůbec žádné instrukce", s čímž se Eden nespokojil. Když však „mrkl" na ministerského předsedu, „zda se této příležitosti chopí", ze strany Chamberlaina „cítil pouze nedočkavost, kdy se naváže na nadnesená témata".[71]

Schůzka skončila diskusí o Španělsku, která se točila zejména kolem možnosti stažení italských vojáků. Grandi byl opět vyhýbavý. Omlouval se, že byl asi příliš optimistický, když toto téma dříve probírali s Edenem. Dohodli se, že Chamberlain s Edenem vše prodebatují a Grandi dorazí ve tři odpoledne. Následovala zuřivá roztržka. Chamberlain stroze sdělil Edenovi, že až se Grandi vrátí, má v plánu ho informovat o okamžitém zahájení rozhovorů, dále že Perth má kvůli novým instrukcím dorazit do Londýna a že on osobně chce vše oznámit hned odpoledne. Proti tomu Eden silně protestoval, poukazuje na to, že diskuze o Španělsku nepřinesla žádný pokrok a že se odmítá nechat vydírat telegramy „teď nebo nikdy," které chodí z Říma. Chamberlain „zbrunátněl"[72], a pochoduje po místnosti, začal na ministra zahraničí křičet.

„Anthony, promeškáváte jednu příležitost za druhou. Takto prostě nemůžete pokračovat."

„Vaše metody jsou správné," odvětil Eden klidně, „za předpokladu, že důvěřujete muži, s kterým jednáte."

„To důvěřuji," prohlásil Chamberlain.[73]

Ministerský předseda neochotně souhlasil, že než padne rozhodnutí, měl by věc projednat kabinet, načež Eden zamířil na oběd na ministerstvo zahraničí. Shledal, že tu panuje bouřlivá nálada. Příčinou vzteku byla „blbka Ivy", jak ji počastoval Cadogan,[74] či slovy Cranborna „ta trochu nahlouplá paní, která se nechávala vodit za ručičku dvěma daleko inteligentnějšími a bezskrupulózními muži".[75] Dohodli se, že Eden neustoupí ani o píď, a jestli s ním kabinet nebude souhlasit, odstoupí. Po obědě se Eden opět chytl s Chamberlainem, ale ten si stál pevně na svém. Když ve tři hodiny přišel Grandi, sdělili mu, že nazítří bude mimořádné zasedání kabinetu a že odpověď dostane v pondělí. Pozdě odpoledne zašel za Edenem sir John Simon, který byl ministrem financí. „Dávejte na sebe pozor," končil rozhovor. „Vypadáte docela unaveně. Určitě je vše v pořádku?" Simon sice tvrdil, že „má Anthonyho rád, jako by to byl jeho vlastní syn", ale Jim Thomas, Edenův osobní parlamentní tajemník, si od něj vyslechl, že má stále větší obavy, že ministr zahraničí „je jak fyzicky, tak i psychicky nemocný". Navrhoval šestiměsíční dovolenou, což Thomas zlostně odmítl a upozornil, že Eden se právě vrátil z odpočinkové rekreace v jižní Francii. [76] Potom se rozjela šeptanda.

Grandi o setkání v Downing Street podal zprávu Cianovi a nejspíše šlo o jedno z nejbizarnějších hlášení, které kdy bylo sepsáno.

> Byli – a navzdory všem tradičním konvencím se tak projevovali – jako dva nepřátelé, kteří stáli proti sobě, jako dva kohouti připravení k opravdovému boji. Chamberlain mi pokládal takové otázky a dotazy, na něž bez jediné výjimky musela vždy přijít odpověď, která podporovala či vyvracela argumenty, o něž se Eden opíral, nebo kterými se snažil ospravedlnit svoji protiitalskou a protifašistickou politiku, jež kontrastovala s názory Chamberlaina. [77]

Chlubil se, že se vždy snažil „do vznikajícího sváru mezi Edenem a Chamberlainem vrazit klín a zvětšit ho, jak jen to bude možné", [78] a zdálo se, že byl úspěšný. Odpoledne Eden odjel do svého volebního obvodu v Leamingtonu a byl značně mrzutý „z toho, jak se k němu zachovali kolegové, a cítil, že už to takhle nemůže jít dál". [79] I Chamberlain rozpoznal, že je „na spadnutí vládní krize". [80]

Titulním stranám sobotních novin vévodila zpráva, že čtyři členové nechvalně známého „mayfairského gangu", aristokratické partičky zlodějů šperků, kteří v hotelu Hyde Park nechali napospas smrti šperkaře, byli odsouzeni k tvrdé práci a „zmrskání". Na dalších stránkách nicméně většina novin přinášela prvotní náznaky, že ve Whitehallu není všechno v pořádku, a nebyly ještě ani tři hodiny, kdy měl zasednout kabinet, a na Downing Street už stál početný dav. Eden se připravoval na společném obědě se svými věrnými poradci z ministerstva zahraničí, kteří na něj naléhali, ať zaujme nekompromisní postoj. Když potom přicházel do Downing Street, dav ho hlasitě povzbuzoval. Objevit se neměl déle než tři hodiny.

Chamberlain se nejprve omluvil, že ministry svolal v sobotu, a poté zahájil únavnou hodinovou rozpravu na téma historie diplomatických vztahů s Itálií. Většina z přítomných ani neměla ponětí, proč jsou vlastně tady. Halifax svému sousedovi Samovi Hoareovi, ministru vnitra, podal lístek s „otázkou, jaký má tato vesměs nudná hodina dějepisu smysl".[81] Chamberlain od první chvíle dělal s mistrovskou zručností vše pro to, aby neshody s Edenem bagatelizoval. Trval na tom, že hlavním bodem „není otázka, je-li dohoda s Itálií žádoucí, nýbrž její způsob načasování a otázka, zda nyní panují příhodné podmínky, či nikoli." Nastal „jeden z těch okamžiků, které se objevují vzácně a neopakují se... příležitost ukázat panu Mussolinimu, že může mít i jiné přátele, než je pan Hitler". Nechopit „se této příležitosti by bylo nejen nemoudré", uzavíral, „ale také trestuhodné".[82] Eden „celkem nepřesvědčivě"[83] zopakoval své důvody proti zahájení rozhovorů s Itálií: Domníval se, že se Mussolinimu nedá věřit; měl podezření, že Grandi ohledně německo-italské dohody o Rakousku lhal; bylo nezbytné, aby Italové nejprve projevili dobrou vůli a stáhli vojáky ze Španělska; a konečně celá věc ohrožovala mezinárodní věhlas Británie, protože vyvolává dojem, že se necháváme vydírat diktátory, a „zdání, že v Londýně zavládla poražená nálada", což mezi našimi přáteli způsobuje „paniku".[84] Nedokázal však poukázat na Rooseveltovu iniciativu.

Chamberlain poté nechal rozproudit diskuzi, v níž ho většina členů jednoznačně podpořila. Zdálo se, že dokonce i Edenovi přirození spojenci vypadali zmateně. „Nevyjádřil se úplně jasně, alespoň mně to tak připadalo," zapsal si ministr námořnictva Duff Cooper, „a měl jsem pocit, že ministerský předseda všechny, dosud nerozhodnuté, přesvědčil."[85] Eden porážku přijal, ale upozornil, že „Dolní sněmovně nemůže doporučovat kurz, s kterým sám nesouhlasí, a přesvědčovat ji o jeho správnosti. Doufal, že když se členové kabinetu vyslovili proti jeho názoru, najdou si někoho jiného, kdo jim s prosazováním jejich rozhodnutí pomůže."[86] Na tato slova začali ostatní ministři „zděšeně lapat po dechu"[87], ale na Chamberlaina neudělala žádný dojem a „suše poznamenal, že situace je o to bolestivější, poněvadž opačný postoj zastává natolik pevně, že žádné jiné rozhodnutí nemůže akceptovat".[88] Nicméně vzhledem k vážnosti situace souhlasil s tím, aby se sešli zítra, tedy v neděli.

Než schůze skončila, Halifax navrhl částečný kompromis, že zahájení rozhovorů bude oznámeno okamžitě, ale zdůrazní se, že započnou, až se otázka Španělska uspokojivě vyřeší. Večer společně s ministrem obchodu Oliverem Stanleym vyrazil na Foreign Office a zkoušel dojednat kompromis.

Okamžitě jsem ucítil, že atmosféra, kterou kolem sebe šířil hlavně Bobbety [Cranborne], byla nakloněna rezignaci. Dojem, který to na mě učinilo, bych očekával při boxerském utkání, když boxer sedí v rohu ringu a ostatní ho gratulacemi probírají k životu a dodávají mu odvahu. Skoro jako bych je slyšel říkat: „Vedl sis výborně. Vyhráls první kolo. Drž se a dobře to dopadne!" Chvíli jsme spolu hovořili, ale celé to bylo spíš o whisky a sodě a cigaretách a cítil jsem, že to nemá žádný smysl. A když jsme s Oliverem Stanleym odešli, řekl mi: „Než se rozhodl, prošel si peklem a je si s - - - a jist, že názor nezmění."[89]

Ani sir Joseph Ball nezahálel. V sobotu večer upozornil Grandiho, že pokud Eden rezignuje, Chamberlain bude k přesvědčení svých kritiků potřebovat *coup de théâtre* [náhlá a zásadní změna událostí; pozn. překladatele], „aby dokázal výhody svého stanoviska a od něj se odvíjejících kroků". V ideálním případě, navrhoval Ball, by mohlo jít o oznámení stažení italských vojáků ze Španělska. Grandi si pro instrukce telefonoval do Říma. Dingli později zavolal Ballovi na venkov a informoval ho, že velvyslanec očekává pozitivní odpověď a ať je s tím obeznámen Chamberlain. Podle Ballových pokynů zavolal v neděli ráno Dingli na italské velvyslanectví a kladl všem na srdce, že Chamberlain netrpělivě očekává kladnou odpověď. Vzhledem k tomu, že měla podpořit jeho argumentaci na zasedání kabinetu, čím dříve se mu jí dostane, tím lépe. Taktéž předal další Ballův požadavek v tom smyslu, že Chamberlain by byl vzhledem k nadcházejícím událostem vděčný, pokud by se italský tisk zdržel nadšených komentářů ve stylu „triumf diktátorů nad demokraciemi".[90]

Neděle 20. února byl studený, deštivý a větrný den, nicméně bohaté novinové zpravodajství zapříčinilo, že se od brzkého rána v Downing Street shromažďovaly davy. Krátce po poledni Chamberlain poslal pro Edena a tázal se, zda se jeho postoj změnil. Nebylo to ničím jiným než pouhou formalitou, poněvadž Chamberlain se již definitivně rozhodl, že Eden musí rezignovat, a za zády ministra zahraničí jednal s italskou vládou. Tak či onak, Eden byl téhož názoru: „Naše neshody jsou zásadní a nepřeklenutelné a jediným východiskem je rezignace".[91] K Edenově úžasu mu však Chamberlain oznámil, že italská vláda s jeho požadavkem na stažení vojáků ze Španělska souhlasila. „Opravdu, Neville?" tázal se nevěřícně. „Nic takového jsem neslyšel. Na Foreign Office o tom nedorazilo ani slovo a dosud jsem ministrem zahraničí."

Chamberlain vypadal rozpačitě, ale tlačit nepřestával. „Nemůžu vám prozradit, jak se to ke mně dostalo, ale berte to jako skutečnost."[92] Ve skutečnosti hodinu před zasedáním kabinetu přišel Ballovi naproti k vlaku Dingli a oba muži poté společně odjeli ze stanice Waterloo taxíkem do Westminsteru. Ballovi se dostalo „naprostého ujištění", že s Chamberlainovou žádostí, aby všichni italští dobrovolníci opustili Španělsko, „vyslovil Řím souhlas".[93]

Ulice Downing Street byla plná lidí, ještě než začali přicházet první ministři, a tak byly povolány policejní posily, aby zástupy hlídaly. Edena zdravili hlasitým jásotem a výkřiky „Nedej se".[94] Chamberlain na úvod předal dobré zprávy z Itálie. Nicméně Eden neměl co dodat k tomu, co již řekl: nemůže parlamentu doporučovat něco, s čím on sám nesouhlasí. „Nemůže zakrývat," dodal, „že na zahraniční vztahy mají... s ministerským předsedou jiný názor." Poprvé zmínil Rooseveltovu iniciativu, poté poděkoval svým kolegům a potvrdil svůj záměr rezignovat. Také Chamberlain nyní připustil, že „rozdíly" byly „hlubšího rázu", a shodoval se, že rezignace je „nevyhnutelná".[95] Kabinet byl ohromen. Do té doby si všichni mysleli, že jediným konfliktním bodem je dílčí otázka rozhovorů s Itálií. Většina přítomných o Rooseveltově nabídce nikdy neslyšela, nebo si vůbec neuvědomovala míru antipatií mezi ministerským předsedou a ministrem zahraničí. Schůze, která byla podle Edena „vyčerpávající a neúspěšná",[96] se protáhla na déle než tři hodiny, což zapříčinila řada navrhovaných kompromisů. William Ormsby-Gore dokonce své místo v kabinetu nabídl Edenovi.

V 16.45 bylo zasedání přerušeno a Chamberlain neochotně souhlasil, aby se pod Halifaxovým předsednictvím sešel podvýbor, což bylo výrazem posledních zoufalých snah o kompromis. Během přestávky se řada ministrů snažila Edena přesvědčit, aby zůstal. Když jednání znovu započalo, Halifax opět vystoupil s kompromisním řešením a vybídl Edena, aby souhlasil s formálním zahájením rozhovorů za předpokladu, že Itálie přijme britský požadavek stažení dobrovolníků ze Španělska. V 18.20 opustil vyčerpaný Eden Downing Street a vrátil se na ministerstvo zahraničí, kde se již shromažďovali jeho přívrženci pobouření, „že by snad měl kvůli nečestným praktikám kabinetu ustoupit".[97] *Daily Mail* vykreslil scénu následovně.

Dveře se otevřely a světlo lampy ozářilo pana Edena. Byl sám, tvář měl bledou a jednou rukou si nervózně pohrával s klopou zimníku.

Měl pohled vyčerpaného a ustaraného muže – čelo plné vrásek, rty pevně sevřené.

Jásající dav se snažil dostat přes policejní kordon.

„Starý dobrý Eden. My chceme Edena. Žádnou smlouvu s Itálií. Zbraně Španělsku." Hlavu skloněnou, ramena povadlá, vlasy rozcuchané větrem, pronásledován výkřiky pospíchal přes ulici do svého pokoje na ministerstvu zahraničí.[98]

V podpoře Chamberlaina sehrál Ball ještě poslední, klíčovou roli. V sedm hodin večer zavolal Dinglimu a naléhal, že ministerský předseda nyní „požaduje", aby Grandiho přísliby zazněly „přesně", tedy aby oficiálně oznámil, že Itálie své vojáky ze Španělska opravdu stáhne. Význam takového příslibu spočíval v tom, že by nejspíše přiměl další ministry, kteří taktéž uvažovali o rezignaci, aby od toho upustili, „takže by krize zůstala omezena jen na Edenovu rezignaci".[99] V Římě panovalo silné vzrušení. „Toto je možná jedna z nejdůležitějších krizí, ke které kdy došlo," zapsal si Ciano. „Grandi má můj souhlas podniknout jakýkoli krok, který by Chamberlaina podpořil."[100] O hodinu později se Eden vrátil do Downing Street. Halifaxův kompromis nemohl přijmout, a tak neměl jinou možnost než rezignovat. Také Oliver Stanley sdělil, že zvažuje odstoupení. Tento finální pokus, k němuž došlo na poslední chvíli a netrval déle než minutu, zavrhl Chamberlain, který Edena požádal o písemnou rezignaci. Té se mu dostalo v deset hodin večer, na posledním zasedání kabinetu během tohoto dlouhého dne. Díky Ballovi také mohl Chamberlain ohledně italských záměrů ve Španělsku tlumočit další záruky, nyní schválené i Cianem. A ty nyní způsobily žádaný efekt. Stanley tentokrát přitakal, že „měl možnost si vše znovu promyslet a nevidí žádný přínos, který by měla země z dalších neshod. Je tedy připraven zaujmout místo po boku svých kolegů a čelit všem problémům, které přijdou."[101]

Příštího rána se před Edenovým domem shromáždily početné davy, aby ho povzbudily, když odjížděl na zasedání sněmovny, kde „vládlo obrovské vzrušení a na chodbách to jen bzučelo".[102] Posadil se do zadních řad vládních křesel pod uličkou, na tradiční místo, kde sedává ministr chystající se pronést rezignační řeč. Cranborne, který také odstoupil, seděl vedle něj. Od Churchilla Eden dostal dopis plný podpory a entuziasmu. „Přijde mi rozhodující," psal,

„abyste se nenechal odradit přátelskými vazbami k Vašim bývalým kolegům od pravdivého vylíčení Vašich důvodů."[103] Podobně mu radil i Lloyd George, ale Eden přesto vládu nijak výrazně poškodit nechtěl. Zatímco Cranborne provedl zdrcující výpad – „že vláda Jeho Veličenstva zahajuje oficiální rozhovory, nebude bráno jako přispění k míru, nýbrž jako kapitulace před vydíráním"[104] – Edenova řeč byla přesvědčivá a jistá, ale obezřetná. Především nedokázal srozumitelně vysvětlit, proč vlastně rezignoval. Například zkušený konzervativní poslanec Leo Amery, který měl být Edenovým přirozeným spojencem, si poznamenal, že Eden „zanechal dojem, že k rezignaci vlastně neměl žádný důvod".[105]

Chamberlainova práce byla o to snazší, že se další ministři zdráhali následovat Edenův příklad. Harry Crookshank, tajemník ministra průmyslu a obchodu, hledal radu u svého ministra, ale Stanley slušně řečeno „nekomunikoval". Crookshank poté upozornil hlavního whipa [osoba odpovědná za stranickou kázeň; pozn. překladatele], že „je značně nejistý", ale žádné jiné tajemníky, kteří by jeho obavy sdíleli, nenašel. Nakonec tedy napsal Chamberlainovi a „upozorňoval na očividné rozpory" v premiérových vyjádřeních. Kombinace lichotek a ujištění, „že kurz politiky se nemění", ho však rychle umlčela.[106] Ze všech kolegů Edena nejvíce zklamal Stanley, že s ním odmítl odstoupit. „Stanleyovi byli vždycky prospěcháři již od bitvy u Bosworthu," [bitva ve Válce růží, kde neutrální postoj bratří Stanleyů zapříčinil vítězství Lancasterů; pozn. překladatele] komentovala to s hořkostí lady Cranbornová, když se novinku dozvěděla.[107] Ballova propagační kampaň běžela na plné obrátky. „Slyšel jsem, jakou jste měl výtečnou řeč," psal Chamberlainovi po debatě ve sněmovně, „a jak jste naprosto rozmetal Edenovy a Cranbornovy argumenty." Holedbal se, že „soukromě podnikl jisté kroky", aby prokonzervativní tisk Edena a Cranborna potupil.[108]

Většina novin tak podporovala ministerského předsedu. Mezi těmi, které řádně splnily svoji úlohu, byl i *Daily Mail.*

Země přijme s úlevou, že pan Eden minulou noc odstoupil z vlády. Politika pana Edena během jeho dvouletého působení ve funkci ministra zahraničí vyvolávala doma nejistotu a v zahraničí zmatek. Daily Mail se s jeho názory nikdy neshodoval. Lze jen doufat, že se ve své další politické kariéře poučí ze svých zkušeností a chyb. Jedno je ale jasné, stát má štěstí, že jako ministerského předsedu má člověka, jemuž může naprosto důvěřovat – státníka, který si ví rady jak s domácí politikou, tak se zahraničními vztahy a obojí vykonává s realismem a zdravým rozumem.

Slova diplomatického korespondenta byla ozvěnou informací, které kolem sebe šířili ministři a samozřejmě také sir Joseph Ball.

Svoji roli také sehrály zdravotní důvody. Včera večer mi jeden z Edenových kolegů pověděl: „Pan Eden byl koncem tohoto týdne přepracovaný a není pochyb o tom, že jeho kondice je výsledkem měsíců tvrdé práce a vypětí. Ale řeknu vám, že neshody mezi námi byly jen nepatrné. Lituji, že se tak rozhodl."[109]

Ministrem, jehož slova list anonymně uváděl, byl téměř jistě Simon. Později si nemohl pomoci a přímo Edenovi popřel, že by o něm šířil nějaké pomluvy. „Slyšel jsem," psal mu, „že přikládáte význam zkazkám, že jsem v souvislosti s Vaší rezignací mezi Národními liberály vykládal, že k ní přispěly zdravotní důvody, nebo že se tak má Vaše rozhodnutí takto vysvětlovat, protože jste nebyl v kondici. Nic takového jsem neřekl."[110] Nicméně Edenovi příznivci věděli své. „Whipové všude vykládají, že A. E. je nemocný," naříkal si Harvey. „Samozřejmě že je za tím Simon."[111] Chamberlain se sestře svěřil, „na moji stranu se nejprve postavil kabinet, potom Dolní sněmovna a nyní i celá země." Ve skutečnosti se v debatě předcházející hlasování o vyslovení nedůvěry vládě, které na 22. února navrhla opozice, neubránil prudké výměně názorů s Lloyd Georgem, „v níž se ten bezskrupulózní ‚lotřík' snažil, aby to vypadalo, že jsem udělal něco hanebného".[112] Lloyd George měl docela pravdu. Když měl Chamberlain vysvětlit, proč vlastně jako první věděl o stažení italských vojáků ze Španělska a proč to nebyl Eden, svojí odpovědí vlastně oklamal sněmovnu. Ve snaze utajit Ballovy aktivity nejprve tvrdil, že od Grandiho obdržel písemnou zprávu v pondělí ráno poté, co Eden rezignoval. Když to Lloyd George zpochybnil, Chamberlain si protiřečil a uvedl, že mu „hrabě Grandi tlumočil obsah telegramu v neděli brzo ráno". Jen o chvíli později prohlásil, že v neděli ráno mu „přítel, jenž se zná s hrabětem Grandim, naznačil, že [Grandi; pozn. překladatele] dostal kladnou odpověď, což jsem sdělil členům kabinetu".[113] Nabídl tak tři naprosto odlišná vysvětlení.

Z Říma „vrkala" Ivy Chamberlainová a jen těžko skrývala své potěšení. „Celý Řím se raduje," hlásila, „jako by dosáhli významného úspěchu." Dokonce i Ciano si dal záležet a okatě jí na svém večírku poblahopřál. „To je *báječné*," říkal jí, „*teď* můžeme mít s Anglií mír. Říkali jsme vám, že pan Eden Itálii nenávidí."[114] Henderson z Berlína reportoval, že „odchod Edena tady samozřejmě všichni přijímají s nesmírnou úlevou".[115] Na Churchillovi tak zůstal popis rozporuplných emocí v často citované pasáži jeho vzpomínek.

20. února pozdě v noci, právě když jsem seděl ve svém starém pokoji v Chartwellu (jak teď často sedávám), jsem dostal telefonickou zprávu, že Eden podal demisi. Musím se přiznat, že ve mně v tu chvíli byla malá dušička a dlouho se zdálo, že mne pohltí temné vody zoufalství. Za svého dlouhého života jsem zažil řadu radikálních zvratů, [ale] … ani v nejčernějších chvílích [jsem; pozn. překladatele] neměl potíže se spaním. Ale této noci 20. února 1938, pouze a jeno při této příležitosti, mne spánek zradil. Od půlnoci do svítání jsem ležel v posteli stravován zármutkem a strachem. Připadalo mi, že proti dlouhému, ponurému a nekonečně se vlekoucímu přívalu bezmocného tápání a kapitulací, nesprávných odhadů a chabých popudů stojí jediná silná mladá postava. A teď byl pryč. Pozoroval jsem, jak se okny pomalu plíží dovnitř denní světlo, a v duchu jsem před sebou viděl Smrt.[116]

4

Podezřelá pauza

Německé Rakousko se musí navrátit do velké německé vlasti.

Adolf Hitler, *Mein Kampf*

Rakousko je bezvýznamným světem, v němž se koná zkouška skutečného světa.

Guido Zernatto, generální sekretář „Vlastenecké fronty"

V brzkých hodinách soboty 12. února 1938 vjel vlak, který vezl rakouského kancléře dr. Kurta von Schuschnigga, za Salcburkem nedaleko německých hranic na vedlejší kolej. Schuschnigg pod zástěrkou víkendového lyžování v Tyrolsku předchozího večera opustil Vídeň a v Salcburku se jeho lůžkový vůz oddělil od vlakové soupravy. Doprovázel ho státní tajemník pro zahraniční záležitosti, dr. Guido Schmidt, jeho pobočník plukovník Bartl a detektiv. O případných rizicích mise si nedělal žádné iluze. Než vyrazil, nechal si zavolat starostu Vídně dr. Richarda Schmitze a řekl mu, že pokud se z Německa nevrátí, má se ujmout kancléřského postu. A předtím, než v Salcburku vystoupil, předvolal si místního policejního komisaře a mezi čtyřma očima ho upozornil, kam míří, a že jestli se nevrátí do devíti hodin večer, má být uzavřena hranice s Německem a vyhlášen stav pohotovosti.

■ ■ ■

Schuschnigg se stal kancléřem v roce 1934, kdy ve třiceti šesti letech nastoupil do funkce po Engelbertu Dollfussovi, kterého zavraždili rakouští nacisté. Jako vystudovaný právník zastával v Dollfussově vládě funkci ministra školství, a i když s nacismem nesouhlasil, sdílel řadu pangermánských představ svého mentora. Pocházel z dobré rodiny, dostalo se mu kvalitního vzdělání a vzbuzoval dojem muže „bezúhonného ‚starosvětského' vychování". Byl také zdrženlivý a vzhledem ke své přirozené plachosti mohl působit dojmem chladného a přezíravého člověka. Podle svých kritiků byl „úzkoprsý muž, nicméně v rámci možností poměrně inteligentní".[1] Dollfuss jednou poznamenal, že to „pozitivní a zdravé" z nacionálního socialismu má již nějaký čas ve svém politickém programu. Schuschnigg se tyto „pozitivní a zdravé" body snažil protežovat, když v očekávání, že „sebere vítr z plachet nacistům", napodoboval mnoho aspektů německého nacismu. Doufal, že rakouský nacista „přestane Německu závidět v okamžiku, kdy to nejlepší z nacismu bude mít ve své zemi".[2] Ukázalo se, že to je očekávání beznadějně optimistické.

Rakousko a Německo podepsaly 11. července 1936 rakousko-německou smlouvu, která „uznávala naprostou svrchovanost Rakouského státu v souladu s výroky führrera a kancléře z 21. května 1935". Dále stanovila, že obě vlády budou považovat „vnitřní politické uspořádání druhé země, kam patřila i otázka rakouského nacionálního socialismu, za vnitřní záležitost, do nichž ta která země nebude zasahovat ani přímo, ani nepřímo".[3] Přestože byl Schuschnigg veden dobrou vírou, jediným výsledkem dohody byl nárůst německého tlaku na omezení nezávislosti Rakouska, což jeden historik popsal jako „politiku mírového pronikání".[4] Současně s tím se mohlo Rakousko stále menší měrou spolehnout na podporu ze strany Itálie, což kontrastovalo s počátkem 30. let. Stejně tak rychle bledla možnost, že by nějakou větší intervenci podnikla Francie či Británie.

Rakouští nacisté během roku 1937 zintenzivnili svůj teror, v čemž je finančně i politicky povzbuzoval Berlín. Bombové útoky se staly každodenní záležitostí, nacistické demonstrace, často s násilným průběhem, běžným jevem, a to zejména v odlehlých oblastech. A Hitler stále více upínal svůj zrak k naplnění svého rakouského snu.

Od svého dětství v Linci se domníval, že budoucnost německy mluvící populace v Rakousku spočívá v Říši. První bod programu nacistické strany z roku 1920 požadoval „spojení všech Němců... ve velkém Německu" a na prvních stranách *Mein Kampfu* Hitler psal, že „německé Rakousko se musí vrátit do velké německé mateřské země, a to nikoli kvůli nějakým ekonomickým zřetelům. Ne a znovu ne: i kdyby takové spojení bylo z ekonomického pohledu nevýznamné, ani kdyby bylo dokonce škodlivé, musí se přece uskutečnit. Jedna krev si žádá jednu říši."[5]

Koncem roku 1937 však ekonomické faktory dosáhly stejného významu jako ideologické přesvědčení. Nejenže Rakousko zaujímalo strategickou pozici ve střední Evropě, mohlo se také stát zdrojem tak potřebných materiálů pro německou ekonomiku, úpící pod tlakem rychlého a nuceného znovuvyzbrojení; oba faktory také Hitler na listopadové schůzce v říšském kancléřství zdůraznil. Již v létě došlo k pověření Wilhelma Kepplera, který byl Hitlerovým ekonomickým poradcem, správou stranických záležitostí v Rakousku, čímž došlo k posílení kontroly stále roztříštěnějšího vídeňského nacistického vedení, byť to bylo na úkor vlivu ministerstva zahraničí. A listopadová návštěva lorda Halifaxe v Berchtesgadenu Hitlera jen utvrdila v tom, že ani britská vláda, a tím méně francouzská, neudělá nic, aby uchránila Rakousko před německou agresí.

Ve Vídni na toto téma měli poněkud šibeniční vtip, jak si führer zamknutý v Obersalzbergu prohlíží stovky obrázkových pohlednic s Vídní a dalšími rakouskými městy a nemůže se rozhodnout, kde bude sídlit nacistická centrála. Vykládalo se, jak má na zdi přišpendlenou obrovskou mapu Vídně, vysedává „hodiny u projekčního stolku a navrhuje architektonické hrůzy, kterými chce nahradit některá z vídeňských barokních průčelí poté, co vítězoslavně přijde jako dobyvatel". François-Poncet hlásil v lednu 1938 do Quai d'Orsay [označení francouzského ministerstva zahraničí podle místa sídla; pozn. překladatele], že Hitler otevřeně prohlašuje, „Schuschniggova hlava bude brzy moje."[6] Zatímco rakouští nacisté stupňovali své nepokoje, Hitlerův velvyslanec ve Vídni, Franz von Papen, navrhoval, že dozrál čas, aby se führer osobně sešel se Schuschniggem a pohrozil mu silou. „K dalšímu pokroku může dojít jedině tehdy," psal, „pokud bude spolkový kancléř vystaven nejvyššímu možnému nátlaku."[7]

Schuschnigg se schůzkou s Hitlerem souhlasil a snažil se posílit vlastní pozici. Vídeňský *Reichspost* vydal 25. ledna rozhovor s nacistickým předákem a gauleiterem Vídně, dr. Leopoldem Tavsem, který v něm nepokrytě zpochybnil svrchovanost vlády, když tvrdil, že policie by se kvůli strachu z německé odvety nikdy neodvážila stíhat rakouské nacisty. Tím dal Schuschniggovi chybějící záminku. Ještě toho večera policie udělala razii v sídle takzvaného „Výboru sedmi", sídlícího na Teinfaltstrasse. Výbor se skládal ze skupiny prominentních rakouských nacistů a vznikl na počátku roku 1937 s cílem překlenout rozpory mezi vládnoucí Vlasteneckou frontou a údajně umírněnými nacisty. Avšak záhy se ukázalo, že Sedm „více zajímalo, jak mosty zbořit, než jak je stavět",[8] a nebylo žádným tajemstvím, že jejich kancelář na Teinfaltstrasse je zároveň ústředím ilegálních nacistů ve Vídni. Police zadržela Tavse a objevila skrýš tajných dokumentů, z nichž řada nesla pokyny, které podepsal přímo Hitlerův zástupce Rudolf Hess. Obsahem takzvaného „Tavsova plánu" bylo zahájení nekonečné série odbojových aktivit, mezi nimiž nechyběly provokativní a ilegální činy, jako jsou bombové útoky a vraždy. Kampaň měla proběhnout v březnu a dubnu 1938. Úvaha byla taková, že tyto násilnosti vyvolají přehnanou vládní protiakci, která by ospravedlnila ozbrojenou intervenci Říše, jejíž armády už budou připraveny podél rakouských hranic.

Nejpozoruhodnějším bodem plánu byl návrh, aby nacisté převlečení do uniforem jednotek Vlastenecké fronty provedli překvapivý útok na německé velvyslanectví. Velvyslanectví mělo být naprosto vypáleno a, co bylo neuvěřitelné, německý velvyslanec zavražděn. Jak se Papen cítil, když zjistit, že jeho souputníci plánovali jeho vraždu, nevíme ani z historie ani od samotného německého velvyslance. Aristokratický diplomat, politik ze staré školy a bývalý německý kancléř sám pomohl v roce 1933 Hitlerovi k nástupu k moci, za což byl odměněn křeslem vicekancléře. Od roku 1934 působil jako velvyslanec ve Vídni a byl přesvědčen, že je pro Hitlera nepostradatelný, protože ho potřebuje k přípravám začlenění Rakouska do Říše. Když ho 4. února telefonicky informovali z Berlína, že je jedním z těch velvyslanců, kteří v důsledku personálních změn po Blombergově a Fritschově aféře dostali „padáka", „údivem oněměl".[9]

Schuschnigg ze ztráty diplomata, o němž se mělo za to, že krotí Hitlerovy choutky, nebyl nadšen. V tomto hodnocení se však šeredně zmýlil. „Papen rozvíjí plán na svržení Schuschnigga," zapsal si Goebbels těsně před Vánoci. „Kočka nenechá myš na pokoji. Ale to je dobře. Schuschnigg nějak zesílil a je moc drzý [frech]."[10] Ve skutečnosti byl Papen jedním z klíčových aktérů chystajících Schuschniggovo odstranění. Podobnou naivitu rakouský kancléř projevil i v případě údajně umírněného nacistického předáka a vídeňského právníka Arthura Seyss-Inquarta. S vírou, že by mohl získat Seyssovy sympatie a dosáhnout dohody před schůzkou s Hitlerem, Schuschnigg bláhově uskutečnil řadu tajných jednání. Slovy jednoho historika „bylo přesvědčení o Seyssově loajalitě dojemnou a falešnou představou".[11] Tak zvaných „deset bodů" (Punktationen), na nichž se oba dohodli, obsahovalo řadu zásadních ústupků, které mělo Rakousko učinit. Seyss byl s německými ministry ve stálém kontaktu, takže Hitler už dlouho předtím, než Schuschnigg vyrazil do Berchtesgadenu, věděl, jakou pozici při jednání bude nejspíše zastávat.

Jen pár dní poté, co Hitler Papena obětoval, náhle změnil názor a nechal si ho předvolat do Berchtesgadenu. Podle Papena byl führer „vyčerpaný a duchem jinde", ale jen co odvolaný velvyslanec oživil nápad na setkání se Schuschniggem, které bylo odloženo kvůli nedávné aféře s Blombergem a Fritschem, Hitler tento návrh s nevšední ochotou přivítal. Papen dostal nařízeno vrátit se do Vídně a setkání zařídit „během několika příštích dnů". Protesty, že od jeho odvolání uběhlo pouhých osmačtyřicet hodin, Hitler zavrhl. „Herr von Papen, snažně Vás žádám," prosil Hitler, „abyste se chodu velvyslanectví znovu ujal do doby, než bude dojednána schůzka se Schuschniggem."[12] Schuschniggovi se to přirozeně zdálo podezřelé. Ale Papen ho ujistil, že smlouva z roku 1936 bude respektována a že „tématem hovorů mají být nedorozumění a přenice, které přetrvávají i po jejím uzavření". Po uskutečnění schůzky by se vydalo komuniké ve smyslu, že trvá nezávislost Rakouska a že nedochází k žádnému „zhoršení rakousko-německých vztahů". Schuschnigg zase trval na tom, aby dostal formální pozvánku, aby náplní schůzky byla dohodnutá agenda a aby se setkání uskutečnilo v naprosté tajnosti. „To nejhorší, co se může stát," slíbil mu Papen, „je, že i po setkání budeme přesně tam, kde jsme dnes. Tak se vyjádřil führer."[13]

■ ■ ■

Když se 12. února rozednilo, bylo chladné, štiplavě mrazivé ráno. Schuschnigg se svým doprovodem přestoupili do čekajícího auta a pokračovali několik mil po prázdné silnici až k hranici na řece Salici, kde se k nim měl připojit Papen. Na místě shledal, že bývalý velvyslanec je v povznesené náladě, ale jeho nedbalá poznámka, že na Berghofu se to jen hemží generalitou, Schuschnigga okamžitě přiměla zpozornět. Generál Wilhelm Keitel, šéf nově vzniklého OKW; Walter von Reichenau, velitel mnichovského vojenského okruhu, který představoval „mezi generály největšího stoupence nacismu",[14] a Hugo Sperrle, velitel Luftwaffe v Bavorsku a veterán Legie Condor, „který prokázal své schopnosti srovnávat španělská města se zemí".[15] Ty všechny nechal Hitler předvolat a Schuschnigg se obával oprávněně. Hitler Keitela dopředu upozornil, že toho na práci mnoho nebude, ale že je tam chce „pouze, aby Schuschnigg na místě zahlédl několik uniforem".[16] Cesta na Berchtesgaden stačila k tomu, aby se rakouský kancléř bohatě přesvědčil, že německá vojenská moc se shromažďuje poblíž jeho hranic. Jak stoupali zledovatělou horskou silnicí na Berghof, projížděli kontrolní stanoviště a míjeli nedaleké armádní ubikace, Schuschnigg si byl velice dobře vědom tváří vojáků zvědavě přitisknutých na zamrzlých oknech. Věděl, že řada z nich jsou takzvaní „rakouští legionáři", neboli rakouští nacisté, kteří uprchli za hranice a nyní podstupovali výcvik, aby mohli být v rámci polovojenských jednotek nasazeni proti Rakousku.

V jedenáct hodin přijel Schuschnigg na Berghof. Byl „bledý, neoholený a měl skelný pohled".[17] Napnutý Hitler, oděný do černých kalhot a hnědé blůzy uniformy SA s rukávovou páskou se svastikou, ho mimořádně zdvořile pozdravil obklopen, jak si Schuschnigg zapsal, svým „vojenským sborem". Cestou do Hitlerovy pracovny, kde proběhlo setkání s Halifaxem, si Schuschnigg všímal svého okolí. Nábytek byl „rozmístěn vkusně, ne okázale; všude bylo plno květin; na zdech byly portréty od Lenbacha a opravdu znamenitá madona od Dürera".[18] Začal konverzaci s typickou rakouskou slušností a lichotil svému hostiteli. „Tento pokoj se svými překrásnými výhledy se bez pochyb stal místem řady významných jednání, Herr Reichskanzler." Ale Hitler ho rázně uťal. „Pane Schuschniggu, nejsme zde proto, abychom mluvili o skvělém výhledu či o počasí."

Schuschnigg to tedy zkusil formálněji – vyjádřil naději, že schůzka urovná všechny nevyřízené otázky, a ujistil Hitlera, že jeho jediným záměrem je „sledovat politiku, která je k Německu přátelská a v souladu s naší oboustrannou dohodou".[19] Na to Hitler vybuchl:

„Tomu říkáte přátelská politika, Herr Schuschniggu? Udělal jste vše možné, abyste se vyhnul přátelské politice. Navíc Rakousko nikdy neudělalo nic pro to, aby bylo nápomocno Německu. Celé dějiny Rakouska nejsou nic víc než jedna nepřetržitá zrada. Mohu vám rovnou říci, pane Schuschniggu, že jsem neodvratně odhodlán tomu učinit přítrž."[20]

Schuschnigg trval na svém. „Pro nás, Rakušany," odvětil klidně, „je naše celá historie neodmyslitelnou a neoddělitelnou součástí německých dějin. Příspěvek Rakouska v tomto ohledu je značný."

„Naprosto nulový. Říkám vám – naprosto nulový," řval na něj Hitler. „Každá národní myšlenka byla Rakouskem sabotována; a tato sabotáž byla hlavním posláním Habsburků a katolické církve."

„Přesto, Herr Reichskanzler," bránil se Schuschnigg, „nelze přehlédnout mnoho rakouských příspěvků německé kultuře. Vezměte si například Beethovena..."

„Ach – Beethoven? Rád bych vás informoval, že Beethoven pocházel z Porýní."

„Přesto dával přednost Rakousku, jako mnoho dalších. Například o Metternichovi by nikdo neřekl, že to byl Němec z Porýní."

„Ještě jednou vám říkám," rozkřikl se Hitler, „že tímto způsobem to dále nepůjde."

„Mám historické poslání a míním ho naplnit, neboť si mne vybrala Prozřetelnost. Je to můj osud. Kdo nepůjde se mnou, bude rozdrcen. Byl jsem předurčen tento úkol splnit; vybral jsem si tu nejobtížnější cestu, po jaké se kdy Němec vydal; dosáhl jsem největších úspěchů v dějinách Německa... Připomínám vám, že to nebylo silou. Nese mě láska mého lidu."

Schuschnigg tyto řeči musel poslouchat asi hodinu a poté se tázal, zda by mu mohl Hitler své výtky jednu po druhé vyjmenovat. „Pokud to bude možné, uděláme vše pro to," sliboval, „aby všechny překážky, které brání lepšímu porozumění, byly odstraněny."

„To říkáte vy, pane Schuschniggu. Ale já vám říkám, že takzvaný rakouský problém vyřeším jedním nebo druhým způsobem. Myslíte si, že nevím, že si opevňujete hranice proti Říši?" Toto nařčení Schuschnigg odmítl, ale Hitlerovy výhrůžky se stále stupňovaly.

„Ach ne? Vaše úsilí o podminování mostů a silnic vedoucích do Říše je směšné. Poslouchejte, snad si opravdu nemyslíte, že můžete v Rakousku pohnout jediným kamínkem, aniž bych se o tom druhý den nedozvěděl? Stačí jediný rozkaz, a vaše směšná obrana bude během jediné noci rozmetána na kousky. Kdo ví? Možná se ve Vídni jednoho rána probudíte a spatříte nás tam – znenadání jako jarní bouřku. A teprve pak něco uvidíte. Velice rád bych Rakousko podobného osudu ušetřil, neboť podobná akce by znamenala prolitou krev. Pozemní síly by následovaly mé jednotky SA a rakouské legie a nikdo by nedokázal zastavit jejich spravedlivou pomstu."

„Jsem si naprosto vědom, že můžete napadnout Rakousko," připouštěl Schuschnigg. „Jenže, Herr Reichskanzler, ať už se nám to líbí nebo ne, znamenalo by to krveprolití. Na světě nejsme sami a takový krok by nejspíše znamenal válku."

Na Hitlera to neudělalo žádný dojem:

„Je velice snadné mluvit o válce, když si tady sedíme v pohodlných křeslech. Ale válka pro miliony lidí znamená bezbřehé utrpení. Nepočítejte ani na okamžik s tím, že by mi někdo na této zemi zkřížil plány. Itálie? S Mussolinim jsme zajedno, k Itálii mě váže nejužší přátelství. A Anglie? Anglie pro Rakousko nehne ani prstem. Není to tak dlouho, co na té samé židli, co sedíte vy, seděl jeden anglický diplomat. Ne, od Anglie žádnou pomoc očekávat nemůžete."[21]

Dvě hodiny zůstali o samotě a většinu času měl slovo Hitler. Zastrašoval a křičel, hrozil pěstí a bušil s ní do stolu. Vyhrožoval, že může „okamžitě vydat povel k pochodu do Rakouska", načež mu vyhrkly slzy, když mluvil o „mém lidu, mém milém, milém týraném německém lidu". A klid v Schuschniggově tváři ho pouze doháněl k šílenství. „Poslouchejte mě, povídám vám, poslouchejte mě! Jsem největší ze všech Němců – největší Němec, který kdy žil, slyšíte? Brzy vyrazím do boje – můj lid mě volá." V jednu chvíli si chtěl Schuschnigg zapálit a sáhl po své tabatěrce, což Hitlera vyprovokovalo, aby na něj zařval. „Nedovolím nikomu, aby v mojí přítomnosti kouřil."[22]

Nakonec Hitler zazvonil na zvonek, dveře se zvenku otevřely a služebnictvo je zavedlo o patro níže do jídelny. Cestou minuli bustu Bismarcka, a když se Schuschnigg zmínil o Dürerově Panně Marii, Hitler jen odsekl, že to je jeho „oblíbený obraz, protože je až do posledního detailu německý". Oběd proběhl ve společnosti Hitlerových nohsledů. Obsluhu zajišťovali vysocí a vzhlední číšníci z řad SS ve sněhobílých uniformách.[23] Při jídle se Schuschnigg nemohl pořádně soustředit, protože mu stále zněly v uších Hitlerovy výhrůžky. Mluvil jen trochu a vypadal „ustaraně a zamyšleně". Naproti tomu Hitler byl najednou „zdvořilý a klidný". Živě se rozpovídal o své lásce k autům a silnicích, které pro ně staví; o mrakodrapech, které navrhoval a které budou nejvyšší na světě, ještě vyšší než ve Spojených státech; a o obrovském mostě, který se má postavit přes ústí Labe, aby ohromil návštěvníky z Ameriky. Sperrle se podělil o některé ze svých zkušeností z války ve Španělsku, ale v soukromí přiznal, že „nechápe, proč byl vlastně přizván".[24] Schuschnigg byl po celou dobu stále „nemluvný, vypadal zamyšleně a byl bledý jako stěna".[25]

Po obědě vzali Rakušany do slavného salónu s obrovským oknem, kde se servírovala káva a likéry, a poté je nechali nečinně čekat dvě hodiny. Schuschnigg, zvyklý kouřit jednu cigaretu za druhou, dostal alespoň dovoleno si teď zapálit a vychutnat si cigaretu se sklenkou kořalky. Trojice generálů společně s Hitlerovým šéfem tiskové kanceláře, Ottou Dietrichem, nervózně bloumala na druhé straně místnosti. Zatímco Schuschnigg musel snášet Hitlerovy výhrůžky, Papen a Ribbentrop se schovali do ústraní a překotně sepisovali německé požadavky. Podle Papena byl Ribbentrop nesnesitelně nafoukaný a bylo naprosto jasné, že rakouské politice vůbec nerozumí. Soubor požadavků, lépe řečeno na stroji napsaný dvoustránkový návrh „smlouvy", nakonec přece jen dali dohromady a výsledek byl předložen Schuschniggovi a Schmidtovi, jeho poradci pro otázky zahraničních záležitostí. Schuschnigg to nejprve přijal s úlevou, protože to bylo konečně něco konkrétního.

Tento pocit ale rychle zmizel. Ve svých důsledcích představovaly Hitlerovy požadavky ultimátum, aby byla kompletní správa země do jednoho týdne předána rakouským nacistům. Hlavním požadavkem bylo jmenování Seyss-Inquarta ministrem vnitra. Měl být zodpovědný za bezpečnost a mít „plnou a neomezenou moc nad rakouským policejním sborem".[26] Další nacista, dr. Fischboeck, měl být jmenován ministrem financí a měl připravovat „rozplynutí rakouského hospodářského řádu v německém". Měl být zrušen zákaz nacistické strany, všichni nacisté, kteří byli vyhozeni, se měli znovu vrátit na svá místa a uvěznění nacisté měli být amnestováni a do tří dnů propuštěni. Mezi rakouskou a německou armádou mělo dojít k navázání užších vazeb a další příznivec nacistů, Edmund Glaise-Horstenau, se měl stát ministrem ozbrojených sil.[27] Ze všeho nejvážnější byl podle Schuschnigga bod stanovující, že „kdokoli se může svobodně hlásit k nacionálně socialistickému přesvědčení" a že „nacionálně socialistickým skupinám bude dovoleno vyvíjet zákonnou činnost, která bude v souladu s rakouskými zákony".

Ribbentrop sice bezduše vysvětlil každý paragraf, ale trval na tom, že dokument musí být přijat celý. Avšak Schuschnigg pochopil, že v takové podobě by přijetí znamenalo konec rakouské nezávislosti, a odmítl tak učinit. Odvolával se na Papenův příslib, který mu dal, než přijel na Berchtesgaden, a který najednou pozbyl platnosti. Netrvalo to však dlouho a jeho odpor začal ochabovat. Naivně se tázal, zda „se může spolehnout na dobrou vůli Německa a zda má alespoň říšská vláda v úmyslu dostát svému závazku", a když dostal od Ribbentropa kladnou odpověď, vypadalo to, že mu to stačí.[28] Papen zahrál, že ho tvrdost podmínek překvapila, ale Schuschnigga ujišťoval, že pokud podepíše, „Německo" by „dohodu respektovalo a Rakousko už nemělo žádné další potíže". V návrhu provedli dvě drobné a těžko pochopitelné změny a poté se Schuschnigg opět ocitl před Hitlerem. Jak bylo führerovým zvykem, když byl v ráži, vztekle přecházel po místnosti. „Pane Schuschniggu," začal. „Tady je návrh dohody. Neexistuje nic, o čem bychom mohli diskutovat. Na dohodě nezměním ani písmenko. Buď dohodu podepíšete v této podobě a splníte mé požadavky během tří dnů, nebo nařídím pochod na Rakousko."[29]

Schuschnigg sice kapituloval a souhlasil, že smlouvu podepíše, nicméně upozornil, že jeho podpis je bezvýznamný. Podle rakouské ústavy takový typ smluv mohl přijmout jedině prezident, a i když na něj mohl naléhat, aby tak učinil, nemohl zaručit, že tak učiní.

„To mi musíte zaručit," zuřil Hitler.

„To bohužel nemohu, Herr Reichskanzler," s klidem namítl Schuschnigg.[30]

Na to se Hitler přestal ovládat a šíleně se rozzuřil. Nakonec měl zvláštní roli sehrát Keitel, který se celý den znuděně poflakoval kolem. „Generále Keitele! Kde je Keitel? Řekněte mu, ať sem okamžitě přijde!" hulákal Hitler.[31] Keitel běžel chodbou, „zbraně" na něm „jen řinčely" a vtrhl do místnosti právě v tom okamžiku, když ji Schuschnigg opouštěl. Jak byl „plně ozbrojen a kompletně vystrojen, připomínal boha války, samého Marta." Hitler „naštvaně supěl a v očích se mu jen blýskalo". Ale jakmile byl Schuschnigg z doslechu, Hitler se rozesmál.[32] „Žádné rozkazy nemám," sdělil Keitelovi. „Jen jsem vás tu chtěl mít."[33]

A trik zafungoval. Vystrašenému Schmidtovi neunikla okamžitá změna atmosféry a oba se obávali, že budou každou chvíli zatčeni. Po půlhodině je opět zavedli za Hitlerem. „Změnil jsem názor," sdělil jim Hitler, „poprvé ve svém životě. Varuji vás však, že je to vaše poslední šance. Dávám vám o tři dny více, abyste splnil požadavky uvedené v dohodě."[34] Na to omámený Schuschnigg protokol podepsal, prohodil ještě několik vět s Hitlerem, který teď byl o poznání klidnější, a odmítl jeho nabídku, aby ještě zůstal na večeři. Když požádal, aby závěrečné komuniké odkazovalo na dohodu z července 1936, jak mu to Papen sliboval, Hitler to kategoricky odmítl. Rakousko musí nejdříve splnit veškeré podmínky této dohody. Tou dobou již bylo jedenáct hodin večer. Vyčerpaný Schuschnigg odjížděl za téměř naprostého ticha v doprovodu Papena hrajícího na obě strany. Byla šedá mlhavá zimní noc. Jak přijížděli k hranicím a blížili se k Salcburku, Papen se snažil prolomit hrobové ticho a povzbudit své rakouské přátele. „No jo," zvolal. „Tak jste viděli, jaký führer umí někdy být. Přesto si jsem jistý, že příště to bude jiné. Víte, führer dokáže být také zcela okouzlující."[35]

Ohromený Schuschnigg přijel zpátky do Vídně ve tři hodiny ráno. „Stále nemůžu uvěřit, že se to všechno doopravdy stalo," neustále opakoval svým přátelům. „Nikdy bych nevěřil, že bude možné, aby mě někdo takto zastrašoval."[36] S vědomím, že má jen tři dny, aby dokázal, že Rakousko s Hitlerovými požadavky souhlasí, se ještě ten den pustil do práce a snažil se přesvědčit prezidenta Wilhelma Miklase, že k nacistickému ultimátu neexistuje žádná jiná alternativa. Miklas byl „pracovitý, obyčejný muž, o kterém Vídeňáci říkali, že jeho největším životním úspěchem byla skutečnost, že se stal mnohonásobným otcem". Přesto u něj byla pozorovatelná „jistá sedlácká tvrdohlavost" a poté, co ve službách státu strávil padesát pět let, nehodlal činit unáhlená rozhodnutí.[37] Byl ochotný amnestovat vězněné nacisty, ale nesouhlasil s tím, aby byl Seyss-Inquart jmenován ministrem vnitra. Přesto Papen 14. února Hitlerovi hlásil, že Schuschnigg doufá, že „prezidentův odpor" do příštího dne „překoná".[38]

Hitler zatím nic nenechával náhodě. Keitel si po příjezdu do Berlína okamžitě nechal předvolat admirála Canarise a plukovníka Jodla. Schůzky, která proběhla 13. února na Bendlerstrasse, se účastnil také Goebbels. Führerovo přání zní, informoval je Keitel, aby „fingovaná vojenská aktivita vyvolávající vojenský nátlak vydržela až do patnáctého".[39] Podle plánu se měla u rakouských hranic předstírat natolik čilá vojenská aktivita, aby to stačilo k donucení Miklase podepsat smlouvu. Nemělo dojít k žádným přesunům vojáků, rakouská vláda měla být oklamána falešnou zprávou. Prostředkem k tomu se měla stát síť agentů, které v Rakousku řídil Abwehr a kteří měli za úkol „vypustit do oběhu falešné informace, které vzbudí zdání, že se proti Rakousku chystá vojenská akce". Vhodným kandidátem na takové zprávy bylo zrušení „opušťáku" v VII. armádním sboru, shromažďování vojenského vybavení v Augšpurku a Mnichově a posílení pohraniční policie na hranici s Rakouskem. Generálmajor Muff, německý vojenský přidělenec ve Vídni, byl předvolán do Berlína; alpské jednotky prý prováděly manévry v horských oblastech a „v bavorském příhraničním pásmu" mělo dojít „k nárůstu armádního rádiového spojení, aby to vyvolalo zdání, že se zde shromažďují vojenské jednotky".[40]

Plán byl telefonicky předán Hitlerovi ke schválení, který tak ve 2.40 v noci učinil. Za úsvitu se Canaris v doprovodu svých nejvýše postavených nadporučíků vydal do Mnichova, aby führerovy povely vyplnil. „Výsledek je rychlý a přesvědčivý," zapsal si Jodl příští den. „V Rakousku vznikl dojem, že Německo provádí skutečné vojenské přípravy."[41] Jodl se nepletl. Celá simulace natolik zapůsobila, že to u vyššího důstojníka, který pro Canarise v místě pracoval, vyvolalo obavy, že Britové hrozící invazi opravdu uvěří. Miklas dohodu ratifikoval 15. února, v poslední den lhůty. Další den byla vyhlášena amnestie (způsobila značné problémy, protože mnozí z propuštěných byli bývalí policisté, kteří se nyní měli znovu vrátit do služby) a došlo k obměně vlády. Když se Seyss-Inquart dozvěděl o svém jmenování, falešně předstíral, jak je překvapený, ale již záhy seděl v letadle mířícím do Berlína, kam si letěl pro instrukce. Cesta také měla posílit jeho postavení mezi rakouskými nacisty.

Arthur Seyss-Inquart, „první kolaborant", představoval pro nacistické předáky ideální fasádu slušnosti. Podle Papena to byl „svědomitý, shovívavý a inteligentní muž, do kterého by nikdo neřekl, že by byl schopen divokých dobrodružství". Původem byl sudetský Němec, pocházel ze spořádané rodiny ze středních až vyšších vrstev a vyrůstal v prostředí, kde se německý nacionalismus vyskytoval pouze v umírněné podobě. Jako přívětivě vystupující, inteligentní a mladý vídeňský právník úspěšně provozoval právní praxi a vždy se vyhýbal největším výstřelkům, jichž se dopouštěli jeho radikálnější souputníci z řad rakouských nacistů, kteří například neváhali „házet bomby". Již od roku 1918 byl nepokrytým teoretickým příznivcem unie s Německem. Působil však umírněně a rozumně, odmítl vstoupit do nacistické strany a důsledně prohlašoval, že je morálním imperativem dosáhnout cílů nenásilnými prostředky. Radikálnějším nacistům se zdál podezřelý. Zvláště se jim nezdálo, že je úspěšným akademikem, daří se mu v advokacii a že toleruje Židy. Byl pro ně „spíše katolíkem než opravdovým nacistou".[42]

V roce 1936 se Seyss stal státním radou a počínaje tímto okamžikem „za pomoci Papena a dalších německých úředníků a agentů soustředil své úsilí na podkopávání rakouského státu zevnitř".[43] Jak političtí mistři z Berlína správně předpokládali, bylo pro něj snadné získat si Schuschniggovu důvěru, k čemuž přispěla hlavně podobnost obou mužů. Oba pocházeli z bohatých rodin, oba byli intelektuálové a oba byli zbožní a aktivní katolíci. První světovou válku oba dva prožili v podobných jednotkách a Seyss-Inquart se z ní vrátil vážně zraněn, takže do konce života kulhal. Oba byli umínění přívrženci všeněmectví a ani jeden z nich nebyl příznivcem používání násilí. Jeden historik Seysse charakterizoval, že to „ve skutečnosti nebyl vědomý zrádce; zrada pramenila z jeho kroků, nicméně jim nebyla inspirací". Považoval se za rakouského vlastence, jehož „úsilím je nenásilně a dobrovolně vést své krajany do *Zusammenschluss*, neboli splynutí s Německem". [44] Nicméně Schuschniggova důvěra k tomuto muži se měla ukázat jako naprostá pošetilost.

Zpráva, že rakouský kancléř se setkal s Hitlerem v jeho horském doupěti, způsobila ve Vídni značné vzrušení. Naprosté utajení cesty způsobilo, že nejen nacisté, ale ani nacionalisté vlastně nevěděli, co si o ní mají myslet. Také diplomaté z toho byli překvapeni. Přestože Schuschnigg francouzského a britského velvyslance předem na své plány upozorňoval (a ten druhý mu důrazně doporučoval, aby nic takového nepodnikal), s tím, jak se postupně objevovaly detaily a závěry jednání, šířila se všeobecná nedůvěra. Schuschnigg tiskové agentuře nařídil, aby dopad události záměrně bagatelizovala, přesto však brzy bylo jasné, že setkání bylo naprostým diplomatickým fiaskem. Britský velvyslanec ve Vídni, Michael Palairet, informoval Londýn, že pozice Schuschnigga byla „vážně oslabena"[45] a že dohoda vytyčila „první krok k naprosté nacifikaci". Guido Schmidt, který se nově stal ministrem zahraničí a prožíval muka vzhledem ke změně stran, britského velvyslance ujišťoval, že „Seyss-Inquart to s rakouskou nezávislostí myslí upřímně a že je přece aktivní katolík".[46]

Politickým tématům v Londýně stále dominovaly rozhovory s Itálií a propagace Edenovy rezignace. Do zpravodajství o událostech v Rakousku se nikdo nehrnul. Cadogan, stálý náměstek na Foreign Office, si zapsal, že 15. února na ministerstvu zahraničí „kvůli Rakousku" zavládla „panika", a dále shrnul většinový názor. „Osobně si skoro přeji, aby Německo Rakousko spolklo a bylo po všem. Nejspíše k tomu dojde tak jako tak. K čemu všechen ten povyk?" Když Vansittart požadoval, aby Británie vznesla formální protest, Cadogan si stěžoval: „*K čemu* je dobré ohánět se Rakouskem, které má Hitler přímo pod nosem, když s tím stejně *nic* nemůžeme udělat. Jak jsem se už vyjádřil, nevadilo by mi, kdyby Rakousko *bylo* gleichgeschaltet."[47] Podle Harveyho se ani Eden „nechtěl dostat do pozice, kdy by dával Rakušanům nějaké rady a následně ho svazovala odpovědnost, pokud by se v Rakousku podle doporučení zachovali a celá situace se ještě zhoršila." Jeho závěr zněl, že „za Rakousko bojovat nemůžeme a musíme být opatrní, abychom ve Vídni nevzbuzovali falešné naděje". Začlenění Rakouska do Říše je nyní „nejspíše nevyhnutelné a zamezit tomu zvenčí je nemožné a nehájitelné".[48]

Takový názor sice mohly zastávat diplomatické kruhy, nicméně Goebbelsovi bylo jasné, že tisk tak shovívavý není. „Světový tisk běsní," zapsal si. „Mluví o znásilnění. Ne bez určitého opodstatnění."[49] Britská vláda si tedy pochopitelně dávala pozor, aby snad nebyla obviněna, že ke kritické situaci v Rakousku nějak přispěla, a zprávu od Palaireta, naznačující, že Hitler Schuschnigga poučil, že lord Halifax německý postoj k Rakousku bezvýhradně schválil, přijali ve vládě se značnou nevolí. Palairet vehementně odmítal, že k tomu došlo, ale Schuschnigg si nešťastně naříkal: „Samozřejmě, že Anglie ani Francie pro záchranu Rakouska nic neudělají a že Itálie si nemůže dovolit nic víc, než projevit nad jakýmkoli německým krokem nelibost".[50] K vyostření problému přispěly Schuschniggovy pošetilé snahy. Brity i Francouze ujišťoval, že vše je v naprostém pořádku, veřejně odmítal každý projev znepokojení a dělal vše pro to, aby potlačil každou známku volání do zbraně. V soukromí však diplomatům přiznával, že führer s ním jednal šíleným způsobem. „Ještě nikdy," svěřil se francouzskému ministrovi, Gabrielu Puauxovi, „nejednal zahraniční předák s čelným představitelem vlády takovým způsobem, jako jsem musel od Hitlera zakusit já. Myslí si snad tento šílenec, že je bůh?"[51]

Mussolini už stihl Schuschniggovi doporučit, aby Hitlerovým požadavkům ustoupil. Protokol podepsaný v Berchtesgadenu chápal jako „logický a nevyhnutelný vývoj vztahů dvou německých států".[52] Naopak francouzská vláda nabídla Británii, aby se připojila ke společné a ostře formulované *demarši*, avšak Eden tuto myšlenku zavrhl, ačkoli Schuschnigg naléhal, že „pokud by vláda Jeho Veličenstva mohla jasně upozornit, že je v jejím zájmu zachování rakouské nezávislosti, bylo by to pro něj neocenitelnou pomocí".[53] Henderson měl za to, že je scestné téma vůbec nastolovat. „Kategoricky odmítám otevírat otázky ohledně Rakouska," psal soukromě Halifaxovi. „Ať se budeme snažit sebevíc, Rakousku pomoci nemůžeme, a už jen samolibé pomyšlení, že bychom mohli, je naprosto neobhajitelné."[54]

■ ■ ■

Spolková země Štýrsko na jihovýchodě Rakouska byla zjevně nejvíce pronacistickou částí země. Rozhořčení nad ztrátou území ve prospěch

Jugoslávie, která nově vznikla po první světové válce, živilo radikalismus, který „tento kraj proměnil v baštu rakouského nacismu".[55] Odhadovalo se, že 80 % obyvatel Štýrského Hradce, hlavního města spolkové země, sympatizuje s nacionálním socialismem, a většina místních funkcionářů, státních úředníků a nejen vysokoškolských učitelů, ale i studentů, byli přesvědčení nacisté. Již na počátku roku 1938 byli místní nacisté dobře zorganizovaní, nechybělo jim sebevědomí a zprávy o dohodě z Berchtesgadenu jen posílily jejich rostoucí touhu po moci. Ve výlohách se objevily obrazy Hitlera v životní velikosti, policie stále větší měrou přecházela častější a častější průvody nacistů a zákaz nosit na veřejnosti svastiku se volně porušoval. Obrovská pronacistická demonstrace, k níž ve Štýrském Hradci došlo večer 19. února, si vyžádala dočasné uzavření univerzity.

Následující večer pronesl Hitler k Reichstagu dlouho očekávanou řeč. Kvůli záležitostem s Blombergem a Fritschem byla odložena a ztracený čas si nyní Hitler vynahrazoval, když řečnil přes tři hodiny. Bylo tomu poprvé, co se jeho řeč v plném znění vysílala v rakouském rozhlase. Jeho oblíbenec George Ward Price, britský novinář z *Daily Mail*, byl na místě, aby i britští čtenáři mohli okusit, jaká atmosféra tam panovala.

Výzdoba interiéru Krollovy opery [zde zasedal Říšský sněm po požáru budovy; pozn. překladatele] byla na řeč německého kancléře připravena neformálně a intimně. Dominantou budovy, na zemi i na stěnách vyzdobené karmínově červenými koberci, byl obrovský zlatý symbol orla se svastikou, který dokazoval nacistickou svrchovanost a byl připevněn na osvětleném pozadí. Byl to test řečnických schopností pana Hitlera. Celé hodiny odříkával data z tabulek německé výroby, aniž by ztratil pozornost svého publika. V triumfálním tónu bylo nakažlivé nadšení. Vyvolával dojem naprostého zdraví a jeho tvář vypadala svěže a čistě.[56]

Ačkoli mohl führer překypovat zdravím, jeho sdělení bylo vším, jen ne přátelským.

Přes deset milionů Němců žije ve státech sousedících s naší hranicí. Už to samo je dostatečně bolestivé. Skutečná světová velmoc nemůže strpět, že za hranicemi jsou druhové, kteří musejí snášet těžké příkoří jen kvůli svým sympatiím a pocitu jednoty s Německem.

K zájmům Německé říše náleží i ochrana oněch příslušníků národa německého, kteří žijí za našimi hranicemi a nejsou s to z vlastní síly si zabezpečit právo obecné, osobní, politické a světonázorové svobody.[57]

Jediný bod, v kterém v Berchtesgadenu Schuschniggovi ustoupil, tedy slib, že ve svém projevu zmíní respekt k nezávislosti Rakouska, zcela ignoroval.

Účinky se dostavily okamžitě. Chabě maskovaná hrozba dodala odvahu již tak drzým rakouským nacistům. O čtyři dny později, večer 24. února, odpověděl Schuschnigg vzdorovitou řečí směrem k rakouskému parlamentu. Požadavkem, aby se Německu už žádné další ústupky nečinily – „musíme to zarazit a říci: Tady je hranice a dál ani krok" – emotivně apeloval na rakouský patriotismus a zachování nezávislosti.[58]

Rakousko může žít a bude žít. Své národní existence se nikdy dobrovolně nevzdá. Naším heslem zůstává „Dokud Rakousko neskoná, červeno-bílo-červená."[59]

Na hlavním náměstí ve Štýrském Hradci se shromáždilo 20 000 nacistů a poslouchalo Schuschniggův projev přenášený místním rozhlasem. V reakci na jeho slova strhli ampliony a požadovali, aby nacistům nakloněný starosta nechal na radnici vyvěsit svastiku. Další den měl každý vysokoškolák na paži hákový kříž, lidé se ve velké míře zdravili zakázaným „Heil Hitler" a na ulicích se zpívaly nacistické šlágry. I když Schuschnigg svým vzdorem na krátko pozvedl morálku svých přívrženců, stejně tak rozjitřil napětí v rakouské společnosti a v konečném důsledku jen více popudil Hitlera.

Dne 3. března se uskutečnil v říšském kancléřství dlouho očekávaný rozhovor Hendersona s Hitlerem. Koncem ledna, v době, kdy vrcholila krize provázející Edenovu rezignaci, byl odvolán do Londýna, aby se zde účastnil debat, k nimž mělo dojít po Halifaxově návštěvě Berchtesgadenu.

Chamberlain 24. ledna vládnímu Výboru pro zahraniční politiku oznámil, že má v plánu v koloniální otázce učinit Německu ústupky, které popsal jako „započetí zcela nové kapitoly v dějinách afrických koloniálních vztahů".[60] Nezdálo se, že Chamberlaina nebo Hendersona nějak trápilo, že většina území, jimiž si chtěl Hitlera usmířit, ani nepatří

Británii. Henderson dostal instrukce zdůraznit, že všechny nevyřízené otázky mezi oběma státy jsou otevřené k diskuzi. Blombergova a Fritschova aféra a Schuschniggova návštěva Berchtesgadenu konání schůzky o několik týdnů zpozdily, a než se Henderson k Hitlerovi konečně dostal, Eden rezignoval a ve funkci ministra zahraničí ho vystřídal lord Halifax, z čehož Henderson nijak neskrýval své potěšení. „Vzhledem k tomu, že porozumění s Německem považuji za nezbytné, pokud nemáme být znovu, ať už rychle či pomalu, zataženi do války," psal Halifaxovi, „nemůžu Edenovu rezignaci a Vaše jmenování přijímat jinak než s naprostou úlevou."[61]

Avšak když k setkání konečně došlo, sám Henderson přiznal, že šlo o „nešťastný okamžik". Führer „měl proto děsnou náladu a ani náznakem se to nesnažil zakrýt". Henderson úvodem odmítl, že by sem přišel dojednat… „Kuh-handel", handl, z čehož ho obviňoval německý tisk. Hitler „zůstal schoulen v křesle, jeho pohled byl velmi zachmuřený", a když Henderson skončil, „pořádně se odvázal". Celou hodinu na nebohého velvyslance chrlil plejádu svých oblíbených bolístek: jak je k němu nepřejícný britský tisk, neodůvodněné zasahování ve střední Evropě, vměšování britských biskupů do vnitroněmeckých církevních otázek a anglických poslanců do vnitropolitických záležitostí a jak zlotřilý je bolševismus. Zdálo se, že koloniální otázka ho vůbec nezajímá, ale zcela jasně se vyjádřil o Rakousku a „smutném osudu, který tam čeká pronacistické Němce". Tvrdil, že Schuschnigg má jen 15 % podporu obyvatel, a pakliže nebude Británie souhlasit s přiměřeným urovnáním, Německo bude nuceno bojovat. Sliboval, že by „zakročil rychlostí blesku [Blitzschnell]".[62]

Podle německého zápisu, který Henderson obdržel další den, se velvyslanec vyjádřil ve smyslu, že s protestem svého protějšku ve Vídni, který vznesl poté, co byl Schuschnigg v Berchtesgadenu zastrašován, nechce mít nic společného, a „prohlásil, že on, sir Nevile Henderson, Anschluss častokrát obhajoval".[63] Ačkoli Henderson obratem odpověděl, že nic takového neřekl, zároveň připustil, že „několikrát projevil svůj názor, jež nemusí být totožný s pohledem vlády".[64] Nicméně se škodou se už nedalo nic dělat. Kombinace Halifaxových poznámek z minulého roku, nahrazení Edena Halifaxem na postu ministra zahraničí a nyní Hendersonovo ledabylé odsouzení německé politiky v Rakousku dohromady způsobily, že se Hitler domníval, že z Londýna ho žádná zásadnější opozice nečeká. Avšak veřejným cílem nadále zůstávalo, že „oprávněné nároky německých Rakušanů mají být naplněny a postupným a nenásilným způsobem je nutno skoncovat s jejich útlakem".[65]

Schuschniggovo dramatické prohlášení, které pronesl večer 9. března, všechno změnilo. S pocitem, že nacistům nakloněná nálada ovládající Štýrský Hradec se stále rychleji šíří po zbytku země, se rozhodl, že „dozrál čas pro jasné rozhodnutí".[66] Když promlouval k početnému davu v Innsbrucku, oznámil, že za čtyři dny, v neděli 13. března, se bude konat plebiscit, který rozhodne o rakouské nezávislosti. Samotní nacisté o referendum dlouho usilovali, protože byli přesvědčení, že jasně položená otázka dotýkající se sjednocení s Německem dopadne úspěšně. Za plebiscit se vlastně před několika dny přimlouval i Hitler, když rozmlouval s Hendersonem, ačkoli v tomto případě chtěl o podobě otázky rozhodovat on. Něco takového ale Schuschnigg předvídal a oznámil, že se hodlá rakouského lidu tázat, zda souhlasí „se svobodným a německým, nezávislým a sociálně spravedlivým, křesťanským a jednotným Rakouskem; se svobodou a prací a s rovností všech, kteří se přihlásí k rase a vlasti". Odmítnutí takto položené otázky by bylo stejné, jak později napsal jeden (americký) historik, jako kdyby se Američané zřekli „jablečného koláče, mateřství a hvězd a pruhů, [název vlajky USA, úsloví vyjadřuje americkou národní povahu – český ekvivalent by mohl být knedlo – vepřo – zelo a pivo; pozn. překladatele]".[67]

Ve snaze neponechat nic náhodě se Schuschnigg inspiroval nacistickou volební příručkou. Kvůli krátkému intervalu mezi oznámením plebiscitu a jeho konáním neměli vystrašení nacisté dostatek času na přípravu, což platilo zejména v hornatých zemích, kde se dalo očekávat, že budou mít vysokou podporu. Volební registr nebyl aktuální, poslední volby proběhly v roce 1930; minimální věk byl stanoven na dvacet čtyři let, a bez volebního práva se tak ocitl velký počet mladých nacistů; a vydány měly být jen kladné hlasovací lístky s rakouskými červeno-bílo-červenými pruhy na obou stranách – pokud jste chtěli hlasovat „ne", měli jste si přinést vlastní hlasovací lístek. Ačkoli se Seyss-Inquartovi podařilo dotlačit Schuschnigga, aby některé z podmínek změnil, rakouští nacisté se přesto domnívali, že plebiscit bude zmanipulovaný. Dalším Schuschniggovým krokem byla sondáž, zda by plebiscit mohl podpořit Mussolini, ale odpověď byla strohá: „C'è un errore![Je to chyba!]".[68] Mussolini rakouského vojenského atašé v Římě upozorňoval, že Schuschnigg „by měl hrát o čas, a ne věci předjímat. Vyřiďte kancléři," dodal, „že svírá bombu, která mu může vybuchnout v rukou." Schuschnigg na to odpověděl, že na zrušení plánů je už pozdě. „V tom případě mu řekněte," zareagoval duce, že „Rakousko odteď přestává být mým zájmem".[69]

První reakcí Berlína bylo naprosté ticho. Hitler tomu nejprve nechtěl věřit, již záhy však propadl zuřivosti. Slovy jednoho význačného historika „zareagoval, jako kdyby mu někdo šlápl na kuří oko. Nedostal předem žádné varování a neudělal žádné přípravy. Bylo mu jasné, že ,evoluční řešení' je mrtvé. Musí buď rázně jednat, nebo strpět ponížení."[70] Bezprostřední kroky byly improvizací a došlo k nim závratnou rychlostí. Toho večera Hitler povolal Göringa s Goebbelsem do kancléřství a vyléval si vztek na Schuschniggově „úplně hloupé klukovině... převézt [Říši] pitomým a slabomyslným plebiscitem". Na přiměřené reakci se však nemohli shodnout. Bavili se o možných alternativách a zazněly návrhy, aby nacisté referendum bojkotovali, nebo aby bylo Rakousko zasypáno agitačními letáky. Goebbels musel během noci přijít na kancléřství ještě jednou a zastihl tam rakouského nacistického předáka, Glaise-Horstenaua. „Vůdce ho drastickým způsobem zasvěcuje do svých plánů," zapsal si Goebbels, který s Hitlerem zůstal až do pěti hodin do rána. Hitler byl „v plném nasazení" a „ve výtečné bojové náladě. Věří, že udeřila ona hodina."[71]

Příští ráno, 10. března, bylo v říšském kancléřství rušno jako v úlu. Jodl si do deníku poznamenal, že „führer je odhodlán to netolerovat". Generál von Reichenau byl povolán nazpět z Káhiry, kde se jako zástupce Německa účastnil zasedání Mezinárodního olympijského výboru, a generál Milch z Luftwaffe se musel spěšně vrátit z dovolené ve Švýcarsku. Göring právě předsedal úvodnímu slyšení vojenského tribunálu zabývajícího se Fritschovým případem a, jak již víme, jednání přerušil a spěchal na kancléřství. Také ve wehrmachtu byli všichni zaskočeni. Keitel byl na 10. hodinu dopoledne předvolán k Hitlerovi, který se mu chystal nařídit, jak Keitel správně hádal, aby zahájil práce na bezprostřední invazi do Rakouska. Ještě předtím se pro jistotu o dané věci poradil s Jodlem a generálem Maxem von Viebahnem, který byl šéfem operačního štábu OKW. Keitel měl štěstí, protože duchapřítomný Jodl si vzpomněl na „plán Otto", který vznikl jako záložní plán pro případ, že by se Otto Habsburský pokusil nastoupit na rakouský trůn. Nyní představoval jediný existující plán vojenské akce proti Rakousku. „Připravte plán Otto," nařídil Hitler.[72]

Ze všech lidí, které zaskočil náhlý běh událostí, byl asi největším nešťastníkem Hitlerův čerstvý ministr zahraničí, Joachim von Ribbentrop. Rozhodl se, že se tento týden vrátí do Londýna, aby se zde jako velvyslanec oficiálně rozloučil, a tak pobýval v Británii, zatímco největší událost jeho dosavadní diplomatické kariéry se právě odehrávala v Berlíně. Jakmile se doslechl první zprávy, zavolal svému tajemníkovi na Wilhelmstrasse, kterým byl Reinhard Spitzy, a nařídil mu, aby zjistil, oč na kancléřství běží. Spitzy byl nejprve zpražen, „aby si hleděl svého a že Ribbentropovy názory nikoho nezajímají", ale sotva se vrátil do kanceláře, dostal nařízeno, aby se dostavil přímo za Hitlerem. „Chci, abyste okamžitě odletěl do Londýna a předal panu von Ribbentropovi tento dopis," uvítal ho Hitler. „Ať okamžitě písemně odpoví. Vy se s jeho odpovědí ihned vrátíte. Není času nazbyt, letadlo je připraveno – je to bývalý stroj Fritsche." Když se Spitzy zdvořile tázal, o čem že zpráva vlastně je, Hitler vybuchl. „Ten bídák Schuschnigg se mě snaží oklamat… Právě jsme se doslechli, že na nás chce vybalit referendum rozhodující o nezávislosti Rakouska. A co je horší, dělá vše pro to a dopouští se při tom i různých špinavostí, aby mu to skutečně vyšlo. Takové chování je neslýchané a já ho odmítám tolerovat."[73]

Spitzy do Londýna dorazil příští den brzy ráno a na letišti na něj čekala skupina novinářů. Ribbentrop měl ten den na 11. hodinu naplánovanou závěrečnou schůzku s Halifaxem. Nový ministr zahraničí své kolegy z vlády ujistil, že do rozhovoru vnese „směsici nespokojenosti, výtek a varování". „Jakmile by ve střední Evropě došlo k válce, nebylo by jasné, kde skončí, či kdo se do ní nezaplete."[74] Na Foreign Office Ribbentropa uvítal nepřátelsky naladěný dav, který hlasitě skandoval „Ribbentrope, vypadni". Ribbentrop Halifaxe požádal, zda by mohl podniknout vše, co je v jeho silách, aby byl plebiscit zrušen. Halifax se sice v soukromí o Schuschniggově nápadu vyjádřil jako o „pošetilém a provokativním",[75] ale Palairet z Vídně zaslal telegram, kde akci označil za „hodnou risku",[76] a tak Halifax Ribbentropa přesvědčil, že by referendum mělo proběhnout „svobodně a nerušeně".[77] Podle Cadogana byl Ribbentrop „celkem beznadějný a toporný a marný. H[alifax] mu dával lekci – či kázání –, ale myslím si, že to nezabralo."[78] Je možné, že Halifax už měl k dispozici čerstvý poznatek zpravodajské služby varující, že pravděpodobně dojde k invazi do Rakouska. Předchozí noc před svým návratem z Káhiry do Berlína totiž Reichenau telefonoval tamnímu německému velvyslanci a prozradil mu, že bezprostředně hrozí anšlus. Hovor se podařilo zachytit a detaily byly poslány na ministerstvo zahraničí.[79]

V hlavním stanu OKW na Bendlerstrasse zatím Keitel vymyslel, jak se zbavit odpovědnosti za vojenské přípravy. Brauchitsch byl sice služebně mimo, ale o své obavy se mohl podělit s Beckem.

„Führer nařizuje, abyste mu okamžitě podal zprávu, jak pokračují přípravy wehrmachtu na vstup do Rakouska," nařídil Beckovi.

„Ale my nemáme nic připraveno," zoufale namítl Beck. „Nic se neudělalo, vůbec nic."

„A co plán Otto z června 1937?"

„To je nouzový plán pro případ restaurace Habsburků. To je úplně něco jiného." Nezbylo mu však nic jiného, než na kancléřství vzít, co mají.

Navzdory Beckovým obavám, zda jsou pancéřové divize připraveny, trval Hitler na tom, že rozkaz má být vykonán. „Jsem, nebo nejsem vrchní velitel wehrmachtu?" vyřvával. „V okamžiku, kdy potřebuji, aby se jednalo rychlostí blesku, mi sdělíte, že nic není připraveno a že se musí improvizovat. Dělejte, jak myslíte, ale naši vojáci musí být 12. března ve Vídni!"[80]

Po dalších pět hodin tak nejvyšší generálové na Bendlerstrasse připravovali nezbytné rozkazy. Času však bylo málo. Už byl čtvrtek a přitom bylo nutné, aby byli vojáci připraveni vyrazit nejpozději v sobotu. VII. armádní sbor – sídlící v Mnichově – a XIII. armádní sbor – z Norimberku – byly ihned mobilizovány. Dále se k nim přidala 2. tanková divize. Velení nad invazními vojsky dostal na starost generál Fedor von Bock z 8. armády dislokované v Drážďanech. V 16.00 si Beck předvolal generála Heinze Guderiana, který byl čerstvě jmenovaným velitelem motorizovaného XVI. armádního sboru, a sdělil mu: „Jestli se má anšlus vůbec uskutečnit, teď nastal patrně nejlepší okamžik." Guderian dostal za úkol zmobilizovat XVI. armádní sbor a zalarmovat a seskupit 2. tankovou divizi, aby byla připravena na vpád do Rakouska.[81] Přípravy zasáhly i Luftwaffe a na letištích v Bavorsku, spadajících pod velení Sperrleho, byla vyhlášena plná pohotovost. Cílem letectva bylo „předvést se a shazovat propagandistický materiál [a] ovládnout rakouská letiště". Následně mělo „v případě potřeby podpořit pozemní jednotky a udržovat další bombardovací útvary v pohotovosti pro účely zvláštních úkolů".[82] O půlnoci Goebbels opět stanul před Hitlerem. „Kostky jsou vrženy," zapsal si. „V sobotu vypochodujeme. Směr přímo na Vídeň. Velká operace letectva. Vůdce se sám odebere do Rakouska." Poté se Goebbels vrátil na vlastní ministerstvo, kde strávil celou noc přípravou propagandistických záležitostí. „Opět velká doba," poznamenal si. „S velkolepým historickým úkolem. Je to báječné."[83]

Dne 11. března ve dvě hodiny ráno Hitler vydal „směrnici č. 1" pro plán Otto. Ve spěchu za okupací Rakouska ji však zapomněl podepsat, což učinil až téměř o dvanáct hodin později.

PŘÍSNĚ TAJNÉ

1. Pokud se ostatní opatření ukážou neúspěšná, mám v úmyslu podniknout invazi do Rakouska, aby byly zabezpečeny ústavní podmínky a zabráněno dalším násilnostem na proněmeckém obyvatelstvu.

2. Celá operace bude řízena mnou osobně.

3. Jednotky pozemních sil a vojenského letectva, pověřené provedením operace, musí být připraveny k invazi 12. března 1938, nejpozději ve 12.00.

4. Chování jednotek musí působit dojmem, že nemáme v úmyslu vést válku proti našim rakouským bratrům. Je třeba se vyhnout jakékoli provokaci. Pokud by však byl kladen odpor, je třeba ho nemilosrdně zlomit silou zbraní.[84]

Ve Vídni se Schuschnigg odebral do postele a byl si jistý, že hazard s vyhlášením plebiscitu se vyplatil. Ze spánku ho v 5.30 probudil hlasitě zvonící telefon stojící vedle postele. Byl to náčelník vídeňské policie, dr. Skubl, který byl jedním z mála služebně vysokých policistů, kteří zůstali ve funkcích i poté, co se ministrem vnitra stal Seyss--Inquart. Zprávy byly zlé. Před hodinou byla uzavřena německá hranice v Salcburku, všichni němečtí celníci zmizeli a železniční doprava mezi Rakouskem a Německem byla zastavena. Bylo šedé ráno, mrholilo a již v 6.15 Schuschnigg uháněl do své kanceláře. *Cestou* se jen na krátko zastavil ve svatoštěpánské katedrále. Právě svítalo a probíhala ranní mše. Rakouský kancléř se posadil do lavice, neklidně přemítal nad významem Skublovy zprávy a nakonec se nenápadně pokřižoval. V kancléřství na Ballhausplatzu dosud vládlo ticho. Zavolal na policejní velitelství a přikázal, aby policie kolem centra města a vládních budov vytvořila bezpečnostní kordony. Poté volal generální konzul v Mnichově a varoval, že německé divize dislokované ve městě byly mobilizovány. Když Schuschnigg nechal svolat ostatní ministry, jediný, kdo nebyl k zastižení, byl Seyss-Inquart.

Předchozího večera obdržel Papen urgentní rozkaz, aby se vrátil do Berlína, a tak v 6 hodin ráno soukromým letadlem opouštěl Vídeň. Na letiště ho doprovázal Seyss-Inquart, který zde poté čekal na přílet svého kolegy, ministra Glaise-Horstenaua, jenž z Berlína přivážel instrukce od führera. Společně pak přijeli na kancléřství v 9.30.

Jen co se Seyss-Inquart ledabyle omluvil, že dorazil pozdě, stroze Schuschnigga informoval, jak je Hitler naštvaný. „V Říši to kvůli plebiscitu jen vře," upozorňoval. „Hitler je prý vzteky bez sebe. Všichni zuří." Schuschnigg se bránil a poukazoval na to, že všechno probíhá v naprostém souladu s dohodou z Berchtesgadenu.

„Ne, to teda říkat nemůžete," přerušil ho Glaise-Horstenau. „Takový plebiscit je opravdu vrchol. Není divu, že to führera popudilo. S něčím takovým se nemělo začínat."

Seyss dostal rozkazy od samotného Göringa. „Do hodiny musí být plebiscit odložen," nařizoval.[85]

Hitler měl ještě jeden požadavek: Schuschnigg má rezignovat a uvolnit místo Seyss-Inquartovi.

Když Papen v 9.00 dorazil na říšské kancléřství, panoval tam chaos a napětí šlo cítit na každém kroku. Jen vzácně se Hitler na veřejnosti objevil před desátou, přesto hlavní přijímací pokoj před jeho studovnou již překypoval zvláštní směsicí ministrů a nohsledů, byl tam „každý, koho se téma byť jen letmo týkalo, z povinnosti, zvědavosti, kvůli zaměstnání či machinacím". Jelikož byl Ribbentrop v Londýně, Hitler povolal Neuratha, aby ho s poradním hlasem zastupoval. Úkolem bývalého ministra zahraničí ale v první řadě bylo uklidňovat zahraniční diplomaty, až zpráva o invazi vejde ve známost. Ač byl Goebbels po bezesné noci, byl to on, kdo „se svojí kohortou z ministerstva propagandy nešel přehlédnout", Himmler si nabubřele vykračoval „obklopen tuctem mohutných příslušníků SS" a Brauchitsch s Keitelem se vystrojili do vycházkové vojenské uniformy. Hitler „byl ve stavu hraničícím s hysterií". Bylo jasné, že si stále neujasnil, jaké kroky má podniknout.[86]

Tou dobou se vrátil z Londýna také Spitzy. Pozdě večer předchozího dne opustil Croydon [dřívější letiště v Londýně; pozn. překladatele]. Na berlínské letiště Tempelhof přiletěl v 8.00 a poté nejvyšší možnou rychlostí v koloně aut uháněl na kancléřství, v ruce svíraje Ribbentropovu dlouhou odpověď. Hitler byl sice kvůli zdržení naštvaný, ale odpověď ministra zahraničí ho potěšila.

> Co teď udělá Anglie, když rakouská otázka nemůže být vyřešena mírovými prostředky? V podstatě jsem přesvědčen, že Anglie nyní sama od sebe v tomto ohledu nic nepodnikne, ale na ostatní mocnosti bude vyvíjet mírný vliv.[87]

„Přesně, jak jsem si myslel," zvolal Hitler. „Je zbytečné dělat si jakékoli starosti, že by z jejich strany mohly přijít nějaké komplikace. Zítra se vypořádáme s Rakouskem!" „Mnul si ruce, plácal se po stehnech a [Spitzyho] propouštěl v nejlepší náladě."[88] Jen o pár stovek metrů dál na britském velvyslanectví také Henderson vstřebával čerstvou zprávu, brzo ráno ho generální konzul v Mnichově informoval, že městem projíždí veliký počet vojáků a policistů a míří východně k rakouským hranicím.

Henderson okamžitě nařídil, aby vojenský atašé, plukovník Frank Mason-MacFarlane, zavolal náčelníkovi vojenského zpravodajství OKW generálu von Tippelskirchovi a konfrontoval ho s tímto zjištěním. Generál nebyl k zastižení, ale služebně vyšší důstojník Mason-MacFarlana ujistil, že to musí být omyl a že na ten den nejsou naplánovány žádné zvláštní pohyby vojsk. Vojenský atašé se ale s tímto tvrzením nespokojil a vyrazil směrem k rakouské hranici, aby se přesvědčil na vlastní oči. Jen co vyjel z předměstí Berlína, uvízl v koloně asi 3000 ozbrojených policistů a příslušníků SS, kteří se „přesouvali rakouským směrem v autobusech, pekařských dodávkách, stěhovacích vozech a dalších typech vozidel".[89] Mezitím byl do hlavního stanu OKW předvolán jeho zástupce a nižší důstojník, který byl viditelně v rozpacích, přiznával, že Mason-MacFarlane byl mylně informován. Přehnaně se omlouval a prozradil, že „politická situace si vyžaduje, aby se na rakouské hranici uskutečnila mohutná demonstrace". Účel byl dvojí: zamezit rozšíření „nepokojů marxistického původu do Německa [a] ochránit před těmito marxistickými elementy pravé Němce".[90] Když Henderson informace zasílal na Foreign Office, nemohl se ubránit uštěpačné poznámce. Ačkoli uvedl, že nemůže „soudit motivy, které ho [Schuschnigga; pozn. překladatele] k tomu vedly", Schuschniggovo rozhodnutí vyhlásit plebiscit mu přišlo „unáhlené a pošetilé".[91]

Ribbentrop zatím stále „tvrdnul" v Londýně. Poté, co Spitzyho poslal s odpovědí zpátky do Berlína, pořádal v nově rekonstruovaném německém velvyslanectví v Carlton House Gardens sousedícím s Mallem obrovskou rozlučkovou recepci, kam pozval každého, s kým se v Londýně setkal.[92] Následujícího rána, v době, kdy v Berlíně vrcholily přípravy na invazi do Rakouska, hostil své nejbližší britské přátele na snídani. Byli zde také poslankyně Nancy Astorová a ministr koordinace obrany, sir Thomas Inskip, „který byl podle Ribbentropa z britských ministrů nejvíce proněmecký".[93] Ribbentrop uvádí, že ho Inskip ujišťoval, „že bude-li Německo trpělivé, rakouská otázka se může dříve či později vyřešit dle jeho gusta. Rozhodně může prohlásit, že pokud by se tak stalo, britský kabinet by vojenskou intervenci své země neprosazoval. Něco jiného by ovšem bylo, kdyby Německo otázku řešilo silou – přesněji řečeno – za využití vojenských prostředků. To by mohlo vést k rozsáhlému konfliktu, do něhož by se Anglie mohla zapojit."[94]

Bylo zvykem, že přední velvyslanci na odchodu předkládají králi dopis o odvolání a poté jsou přijati na oběd v Buckinghamském paláci. V případě Ribbentropa však král diskrétně požádal, aby ho takového martyria ušetřili, poněvadž velvyslanec „byl" během svého pobytu v Londýně „viditelně neužitečný".[95] Místo toho Ribbentrop krátce navštívil palác a při této příležitosti popřel, že by o nejnovějších událostech v Rakousku cokoliv věděl. „Odpověděl jsem mu," vzpomínal později král, „že chápu, že je německým ministrem zahraničí. A myslel jsem si, že bylo rozumné tuto otázku dále nerozebírat."[96] Poté se Ribbentrop se svojí manželkou vydali do Downing Street, kde měli s Chamberlainovými poobědvat; dalšími hosty byli Churchill, Cadogan, Inskip, Halifax, Simon a jejich manželky. Oběd byl „neradostnou záležitostí"[97] a již se chýlil ke konci, když z ministerstva zahraničí dorazil posel s dvěma telegramy pro Cadogana. Ten si je přečetl a následně je předal Halifaxovi a obratem Chamberlainovi. Churchill postřehl, že si ministerský předseda „zřetelně dělá starosti" a na signál od svého muže paní Chamberlainová hosty pozvala na kávu do salónu. Všem bylo jasné, že je nejvyšší čas odejít, ale pan von Ribbentrop a jeho paní „však toto ovzduší zřejmě vůbec nevnímali", a tak ve „společnosti převládl jakýsi neklid a každý postával, připraven každou chvilku se rozloučit s čestnými hosty".[98]

Paní Ribbentropovou se nakonec podařilo přesvědčit, aby se domů vydala sama, a Chamberlain doprovázený Halifaxem a Cadoganem se s jejím manželem odebrali do premiérovy studovny. Oba telegramy nahlas přečetli: první pocházel od Hendersona a obsahoval informace o pohybech německých vojsk směrem k rakouské hranici; druhý zaslal z Vídně Palairet a líčil ultimátum, které dostal Schuschnigg, jenž zároveň britskou vládu žádal o radu. Halifax poté „promlouval k Ribbentropovi a co nejdůrazněji a nejzávažněji ho zapřísahal, aby od toho svého šéfa odradil, než bude pozdě".[99] Ribbentrop však tvrdil, že o žádných přesunech vojáků ani o nějakém ultimátu nic neví, vyjádřil silné pochybnosti ohledně přesnosti těchto zpráv a zopakoval již známé námitky, že Schuschnigg vyhlášením „podvodného" plebiscitu „zklamal důvěru". Podle Ribbentropova hlášení diskuze „proběhla v dusné atmosféře a obvykle klidný Halifax byl rozčílenější než Chamberlain, který alespoň navenek působil klidně a s chladnou hlavou".[100] Později odpoledne navštívil Halifax německé velvyslanectví, kde měl domluveno rozlučkové setkání při odpoledním čaji, a s Ribbentropem „promluvil" dokonce „ještě rázněji", třebaže to opět nemělo žádný účinek.[101]

Ribbentrop ve svých pamětech, které napsal, když stál před norimberským soudem, obvinil z neúspěchu zabránit anšlusu Halifaxe, který ho ujišťoval, že „britský lid by nikdy nepodpořil vstup do války, která vypukla kvůli tomu, že se dvě německé země chtějí spojit". Ribbentrop dále tvrdil, že při jejich setkání 10. března Halifax „situaci s klidem a vyrovnaně přijal".[102] Ve skutečnosti záznam Foreign Office ze setkání uvádí, že Ribbentrop tvrdohlavě odmítal, že by o událostech v Rakousku cokoli věděl, a Halifax proti „exhibici brutální síly" důrazně protestoval.[103] Halifaxův životopisec soudí, že „překážkou smysluplného jednání s Německem byla Ribbentropova totální tupost",[104] což je názor, který slyšíme i od Chamberlaina. „Pokaždé, když hovořím s Ribbentropem, musím překonávat pocit bezmoci," stěžoval si sestře na průběh oběda na Downing Street. „Je tak pitomý, tak povrchní, tak sebestředný a samolibý a tak naprosto zbavený jakékoli intelektuální kapacity, že vždycky vypadá, jako by mu vůbec nedocházelo, co mu člověk říká."[105] Pravda je taková, že jakmile se Ribbentrop vrátil do Londýna, neměl možnost běh událostí v Berlíně nijak ovlivnit – vlastně byl záměrně vyloučen z jakéhokoli rozhodování. Spitzy mu po telefonu odmítal předat byť jedinou informaci s odůvodněním, že linka je určitě odposlouchávaná, a Göring trval na tom, aby zůstal v Londýně. Prý proto, aby „monitoroval britské reakce". Také Hitler byl naprosto spokojený, že ministerstvo zahraničí dočasně vede klidnější Neurath. A domýšlivý Ribbentrop řval do telefonu na Spitzyho, že německý ministr zahraničí musí vývoj událostí v Berlíně a Vídni sledovat na BBC.

Göringovo dlouholeté přání připojit Rakousko k Říši nebylo žádným tajemstvím. Když rok předtím navštívili vévoda a vévodkyně z Windsoru Karinhall, vévoda si povšiml, že v knihovně nad krbem visí mapa Německa, které je zeleně vybarveno a jehož součástí je i Rakousko. Nastolené téma Göringa potěšilo. „Zrovna jsem ji nechal vyrobit – parádní kousek nové německé kartografie," pochechtával se. Když to vévoda komentoval, že to tedy němečtí kartografové mají „neotřelé a řekl bych expanzivní představy", Göring se nemohl udržet.

„Oho," zvolal, „vy mluvíte o připojení Rakouska k Německu. Nu dobrá, potřeboval jsem novou mapu, a jelikož se Rakousko s Německem brzy spojí – samozřejmě dobrovolně –, zdálo se mi racionálnější události trochu předjímat."[106] Když během lovecké výstavy zavítal na Karinhall Guido Schmidt, spatřil tu samou mapu – „správný lovec nezná hranic, sdělil mu Göring s úšklebkem".[107] A když ji studoval Mussolini a nedal při tom najevo žádné negativní reakce, Göring to vzal jako znamení, že Itálie proti anšlusu nic nemá.

A tak to byl 11. března Göring, kdo se v říšském kancléřství ujal iniciativy a „oběma rukama se chopil vedení, které vyklidil kolísající Hitler".[108] Policejní náčelník Schuschnigga ujistil, že vláda ulice Vídně ještě kontroluje, ale zároveň se mu dostalo varování, že na policii, která nyní byla infiltrována propuštěnými nacisty, již nemůže být spolehnutí. Do toho začaly přicházet zprávy ze Štýrského Hradce, že po ulicích projíždějí dodávky s amplióny a oznamují, že plebiscit byl zrušen a Schuschnigg rezignoval. V obavě, aby nedošlo ke ztrátám na životech, se Schuschnigg rozhodl hlasování odložit a předvolal si Seyss-Inquarta a Glaise-Horstenaua, aby jim to oznámil. Ve 14.45 Göring uskutečnil první ze série telefonátů do Vídně. Seyss mu oznamoval, že Schuschnigg souhlasí s odvoláním plebiscitu, ale odmítá rezignovat na funkci kancléře.

Jak později Göring svědčil před norimberským tribunálem, tehdy si uvědomil, že „konečně nastala chvíle, kterou tak dlouho a horoucně vyhlížel – možnost dosáhnout naprostého řešení". Počínaje tímto okamžikem, tvrdil, „musím převzít stoprocentní zodpovědnost za všechen další vývoj, protože to zdaleka tak nebyl führer jako já sám, kdo udával tempo, a dokonce zaháněl führerovy pochybnosti a události přivedl k danému konci".[109] Odpověděl Seyssovi, že zrušení nestačí, a jen co se poradil s Hitlerem, volal za dvacet minut zpátky a zdůrazňoval: Schuschnigg musí rezignovat a kancléřem se má stát Seyss. Pokud se Seyss do hodiny telefonicky neohlásí, budou to v Berlíně chápat tak, že mu není umožněno telefonovat. Schuschniggovi řekněte: „Jestliže tyto podmínky nebudou splněny, německá vojska vstoupí do Rakouska."[110] Seyss ztichl a byl natolik šokován, že „úplně zbledl".[111]

Seyss-Inquart a jeho souputníci z řad rakouských nacistů se německé invaze obávali téměř stejně jako Schuschnigg a stále doufali, že dojde jen k *Gleichschaltung* – „koordinaci" Rakouska a nikoli ke kompletnímu anšlusu – a že se jim podaří zamezit příchodu německých vojáků. Tou dobou již z Berlína přiletěl Hitlerův zvláštní agent pro

Rakousko, Wilhelm Keppler, a s sebou přivážel koncept telegramu, který měl Hitlerovi poslat Seyss. Žádal okamžité vyslání německých vojáků, kteří měli v Rakousku potlačit rozšířené nepokoje. Seyss ho však odmítl odeslat s odůvodněním, že k ničemu takovému v zemi nedochází. Jediné náznaky nepokojů vlastně pocházely od samotných nacistů. Již od brzkého rána se ve městech po celé zemi začaly shromažďovat rakouské jednotky SA a SS. Ve Štýrském Hradci dokonce došlo k násilným střetům a ještě nebyl večer, když městem pochodovali příslušníci SA a SS a záhy začali přebírat kontrolu nad městskými a zemskými budovami. Podobný průběh měly události v Salcburku a Innsbrucku. O půl čtvrté odpoledne nakonec Schuschnigg rezignoval. Ještě se pokoušel dovolat Mussolinimu, ale po chvíli zavěsil, protože mu bylo jasné, že by to stejně byla „ztráta času". A opravdu, z Říma přišla zpráva: „Italská vláda raději dopředu avizuje, že za daných podmínek není schopna poskytnout žádnou radu".

Keppler, Seyss, Glaise-Horstenau a další předáci rakouských nacistů si v kancléřství, v samém srdci rakouské vlády, zřídili provizorní kancelář. Schuschnigg je nedokázal zarazit a jen poznamenal, že kancléřství „vypadá jako pobláznený včelín". Seyss-Inquart a Glaise-Horstenau měli „v jednom rohu ležení" a kolem nich se motala skupina „podivně vyhlížejících mužů, kteří měli vlasy ostříhané nakrátko, případně byli úplně holohlaví, a většina z nich měla po tvářích velké jizvy".[112] Avšak všichni zapomněli na statečného a tvrdohlavého prezidenta Miklase. Schuschniggovu rezignaci přijal, ale neoblomně odmítal na jeho místo jmenovat Seysse. Napětí v Berlíně nejprve opadlo, když se mylně vyhlásilo, že se Seyss stal kancléřem. „Okamžitě vyřiďte Brauchitschovi, že rozkaz k pochodu vojáků se ruší," nařídil Hitler Keitlovi. Na to si Brauchitsch s úlevou oddychl. „Díky Bohu, že jsme toho zůstali ušetřeni," řekl Papenovi.[113]

Göring si to nicméně evidentně užíval. Podle Hitlerova pobočníka pro Luftwaffe, šlechtice a kapitána Nicolause von Belowa, byl „v akci" a naprostým „pánem situace".[114] Ale v 17.26 se na drátě znovu ozval Seyss a vyvracel šířící se fámu. Kancléřem jmenován nebyl a Miklas nejeví ani špetku ochoty tak učinit. Göring se znovu rozčílil. „Ihned běžte za prezidentem," rozkázal Seyssovi, „a vyřiďte mu, že pakliže okamžitě nepřijme naše požadavky, vojáci rozmístění podél rakouských hranic vyrazí a Rakousko zanikne. Řekněte mu, že nežertujeme."[115] Ale neoblomný Miklas se stále bránil. Vídeňské rádio v 18.00 odvysílalo, že plebiscit byl odložen a celá vláda podala rezignaci, ale o jmenování nových ministrů nepadlo ani slovo. V 18.28 byl Göring znovu u telefonu a mluvil s Kepplerem a Seyss-Inquartem. Když mu sdělili, že se prezident odmítá vzdát, nařídil jim, aby prezidentovi předložili druhé ultimátum. Göring je dále varoval, že „rozkaz na pochod vydá do pěti minut".[116] „Informoval jsem oba pány," svědčil později Miklas, „že jejich ultimátum odmítám... a že si Rakousko samo rozhodne o tom, kdo bude stát v čele vlády."[117]

Stmívalo se a Schuschnigg se naposledy procházel prostory kancléřství. Na chodbách se to jen hemžilo mladými nacisty, kteří se na něj pohrdavě dívali. Zvenku slyšel shromážděné demonstranty, nacistické písně a dusot pochodujících nohou. Naposledy se pokusil přesvědčit Miklase, aby jmenoval Seysse, ale starý prezident o tom nechtěl ani slyšet. „Nehodlal jmenovat nacistu rakouským kancléřem" a hořce si stěžoval: „Všichni jste mě opustili, všichni."[118] Mikrofon byl spěšně instalován na místě, kde byl před čtyřmi roky zavražděn někdejší kancléř Dollfuss, a v 19.47 zazněla první slova Schuschniggova projevu k národu. Prozradil, že k rezignaci byl donucen německým ultimátem a odmítl lživé zprávy pocházející z Německa o „dělnických nepokojích, prolévání potoků krve a o situaci, kterou nemá rakouská vláda pod kontrolou."[119] Všechny takové zprávy, prohlásil „jsou od A až do Z lži".[120] „Ustupujeme síle," vysvětloval. „Jelikož ani v tuto těžkou hodinu netoužíme po prolévání německé krve, nařídili jsme našim jednotkám, aby se nestavěly na odpor... Loučím se s rakouským lidem a z celého srdce říkám – Bůh ochraňuj Rakousko!"[121]

Tentokrát to byl německý vojenský atašé, generál Wolfgang Muff, kdo měl předávat špatné zprávy. Miklas stále odmítal ustoupit. „Bylo to velmi dramatické," vyprávěl Muff Göringovi. „Mluvil jsem s ním téměř patnáct minut. Prohlásil, že za žádných okolností neustoupí."

„Cože? Že neustoupí síle?" tázal se Göring nevěřícně.

„Síle neustoupí," opakoval Muff.

„Takže on chce být prostě vyhozen?"

„Ano," řekl Muff. „Sám ustoupit nemíní."

Poprvé za ten večer se Göring zasmál. „No, se čtrnácti dětmi člověk neustupuje. Zkrátka řekněte Seyssovi, ať převezme vedení."[122]

Když o hodinu později Keppler opět volal do Berlína, nejen že opakoval, že Miklas tvrdošíjně odmítá rezignovat, ale taktéž dosvědčoval, že Seyss-Inquart nechce odeslat telegram žádající o německou vojenskou pomoc. Göring odvětil, že telegram se vlastně ani posílat nemusí, ale je nutný Seyssův souhlas s jeho obsahem. Ve skutečnosti ho o půl hodiny později odeslal Keppler, ale tehdy už to stejně bylo bezpředmětné. Pouhý *Gleichschaltung* najednou Göringovi nestačil a ve 20.45 se mu konečně podařilo přemluvit Hitlera, aby vydal rozkaz k pochodu.

Tajné – Vrchní velitelství wehrmachtu
Věc: Operace Otto
1. Požadavky německého ultimáta nebyly rakouskou vládou splněny.
2. Rakouské ozbrojené síly dostaly nařízeno se před příchodem německých jednotek stáhnout a ustoupit bez boje. Rakouská vláda ukončila svoji činnost.
3. Ve snaze zabránit dalšímu krveprolévání v rakouských městech vstoupí podle směrnice č. 1 německé ozbrojené jednotky do Rakouska 12. března za svítání. Očekávám dosažení vytyčených cílů za plného využití všech sil tak rychle, jak je to možné.
Adolf Hitler.[123]

O něco později se Hitler konečně dočkal telefonátu, na který celý den tak nervózně čekal. Od té chvíle, co se pro invazi rozhodl, se obával, jaká bude reakce bývalého ochránce Rakouska, Mussoliniho. 10. března vyslal svého osobního vyslance, prince Filipa Hessenského, zetě italského krále, soukromým letadlem do Říma s osobní zprávou pro duceho, v níž mu vysvětloval, jakou akci hodlá uskutečnit, a tázal se, zda od partnerského diktátora může očekávat porozumění a pochopení.

Maje zodpovědnost führera a kancléře Německé říše a stejně tak syna této země, nemohu ve světle posledního vývoje jen nečinně přihlížet. Jsem nyní odhodlán ve své vlasti nastolit právo a pořádek.

Mussoliniho ujišťoval, že „definitivní hranice" mezi Německem a Itálií bude i nadále „Brenner".[124] Ve 22.25 konečně přišla dlouho očekávaná odpověď, telefonát od prince Filipa z Říma. V průběhu odpoledne se kvůli výpadkům elektrické energie nedařilo udržet telefonické spojení mezi Berlínem a Vídní, a Hitler se tak s „korpulentním" Göringem musel namačkat, což nebylo zrovna důstojné, do budky pro spojovatelky, aby oba slyšeli velvyslancova slova.

Hitler popadl sluchátko. Stál „s jednou nohou na pohovce a takovým vzrušením kroutil šňůrou od závěsu [a] tak silně za ni tahal, že se celý závěs utrhl a spadl na pohovku".[125] Když se dozvěděl zprávy od prince Filipa, spadl mu kámen ze srdce.

Právě jsem se vrátil z Palazzo Venezia. Duce přijal celou věc velmi přátelsky. Posílá vám pozdravy... O věci ho informoval Schuschnigg... Mussolini řekl, že mu je Rakousko lhostejné.

Řekněte, prosím, Mussolinimu, že mu to nikdy nezapomenu!

Ano, pane.

Nikdy, nikdy, nikdy, ať se stane cokoliv! Budu vždy připraven stát při něm v dobách dobrých i špatných.

Ano, můj vůdce.

Můžete mu vyřídit, že mu děkuji z celého srdce. Nikdy mu to nezapomenu, ať se stane cokoliv. Pokud by někdy potřeboval jakoukoli pomoc, či se ocitl v nebezpečí, může si být jistý, že při něm budu stát, ať se stane cokoliv, i kdyby se proti němu spojil celý svět.[126]

Nešťastný Miklas nakonec o půlnoci kapituloval a Seyss-Inquart se stal spolkovým kancléřem. Nyní si Göring mohl odpočinout. Vyšel z kancléřství a vydal se o pár bloků dál do budovy bývalého pruského parlamentu, velkolepého Haus der Flieger [Domu letců; pozn. překladatele] na Prinz Albrechtstrasse. Měl být oficiálním hostitelem na večerním plesu plném přepychu a pozlátek, kterého se mělo účastnit na tisíc hostů, mezi nimiž nechyběli státní úředníci, zahraniční diplomaté a nejvyšší vedení nacistické strany. O zábavu se měli postarat orchestr, zpěváci a balet Státní opery. Od počátku bylo ve vzduchu cítit jisté „napětí a hrozící tragédii" a zvláště zahraniční hosté „měli z tancování a hudby pramalou radost", když právě probíhalo porcování Rakouska. [127] V průběhu celého dne přicházely zprávy o hromadění německých vojsk u rakouských hranic, a než začala slavnost, diplomaté v rozhlase vyslechli Schuschniggovu emotivní rezignační řeč. Zvláště patrné bylo, že se slávy v Haus der Flieger účastní minimum zástupců armády a Luftwaffe a těch pár přítomných se během večera postupně vytrácelo.

Henderson již stihl Neurathovi uřadujícímu na ministerstvu zahraničí podat formální protest a o ples neprojevil nijak velký zájem. Také společnému obědu polského velvyslance a československého vyslance „vévodilo dusivé napětí a pocit sklíčenosti".[128] Než přišel Göring, prostoupila celým osazenstvem zvláštní atmosféra falešné normálnosti – muzikanti hráli, páry tančily a diplomaté z celého světa seděli kolem kulatých stolků a horečnatě probírali nejnovější události. V jedné chvíli přijel z britského velvyslanectví Kirkpatrick a přinášel Hendersonovi z Londýna další pokyny. Když se začal prodírat zástupy ke stolu pro významné hosty, celý sál rázem ztichnul. Vytáhl z kapsy dva pomačkané listy papíru, podal je Hendersonovi a ten je začal pomalu číst, načež přikývl. Ve chvíli, kdy na mě „zíralo 2000 párů očí" a čekalo na reakci, uvádí ve svých pamětech Henderson, „byste slyšeli, jak v obrovské aule spadl špendlík".[129]

Konečně se objevil Göring „ověnčený řády a medailemi".[130] Ihned vyhledal československého vyslance, dr. Vojtěcha Mastného, a doprovodil ho do pokoje, kde byli sami. Rakousko, ubezpečoval ho, je „německá rodinná záležitost" a noční události se Československa nijak netýkají, pakliže nebude mobilizovat. „Dávám vám čestné slovo," dodával, „že se Československo od Říše nemá čeho obávat."[131] Jelikož všichni čekali na zahájení představení, Göring z programu utrhl kousek papíru, rychle na něj něco napsal a, nahýbaje se přes manželku amerického velvyslance, podával jej Hendersonovi. „Všechno vám vysvětlím," sliboval.[132] Mastný mezitím rychle pospíchal na vyslanectví a telefonoval do Prahy, jaké jsou pokyny. Do Haus der Flieger se vrátil značně rozrušen a obratem ujišťoval Göringa, že k české mobilizaci nedojde. Göring to přijal s potěšením. Důvěřivému vyslanci vykládal, že vše, co zaznělo, není jen jeho názor, ale má to brát jako příslib od führera, který kvůli cestě do Rakouska Göringovi propůjčil veškerou moc. „Vaše Excelence, pozorně mě poslouchejte," zakončoval pompézně svůj projev. „Dávám vám čestné slovo – Ich gebe Ihnen mein Ehrenwort –, že se jedná výhradně o anšlus Rakouska a že se k československým hranicím nepřiblíží ani jediný německý voják."[133]

Mezitím ve Vídni se dav shromážděný na Ballhausplatzu dostával do varu a v předních místnostech kancléřství přestávalo být bezpečno. Skupina mladíků se vyšplhala po fasádě a vyvěsila na ni svastiku. Seyss vyšel na balkón a snažil se rozvášněný dav utišit, ale byl nucen se rychle vrátit. Nabídl Schuschniggovi, že ho domů vezme svým autem, nebo že mu na maďarském velvyslanectví, které bylo naproti přes ulici, zajistí útočiště. Schuschniggovým přívržencům se dokonce podařilo na letišti Aspern zajistit letadlo a měli ho připravené, aby s ním sesazený kancléř mohl odletět do exilu. Ale Schuschnigg všechny takové nabídky odmítl a poté, co se podáním ruky rozloučil se svými bývalými strážnými, které to natolik dojalo, že jim vyhrkly slzy, odešel se Seyss-Inquartem. To už byla obsazena celá budova a hlavní schodiště lemovali civilisté vyzdobení na paži svastikou. Šoupli ho do auta se Seyssem a sami nacisté jim zajišťovali ochranu. Pomalu se prodírali davem a mířili k jeho domu. Taková byla Schuschniggova poslední cesta z kancléřství.

Příštích deset týdnů měl strávit v domácím vězení, než bude přesunut do cely na vídeňském velitelství Gestapa, aby následnou válku prožil v koncentračním táboře, nejprve v Dachau a poté v Sachsenhausenu.

Seyss-Inquart se naposledy pokusil odvrátit invazi. Na jeho povel volal ve 2.10 Muff referentovi na rakouském oddělení ministerstva zahraničí v Berlíně a žádal, aby „jednotky ve stavu pohotovosti zůstaly na hranicích, ale nepřekračovaly je." Pokud tak již učinily, mají být staženy. Poté si vzal sluchátko Keppler a také on tuto žádost podpořil. Hitler šel spát o půlnoci. Byl spokojený s celodenní prací a poslední, o co stál, bylo, aby ho někdo budil. Jeho pobočník telefonoval zpět: führer kategoricky trvá na tom, že „vstup je neodvratitelný". Muff se zmohl jen na reakci, že „taková zpráva ho rmoutí", což bylo v dané situaci poměrně odvážné.[134] Také Keitel přes noc obdržel řadu hovorů. Kolegové z důstojnického sboru wehrmachtu žadonili, aby se invaze odvolala. Ve 4 hodiny ráno volali Brauchitsch a Viebahn, šéf operačního štábu OKW, a oba na něj naléhali, aby zakročil, promluvil s Hitlerem a celá akce se zrušila. Ale on neměl ani odvahu zprávu předat dál.[135] Ve Vídni se prezident Miklas naposledy vydal domů. „Byl jsem zcela opuštěn," uvědomil si, „doma i v zahraničí."[136]

5

Jarní bouřka

Kdo ví? Možná se ve Vídni jednoho rána probudíte a spatříte nás tam – znenadání jako jarní bouřku.

Adolf Hitler v rozhovoru s Kurtem von Schuschniggem, Berchtesgaden,
21. února 1938

Drahé Česko-Slovensko,
nemyslím, že na tebe zaútočí
Ale nehodlám tě podporovat.

Nevillu Chamberlainovi přisuzuje Hillaire Belloc,
24. března 1938

Evropa dospěla do takového stádia, že bylo možné ji slupnout jako artyčok, lístek po lístečku.

Joseph Paul-Boncour, francouzský ministr zahraničí,
březen 1938

Brzy ráno v sobotu 12. března odstartovaly z bavorských letišť stovky letadel Sperrleho Luftwaffe. Některá mířila rovnou na rakouské letiště, kam dopravovala německé vedoucí představitele, zatímco většina líně kroužila nad Vídní, Lincem a dalšími městy a shazovala tisíce propagandistických letáků. O půl šesté začali němečtí vojáci v Březnici, Innsbrucku, Kufsteinu, Brunově a Salcburku překračovat hranice. XVI. armádní sbor generála Guderiana se sjížděl celou noc a nyní se soustředil těsně za rakouskými hranicemi v Pasově. V čele armády stála 2. tanková divize, které ještě nedávno Guderian velel, za ní se připojila motorizovaná jednotka Waffen SS, SS-Leibstandarte Adolf Hitler, jejímž velitelem byl SS-Obergruppenführer Sepp Dietrich.

Jednotka vznikla jako Hitlerova osobní stráž, a tak byl Dietrich plně zodpovědný za Hitlerovu bezpečnost a stal se jeho spolehlivým důvěrníkem. Guderian navrhl, aby se na tanky „na znamení přátelských úmyslů" umístily prapory a vyzdobily se čerstvým zeleným chvojím, což se i stalo. Přípravné fáze invaze však neprobíhaly úplně hladce. SS-Leibstandarte musela přijet až z Berlína a 2. tanková divize svoji dvousetmílovou cestu podnikla v noci. Velící důstojník, generál Rudolf Veiel, s sebou neměl mapy Rakouska, natož palivo nutné na další cestu. Namísto map mu Guderian poskytl bedekr Rakouska a zásobování palivem se řešilo improvizovaně nákladními automobily a benzínovými pumpami podél cesty. Vyrazit se mělo v 8.00, ale trvalo další hodinu, než první tanky překročily hranici, jejíž závory byly na znamení uvítání zvednuty. Nikdo nekladl odpor, naopak místní obyvatelstvo invazní síly všude „radostně vítalo". Veteráni z první světové války se vyzdobili medailemi a hrdě zdravili projíždějící tanky. Na každé zastávce vyběhly z domů vyzdobených svastikou ženy a vojákům přinášely květiny a jídlo. „Potřásali jsme si rukama, objímali jsme se, tekly slzy radosti."[1]

Postupovalo se však žalostně pomalu, což zapříčinily zejména nedostatek paliva, zledovatělé silnice, které byly o to zrádnější, že na nich byla vrstva sněhu, a poruchy starších tanků. Řada mladých řidičů se tu ocitla přímo z čerstvě zahájeného výcviku. Pozorovatelé, kteří kolonu obrněných vozidel sledovali ze Salcburku až do Vídně, uvedli, že v příkopech skončily desítky nepojízdných tanků a jiných vozidel, a často tak došlo k zablokování cesty. Churchill to později popsal slovy: „Německá vojenská mašinérie se s potížemi převalila přes hranice a uvízla".[2] Guderian přiznává, že asi 30 procent panzerů musel na cestě zanechat, zato Jodl udává, že mezi Pasovem a Vídní to bylo na 70 procent. Guderian do Lince přijel před polednem a okamžitě začal uzavírat silnice kolem města očekávaje Hitlerův příjezd. Britský velvyslanec z Vídně hlásil, že na aspernském letišti přistálo 200 dopravních letadel a přivezlo 2000 po zuby vyzbrojených německých vojáků. Téměř každou minutu přistávalo jedno letadlo. „Němečtí a rakouští vojáci se spolu bratří," dodal zlověstně.[3]

V 6 hodin ráno se od země berlínského letiště Tempelhof odlepilo několik vojenských letadel, nacpaných až k prasknutí „papaláši" z nacistické strany a wehrmachtu, která doprovázela letka stíhaček. Hitler letěl s Keitelem a na mnichovském letišti Oberwiesenfeld přesedli do konvoje šedých šestikolových Mercedesů, které byly, ač bylo chladno, s otevřenou karosérií. Hitler nejprve zamířil do Mühldorfu na Innu, kde si vrchní velitel 8. armády generál von Bock zřídil předsunuté velitelské stanoviště. Když ke své spokojenosti od velitele invazních vojsk vyslechl hlášení o postupu jednotek, vyrazil do Rakouska a hraniční můstek v Braunau na Innu, svém rodišti, přejel těsně před čtvrtou hodinou. Zde ho vítaly bijící zvony kostela a „neustávající jásot" tisíců příznivců obklopujících silnici. Nový starosta, který byl propuštěn z vězení jen den předtím, pronesl emocemi nabitou řeč, a poté se Hitler krátce zdržel před Pommerovým hostincem, kde se téměř přesně před čtyřiceti devíti lety narodil. Očividně byl „tím vším viditelně dojatý".[4]

Z Braunau vyrazila kavalkáda do Lince, hlavního města Horních Rakous. V Lambachu, kde Hitler v dětství žil, řidiči nařídil, aby zastavil před klášterem, kam jednou zavítal na hodinu zpěvu. Postupovalo se pomalu, což zapříčinily rozjásané davy lemující obě strany silnice, které, když führer projížděl kolem, propukaly v jásot a radostný pláč. Ženy vybíhaly k autu a na kapotu házely květiny; děti seděly rodičům na hlavě, aby měly lepší výhled; a ve vesnicích na uvítanou vyhrávali místní hudebníci. Po celé hodiny stál Hitler vzpřímeně ve voze a napřaženou rukou zdravil přihlížející. Do Lince dorazil až po setmění. Přivítal ho Seyss-Inquart a další nacističtí předáci a také hysterický stotisícový dav – „bouřlivě vítající dav byl všude, na ulicích, na střechách, na balkónech, v oknech, a dokonce i na stromech a pouličních lampách".[5] Shromáždění oslovil z balkónu radnice a musel se často odmlčet, protože dole pod ním burácelo – „Sieg Heil! Jeden národ! Jedna říše! Jeden vůdce!" Guderian stojící vedle Hitlera ho tak „dojatého" ještě neviděl – „po tvářích mu stékaly slzy".[6]

> Jestliže mě Prozřetelnost z tohoto města povolala, abych se stal vůdcem Říše, musela mě tak pověřit posláním, jehož jediným cílem mohlo být navrácení mé drahé vlasti do Německé říše. V toto poslání jsem věřil, žil a bojoval jsem za něj a věřím, že jsem ho nyní naplnil.[7]

Pozdní příjezd společně s nečekaným množstvím lidí v ulicích přiměly Hitlera a jeho doprovod, aby přehodnotili plán, že pojedou přímo do Vídně. Místo toho se odebrali do již tak přeplněného hotelu Weinzinger stojícího na břehu Dunaje, jehož majitel se vlastního apartmá ve prospěch Hitlera hrdě vzdal. Hlavní halu však zdobily početné zvířecí trofeje, což Hitlera, který hony nesnášel, vyprovokovalo k příkré poznámce. Jídlo brzy došlo a jediný telefon musel být vyhrazen výhradně pro Hitlera. Zprovoznit linku do Berlína trvalo devět hodin a nakonec padlo rozhodnutí, že prostor dostane nacistům nakloněný George Ward Price z *Daily Mailu*, který se mohl pochlubit rozhovorem se samotným Hitlerem. „Jeho cena," poznamenal si Spitzy bez špetky ironie, „je vyšší než naše, protože je naprosto zásadní, aby alespoň jedny noviny světového formátu přinesly o událostech zprávu přesně a nezaujatě."[8]

Dalším důvodem zpoždění byl Himmlerův požadavek, zda by ve Vídni mohl dostat o jeden den navíc, aby „mohl dokončit nutná bezpečnostní opatření", což v první řadě znamenalo zatýkání „tisíců ,nespolehlivých' osob".[9] Strčil do kapsy jak wehrmacht, tak i Hitlera a z Tempelhofu odletěl už v jednu hodinu v noci. Společnost mu dělalo nejužší vedení, Walther Schellenberg, ředitel rozvědky, a Adolf Eichmann, důstojník z protižidovské sekce SS; ochranu zajišťovala banda Heydrichových rváčů z SD. Ve Vídni přistáli ve 4 hodiny ráno, kde je přivítal neblaze proslulý šéf rakouské SS Ernst Kaltenbrunner. Okamžitě zamířili na kancléřství, kde se již čile pracovalo. Himmler měl v úmyslu jakýkoli případný odpor preventivně potlačit a jeho prvotním cílem byly složky rakouské zpravodajské služby, které si vedla o politické opozici a židovské komunitě. Ke své hrůze však zjistil, že ho předběhl admirál Canaris z Abwehru, muž, jemuž nevěřil ani slovo a kterého doprovázela speciální jednotka. Všechny zásadní spisy již měli ve svých rukou, v první řadě šlo o pět složek vedených Rakušany o Hitlerovi, Göringovi, Himmlerovi, Heydrichovi a zejména samotném Canarisovi.

Hitlerův puč byl načasován výborně, a pokud jej k němu nevedly postoje ostatních velmocí, zajisté se mu jejich laxní reakce hodily nyní. V Moskvě společně s osmnácti dalšími členy Leninova bývalého politbyra čekali na výkon trestu smrti Nikolaj Bucharin, Genrich Jagoda a Alexej Rykov poté, co byli odsouzeni v jednom z posledních velkých moskevských procesů. Ve Washingtonu volal německý velvyslanec ministru zahraničí Cordellu Hullovi, který se již s obsahem Hitlerovy řeči pronesené v Linci stihl seznámit a „patrně byl tím prohlášením nesmírně zaujatý". Z toho mála, co bylo řečeno, si překvapený německý vyslanec odnesl, že „podle všeho naše kroky naprosto chápe".[10] Francie v té době byla bez vlády, koalice Camilla Chautempse a Yvona Delbose ztratila důvěru 10. března. V čele prozatímní vlády měl stanout Léon Blum, ale k tomu došlo až o čtyři dny později. „Běh událostí jako obvykle zastihl Francii spící," poškleboval se Chamberlain v dopisu sestře, „a svět teď hledí na nás."[11]

•••

V sobotu 12. března o půl jedenácté započalo mimořádné zasedání britského kabinetu. Chamberlain se na úvod neformálně omlouval, že „přestože se s tím asi nedá nic dělat, považoval za správné schůzi svolat". Společně s Halifaxem pak popsali předchozích osmačtyřicet hodin včetně setkání s Ribbentropem, obědu na Downing Street a záplavy telegramů směřujících z Berlína do Vídně. Schuschniggovu prosbu o pomoc Halifax komentoval slovy, že „si nemůže dovolit dávat kancléři rady, které jeho zemi mohou vystavit takovému nebezpečí, proti němuž není vláda Jeho Veličenstva schopna garantovat ochranu". Na to si Chamberlain nemohl odpustit cynickou poznámku, že „stejně tak se doktor Schuschnigg netázal na radu před vyhlášením plebiscitu, jehož důsledkem je tolik nesnází". Bylo přece jasné, že „pan Hitler už nějakou dobu tento krok plánuje a omyl dr. Schuschnigga mu k tomu dal příležitost". Italové se s Brity o anšlusu odmítali bavit, Henderson byl se svým protestem odpálkován a konec konců se nic jiného nedalo dělat.[12]

Vyřizovat protesty ostatních diplomatů připadlo na starost Göringovi a Neurathovi, což Ribbentropa zvláště dopálilo. Pro Neuratha to znamenalo, že bude muset „vyslovit několik naprostých lží", ale dokázal si to odůvodnit, že Schuschnigg svým provokativním krokem vyprovokoval rakouské nacionalisty, ti se v reakci na to začali domáhat nové vlády, která se obratem svobodně vyslovila pro pomoc německých vojáků s přáním zabránit krveprolití. Na „respektovaného byrokrata a diplomata pocházejícího ze starých pořádků" to byl slovy jeho životopisce „ubohý výkon".[13] Henderson nejprve promluvil s Neurathem 11. března a poté formálně podal *demarši*, kterou společně s Kirkpatrickem v Haus der Flieger sestavili. Britská vláda, stálo v ní, se cítí „vázána vznést co nejdůraznější protest proti takové formě donucování nezávislého státu doprovázené použitím síly".[14] Hendersonovi se bohužel podařilo sílu protestu podstatně zlehčit, když na slavnosti v rozhovoru s Göringem připustil, že „s výhradami uznává, že se dr. Schuschnigg vyhlášením plebiscitu dopustil pošetilé hlouposti".[15] Tento názor Halifaxe, kterého čtení velvyslancových poznámek „rozrušilo", přiměl k ostré replice. „Může to být nakrásně Váš osobní názor," peskoval Hendersona. „Ale nemůžu se zbavit dojmu, že svým výrokem jste, byť jste k tomu nedostal žádný pokyn, protestu ubral na síle."[16] Na Hitlera to stejně neudělalo dojem. „Anglie mi zaslala protest," nestydatě se chvástal. „Pochopil bych vyhlášení války; ale na protest nebudu ani odpovídat."[17]

V hotelu Weinzinger zůstal Hitler „zašitý" po většinu neděle 13. března, dne, kdy měl proběhnout Schuschniggův plebiscit. Avšak ráno na krátko vyšel ven a v doprovodu věrného komorníka Heinze Linga zamířil do nedaleké vesnici Leonding, kde na hrob svých rodičů, nalézající se nedaleko od starého rodinného domu, položil věnec a v tichosti tam strávil několik minut. Odtamtud zavítal do své bývalé základní školy, kde ho pozdravila řada kamarádů ze školních let. Ať přišel kamkoli, vždy jej čekalo natolik vřelé přijetí, že to s ním hluboce hnulo, a jeho názor na budoucnost rakouské vlády se počal měnit. Původně po důkladném zvážení preferoval koncept Zusammenschlussu, spojení obou států, s tím, že on by stanul v čele každého z nich, ale Vídeň by si ponechala značnou domácí autonomii. Seyss-Inquart nepochybně odmítal akceptovat, že invaze nevyhnutelně znamená konec nezávislého státu, a stále se „opájel představou, že zinscenuje vytvoření katolicko-nacistického Rakouska".[18] Ministr vnitra, dr. Wilhelm Frick, v Berlíně horečnatě připravoval návrh zákona, který by Rakousko uvedl „pod německou ochranu", nicméně by neznamenal plný anšlus.

Čím dál tím jasnější však bylo, že ani Británie ani Francie neučiní žádné konkrétní kroky, aby Hitlerův pochod zastavily. „To je osud, Linge," svěřil se osobnímu sluhovi. „Jsem předurčen býti führerem, který přivede všechny Němce do velké Německé říše."[19] Dozvěděl se, že zahraniční noviny anšlus berou „jako *fait accompli*" [hotovou věc; pozn. překladatele], a při rozhovoru s Wardem Pricem naznačil, že Rakousko se stane německou zemí, „jako je Bavorsko či Sasko".[20] Toho dne Hitler dostal oficiální zprávu od Mussoliniho. „Gratuluji Vám ke způsobu, jímž jste vyřešil rakouský problém," zněl ducevo telegram. „Schuschnigga jsem předem varoval." Hitler byl velice potěšen a přehnaně mu za projevenou podporu děkoval. „Mussolini," odpovídal, „nikdy Vám to nezapomenu [*Ich werde Ihnen dieses nie vergessen*]."[21]. Když Göring v rádiu slyšel o „radostném přijetí" v Linci, odeslal zprávu: „Pokud je nadšení opravdu tak obrovské, proč to nedotáhneme až do konce?" Ve skutečnosti už byl Hitler rozhodnut přesně toto učinit. Polovičaté opatření mu najednou nestačilo a požadoval plnou anexi.

Jak později napsal Göring, „rozhodnutí sprovodit ze světa Rakousko padlo po ovacích v Linci."[22]

Tajemník ministerstva vnitra dr. Wilhelm Stuckart musel z Berlína urychleně přijet do Vídně, kde mu Hitler „k jeho překvapení" suše oznámil, aby „připravil zákon umožňující plný anšlus, tedy po jehož schválení se Rakousko stane zemí Německé říše",[23] a tak celé nedělní ráno strávil přípravou „Zákona o znovusjednocení Rakouska s Německou říší". V poledne odletěl do Vídně a předal předlohu nově vytvořené rakouské ministerské radě, která ji po pětiminutovém zasedání v 17.00 jednohlasně schválila. Prezident Miklas nicméně nový zákon odmítl podepsat a na místě rezignoval. Jeho pravomoci ke svým kancléřským převzal Seyss-Inquart, který s Kepplerem odjel do Lince, kde nový zákon o anšlusu předali führerovi k podpisu. Seyss později vzpomínal, jak byl Hitler při jeho podpisu „hluboce dojatý a ronil slzy".[24] Vídeňští zahraniční novináři byli na 20. hodinu pozváni do kancléřství, kde se jim dostalo informace, že Miklas rezignoval, a jaké změny přináší nový zákon. První článek decentně uváděl, že „Rakousko je zemí Německé říše". Druhý článek sliboval retrospektivní potvrzení anšlusu. „V neděli 10. dubna 1938 se uskuteční svobodné a tajné všelidové hlasování německých mužů a žen starších dvaceti let ve věci znovusjednocení s Německou říší."[25]

Do Vídně Hitler vyrazil následující den v 11.00 a na cestě ho doprovázela kavalkáda třinácti policejních aut. Britský vojenský atašé, který předchozí den strávil ve Vídni, na vlastní oči viděl konvoj projíždět. Mercedesy „plné příslušníků SS se jen ježily samopaly a dalšími zbraněmi," vzpomínal. Hitler se svým pověstným „knírkem a pramenem neposlušných vlasů… apaticky seděl v autě, upřeně zíral dopředu a o okolí se vůbec nezajímal."[26] Davy a opuštěné tanky opět zpomalovaly cestu, která tak zabrala šest hodin. V jedné vesnici stanula před mikrofonem žena a vyprávěla „dojemnou historku, jak spolu s Adolfem chodili do školy v Braunau".[27] Když za svitu nádherného jarního slunce konečně dorazili krátce po 17. hodině do Vídně, zvony vyzváněly a z kostelních věží vlály svastiky. Hitler stále stál, napnutý a vážný, měl na sobě hnědý kabát, pravou paži nataženou v poloze připomínající ustavičný pozdrav a levou rukou nervózně svíral vršek čelního skla. Na domech vlály německé i rakouské vlajky a na střechách ani v oknech už nebylo volného místa. Jásot byl ohlušující. Vídeňský korespondent *Daily Telegraphu* musel přiznat: „Tvrzení, že davy, které ho vítaly na Ringstraße, bláznily radostí, ani zdaleka nevystihuje skutečnost."[28]

„Nelze popírat nadšení," potvrzoval Halifaxovi velvyslanec Palairet, „s nímž zde byly přijaty jak nový režim, tak i včerejší oznámení o začlenění do Říše."[29] Hitlerovo auto se prodíralo davy do hotelu Imperial – jako zbídačeného mladíka ho od těchto dveří několikrát odehnali; tentokrát byla fasáda vyzdobena zářivě červenými prapory se svastikou, visícími až ze střechy. Poděkoval obrovskému davu z balkónu prezidentského apartmá a musel se ještě několikrát vrátit, jelikož dav neustále skandoval: „Chceme vidět našeho führera! Chceme vidět našeho führera!" Toho večera se dlouho do noci oddával vzpomínkám na mládí, kdy za studených nocí závistivě nahlížel přes sklo do pokojů hotelu. Naproti tomu Keitel, jehož pokoj se nalézal nad vchodem do hotelu, nemohl dlouho usnout, byť doufal v opak, protože hlasité shromáždění zůstávalo pod okny a ne a ne odejít.[30] Už z Lince telefonoval Hitler Evě Braunové, aby za ním přijela a stála mu po boku a sdílela s ním vídeňský triumf. Dorazila v doprovodu své matky, a ač měla pokoj hned naproti Hitlerovi, chovala se natolik diskrétně, že o její přítomnosti nikdo nevěděl. Také ona se nechala strhnout emocemi nenadálého vývoje. *„Ich bin verrückt* [Blázním]," naškrábala na pohlednici adresovanou sestře Ilze.[31]

Když příštího dne Hitler promlouval k nekonečnému šílícímu davu na Heldenplatzu [náměstí Hrdinů], odhadovanému na čtvrt milionu lidí, panovalo jarní počasí. Tento den byly po celé Vídni uzavřeny továrny, úřady a školy a autobusy svážely z celého Rakouska davy zájemců. Hitler řečnil z balkónu Hofburgu, císařského paláce Habsburků a stěžejního symbolu Svaté říše římské. Kdysi nezávislé Rakousko, promlouval k davu, bude jako německá provincie přejmenována na Východní marku a Seyss-Inquart, stojící vedle něj, pozbude titulu kancléře a napříště budiž znám jako Reichsstadthalter [říšský místodržitel; pozn. překladatele], který v hierarchii stojí o něco výše než místodržitel provincie.

> Nyní vyhlašuji této zemi nové poslání. Od nynějška nechť je nejstarší
> země německého lidu na východě nejmladší baštou německého ná
> roda. Takto mohu v této hodině před tváří dějin podat hlášení, že se
> splnilo největší dílo mého života: vstup mé vlasti do Německé říše.[32]

Jakmile ustal dlouhotrvající jásot, Hitler sešel na tribunu před Hofburgem, kde napřaženou pravačkou zdravil následující přehlídku. Papen uvádí, že byl „ve stavu extáze".[33]

Ráno 14. března, v době, kdy se Hitler vyhříval v přízni vídeňských mas na Heldenplatzu, zasedl britský kabinet s úkolem připravit oficiální reakci na anšlus, kterou měl později v Dolní sněmovně prezentovat ministerský předseda. Chamberlain navrhoval, ať „jsou odsouzeny metody pana Hitlera a šok, který způsobily celosvětové důvěře", nicméně neopomněl dodat, že „doposud k nějakému velkému krveprolití nedošlo". Jediný ministr války, Leslie Hore-Belisha, tento přístup *laissez-faire* [nechat být, ekonomický pojem pro volnou ruku trhu; pozn. překladatele] podrobil důkladné kritice. Citoval z *Mein Kampfu* a varoval, že Britové „musí čelit novým metodám a muži, který v rozvoji německého vyzbrojování urazil dlouhý kus cesty". Podstupujeme „obrovské riziko, jestliže na konkrétní německé úsilí odpovídáme pouze váhavým elaborátem". Předpovědí, že Německo bude ochotné záležitost probrat, „se sir Nevile Henderson netrefil, zato došlo na slova pana Palaireta". Chamberlain, který už pospíchal na další schůzku, varování Hore-Belishy nepřikládal téměř žádnou váhu. Ministerský předseda „poukázal na to, že už je půl jedné a v jednu hodinu má poobědvat s Jeho Výsostí králem."[34]

Jeden pozorovatel charakterizoval Chamberlainovu sněmovní řeč jako „značně zdrženlivou a věcnou záležitost".[35] Ministerský předseda vylíčil sled událostí minulých dnů a v plném znění přečetl britskou protestní nótu a Neurathovu odpověď. Poté zopakoval Göringovo ujištění adresované českému vyslanci v Berlíně, že se Československo nemá čeho obávat, a zmínil ještě jedno, jež ráno dostal Henderson, a sice že ke stažení německých vojáků dojde co nejdříve. Čas ukázal, že ani jedno nemělo žádnou cenu. Chamberlainova silná slova, s nimiž odsoudil metody, kterými nacisté dosáhli anšlusu, si získala tichý souhlas sněmovny. Osobně se domníval, že události v Rakousku mu daly za pravdu ve sporech kolem Edenovy rezignace. „No, všechno je to dost skličující a znechucující," psal sestře. „Je to tragédie, když si uvědomím, že tomu šlo nejspíš zabránit, kdybych měl v době, kdy se psal dopis Mussolinimu, na F. O. Halifaxe místo Anthonyho."[36]

Na anšlus sice nepanoval jednotný názor, nicméně postoj většiny lze shrnout jako úlevu, že rakouská otázka je konečně vyřízená. Dokonce i ti, kdo zemi dobře znali a byli by raději, kdyby rakouskou nezávislost podpořila přesvědčivější reakce, měli smíšené pocity. „Opravdu den smutku," zapsal si prorakouský konzervativec Victor Cazalet. „Zdrcující zpráva. Šílím bezmocí. Všichni jsou pobouřeni. Nelze však bojovat, když ani Rakušané nechtějí."[37] Úlisný Chips Channon psal o „neuvěřitelném dni, kdy se přihodily dvě věci. Hitler zabral Vídeň a já se zamiloval do ministerského předsedy. Bude mé milované Rakousko nacifikováno?"[38] Měsíc předtím ostřílený konzervativní poslanec Leo Amery v dopise Edenovi nabízel, že zařídí, aby Schuschnigg přijel do Londýna, což mělo posloužit k upevnění jeho pozice. Eden tento návrh zamítl s odůvodněním, že taková návštěva „by nepochybně zavdala příčinu k divokým spekulacím a podezření" a byla by „nepříjemná, takže by se neměla uskutečnit".[39] Nyní Amery přiznával, že zpráva o anšlusu „přišla jako velká rána" a že „pokud chceme mír, musíme Německu jasně říct, že jestli se jen dotkne Československa, jdeme do toho také".[40]

Takový názor však zastávala jen menšina. Deník The Times své čtenáře 14. března informoval, že „náš korespondent absolutně nepochybuje o jásotu, s nímž byl [Hitler] a jeho armáda všude přijat". V Labouristické straně si dobře pamatovali brutalitu, s jakou před pár lety Dollfuss zakročil proti rakouským socialistům, a tak neměli sebemenší důvod se ho nyní zastávat. To ovšem neplatilo pro obyčejné lidi, kterých se 13. března shromáždilo asi 10 000 na Trafalgar Square a pod vedením Victora Gollancze a za křiku „Ruce pryč od Rakouska" se vydali k nedalekému německému velvyslanectví.[41] Dokonce i canterburský arcibiskup se obrátil na Sněmovnu lordů s výzvou k „rozvaze a vyváženém hodnocení". Sjednocení Německa a Rakouska „bylo stejně dříve či později nevyhnutelné", vykládal ostatním peerům, „ a koneckonců to může Evropě přinést určitou stabilitu".[42] I na ministerstvu zahraničí zavládl pocit, který měl blíže spíše úlevě. „Díky Bohu, že otázka Rakouska je vyřízená," psal Cadogan Hendersonovi ze sídla Nancy Astorové v Kentu.

> Nemůžu se ubránit dojmu, že jsme o postojích rakouské veřejnosti neměli přesné zprávy. Nemám žádné pochyby o tom, že část obyvatel se už skrývá ve sklepích a řada z těch, co tak vášnivě mávali vlaječkou se svastikou, toho může již zítra litovat. Je však evidentní, že by bylo obrovskou chybou bránit anšlusu, když si ho přeje značné procento populace. Konec konců to nebyla naše starost.[43]

I kdybychom připustili, že Cadogan měl relativně nízké povědomí o událostech ve Vídni, jeho poznámky stejně působí překvapivě bezohledně. Při zpětném pohledu se zdají dokonce pozoruhodně nerozvážně. Už 12. března upozorňoval Halifax Palaireta, že „co se týče postavení Židů a socialistů v Rakousku, panují zde značné obavy", a nařizoval velvyslanci, aby „využil každé příležitosti, co se naskytne, a poukázal na to…, že špatné zacházení s Židy a socialisty jen prohlubuje bolestný dojem šířící se naší zemí".[44] Bylo už však pozdě. Odchody ze země propukly ihned poté, co Schuschnigg oznámil rezignaci. Část elit, maje na vědomí, jakým směrem se události vyvíjejí, se rozhodla, že nebude na nic čekat, a uprchla přes českou hranici. Byli jedni z mála, co se bezpečně dostali do Bratislavy, odkud pokračovali dále do exilu. 11. března, již před osmou hodinou ranní, byly silnice z Vídně směrem na hranici přecpané všemi myslitelnými druhy vozidel. Některé cesty nebyly průjezdné, protože uprchlíci prostě opustili auta a dál pokračovali pěšky doufajíce, že se jim tak v zalesněném horském terénu podaří hranici nepozorovaně překročit. Na letišti i na vlakových nádražích vznikaly dlouhé fronty. V Aspernu se baron Louis de Rothschild snažil dostat do letadla mířícího do Říma, ale dosáhl pouze toho, že mu německý důstojník roztrhl pas a mrštil mu s ním do tváře se slovy: „Vy, Židi, už pasy nikdy mít nebudete!"[45]

Ve 23.15 ze stanice Východ odjížděl poslední noční expres do Prahy. Již několik hodin před jeho odjezdem se na nástupišti shromáždil takový dav, že počet míst ve vlaku převyšoval hned mnohonásobně. Ti, kterým se do něj podařilo nastoupit, si mysleli, že mají vyhráno, ale přesně v čas odjezdu přijely nacistické úderné oddíly – doprovázeny psy probíhaly vagony a vytahovaly pasažéry ven, kde na ně čekalo vězení a pravděpodobně i smrt, všechny ty, o nichž víceméně svévolně rozhodli, že jsou „nespolehliví". Konfiskace majetku se nevyhnula ani těm, kteří měli to štěstí a ve vlaku zůstali. Dvacet minut poté, co vlak vyjel, musel zastavit a znovu se vrátit do Vídně, kde se vše znovu opakovalo, prohlídky, rabování a násilné vyvádění z vlaku. Když se zbývající pasažéři konečně dostali do Československa a domnívali se, že jsou v bezpečí, břeclavské orgány jim odmítly vydat povolení ke vstupu do země a poslaly je příštím vlakem zpátky. Většina ze zadržených té noci „směřovala prakticky přímo do Dachau".[46]

Bití, mučení a rabování nejprve náhodně páchali násilníci z řad rakouských nacistů. Zavládla anarchie a zdálo se, že opravdový pogrom je na spadnutí. Rozmohlo se rabování židovských obchodů a Židé byli okrádáni na ulicích a nuceni odevzdat svá auta, šperky a peníze, poté je čekalo bití. Ale netrvalo dlouho a Himmler s Heydrichem zřídili v hotelu Metropole velitelství Gestapa a převzali kontrolu, takže se tyranie stala organizovanější. Dobrota se ocitla pod zámkem a nastala vláda teroru. Po několik týdnů byl jeden americký novinář svědkem hrůz, které popisuje jako „orgie sadismu", horší než cokoli, co do té doby spatřil, a to i v Německu.[47] Židy bez ohledu na pohlaví a věk systematicky a za použití násilí odváděli z domovů či zaměstnání. Příslušníci úderných oddílů je s obušky v rukou sehnali do skupin, tak zvaných „čistících čet", a za přihlížení pokřikujícího davu museli z chodníků drhnout Schuschniggova propagandistická hesla. Pracovat museli v kleče, a protože se jako čisticí prostředek používala kyselina, měli z toho popálené ruce. „Práce pro Židy, konečně práce pro Židy!" skandovala škodolibě masa, zatímco nacističtí dozorci do pracujících Židů kopali a polévali je kbelíky s tekutinou. „Děkujeme našemu führerovi, že stvořil práci pro Židy."

Harold Nicolson, poslanec za národní labouristy, své ženě popisoval, jak nacisté v neděli pravidelně chytali náhodné odpolední návštěvníky parku Prater, vyčlenili Židy a muže donutili bez ohledu na jejich věk, aby se vysvlékli do naha a „po čtyřech chodili v trávě". Stejně tak nechali „staré Židovky po žebřících vylézt na stromy a posadit se tam. Poté měly štěbetat jako ptáci… Sebevraždy byly otřesné. Nad městem visela mračna trápení."[48] Jinou formu zábavy představovalo takzvané „tělesné cvičení". Staří Židé museli podstoupit různé cviky, na něž se jim žalostně nedostávalo sil, a do toho snášet kopance a jiné trýznění, jehož se dopouštěli příslušníci úderných oddílů; přihlížející davy zvláště milovaly pochod parádním krokem. Ani odborní pracovníci neunikli pozornosti. Doktoři a univerzitní profesoři dostali na práci umývat záchody v budovách, kde byli ubytovaní příslušníci SS a SA, a mohli používat jen kožené řemínky Tfilinu, modlitební pomůcky, které pocházely z nedaleké synagogy.

Zatímco na ulicích docházelo k násilnostem víceméně nahodile, Himmler v tichosti ustavil „Ústřednu pro židovské vystěhovalectví", jediný úřad, který mohl Židům vydat povolení k opuštění země. Byla pod vedením Adolfa Eichmanna, „stoupající hvězdy židovského oddělení SD".[49] Maje přístup k záznamům rakouské policie, okamžitě označil všechny pravděpodobně „nespolehlivé" a vzal si na starost lukrativní obchod s lidskou svobodou, když téměř 100 000 Židů umožnit odejít výměnou za všechny jejich pozemské statky. Zejména bohatší Židé představovali pro nacisty tučný úlovek. Baron Louis de Rothschild musel být svědkem, jak je jeho sídlo vydrancováno a mizí všechny obrazy, stříbro a tapisérie poté, co se mu nepodařilo 11. března odletět. Za svobodu později zaplatil převodem svých oceláren do nacistických rukou. Himmlerovi však pouhé vyhánění Židů nestačilo a pár týdnů po příjezdu do Rakouska zahájil práce na novém koncentračním táboře Mauthausen na severním břehu Dunaje nedaleko Lince. Vídeňský dopisovatel *Daily Telegraph*, který byl také záhy vyhoštěn, popisoval, jak ženy dostávaly balíčky se zprávou: „Zaplatit 150 marek za kremaci manžela – popel zaslán z Dachau." Mnohým se tak nabízelo jediné východisko: „všechny židovské domácnosti přijímaly sebevraždu jako naprosto normální a přirozenou událost".[50]

■ ■ ■

Po anšlusu bylo všem jasné, že Československo je po ekonomické i vojenské stránce žalostně bezbranné. Fašistický blok se rázem nepřerušovaně táhl od Baltu až po Jadran. Mohutné československé opevnění, ať už přirozené v podobě pohoří či budovaných pevností, pozbylo svého významu. Hranice s bývalým Rakouskem byla rovinatá, opevnění v těchto místech nebylo dobudováno a země byla najednou před německým postupem z jihozápadu nechráněná. Vzhledem k tomu, že tři čtvrtiny československého obchodu směřovaly nejprve do Německa, byl to Hitler, kdo rozhodoval, jak se budou rozvíjet ekonomické vztahy s ostatním světem. Chamberlain situaci shrnul v listu zaslaném své sestře.

> Stačí se podívat na mapu a je jasné, že nic z toho, co Francie nebo my můžeme podniknout, nejspíše nemůže zachránit Česko-Slovensko, pokud se ho Němci rozhodnou zabrat. Rakouská hranice je prakticky otevřená; velké Škodovy zbrojní závody jsou v příhodné vzdálenosti pro bombardování z německých letišť, všechny železniční trasy procházejí přes německé území a Rusko vzdáleno stovky mil.[51]

Československá republika byla ustavena mírovými dohodami z roku 1919 a sedm a půl milionů Čechů tak rázem získalo nadvládu nad třemi a čtvrt miliony Němců, dvěma a půl miliony Slováků, polovině milionu Maďarů, dalším půlmilionem Rusínů a 80 000 Poláků. Tvůrci ji vybojovali ze zbytků rakousko-uherského mocnářství, takže „rasovou skládačku" monarchie „zreprodukovali… ve zmenšeném měřítku".[52] Od samého počátku mělo Československo, vystavěné na týchž vratkých základech, sklony ke drobení, které po staletí sužovalo Habsburky. Demokracii se sice podařilo zachovat, ale s poměry byla spokojena pouze vládnoucí česká většina a mezi menšinami panovala nespokojenost a přirozené tíhnutí k „mateřským" zemím, kde hledaly zastání. Maďaři a Rusíni vzhlíželi ke stále bojovněji naladěnému Maďarsku, převážně katolická Slovenská národní strana, která uspěla ve volbách v roce 1935, začala také požadovat větší míru autonomie a Varšava dychtivě sledovala nepočetnou polskou menšinu v Českém Těšíně, či lépe řečeno, tamní uhelnou pánev.

Avšak zdaleka největší etnickou menšinu představovali Němci. Byť ve skutečnosti součástí Německa nikdy nebyli, historicky měli nemalý vliv na politické dění v Čechách a na Moravě. Konec konců Češi se pod vládou Habsburků nejednou cítili jako oběť upřednostňování německého živlu. Nyní se situace obrátila. *Sudetendeutsch* žili převážně v průmyslových oblastech známých jako Sudety, které se rozprostíraly podél severní a jihozápadní hranice, a tato oblast, klíčová nejen pro československou ekonomiku, ale i pro obranu, se vždy těšila relativnímu blahobytu. Hospodářský propad z let 1931 až 1933 se zvláště krutě projevil v Sudetech, kde nezaměstnanost přesahovala 25 procent. Němci byli tradičně propouštěni jako první a nacionalistické cítění se prohlubovalo. Podle sudetských Němců byli Češi „polovzdělaná... stvoření, která do jisté míry zachránil německý vliv, politicky nesnášenliví a nespolehliví jedinci, kteří se nikdy nespokojí se svým společenským postavením a vždy budou bojovat za svůj národ". Naopak Češi měli sudetské Němce za „vetřelce, nemilosrdné dobyvatele, apoštoly světové hegemonie Němců, ekonomické tyrany, kteří v zemi žijí jen proto, aby si Čechy podrobili společensky, politicky a dalšími myslitelnými způsoby".[53]

Historici se shodují, že byť bylo Československo značně centralizované, menšinám se dostávalo větší tolerance než jinde po Evropě. Eric Gedye, středoevropský dopisovatel *Daily Telegraph*, který se po anšlusu přesunul z Vídně, kde strávil dvanáct let, do Prahy, označil sudetoněmeckou menšinu za „zdaleka nejprivilegovanější v celé Evropě... Nikdy nebyla postižena politickou perzekucí, ale vždy si byla arogantně vědoma, že jí záda kryje šestašedesátimilionové Německo".[54] Disponovali všemi demokratickými a občanskými právy i právem volebním a předáci politických stran často zastávali ve vládě ministerské posty. Přesto pro ně byla největším nepřítelem česká majorita utiskovaná po staletí Rakušany. Češi často uměli být netaktní a nesnášenliví a pramálo se snažili skoncovat s byrokratickou a ekonomickou diskriminací menšin, k níž v určitých oblastech docházelo. Výsledkem byl nárůst rozhořčení, které pramenilo z malicherných byrokratismů, k nimž docházelo na lokální úrovni, jako byly nepřiměřené přidělování funkcí, výstavba škol v oblastech, kde Češi neměli významnější zastoupení, a neopodstatněné prosazování češtiny. Současně s růstem Hitlerovy moci narůstal v německé menšině neklid a nacistická propaganda hravě dokázala zveličit dílčí újmy takovým způsobem, že o sobě mohli sudetští Němci mluvit jako o „krutě utlačované menšině".[55]

V roce 1933 vznikla pod vedením Konrada Henleina, seriózního, přívětivého a krátkozrakého instruktora tělocviku ze severních Čech, *Sudetendeutsche Partei* (Sudetoněmecká strana), SdP. Narodil se roku 1898 nedaleko Liberce do rodiny německého účetního a Češky, což se vždy snažil zakrýt, jak nejlépe uměl. Během první světové války sloužil jako dobrovolník v rakouské armádě a roku 1918 byl na italské frontě zraněn a uvězněn. Po válce nějaký čas pracoval jako bankovní úředník a poté začal učit tělocvik. Tímto krokem se mu podařilo z tělovýchovných klubů, „v nichž vždy panovalo silné německé cítění", vytvořit nepřehlédnutelnou politickou sílu.[56] Ačkoli do nacistické strany vstoupil v roce 1933 jen formálně, jako dlouholetý vedoucí „Německého tělocvičného svazu" byl vždy chápán jako „nacionálněsocialistický funkcionář od hlavy až k patě".[57]

Do roku 1935 tajně přispívalo berlínské ministerstvo zahraničí Henleinově SdP částkou dosahující měsíčně až 15 000 marek a pro účely parlamentních voleb konaných v květnu toho roku se finanční obnos na tu dobu vyšplhal do astronomických rozměrů, když strana dostala kolem 330 000 říšských marek.[58] SdP dosáhla drtivého vítězství v zásadě na úkor umírněnějších sociálních demokratů. Vyhrála v Sudetech a s jedním a čtvrt milionem hlasů a 44 parlamentními křesly skončila na špici i na celostátní úrovni. Napodobuje Hitlerovo opovrhování parlamentní demokracií, Henlein ve volbách nekandidoval, protože měl za to, že by tím podkopal svoji důstojnost stranického předsedy. Náhlý vstup tak početné a na první pohled nepřátelské síly do parlamentu měl rozeznít zvony na poplach. Stejně jako tomu učinil o tři roky dříve Hitler, i Henlein si předvolal nově zvolené poslance SdP do Chebu a nechal si od nich přísahat věrnost ještě předtím, než složili poslanecký slib. Řada z nich do parlamentu docházela ve vysokých jezdeckých holínkách.

Byť nebylo žádným tajemstvím, že Henlein pohrdá demokracií, když v srpnu 1935 navštívil Londýn, dostalo se mu vřelého přijetí, což se opakovalo i v prosinci, kdy reportérovi *Daily Telegraph* bez uzardění sdělil, že „se současnou německou vládou neměl nikdy žádné kontakty. Pana Hitlera jsem nikdy neviděl," dodal, „nikdy jsem s ním nemluvil, nevedu s ním korespondenci ani s ním žádným způsobem nejednám."[59] Během řeči ve vlivném Královském institutu mezinárodních vztahů, známém také jako Chatham House, téma znovu otevřel, když tvrdil, že je muž „skutečně dobré vůle", jehož jediným přáním je být jako zástupce sudetských Němců prostředníkem „mezi jejich mateřským Německem a českým lidem", a že při této činnosti bude „loajální ke státu". Dále zaznělo, že není „Hitlerovým lokajem" a „SdP není maskovaná nacistická strana".[60] I když ze strany dobře informovaného obecenstva padlo několik nesouhlasných dotazů, na pracovníka Foreign Office Henleinova „umírněnost a absence jakéhokoli fanatismu" udělala dojem, protože očekával přesný opak.[61] Během této návštěvy se Henleinovi podařilo zapůsobit i na takové odpůrce appeasementu, jako byli Churchill a Vansittart, a dokonce i český vyslanec Jan Masaryk ho pokládal za „vlídného a pravděpodobně užitečného člověka".[62]

Hitlerův „odpor k Čechům byl nezměrný a dlouhotrvající",[63] což bylo dílem dáno výchovou v Rakousku, kde tehdy panoval hluboce zakořeněný odpor k čemukoli českému. Byť se mu nyní hodilo, že může údajnou perzekuci sudetských Němců prezentovat jako záminku k akci a sebe jako jejich ochránce, nikdy předtím k nim neprojevil žádnou náklonnost ani se nijak nezajímal o jejich úděl. Skutečností bylo, že největším zločinem Československa je jeho geografická poloha: jako dýka výhrůžně vržená z východu do srdce nově stvořeného *Grossdeutschland*. Československo stálo Hitlerovi v cestě k podrobení Polska a, viděno širším pohledem, k zemím bohatým na suroviny, k Ukrajině a Rusku. A co bylo ještě horší, jednalo se o spojence jeho úhlavního nepřítele, sovětského Ruska. Přípravy Fall Grün z června 1937 a Hitlerovy poznámky zachycené v tzv. Hossbachově protokolu hovoří zcela jasně. Najednou nestačila ani větší míra autonomie Sudet, ani jejich připojení do Říše. Choutky mohlo ukojit pouze zničení Československa.

Hitlerův rakouský triumf měl obrovský politický a psychologický dopad. Deset dnů se naplno věnoval kampani, projížděl nejnovější součást Říše a v lidovém hlasování, které proběhlo 10. dubna a které se týkalo anšlusu a kandidátů do říšského sněmu, drtivě uspěl; ve Velkém Německu se kladně vyslovilo 99,08 % a v Rakousku 99,75 %. Jeho popularita doma dokonce převýšila Německo, kde už euforie kulminovala. V hodině jeho největšího triumfu zapomnělo obyvatelstvo nalézající se ve stavu extáze na armádní skandály a ignorovalo metody, jimiž Rakousko získal. I tentokrát měla expanze posloužit jako hráz proti domácí nespokojenosti. Odvážnými kroky utužil kontrolu nad armádou a dále prohloubil přesvědčení o své neomylnosti. A teď chtěl netrpělivě víc. Přes den ho zaměstnávalo studium map, v čemž mu sekundoval ministr propagandy. „Teď přijde na řadu Česko [*Tschechei*]," zapsal si Goebbels, „a hezky od podlahy, při nejbližší příležitosti... Vůdce je báječný... Opravdový génius. Teď vysedává celé hodiny nad mapou a přemítá."[64]

Zpráva o anšlusu vystřelila nacionalistické touhy v Sudetech do nových výšek. Britský konzul v Liberci hlásil, že událost „mezi sudetskými Němci vyvolala lavinu nacionálního cítění, která brzy vyústí v jednotnou frontu všech Němců a bude ji obtížné zvládnout, není-li vláda ochotna učinit ústupky".[65] Britský vojenský atašé šel dokonce ještě dál. „Nacismus jim stoupl do hlavy jako víno," varoval.[66] „Většinu těchto lidí neuspokojí nic menšího než začlenění do Německé říše."[67] 28. března byl Henlein předvolán do Berlína, kde strávil tři hodiny v důvěrném rozhovoru s Hitlerem, Ribbentropem a Hessem. Hitler oznámil, že nemůže „dále trpět, aby Němci byli utlačováni, nebo aby se na ně střílelo," a že „zamýšlí vyřešit sudetoněmecký problém v ne příliš vzdálené budoucnosti". Henlein se měl stát „místodržícím [*Statthalter*]" a dostal instrukce, že „Sudetoněmecká strana má klást takové požadavky, které budou pro českou vládu nepřijatelné". Pokyny od führera Henlein chápal dokonale. „Musíme vždy požadovat tolik," shrnul to, „aby nám nemohli vyhovět."[68]

■ ■ ■

20. listopadu 1936 se v proslovu ke svým voličům tehdejší ministr zahraničí Anthony Eden pokoušel vymezit, jaké jsou zájmy Británie ve střední Evropě. „S výjimkou oblastí, kde jsou dotčené jejich životní zájmy, nelze od států očekávat," varoval, „že se vystaví samočinným závazkům." V případě Británie tyto zájmy zajisté nesahají dále než na východ od Rýna.[69] Tento postulát Eden zopakoval 3. března v projevu ke Sněmovně lordů. „Nejsme schopni předem říci," potvrzoval, „jak se zachováme v případě hypotetických komplikací ve střední či východní Evropě."[70] Chamberlain se v soukromí vyjadřoval ještě přímočařeji. Problematiku obrany Československa vysvětlil sestře následovně.

Prostě nemůžeme Česko-Slovensku pomoci – bylo by jen záminkou k zahájení války s Německem. O té ale nemůžeme uvažovat, dokud nebudeme mít rozumnou vyhlídku, že ho budeme schopni v přijatelném čase srazit na kolena, o čemž zatím nejsem přesvědčen. Proto jsem se vzdal jakékoli myšlenky dát garance Česko-Slovensku či Francii v souvislosti s jejími závazky vůči této zemi [ČSR; pozn. překladatele].[71]

Francie podepsala smlouvu o vzájemné pomoci garantující československé hranice v prosinci 1925, ale své závazky mohla splnit pouze útokem na Německo přes Rýn. Sovětský svaz uzavřel podobnou smlouvu v roce 1935, ale na přání Československa byla intervence vázána pouze na situaci, jestliže tak nejprve učiní Francie. Dne 17. března Maxim Litvinov, sovětský komisař zahraničních věcí, oznámil ochotu Sovětů účastnit se společné akce, pravděpodobně pod záštitou Společnosti národů, která by Německo odradila od další agrese. Britský velvyslanec v Moskvě, vikomt Chilston, si poznamenal, že Litvinov zahraniční novináře ujistil, „že SSSR zakročí na obranu Československa, pokud tak učiní i Francie". Když se ho ptali, jak je to proveditelné, když země nemají společnou hranici, Litvinov odvětil, že „nějaký způsob by se našel".[72] Nicméně Chilston to považoval za blaf a o úrovni sovětské armády neměl valné mínění. Stalinovy čistky Rudé armády nedávno dosáhly svého vrcholu. Britský vojenský přidělenec odhadoval, že bylo zlikvidováno 65 % vyšších hodností, což „nemohlo mít jiné než katastrofální důsledky na morálku a stejně tak na bojeschopnost Rudé armády". Hodnocení uzavíral slovy, že ačkoli Rusové mohou ubránit své hranice, není „v jejich silách vést válku na nepřátelském území s vyhlídkou na významný úspěch".[73]

Sovětský svaz neměl společnou hranici ani s Československem ani s Německem. Bylo tudíž logisticky značně náročné vojenské síly nějak dopravit do místa případného konfliktu, když šlo s téměř naprostou jistotou očekávat, že Polsko ani Rumunsko nepovolí průchod ruských vojsk, a případná pomoc tedy bude neprůchodná také politicky. Chamberlain se obával, že koalice Británie, Francie a Sovětského svazu (tzv. „Velká aliance" silně upřednostňovaná Churchillem) by mohla „urychlit vznik skupiny národů, které musejí… být nepřátelsky naladěné k dalšímu trvání evropského míru".[74] Zřejmě se domníval, že v její prospěch nemluví ani osa Berlín-Řím, ani Pakt proti Kominterně. Bylo by od něj čestnější, kdyby veřejně přiznal, co psal sestře, totiž že je přesvědčen, že

Rusové „potají a prohnaně tahají za drátky za scénou, aby nás dostali do války s Německem (naše zpravodajské služby netráví většinu času zíráním z okna)".[75] Sovětský velvyslanec v Londýně, Ivan Majskij, to nejspíše vystihl docela přesně. Tvrdil, že Chamberlain o Rusku často mluví jako o „našich nepřátelích" a že je „ostře protiruský".[76]

Ministerský předseda nebyl sám, kdo si myslel, že ochrana Československa by si vyžádala celoevropskou válku. Na ministerstvu zahraničí podobné názory zastával stálý náměstek Cadogan. „Jsme bezmocní, co se týče Rakouska," poznačil si, „to je vyřízené. Můžeme být bezmocní v případě Československa atd." Důrazně se vyslovoval proti tomu, dávat Československu nějaké záruky. „Nazývejte mě ‚zbabělcem'," připouštěl, nicméně „jsem dospěl k závěru, že je to nejmenší zlo. Teď *nesmíme* dopustit žádný konflikt – rozdrtí nás napadrť. Později to *nemusí* být o nic lepší, ale kdoví, co se přihodí (uznávám, že je to trochu micawberské).[Micawber je fiktivní postava Charlese Dickense, která nic nedělá a věří na štěstěnu; pozn. překladatele]"[77] Ne všichni z Foreign Office souhlasili. Interní memorandum v závěru uvádělo, že Chamberlain vychází z premisy, že „nějaká obecná a trvalá dohoda s oběma diktátory… je nejen žádoucí, ale i možná". Podle Gladwyna Jebba, osobního tajemníka Cadogana, „byste na Foreign Office stěží našli zaměstnance, který by tuto absurdní teorii nadšeně vítal".[78]

Kabinetní Výbor pro zahraniční politiku se sešel 18. března k debatě nad memorandem připraveným Halifaxem a Cadoganem, které vymezovalo tři jasné alternativy. První byla Churchillova takzvaná „Velká aliance"; za druhé se uvažovalo o poskytnutí garancí Československu, ať už přímo, či nepřímo skrze záruky Francii; půvab poslední možnosti spočíval ve zřejmých nevýhodách předchozích dvou – Británie a Francie měly Československo přesvědčit, aby „se snažilo o co nejlepší vztahy s Německem". Bylo to přesně v protikladu k žádosti francouzského ministra zahraničí a bývalého premiéra Josepha Paul-Boncoura, kterou před třemi dny adresoval britskému velvyslanci v Paříži, siru Ericovi Phippsovi. Paul-Boncour „naléhal, ať vláda Jeho Veličenstva veřejně prohlásí, že pakliže Německo zaútočí na Československo a Francie mu přijde na pomoc, Velká Británie se postaví za Francii".[79] Avšak sir Thomas Inskip, ministr koordinace obrany, ozřejmil, jaká je realita, co se týče možností armády.

Zdá se jisté, že Německo může obsadit celé Československo za méně než týden… Je těžké si představit, jak bychom do této doby mohli

157

na Německo vojensky zatlačit, abychom tím zachránili Československo.[80]

Ačkoli se jeden či dva ministři vyslovili pro garance Francii, Halifax výbor přesvědčil, aby vybral třetí možnost. Cadoganovi se ulevilo, že výbor „jednohlasně" rozhodl, „že Československo nestojí za kosti jediného britského granátníka. A mají pravdu!"[81]

Když se 22. března sešel kabinet, ležela na stole naprosto pesimistická zpráva sboru náčelníků štábu nazvaná „Vojenské dopady německé agrese proti Československu". Její závěr zněl, že „žádný vojenský nátlak, který tato země společně se svými spojenci může vyvinout, nemůže porážce Československa zabránit". Chamberlain kolegy informoval, že „nebude doporučovat politiku, která může vyústit ve válku", a naopak chce Francouzům zaslat nótu, že v případě války o Československo je Británie nemusí nezbytně podpořit.[82] Jediný Duff Cooper měl námitky a poukazoval, že „kdyby s Německem bojovala Francie, my bychom měli taky, ať se nám to líbí nebo ne, takže klidně můžeme říct, že je podpoříme".[83] Kabinet se však usnesl požádat Francii, aby na českou vládu ve věci usmíření sudetských Němců vyvinula co největší tlak. Úděl Čechů popsal Halifax jako „nepříjemný úkol, jenž se musel splnit natolik příjemně, jak jen to bude možné".[84] Ministr dominií Malcolm MacDonald o několik dní později zrekapituloval, jak na kolegy zpráva sboru náčelníků zapůsobila.

> Skutečně nejsme natolik silní, abychom šli do války. Znamenalo by to masakr londýnských žen a dětí. Asi žádná vláda by neriskovala válku, pokud by se její protiletadlová ochrana nalézala v tak žalostném stavu. Žádný kabinet, maje na vědomí, jak ubohou obranou disponuje, by toto riziko nepodstoupil. Zmenšit rizika můžeme jedině rozumným ústupem a dobrou diplomacií. Kabinet velice dobře ví, že uhýbáme před obrovskou zodpovědností. Nicméně ji na sebe prostě nemůže vzít.[85]

Když Chamberlain 24. března promlouval ke sněmovně, podařilo se mu vystihnout náladu, která tam panovala. Vláda své pravomoci ve věci vyhlášení války nebude omezovat závazkem, ať už Čechům nebo Francii; stejně tak se nebude zabývat nabídkou Ruska na vzájemnou záruku proti agresi. Chamberlain nicméně vyzval k jisté obezřetnosti.

Prohlašuje jasně toto rozhodnutí, chci dodat. Otázka míru a války se nevztahuje jen na smluvní závazky, a kdyby vypukla válka, sotva by zůstala omezená na ty, kdo takové závazky přijali. Je nemožné stanovit, kam by vedla a které vlády by se do ní zapletly. Neúprosný tlak skutečnosti by se mohl ukázat mocnější než formální prohlášení a… další země, nikoli pouze původní účastníci sporu, budou téměř určitě do událostí vtaženy.[86]

V důsledku anšlusu se Blum a Paul-Boncour snažili uklidnit Prahu, odradit Berlín a vytvořit koalici s Londýnem. Avšak 10. dubna jejich vláda „Lidové fronty" padla, čehož Phipps nijak nelitoval. Příštího dne Halifax jasně vyjádřil své rozhořčení, že to byla právě francouzská politika, co Čechy přimělo žít v iluzorním světě, že Anglie a Francie jsou mocné a prestižní.

Pakliže se nepodaří francouzské a československé vládě otevřít oči, je na místě se obávat, že si československá vláda neuvědomí nutnost činit německé menšině radikální ústupky, nýbrž se spokojí s povrchním opatřením, jež sice mohlo být vhodné v minulosti, nicméně v současnosti nepostačuje.[87]

A když se zdálo, že nový premiér Édouard Daladier si na postu ministra zahraničí ponechá Paul-Boncoura, učinil Phipps s Halifaxovým souhlasem neobvyklý krok a „otevřeně Daladierovi vyložil, že by to bylo velice politováníhodné, kdyby měl ve funkci zůstat Paul-Boncour".[88] Místo něho Daladier vybral George Bonneta, známého příznivce appeasementu.

Na konci dubna přijeli ministři nové vlády do Londýna k dvoudenním rozhovorům. Tzv. hráli divadlo a přesvědčovali Chamberlaina, že Hitler je odhodlán Československo zničit, že Češi jsou na boj připraveni a jsou ho schopni a že Francie je při tom podpoří. Ale Daladierovy dojemné prosby zazněly hlavně pro formu, aby byly zaznamenány a aby neztratil tvář. Pracovník německého velvyslanectví jasně pochopil, že Daladier doufal, že „Chamberlain a Halifax sami navrhnou zatlačit na Prahu" a on se bude moci „podvolit, aniž by v tomto ohledu převzal iniciativu".[89] Svým prohlášením, že Československo má slabou armádu, že sovětské Rusko nepomůže a že zabránit Němcům v obsazení Československa je tudíž téměř nemožné, Chamberlain tuto roli sehrál na jedničku. Německo mělo být zastrašeno blafováním, které však Hitlera ponechalo naprosto klidným. Ačkoli Chamberlain sestře napsal, že rozhovory „nakonec skončily dobře, byť neměly hladký průběh",[90] Francouzi si ve skutečnosti oddechli, že se můžou schovat za Chamberlaina a následovat jeho vedení.

■■■

Večer 21. dubna, na Květnou neděli, si Hitler na říšské kancléřství předvolal Keitela s cílem prodiskutovat Případ zelená a nařídit mu, aby započal práci na přípravných studiích pro invazi do Československa. Hitler chtěl problém vyřešit rychle, protože se obával, že význam Československa spočívající ve strategické geografické poloze bude „pro Říši největším nebezpečím", až nastane „velké zúčtování s východem a... speciálně s bolševiky". Československu, varoval Keitela, se nesmí dovolit stát se „odrazovým můstkem Rudé armády a letectva. Za žádných okolností nemůže být nepřítel před branami Drážďan a v srdci Říše."[91] Následující den Hitlerův nový armádní pobočník, major Rudolf Schmundt, sepsal výsledek diskuze, která v hlavních rysech probrala tři scénáře.

(1) Myšlenka strategického útoku zčistajasna bez jakékoli příčiny či možnosti ospravedlnění se zamítá. Důvod: nepřátelské světové mínění může vyústit v závažnou situaci.

(2) Akce po období diplomatických jednání, které postupně vygradují v krizi a válku.

(3) Blesková akce vyvolaná incidentem (například zavraždění německého vyslance v průběhu protiněmeckých demonstrací).

Führer, který se evidentně domníval, že někteří příslušníci diplomatického sboru jsou postradatelní, upřednostňoval třetí možnost; takový „incident" se už plánoval v případě Rakouska, kde měl rozdmýchat konflikt po plánovaném zavraždění Papena. Hitler Keitelovi především zdůrazňoval, že klíčová je rychlost.

Z hlediska politiky jsou rozhodující první čtyři dny vojenské akce, jestliže se nedostaví mimořádný vojenský úspěch, je jisté, že vypukne evropská krize.[92]

Navzdory zdánlivé obezřetnosti těchto poznámek si byl Hitler ve skutečnosti jist, že ani Británie ani Francie nemá vůli či sílu začít válku.

Ale někde v hloubi mysli mu stále hlodala natolik silná nejistota, že cítil potřebu další pojistky. 18. dubna Británie s Itálií konečně uzavřela dlouho očekávanou, nicméně naprosto nesmyslnou dohodu (Churchill ji označil za „naprostý triumf pro Mussoliniho"),[93] a tak Hitler 2. května vyrazil do Říma s jasným úmyslem získat požehnání a podporu od svého jediného spojence. Návštěva byla pozoruhodná značným rozsahem německé delegace, která byla jako celek vystrojena do zdobených uniforem ušitých speciálně pro tuto příležitost a schválených paní Ribbentropovou. Delegáti ministerstva zahraničí sice byli zvyklí na žaket, ale *chef de protocole*, hrabě von Bulow-Schwante, vypracoval podrobný harmonogram a přesně rozvrhl, jaká uniforma bude náležet té které příležitosti. Obrovskou družinu 500 diplomatů, generálů, stranických představitelů a ochranky musely přepravovat tři vlaky a záhy poté, co vyjely, „se oddíly vlaku podobaly spíše garderobám filmových komparsů".[94]

Z italského hlediska byla návštěva památná velkorysou pohostinností a také tím, jak se král Viktor Emanuel choval mrzutě k Hitlerovi, kterého královský pár zahrnul naprostým pohrdáním. K tomu Hitlera značně popudilo, že oficiálním hostitelem není Mussolini, ale právě panovník, a k pobavení svých druhů se cítil nesvůj, když byl obklopen pompézností a nádherou královského dvora. Ubytování v královském paláci mu rozhodně nebylo po chuti a brzo se v obou delegacích rozšířil klep, že již první noc požadoval služby dámy. „Vyvolalo to ohromný rozruch," smál se pro sebe Ciano. „Poté se to vysvětlilo – podle všeho neusne, dokud na vlastní oči nevidí, jak mu nějaká žena znovu stele postel. Nebylo snadné nějakou sehnat, ale nakonec přijela pokojská a bylo po problému." Král si Cianovi postěžoval, že Hitler „se dopuje povzbuzujícími prostředky a narkotiky", zato Mussoliniho zaujalo, že führer si podle všeho líčí tváře. [95]

Hitlerova nelibost byla zřejmá všem, kdo ho viděli na okázalém banketu, který se konal na uvítanou, když byl vyzván, aby královně, vznešené dámě vyšší než on, nabídl rámě a doprovodil ji. Ještě více ho však šokovalo, když italské dámy uklánějíce se královně padaly na kolena, či dokonce líbaly cíp královniných šatů; ti dva spolu po zbytek večera neprohodili ani slovo. Státní tajemník Weizsäcker si však večer užíval. Když mu Ribbentrop nabubřele vynadal, že přijal místo, které nepříslušelo jeho postavení, Weizsäcker mu připomněl věčnou pravdu, že „čím dále od hostitelů budu sedět, tím budou mé sousedky pohlednější".[96]

Poslední kapka přišla po slavnostním představení *Aidy* v neapolské opeře, když byl Hitler znenadání vyzván, aby se společně s králem, který byl nastrojen do přehlídkové uniformy ověnčené medailemi, účastnil přehlídky čestné stráže. Zato prostovlasý a stále do večerních šatů oděný Hitler musel strpět ponížení, protože před řadou vojáků procházel s pravicí napřaženou na pozdrav, levý palec (jež si normálně strčil za opasek) mu ochable spočíval na hrudi a do toho mu šosy saka vlály ve větru. „Německý führer a říšský kancléř," napsal jeho pobavený pobočník Wiedemann, „vypadal jako vrchní číšník ve špičce a jemu samotnému muselo dojít, jak směšně při tom vypadá."[97] Opravdu si toho byl vědom a nešťastný von Bulow-Schwante, jehož protokolární dovednosti přišly vniveč, zaplatil za führerovo ponížení místem.

Avšak pro tentokrát byl Hitler, za předpokladu, že tím získá od Mussoliniho požehnání k zamýšlenému českému dobrodružství, ochoten potupu snášet, ať už skutečnou či jen pomyslnou. Problémem bylo, že Ciano společenský program puntičkářsky naplánoval veden snahou vyhnout se jakýmkoli vážným politickým rozpravám. Ribbentrop dorazil do Říma pln naděje, svíraje návrh německo-italské dohody, která měla v jeho představách formalizovat existující Osu Berlín-Řím a umožnit oběma zemím společně zacílit diplomatickou palbu na Británii a Francii. Jako obvykle však k představení dokumentu vybral nevhodný okamžik a Ciano mu ho vrátil o den či dva později s tolika úpravami, že celý návrh prakticky ztratil svůj smysl. Mussolini Ribbentropem pohrdal a svému zeťovi sdělil, že „patří ke skupině Němců, kteří jsou pro svoji zemi naprostou pohromou. Mluví o válce na všech frontách, ale nezmíní ani jednoho nepřítele, natož její cíl."[98] Avšak Hitler si své největší přání, kterým bylo „vrátit se s Československem v hrsti", splnil.[99] 7. května na večeři v Palazzo Venezia rozptýlil italské obavy příslibem, že německé požadavky na Jižní Tyrolsko zarazí, a „ledy povolily".[100] Při návratu do Berlína tak Ribbentrop mohl německou zahraniční misi informovat, že „co se týče sudetoněmecké otázky, rozhovory jasně ukázaly, že Italové našim obavám o úděl sudetských Němců rozumí".[101]

Současně své kolegy informoval Weizsäcker, že „Francie s Británií nejspíše nebudou připraveny ochranu Československa vojensky intervenovat".[102] Naopak se ukazovalo, že britská vláda je ochotna snaživě vykonat práci za Hitlera. Když se britská vláda rozhodla vyhnout se válce za jakoukoli cenu, muselo nevyhnutelně následovat zvýšení tlaku na Československo, ať uzná sudetoněmecké požadavky.

Lord Birkenhead, Halifaxův osobní parlamentní tajemník a pozdější životopisec, vzpomíná, že tlak „měl s každým otálením Čechů narůstat, až se téměř zdálo, že Československo je bezohledným státem a nikoli pasivní obětí".[103] 2. května si Halifax zavolal českého vyslance Jana Masaryka, syna zakladatele státu, a přímo ho varoval, že pokud se má problém vyřešit, „československá vláda musí být připravena podstoupit velice dlouhou cestu". Po vojenské stránce, pokračoval, bylo „pro jakéhokoli československého spojence nemožné zabránit obsazení země Německem" a i v případě, že by vypukla válka s Říší a ta by prohrála, zůstávalo „otázkou, zda by byl československý stát obnoven ve své současné podobě".[104]

Ribbentropův nástupce na postu londýnského velvyslance, Herbert von Dirksen, citoval Halifaxe, že „Británie si přeje přispět" a v brzké době Praze adresuje *demarši*, „která na Beneše zatlačí, aby při řešení sudetoněmecké otázky projevil maximální míru ochoty".[105] Tutéž zprávu obdrželi v Berlíně. Henderson 7. května telefonoval na ministerstvo zahraničí, aby se s Ribbentropem a Weizsäckerem podělil o svůj názor na věc. „Francie," prohlásil, „se zasazuje za Čechy a Německo za sudetské Němce. V tomto případě Británie podporuje Německo."[106] První tajemník na britském velvyslanectví Kirkpatrick mezitím navrhl, že kdyby německá vláda britskou „důvěrně upozornila, o jaké řešení sudetoněmecké otázky usiluje", mohli by Britové „vyvinout na Prahu nátlak, aby československá vláda byla nucena na německé přání přistoupit".[107]

24. dubna vyhlásil Henlein na sjezdu SdP osm známých požadavků. Všechny předtím schválilo německé ministerstvo zahraničí. Zásadní z nich požadovaly: uznání sudetských oblastí jako právnické osoby, úplnou rovnoprávnost Čechů a Němců ve státě a v přístupu k vládním funkcím a zejména plnou svobodu zastávat a hlásat nacistický světonázor. Fakticky by jejich uznání vedlo k plné autonomii sudetských Němců. *Cestou* do Londýna se Henlein 12. května tajně zastavil na Wilhelmstrasse, kde mu Ribbentrop předal další instrukce. „Pan Heinlein v Londýně popře, že jedná na popud Berlína," poznamenal si Weizsäcker. „S karlovarským projevem nebyl Berlín dopředu seznámen." Dostal za úkol v Londýně neustále zdůrazňovat, „jak v Československu postupuje rozklad politických struktur, a tím od dalších aktivit odradit politické kruhy, které jsou přesvědčené, že má dosud smysl ve prospěch těchto struktur intervenovat".[108] Téhož dne německý vyslanec v Praze telegrafoval do Berlína a naléhal, ať styky

probíhají méně nápadně, poněvadž „téměř každý týden vyslanci členům Sudetoněmecké strany předávají zásilky peněz a dokumentů".[109]
Tato taktika zafungovala dokonale. Vansittart, který „už byl zadobře s panem Heinleinem několik let", se domníval, že by bylo „na škodu iniciativu pana Henleina odmítnout". V rámci čtyřhodinového rozhovoru si Henlein postěžoval, „jak žalostně pomalu česká vláda postupuje" a že „se vždy zasazoval o smír". Na Vansittarta zapůsobil „mnohem rozumnějším a přístupnějším dojmem, než jsem se odvážil pomyslet".[110] Churchill se uvolil se s ním setkat ve svém westminsterském bytě, a když později popisoval konverzaci Masarykovi, ulevilo se mu, že český vyslanec „vyjádřil svou ochotu spokojit se s tímto řešením".[111] Dále sdělil Chamberlainovi, že Henlein „trval na tom, že v životě nedostal z Berlína žádný rozkaz, natož nějaké doporučení, a byl ochoten na to dát čestné slovo".[112] Harold Nicolson uspořádal čajový dýchánek pro Hitlerova *Statthaltera*, aby se Henlein mohl seznámit s mladší generací poslanců, a Henlein jim několikrát zopakoval, že „si nepřeje sloučení s Německem, ačkoli řada jeho příznivců po tom touží".[113] Přitom ten samý muž půl roku předtím pyšně psal svému „führerovi a říšskému kancléři", že „v Československu je porozumění mezi Němci a Čechy prakticky nemožné a vyřešení sudetoněmecké otázky je myslitelné pouze německou cestou".[114]

Tou dobou Hitler odpočíval v Obersalzbergu a netrpělivě se zajímal, jak postupují přípravy na Fall Grün. Místo přípravy bojových plánů na vpád do Československa Keitel s Jodlem záměrně chodili kolem horké kaše a „prozíravě záležitost před generálním štábem zatajili…, aby nedošlo ke zbytečnému povyku".[115] Avšak plány se dostaly k Beckovi a ten 5. května připravil vlastní memorandum, kde analyzoval nedostatky války o Československo po politické i vojenské stránce. Domníval se, že útok na Československo rozpoutá evropskou válku, v níž se proti Německu spojí Británie s Francií a Ruskem a USA této koalici bude poskytovat arzenál. Zdůrazňoval, že Německo tuto válku vyhrát nemůže, zejména kvůli nedostatku surovin, a končil slovy, že Německo „je v horší vojensko-hospodářské situaci než v roce 1917-18", kdy se císařské armády začaly hroutit.[116] Fakt, že se Brauchitsch s Keitelem shodli, že Hitlerovi kritičtější části memoranda nepředloží, dokládá, jak už se ho tou dobou vrchní velení armády obávalo.

16. května zaslal Schmundt z Berchtesgadenu do hlavního stanu OKW naléhavý a „přísně tajný" telegram, v němž požadoval informaci, kolik divizí rozmístěných u české hranice je „připraveno do dvanácti

hodin v případě mobilizace vyrazit". Obratem doručená odpověď udávala, že připraveno je dvanáct divizí a čekají na rozkazy. Hitlerovi to však nestačilo. „Zašlete, prosím, čísla divizí," oplatil stejně Schmundt, načež obdržel podrobnější přehled. Šlo o „divize 7., 17., 10., 24., 4., 14., 3., 18., 8. tankovou a horskou".[117] 20. května zaslal Keitel na Berghof konečný návrh směrnice pro Případ zelená a sliboval, že dokud „ji neschválíte Vy, můj führere", nebude se probírat s veliteli. [118] Úvodní věta nové směrnice nikoho nenechávala na pochybách, jaké je Hitlerovo přání.

> Není mým úmyslem rozbít Československo vojenskou akcí bez vyprovokování už v nejbližší době, ledaže by k tomu nutil neodvratný vývoj politických poměrů *uvnitř* Československa, nebo jestliže by politické události v Evropě k tomu vytvořily zvlášť příznivou a možná nenávratnou příležitost.[119]

Záhy po anšlusu si Jodl do deníku zapsal, že „führer zmiňuje, že s vyřešením české otázky není třeba spěchat, protože se nejprve musí strávit Rakousko".[120] Je zajímavé, že podobný obraz užil i Chamberlain, když přirovnal „Německo ke hroznýši, který polkl dobré jídlo a pokouší se ho strávit, než se pustí do čehokoli jiného".[121] A tak se s nárůstem Hitlerovy netrpělivosti „zažívání" chýlilo ke konci a jeho myšlenky se upínaly na další sousto.

6

Květnová krize

Dobytí celého Československa by nebylo v souladu s politikou pana Hitlera... Jestliže *může Německo dosáhnout svých požadavků mírovou cestou, není důvod, aby tento způsob zamítlo ve prospěch použití násilí.*

Neville Chamberlain, 18. března 1938

Je mým nezměnitelným rozhodnutím zničit v blízké budoucnosti Československo vojenskou akcí.

Adolf Hitler, 30. května 1938

Nesu břímě německého sousedství, ale nesu ho v zájmu všech.

Prezident Beneš Anthonymu Edenovi, 4. dubna 1935

Do jara 1938 byl Chamberlain přesvědčen, že jeho pozice je neotřesitelná. S autoritou, která byla nezpochybnitelná, řídil kabinet a jeho hlavní whip, kapitán David Margesson, taktikou silné ruky zajišťoval nadvládu nad poslanci. Vystihuje to názor lorda Beaverbrooka, který v dopise bývalému kanadskému premiérovi R. B. Bennettovi Chamberlaina pochvalně charakterizuje jako „nejlepšího M. P., jakého jsme za poslední půlstoletí měli... Ovládá parlament, ale zemi to zatím nedošlo". Pakliže by si to přál, tvrdil Beaverbrook, mohl by „zůstat ministerským předsedou do konce života".[1] Chamberlain svoji řeč v Dolní sněmovně z 24. března popsal se sebestředností, jež pro něj byla charakteristická, jako „an éclatant success [oslnivý úspěch; pozn. překladatele]. Opravdu si nepamatuji, že by nějaký projev britského ministra, pronesený v tak neklidné době, sklidil v Evropě takový úspěch." Když psal sestře z víkendového pobytu v Clivedenu, domova Nancy Astorové, dodal, že „co se týče Dolní sněmovny, není pochyb

167

o tom, že takovou důvěru našich lidí, jako mám já, S[tanley] B[aldwin] nikdy neměl".[2]

Ani potencionální újma, když 6. dubna v doplňujících volbách v londýnském obvodě West Fulham nad konzervativci zvítězili labouristé, což vyvolalo ve stranické centrále zděšení a vedlo k návrhu na vyslovení nedůvěry vládě, neubrala na jeho nadšení. „Uběhlo tolik času, co naši lidé naposledy slyšeli skutečně bojovnou řeč, že z toho šíleli radostí," vychloubal se sestře,[3] zato Harvey (tajemník Halifaxe) si poznamenal, že „konzervativci v D. S. [Dolní sněmovně; pozn. překladatele] se hystericky šikovali za M. P... jako za mužem, jenž tváří v tvář diktátorům zachoval mír".[4] Podle Chamberlainových stranických kritiků ve Westminsteru [sídlo parlamentu; pozn. překladatele] byl dosavadní stav neutěšený. Počínaje Edenovou rezignací se řada mladších nespokojenců začala tajně scházet a plánovat případné změny ve složení vlády. „V D. S. to hučí intrikami," zapsal si do deníku Chips Channon. „Takzvaní ‚povstalci' jsou v jednom kole, naprosto bez sebe. Chtějí zpátky Anthonyho Edena a v jejich stínovém kabinetu prý zasedá Lloyd George, Winston a Eden."[5] Například poslanec za národní labouristy Harold Nicolson musel rezignovat na funkci místopředsedy vlivného parlamentního Výboru pro zahraniční vztahy, protože nedokázal říci, zda stojí „na straně Edena, či Chamberlaina". [6] Eden však k zoufalství svých příznivců roli nastrčené figurky ani v nejmenším sehrát nechtěl.

Nicméně ministerský předseda si nemohl všechno dělat po svém. Po květnové parlamentní vřavě, propuknuvší kvůli pomalému vyzbrojování letectva, obětoval lorda Swintona, ministra letectva a jednoho ze svých nejstarších přátel v politice. Byť byla Swintonova zahořklost nejspíše dána jeho vyhazovem, k němuž nedošlo zrovna nejvhodněji, přesto jeho slova mluví za mnohé. Chamberlaina kritizuje, že je příliš „autokratický a není schopen přijmout kritiku" a že si uzurpuje „atributy prezidentského systému, totiž vládu jednoho muže". Chamberlain se stal, tvrdil Swinton, „neúnosně domýšlivým" a jakýkoli projev nesouhlasu interpretoval jako akt „neloajálnosti a nepřátelství vůči své osobě".[7] A co bylo ještě horší, začal být do takové míry podezřívavý, že za pomoci slídila sira Josepha Balla a s podporou MI5 sbíral informace o stycích a finančních poměrech svých oponentů a k tomu jim i odposlouchával telefony. K těm, kdo s ním nesouhlasili, se choval opovržlivě a „jednou z jeho nejhorších vlastností" byla „lehkost, s níž projevoval své pohrdání".[8] Byl pyšný, že debaty vedl v bojovném tónu a absolutně se nesnažil potlačovat své hrubé chování, což jeho předchůdce lorda Baldwina přimělo k zahořklému konstatování, že všechna jeho práce „preferovat celonárodní rozměr politiky před tím stranickým" přišla vniveč.[9] Edenovi dělal na čele vrásky „návrat třídního boje ve své nejdrsnější podobě",[10] a dokonce i Halifax si byl „vědom škod, které M. P. páchá výpady proti opozici"[11]

Zatímco na veřejnosti vystupoval Chamberlain sebevědomě, rozhodně a autokraticky, v soukromí dokázal být bolestivě plachý. Nebylo pro něj jednoduché se spřátelit a očividně byl rezervovaný. Nedokázal „s lidmi snadno navazovat kontakt" a snahy o jeho zlidštění byly odsouzeny k nezdaru. Ačkoli jen stěží může překvapit, že ministerský předseda bude v řadách opozice vzbuzovat nelibost, Chamberlain toto umění dovedl k mimořádné dokonalosti a výrazně převyšoval standardní nevraživost. Zástupce whipa později vzpomínal „na mrazivé opovržení, s nímž odrážel opoziční útočníky", a dále mu neušlo, že „některým opozičním poslancům lezl na nervy skutečně pozoruhodně". Je všeobecně přijímaným zvykem, že ministerský předseda usiluje o vybudování náležitého vztahu s vlastními poslanci, nicméně i to bylo Chamberlainovi přílišným utrpením. V tomto ohledu je typická situace, kdy s ním jeho osobní parlamentní tajemník, lord Dunglass (později se jako sir Alec Douglas-Home sám stal ministerským předsedou), zašel do kuřáckého salonku ve snaze rozproudit diskuzi s řadovými straníky. Nastalo dusivé ticho, které přerušilo hlasité odfrknutí známého clydesidského socialisty Jamese Maxtona. „Ale Jimmy, to se musíte více snažit," dobíral si ho. „Kdokoli může vidět, jak jste nešťastný."[12] Byť Dunglass zůstal k Chamberlainovi loajální ještě dlouho po jeho smrti, později připustil, že jeho šéf „šetřil humorem a ve výběru přátel byl téměř úzkostlivý".[13]

Jeden význačný historik v rámci kritické analýzy rozsáhlého souboru Chamberlainových dopisů, jež zasílal sestrám (a starým pannám) Hildě a Idě, uvádí, že korespondence umožňuje „neobyčejný vhled do jeho mysli a emocí" a ukazuje „osobnost poznamenanou rysy méněcennosti, dychtící po chvále, což podporovalo rostoucí ješitnost a pokrytectví". Jeho dopisy jsou „prosté téměř jakékoli sebekritiky či pochyb o sobě samém [a] zobrazují muže, který je chorobně posedlý dojmem, že musí vykonat zvláštní úkol, a jehož předpovědi jsou neustále optimistické a pokaždé špatné". Jeho chování je ustavičně „samolibé" a „nesnesitelně domýšlivé".[14] Jiný historik, Donald Cameron Watt, je ještě příkřejší: „Je opravdu nesnadné mít rád Nevilla

Chamberlaina," tvrdí. Premiérovou nejhorší vlastností podle něj „byla nedůvěra a averze k veřejnému mínění". Britská veřejnost byla v jeho očích „tak snadno ovlivnitelná emocemi, že nebylo možné svěřovat jí veškerá fakta", a proto před ní zatajoval vše, co bylo možné.[15]

Ve snaze umožnit takové klamání Chamberlain vytvořil a dohlížel na důmyslný systém kontroly tisku, který do té doby na Downing Street nikdo neviděl a který spočíval v nadbíhání vybraným skupinám novinářů. „Jeho postup neměl nic společného s otevřeným vládnutím, přístupem k informacím a posilováním demokratického procesu," napsal jeden současný žurnalista. „Šlo pouze o využívání tisku za účelem hájení a obrany vládního uvažování."[16] Některé brífinky byly „tak okatě v rozporu se všemi dostupnými fakty, že si mnoho zaměstnanců lámalo hlavu, proč jsou novináři ochotni tyto informace předávat dál, aniž by je podrobili analýze či kritice, zda jsou pravdivé". [17] Chamberlain společně se svým šéfem tiskového odboru, Georgem Stewardem, uplatňovali techniku cukru a biče.

Jako by předběhl dobu a využíval moderní techniky spin-doctoringu [účelového překrucování; pozn. překladatele]. Chamberlainovi se podařilo část novinářů přesvědčit, že jsou „součástí establishmentu, partneři, kteří sdílejí moc, pravomoci a zvláštní vědění".[18] Namísto zdravě konfliktního vztahu, který by měl každý novinář udržovat se všemi politiky, se etabloval pohodlný a nenáročný přístup. Měli práci jednodušší o to, že dvakrát denně dostávali čerstvé informace a zvláštního postavení se dostalo úzké skupině VIP novinářů, kteří byli jakožto horliví stoupenci informováni ve St. Stephen's Clubu ve Westminsteru. Rozlišování vlády a strany zkreslovala přítomnost sira Roberta Toppinga, generálního ředitele Konzervativní stranické organizace, na těchto schůzkách. Jeden či dva novináři se vždy těšili neomezenému přístupu k ministerskému předsedovi – byl to například W. W. Hadley, šéfredaktor *Sunday Times*, který byl svými chvalozpěvy na vládu asi nejvýraznější. Každý pátek o půl čtvrté zavítal do Downing Street a „úvodní články a hlavní zprávy nedělních ranních novin pravidelně a věrně odkazovaly na premiérovy usmiřovací projekty".[19]

A novináři, kteří odmítali držet stranickou linii, byli marginalizovaní a někdy se stali i terčem zastrašování. Chamberlain neakceptoval otázky, o nichž nebyl předem zpraven, naopak požadoval dotazy v čtyřhodinovém předstihu. Podle jednoho z novinářů bylo jeho cílem „takové manipulování s tiskem, aby dosáhl podpory své politiky usmiřování diktátorů", a stále větší měrou se „namísto přesvědčování uchyloval k výhrůžkám a potírání odpůrců ve snaze přinutit tisk ke spolupráci". S tím, jak rostla jeho posedlost médii, „mizela dávná uvolněná atmosféra a nastupovala studená arogance a nesnášenlivost". Nesnášel kritické i zvídavé otázky, na něž odpovídal „povýšeným úšklebkem". Po krátké pauze se otázal novináře, jaké periodikum zastupuje, načež naznačil, že vlastník nebude šťasten, když jeho zaměstnanec „postrádá lásku k vlasti". Vůbec se nesnažil skrýt svůj vztek a „nedělalo mu problém ignorovat tazatele ledovým tichem", než odsekl: „Další dotaz, prosím!" Otázky na téma „pronásledování Židů, Hitlerovy porušené sliby či ambice Mussoliniho" uzemňoval značně netradičním způsobem, když se překvapeně tázal: „… že se tak zdatný novinář nechá ovlivnit židobolševickou propagandou?"[20]

Neznalost reálií o střední Evropě byla tehdy značně rozšířená, a to i mezi politiky a novináři; poslanci ve svých vystoupeních mohli zmiňovat Čechoslávii a Čechoslovenii, aniž by je někdo opravoval, natož aby se jim někdo smál. Když jednoho dne český vyslanec v Londýně, Jan Masaryk, procházel kolem Downing Street 10, zarmouceně poznamenal, že většinu svého „úředního času tráví tam uvnitř tím, že vysvětluje tomu pánovi, který tam bydlí, že Československo je země, a nikoli nakažlivá nemoc".[21] Chamberlain zajisté české obavy nijak zvlášť nevnímal a domníval se, že má na starost, důležitější věci. V listopadu 1937, po Halifaxově návštěvě Německa, si v dopisu sestře zaspekuloval, že Hitler „pro Sudetendeutsche" nechce „nic jiného, než jsme chtěli my pro Uitlandery v Transvaalu",[22] čímž odkazoval na expatriované britské dělníky, které začal podporovat jeho otec jako ministr kolonií na sklonku 19. století, což mimo jiné vedlo k vypuknutí búrské války.

Brzy po anšlusu se Chamberlainovi podařilo nabýt ztracenou duševní rovnováhu a své myšlenky upřít zpět na otázku, jak nejlépe zlepšit anglo-německé vztahy. Věřil, že řešením bude dostat se k Hitlerovi „a říci něco ve stylu":

> Nemá cenu brečet nad rozlitým mlékem… Každý si myslí, že máte v plánu rakouský puč zopakovat v Česko-Slovensku. Nejlepší bude, když nám bez obalu řeknete, co přesně pro své sudetské Němce požadujete. Pakliže to bude rozumné, zatlačíme na Čechy, aby to přijali… [23]

Na zasedání kabinetního Výboru pro zahraniční politiku sir Thomas Inskip popsal Československo jako „nestabilní útvar ve střední Evropě" a prohlásil, že nevidí „žádný důvod, proč bychom měli podnikat kroky na jeho zachování". Když se ministerského předsedy dotázal, zda se domnívá, že se Německo spokojí se Sudety, nebo ve skutečnosti chce pohltit celou zemi, Chamberlain prokázal, jak žalostně málo chápe Hitlerovy úmysly.

> Dobytí celého Československa by nebylo v souladu s politikou pana Hitlera, kterou je zahrnutí všech Němců do Říše, ale nikoli jiných národností. Jestliže může Německo dosáhnout svých *požadavků* mírovou cestou, není důvod, aby tento způsob zamítlo ve prospěch použití násilí.[24]

Když 11. dubna napsal Halifax velvyslanci Phippsovi do Paříže, zdůrazňoval, že je „nejvýše důležité, aby československá vláda udělala vše pro dosažení urovnání problému německé menšiny", a že se toho má docílit „přímým jednáním s panem Henleinem".[25] Šlo o toho samého pana Henleina, který jen o šest dní předtím maďarskému ministru zahraničí sdělil, že „ať nabídne česká vláda cokoli, on bude vždy chtít více… chce dohodu sabotovat jakýmikoli prostředky, poněvadž je to jediná možnost, jak rychle rozvrátit Československo".[26] Těžko může překvapit, že v britské vládě Henleinovi tolik důvěřovali, když dokázal věšet bulíky na nos i Churchillovi a Vansittartovi. Z Vansittartových zpravodajských zdrojů přišla zpráva, že sudetský předák naléhavě potřebuje „posílit svoji pozici a pro všechny dotčené by bylo výhodnější, kdybychom mu v tom pomohli my".[27] 4. května Halifax na zasedání kabinetu prohlásil, že „by bylo velice užitečné, kdyby nám Němci někdy sdělili, jaké jsou jejich požadavky". Takto zvolená slova udělala Chamberlainovi radost. „Jestliže to bude možné," přitakal, „chci od Němců slyšet, jaká podoba urovnání by pro ně byla přijatelná".[28]

Chamberlain 12. května zavítal na oběd pořádaný Nancy Astorovou v jejím londýnském sídle na St. James Square. Setkání vybraných amerických a kanadských žurnalistů bylo zorganizováno s pomocí Josepha Driscolla, prominentního kanadského novináře přispívajícího do *New York Herald Tribune*, a smyslem bylo, aby si „tucet cynických tvrďáků" poslechl Chamberlaina v neformálním a důvěrném prostředí. Pro tentokrát však Chamberlaina jeho jistota při potýkání se s tiskem zradila. „Seznámil jsem je se situací v Evropě a poté jsem odpověděl na jejich dotazy," sdělil sestře. Ve skutečnosti ozřejmil, že podle jeho názoru ani Francie ani Rusko, a natož Británie do války kvůli Československu, státu, který je ve své současné podobě naprosto neudržitelný, nepůjde. Osobně by se přikláněl k postoupení sudetoněmeckých okresů Říši. Jako obvykle ho jeho skromnost i instinkt opustily. „Astorovi mi tlumočili, co zaslechli, a pokud vím, skončil tento experiment úspěšně," informoval sestru. „Říkali, že jsem byl upřímný, střízlivý a nadto ještě svým způsobem vtipný."[29] Skutečnost byla taková, že mu Nancy Astorová řekla jen to, co chtěl slyšet.

O dva dny později otiskly *New York Times* zasvěcený a anonymní článek hýřící podrobnostmi ze setkání, v němž se psalo, že „pan Chamberlain... se vyslovuje pro drastičtější opatření – konkrétně navrhuje odstoupení německých okresů z lůna Československé republiky a jejich připojení k Německu".[30] Podobně laděné články pro *New York Herald Tribune* a *Montreal Daily Star* napsal Joseph Driscoll, který navíc zveřejnil věc veřejnosti a poslancům dosud neznámou, totiž že Edenova rezignace pramenila z vážných neshod s Chamberlainem nejen ohledně Itálie, ale také ohledně Rooseveltovy nabídky. Driscoll k tomu spiklenecky dodal, že měl tu „čest nechat si objasnit, jaký postoj zaujímají oficiální místa v Británii k Československu", přičemž o věrohodnosti těchto informací nemůže „být pochyb".[31]

Snad nejvíce nebezpečné místo na světě představuje Československo. Co si o něm myslí vysoce postavení Britové? Není pochyb o tom, že Britové nepředpokládají, že by za Československo bojovali, a předpovídají, že stejně tak nebude Francie ani Rusko. V tom případě musejí Češi na německé požadavky, budou-li opodstatněné, přistoupit.[32]

Byť články v britských novinách nevyšly, záhy se tu o nich vědělo a v parlamentu padlo v této věci několik dotazů. Počínaje dobou, kdy se ministrem zahraničí stal Halifax, člen Sněmovny lordů, odpovídal na otázky ohledně zahraniční politiky ve sněmovně sám Chamberlain, a tak se musel zúčastnit debaty, kterou vyvolal poslanec za liberály, Geoffrey Mander, a která se protáhla dlouho do noci a premiér v ní zdaleka neobstál. Chamberlain hned na úvod zalhal, že na Rooseveltovu nabídku měli s Edenem stejný názor. Poté se celou událost snažil zlehčit, když žertovně poukázal na to, že Mander je přece známý *„enfant terrible"* [hrozné dítě; pozn. překladatele] parlamentu, a celou debatu odmítl jako „neovladatelnou a škodolibou zvědavost... [jako; pozn. překladatele] hledání úlovku".[33]

Příštího dne se k záležitosti vrátil vůdce liberálů, sir Archibald Sinclair, a tentokrát Chamberlain předvedl mistrné mlžení pojmy. Protestoval, že přece nelze tvrdit, že když odmítl popřít konání inkriminovaného rozhovoru, znamená to, že připouští jeho uskutečnění. K jeho smůle mu vaz zlomilo to, čeho se obávají všichni straničtí předáci – neužitečná intervence řadového spolustraníka, který se mylně domnívá, že právě jeho vystoupení věci pomůže. Když na něj Sinclair uhodil, zda se tedy vůbec popisovaný oběd konal, Nancy Astorová vyskočila na nohy a „prohlásila, že na tom není ani zrnko pravdy."[34] O několik dní později navzdory panujícímu veselí musela svou poznámku při projevu ke sněmovně poupravit.

Nikdy jsem neměla v úmyslu zapírat, že ministerský předseda se v mém domě zúčastnil slavnostního oběda. Ministerský předseda tedy byl přítomen. Šlo o to, dát několika americkým novinářům, kteří se s ním do té doby nesetkali, možnost tak učinit v uzavřené společnosti a neformálně – (smích opozice). Co jsem odmítla a stále odmítám, je domněnka, že to, k čemu při této příležitosti došlo, byl rozhovor. Rozhovor je plánované setkání s úmyslem komunikovat informace, které se mají stát předmětem článku v tisku – (mohutnější smích opozice).[35]

Chamberlain zuřil. „Nebesa, chraňte mě před přáteli," naříkal v dopisu sestře.[36]

Když 14. května nastoupil anglický fotbalový tým, v němž nechyběl ani legendární Stanley Matthews, na olympijský stadion v Berlíně k utkání s Německem, naplno se projevilo, kam až jsou někteří jedinci ochotni v usmiřování Hitlera zajít. Ačkoli Hitler sám přítomen nebyl, ve statisícovém davu nechyběli Goebbels, Göring, Hess a Ribbentrop. Když se před zahájením zápasu oba týmy proti sobě seřadily, anglický kapitán Eddie Hapgood při německé hymně opětoval nacistický pozdrav, v čemž ho následoval celý tým. Britský tisk tento čin shodně a okamžitě odsoudil. Později vyšlo najevo, že hráči sváděli těžké vnitřní boje, zda se mají pokynu hajlovat podvolit či nikoli, a že rozkaz k tomu vyšel z ministerstva zahraničí a vynutil si ho předseda fotbalové asociace Stanley Rous. Anglie vyhrála 6:3, skórovali Matthews a útočník Arsenalu Cliff Bastin, Hitler však byl přesto ve svém propagandistickém puči úspěšný. Henderson, který střetnutí sledoval z führerovy soukromé lóže po boku nacistických hodnostářů, bez sebemenší špetky ironie poznamenal, že duch, v němž utkání proběhlo, dal „do budoucnosti příslib srdečných vztahů, co se týče pravidelných sportovních utkání".[37]

■ ■ ■

Do poloviny května obdrželo ministerstvo zahraničí řadu zpravodajských poznatků SIS, naznačujících, že Československu hrozí německý útok; tyto zprávy obsahovaly odposlech telefonátu generála Reichenaua z Káhiry a nejspíše také korespondenci mezi Hitlerem a Bendlerstrasse ohledně připravenosti divizí dislokovaných u hranic a nejnovější pracovní verzi Keitelovy směrnice k Fall Grün. Již sama rychlost, s níž Německo provedlo anšlus, po Evropě zavdala k obavám a nervozita, jak dopadnou obecní volby plánované na víkend 21. a 22. května [volby se konaly 22. května, 29. května a 12. června; pozn. překladatele], v kombinaci se stále bojovnějším tónem německého tisku napětí jen dále posilovaly. Do toho 19. května Henlein přerušil jednání SdP s českou vládou.

V únoru 1937 napsal nespokojený důstojník Abwehru, Paul Thümmel, šéfovi českého vojenského zpravodajství, generálovi Františku Moravcovi, a dobrovolně mu nabídl své služby. Rychle si získal důvěru, když ukázal soubor českých tajných plánů, jež se dostaly do německých rukou zradou vysoko postaveného českého důstojníka pracujícího pro Abwehr. Tento muž byl zatčen a pověšen, zatímco Thümmela Moravec naverboval a přidělil mu označení A-54. Do jara 1938 Thümmel pravidelně doručoval vysoce kvalitní zpravodajský materiál a tvrdil, že ačkoli za svoji zradu dostává značnou sumu peněz, není to jeho jediná motivace; měl za snoubenku lužickou Srbku a tato menšina byla ve východním Prusku utiskovaná a nacisty nenáviděná. Moravce kvalita Thümmelových zpráv značně těšila, ale motivy spolupráce mu zrovna přesvědčivé nepřišly. „Špioni, kteří jsou také jen lidé," napsal, „často předstírají vyšší motivy, i když jejich jediným důvodem pro zradu vlastní země jsou peníze."[38] Záhy bylo zřejmé, že Thümmel disponuje přístupem k jedinečným informacím, zvláště ke struktuře Abwehru, a k tomu i Sicherheitsdienst (SD), nacistické Bezpečnostní služby. Také dodával bitevní rozkazy wehrmachtu, mobilizační plány a informace o podobě pohraniční obrany; Moravec se tak dozvěděl podrobnosti o Případu zelená, aniž by od jeho vzniku uplynul více než měsíc, což byla jistě informace, o kterou se podělil se SIS.

Během noci z 12. na 13. května 1938 se agent A-54 setkal s příslušníky české zpravodajské služby na policejní stanici v Sudetech. A obraz, jaký líčil, zněl značně děsivě.

Němci připravují kampaň provokací a sabotáží, které vyvrcholí v předvečer obecních voleb 22. května. V posledních dnech se do Československa pašují zbraně, výbušniny a munice. Přepadové jednotky, které vedou převážně vysoce postavení příslušníci SS a SA, vyčkávají na rozkaz k invazi. Funkcionáři z Henleinovy Sudetoněmecké strany mají pravidelně poslouchat německý rozhlas, a jakmile uslyší smluvené heslo, mají vyhlásit stav pohotovosti. To bude signálem pro sabotáže: zničení železnic, hlavních silnic a mostů a útoky na pohraniční stanoviště a české hlídky. Celá akce má vyvrcholit 22. května... Sudetoněmecký Freikorps za podpory SS vpadne do Československa.[39]

Zprávy o nebývalé koncentraci německých vojsk poblíž českých hranic docházely do Prahy od počátku května s alarmující pravidelností. Česká vojenská zpravodajská služba předala Thümmelovy poznatky majoru Haroldu ,Gibby' Gibsonovi, ostříleнému pracovníkovi pasové kontroly a veliteli SIS v Praze, který je obratem zaslal do Londýna. Během večera 19. května zaslal Henderson na Foreign Office hlášení, že britský konzul v Drážďanech se domnívá, že se němečtí vojáci v Sasku, Slezsku a severním Rakousku stahují k českým hranicím; jeho francouzský kolega z Berlína dostával zprávy podobného ražení. Den na to si na české ministerstvo obrany předvolali britského vojenského atašé z pražského velvyslanectví, podplukovaníka H. C. T. Stronga. Moravec mu na mapě ukazovátkem naznačil „hlášené přesuny jistých útvarů wehrmachtu", o nichž se v Praze se domnívali, že „představují hrozbu pro českou národní bezpečnost".[40]

Odpoledne toho dne zavítal Henderson na ministerstvo zahraničí za státním tajemníkem Weizsäckerem a uhodil na něj ohledně přicházejících zpráv. Weizsäcker ho ujistil, že o žádných přesunech vojáků nic neví, a řeči o manévrech bez přemýšlení odmítl. Nicméně ve snaze přesvědčit velvyslance přislíbil, že se zeptá Keitela, co k tomu říkají na Bendlerstrasse. Henderson to přijal s povděkem, ale před odchodem taktně připomněl Weizsäckerovi, že stejné ujištění od OKW dostal jeho vojenský atašé 11. března, těsně před anšlusem, a že tehdejší ubezpečení se ukázala jako naprosto nepravdivá. Požádal, zda by to Keitel mohl mít na paměti, až bude odpovídat. V 18.50 telefonoval do Londýna a tlumočil, co se dozvěděl od Weizsäckera, jenž později uvedl, že také Keitel odmítl „řeči o hromadění vojsk jako naprostý nesmysl," a dával na to své čestné slovo. „V Sasku nedochází k žádnému hromadění vojáků."[41] Henderson také podrobnosti ke Keitelově dementi poskytl tiskové agentuře Reuters, aby zprávu dostal do britského tisku. Podobné záruky dostal od berlínského ministerstva zahraničí tamější český vyslanec a pražská vláda.

Avšak vzpomínky na anšlus byly stále živé a útočnost německého tisku k utišení divokých zkazek zrovna nepomáhala. Pozdě večer britský vyslanec v Praze, Basil Newton, připravil několik telegramů, jež se brzy ráno měly odeslat do Londýna. Dorazily o půl desáté příštího dne.

> Poslední zprávy, obdržené československým generálním štábem, jsou toho smyslu, že 7. a 17. německá pěší divize postupují ve směru k bavorsko-československé hranici. Československý generální štáb se domnívá, že přesuny německých vojsk směrem k československé hranici jsou obecného charakteru.[42]

Význam této zprávy spočívá ve skutečnosti, že obě příslušné divize jsou první dvě ze seznamu dvanácti divizí připravených vyrazit na pochod, který OKW Hitlerovi před několika dny zaslalo. To vedlo nejméně jednoho historika k poznámce, že obavy Čechů „podle všeho pramenily z podrobných a značně pochybných hlášení o přesunech německých vojsk".[43] Další Newtonův telegram obsahoval tvrzení, že manévry jsou součástí „obecného plánu provokací a zastrašování", v němž nechybí ani přelety Luftwaffe nad československým územím. Český generální štáb doporučil okamžitou mobilizaci.[44]

Vrásky na čele české vládě také způsobil příznačně hrubý rozhovor s Ribbentropem, který musel vystát toho dne její berlínský vyslanec. Stěží může překvapit, že Beneš svolal mimořádné zasedání vlády a Nejvyšší rady obrany státu, které se protáhlo až do pozdního večera. Ve 21.00 byla vyhlášena částečná mobilizace, povoláni byli záložníci – okolo 180 000 mužů. Do noci se z Prahy rozjely vlaky s mobilizovanými vojáky a ještě před úsvitem 21. května čeští vojáci obsadili pohraniční pevnosti a celé Sudety. Henderson se rozhodl vyslat svého vojenského atašé, plukovníka Mason-MacFarlanea, s jeho asistentem na průzkumnou misi do Saska a Slezska, podobnou té, kterou vojenský atašé uskutečnil v době anšlusu. Na to se Henderson vrátil do Wilhelmstrasse a zašel za Ribbentropem, jehož našel ve „značně podrážděné a agresivní náladě".[45] K Hendersonově smůle britské noviny uvedly, že dementi pochází od Keitela, a ministr zahraničí teď zuřil.

Nebylo žádným tajemstvím, že Ribbentrop Keitela zrovna nemá příliš v lásce, a ministr taktéž nebyl žádným příznivcem slabého Hendersona, jehož považoval za typického představitele staromódní a džentlmenské diplomacie, což byl styl, kterým v Londýně tolik pohrdal. Neskutečně ho dopálilo, že by ti dva mohli něco tajně domlouvat. „Informoval jste se, pane velvyslanče, za mými zády," řval na něj, „u generála Keitela ohledně údajných pohybů německých vojsk v blízkosti československých hranic. Do budoucna se postarám o to, aby vám ve vojenských věcech nebyla podávána vůbec žádná informace." Henderson zůstal ledově klidný. „O tom budu muset zpravit svoji vládu," klidně odvětil. „Z vaší poznámky mohu vyvodit jedině to, že Keitelovo sdělení, které jsem obdržel, nebylo správné."[46] Ribbentrop se pokusil změnit téma hovoru a hořce si postěžoval, že dostali zprávu, že nedaleko Chebu byli brzo ráno zabiti dva kurýři SdP. Podle všeho neuposlechli výzvu českého policisty, aby na kontrolním stanovišti zastavili, a byli zastřeleni.[47] Ribbentrop spustil tirádu výpadů proti „šíleným" Čechům, kteří budou, ujišťoval Hendersona, „všichni vyhlazeni, ženy, děti, prostě všichni". Když na to Henderson suše poznamenal, že smrt dvou Němců je zajisté odsouzeníhodná, přesto je však lepší než záhuba tisíců, které by padly ve válce, Ribbentrop opáčil, že „každý Němec je připraven za svoji zem položit život."[48]

V Londýně na Foreign Office narůstaly obavy. Newtonovy další telegramy zdůrazňovaly, že česká vláda má za to, že zprávy o hromadění německých vojsk jsou pravdivé a že útok skutečně hrozí. Cadogan odvolal Halifaxe z víkendového pobytu v Oxfordu a Chamberlain se novinky dozvěděl, když společně se sirem Josephem Ballem rybařili na řece Test v hrabství Hampshire. Jeho první reakce byla, „ti z…í Němci mi zase zkazili víkend," a navzdory „mému znepokojení, jež poté, co jsem dostal tuto zprávu, přerostlo v úzkost, takže pro mě bylo těžké se na rybaření náležitě soustředit", se pokusil u svého oblíbeného sportu vytrvat.[49] Henderson dostal instrukce, aby podruhé navštívil Ribbentropa a doručil mu ještě důraznější varování. Měl zdůraznit, že „zmíněná hlášení o přesunech vojáků směrem k Československu" neustávají a že Britové „dělají vše, co je v jejich silách, aby dosáhli mírového řešení" dané situace. Henderson varoval, že v případě, že

Francie dostojí svým závazkům a zapojí se do konfliktu, „vláda Jejího Veličenstva nemůže vyloučit, že ji okolnosti nepřinutí učinit stejně".[50] Ribbentropovo rozpoložení doznalo od rána podstatných změn a nyní zasmušile a v tichosti naslouchal, ale když Henderson skončil, začal být opět hysterický. „Kdyby však Francie byla skutečně tak pošetilá a chtěla nás napadnout," varoval, „utrpěla by Francie nejhorší porážku, jakou kdy zažila, a kdyby se k tomu měla připojit Británie, potom bychom proti sobě opět bojovali na smrt."[51]

V té chvíli už měli všichni zasvěcení nervy napjaté k prasknutí. Britský námořní atašé v Berlíně měl s rodinou odjíždět na dovolenou a jeho kolega z velvyslanectví se tázal, zda by s ním mohl poslat svoje děti. Bohužel ve vlaku už nebylo volné místo, ale železniční společnost nabídla, že pokud se místa zaplní, vypraví další vagón. Přesvědčili tedy další dva kolegy, aby rodinné příslušníky taktéž poslali domů, a jakmile dosáhli požadovaného počtu, vagón objednali. Zpráva o tom, že se evakuuje britské velvyslanectví, se po diplomatické komunitě rozšířila jako blesk. Francouzský velvyslanec François-Poncet se osobně zašel přesvědčit, co se to děje, a státní tajemník Weizsäcker telefonoval Hendersonovi a naléhal na něj, aby nedávali záminku k panice. Když se zpráva dostala do Londýna, dokonce i Cadogan jí na chvíli uvěřil, zato Halifaxe „tato panikářská akce vyděsila a nařizoval, ať toho okamžitě nechají".[52] Henderson toho večera stoloval s paní Dirksenovou, nevlastní matkou německého velvyslance v Londýně, když do toho začali dělníci odpalovat nedalekou budovu určenou k demolici. Henderson to François-Poncetovi sarkasticky komentoval, „zdá se, že válka už začala", a Göring, který exploze taktéž slyšel, žertoval, že jeho první reakcí bylo, „ti proklatí Češi to už rozpoutali".[53] V Praze německý velvyslanec pálil citlivé dokumenty.

Mason-MacFarlane se se svým náměstkem z průzkumné mise vrátili v neděli 22. května brzy ráno. Za čtyřiadvacet hodin urazili tisíc mil, ale žádné důkazy neobvyklých vojenských aktivit neobjevili. O něco později se Henderson opět zastavil na Wilhelmstrasse, tentokrát za Weizsäckerem, protože Ribbentrop odjel do Berchtesgadenu. Halifaxovo další varování adresované Hitlerovi podtrhovalo závažnost situace.

Pakliže bude nutno uchýlit se k prostředkům násilí, ani já ani on nemůžeme předvídat, co bude následovat, a já ho naléhavě žádám, aby nepočítal s tím, že má země bude moci zůstat stranou, pokud by nějakou zbrklou akcí mělo dojít k zažehnutí evropského požáru."[54]

V 17.00 začalo mimořádné zasedání britského kabinetu, trvalo hodinu a vzhledem ke dni konání (neděle) bylo velice vzácné. „Jako by si všichni mysleli," reptal ministr námořnictva Duff Cooper, „že ohromné a kruté Česko-Slovensko tyranizuje mírumilovného chudáčka Německo. Minimálně lord kancléř [lord Maugham] se v tomto smyslu projevoval a zrovna on je, dle mého názoru, tím nejméně žádoucím členem kabinetu."[55]

Skutečnost byla taková, že v neděli odpoledne již byla krize zažehnána. Německo koneckonců ani nemělo v úmyslu na Československo zaútočit. Bezprostřední hrozba pominula, ale vzájemné obviňování, kdo by za rozpoutání krize měl nést odpovědnost, ještě po nějaký čas přetrvalo. Britští vojenští přidělenci berlínského i pražského velvyslanectví ve shodě svalovali vinu výhradně na Čechy. „Vždycky jsem měl sklon," psal z Prahy Stronge, „podezřívat Čechy, poněvadž jsou jediní, kdo z takového poplachu mohl něco vytěžit. Británii a Francii to zkomplikovalo situaci, protože následkem událostí byly donuceny vyložit karty, poslední věc, kterou chtěly udělat, a Hitlera jasně varovat."[56] Podobně soudil Mason-MacFarlane. Český generální štáb „podle všeho vyvodil řadu chybných závěrů a eskalaci a počátek celé záležitosti mají na svědomí hlavně oni. Nejspíše to udělali záměrně."[57]

V Londýně se však všichni plácali po ramenou. Vansittart na základě privátních zpravodajských kanálů zůstal přesvědčen, že puč proti Československu se skutečně připravoval, jen byl zmařen. Vzájemně si odporující důkazy Mason-MacFarlana odmítl jako „typický projev člověka sloužícího ‚appeasementu'– oddanému Hendersonovi".[58] Ve skutečnosti měl Mason-MacFarlane pro velvyslancovy názory malé pochopení. Generálmajor Henry Pownall, ředitel vojenského zpravodajství, také věřil, že „Německo má za lubem nějaké lumpárny". Ředitel SIS ho informoval, že „někdo v Německu to v pondělí odvolal, k čemuž ho bez pochyb přiměla pevná fronta ČS a francouzských záruk. Prostě museli odkrýt karty, a tak se stáhli."[59]

Také Chamberlain víkendové události v dopise sestře dramatizoval.

Čím více jsem slyšel o konci minulého týdne, tím více jsem pociťoval, jak to bylo „z…ě o vlásek." Pro německý tisk je velice dobré nyní vše zlehčovat, ale proč Ribbentrop urážel Hendersona? Nepochybuji, že (1) německá vláda učinila všechny přípravy k puči, (2) že nakonec po našich varováních dospěli k závěru, že riziko je příliš vysoké, (3) že obecný názor, že právě tohle se stalo, v nich vzbuzuje vědomí, že ztratili prestiž, a (4) že nás zasáhne jejich zloba, neboť si jsou vědomi naší zásluhy na tom, že byli zastaveni.

Prodělal záchvaty dny, a tak se cítil se špatně. „Dostal jsem na talíř krizi v Česku," stěžoval si, „ale nálada se mi už zlepšuje."[60]

V Londýně, Paříži, Praze, a dokonce i v Moskvě si světoví lídři oddychli. Krizi se podařilo zažehnat a Hitler dostal lekci; konfrontace s tak pevným diplomatickým postojem ho přinutila stáhnout se zpátky. Západní tisk si přišel na své, a to na Hitlerův účet. Pownall vyjádřil pocity v Londýně následovně: „Němci jsou strašně naštvaní," hlásil, „tím víc, že francouzské noviny událost popisují jako vítězství Anglie a všechny zásluhy připisují britské (a francouzské) diplomacii a nikdo nezohledňuje (údajnou) německou umírněnost."[61] Zpravodajské poznatky přicházející na ministerstvo zahraničí vedly jejich příjemce k podobným závěrům. „Naše zdroje naznačují, že Hitler měl skutečně v úmyslu vrhnout se na Československo," zapsal si Harvey, „ale že se tváří v tvář našim varováním zalekl."[62] Vansittart si poznačil, že „s Německem se musí jednat rázně. Poslední dny ukázaly, že je to jediné, na co slyší."[63] A pro jednou byla přesná i Hendersonova analýza. „Tím, co Hitler nemohl snést," sdělil Halifaxovi, „byl triumfální pokřik zahraničního tisku a zvláště toho britského, na nějž je zvláště citlivý."[64]

■ ■ ■

Alespoň v jedné věci se Chamberlain nemýlil. Hitler nepochybně měl v úmyslu si na svých nepřátelích vylít zlost. Zda se právě v tom okamžiku chystal ke vpádu do Československa či nikoli, nyní bylo naprosto irelevantní. Cítil se hluboce ponížen úspěchem české mobilizace a šokovala ho široká podpora, kterou Češi obdrželi. Británie s Francií ho donutily, aby odkryl karty, jeho slova byla znevážena a před zraky celého světa utrpěl zásadní diplomatickou porážku. „Sebeovládání Německa," zapsal si Jodl, zapříčinilo, že führer „utrpěl ztrátu prestiže, což není ochoten znovu podstoupit".[65] Hitler byl o to více rozlícen, že byl obviněn, že se právě chystá spáchat zločin, jehož se chtěl skutečně dopustit, nicméně ještě se mu k tomu nenaskytla příležitost. Události takzvané „květnové krize" posílily jeho odhodlání a urychlily přípravy. „Po 21. květnu bylo naprosto jasné, že se tento problém musí tak či onak vyřešit," uvedl sám ve zpětném pohledu. „Každé další oddalování by tuto otázku jen dále komplikovalo, takže by řešení bylo krvavější."[66]

Po týden Hitler o samotě vysedával na Berghofu, vysoko nad Berchtesgadenem, tiše dumal a plánoval pomstu. 28. května se znenadání objevil v Berlíně a okamžitě svolal služebně nejstarší vojenské velitele, jako byli Göring, Beck, Keitel a Raeder, které doplnili Ribbentrop a Neurath, na schůzku na říšském kancléřství. Den předtím nařídil admirálu Raederovi urychlit výrobní program bitevních lodí a ponorek s odůvodněním, že je nutno pro jakýkoli budoucí konflikt s Británií disponovat nástrojem pro smlouvání. Nicméně nevěřil, že by Británie šla kvůli Československu do války. Když se tedy před zimní zahradou sešla elita Říše, všichni očekávali, že führer oznámí další vojenská opatření. Znepokojený Göring si vzal stranou Wiedemanna. „Copak si führer neuvědomuje, co činí?" ptal se žalostně. „To bude znamenat válku s Francií!" Přislíbil, že až nastane vhodný okamžik, promluví.[67]

Hitler mluvil klidně, ale odhodlaně po dvě hodiny. Řeč byla v mnoha ohledech podobná té z minulého listopadu. Zásadní rozdíl spočíval v tom, že invaze do Československa se podle něj nezadržitelně blížila. Nedokončené československé opevnění a pomalý postup vyzbrojování Británie si vyžadují brzkou akci. Práce na velkém Západním valu, ohromném opevnění na německé západní hranici, známém jako Sieg–friedova linie, mají být urychleny, což poskytne ochranu „bleskovému vtáhnutí do Československa".[68] Pakliže válka skončí rychle, Británie s Francií nebudou moci intervenovat. Všechny vojenské přípravy se mají dokončit k 2. říjnu. „Je mým neotřesitelným odhodláním," ukončoval svůj proslov před šokovaným publikem, „vymazat Československo z mapy. Budeme muset užít metod, které u vašich starších důstojníků možná nenaleznou okamžitého přijetí." Jakmile Hitler skončil, Göring se vzrušeně natlačil dopředu a oči mu nadšením jen zářily. „Mein Führer," vykřikl, sápaje se Hitlerovi po ruce, jako by na svůj dřívější slib Wiedemannovi úplně zapomněl. „Dovolte mi, abych vám z celého srdce pogratuloval k vaší unikátní myšlence!" Nepadly žádné protesty, nebyl učiněn ani náznak diskuze.[69]

O dva dny později, 30. května, Hitler podepsal novou směrnici pro Fall Grün, jež se od dřívějších návrhů lišila jen ve dvou bodech. První odstavec nyní zněl:

Je mým nezměnitelným rozhodnutím zničit [zerschlagen] v blízké budoucnosti Československo vojenskou akcí. Úkolem politického vedení je vyčkat na politicky a vojensky vhodný okamžik nebo jej vyvolat.

Nevyhnutelný vývoj poměrů v Československu nebo jiné politické události v Evropě, které vytvářejí vhodné možnosti, jež se snad již nevrátí, mě pravděpodobně přimějí k brzkému zahájení akce.

Mezitím měla započít opravdová propagandistická válka, jejímž účelem bylo „výhrůžkami zastrašit Čechy a zlomit jejich odhodlání bránit se". V doprovodném dopisu Keitel vysvětloval, co znamená „blízká budoucnost". Nařizoval, že „provedení" direktivy „se musí zajistit nejpozději do 1. října 1938".[70]

Současně s tím se půl milionu mužů pustilo do práce a ve dne v noci pod vedením Fritze Todta, tvůrce dálniční sítě, budovalo Západní val; opevnění mělo s minimem vojáků zamezit francouzskému vpádu do Německa, zatímco na východě bude bleskovým útokem obsazeno Československo. Vyšší důstojníci dostali 18. června podrobnější zprávu. Po prvním říjnu, potvrzoval Hitler, má v úmyslu „využít každé příznivé politické příležitosti ke splnění tohoto cíle". Avšak jak tomu bylo v případě obsazení Porýní v roce 1936 a Rakouska před několika měsíci, akci proti Československu podnikne, pouze bude-li „pevně přesvědčen, že proti němu nevyrazí Francie a stejně tak nebude intervenovat Británie"[71]. Pevně stanoveného data se měl Hitler navzdory narůstajícím rozepřím s armádním velením v následujících měsících neohroženě držet.

V čele opozice proti Hitlerovi stanul generál Ludwig Beck, náčelník generálního štábu pozemní armády. Slovy jednoho tehdejšího novináře šlo o „citlivého, inteligentního, slušného, avšak nerozhodnutého generála"[72] a na britském velvyslanectví v Berlíně si všimli, že není „nakloněn panujícímu režimu".[73] Beck původně nástup Hitlera k moci vítal, a ačkoli se později nacistickému režimu postavil na základě obecnějších a idealističtějších důvodů, na jaře 1938 führerovi vzdoroval výhradně kvůli profesním neshodám. Nijak nezpochybňoval zamýšlené použití síly proti Rakousku a souhlasil s rozbitím Československa jakožto nezbytným předpokladem pro nabytí *Lebensraumu*. „Kardinální otázka" Beckova nesouhlasu s Hitlerem však zněla, že Německo dosud není dostatečně silné na střet se světovými mocnostmi a že jakýkoli konflikt by se nevyhnutelně rozšířil po celé Evropě.[74] Poté, co 28. května Beck vyslechl Hitlerovu řeč, sepsal dvě memoranda, jedno 29. května a druhé 3. června. Obě byla vysoce kritická k Hitlerovým vývodům týkajícím se Británie a Francie a reálné proveditelnosti Případu zelená. Bod po bodu zkritizoval Hitlerovy plány a uzavíral, že nová direktiva je „z vojenského hlediska chybná", a vrchnímu veliteli armády generálu Waltheru von Brauchitschovi doporučoval, aby ji vrchní velení armády odmítlo.

Brauchitsch byl samozřejmě tím, kdo na Blombergově skandálu nejvíce vydělal, když svého předchůdce po jeho nuceném odchodu nahradil v nově vytvořeném OKW. Pocházel z proslulé pruské rodiny, v dětství sloužil u císařovny Augusty Viktorie a se svojí manželkou, dědičkou rozsáhlého panství, byl ženat dvacet osm let. Byl sice náladovým, ale také ušlechtilým mužem, působil jako „tichý, důstojný, spíše rezervovaný a možná i do určité míry introvertní",[75] nicméně v únoru 1938 šokoval berlínskou společnost, když z ničeho nic opustil svoji ženu. Je vysoce pravděpodobné, že se poté stal Hitlerovým dlužníkem. Pro jednou Hitler odložil své výhrady k rozvodu a nabídl Brauchitschovi nemalý finanční obnos, aby se tím rozvod urychlil a aby si generál téměř okamžitě mohl vzít o mnoho let mladší ženu, zapálenou nacistku. Avšak význam tohoto úplatku by se neměl přeceňovat. Hitlerův životopisec tvrdí, že „Brauchitschova povolnost vůči Hitlerovi nebyla koupená, nýbrž přirozená".[76] Další historici uvádějí, že „bezpáteřnímu člověku charakter nedodají ani jeho kolegové"[77] a že se povrchní Brauchitsch v Hitlerově přítomnosti stával zaraženým a „téměř paralyzovaným". „Když tomuto muži stojím tváří v tvář," přiznal jednou Brauchitsch, „mám pocit, jako by mě někdo začal dusit ,a nedaří se mi nalézt další slovo."[78]

13. června předvolal Hitler do lázeňského města Barth v Pomořansku čtyřicet vysokých armádních velitelů. Když byl Fritsch vojenským soudem, jemuž předsedal Göring, kompletně zproštěn viny, začaly se rozmáhat zkazky o rostoucím nesouhlasu v důstojnickém sboru. Fritsch byl váženou osobou a řeči o kolektivní rezignaci jako protesu proti tomu, jak s ním bylo zacházeno, se donesly až k Hitlerovým uším. Sázel na to, že zprávy o navrhovaném českém dobrodružství budou výbornou příležitostí k rozptýlení nespokojenosti mezi důstojníky. Před Hitlerovým příjezdem mu Brauchitsch od rána připravoval půdu, když přítomné důstojníky (většina z nich neměla o existenci Fall Grün ani tušení) informoval o führerově rozhodnutí získat Československo silou, zavládlo překvapení, ale navzdory napjaté situaci se Brauchitschovi podařilo získat od nich prohlášení o věrnosti. Když v čase oběda dorazil Hitler, podrobněji rozvinul Brauchitschovu úvodní řeč a přednesl pečlivě na-

chystanou analýzu Fritschova případu, což, jak se zdálo, všechny kritiky uspokojilo. Zakončil zopakováním Brauchitschovy výzvy k věrnosti, čímž slovy jednoho historika prokázal „mimořádný vhled do mužské rozpolcenosti mezi svědomím a vlastním zájmem, přičemž muži uvítají cokoli, co jim ulehčí rozhodnout se pro to druhé".[79]

Ve chvíli, kdy se Brauchitsch s politikou Hitlera dokázal tak úzce identifikovat a většina vyšších důstojníků se pokorně zařadila do zástupu, se Beckovy naděje na vytvoření jednotné fronty rychle vytratily. V polovině června došlo k dalšímu oslabení jeho postavení, když armádní simulace naznačily, že navzdory jeho temným předpovědím je možné Československo obsadit za jedenáct dnů. 16. června adresoval Brauchitschovi poslední (třetí) memorandum, v němž fakticky volal po profesní akci, kterou mohla být i masová rezignace armádního velení, veden imperativem „zabránit globální katastrofě čekající Německo".[80]

> Vojenské povinnosti [nejvyšších předáků wehrmachtu] mají své
> meze v bodě, kde jim jejich vědomosti, svědomí a odpovědnost brání
> ve vykonání rozkazu. Pokud se jejich radám a varování v takové
> situaci nedopřává sluchu, mají právo i povinnost k národu a dějinám odstoupit z funkcí. Takto vlast zachrání před nejhorším – před
> zánikem... Mimořádné časy si vyžadují mimořádné skutky.[81]

Beck osobně předal svůj referát Brauchitschovi. Navrhoval, že pokud velení wehrmachtu nedokáže přesvědčit Hitlera, aby se vzdal svého plánu na válku, v tom případě musí všichni nabídnout svoji rezignaci. „Ale to po nich požadujete akt kolektivní neposlušnosti," zvolal Brauchitsch. „To smrdí vzpourou."[82]

■ ■ ■

Na jaře a v létě 1938 tisk Chamberlaina silně, až téměř jednohlasně podporoval. Zvláště v tom vynikaly tituly vlastněné tehdejšími mediálními barony, lordy Beaverbrookem a Rothermerem. Ačkoli si Beaverbrook na vztahy s nacistickými předáky dával větší pozor než Rothermere, od roku 1935 dobře vycházel s Ribbentropem, kterého přijímal ve svém venkovském sídle v hrabství Surrey, a usiloval o to, aby byly případné kritické články v novinách rychle opraveny. V srpnu 1936 jako Ribbentropův host navštívil berlínské olympijské hry, a když se Ribbentrop o tři měsíce později stal londýnským velvyslancem,

jak *Daily Express*, tak i *Evening Standard* „ho zahrnuly lichotkami".[83]
V únoru 1938 poté, co byl Ribbentrop jmenován ministrem zahraničí,
mu Beaverbrook nadšeně napsal:

> S ohromným potěšením jsem se dnes dozvěděl o Vašem jmenování
> do nejvyššího úřadu darem od Vašeho vůdce. Moc dobře vím, že
> plně využijete Vaší náramné autority a nezměrné moci k dalšímu
> rozvoji politiky míru a pokoje. A v tomto úsilí Vás budou věrně
> podporovat mé noviny.[84]

Jak to komentoval jeden životopisec, tento závěr „lze považovat za
jednu z nejméně rozumných řádek, která měla nejškodlivější dopad,
jež Beaverbrook kdy napsal".[85]

10. března se v *Daily Express* poprvé objevil oslavný podtitulek,
který pak měl se železnou pravidelností v nadcházejících měsících
hlásat k „Evropské válce nedojde." Doprovázel ho slogan „Británie
se do evropské války nezaplete tento ani příští rok". Pod titulkem
se Beaverbrook tázal, „Co je nám po tom, zda se Němcům v Česko-
-Slovensku vládne z Prahy, či mají vlastní samosprávu?" Autor jeho
životopisu, renomovaný historik A. J. P. Taylor trvá na tom, že jeho
motivy nebyly tak jednoduché, jak se tvrdí. „Averze vůči diktátorům,"
zdůrazňuje Taylor, „následovala hned za odporem k válce,[a] stejně
tak jako trval na nutnosti vyzbrojování, prosazoval izolaci."[86] Méně
chvályhodné jsou jeho názory, které svěřil osobní korespondenci:

> Židé tu v tisku zaujímají značné místo. Odhaduji, že jedna třetina
> nákladu *Daily Telegraph* je židovská. *Daily Mirror* asi vlastní Židi.
> *Daily Herald* vlastní Židi. A *News Chronicle* by se správně měl jmeno-
> vat *Jews Chronicle*. Ani ne tak kvůli tomu, kdo list vlastní, ale kvůli
> jeho náklonnosti. Židé nás mohou dohnat do války. Není to, co by
> chtěli, ale nevědomky nás zatahují do války. Jejich vliv na politiku
> nás postrkuje právě tímto směrem.[87]

Ačkoli se Churchill v názorech na zahraniční politiku neshodoval
s Beaverbrookem, od roku 1936 přispíval každých čtrnáct dní sloupkem
do *Evening Standard*. Ale jak se situace v Evropě zhoršovala, dokonce
i pouhý sloupek se stal zdrojem kontroverzí. V únoru proti Churchillo-
vě „hrubé, bláznivé a nebezpečné kampani" vystoupil *Daily Express*,
noviny ze stejné stáje jako *Standard*, [88] a Churchillovy snahy sešikovat

čtenáře *Evening Standard* na straně Čechů nakonec zapříčinily, že byl propuštěn. „Jasně se ukázalo," napsal šéfredaktor R. J. Thompson, „že naše pohledy na zahraniční vztahy a na to, jakou roli v nich má sehrát tento stát, se naprosto rozcházejí." V reakci na to Churchill zlostně poukázal na názory Davida Lowa, velice nadaného Novozélanďana, jehož slavné karikatury ve *Standardu* byly podstatně urážlivější než Churchillovy články. „Vlastně jsem si myslel," končil, „že se lord Beaverbrook pyšní, jakou pestrou názorovou platformu, samozřejmě včetně jeho samotného, se mu v *Evening Standard* podařilo vytvořit." A místo toho začal psát pro vlídnější *Daily Telegraph*.[89]

Ačkoli o tom tehdy Churchill nevěděl, ani Low se nevyhl nátlaku Beaverbrooka. Goebbels Halifaxovi při jejich setkání „vystřihl" dlouhou přednášku o britském tisku. Halifax se dozvěděl, že nacistické vedení pobuřuje, když jsou terčem urážlivých osobních útoků, v nichž nejvíce vynikal Low, a Goebbels se dokonce obtěžoval vytvořit sbírku těchto kreslených vtipů. Po návratu do Londýna Halifax kontaktoval Beaverbrooka, který obratem nařídil vedoucímu *Evening Standardu*, Michaelu Wardellovi, aby záležitost vyřešil. Během rozpačitého oběda na střešní terase Wardellova londýnského bytu s výhledem na Hyde Park Halifax Lowa upozorňoval, jak jsou „nacističtí bossové z těchto útoků zahořklí… Každý Lowův obrázek, v němž útočil na Hitlera, dostal führer okamžitě na stůl – a vybuchl." Halifax byl ze svého úkolu viditelně rozpačitý. „Rozumím tomu správně," zeptal se Low, „že by se vám mír prosazoval lépe, pokud by mé karikatury neprovokovaly nacistické předáky?" Halifax přitakal, že ano. Na nějaký čas tak Low přestal zobrazovat konkrétní postavy a stvořil známou postavičku „Muzzler", v níž skloubil dohromady charakteristické rysy Hitlera a Mussoliniho. Současně však hořce litoval, že podlehl nátlaku a ustoupil.[90]

Za to přátelství lorda Rothermera s předními pohláváry nacistické strany bylo o poznání vřelejší a počínaje rokem 1930, kdy poprvé napsal článek o Hitlerovi s titulkem „NÁROD ZNOVUZROZEN", Německo pravidelně navštěvoval. V červenci 1933 napsal jeden z neblaze proslulých úvodníků *Daily Mail* z řady „Kdesi v Nacistánu" s titulkem „Mládí triumfující". Jakýkoli „drobný zločin jednoho nacisty," ujišťoval své čtenáře, „by byl převážen nesmírným přínosem, který nový režim rozsévá po celém Německu".[91] V roce 1933 započala výměna dopisů a dárků mezi Rothermerem a Hitlerem. Poprvé se setkali v Berlíně v prosinci 1934, kdy byl Rothermere přijat v říšském kancléřství, a tuto laskavost oplatil uspořádáním večeře v hotelu Adlon, které se účastnili Neurath, Goebbels, Ribbentrop a Göring doprovázeni svými manželkami. Řada dalších příležitostí posloužila k novým návštěvám Hitlera a mezi zářím 1936 a květnem 1937 tiskový baron třikrát zavítal na Berghof.

Výsledkem toho podivného přátelství byl stav, kdy zatímco se ostatní noviny pohoršovaly nad nejhoršími excesy nacistů, plátky vlastněné Rothermerem zarytě hájily představu, že führerovy úmysly jsou výhradně mírové a že je spasitelem poraženého Německa. V osobě George Warda Price, středoevropského korespondenta *Daily Mail*, nalezl Rothermere nejhlasitějšího zastánce nacistického režimu na Fleet Street [tradiční sídlo redakcí britských novin; pozn. překladatele]. Ward Price svého šéfa při návštěvách Hitlera vždy doprovázel a brzy se s nacistickými předáky sám dobře seznámil. Ti jej na oplátku nepřehlédnutelně preferovali. Do Vídně vstoupil společně s německými vojáky, a když Hitler promlouval k davům z balkónu Hofburgu, stál blízko něj. Poté zamířil do Prahy, kde na každého, kdo poslouchal, naléhal, ať Československo splní německé požadavky, což jednoho dopisovatele vedlo k tomu, aby ho charakterizoval jako „nacistu tělem i duší".[92] Na cestě domů navštívil Göringa na Karinhallu a poté předal Foreign Office dlouhé memorandum. Popisoval, jak idylicky s Göringem strávili den procházkou po panství a „obsluhou maršálova propracovaného modelu kolejiště". Dále uvedl, že Göring britskou vládu nabádal k opatrnosti. „Proč nás tlačíte do náruče vašich nepřátel?" měl vykřiknout. „Čas na uzavření dohody mezi Británií a Německem se rychle krátí."'[93]

Asi nejotročtěji následovali pozici vlády v *The Times*. Panovalo přesvědčení, že noviny jsou slovy jednoho historika „polooficiální hlásnou troubou názorů britské vlády do světa" a „každá nuance jejich dlouhých a vybraných úvodníků se ocitla pod drobnohledem v kancléřstvích a velvyslanectvích celého světa".[94] Redigoval je Geoffrey Dawson, jeden z Halifaxových nejstarších a nejbližších přátel; oba prošli Etonem a byli spolužáky na koleji All Souls, žili a chodili na lov v Severním Yorkshiru, byli anglikálové a dlouhodobí členové zvláštní skupinky konzervativců, kteří hlásali imperiální ideje. V dubnu 1937 německé ministerstvo propagandy dočasně vykázalo berlínského dopisovatele *The Times* poté, co noviny správně uvedly, že za děsivý masakr v severošpanělském městě Guernice, události, jež pobouřila celý svět, je zodpovědné německé letectvo. Dawson přiznal, že je zmatený. Nemohl pochopit, jak psal ženevskému dopisovateli, co

„tento antagonismus v Německu způsobilo. Noc za nocí jsem dělal vše pro to," pokračoval, „aby se v listu neobjevilo nic, co by se jich mohlo dotknout."

Dawson byl přesvědčen, že „nic jiného neovlivní světový mír tolik, jako když dosáhneme racionálních vztahů s Německem",[95] a dělal vše pro to, aby si čtenáři jeho novin tento postoj osvojili. Mezi šéfredaktorem a některými korespondenty však záhy došlo v této otázce k neshodě. Stále větší měrou měli za to, že „praxe pomíjet cokoli, co by Němci mohli považovat za ‚nepoctivé'," je svazuje, a domnívali se, že jejich zprávy „se ‚osekávají', aby vyhovovaly politice".[96] Vídeňský korespondent anšlus popisoval v osobním dopise Dawsonovi následovně: „Ani ve svých nejhorších nočních můrách jsem neočekával něco tak perfektně připraveného, tak brutálního, tak bezohledného a tak silného. Když se tato mašinérie dá do pohybu, zničí všechno, s čím se setká, jako roj kobylek." Vrcholným cílem nacistů, varoval, je „právě zkáza Anglie... Skutečnou nenávist cítí k Anglii." Pražský korespondent The Times psal, že je „přesvědčen, že nacistické Německo má dlouhodobý plán, který je odhodláno vykonat". Nemá žádné pochybnosti, že Hitler „tuto zemi [Československo; pozn. překladatele] rozbije a stane pak proti britskému impériu", tudíž je nutné se mu postavit.[97]

Úvodní článek The Times ze 3. června vyslovil názor, že „československým Němcům by mělo být dovoleno, plebiscitem či jiným způsobem, zvolit si vlastní budoucnost – a to i v případě, pokud by to znamenalo jejich odtržení od Československa a připojení k Říši".

> Je pochopitelné, že česká vláda s plebiscitem nemusí souhlasit, protože je pravděpodobné, že výsledkem by bylo odstoupení Sudet a ztráta území. Nicméně když se na to podívají jiným pohledem..., mohou to být oni, kdo na tom z dlouhodobého hlediska vydělá v podobě homogenního a spokojeného obyvatelstva.[98]

Článek okamžitě rozpoutal bouři hněvu a ministerstvo zahraničí muselo vydat oficiální dementi, že tento názor není založen na postoji vlády. V obavě, že by to „československá vláda mohla interpretovat jako změnu politiky na straně vlády Jeho Veličenstva", telegrafoval Halifax Newtonovi. Vyslanec se měl postarat o to, aby se v Praze vědělo, „že tak tomu skutečně není a že článek ani v nejmenším neodráží postoj vlády Jeho Veličenstva".[99] Dokonce i John Walter, ředitel The Times, si stěžoval u Dawsona.

Mám pocit, že včerejší úvodník o Československu musel mnoha čtenářům *The Times* přijít jako rána z nebe, když se tak vehementně na základě spravedlnosti zastával vlka na úkor beránka. Není divu, že se Berlín raduje.[100]

Nejenže v Berlíně jásali, německá vláda moc dobře věděla, že dementi ministerstva zahraničí nemá věřit. Fritz Hesse, vedoucí tiskového odboru na německém velvyslanectví a blízký přítel Chamberlainova tiskového referenta, informoval svého velvyslance, že článek „vychází z rozhovoru Chamberlaina s představiteli britského tisku, k němuž došlo ve středu večer", a že se ministerský předseda od „žádné části článku nedistancoval".[101] Nebylo tomu poprvé, co dementi Foreign Office označil jako nevěrohodný brífink Downing Street. V *The Times* trvali na svém a 14. června prohlásili, že „by to znamenalo krach evropského státnictví, pokud by měla otázka budoucnosti asi tří milionů Němců zavléci kontinent do zničující války".[102]

Toto konečně přimělo Halifaxe, aby si oficiálně postěžoval Dawsonovi. Starému příteli sdělil, že ho „spíše znepokojuje", jak Timesy propagují plebiscit, jelikož vláda dělá „vše pro to, aby dr. Beneše a pana Henleina přivedla ke společnému jednání a otázka sudetských požadavků se vyřešila v rámci československého státu". Vzápětí se mu však podařilo snížit váhu předchozí věty, když připustil, že „nakonec bude možná nutné sáhnout po plebiscitu, aby se zabránilo ještě horší katastrofě".[103] Dawson, který se koneckonců s Halifaxem vídal denně, se domníval, že jeho nesouhlas je poloviční. Předpokládal, že dělá Halifaxovi laskavost a „že zrovna tohle byl případ, kdy *The Times* mohou udělat něco, co by tak dobře ministerstvo zahraničí nezvládlo".[104]

■ ■ ■

Brzy ráno 6. července měl Halifax ve svém domě na Eaton Square nezvyklou návštěvu. Paní Snowdenová byla vdovou po Philipu Snowdenovi, ministru financí labouristických vlád v letech 1924 a 1929. Byť byla Ethel Snowdenová aktivní socialistka, sufražetka a mírová aktivistka, v posledních třech letech se zúčastnila norimberských stranických sjezdů a nadšeně o nich psala do *Daily Mail*. V září 1937 se Goebbels svěřil deníku, že „paní Snowdenová zaníceně píše o Norimberku. Žena s kuráží. V Londýně tomu nerozumějí."[105] Halifax okamžitě líčil Cadoganovi, že tato žena obdržela zprávu „prostřednictvím osoby, která je s Hitlerem ve velmi důvěrném vztahu a kterou pokládám za princeznu Hohenlohe". Führer „si přál zjistit, zdali by bylo přijatelné…, že by za účelem neoficiálních rozhovorů vyslal jednoho ze svých nejbližších přátel". Vyplývalo z toho, že by se jednalo o Göringa, ačkoli se Hitler obával, zda by mohl bezpečně navštívit Anglii, „aniž by byl vystaven nevybíravým a otevřeným útokům".[106]

Princezna Stefanie z Hohenlohe se narodila ve Vídni 1891 jako Stefanie Richterová, nemanželská dcera pražské Židovky a jejího židovského milence, který provozoval půjčovnu peněz. Stefanie však po celý život, jenž byl značně pestrý, tvrdila, že je z nejčistší árijské krve. Manžel její matky, kterého vždycky považovala za svého skutečného otce, byl vídeňský advokát, jenž si v době jejího početí odpykával trest za zpronevěru klientových peněz. Záhy po svých dvacetinách otěhotněla se zetěm císaře Františka Josefa I. Skandál se podařilo rychle ututlat svatbou s dalším rakousko-uherským princem, Bedřichem Františkem z Hohenlohe. Syn se jí narodil ve Vídni v roce 1914, ale na konci 1. světové války se rozhodla pro maďarské a nikoli rakouské občanství a poté, co se 1920 rozvedla, se přestěhovala do Paříže. V roce 1932 nicméně byla donucena opustit i Francii, což bylo s nejvyšší pravděpodobností zapříčiněno tím, že úřady odhalily, že je zapletená do špionáže. Nový život poté začala v Londýně.

V roce 1925 poprvé potkala v Monte Carlu lorda Rothermera, kterého tato „femme fatale" okamžitě uchvátila. Princezna se za pomoci „nádhery a elegance, oportunismu a lstivosti vypracovala z fádních poměrů vídeňského měšťanstva do opojných výšek největších boháčů".[107] Ihned ji začal dotovat penězi a šperky a poté ji vyslal do hotelu Dorchester na Park Lane a dohodl se s ní, že bude jeho toulavou velvyslankyní působící v celé Evropě. Měla využít svých společenských kontaktů a vynasnažit se, zda by pro Daily Mail občas nenapsal nějaký sloupek někdo slavný a bohatý. A záhy jí byl svěřen nejdůležitější úkol – navázat osobní kontakty mezi Rothermerem a Hitlerem. V letech 1933 až 1938 fungovala jako kurýr a mezi führerem a tiskovým baronem vyměňovala dopisy a dárky, stejně tak organizovala Rothermerovu návštěvu Berlína a Berchtesgadenu. V lednu 1937 Goebbels zavzpomínal, jak Rothermere, Hohenlohe a Ward Price navštívili jako Hitlerovi hosté Berghof.

Malá skupinka na oběd. Rothermere mi vysekl obrovskou poklonu. Podrobně se vyptával na německou tiskovou politiku. Silně protižidovský. Princezna je velmi ambiciozní. Rothermere píše dobré a užitečné články ve prospěch anglo-německého spojenectví. Je velkým fanouškem führera.[108]

Na začátku roku 1938 ji Hitler vyznamenal Zlatým stranickým odznakem, což byla pro ženu výjimečná čest, zvláště vezmeme-li v potaz, že o ní bylo všeobecně známo, že je Židovka.

V průběhu častých návštěv říšského kancléřství a Berghofu se Hohenlohe spřátelila s Hitlerovým vyšším pobočníkem. Fritz Wiedemann se s Hitlerem znal již z 1. světové války, kdy spolu sloužili ve stejném pluku; ve skutečnosti byl tehdy Hitlerovým přímým nadřízeným. V Berlíně byl známým sukničkářem, a tak nebylo žádným překvapením, když si pohledný, nicméně ženatý pobočník začal vášnivý románek s maďarskou princeznou. Dcera amerického velvyslance v Berlíně, Martha Doddová, později vzpomínala na „siláka" z řad Hitlerova užšího kroužku, který byl „mazaný a prohnaný jako zvíře". „Jako vysoký, tmavovlasý a svalnatý muž," napsala, „zajisté překypoval silou a udatností."[109] 27. června Hohenlohe obdržela od svého milovníka zprávu, že má přijet z Londýna do Berlína. Po příjezdu ihned zamířila na Karinhall za Göringem, který jí oznámil, že si přeje navštívit Británii a že jejím úkolem je setkání domluvit. Domníval se, že se dá válce ještě předejít, pokud bude moci on sám strávit s Halifaxem nějaký čas o samotě. Mezitím měl Wiedemann v tajnosti odjet do Londýna a provést prvotní sondáž; před Ribbentropem mělo vše zůstat utajeno.

Nápad, že Göring navštíví Anglii, nebyl ničím novým. V květnu Halifax Haroldu Nicolsonovi přiznal, že Göringa „by potěšilo, kdyby obdržel pozvání na Sandringham [panství královské rodiny; pozn. překladatele]".[110] Přesně jak Halifax předpokládal, Hohenlohe využila svoji nejlepší přítelkyni v Londýně, Ethel Snowdenovou, aby ho oťukala. Byl však v rozpacích z prapodivného způsobu, jakým se vše odehrává, a uznával, že nikdo z nich není „zrovna prostředníkem, kterého by si člověk vybral", vzhledem k tomu, že Hohenlohe byla „známá intrikánka neřkuli, vyděračka".[111] Jen rok zpátky britský velvyslanec ve Vídni, sir Walford Selby, upozorňoval, že Hohenlohe je „mezinárodní dobrodružka", o níž je známo, že „je Hitlerovou špionkou".[112] Halifax nicméně souhlasil, že se s Wiedemannem setká, přičemž zdůrazňoval, „že jediným účelem W. příjezdu bude rozprava ohledně samotné návštěvy [Göringa]". Pakliže by Göring přijel do Londýna, varoval, že by to nejspíše nešlo utajit a „neobešlo by se to bez následků".[113]

V pondělí 18. července v 10.00 přijal britský ministr zahraničí Hitlerova posla u sebe doma na Eaton Square 88. Setkání byl dále přítomen pouze Cadogan, který vystupoval jako překladatel. Wiedemann potvrdil, že přijel do Londýna „s vědomím Hitlera prozkoumat, zda by sem v blízké budoucnosti mohla přijet nějaká významná německá osobnost s úmyslem kompletně prodiskutovat anglo-německé vztahy". Halifax obezřetně uvítal každou možnost, jež by mohla vztahy zlepšit, ale upozornil, že je nutno pečlivě vybrat načasování návštěvy, poněvadž „by nevyhnutelně přilákala pozornost veřejnosti" a velice snadno by mohla „napáchat více škod než užitku". Wiedemann dále Halifaxe ujistil, že co se týče führerova postoje k Anglii, „vždycky šlo o obdiv a přátelství, nicméně pan Hitler cítí, že byl při různých příležitostech odmítnut". Zvláště zdůrazňoval, že na Halifaxovu návštěvu nenavázal žádný pokrok a dále poukazoval na záštiplné a škodolibé reakce britského tisku po květnové krizi. Avšak připustil, že „Ribbentrop tuto záležitost nezvládl nikterak dobře".

Halifax hostu připomenul, že pakliže nedojde k mírovému řešení v Československu, „současná doba nemusí být vůbec vhodná". Může mu v tomto ohledu dát Wiedemann nějaké záruky? Wiedemann zcela nemístně namítl, že nedostal za úkol politickou misi, a tak „stěží může projednávat takovou otázku". Okamžik na to si odporoval a dal „to nejzávaznější ujištění – skutečně byl oprávněn tak učinit –, že německá vláda neplánuje žádný druh násilné akce", pokud k tomu nebude přinucena nějakým nepředvídatelným incidentem; to slíbil muž, který 28. května Hitlera na vlastní uši slyšel slibovat, že „zničí Čechy". Konverzaci zakončili v srdečném duchu, když Wiedemann nostalgicky vzpomínal na časy, které s Hitlerem společně strávili v zákopech. Tehdy nepostřehl „ty obrovské kvality, jimiž je pan Hitler obdařen", byť to byl „statečný, spolehlivý a rozvážný voják, ten typ, na nějž se můžete spolehnout". Neměl však ani „ponětí o schopnostech, jež pan Hitler následně prokázal".[114]

Ve Foreign Office schůzka vyvolala opatrný optimismus. Wiedemann „udělal dobrý dojem", poznačil si Harvey, „a působí přímočaře a že to myslí vážně".[115] Avšak přítomnost Hitlerova pobočníka v domě ministra zahraničí vyvolala po Evropě značný poprask. Poté, co Wiedemann přiletěl na Croydon, ho poznal a sledoval jeden britský novinář. Nazítří vyšel v levicově orientovaném Daily Herald pod palcovým titulkem článek, který prozrazoval tajné setkání. Diplomatická zpráva prolétla celou Evropou. François-Poncet informoval Quai d'Orsay, že

„s myšlenkou, že kapitán Wiedemann bude přijat lordem Halifaxem, přišla princezna Hohenlohe, která je tajným službám všech mocností neobyčejně známá". Byť předstírala, že „slouží zájmům Británie", ve skutečnosti se cítila „zavázána hlavně zájmům Německa". Masaryk psal rozhořčeně do Prahy:

> Je-li na světě ještě trochu slušnosti, vypukne velký skandál, až se prozradí, jakou roli ve Wiedemannově návštěvě sehrála Steffi Hohenlohová, *rozená* Richterová. Tato světoznámá vyzvědačka, špiónka a podvodnice, jsouc plnokrevnou Židovkou, je dnes centrálou Hitlerovy propagandy v Londýně.[116]

Když zprávy o návštěvě dorazily do Berlína, očividně ztrapněný Ribbentrop byl vzteky bez sebe. Výsledkem bylo, že když se Wiedemann vrátil do Berchtesgadenu, aby informoval Hitlera, musel na Berghofu několik hodin čekat, zatímco führer se venku procházel s Unity Mitfordovou. Toho večera se Hitler uvolil vyslechnout pětiminutové hlášení, poté zlostně odpískal Göringovu návštěvu Londýna a odmítl se o celé záležitosti dále bavit. Wiedemanna nechali vypracovat krutě vyšperkovanou zprávu pro Ribbentropa, v níž předložil pozoruhodné tvrzení, že Halifax ho žádal, „zda by ho připomněl führerovi, a ať mu vyřídí, že by (Halifax) před smrtí rád spatřil, jakožto vrchol své práce, jak führer po boku anglického krále přijíždí do Londýna doprovázen nadšenými ovacemi Angličanů".[117] O několik měsíců později byl Wiedemann odeslán do exilu jako generální konzul v San Francisku, kam s sebou vzal i Stefanii z Hohenlohe. Setkání s Halifaxem bylo naprosto k ničemu. Slovy jednoho historika, tato epizoda „musí patřit k nejvíce pitoreskním kapitolám anglo-německých diplomatických vztahů. Ani jedna strana z něho nemohla být moudřejší."[118]

7

Vzdálená země

Jakým bojištěm vždy byly české země. Po 800 let tam trvají sváry a boje. Pouze jeden král
je udržel v klidu, Karel V. [sic], a to byl Francouz! Jak tedy máme uspět?

Lord Runciman Nevillu Chamberlainovi, 1. srpna 1938

Was brauchen wir'nen Weihnachtsmann,
Wir haben unser'n Runciman!
[Netřeba Ježíška nám,
dárky nosí Runciman!]

oblíbená sudetoněmecká píseň, srpen 1938

Na minutu přesně projel expres Paříž-Praha německou hranici a vjel
do stanice v pohraničním městě Chebu. Bylo 3. srpna 1938 patnáct
minut po jedenácté hodině a sluneční paprsky prozařovaly mlhavé
středoevropské letní ráno. Z vozu první třídy se zvědavě rozhlížel
menší, elegantně vyhlížející muž s šedými řídnoucími vlasy a bedlivě
vše sledoval. Měl na sobě světle šedý oblek a košili s vysokým frakovým
límcem, což bylo na takový teplý den poněkud nápadné. Na peróně
stáli celníci a úředníci z pasového oddělení, ale po uvítacím výboru tak
význačného hosta ani vidu; žádní ministři české vlády nebo sudetoně-
mečtí představitelé. A přitom hned před chebským nádražím stál hotel
Victoria, sídlo sudetoněmeckého předáka, Konrada Henleina, a jeho
domov se nalézal jen pár kilometrů na sever v pohraničním městě Aši.

Hraniční formality netrvaly dlouho a postarší muž z první třídy
byl opět pohroužen do knihy, zatímco vlak opouštěl Cheb a pokra-
čoval po své trase vlnitou krajinou Sudet; kopce zakrývaly borovice,
pod kterými se vinuly potůčky, v nichž se to jen hemžilo pstruhy; čas
do času sejpy po rýžování zlata; jezírka, v nichž se hlučně koupaly

děti; a v poledním slunci zářící chalupy s bílými zdmi a červenými střechami. Příští zastávkou byly Mariánské Lázně, lázeňské město, jež kdysi bylo oblíbeným letoviskem krále Eduarda VII., a ještě více na sever se nalézaly další slavné lázně, Karlovy Vary, které před 1. světovou válkou navštívil mladý Neville Chamberlain, když hledal léčbu na svoji dnu – byla to jediná cesta, kterou kdy měl do Československa podniknout. Z Mariánských Lázní vlak pokračoval dále do Plzně, kde minul kouřící komíny Škodových závodů, po nichž tak dychtivě pokukovali ti, kdo v Berlíně plánovali válku. Jakmile vlak projel další hranici, byť neviditelnou – oddělující Sudety od zbytku Československa, názvy stanic byly na cedulích pouze česky. O hodinu později zastavil vlak na pražském Wilsonově nádraží, „pojmenovaném v přívalu poválečné vděčnosti po americkém prezidentovi", který pomohl Československu na svět.[1]

Jako první z vlaku vystoupila, poznamenal kriticky britský pozorovatel, „skupinka džentlmenů a jedna dáma s vědomě nadřazeným výrazem Britů v cizí zemi", které následovala „hora zavazadel". Nakonec vystoupil i vzácný návštěvník, „hrbící se plešatý muž s hladce oholenou tváří, jíž vévodil výrazný nos, s kufříkem v ruce".[2] Byl to Walter Runciman, první vikomt Runciman z Doxfordu, jehož doprovázela manželka, která se ke zděšení čekajících Čechů nechala slyšet ohledně „bolševických vlivů" v Československu.[3] Runciman přijel do Prahy jako oficiálně jmenovaný zprostředkovatel britské vlády, čemuž odpovídal uvítací výbor shromážděný na nástupišti: pražský primátor, prezidentův *chef de Cabinet* a britský vyslanec Basil Newton, který měl na hlavě černý plstěný klobouk toho typu, který proslavil Anthony Eden.[4] Demonstrativně několik kroků stranou stála ještě jedna, menší delegace a Čechy pozorovala se zřetelnou nedůvěrou. Ernst Kundt a Wilhelm Sebekowsky patřili k vedení Henleinovy SdP a Newton je na nástupišti představoval natolik okázalým způsobem, jako by se snažil předvést, jakého významu mise nabývá. Runciman se odměřeně uklonil čekajícím novinářům, načež se skupina vydala směrem k nejhonosnějšímu ubytování v Praze, hotelu Alcron nedaleko Václavského náměstí. „Kat se svým pytlíkem se připlížil šerem," zamručel Eric Gedye z *Daily Telegraph* do ucha českému příteli.[5]

Ještě během cesty Runcimana oslovovali novináři a snažili se získat první rozhovor s britským zprostředkovatelem. Toho večera v 18.00 proto uspořádal tiskovou konferenci v jídelně hotelu, kam se namačkaly asi tři stovky novinářů z celého světa, aby slyšely jeho rozumy. Tentokrát měl na sobě černý oblek a (jak bylo jeho zvykem) frakový límeček a více než kdy jindy připomínal liberálního politika z viktoriánské éry, kterým v myšlenkách skutečně byl. Razil si cestu davem dopředu k nízkému stupínku, který někdo na poslední chvíli přenesl z jednoho konce místnosti na druhý. Důvod byl prostý, silně nábožensky založený peer a k tomu abstinent by byl jinak fotografován, jak stojí před okouzlující bronzovou sochou nahé dívky vítající hosty s otevřenou náručí. Také se diskrétně poukazovalo na to, že když nyní stojí stupínek u dveří, bude moci vzít Runciman snáze nohy na ramena, pakliže se některý z českých novinářů proti nezvanému hostu ohradí. Tíživou atmosféru a dusno v místnosti podtrhovaly obloukové lampy, ale Runciman oslovil posluchače klidným a odměřeným tichým hlasem.

„Jsem přítel všech a nejsem ničí nepřítel," byla jeho první slova. „Naučil jsem se, že trvalého míru a pokoje lze dosáhnout pouze oboustranným souhlasem. O cvičení trpělivosti toho lze ještě hodně říci."[6] Ve skutečnosti se Runciman o své bezpečí obávat nemusel. Dostalo se mu vlídného přijetí, byť si jeden či dva čeští novináři posteskli, že snad až nepatřičně děkoval sudetoněmeckým předákům za uvítání na nádraží. Nazítří ráno vyšly domácí noviny s titulkem „LORD PŘIJÍŽDÍ" a v zásadě kladně přijaly Runcimanovu misi, jak se jí začalo říkat. Nadšení však nebylo zdaleka všudypřítomné. Americký novinář a pozdější historik William Shirer v té době pobýval v Praze a připravoval zprávy pro rádio CBS. Té noci si do deníku poznamenal svoji domněnku, že Runciman přijel, „aby se pokusil vyřešit existující problémy a Čechy – pokud to bude možné – prodal". Novinář z *Herald Tribune* již propagoval článek, který se věnoval poznámkám, jež Chamberlain pronesl na neblaze proslulém obědě u Nancy Astorové. Shirerův názor byl pro americký tým reportérů typický. „Celá Runcimanova mise smrdí," zapsal si, než se odebral do postele.[7]

■■■

Runcimanova mise vznikala pozoruhodně dlouho. Je třeba přiznat, že to nebyla práce, po které by pošilhával, nebo ji dokonce s přijímal vděčností. Už někdy na začátku června dostal Halifax nápad, že dostanou-li se jednání mezi českou vládou a Henleinovou SdP do slepé uličky, vyšle do Prahy nějakého zprostředkovatele. 16. června na zasedání kabinetního Výboru pro zahraniční politiku oznámil, že uvažuje o jmenování význačné osobnosti, která by vystupovala jako prostředník, a o dva dny později potvrzoval Newtonovi, že zamýšlí oslovit českou vládu, zda by „byla ochotna přijmout služby nezávislého britského experta, který se pokusí smířit obě strany".[8] Jakožto bývalý vicekrál Indie se Halifax původně domníval, že bývalý guvernér Indie by byl ideálním kandidátem na takovou práci, ale Newton byl s ohledem na dopady jmenování takové osoby s tímto návrhem nespokojený, protože se obával, že by ho „obě strany mohly považovat za urážku". Odepsal, že by daleko více preferoval „význačnou osobu, jejíž nestrannost a úsudek by ji pro obě strany činil přijatelnější".[9]

Léto pokročilo a bylo zcela zřejmé, že šance, že by obě strany dosáhly dohody, se rychle vytrácejí. Tak zvaný „první plán" navržený českou vládou měl třem novým sněmům v historických zemích Čechách, Moravě a Slezsku udělit naprostou autonomii. Henleinovi vyjednavači tento návrh odmítli s celkem zřejmým odůvodněním, že sudetští Němci by ani v jedné zemi nedisponovali většinou. V britské vládě tou dobou rostlo nutkání přimět Beneše, aby svolil k ústupkům. „Upřímně doufám," psal Halifax britskému velvyslanci v Paříži, „že nutnosti vyvinout na dr. Beneše co nejvyšší možný tlak nebude francouzská vláda přikládat nižší naléhavost než vláda Jeho Veličenstva a učiní tak bez prodlení." Poukazoval tím na dřívější upozornění francouzského ministra zahraničí, že pokud Češi „budou opravdu nerozumní", může brzy nastat okamžik, kdy bude Francie zvažovat, že se vyváže se svých závazků vůči Československu. „Domnívám se, že právě nastal čas," dodával Halifax, „aby československá vláda dostala v tomto ohledu upozornění."[10]

Samozřejmě že nejen v Británii, ale ani ve Francii nemohli vědět, že tajná dohoda mezi Hitlerem a Henleinem zapříčinila, že žádná dohoda není možná, byť by byly české ústupky sebevětší. Češi na britský nátlak reagovali s narůstající nevolí. Vysoce postavený úředník z ministerstva zahraničí si britskému novináři postěžoval, že Chamberlain „jedná s naší hlavou státu, jako kdyby to byl náčelník negrů, který s potížemi vládne někde v kolonii". Tlak britské diplomacie se „stával stále více nepřijatelným".[11] Pouze Newton, který byl v centru dění, v Praze, chápal, jakému dilematu Češi stojí tváří v tvář. Jasně se vyjádřil, že nevidí šanci, že by se Benešovi podařilo přesvědčit českou veřejnost, armádu a neněmecké politické spektrum, aby přijaly ústupky, jež uspokojí Henleina. Vyzýval své nadřízené na Foreign Office, aby „s porozuměním uznali skutečnost, že československá vláda doposud přijímala dalekosáhlé a nepochybně těžko přijatelné rady, a zdá se, že ustavičně dělá, co může".[12]

Henleinova sebedůvěra mezitím vzrostla natolik, že opakovaně prohlašoval, že to byli Češi, kdo záměrně postupovali liknavě a nebrali dost vážně ani jednání ani tlak z Londýna, čímž dále stupňoval nátlak. V rozhovoru s všemupřizpůsobivým Wardem Pricem poukázal na to, že vláda má tři možnosti. Zaprvé dát sudetským Němcům vše, co požadují; zadruhé povolit plebiscit, který by rozhodl o možném připojení k Německu; anebo nakonec válku. Věřil, že třetí možnost „by byla ještě jednodušší".[13] Jeho vyjednavači předložili vládě 8. června memorandum, které odpovídalo karlovarským požadavkům. Československo mělo být rozděleno do oblastí podle převažující rasy, přičemž každá by byla naprosto nezávislá a měla by zastoupení v centrální vládě. V důsledku by se ze Sudet stal nezávislý nacistický stát. Pod tlakem z Londýna vláda memorandum přijala jako základ k diskuzi, ale odmítla dva body: že by zákonodárná moc měla přejít na *Volkstag* SdP, stranický sjezd, a také to, že by měl Henlein získat kontrolu nad četnictvem jmenováním příslušníků SA do vedoucích pozic v Sudetech. Vláda v odpovědi navrhovala vlastní schéma, ale propast mezi oběma stranami zůstávala nepřekonatelná, když Henleinův hlavní vyjednavač odmítal jeden kompromis za druhým.

Tento neblahý vývoj přiměl Halifaxe, aby vypracoval seznam přijatelných kandidátů na pozici zprostředkovatele. Už před 29. červnem si o tom chtěl s Runcimanem poprvé promluvit, protože mu jeho kolegu z Horní sněmovny doporučovali s odůvodněním, že jeho „bohaté a rozmanité zkušenosti" mu daly „pověst, která zapůsobí". Nicméně ho odradilo poněkud znepokojivé naříkání, že „někdo by s ním musel jet a většinu práce udělat za něj".[14] Runciman, loďařský magnát ze severovýchodní Anglie, působil před 1. světovou válkou v Campbell-Bannermanově a Asquithově liberální vládě, za což si vysloužil nepřátelství Lloyda George – bývalý ministerský předseda se o Runcimanovi jednou vyjádřil, „že na co sáhne, to pokazí".[15] Ve volbách v roce 1931 kandidoval za Národní liberály a ve vládě zastával post ministra obchodu. Když se však v roce 1937 stal ministerským předsedou Chamberlain, Runciman dostal nabídku jen na méně významné vládní posty a hluboce uražen kabinet opustil, ačkoli obdržel titul vikomta.

Runciman nejprve vyjádřil pochybnosti, zda se pro takový úkol hodí zrovna on a nakolik je vlastně mise vůbec realizovatelná. 30. června Halifaxovi odeslal zamítavou odpověď a bystře poznamenal, že „velvyslanci jen opravdu zřídkakdy dosáhnou úspěchu".[16] Avšak Halifax se nenechal odmítnout a sérií telegramů, které mu zaslal na jeho letní sídlo ve Skotsku, ho přesvědčil. Konečně mohl 16. července po hodinovém přesvědčování na ministerstvu zahraničí, jehož se dále účastnili úředníci Cadogan, Sargent a Strang, Newtonovi do Prahy ohlásit, že Runciman funkci přijal pod podmínkou, že v ní nebude muset pokračovat, jestliže „ho obě strany odmítnou přijmout a nebudou ochotny mu podrobně vysvětlit svá stanoviska".[17] Přesto k celé akci zůstal Runciman hluboce skeptický. „Chápu to tak," řekl Halifaxovi, „že mě vysazujete v malém člunu uprostřed Atlantiku." Ministr zahraničí se na okamžik zamyslel. „Lépe bych to neřekl," odvětil.[18]

Na pochybách nebyl pouze Runciman, je namístě uvést, že ani u ostatních dotčených myšlenka nevzbudila žádné nadšení. Když Newton se zprávou navštívil 20. července Beneše, hlásil, že prezident „vypadal značně překvapeně a znepokojeně, mírně zrudl a duševní rovnováhu nabýval těžce až ke konci rozhovoru, který trval přes dvě hodiny". Takový návrh, připomínal celkem oprávněně Beneš, se zásadně „dotýká svrchovanosti země" a mohl by „v zemi vyvolat nejvážnější krizi a vyústit v rezignaci vlády".[19] České námitky nakonec uzemnila strohá pohrůžka Benešovi, že britská vláda nabídku zveřejní a odmítnutí Čechů tak vyjde najevo. Vedení SdP se k nabídce nevyjádřilo, byť Kundt Newtona ujistil, že strana „uvítá jakoukoli objektivní analýzu podmínek, jež mohou nějakým způsobem pomoci dosáhnout kladného výsledku". [20] V Berlíně si Ribbentrop hořce stěžoval, „že veřejnému oznámení nepředcházela komunikace s německou vládou",[21] a později Halifaxovi napsal sžíravý dopis, v němž prohlašoval, že „říšská vláda musí odmítnout převzetí jakékoli odpovědnosti za snahy lorda Runcimana, ať už budou korunovány úspěchem či nikoli".[22] Příležitosti využil i Henderson a opět projevil svoji předpojatost. „Nezávidím lordu Runcimanovi ten obtížný a nevděčný úkol, jež na sebe bere," napsal Halifaxovi. „Češi jsou tvrdohlavý národ a Beneš není o nic méně."[23]

Když zpráva o připravované misi unikla ven a vyšla v *News Chronicle*, Chamberlain spěšně 26. července v Dolní sněmovně oznamoval, že Runciman se chystá do Prahy, přestože doposud nebyla splněna jeho podmínka, že misi podpoří obě strany. Chamberlain nejprve dementoval „zkazky", že Britové „českou vládu postrkují", což byl ve skutečnosti přesný, byť hovorově vyjádřený popis aktivit, které Britové, počínaje květnovou krizí, vyvíjeli.[24] Dále pronesl do očí bijící lež, že

Runciman vyráží na cestu do Prahy „v reakci na žádost československé vlády". Vychválil Runcimanovy předpoklady pro takovou práci, jeho „nebojácnost, nepodjatost, bezúhonnost a nestrannost". Jakožto osoba „nezávislá na vládě Jeho Veličenstva" bude „vystupovat na vlastní zodpovědnost". A konečně zdůraznil, že Runciman nebude „v žádném případě arbitrem", ale spíše bude vystupovat jako „vyšetřovatel a zprostředkovatel", tedy že bude vykonávat roli, která je mu dobře známá „jakožto muži zvládajícímu vyřešit stávku".[25]

V profesním životě byl Runciman uznávaný expert na urovnávání pracovních sporů, ačkoli není možné kroky, které česká vláda podnikla v zájmu samotné existence státu, popisovat suchým jazykem výrobních vztahů. Nejspíše s vědomím, že Runcimanova zášť po propuštění z vládní funkce ještě může trvat, Chamberlain nazítří napsal Runcimanovi, „abych Vám sdělil, jak velice obdivuji Vaši odvahu a společenskou angažovanost, když se ujímáte tak nesnadného a choulostivého úkolu".[26] Čechy by nepochybně velice zajímalo, že třebaže Chamberlain volil tak přívětivá slova, než se stal ministerským předsedou, a Runcimana, o němž nyní tvrdil, že je „velice laskavý", propustil z vládních služeb, považoval ho za „nepříliš hodnotného kolegu v kabinetu, poněvadž jen zřídkakdy něco řekl", a pokládal ho za „líného".[27] Runcimanovi bylo šedesát osm let a byť byl o rok mladší než Chamberlain („další stoupenec škrobeného límce"[28]), zdálo se, že má kariéru politika definitivně za sebou. Jeho zdravotní stav už byl za zenitem a jeho fyzické vzezření střídavě zavdávalo příčinu k obavám a posměchu – „uzavřený muž s úzkými rty a plešatou hlavou tak kulatou, že vypadá jako špatně tvarované vejce," jsou slova, jakými ho popsal Shirer, když lord přijel do Prahy.[29]

Chamberlainovo oznámení se setkalo se zřetelně vlažným přijetím. News Chronicle, který zprávu přinesl jako první, namítal, že „nikdo – rozhodně ani jeden Čech či Němec – se nespokojí s planým ujištěním pana Chamberlaina, že britská vláda nemá nic společného s jeho úspěchem či selháním".[30] Dokonce i Beaverbrookem vlastněný a appeasementu nakloněný Evening Standard se tázal, „zda by vůbec britská vláda měla přesvědčovat českou vládu, aby se jmenováním souhlasila – když je taková pravděpodobnost, že podmínky budou špatně vyloženy, a jde o tak komplikovaný záměr".[31] Ani Runcimanovi staří političtí nepřátelé, jako byl Leo Amery, nebyli nijak ohromeni. „Stále si nejsem jist, zda je jmenování Runcimana jako poradce a zprostředkovatele směšné, nebo jde o geniální tah," sarkasticky přemítal. „Klidně se může stát, že jeho světácká a nepřekonatelná ignorance a neschopnost uvědomit si, jaké panují na obou stranách emoce a touhy, pomohou srazit teplotu."[32]

„ÚLEVA" hlásal nezvykle velký titulek v *Observer* 31. července nad článkem slavného šéfredaktora a zastánce appeasementu J. L. Garvina.

> Má-li se národ balit na prázdniny s klidným srdcem, nemá na tom zásluhu pouze mírová pouť obětavého lorda Runcimana, směřujícího do místa neshod, ale obecnější a opodstatněné důvody. Cesta je původní a autentickou myšlenkou samotného ministerského předsedy.[33]

Jen co si Chamberlain zabalil rybářský prut a odřekl první z mnoha pozvánek na pobyt ve Skotsku, ve Whitehallu zavládla prázdninová nálada. Dovolená nemohla přijít více vhod. „Sám jsem překvapen, že jsem to napětí ustál," postěžoval si sestře, „poněvadž jsem si klidu moc neužil."[34] Naneštěstí po pouhém dnu stráveném na řece s vévodou westminsterským v oblasti Lochmore, severně od města Inverness, dostal vážný zánět vedlejších dutin nosních. Onemocnění bylo natolik bolestivé, že se musel z dovolené vrátit do Londýna, kde podstoupil speciální léčbu. „S obrovskou lítostí jsem se dozvěděl, že jste se kvůli léčbě Vašeho nosu musel vrátit do Londýna," soucítil s ním král, „podle všeho to bude velice bolestivé a nepříjemné." Doufal, že to Chamberlainovi nezabrání v návštěvě zámku Balmoral [letní sídlo královské rodiny; pozn. překladatele], k níž mělo dojít později během toho měsíce. „Německý postoj," usuzoval s mistrovským eufemismem, „zajisté zavdává důvody k obavám."[35]

...

4. srpna, přesně v den uplynulých dvaceti čtyř let od události, kdy Británie vstoupila do 1. světové války, a den po svém příjezdu do Prahy se lord Runciman s vervou pustil do práce. Navzdory horkému letnímu dni – ve stínu bylo kolem třiceti stupňů – si na sebe vzal frak a cylindr a vyrazil na „šňůru" zdvořilostních návštěv se členy české vlády. Prvním cílem se stal Pražský hrad na Hradčanech, po tři sta let epicentrum vlády germánských Habsburků nad Čechy, sousedící s vysokými věžemi svatovítského chrámu, který dominuje pražskému horizontu. Když se jeho auto, doprovázené eskortou policistů na

motocyklech, přiřítilo na nádvoří, nemohl si nevšimnout do očí bijící památky na těžce vydobytou nezávislost Československa ve Versailles. Stráže, které Runcimanovi salutovaly, na sobě neměly klasické zelené uniformy české armády, nýbrž uniformy francouzské, italské a ruské armády, v jejichž legiích Češi působili, aby mohli bojovat proti bývalým německým vládcům.

Runcimana nejprve ve své kanceláři s okny přes celou stěnu a výhledem na řeku Vltavu, která se vinula údolím pod hradem, přijal prezident Edvard Beneš. Beneš byl akademik, který studoval a vyučoval v Praze i Paříži, a také tichý a vědecky založený muž, jenž se velkou měrou vyhýbal všem znakům okázalosti. Většinu 1. světové války strávil v exilu v Paříži, kde jako jeden z předáků organizoval české odbojové hnutí a poté usiloval, aby Británie s Francií uznaly nezávislé Československo. Společně s prvním prezidentem a zakladatelem státu, Tomášem Masarykem, zastupoval Československo ve Versailles a vykonával funkci ministra zahraničí. V prosinci 1935 nahradil ve funkci prezidenta svého dlouholetého přítele Masaryka, který v roce 1937 zemřel, a prezidentem Československa zůstal až do roku 1948, třebaže sedm let strávil v exilu.

Po návštěvě Beneše směřoval Runciman za premiérem dr. Milanem Hodžou, Slovákem, který před válkou hájil zájmy slovenské menšiny v uherském sněmu a jako takový postrádal přirozený antagonismus Čechů k Němcům. Bylo o něm známo, že je nakloněný kompromisu s Henleinem. Jako „podsaditý, dobře oblečený a puntičkářský muž se cvikrem a výraznou bradou naznačující tvrdohlavost" mohl být pokládán za „úspěšného bankéře".[36] Třetím v pořadí byl ministr zahraničí, dr. Kamil Krofta, Benešův souputník, který se po smrti Masaryka ve věku šedesáti pěti let [správně šedesáti let; pozn. překladatele] vzdal místa profesora historie na pražské univerzitě a vstoupil do vlády. Stejně jako Beneš žil Krofta spořádaně a neokázale, dobrovolně zanechal práce a nastoupil do úřadu v Černínském paláci, dřívějším domově hraběte Černína, rakouského ministra zahraničí za 1. světové války. Navzdory jejich dřívějším výhradám bylo jasné, že všichni tito muži budou s Runcimanem velice rádi spolupracovat, nakolik to bude možné. Avšak právě to ho přivedlo do rozpaků. „Měl jsem všude dveře otevřené," psal toho večera Halifaxovi, „a jsem z toho nesvůj, jelikož u všech vzbuzuji přehnaná očekávání."[37]

Večer se Runciman vrátil do hotelu Alcron, kde zabral obývací pokoj pro rozhovory, a dlouhou dobu schůzoval se sudetoněmeckými předáky Kundtem a Sebekowskym. Henlein se nezúčastnil, protože odmítl přijet do Prahy, a trval na tom, že pokud se s ním chce Runciman setkat, má za ním přijet do Sudet. Značná délka setkání, zejména ve srovnání s krátkými zdvořilostními návštěvami českých představitelů, předurčila charakter následujících týdnů a stačila k tomu, aby mezi čekajícími novináři vzbudila nelibost. Kritika, že „s henleinovci se stýká dlouze a srdečně, zato s vládou jen krátce a znatelně chladně",[38] ho pronásledovala po celou dobu pobytu.

Do Prahy Runcimana doprovázel tým poradců, jehož složení dokazovalo, že Chamberlain lhal, když tvrdil, že mise je nezávislá na vládě; v čele stanul Frank Ashton-Gwatkin, vedoucí ekonomického odboru Foreign Office a uznávaný expert na obchodní jednání, který znal Runcimana z dob, kdy působil jako ministr obchodu.[39] Problém byl, že neměli formální mandát, jen stručný pokyn od Halifaxe, který Runcimanovi před odjezdem připomenul, že nesmí „podniknout žádné kroky, které by posílily odhodlání tohoto státu zareagovat v případě, že Německo podnikne vojenskou akci".[40] I kdyby byl Runciman sebevíce nakloněn české věci, tato formule by mu manévrovací prostor drasticky omezila. Již první kraťounká návštěva u Beneše mu stačila k tomu, aby o prezidentovi soudil, že „neprojevuje nějaké veliké porozumění či respekt vůči Němcům v Československu".[41] Geoffrey Peto, bývalý poslanec za konzervativce, který byl se svojí ženou dalším členem mise, se vyjádřil ještě pregnantněji. Jen tři dny po příjezdu vyděsil Čechy, když německému diplomatovi sdělil, žc „plně chápe nenávist Sudetoněmecké strany k Židům".[42]

Runcimanovu nestrannost dále zpochybňovalo to, jak opomíjí fakt, že Henlein a SdP nejsou jedinými představiteli německého hlasu v Československu. Umírněná sociálně demokratická strana nadále existovala, byť v parlamentních volbách v roce 1935 dosáhla mizivého výsledku, a v jejím čele stál mladý a podmanivý předseda Wenzl Jaksch. Britský novinář žijící v Praze se Runcimana ihned po příjezdu tázal, zda má v úmyslu jednat také se sociálními demokraty. Britský zprostředkovatel „byl jako nepopsaný list", jako by „do té doby neměl ani nejmenšího tušení", že strana existuje. „Zatím se mi od nich nikdo neozval," vysvětlil.[43] Když se nakonec překonal a setkal se s nimi, neprobíhalo podle Jaksche jednání hladce.

Lord Runciman zdůraznil, že my, sociální demokraté, jsme jen malou stranou ve srovnání s Henleinovou. Přitakal jsem. Řekl jsem mu, že naším problémem je, že jsme stranou míru a svobody, což nejsou ideály, které by zrovna v té době byly populární, takže se stranami, jež takové názory nezastávají, můžeme jen těžko soupeřit.[44]

Srpnová Praha byla rozpálená a dusivá, je proto pochopitelné, že manželé Runcimanovi s radostí město na víkendy opouštěli a užívali si čerstvého vzduchu na českém venkově. Avšak výběr hostitelů zdaleka nebyl ideální. „Podobně jako řada bohatých liberálů pocházejících ze středních vrstev a majících konformistické vazby", vzpomínal po letech Harold Macmillan, Runciman „projevoval zvláštní slabost pro aristokracii. Víkendy proto trávil na zámcích vysoké rakouské šlechty, pamětníků starého rakouského císařství, kteří ve svých srdcích nikdy Československo za svoji zemi nepřijali."[45] Rozsáhlá venkovská panství byla spíše v Sudetech a ve vlastnictví germánské šlechty, z nichž si řada připomínala dny panování Vídně a měla vztek, že pod českou vládou ztratila moc i prestiž. Druhý víkend v Československu strávil Runciman po boku knížete Oldřicha Kinského, člena SdP, na jeho zámku poblíž Brna. Německý chargé d'affaires z Prahy do Berlína pyšně hlásil, že na místě měla SdP nejen „politický štáb" pro jednání s Runcimanem, byl tam taktéž „společenský štáb pod vedením velkostatkáře knížete Oldřicha Kinského".[46] Přesto Runcimanovi nikdy nedošlo, že víkendové bratříčkování s německou aristokracií a sudetskými předáky, kteří byli často dalšími hosty, mohou Čechům přinejmenším připadat jako netaktní a v nejhorším případě jako ukázka katastrofálních styků s veřejností.

■ ■ ■

Třebaže měl Henlein příliš napilno a nemohl se s Runcimanem v Praze setkat, 5. srpna vyrazil do Curychu, aby se zúčastnil prazvláštní tajné schůzky s bývalým leteckým důstojníkem a diplomatem, plukovníkem Malcolmem Christiem, postavou, o níž bylo řečeno, že mohla „rovnou vykročit ze stránek knih Johna Buchana". Christie absolvoval univerzitu v Cáchách, kde se setkal s Göringem, načež si v 1. světové válce jako pilot Královského leteckého sboru vysloužil Válečný kříž. Poté sloužil jako letecký atašé, nejprve ve Washingtonu a mezi lety 1927 a 1930 v Berlíně, než se pustil do kariéry obchodníka. Následně ho naverboval sir Robert Vansittart a časem se stal předním členem jeho soukromé zpravodajské sítě, když nenápadně operoval ze svého domu na německo-holandské hranici a využíval byznys jako zástěrku ke stykům s čelními představiteli nacistické strany v Berlíně. Bavila ho špionážní povaha jeho práce a Göringa společně s jeho náměstkem na říšském ministerstvu letectva, generálem Erhardem Milchem, počítal mezi své nejbližší známé. Počínaje rokem 1936 Vansittarta nepřetržitě zásoboval zpravodajskými poznatky, zejména informacemi od Milcha ohledně znovuvyzbrojování Luftwaffe.[47]

Christie znal dobře jak Henleina, tak Sudety, jelikož „Henleinovi prošlapával cestu", když v roce 1935 navštívil Londýn – připravoval mu itinerář a zajistil pozvánku do prestižního Chatham House.[48] Také to byl on, kdo ho představil Vansittartovi, tehdy ještě stálému podtajemníkovi na ministerstvu zahraničí. „Působí velice solidním dojmem," poznamenal si Vansittart na konto sudetoněmeckého předáka. „Měl bych říci, že je umírněný, čestný a prozíravý. Mluví otevřeně a rozhodně, což vzbuzuje důvěru." Když ho Henlein ujistil, že si sudetští Němci nepřejí stát se součástí Říše, Vansittart si k tomu poznamenal: „Myslím, že mluví pravdu."[49] Vyjádření podpory tak zarytým odpůrcem appeasementu mělo pro Henleina významnou cenu a Vansittart se nechal oklamat ještě dalším prostředníkem, německo-českým princem Maxem Hohenlohe-Langenburgem, „majitelem rozsáhlého panství, jehož anglické vzdělání a nedostižné chování patrně učinila na diplomaty, s nimiž se setkal, velký dojem". V květnu se Vansittart pokoušel přesvědčit Chamberlaina, aby se setkal s Hohenlohem, s odůvodněním, že tento aristokrat „by mohl ovlivnit Henleina".[50] Tehdy ještě nikdo nevěděl, že Hohenlohe, stejně jako jeho jmenovkyně princezna (ale nikoli příbuzná), je ve skutečnosti „jedním z nejschopnějších nacistických špiónů".[51]

Hohenlohe byl dalším účastníkem curyšského setkání z 5. srpna, kde Henlein alespoň zanechal všeho předstírání a na adresu Československa si nebral servítky: „Stát šejdířů a kriminálníků…, potrat státu". Všechna přetvářka najednou zmizela. Nastal čas, prohlásil, „zbavit Brity iluze, že lze ve společném státě pod českou svrchovaností dosáhnout stability". Přestalo jít o otázku práv sudetských Němců a namísto toho začala závěrečná bitva – „Německo proti Československu". V dlouhodobé perspektivě, oznámil, „nemůže Německo tolerovat takový vřed na svém těle… Myslí-li si Anglie, že tento stát musí stůj co stůj ochraňovat, bude to ona, kdo ponese vinu za rozšíření konfliktu."[52] Christie v písemné zprávě užívá umírněnějšího jazyka, nicméně upozorňuje, že Runciman „byť by byl sebelepší a zkušenější, zůstává Angličanem s anglickým způsobem myšlení a že… bude téměř nemožné, aby pronikl mlhou zcestných výroků".[53] Henlein se s ním stále odmítal setkat a svým vyjednavačům vydal jasné instrukce, že setkání je nutno bránit, dokud to bude možné.

Taktika SdP při vyjednávání byla prostá. Šlo o „zásobování Britů informacemi a hojným dokumentačním materiálem" a dále o využívání každého incidentu, který mohl Čechy ukázat ve špatném světle. [54] Zástupci SdP častokrát zavítali do hotelu Alcron se silným svazkem dokumentů, obvykle v angličtině a němčině, a trvali na tom, že je musí dobře vysvětlit, což nezřídka trvalo až do půlnoci. Ze Sudet dále Runcimanovi pravidelně přicházely telegramy koordinované SdP. Pisatelé protestovali, jaké utrpení musí vystát pod českou porobou, a nikdy nechybělo vybídnutí, aby lord přijel a na vlastní oči se o perzekuci přesvědčil. K typickému incidentu v Sudetech došlo v noci na 8. srpen v lesy obklopené vesničce Gasterwald [autor má nejspíše na mysli incident v malé osadě Höhal patřící k obci Stodůlky v sušickém okrese; pozn. překladatele]. V opilecké rvačce byl před místní hospodou uboden mladý německý dřevorubec, stoupenec Henleina, jiným Němcem, sociálním demokratem. Německý tisk neštěstí „radostně" využil. Navzdory tomu, že oba muži byli Němci, vše popsali jako další příklad české brutality. Pohřeb mrtvého muže se změnil v obrovskou propagandistickou akci, kde nechyběl nacistický průvod, plačící matka a smuteční řeč nad rakví, kterou pronesl poslanec a radikál Karl Hermann Frank.

„Poněkud překvapivě," hlásil Runciman 10. srpna na ministerstvo zahraničí s vzácným náznakem humoru, „Henleina nikdo nespatřil, ačkoli musí někde v Československu být." Navzdory ironii pociťoval, že na cestě k dosažení kompromisu mezi oběma stranami příliš nepokročil a že břemeno zodpovědnosti nepříjemně těžkne. „Úspěch," pochopil, „se bude odvíjet od toho, zdali chce, či nechce jít führer do války."

> Dojemnou stránkou současné krize je, že lidé zde a, jak mi bylo řečeno také i jinde, ke mně vzhlížejí, jako bych měl být poslední nadějí, že přetrvá mír. Žel bohu si neuvědomují, jak neúčinné jsou naše sankce, a děsím se okamžiku, kdy jim dojde, že je nic nemůže zachránit. Bude to ošklivé vystřízlivění.

Trvalo jen týden, než pocítil potřebu tázat se Halifaxe: „Jak dlouho podle Vašeho názoru bych měl dělat tento byznys?" Doufal, že pokud by mělo dojít k nějakým projevům nepřátelství, „bude" alespoň „nějak varován".[55] Po dvou týdnech bezvýsledných diskuzí s SdP a českou vládou jednání uvízla v mrtvém bodě a 17. srpna Kundt poukázal na to, že „trpělivost našeho lidu, který nevidí, že by z Vaší strany přicházela nějaká známka dobré vůle, není tak velkorysá, jako nás politiků".[56]

Konečně se Runciman rozhodl, že má-li dojít k nějakému pokroku, bude si muset otevřeně promluvit s Henleinem. Nazítří se narychlo připravilo setkání na Červeném Hrádku, zámku prince Hohenloheho nedaleko Chomutova, jen patnáct mil od německých hranic. Runciman vyjel do sudetského pohoří, „pevnosti vystavěné samotným Bohem v srdci Evropy", jak ji popsal Bismarck. Těsně před polednem kolona dorazila na širokou příjezdovou cestu, kde ji nacistickým pozdravem přivítala čestná stráž, kterou obstarali princovi hajní se svastikou na klopě. O deset minut později se přiřítily dva kabriolety s Frankem, Kundtem a samotným Henleinem a jejich uvítání bylo ještě nadšenější. Geoffrey Cox z *Daily Express* vzpomíná, že Henleinovo hnědé sportovní sako a šedé flanelové kalhoty vzbuzovaly dojem, že jde o „anglického bankovního úředníka na dovolené".

Ač se Runciman snažil setkání utajit sebevíce, z Prahy dorazily zástupy novinářů, kteří nyní byli ponecháni svému osudu před hlavní branou. Jak je pro Brity typické, Runciman podobně jako jeho doprovod vyvíjel minimální úsilí, aby si získal někoho z pestré palety zástupců světového tisku vyslaného do Prahy, což k dobrému mediálnímu obrazu zrovna nepřispělo. Denní komuniké bylo pravidelně stručné a věcné a zejména Ashton-Gwatkin těžko skrýval své „tajnůstkářské pohrdání" novináři, přičemž pro americké korespondenty si rezervoval speciální porci. Po obědě zahlédli čekající novináři prince Hohenloheho se svými hosty, jak popíjejí kafe na sluncem zalité terase, zatímco si děti poněkud nemístně hrály se psy na šlechtěném trávníku. Hohenlohovi hajní posílení o sudetoněmecké příslušníky SA v šedých uniformách se postarali o to, aby tisk zůstal v bezpečné vzdálenosti, ačkoli němečtí a sudetoněmečtí žurnalisté směli až na zámecké nádvoří. Tato scéna Coxovi připomněla „clivedenský rukopis – umění zámecké diplomacie šlo zdárně aplikovat i ve střední Evropě".[57]

Runciman a Henlein spolu rozmlouvali pět hodin a Hohenlohe a Ashton-Gwatkin jednání překládali. Podle Ashton-Gwatkina nenabídl Henlein nic nového; trval na tom, že bez výjimky je nutno splnit všech osm karlovarských požadavků.

Německý lid v Československu, oznámil, si musí bránit vlastní domovy, živobytí a budoucnost svých dětí před hrozivou českou invazí, kterou prosazuje a podporuje vláda.

Zopakoval své známé ujištění, na kterém nebylo ani zrnko pravdy, že by upřednostnil kompromisní urovnání před plebiscitem, podle něhož se má zachovat hranice Československa, a že bude i nadále vybízet své stoupence k umírněnosti. „Nicméně," varoval, „se obává, že čas se rychle krátí," a vzhledem k dalším těžkostem daným nadcházející zimou snadno nastane chvíle, kdy jeho pozici zpochybní jeho vlastní lidé.[58] Henleinovy zápisky ze setkání prozrazují, že Runciman alespoň všechno bez rozmýšlení neodkýval. Když Henlein prohlásil, že česká vláda prosazuje „zničení Sudetoněmectva a jeho rodné hroudy" a že české „nejvyšší politické a vojenské kruhy chtějí válku", Runciman na něj „udiveně" pohlédl a požadoval, aby toto tvrzení podložil nějakými důkazy. A když Henlein vyjmenovával, co všechno za trápení sudetští Němci musejí snášet, Runciman kousavě namítl, že „přechodný hospodářský nedostatek je všude, i v Anglii".[59]

V šest hodin Runciman zámek opustil a záhy na to ho následoval Henlein. Na Ashton-Gwatkinovi zůstalo, aby informoval neněmecký tisk, ale místo toho se rozhodl vydat dvouřádkové tiskové prohlášení, v němž potvrdil, že setkání proběhlo a Henlein se svými názory seznámil Runcimana. Jelikož novináři čekali šest hodin, některým z nich povolily nervy. Walter Kerr z *New York Herald Tribune* se na popud ostatních dotázal, jak bez dalších informací mají napsat zprávu. „Můžete využít vlastní představivosti," odsekl Ashton-Gwatkin. A když mu namítli, že němečtí korespondenti a fotografové měli volný přístup na zámecké nádvoří, opět jejich protesty zlostně zamítl. „Buďte rádi, že vám bylo dovoleno alespoň něco," odvětil.[60] Těžko pak může překvapit, že historické knihy Runcimanovu misi soudily tak příkře, když o ní tolik napsali britští a američtí novináři, kteří ji tehdy zažili na vlastní kůži.

O několik dnů později, 22. srpna, Ashton-Gwatkin navázal na setkání z Červeného Hrádku a opět se vydal do Sudet. S Henleinem se potkal v Mariánských Lázních, kde zasedal politický výbor SdP. Během diskuze se Ashton-Gwatkin nechal Henleinem oklamat a spokojil se s tím, že Heinlein „důrazně" popřel:

1. že je diktátor
2. že souhlasí s „terorem" německých nacistů

3. že by povolil „Judenhetze" [štvanice na Židy]

4. že je jeho cílem politický totalitarismus či cokoli jiného než zacházet s oponenty a opozicí se ctí.[61]

I v tomto případě Henleinovy poznámky ze schůzky prozradí více než oficiální britské záznamy. Ashton-Gwatkin byl natolik odtržen od reality, že podle všeho vážně navrhl, ať je „umírněný" Henlein vyslán za Hitlerem jako mírotvůrce. Je Henlein, tázal se, „ochoten vysondovat, zda by byl führer nakloněn setkání s britskými představiteli"?[62] „Líbí se mi," uzavíral Ashton-Gwatkin svoji poznámku adresovanou nadřízeným na Foreign Office. „Je to, tím jsem si jist, absolutně čestný partner."[63]

24. srpna se Ashton-Gwatkin na pár dní vrátil do Londýna, kde informoval Halifaxe a obdržel od něho další instrukce. Halifax myšlenku, že by se Henlein měl stát jakousi náhražkou mírového posla Británie, ihned zamítl. „Překvapuje mě návrh," spílal Runcimanovi, „že by měl Henlein vystupovat jménem vlády Jeho Veličenstva, ať už se to týká Vaší mise, či možnosti anglo-německého narovnání." Dát Henleinovi takovou roli, varoval, „by bylo krajně nevhodné a mohlo by to vést k těm nejrůznějším komplikacím".[64] Avšak samotný nápad návštěvy Hitlera byl přijat o poznání vlídněji a Halifax navrhoval, že by se za ním do Berlína měl vydat sám Runciman. Nebylo to takovým překvapením, že Runciman zdvořile, ale rázně odmítl s odůvodněním, že by tím překročil své kompetence neutrálního zprostředkovatele.

■■■

Do poloviny července vojenské plánování Případu zelená znatelně pokročilo a nabíralo horečnatých obrátek. Byl o něm již zpraven Mussolini a věděl o jeho přibližném načasování; podzimní armádní manévry se přesunuly už na léto a jejich vrchol spočíval v okamžiku, kdy vojenské jednotky zaujmou dané pozice pro invazi do Československa; německý letecký atašé v Praze měl práce nad hlavu s vyhledáváním vhodných přistávacích ploch pro německá letadla v Sudetech. Došlo i k vypracování plánů na ustavení deseti armádních štábů s odpovídajícím personálem a veliteli – pět se mělo účastnit invaze a zbylých pět mělo obstarat ochranu německých hranic na západě a s Polskem. [65] Hitler zůstal ukrytý ve svém horském doupěti a bombardoval armádní velení požadavky a rozkazy: výstavba Západního valu se měla ještě více urychlit, měla se konat cvičení, aby se dověl k dokonalosti přepad těžkého opevnění, a zahraničním vojenským ataše se mělo zamezit v přístupu do německého pohraničí. Zajímalo ho, jaký je válečný potenciál Československa. Zapojí se Rusko?

Generál Beck, jenž se neúspěšně pokoušel přesvědčit Brauchitsche, aby Hitlera upozornil, jaké nebezpečí skýtá vojenská akce, naposledy napnul síly ve snaze, alespoň se tak domníval, zabránit válce. Nakonec pochopil, že Brauchitsch, třebaže v soukromí s jeho analýzou souhlasil, prostě jeho obavy nepředal Hitlerovi. Beckovi se ho podařilo přesvědčit, aby na 4. srpna svolal schůzi všech velících generálů, a jelikož Brauchitschovým řečnickým schopnostem úplně nevěřil, připravil mu ráznou řeč. Když se však generálové sešli, Brauchitsch opět pozbyl odvahy, a tak bylo na Beckovi, aby své memorandum ze 16. července přečetl sám. Armáda je jediná, varoval, kdo teď může Hitlerovy přípravy války zastavit.

> Plně si vědom závažnosti takového kroku, ale také své zodpovědnosti cítím, že je mou povinností naléhat na nejvyššího velitele ozbrojených sil, aby odvolal přípravy k válce a vzdal se úmyslu vyřešit českou otázku silou, dokud se vojenská situace fundamentálně nezmění. V daném okamžiku považuji situaci za beznadějnou a tento názor se mnou sdílí všichni vyšší důstojníci generálního štábu.[66]

Dvacet shromážděných generálů Beckova slova podpořilo. Generál Wilhelm Adam s ním byl zajedno a jakožto generál, který by velel západní frontě, se s Beckem shodoval, že tamější opevnění je zcela nedostačující. Ve chvíli, kdy by se většina armády soustředila proti Československu, by mu zbylo pouze pět aktivních divizí a Francouzi by jej rychle porazili. „Maluji čerta na zeď," přiznal, ale dodal, že s radostí svůj názor přednese i samotnému Hitlerovi.[67] Panoval konsenzus, že ač může mít Německo vojenské kapacity na obsazení Československa, válka, které by se účastnily západní velmoci, představuje něco zcela jiného a nikdo si nemyslel, že Sudety stojí za riskování bezpečnosti národa.

A přece se zdánlivá jednota brzy začala hroutit. Příliš mnoho zúčastněných uchvátil Hitler svými dosavadními úspěchy, nebo mu nějakým způsobem byli zavázáni, případně se nechali spoutat vlastními ambicemi, anebo strach z neposlušnosti překonal jejich obavy. Generál von Reichenau, z přítomných největší stoupenec nacismu, na základě „osobní známosti Vůdce" varoval své kolegy, aby mu nečelili jednotlivě.[68] „Otázka, zda nastal vhodný čas na válku, či nikoli, nám nemusí dělat starosti," prohlásil. „To je záležitost führera. Musíme se spolehnout, že vybere nejlepší řešení." V tom ho podpořil další Hitlerovi nakloněný generál Ernst Busch, který využil morální převahy a s vážnou tváří vykládal o poslušnosti a loajalitě, přičemž sklouzl k pradávnému klišé, že voják není povinen lámat si hlavu politickým rozhodnutím. „Nic nás nemůže zbavit naší přísahy věrnosti führerovi," poučoval své kolegy. „Je mi známa slabost naší armády, ale přesto vykonám jeho rozkazy, protože cokoli jiného by znamenalo nekázeň."[69] A konečně generálplukovník Gerd von Rundstedt, jeden z nejvýše postavených a nejvíce respektovaných důstojníků, promluvil mnohým ze srdce, když uvedl, že není ochoten vyprovokovat mezi armádou a Hitlerem další krizi.

Schůze se rozešla, aniž by se něčeho dosáhlo, třebaže si Brauchitsch dodal odvahy a Beckovo poslední memorandum předal Hitlerovi. Jeho reakce se dala očekávat. Vybuchl vzteky a požadoval sdělit, kdo všechno dokument spatřil. Brauchitsch byl povolán na Berghof, kde se stal obětí „zuřivého slovního výpadu",[70] který trval několik hodin a přinutil nedobrovolné posluchače sedící na terase, aby se přesunuli dovnitř z čirých rozpaků. Hitlera natolik znepokojilo, že se Beckovo memorandum generálům četlo nahlas, že se odhodlal ke značně neobvyklému kroku. Ve snaze obejít velení armády si na Berghof 10. srpna předvolal důstojníky, kteří v armádní hierarchii stáli pod generály a mezi nimiž bylo plno těch, kdo očekávali, že dostanou štábní práci u velících generálů. Byli mladší a Hitler věřil, že se nebudou tolik ptát a že jejich vyhlídky na rychlé povýšení v případě války zaručí, že budou loajálnější.

Taková urážka nejvyšších generálů znamenala vážné porušení vojenského protokolu a shromáždění velitelé byli viditelně rozpačití. Po obědě se Hitler pustil do tříhodinového *tour d'horizon* svými vojenskými ambicemi, které k jeho škodě na přítomné udělaly ještě menší dojem než na jejich velící důstojníky. Když skončil své kázání, služebně nejvyšší důstojník v místnosti, generál Gustav Anton von Wietersheim, sebral odvahu a zpochybnil předpoklad, že Angličané a Francouzi nebudou intervenovat. Jakožto jmenovaný náčelník štábu generála Adama na západní frontě také zmínil Adamovo varování z předchozího týdne, že ve chvíli, kdy se bude většina armády soustředit na Československo, obrana Západního valu pod náporem Francouzů nevydrží déle než maximálně tři týdny. Na to se Hitler rozohnil. „Je-li tomu skutečně tak," odpověděl vztekle, „potom je celá armáda k ničemu. To vám povídám, pane generále, ty pozice budete držet ne tři týdny, nýbrž tři roky." Setkání na Berghofu, k němuž došlo 10. srpna 1938, bylo podle generála von Mansteina přelomové. Bylo to naposledy, co Hitler vojenskému velení povolil dotazy, anebo dokonce diskuzi. Ačkoli Jodl v deníku uvádí, že Adamův a Wietersheimův „malomyslný názor… v generálním štábu armády převažoval", k čemuž hojně přispělo, že „nevěřili ve führerovu genialitu", bylo tomu naposledy, co ho vyjádřili veřejně.[71] O pět dní později, poté co se v Jüterborgu, jižně od Berlína, zúčastnil vojenských testů dostřelu děl, se Hitler opět pokusil efekty Beckova memoranda zmařit. Generálům shromážděným v jídelně zopakoval, že má v úmyslu vyřešit československou otázku silou, a v chabě zahalené výhrůžce poukázal na nedávné čistky, které provedl Stalin ve své generalitě. „Také bych se nezalekl zbavit se desetitisíců důstojníků, pokud by se stavěli proti mé vůli," varoval. „Co to je pro národ, který má osmdesát milionů? Nepožaduji muže inteligentní. Chci muže brutální."[72]

18. srpna Beck konečně předložil rezignační dopis, jenž sepsal již před měsícem, a marně se pokoušel přesvědčit Brauchitsche, aby se k němu připojil. „Myslíte si, že vás budou následovat?" tázal se Canaris, kterému neušlo, že se Hitler staví ke zpravodajským důstojníkům přezíravě. „Znám je dobře, jsou to otroci."[73] Přesto si Beck při rezignaci nechal ujít poslední příležitost. Normálně by odchod náčelníka štábu, zvláště v čase mezinárodního napětí, vedl k rozruchu v domácích vojenských kruzích a nejspíše by způsobil nějakou odezvu i v zahraničí. Nicméně Hitler, ačkoli rezignaci ochotně přijal, mazaně Becka přesvědčil, ať novinka zůstane utajena. Z nemístného pocitu vlastenectví Beck souhlasil, a Hitler se tak chytře vyhnul zveřejnění informace, že s ním nesouhlasí podstatný orgán. Jedna z posledních příležitostí utvořit koalici, která by se mu postavila, byla promarněna, a Hitler dokázal od armádního velení získat souhlas, byť zdráhavý, pro své plány. „Vyslovil jsem varování," posteskl si Beck o několik měsíců později, „a nakonec jsem zůstal sám."[74]

Do 19. srpna dosáhla Ribbentropova jistota takové míry, že byl s to se Weizsäckerovi svěřit, že „führer je pevně odhodlaný vyřešit českou záležitost silou zbraní. S ohledem na technické důvody pojící se s leteckými operacemi rozhodl, že nejzazším termínem je polovina října." Státní tajemník Weizsäcker, který v rámci urychlení takzvaného „chemického procesu rozkladu [chemischer Auflösungsprozess]" v Československu upřednostňoval diplomatické řešení, s tímto krokem nesouhlasil. Ale Ribbentrop zlostně odpověděl, že „führer dosud neudělal ani jednu chybu" a že by Weizsäcker měl „věřit v jeho genialitu, jak na základě dlouholeté zkušenosti činí i on". Ribbentrop také pronesl zvláštní výrok, že Hitler má v úmyslu „vjet do Československa v čele obrněné divize".[75] 24. srpna Jodl pro Hitlera připravil urgentní memorandum nazvané „Určení doby pro rozkaz X a otázka předběžných opatření". Na úvod popisoval protichůdné přání armády a Luftwaffe ohledně lhůty nutné pro úspěšnou invazi. Zatímco Luftwaffe požadovala, aby byl rozkaz vydán co nejpozději, protože chtěla „nepřátelské letectvo překvapit ještě na letištích z období míru", armáda naopak majíc na vědomí, jak chaoticky probíhala mobilizace před anšlusem, usilovala o to, aby byl předstih co nejdelší a mohla se náležitě připravit.

Dokument taktéž podrobně popisoval plány, jak zrealizovat incident, který bylo zamýšleno uskutečnit i v Rakousku a který měl posloužit jako *casus belli* [důvod k vyhlášení války; pozn. překladatele].

> Operace Grün bude uvedena do chodu „incidentem" v Československu, který dá Německu záminku k vojenské intervenci. Stanovení *přesného času* tohoto incidentu je věcí nejvyšší důležitosti. Musí k tomu dojít v okamžiku, kdy bude příznivé počasí, aby naše silnější *Luftwaffe* mohla zahájit akci, a v takovou hodinu, která dovolí, aby k nám zpráva dorazila do půlnoci dne X minus 1. Před dnem X minus 1 se nesmí uskutečnit žádná předběžná opatření, která nejsou jinak odůvodnitelná, v opačném případě to bude vypadat, že jsme incident připravili.

Bylo natolik zásadní, aby se až do posledního okamžiku nevyskytly žádné náznaky mobilizace, že Jodl uznal, že před prvním náletem nebude možné upozornit ani německé diplomaty pobývající v Praze, „ačkoli důsledky mohly být, pokud by se stali obětí takového útoku, velice vážné".[76]

22. srpna Hitler přerušil své každodenní přípravy invaze a rozhodl se, že stráví dva dny pozorováním námořních manévrů v Kielu. Jako hosty pozval maďarského regenta, admirála Horthyho, a premiéra Bélu Imrédyho. Zatímco předstíraným účelem návštěvy bylo spuštění těžkého křižníku *Prinz Eugen* na vodu, pro Hitlera to byla vhodná příležitost, aby vysondoval, jaká je šance, že by se Maďaři nechali přemluvit a připojili se k vojenské akci Německa proti Českosloven-

sku. Pro Horthyho a Imrédyho to bylo těžké rozhodování. Na jednu stranu mohli doufat, že dokud pokračuje jednání mezi českou vládou a sudetskými Němci, z případných ústupků menšinám by mohla těžit i početná maďarská menšina. Na druhou stranu bylo stále jasnější, že německý útok na Československo se blíží a téměř určitě skončí jeho rozpadem. V tom případě se dala očekávat teritoriální revize, z níž by Maďarsko těžilo, a oba byli přirozeně dychtiví po případné kořisti z lupu.

V průběhu jara a léta dostávali maďarští představitelé zejména od Göringa lichotivé nabídky, že „v případě německo-českého konfliktu by se mohlo Maďarsko zapojit a dostat svůj podíl". Avšak Göring stejně tak zdůrazňoval, že Maďarsko „nemá spoléhat na to, že Německo bude tahat kaštany z ohně samo".[77] Pro Maďarsko bylo případné vypuknutí války značně riskantní. V roce 1921 podepsaly Československo, Jugoslávie a Rumunsko takzvanou „Malou dohodu", smlouvu, jejímž smyslem byla společná obrana proti maďarským územním ambicím. Pokud by se nyní maďarští vojáci vydali na sever a vpadli do Československa, jižní hranice Maďarska by byla okamžitě vystavena útoku Jugoslávie, což byla možnost, na niž maďarská armáda žalostně nebyla připravena. Horthy se taktéž obával, že v celoevropské válce by bylo Německo poraženo a Maďarsko rozdrceno. Jeho obavy se prohloubily před několika dny, když se Canarisův tajný posel, jehož Hothy znal z námořnictva z 1. světové války, znenadání objevil v Budapešti s varováním, že Hitler dospěl k „nezvratnému" rozhodnutí „vyrovnat si účty s Československem do konce září, či na začátku října".

Druhý den návštěvy spolu Hitler a Horthy rozmlouvali na palubě německé válečné lodi *Patria* během plavby na ostrov Helgoland, zatímco Imrédy se svým ministrem zahraničí jednali s Ribbentropem. Ke značné nelibosti Němců nejenže Horthy invazi do Československa odmítl vojensky podpořit, ale také si dovolil führerovi vystřihnout přednášku, proč by k ní vůbec nemělo dojít; v první řadě proto, že by se bez pochyb zapojila Británie a „nevyhnutelně" by „zvítězila!" Byť to bylo, jako by „před býkem mával rudým hadrem",[78] Hitler vytrval v přesvědčování, ať si to Maďaři rozmyslí, a jako cenu za jejich účast nabízel Slovensko a Podkarpatskou Rus.[79] Nakonec však byl nucen smířit se s tím, že z Maďarska žádnou pomoc čekat nemůže; přesto upozornil, že „každý, kdo se bude chtít pustit do jídla, bude muset prvně přispět k jeho přípravě".[80] Když hosté zamířili zpátky do Budapešti, nadával v soukromí na jejich přístup a na to, jak jsou neschopní vzpružit se k akci. Místo toho upřednostňují, huboval, vysedávání a „poslouchání cikánské hudby".[81]

Hitler ale rychle překonal své zklamání a pokračoval v započaté cestě. 26. srpna v doprovodu Himmlera, Jodla a Fritze Todta, inženýra řídícího stavební práce, vyrazil na inspekční cestu po Západním valu. Nazítří do Hitlerova vlaku v Cáchách přistoupil generál Adam, který ho doprovázel až po švýcarskou hranici. V jednom okamžiku, když se delegace ocitla na francouzské hranici nedaleko Štrasburku, Hitler přichystal zvláštní představení - nakráčel do poloviny hraničního mostu přes Rýn, na což z druhého břehu překvapeně zírali francouzští vojáci. Celá cesta, poznamenal si Adam, „se nesla v duchu triumfálního pochodu", neboť se na jednotlivých zastávkách hromadili příslušníci SS a bandy Hitlerjugend a nadšeně zdravili führera, který se „těmito přehlídkami" snadno nechal „unést". Zrovna na Adama to však působilo spíš opačně. Jakožto šedesátník, o kterém se s láskou říkalo, že je „otcem" říšských horských jednotek, patřil ke dvěma nejvyšším a obdivovaným členům bavorského důstojnického sboru, a tak byl přirozeně vybrán, aby se ujal velení německých vojsk na západní frontě. Avšak bylo o něm také známo, jak je tvrdohlavý, a prokázal, že se nebojí, je-li to nutné, vyslovit svůj názor.

Nyní Adam požadoval promluvit si o samotě s Hitlerem a trval na tom, aby ostatní nacističtí kumpáni, Himmlera nevyjímaje, vagon opustili a bylo možné debatovat nad čistě vojenskými záležitostmi. Jakmile Himmler neochotně odešel, Adam si nebral servítky. Navzdory všemu, co se o Západním valu říká, poučoval Hitlera, dosud nemohl plnit svoji funkci a on by ho s přiděleným počtem vojáků pravděpodobně neudržel. K urychlení stavebních prací bylo třeba dramatického zvýšení dodávek surovin. K tomu zopakoval své přesvědčení, že Britové a Francouzi „by vstoupili do války, jakmile se na Čechy vystřelí první rána, a Francouzi by se opevněním brzy probili".[82] Hitler se přestal ovládat. „My už nemáme čas poslouchat takové nesmysly," přerušil ho. „Vy tohle nechápete. My v Německu ročně vyrábíme 23 milionů tun oceli, kdežto Francouzi jenom 6 milionů a Angličané pouze 16 milionů. Angličané nemají žádné zálohy a Francouzi čelí nejhorším vnitřním obtížím. Ti si dají moc dobrý pozor, aby nám vyhlásili válku."[83] Adam sarkasticky namítl, že v tom případě nebude na západní frontě vůbec potřebný. „Muž, který neudrží tyto pevnosti," hřímal Hitler, „je ničema. Lituji pouze toho, že jsem führer a Reichschancellor, takže nemohu být vrchním velitelem západní fronty."[84]

...

První zprávy SIS o podrobnostech Fall Grün obdržel Whitehall počátkem července. Ačkoli naznačovaly, že akcelerace vojenských příprav nemusí „nezbytně" probíhat „s cílem napadnout Československo", jasně z nich vyplývalo, že se „na podzim mohou vyskytnout komplikace". Němečtí velitelé rot byli povoláni do kasáren kvůli „nepřetržitému stavu pohotovosti", dále byli povoláni další záložníci a počínaje 1. srpnem bylo zakázáno pobývat na dovolené mimo Německo. Výstavba západního opevnění se dramaticky zrychlila a jak armáda, tak i Luftwaffe hromadily rozsáhlé zásoby paliva. Ačkoli nikdo nečekal „vážné potíže" před stranickým sjezdem v Norimberku, plánovaném na začátek září, podle některých zdrojů existoval „konkrétní plán německého útoku na Československo, jakmile bude po sklizni".[85] Normálně klidný Henderson z Berlína hlásil, že v Luftwaffe byly zrušeny všechny dovolené a „nejlepší piloti jsou urychleně stahováni nazpět ze Španělska". Avšak ani tentokrát neodolal pokušení dávat vše za vinu Čechům a své poznatky zlehčoval konstatováním, že všechny „tyto záměrné indiskrétnosti" pocházejí ze zdrojů okolo Göringa a nejspíše jde o „politiku úmyslného blafování, kterou přijali v reakci na otálení Prahy a nedůvěru k Benešovi".[86]

Výstražným signálům dodaly na váze v první polovině srpna další informace pocházející z Vansittartovy soukromé zpravodajské sítě. V memorandu připraveném Halifaxovi 18. srpna, které vzniklo na základě rozhovoru s „dobře informovaným německým známým", uváděl, že mu bylo důvěrně sděleno, že „válka je nevyhnutelná, pakliže ji nezastavíme". Za vším stál „pouze jeden opravdový radikál, a tím je sám Hitler. Představuje obrovské nebezpečí a vystupuje jako solitér."[87] Odpoledne se Vansittart setkal se zástupcem německé umírněné opozice Ewaldem von Kleist-Schmenzinem, který ho ujišťoval, že mluví jménem „všech generálů německé armády, kteří jsou jeho přáteli. Naprosto nesouhlasí s válkou," dodal, „ale nemají sílu na to, zastavit ji, jestliže nedostanou podporu a pomoc zvenčí. Jak jsem vám již řekl, znají datum a k tomuto termínu budou muset vydat povel k pochodu." Vansittart se tázal, kdy že je to datum, což Kleista rozesmálo. „Proč, vždyť to víte. Nu dobrá, váš ministerský předseda ho zná. Po 27. září," zašeptal, „už bude pozdě."[88]

Duchovním otcem návrhu vyslat Kleista do Londýna, aby vysondoval názor britských představitelů, byl plukovník Hans Oster, vedoucí oddělení Z v rámci Abwehru (zodpovědný za řízení a organizaci) a fakticky druhý nejvýše postavený po admirálovi Canarisovi. Avšak zcela jistě k tomu došlo na rozkaz jeho šéfa. Mladý britský novinář působící v Berlíně, Ian Colvin z *News Chronicle*, se již stihl „letmo seznámit" s Canarisovou „soukromou diplomacií" a Kleist se mu svěřil, že si Canaris přeje bezpečně vědět, zda by Británie v případě napadení Československa bojovala. „Admirál chce někoho vyslat do Londýna, aby to zjistil," spiklenecky šeptal. „Máme Britům učinit jistou nabídku a předat jim varování."[89] Kleist, vlastník rozsáhlého panství v Pomořanech, byl ideálním kandidátem pro takovou misi. Tento zbožný křesťan byl „v první řadě džentlmenem, odpůrcem Hitlera [a] vynikal okouzlujícími způsoby, upřímným chováním a hlubokou upřímností".[90] Byl členem „Starokonzervativní strany", neochvějně promonarchistického uskupení, kterému se jakýmsi způsobem podařilo udržet si v zákulisí nacistického Německa hlas a zastupovat staré junkerské statkáře z Pruska.

Když se o Kleistově cestě dozvěděl Nevile Henderson, byl z ní pramálo nadšený, protože se obával, že urazí německou vládu. „Bylo by od něj pošetilé, kdyby se nechal přijmout na oficiálních místech," zdůrazňoval, ale Halifax trval na tom, že Kleist „by se neměl odmítat",[91] a tak přípravy řádně pokračovaly. „Přivezete-li mi z Londýna jasný důkaz, že Anglie bude v případě napadení Československa bojovat," spiklenecky Kleistovi pověděl Beck, „tak s tímto režimem skoncuji." Jediné, co potřeboval, byl „veřejný závazek", že Británie „Československu v případě války pomůže".[92] Canaris mezitím předvedl „pro šéfa špiónů typicky přezíravý přístup k pasové kontrole"[93] a obstaral Kleistovi novou identitu, pas a nezbytné finanční prostředky. Dále zařídil, aby ho Mercedes z vozového parku OKW zavezl až ke schůdkům do letadla, tedy aby se vyhnul celní a pasové kontrole. V Croydonu byl jeho přílet zaprotokolován a poté, co taxíkem odjel do Londýna, se ubytoval v hotelu Park Lane. Jak sdělil Vansittartovi, „dorazil s oprátkou kolem krku" a „nedělá si žádné iluze, jaký osud ho čeká, jestliže selže".[94]

Následujícího rána zamířil do Chartwellu, kde se setkal s Churchillem, jehož syn Randolph schůzku zaznamenal. Kleist zopakoval, co již řekl předchozího dne Vansittartovi, přičemž kladl důraz na to, že Hitler je odhodlán rozpoutat válku a „útok na Československo se rychle blíží". Dojít k němu mělo nejspíše po norimberském sjezdu a zajisté před koncem září. Nepůjde o žádné ultimátum, nýbrž o bleskovou invazi, třebaže „kromě H., který považuje události z 21. května za osobní urážku, není v Německu nikdo, kdo by si válku přál". „Všichni" generálové touží „po míru [a] stačila by malinká vzpruha, a možná by odmítli vyrazit do boje", navzdory tomu, jak se bojí Hitlerovy zuřivosti. „Je třeba nějakého gesta," prohlásil nakonec Kleist, „aby v Německu vykrystalizovala rozšířená a ve skutečnosti všeobecně sdílená protiválečná nálada." Pokud by mohli britští politici vyslat pozitivní signál, generálové by „se domáhali míru a do čtyřiceti osmi hodin by byl ustanoven nový systém vlády".[95]

Kleistova slova na Churchilla silně zapůsobila. Zavolal Halifaxovi a tázal se, zda může Kleistovi oficiálně sdělit, že Chamberlainovo prohlášení, které zaznělo v Dolní sněmovně 24. března, je i nadále politikou vlády. Když tak učinil, dal Kleistovi otevřený dopis, s nímž se měl vrátit do Berlína.

> Přivítal jsem Vás zde jako muže, který je pro zachování míru v Evropě ochoten riskovat a který usiluje o trvalé přátelství mezi britským, francouzským a německým lidem k jejich vzájemnému prospěchu... Jsem si jist, že násilné překročení hranic Česko-Slovenska německou armádou či letectvem zapříčiní opakování světové války. Stejně jako jsem si byl jist koncem července 1914, jsem si jist i nyní, že Anglie s Francií vyrazí do boje a že... pohled na německý útok, vedený proti malému sousedovi, a krvavé boje, jež budou následovat, vyburcují celé britské impérium a vynutí si nejvážnější rozhodnutí. Nenechte se, prosím Vás, v tomto oklamat. Taková válka, jakmile jednou vypukne, bude dobojována jako ta předchozí až k hořkému konci a nesmíte uvažovat nad tím, co se může stát v prvních třech měsících, ale kde se ocitneme na konci třetího či čtvrtého roku.[96]

Kleist se vrátil zpátky do Berlína, kam mu o několik dní později tajný kurýr Fabian von Schlabrendorff, právník Abwehru, tento dopis doručil. Kopie obdržel Beck a Canaris, za nímž se Kleist zastavil na ústředí sídlícím na Tirpitzufer. Byl však nucen přiznat, že se vrátil s prázdnýma rukama a že „v Londýně nenašel nikoho, kdo by si přál využít příležitosti a vést preventivní válku".[97] Jeho závěry byly správné. Když si Vansittartův zápis ze setkání s Kleistem přečetl Chamberlain, napsal Halifaxovi z Chequers.

> Chápu to tak, že von Kleist je silně zaujat proti Hitlerovi a že je celý nedočkavý vyburcovat své přátele v Německu a pokusit se

svrhnout Hitlera. Připomíná mi jakobity na francouzském dvoře v době krále Viléma a myslím, že značnou část toho, co říká, musíme brát s rezervou.[98]

Canaris se pokusil dodat zprávě náležitý význam a jednomu ze svých agentů nařídil, aby vyhledal Mason-MacFarlana, britského vojenského atašé, a informoval ho: pokračuje tajná mobilizace, invaze je naplánovaná na konec září a generální štáb „šokovalo, že to v zahraničí berou na tak lehkou váhu". Avšak jako obvykle i tentokrát Henderson význam zprávy zlehčil připojením vlastního varování. Protinacistické názory tohoto informátora jsou dobře známé, psal, a „jeho výroky," tvrdil velvyslanec, „jsou viditelně zaujaté a převážně jde o propagandu".[99]

Obavy britské zpravodajské komunity z nastávající vojenské akce Německa v té době vystupňoval první zákrok, který nacisté podnikli proti systému „příslušníků pasové kontroly". Ráno 17. srpna byl zatčen blízko Freilassingu, města na západ od Salcburku, kapitán Thomas Kendrick, pracovník pasové kontroly a velitel pobočky SIS na vídeňském konzulátu, když se svojí manželkou směřoval do Mnichova. Byl odvezen nazpět do Vídně a umístěn do hotelu Metropole, velitelství Gestapa, kde byla zadržována řada prominentních vězňů jako Schuschnigg a baron Rothschild. Ačkoli oficiálně Britové uváděli, že „nebyly předloženy žádné podrobnosti k údajným důkazům proti kapitánu Kendrickovi",[100] a objevil se názor, že byl zadržen kvůli drobnému podvodu s pasem, The Times brzy odhalily, že se pohyboval „po území, kde se měly odehrávat německé manévry, nebo v jeho blízkosti".[101]

Kapitánovo zatčení a následné vyčerpávající vyslýchání Gestapem způsobilo ve velitelství SIS sídlícím na Broadway Buildings ve čtvrti Victoria zděšení. Admirál sir Hugh Sinclair byl přinucen požádat Hendersona, aby osobně intervenoval v Berlíně, a teprve když velvyslanec jednal s Weizsäckerem, byl Kendrick v neděli 21. srpna propuštěn. Avšak v předzvěsti současných špionážních skandálů se Němci rozhodli, že Brity pořádně potrápí. „VYHOŠTĚN Z NĚMECKA JAKO ŠPIÓN" prohlašovaly The Times a potvrzovaly, že obvinění vznesená proti Kendrickovi byla „špionážního charakteru" a Němci tvrdili, že se ke všemu přiznal. Po propuštění měl čas sotva na to, aby zametl stopy ve svém vídeňském bytě, a nato následovalo vyhoštění do Maďarska, odkud přiletěl do Londýna. „Zdrženlivost, s níž jednala německá vláda," znělo spokojeně německým tiskem, „když pouze žádala, aby kapitán Kendrick opustil zemi, dokládá její touhu udržovat s Británií dobré styky".[102]

Význam Kendrickova zatčení spočíval v tom, že ve Vídni pracoval více než dvanáct let a jeho dvojrole pracovníka pasové kontroly a příslušníka SIS musela být německým představitelům již dlouhou dobu známa. Proč tedy se zatčením a deportací čekali tak dlouho, když tak mohli učinit ihned po anšlusu? Buď jejich akce mohla naznačovat nové „rozhodnutí odhalovat aktivity SIS," nebo, což bylo ještě horší, potřebu „zabránit [Kendrickovi] sbírat informace k operaci ‚Grün'".[103] Ať už bylo důvodem cokoli, podle jednoho historika MI6 představovalo zatčení „pro všechny zúčastněné politováníhodnou událost" a mělo mít vážné „dopady po celé Evropě". Zbývající vídeňští pracovníci SIS byli odvoláni do Londýna a stejně tak jejich kolegové z Berlína a Prahy, následovaní jejich veliteli majorem Frankem Foleym a majorem Gibsonem. Opatření mělo vážné, byť krátkodobé důsledky na sběr zpravodajských informací v klíčovém okamžiku a v hlavních městech, která se záhy ukázala pro nadcházející události nejvýznamnější v Evropě. Sinclair nabyl „zkušenosti, která nutila k zamyšlení", a obdržel „varování před událostmi, jež mají přijít".[104]

27. srpna sir John Simon, ministr financí a bývalý kapitán Královského a klasického golfového klubu přerušil své prázdniny ve městě North Berwick, které trávil hraním golfu. Chamberlain využil původně neformálního setkání s voliči unionistického sdružení, které v Lanarku pořádal lord Dunglass, jako vhodného způsobu, jak připomenout zahraniční politiku vlády. Třebaže Simon dostal od Dunglasse pozvánku před několika měsíci, v okamžiku byla narychlo zamluvena dostihová dráha, a ačkoli byl kvůli trvajícímu dešti zrušen kriketový zápas mezi Dunglassovou jedenáctkou a týmem Lanarku, dva tisíce lidí statečně vzdorovalo skotskému počasí, aby si mohli poslechnout Simonovu řeč.

> Naprosto odmítám výhled, který svádí k tomu, považovat válku za nevyhnutelnou, jako by některé státy musely být našimi nepřáteli. Konflikt vzniká stejným způsobem jako požár za silného větru. Na počátku může jít jen o lokální záležitost, ale kdo dokáže předpovědět, kam až se rozšíří, nebo kolik toho sežehne popelem, anebo kdo všechno se zapojí, aby ho uhasil?[105]

Den předtím vysoce postavený pracovník na ministerstvu zahraničí informoval králova soukromého tajemníka, že Simon „se nechystá pronést nic převratného",[106] řeč byla v zásadě zopakováním Chamber-lainova prohlášení z Dolní sněmovny, učiněného 24. března: „Užije-li Hitler proti Československu síly, nemusí se mu podařit zabránit rozší-ření propuknuvší války a i my se do ní můžeme zapojit".[107] Byť projev neuspokojil ani příznivce appeasementu ani ty, kdo se vyslovovali pro rozhodnější vystupování proti Hitlerovi, relativně kladného přijetí se mu dostalo v britském tisku s odůvodněním, že „kromě Berlína byl téměř všude přijat s uspokojením".[108] Právě Berlín byl však jediným místem, kam mělo smysl výzvu adresovat. „Přesvědčit Ribbentropa," řekl Weizsäcker Hendersonovi, „že by Anglie za určitých podmínek něco podnikla, bylo zhola nemožné."[109] Německý tisk na Simonovu řeč reagoval „nespokojeně a zlostně" a interpretoval ji jako „povzbu-zování Prahy, aby setrvávala v politice ,otálení' a ,neústupnosti'". [110] Když se ze všech stran na stole ministerského předsedy začaly hromadit navzájem se potvrzující zprávy od SIS, Vansittarta, Kleista a Mason-MacFarlana, Chamberlainovi konečně došlo, jak je situace vážná, a prohlásil, že je „dostatečně informován na to, aby se přiklonil k nutnosti učinit varovné gesto", a to před Hitlerovou řečí, kterou má na stranickém sjezdu v Norimberku přednést 12. září.[111]

„Gesto" spočívalo v povolání Hendersona nazpět do Londýna, aby se mohl účastnit mimořádných rozhovorů ve Whitehallu, a v „přijetí takových opatření, aby se o rozhovorech všichni dozvěděli". Hen-derson tedy po Berlíně nechal vejít ve známost, že „ho stahují, pro-tože je nutno konzultovat vážnou situaci, která vyvstala v souvislosti s Českem".[112] Avšak Chamberlain měl ještě jeden tajný motiv. Po příjezdu do Londýna v pondělí 29. srpna byl Henderson předvolán rovnou na Downing Street, kde se ocitl v přítomnosti ministerského předsedy a sira Horace Wilsona, hlavního poradce Chamberlaina. Jak se Chamberlain svěřil sestře, už nějaký čas si „lámal hlavu a snažil se vymyslet, jak by šla katastrofa, kdyby to záleželo i na nás, odvrátit". Věřil, že pro tentokrát přišel s odpovědí, která je „natolik neobvyklá a troufalá, že Halifaxovi vyrazila dech",[113] a chtěl si ji otestovat také na Hendersonovi. Wilson později vzpomínal, že „sir Nevile byl dost překvapen, jelikož vůbec nevěděl, proč jsme pro něj poslali",[114] ale záhy se vzpamatoval a potvrdil Chamberlainovi, že „myšlenka může zachránit situaci v jedenáctou hodinu".[115] Trvalo však ještě dva týdny, než byl plán ministerského předsedy odhalen zbytku světa.

8

Československo osamoceno

VÁLKA NEBUDE… Válka v Evropě nevypukne. Proč? Protože rozhodování o válce či míru leží na bedrech jednoho muže, a tím je německý führer. A ten si na sebe v současnosti zodpovědnost za válku nevezme.

Lord Beaverbrook, Daily Express, 1. září 1938

Válka trvá dlouho, bez ohledu na to, zda je to dva či osm roků.

Adolf Hitler Konradu Henleinovi, Berchtesgaden, 2. září 1938

Možná by stálo za to, aby československá vláda zvážila, zda je na místě vylučovat projekt, který si v některých kruzích získal podporu, na vytvoření více homogenního československého státu odstoupením okrajového území s cizí populací, která sousedí s národem, s nímž je spojena rasově.

The Times, 7. září 1938

27. srpna napsal čerstvě jmenovaný tajemník vlády Edward Bridges soukromému tajemníkovi krále, siru Alecu Hardingeovi, který s králem pobýval na zámku Balmoral.

> Ministerský předseda se rozhodl svolat zasedání ministrů, kteří budou snadno zastižitelní, … cílem prodiskutovat poslední vývoj mezinárodní situace, zejména co se týče Československa. Ministerský předseda klade důraz na to, aby se toto setkání nenazývalo – v žádném případě veřejně – zasedáním kabinetu, a nařídil podniknout kroky, aby se o jeho konání nic nevědělo předem.[1]

Předchozího dne obdržel každý člen kabinetu podobně konspirační dopis, který svolával na úterý 30. srpna schůzi a upozorňoval příjemce, „aby se vyhnuli panikářským spekulacím v tisku" a „byli natolik rozumní, že se vyvarují zveřejňování [svých] aktivit".[2] Opatření ministerského předsedy byla bohužel málo platná. Již před 29. srpnem se *The Times* cítily povolány k tomu, aby hlásaly, že Hendersonův nouzový příjezd do Londýna ilustruje „obecnější pochyby, které vyvolává způsob, jakým Německo podporuje sudetské požadavky".[3] Většině ministrů se podařilo natolik upravit prázdninové plány, že se mohli zasedání zúčastnit. Duff Cooper, který se oddával plavbě Baltem na admirálské jachtě *Enchantress*, se daného dne brzo ráno vrátil zpět do přístavu Tilbury. Lord Hailsham se plavil do Jižní Ameriky a lord Stanley ze služebních důvodů pobýval v Kanadě.[4] Pouze Leslie Burgin, ministr dopravy, odmítl vyhovět a podle plánu odcestoval do Švýcarska. Osmnáct ministrů, kteří se mohli zúčastnit, se dle požadavku sešlo v 11 hodin na Downing Street a titulky ranních novin prozrazovaly, že Chamberlainovy snahy vystříhat se poplašných zpráv, neřkuli uskutečnit vše v tajnosti, naprosto selhaly. „Dnes se setkají ministři", potvrzoval *Daily Mail*.[5] Chamberlain se na úvod omluvil, že kolegům přerušuje prázdniny, a podtrhl, že „situace je natolik závažná, že by členové kabinetu měli vědět, jak se věci mají". Nato se na celou hodinu ujal slova Halifax a provedl *tour d'horizon* nastalou situací. Nejprve vysvětloval, že Runcimanovu misi „chladně přijalo německé ministerstvo zahraničních věcí".[6] Poté poukázal na to, že dle zpráv „jsou přípravy německé armády v plném proudu". Vojenské manévry „nabírají vysokých obrátek, ve velkém se nakupují komodity, na zvláštní účely se vyhrazují dělnické síly a všechny dovolené v armádě byly pozastaveny".[7] Nadto nedávno navštívil Berlín velitel francouzského letectva, generál Vuillemin, kterého „polní maršál Göring, v negativním smyslu, hluboce ohromil".

Existují, pokračoval Halifax, dva možné scénáře. Podle prvního je Hitler „navzdory hlasům armády a umírněných členů strany" odhodlán k válce, protože zřejmě skutečně věří, že je to nejlepší řešení, nebo „si přeje zbavit se pachuti, kterou zanechaly události z 21. května", anebo prostě „z domácích důvodů potřebuje dosáhnout velkolepého úspěchu". Je-li tomu skutečně tak, upozorňoval Halifax, „jedním prostředkem, který by ho skutečně mohl zastrašit, je prohlášení, že pakliže Německo zaútočí na Československo, vyhlásíme mu válku". Osobně se domníval, že taková výhrůžka by veřejnost rozdělila, a nemohl garantovat, že lidé vládní závazky podpoří. K tomu je nutno uvést, že pokud „toto zastrašování selže", obsazení Československa nic nezabrání a je nepravděpodobné, že by země mohla být obnovena ve své současné podobě. Domníval se, že nemá „moc smysl bojovat kvůli něčemu, co stejně nelze zaručit". Je tedy „ospravedlnitelné", tázal se kolegů, „jít teď do jisté války s cílem předejít možné válce později"? Stručně řečeno nevidí jinou alternativu než se držet dosavadní politiky „udržovat Hitlera v nejistotě" a poskytovat co nejvyšší podporu lordu Runcimanovi.

Chamberlain pochválil Halifaxovo prohlášení jako „vyčerpávající a mistrovské" a podpořil jeho závěr. „Žádný stát a zcela jistě žádný demokratický stát," poučil kabinet, „by neměl vyhrožovat válkou, jestliže na ni není připraven, a stejně tak není-li ochoten ji vypovědět. To je spolehlivá zásada."[8] Tento názor obratem podpořil Nevile Henderson, který se v rozporu s tradicí, byť nebyla porušena poprvé, setkání rovněž účastnil. Na základě svých zkušeností z Berlína zastával názor, že neexistuje žádný důkaz, že už se Hitler rozhodl pro použití síly. Na ministra vnitra, sira Samuele Hoara, Henderson nijak valný dojem neudělal. Přestože byl velvyslanec „myšlence předejít válce" evidentně „oddán stejně hluboce jako Chamberlain", oproti ministerskému předsedovi se „řídil svými nervy" a vypadal „přepracovaně". Vlastně „argumentoval natolik horlivě, aby se válce předešlo, že se, nepochybně nevědomky, docela nepokrytě stavěl proti každému, kdo stál v cestě míru". Má-li být zachován mezinárodní mír, sdělil Henderson přítomným, potom státy, jako je Rakousko a Československo, „musí přijmout faktické absorbování do Říše".[9]

Jediný Duff Cooper narušil konsenzus přítomných.

> Obrovské riziko spočívá v tom, že si Hitler může myslet, že uspěje s bleskovým útokem a získá Sudety předtím, než Francie či Británie stihne zareagovat. Poté zastaví pochod – vysloví se pro mír a nabídne dobré podmínky Čechům. Pokud se mu taková politika vydaří, z hlediska budoucnosti to bude mít pro Evropu katastrofální dopady. Všechny menší státy se poté vzdají jakýchkoli nadějí a budou se snažit o co nejlepší vztahy s Německem. Anglie bude ponížena a vláda těžce postižena.[10]

Když jako ministr námořnictva Cooper navrhl částečnou mobilizaci loďstva, Chamberlain to odmítl, že to je „jako píchat špendlíkem", a připomněl, že „je stěžejní nezjitřit proti nám v Berlíně náladu".[11] Uplynuly dvě a tři čtvrtě hodiny a nedosáhlo se téměř ničeho. Žádná změna politiky, žádná nová diplomatická iniciativa a žádné varování adresované do Berlína. Vlastně nepadlo ani rozhodnutí, jak by měla Británie zareagovat, napadne-li Německo Československo. Chamberlain však získal přesně to, co chtěl: kolektivní podporu kabinetu a krytí své politiky vyhnout se válce za každou cenu.

Odpoledne navštívil Chamberlaina na Downing Street americký velvyslanec Joseph Kennedy. Jestli se do toho Hitler pustí a zaútočí na Československo, „rozpoutá se peklo", řekl Kennedy ministerskému předsedovi, ale ujistil ho, že Roosevelt se odhodlal, že „do toho s Chamberlainem půjde", ať bude jeho rozhodnutí jakékoli.[12] Poté Chamberlain absolvoval lékařskou prohlídku, načež se vydal do Balmoralu, kde měl nějaký čas pobýt s králem. Halifaxovi zanechal krátkou, rukou psanou poznámku, kde opět zdůrazňoval, že je nutné význam ranního setkání ministrů v případném tiskovém prohlášení co nejvíce zlehčit. „Už tak na burze vládne hluboká deprese a nervozita," napsal, „a Kennedy, který mě zrovna navštívil, vyjádřil obavy, že se USA kvůli tomu, jak bude [tisk] setkání ministrů interpretovat, dostanou do ‚ekonomické spirály'." Zvláště naléhal, že „se nemá přehnaně vyostřovat atmosféra anebo živit představa, kterou dnes ráno přinesl ‚Mail' a ‚Express', a sice, že Henderson Hitlerovi poveze zprávu (výhrůžku či varování) od kabinetu".[13]

Nebylo tedy překvapením, že vydané komuniké bylo naprosto nic neříkající.

Ministr zahraničí podal podrobnou zprávu o mezinárodní situaci a na závěr setkání ministři vyjádřili naprostý souhlas s dosavadní politikou a kroky, které budou následovat.[14]

Zasedání se už nemělo opakovat, i když ministři dostali instrukci, aby zůstali co nejblíže Londýnu. Chamberlain však zamířil do Skotska a Henderson odletěl zpátky do Berlína. *Daily Express*, který vyšel následujícího dne, snahy Foreign Office minimalizovat význam schůze, ignoroval. Pod palcovým titulkem „VÁLKA NEBUDE" stál Beaverbrookem podepsaný úvodník.

Válka v Evropě nevypukne. Proč? Protože rozhodování o válce či míru leží na bedrech jednoho muže, a tím je německý führer. A ten si na sebe v současnosti zodpovědnost za válku nevezme. Za svoji kariéru Hitler prokázal, že je výjimečně prohnaným mužem.

Stejný pohled podpořil i Joseph Kennedy, který po setkání s Chamberlainem čtenáře *New York Herald Tribune* sebejistě informoval, že rok „1938 PROBĚHNE BEZ VÁLKY".[15]

Premiérův pobyt na Balmoralu probíhal bez podpory manželky Annie, jež zůstala v Londýně, a byl neradostný. Depresi, která na něj padla kvůli evropským událostem, prohlubovalo mizerné počasí a ani jeho oblíbené kratochvíle, střílení a rybaření, nedokázaly zvrátit pocit beznaděje. „Krize na nás nepochybně dolehla," lamentoval nad jednáním na Downing Street. „Není to strašlivá představa," pokračoval, „že osudy stovek milionů spočívají na jednom muži, který je napůl šílený?"[16] V králově přítomnosti vystupoval naprosto sebevědomě, ale manželce se svěřoval, že „to nade mnou visí jako noční můra a často si říkám, kéž bych byl na Downing Street". Na „rybaření neměl chuť", a když navzdory počasí uspořádali víkendovou oslavu, uvítalo je krupobití. „Nejde mi střílení," svěřoval se Annie, „a na lovu jsem neměl štěstí, protože se mi na ránu dostalo méně tetřívků než komukoli jinému."[17] Přesto se navzdory všeprostupující sklíčenosti neubránil sebepotvrzujícímu vyjádření o své kondici. „Na Balmoralu jsem vyvolal senzaci," chlubil se sestře, „když jsem po dlouhé procházce, která řadu jiných úplně znavila, nedal najevo únavu ani bolest."[18]

Halifax zůstal v Londýně, kde zastupoval nepřítomného Chamberlaina, a pustil se do příprav proslovu, který chtěl přednést, než začne sjezd nacistické strany v Norimberku. Bude končit, svěřoval se s optimismem Hendersonovi, varováním, že „Evropa si nenechá narušit mír ani nerozumnými Čechy ani hrabivými Němci".[19] Henderson však odmítl podpořit jakékoli prohlášení, které by mohlo Hitlera popudit. Té noci, co se vrátil do Berlína, povečeřel na britském velvyslanectví s Weizsäckerem a v průběhu jejich rozhovoru se zvláštním způsobem role obou mužů prohodily. Byl to umírněný Weizsäcker, kdo se duchaplně vyslovil pro opatrnost, když litoval, že „se válce v roce 1914 mohlo předejít, kdyby ve správný čas Velká Británie náležitě promluvila". Na britského velvyslance zbylo, aby namítal, že by bylo „nežádoucí" mluvit takovým tónem, který může „zranit prestiž pana Hitlera a vzbudit jeho zášť".[20]

Na ministerstvu zahraničí se mezitím debata stočila k otázce, nakolik je moudré Hitlera formálně varovat. Z Německa nadále proudily zpravodajské poznatky, že válka je za dveřmi. Poslední report pocházel od profesora Philipa Conwell-Evanse, přítele Malcolma Christieho, který působil na univerzitě v Královci. Byl klíčovou postavou Anglo-

-německé společnosti, která se zabývala zlepšováním vztahů mezi oběma státy, dlouho patřil mezi obhájce nacistického režimu a bylo o něm známo, že je příznivcem ústupků Německu. Nedávno se vrátil z Berlína, kde se setkal s Ribbentropem a dalšími vysoce postavenými osobnostmi; v Londýně pak informoval Halifaxe, Vansittarta a Wilsona. Navzdory svým sympatiím k Německu byl nyní pevně přesvědčen, že se Hitler rozhodl napadnout Československo a „přičlenit Čechy a část Moravy" – tedy české i sudetoněmecké oblasti. Hitler připomínky generálů zamítl a ujišťoval je, „že Francie a Velká Británie zůstanou neutrální", a vojenská akce měla odstartovat „někdy mezi koncem září a 15. říjnem". Jedině oficiální varování, „nějaké neústupné prohlášení", ho nyní mohlo zastavit.[21]

V pátek 2. září byl konečně z golfové dovolené v Le Touquet odvolán Cadogan a celý víkend pročítal zprávy a doháněl, co mu uteklo. „Tajné zprávy toho obsahovaly dost na to," zděsil se, „aby vám hrůzou vstaly vlasy na hlavě". Když vše důkladně zvážil, taktéž se vyslovil pro zaslání důvěrné demarše Hitlerovi.[22] V neděli už byli klíčoví pracovníci Foreign Office zpět na svých místech. Dokonce i Halifaxe, jehož zvykem bylo „zavítat na ministerstvo zahraničí pokaždé v půli týdne", donutil „vývoj událostí ve střední Evropě... vrátit se dříve a zdržet se".[23] Pouze Chamberlain s návratem otálel, jelikož prázdniny kvůli své srpnové nemoci započal později. Na zámku Balmoralu situaci považovali za natolik závažnou, že král zařídil, aby mohl do Londýna v případě nezbytí odletět letadlem královské rodiny. Chamberlain nabídku odmítl „s odůvodněním, že doposud v letadle neletěl a za této situace nehodlal měnit svůj celoživotní zvyk".[24] *Evening Standard* ve své rubrice „Deník Londýňana" 5. září informoval, kde ministerský předseda pobývá, a hned na vedlejší stránce se nacházela nejnovější četba na pokračování – *Brighton Rock* [česky jako Brightonský špalek; pozn. překladatele] od Grahama Greena.

Ministerský předseda se dnes v Milldenu v oblasti Angus oddává střelbě s mužem, který patří k šesti nejlepším střelcům v Anglii, kapitánem Ivanem Cobboldem. Kapitán Cobbold patří k bohaté ipswichské pivovarnické rodině. Nemusí se zabývat všedními starostmi, což mu dovoluje během sezóny vystřílet na tetřevy ve Skotsku a na koroptve a bažanty na jeho panství v jižní Anglii kolem 40 000 nábojů.

Čtenáři se taktéž dozvěděli pikantní zprávu z vyšší společnosti, že Cobboldova manželka, paní Blanche, sestra vévody z Devonshire, byla „jednou z několika anglických muslimek a slavných cestovatelek po Blízkém východě".[25]

V Chamberlainově nepřítomnosti přešla většina z jeho pravomocí na sira Horace Wilsona, muže, který byl jeho nejdůvěrnějším spojencem a důvěrníkem. Profesí byl státní úředník, který si vysloužil pověst jako dokonalý arbitr pracovních sporů. Nejprve působil ve funkci podtajemníka na ministerstvu práce (sehrál klíčovou roli při urovnávání všeobecné stávky v roce 1926) a počínaje rokem 1930 se stal hlavním vládním poradcem pro pracovní vztahy, což byla funkce, která vznikla speciálně pro něj. V roce 1935 ho tehdejší ministerský předseda Stanley Baldwin přesunul na ministerstvo financí (také hrál důležitou roli v abdikační krizi), kde se brzy důvěrně seznámil s Chamberlainem, v té době ministrem financí; oba muži „při práci lpěli na pečlivosti, efektivitě a upřímnosti". Když se Chamberlain stal ministerským předsedou, k překvapení ostatních si s sebou na Downing Street 10 vzal Wilsona. Wilson se vypracoval vlastními silami, nebyl absolventem žádné zvučné střední školy, ani neměl konexe z Oxfordu a svoji funkci zastával „čistě z důvodu, že jeho schopnosti... byly pozoruhodné".[26] Hoare ho popsal jako „po všech stránkách ortodoxního, svědomitého a zdatného státního úředníka..., prostě správního úředníka s mimořádnou reputací ve Whitehallu".[27]

Podle lorda Wooltona, s nímž byli blízcí přátelé, byl Wilson už před rokem 1938 „nadán ohromnou mocí – ve skutečnosti taková moc nenáležela žádnému členovi kabinetu".[28] Výsledkem bylo, že se stal „ve své době státním úředníkem, který se na fotografiích objevoval nejčastěji a o němž se nejvíce psalo". Jeho kancelář sousedila se zasedací místností kabinetu a on sám odpovídal pouze Chamberlainovi, jemuž zajišťoval „alternativní zdroj názorů a informací".[29] Chamberlain Wilsonovi bezmezně důvěřoval a „mezi oběma muži" vznikla „silná intelektuální a osobní náklonnost".[30] Oba nesnášeli, že Foreign Office vystupuje nadřazeně a neumožňuje žádnou diskuzi (podle Wilsona tam pracovalo „přespříliš diletantů"); tento pocit nedůvěry byl ovšem vzájemný. Vzhledem k pocitu exkluzivity, který panoval na ministerstvu zahraničí, tam Wilsona považovali za éminence grise [šedou eminenci; pozn. překladatele]; jeho původ se stal zdrojem pohrdání (sir Orme Sargent mu dal přezdívku „plíživý Ježíš") a nedostatečné vzdělání v oblasti mezinárodních vztahů považovali tamější pracovníci za katastrofální. Dokonce i Clement Attlee jeho schopnosti charakterizoval jako „nikoli národní, nýbrž hodné Střední Anglie".[31] Wilson se však stal pro premiéra nepostradatelným, protože byl stejně jako on nadšený příznivec zlepšování anglo-německých vztahů a usmiřování diktátorů.[32]

5. září Wilsona na Downing Street navštívil Theodor Kordt, velvyslanecký rada německého velvyslanectví. Kordt jednal na základě instrukcí svého bratra, Ericha Kordta, který sloužil pod Ribbentropem, dokud jako velvyslanec působil v Londýně, a poté se s ním vrátil do Berlína, kde měl pracovat na ministerstvu zahraničí. Erich Kordt byl blízkým přítelem Weizsäckera, a tak to byl on, kdo přesvědčil Ribbentropa, aby do funkce státního tajemníka navrhl Weizsäckera. Když se Ribbentrop vyptával, proč by pozici měl obsadit právě Weizsäcker, Kordt odvětil, že jakožto bývalý důstojník námořnictva a zkušený diplomat „bude vědět, co znamená poslušnost", což byla vlastnost, kvůli které si rychle získal přízeň Ribbentropa. Ještě před rokem 1938 se „kolem Ericha Kordta počalo formovat jádro opozice" a poté, co byl státním tajemníkem jmenován Weizsäcker, se „stal jejím sponzorem a nakonec i hlavou" právě on.[33]

Theo Kordt sdělil Wilsonovi, že „před loajalitou upřednostňuje svědomí" a že přišel britskou vládu varovat, že se Hitler odhodlal „vyrazit" 19. či 20. září. Ačkoli dnes víme, že tato informace byla mylná, Wilsonovi přišla natolik závažná, že začal zařizovat Chamberlainův návrat z prázdnin ve Skotsku, a Halifax kvůli ní zrušil plánovanou cestu na jednání Společnosti národů.[34] Nazítří Kordt opět zavítal na Downing Street, kam se tajně protáhl zahradní brankou. Tentokrát na něj čekal s Wilsonem i Halifax. Kordt zopakoval svá slova z předchozího dne a zpřesnil informace o načasování útoku. Pověděl ministru zahraničí, že mobilizace má započít 16. září a k napadení Československa by nemělo dojít později než 1. října. Navrhoval, ať je německý národ varován rozhlasem, což se Halifaxovi příliš nezamlouvalo. Na německém ministerstvu zahraničí existuje, ujišťoval je velvyslanecký rada, nemalá opozice proti Hitlerovým plánům a stejně tak je tomu mezi předními generály. „Jediné, čeho je nyní od Británie a Francie potřeba, je zaujmout pevný postoj a neustoupit před Hitlerovým připravovaným výpadem" v Norimberku.[35]

Kordtova výstraha naprosto souzněla s dalšími zprávami, které přicházely na ministerstvo zahraničí, stejně tak i jeho shakespearovský návrh, že politická i vojenská opozice proti Hitlerovi je ochotna „se

230

vzepřít moři trápení a skoncovat to navždy".[36] Narozdíl od Kleista však Kordt nebyl nějakým neznámým poslíčkem z Německa, nýbrž oficiálně akreditovaným *chargé d'affaires* na německém velvyslanectví a významnou postavou v diplomatických kruzích. Při zpětném pohledu působí velice zvláštně, že nedošlo k žádné akci ani konzultaci, když vezmeme v potaz, nakolik se jeho návrh vymykal tehdejší britské politice. Když toho večera z Prahy dorazila zpráva, že jednání ztroskotala a že němečtí vojáci už možná pochodují, Cadogan opět prosazoval, aby se Hitlerovi zaslala přiměřená výstraha. Nicméně BBC Wilsona ujistila, že zprávy nejsou pravdivé, a už následujícího rána vše nasvědčovalo tomu, že nebezpečí pominulo.

Chamberlain dorazil do Londýna brzy 8. září a na jedenáctou hodinu svolal v Downing Street zasedání, jehož se účastnili Wilson, Halifax, Cadogan a Simon. „M. P. není varovné zprávě příliš nakloněn," zapsal si Cadogan. „Myslí si, že by měl jet on sám. Souhlasím."[37] Halifax, který se schůzky, kde Chamberlain poprvé o možnosti navštívit Hitlera s Wilsonem a Hendersonem diskutoval, neúčastnil, vypadal překvapeně a zastával názor, že takového setkání by se měl zúčastnit i Vansittart. S výjimkou sira Samuela Hoara, který Chamberlaina zastupoval na Balmoralu, toto setkání předznamenalo vytvoření takzvaného „užšího kabinetu", který se měl v nadcházejících týdnech pravidelně scházet. Vansittart rychle zavdal příčinu k hádce, když vehementně argumentoval proti myšlence, aby se Chamberlain vydal za Hitlerem. „Použil slovo Canossa," vzpomínal Cadogan, zato ministerský předseda se posadil, „lokty opřel o stůl a s hlavou v dlaních neřekl ani slovo".[38]

■■■

Runcimanovu rostoucímu nátlaku na českou vládu, aby vyhověla sudetoněmeckým požadavkům, šla ruku v ruce stupňující se aktivita diplomatů, která v posledních srpnových dnech nabyla zběsilých rozměrů. Beneš začal pod britským tlakem pomalu, ale jistě ustupovat a SdP předložil několik návrhů, načež se její vyjednávací tým obracel pro radu do Berlína. Při jedné příležitosti si německý chargé d'affaires v Praze vybral zvláště vhodný čas, jednu hodinu v noci, a nechal vzbudit Ribbentropa, aby mu pomohl vyřešit jisté dilema. Těžko překvapí, že ministr zahraničí zuřil. Henlein „už přece obdržel jasné instrukce…, a musí se se svými lidmi postavit na vlastní nohy". Pokyny byly jasné –

„stále jednat a nedopustit přerušení kontaktů [a] pokaždé požadovat více, než je pro druhou stranu přijatelné".[39]

24. srpna předložil Beneš vyjednavačům SdP Kundtovi a Sebekowskému další návrh. Tak zvaný „třetí plán" představoval ve srovnání s předchozími návrhy podstatný pokrok a nově nabízel výrazné ústupky v jazykových otázkách, kvótách pro německé úředníky a v podpoře chudých oblastí. Nejdalekosáhlejší byl návrh na rozdělení Čech a Moravy do autonomních žup (*Gaue*), přičemž ve třech by Němci měli většinu, takže by nacisté získali kontrolu alespoň nad částí Československa. Sobotu 27. srpna měl Runciman strávit na zámku v Teplicích, který patřil knížeti Clary-Aldringenovi, dalšímu českému šlechtici, který podporoval sudetoněmeckou věc. Před odjezdem Runciman zavítal za Benešem a „tlumočil mu upozornění... o nezbytnosti jít až po samu mez a za ni při vyplňování přání Sudeťanů".[40] Ashton-Gwatkin, který se odpoledne vrátil z Londýna, se večer odpojil od Runcimana a zamířil na nedaleký zámek prince Hohenloheho – Červený Hrádek. Zde následujícího dne opět proběhly rozhovory s Henleinem a jeho zástupcem, Karlem Hermannem Frankem.

Frank rozhovor započal naprosto smyšlenou zprávou, že nedávno navštívil v Berlíně Hitlera. Přesvědčoval Ashton-Gwatkina, že führer „by přivítal mírové řešení sudetské otázky, pokud by k němu došlo rychle", a také Henleinovu návštěvu za předpokladu, že s sebou přiveze „jasné prohlášení", co britská vláda navrhuje. Hitler zvláště zdůrazňoval, že by měl Runciman oficiálně české vládě doporučit, ať „za základ řešení sudetské otázky přijme osm bodů z karlovarského projevu pana Henleina".[41] Ve skutečnosti na Frankových slovech nebylo ani zrnko pravdy. Krátce před odjezdem se svěřil důstojníkovi Abwehru, Helmuthovi Groscurthovi, jaký byl opravdový průběh setkání s Hitlerem. „Führer," zapsal si Groscurth, „se rozhodl pro válku. Vydal rozkazy, aby v Československu došlo k zaranžování incidentů a k výpadům proti Benešovi. Chce ho živého a vlastníma rukama ho pověsit."[42]

Hitlerovy pokyny, ať dojde k zahájení provokativních incidentů, představovaly další krok směrem k invazi a definitivnímu spuštění Fall Grün. Všechny provokace měly neúprosně směřovat k poslednímu incidentu, který poskytne záminku nezbytnou k vojenské intervenci. Vybraní příslušníci SA, kteří prokázali zkušenost s organizací takových událostí, tajně přecházeli hranice. Naopak sudetoněmečtí radikálové proudili opačným směrem a v blízkosti českých hranic vytvářeli zvláštní jednotky. V Sudetech začaly častěji vypukat potyčky mezi Čechy a Němci a podvržené zprávy o útocích Čechů na německé vesnice plnily stránky německého tisku. Česká policie odhalila, že v oblasti stále větší měrou dochází k volné manipulaci s výbušninami a stejně tak roste počet osob zadržených za pašování zbraní. 30. srpna se Beneš sešel s Kundtem a Sebekowskym a předal jim memorandum obsahující návrhy „třetího plánu". Ujistil je, že to vlastně znamená přijetí Henleinových osmi karlovarských požadavků, což potvrdil i Frank, který byl nucen přiznat, že návrhy jsou „poměrně dalekosáhlé" a „nemohou být odmítnuty pouhým mávnutím ruky".[43] Nazítří však Kundt změnil názor a Runcimanovi si stěžoval, že memorandum stále nejde dostatečně daleko. Pozoruhodné bylo, že ho v tom utvrzoval takzvaný „zprostředkovatel", jehož role se stále více blížila funkci arbitra, tedy přesně tomu, k čemuž dle Chamberlainova ujištění nemělo dojít. V tomto smyslu byl zvláště příznačný Runcimanův dopis adresovaný Halifaxovi, kde popisuje nejnovější Benešův plán jako hořké zklamání „plné zadních dvířek a různých výhrad – něco takového nelze zveřejnit". Československo, bědoval, je „zpropadeným státem", kde se „každý den objevují další symptomy špatné vlády a H. [Hitler; pozn překladatele] kdykoli snadno najde záminku pro překročení hranic za účelem udržování pořádku". S vědomím, že Chamberlain si na skotských panstvích užívá lovu a rybaření, si Runciman postěžoval, že si dosud „nemohl vzít volno a trochu si zastřílet na nádherné místní koroptve".[44]

Ashton-Gwatkin toho dne přijel do Mariánských Lázní a naléhal na Henleina, aby Hitlera osobně informoval o poslední nabídce Čechů. Při jedné z nejkurióznějších epizod dějin diplomacie ve 20. století předložil britský úředník z Foreign Office Henleinovi, vůdci iredentistického hnutí v zemi, která byla spojencem Británie, jménem britské vlády dvě zprávy, jež měl tlumočit Hitlerovi. Aby to nebylo málo, byly obě v rozporu se zavedenými diplomatickými pravidly nejprve přeloženy do němčiny. První hledala u Hitlera podporu Runcimanových snah, které vyvíjel jako zprostředkovatel, a druhá se týkala obecnější otázky anglo-německých vztahů. Runciman tento přístup obhajoval s odůvodněním, že Henleinův „postoj může ovlivnit Hitlera",[45] a Henlein s cestou souhlasil pod podmínkou, že vejde ve známost, že ji podnikl pouze na žádost britské vlády. Nechce, řekl Ashton-Gwatkinovi bez sebemenší známky ironie, „aby byl obviněn, že dostává příkazy od Hitlera".[46]

1. září navzdory silnému nachlazení Henlein odjel do Berchtesgadenu a Runcimanovi se předtím zaručil, že „usiluje, aby jeho hnutí

nebylo spojováno s říšskými nacisty".[47] Henlein strávil na Berghofu dva dny po boku Hitlera, Göringa a Goebbelse. Hitler z Případu zelená nic neprozradil, ale nenechal Henleina na pochybách, že se již pevně rozhodli pro válku, ačkoli SdP musí vytrvat u jednání, aby nevznikl dojem, že je za dveřmi nějaká krize. Co se týče načasování, může jedině přislíbit, že „vyřízení [Erledigung]" bude hotovo během září. „Válka trvá dlouho," pronesl Hitler, když Henlein odcházel – „bez ohledu na to, zda je to dva či osm roků."[48] Henlein se vrátil do Československa v pátek 2. září přesvědčen, že se Hitler rozhodl pro vojenské řešení. „Všude lze slyšet řeči o válce," zapsal si Goebbels. „Téma číslo jedna: válka a Praha."[49] The Times uvedly, že v Berlíně se u veřejných budov, Reichstag nevyjímaje, objevila protiletadlová obrana.

V Praze se mezitím dále stupňoval tlak na Beneše. Po mimořádném zasedání ministrů proběhlém 30. srpna Halifax ve zprávě britskému velvyslanci Newtonovi zdůrazňoval, že všechny dostupné zpravodajské poznatky nasvědčují, že se Hitler „odhodlal k radikální akci" na Norimberském sjezdu, který se uskuteční následující týden, nebo záhy po něm. Věřil, že „dosáhne diplomatického uznání", když sudetský problém vyřeší „tento podzim – i silou, bude-li to nezbytné". Bylo tudíž nutné „tato nemilá, nicméně neodvratná fakta" jasně vyložit prezidentu Benešovi, který je podezírán, a musí se tohoto nařčení zbavit, že „pouze manévruje a natahuje jednání, aniž by se podstatnými a naléhavými otázkami skutečně zabýval." Jediným způsobem, jak toho dosáhnout, bylo nabídnout nezbytné ústupky, a to „okamžitě, veřejně a bez jakýchkoli výhrad".[50] Stojí-li Beneš před výběrem mezi „přijetím karlovarského programu či válkou", poukazoval Runciman, „neměl by si dělat žádné iluze, jaké že by bylo rozhodnutí Britů".[51] Newton byl ještě příkřejší. Pakliže dojde k boji, Československo se stane „dějištěm války a je pravděpodobné, že bez ohledu na polehčující okolnosti bude poraženo a po dlouhou dobu okupováno… pro Československo je klíčové přijmout velkou oběť, a bude-li to nutné, i značná rizika".[52]

Ashton-Gwatkin hodnotil Beneše jako „inteligentního muže, zručného politika kompromisu a optimistu, který doufá, že zachránce nalezne za příštím rohem".[53] Maje na paměti varování Britů, prezident se rozhodl, že vytáhne poslední horký kaštan z ohně, a ráno 5. září pozval Kundta a Sebekowského na Hrad. Téměř bez pozdravu a jakýchkoli formalit předložil dvojici prázdný list papíru. „Prosím, napište veškeré požadavky vaší strany," prohlásil. „Předem vám slibuji, že budou okamžitě plněny." Oba muži byli „jako zkoprnělí". Kundt podezíravě zíral přes stůl a Sebekowsky bez jediného slova naštvaně seděl zmítán nedůvěřivostí. „No tak; myslím to vážně," řekl Beneš. „Pište!" V obavě, že se nechali Čechy vlákat do prohnané pasti, si rozmrzelí zástupci nepohodlně poposedli, ale odmítli cokoli závazného napsat na papír. Hitlerovy pokyny je na takovou nepředvídatelnou možnost nepřipravily – vypadalo to, že jejich taktiku stihla naprostá katastrofa. „Nu dobrá," pokračoval Beneš. „Jestli je nenapíšete vy, udělám to já. Řekněte, co si mám psát." Vzal si zpět papír, pomalu odšrouboval vršek plnicího pera a posadil se za stůl připraven psát.[54]

Když Kundt s Sebekowskym přestali diktovat, obsahoval dokument, který vešel ve známost jako „čtvrtý plán", téměř všechny požadavky, které kdy Henlein pronesl. Beneš list podepsal a předal ho zpět dvojici, načež absolvoval čtyřhodinové zasedání vlády, kde se mu nakonec podařilo získat souhlas ministrů s dokumentem. V soukromí však byl k možnosti, že návrh bude přijat, skeptický.

> Byl jsem si konečně vědom i toho, že jsem v tomto boji proti nacistickému totalismu a za zachránění československé demokracie podlehl přehnanému a nesprávnému nátlaku [britské a francouzské vlády; pozn. překladatele], … které nutí nás ke koncesím oděným v roucho národnostní spravedlnosti a majícím za vlastní cíl zničení naší síly státní a národní… Chtěl jsem přesvědčiti francouzskou a britskou vládu, že ani největší ústupky… nezadrží pangermanismus ani berlínský ani tzv. sudetský. A viděl jsem v tom jediný a poslední prostředek… přivést západní velmoci a celý ostatní svět na naši stranu pro případ ozbrojeného konfliktu mezi námi a Německem.[55]

Doprovodné tiskové komuniké zdůrazňovalo, že k ústupkům došlo „vzhledem k mimořádnému nátlaku ze strany zahraničních přátel", což vyvolalo „značnou nespokojenost a překvapení".[56]

Překvapení, které po kapitulaci před Henleinovými požadavky pocítili čeští vlastenci a také němečtí demokraté, paradoxně zavládlo také ve vedení SdP – tak dalekosáhlé ústupky okamžitě vyvolaly rozpaky a v Chebu bylo narychlo svoláno zasedání s cílem prodiskutovat nejnovější události.

„Panebože, oni nám dali všechno!" musel přiznat radikál Frank a navztekaný Henlein ihned vyrazil do Norimberku, kam byl pozván jako Hitlerův host. Také Frank s vidinou nových pokynů uprchl do Německa. Byť i tam na nějaký čas zavládlo překvapení a jeho nacističtí páni byli nějaký čas zmatení, rychle se vzpamatovali. Vysvětlili mu, že čas k rozhovorům vypršel a že dosavadní kampaň sporadické občanské neposlušnosti se má zintenzivnit a rozšířit po celých Sudetech. Byl to úkol, jehož se sudetští předáci hbitě a ochotně zhostili.

7. září zavítala skupina sudetoněmeckých poslanců v čele s Fritzem Köllnerem do Moravské Ostravy. Ačkoli bylo toto průmyslové město převážně české, žilo v něm kolem 20 000 Němců a státní orgány v nedávné době zintenzivnily boj s pašováním zbraní přes nedaleké německé hranice, což vedlo k řadě zatčení. Do daného dne se ve vazbě nalézalo 82 členů SdP a Köllner se svými kolegy demonstrativně navštívili místní policejní stanici, aby mohli vyšetřit, jak se nakládá s jejich uvězněnými kamarády. Zatímco pobývali v celách, před budovou se shromáždil dav asi dvou set mladých Němců, z nichž převážná většina byli narychlo svolaní středoškolští studenti, a začali skandovat. Obratem došlo k protidemonstraci Čechů a k nastolení pořádku musela být přivolána jízdní policie. Když poslanci zaslechli z venku povyk, někteří vyrazili ven zjistit, co se děje, a v následné rvačce byl jeden z nich, Franz May, udeřen policistou.

Němci tvrdili, že May hlasitě upozorňoval na svoji parlamentní imunitu, na což policista vykřikl, „to mě nezajímá," a zasáhl ho bičem. [57] Podle české verze se poslanec zapojil do rvačky a náhodou ho zasáhli policisté, kteří se snažili bojovníky oddělit. Policista *Daily Express* sdělil, že neměl ani tušení, že May je poslancem. „Nepoznal jsem ho. Cítil jsem povinnost zasáhnout, protože držel jednoho českého úředníka pod krkem."[58] Přestože nebyl nikdo zraněn, bylo jen šest krátkodobých zatčení a do půl hodiny bylo po všem, v SdP si rychle uvědomili, jaký má tento incident potenciál z hlediska propagandistického využití. *The Times* napsaly, že Köllner a May odeslali urgentní telegram českému premiérovi.

> Jízdní policie za pomoci bičů brutálně zasahuje proti klidným demonstrantům v Moravské Ostravě, kteří se shromáždili, aby přivítali členy parlamentu. Nám, členům parlamentu, navzdory tomu, že jsme se legitimovali, jízdní policie hrozila bičem, tloukla nás a natlačila nás na zeď. Důrazně proti této akci státní policie protestujeme a požadujeme, aby odpovědné osoby byly potrestány.[59]

Vedení SdP dokázalo incidentu hbitě využít jako výmluvy k odmítnutí „čtvrtého plánu" s odůvodněním, že „kroky státní policie v Moravské Ostravě jsou v přímém rozporu s návrhy vlády".[60] Ještě ten den se na místo údajného zločinu urychleně vydal pozorovatel z britské legace, aby vše prošetřil. Rychle došel k závěru:

(i) že takzvané „výtržnosti" záměrně zinscenovali sudetští představitelé, (ii) že poslanec nebyl „zbit" a nejspíše nebyl ani zasažen, (iii) že vlastně v okamžiku, kdy mělo k „bití" dojít, fyzicky napadl jednoho Čecha, a (iv) že pokud byl „zbit", „nedostal víc, než si zasloužil" za své činy.[61]

Ashton-Gwatkin tuto výmluvnou zprávu doplnil informací, že May je „známý rváč", kterého jeho druhové běžně titulují přezdívkou „Siegfried".[62] Ačkoli Runcimanovi sklíčeně sdělil, že si „myslí, že to znamená konec Runcimanovy mise", stejně zamířil za premiérem Hodžou a přesvědčoval ho, že by vláda se sudetskými požadavky na odškodnění a potrestání policisty měla souhlasit.[63] Toho večera dále za Hodžou zavítal Kundt a informoval ho, že žádné další jednání neproběhne, „dokud nebude vyřešen moravsko-ostravský incident",[64] zato Ashton-Gwatkin strávil večer v hotelu Alcron přesvědčováním Franka, aby nebránili obnovení rozhovorů.

Nešťastný policista byl propuštěn, místnímu řediteli policie bylo umožněno rezignovat a čtyři jeho podřízení byli dočasně zbaveni funkcí kvůli údajnému špatnému zacházení s vězni. SdP tak opět došly požadavky a 10. září neochotně souhlasila, že jednání bude za tři dny, po Hitlerově projevu v Norimberku, obnoveno. Ačkoli si to tehdy Runciman ještě neuvědomoval, jeho práce v Československu byla fakticky u konce. Ať už byly události v Moravské Ostravě záměrně zinscenovány jako součást Hitlerem plánovaných provokací, či k nim došlo shodou náhod, sudetští Němci se v nich pěkně zostudili, když „se jich chopili, jako se tonoucí chytá stébla".[65] Runciman připustil, že jich „využili jako výmluvy pro přerušení, ne-li ukončení jednání". [66] Ve skutečnosti se plánované obnovení rozhovorů nikdy neuskutečnilo. V Československu se po Hitlerově norimberském projevu měla situace radikálně změnit. Vleklé jednání výborně posloužilo Hitlerovým cílům a sudetoněmecké vedení poté vytrvale odmítalo do debaty znovu vstoupit.

■ ■ ■

7. září došlo k ještě jedné události, která málem zhatila poslední šance, že by mezi Čechy a sudetskými Němci mohlo dojít k dohodě. Když

toho dne čtenáři ve Velké Británii a na úřadech vlád po celé Evropě pohlédli na ranní *The Times* a chtěli si přečíst úvodník, čekal je slovy jednoho historika „pravděpodobně nejznámější a zcela jistě nejkontroverznější úvodní článek, jaký se kdy v britských novinách objevil".[67] V dlouhém a nezajímavě nazvaném článku „NORIMBERK A ÚSTÍ"[68] se anonymní pisatel zaobíral perspektivami Hitlerovy úvodní řeči na stranickém sjezdu a zkoumal Benešův „čtvrtý plán". Vítal nové návrhy jako pokus překonat místní třenice a nabídnout sudetským Němcům rozsáhlejší sebeurčení. Také připouštěl, že je právem české vlády ponechat si kontrolu nad sektory, jako je obrana, zahraniční politika a finance.

Jak už to však bývá, osten se skrýval v závěru, formulovaném suchým, téměř akademickým jazykem.

> Budou-li obyvatelé Sudet po české vládě žádat více, než je očividně ochotna svojí poslední nabídkou učinit, lze usuzovat, že Němci žádají více, než je pouhé odstranění vad, a nedokáží si svoji budoucnost představit v Československé republice. V tom případě by možná stálo za to, aby československá vláda zvážila, zda je na místě vylučovat projekt, který si v některých kruzích získal podporu, na vytvoření více homogenního československého státu odstoupením okrajového území s cizí populací, která sousedí s národem, s nímž jsou spojena rasou... výhody, které by Československu přineslo vytvoření homogenního státu, mohou znatelně převážit nad zřejmou nevýhodou ztráty sudetoněmeckých oblastí v pohraničí.[69]

25. srpna navštívil Halifaxe na ministerstvu zahraničí zástupce šéfredaktora *The Times*, Robin Barrington-Ward, který byl známým zastáncem appeasementu a obhajoval názor, že versailleské uspořádání je nespravedlivé a anšlus byl nevyhnutelný. Ministr měl plnou hlavu zpráv o hromadění německé armády a Hitlerově odhodlání vyřešit českou otázku silou, ani jednomu však Barrington-Ward nechtěl věřit. Toho dne napsal šéfredaktorovi, Geoffreymu Dawsonovi, že stále „přemítá, nejspíše jako Vy, zda je Hitler opravdu připraven podstoupit všechna rizika, jež skýtá násilná akce".[70] 31. srpna, den po setkání ministrů na Downing Street, noviny v článku podepsaném „diplomatický korespondent" uvedly, že oficiální zdroje nemají „žádný důvod mírové cíle pana Hitlera zpochybňovat",[71] což vyprovokovalo Halifaxe, aby si Barrington-Wardovi telefonicky na informace v článku stěžoval.

Začátek září trávil Dawson na svém panství v Yorkshiru a tento pobyt připomínal letní prázdniny. Barrington-Ward měl na dovolenou nastoupit 3. září, ale nebyl si jist, zda v tak napjaté situaci má vůbec opouštět Londýn. Avšak Dawson ho přesvědčil, ať si vezme volno, a vedení novin tak připadlo jeho podřízenému. V sobotu 4. září připravoval Leo Kennedy, diplomatický korespondent, jehož dřívější protičeské zprávy ovlivnily postoj redakce, článek do pondělních novin. Když tak učinil, napsal pracovní verzi dalšího úvodníku, který se v obecné rovině zabýval českým problémem, a založil ho pro úpravy a pozdější využití. Pozdě odpoledne v úterý 6. září dorazil z Yorkshiru do své kanceláře Dawson a našel tento nekompletní úvodník na svém stole. „Spíše hulvátským způsobem," poznačil si té noci, „ventiloval myšlenku, kterou jsme se již dávno zabývali, totiž odstoupením sudetského území Německu."[72]

Dawson smazal jednu pasáž, která se mu nelíbila, další nařídil přepracovat a zbytek článku poslal vysázet, aby byl připraven pro ranní vydání. Poté „odjel povečeřet". Když se později vrátil, dospěl k názoru, že i opravené verzi stále něco chybí, a tak se sám pustil do dalších úprav. Vzhledem k pozdním hodinám, bylo už 23.45, zůstal v kanceláři jediný člen redakce, s kterým by se mohl poradit. William Casey, jenž se o deset let později sám stal šéfredaktorem, v zahraničněpolitických rubrikách neměl skoro žádné slovo, a i když se ho Dawson tázal na názor, jeho nemalé obavy stejně ignoroval. Stěžejní změny se týkaly pasáže „který si v některých kruzích získal podporu" a závěrečné věty navrhující, že nad nevýhodami ze ztráty Sudet může „znatelně" převážit výhoda „homogenního státu", kterým se Československo stane. Pět minut po půlnoci, jen pár minut předtím, než se začalo tisknout, Dawson odevzdal finální verzi.[73]

Nazítří se Kennedy „vzbudil a ke své hrůze zjistil, že poslední odstavec jeho úvodníku je naprosto přepracován a nyní obsahuje návrh na okamžité odstoupení sudetského území Německu".[74] Dawson byl zatvrzelý. „Kvůli rannímu úvodníku nastal přesně takový poprask, jaký jsem očekával," poznamenal si a konstatoval, že nazítří téměř každé noviny „přinesly záplavu urážek".[75] Článek opravdu téměř na všech místech, kde se *The Times* četly, způsobil poprask. Věta „který si v některých kruzích získal podporu" vedla k téměř všeobecně sdílené představě, že návrh na odstoupení Sudet odpovídá současnému kurzu vlády. Většina lidí dospěla k závěru, že článek pochází z nejvyšších oficiálních míst. Jan Masaryk brzy ráno dorazil na Foreign Office a předal Halifaxovi důraznou stížnost. Ačkoli svoji vládu ujišťoval, že *The Times* jsou „ve svých politických postojích poměrně nezávislé", velice dobře věděl, že „povědomí o nezávislosti novin nemá značná část čtenářů v zahraničí".[76]

Načasování nebylo zrovna šťastné, ale odpoledne měl Halifax s Dawsonem zajít na oběd do klubu Travellers na Pall Mall. Přesto se nezdálo, že by si Halifax kvůli rozruchu dělal nějaké veliké starosti. „Právě jsem poobědval s Edwardem Halifaxem," napsal odpoledne Dawson Barrington-Wardovi. „Jak jsem čekal, potvrdili mi, že poslední odstavec Kennedyho úvodníku způsobil v jeho kanceláři pozdvižení, i když se mi nezdálo, že by s ním nesouhlasil."[77] Na ministerstvo zahraničí se snesla snůška diplomatických protestů. Vansittart článek považoval za „katastrofální" a obával se, že vyvolá „naprosto mylnou představu, jaký je britský pohled na věc", a že pouze podnítí sudetské Němce odmítat jakékoli budoucí ústupky. Jeden z jeho zpravodajských kontaktů mu potvrdil, že v Berlíně článek nejspíš způsobil „velké pozdvižení, poněvadž vyvolává dojem, že vláda Jeho Veličenstva dostává pěkně na frak".[78] Theodor Kordt informoval Ribbentropa, že článek „vyvolal po Londýně pěkný poprask". Byť se domníval, že k němu nedalo podnět ministerstvo zahraničí, bylo pravděpodobné, že „čerpal z názorů, které se k uším redakce *The Times* donesly z okolí ministerského předsedy".[79] Phipps hlásil, že Francouzi si přejí vědět, zda text „vyjadřuje postoj vlády Jeho Veličenstva", zato Runciman z Prahy telegrafoval, že *The Times* „nám zrovna neulehčily", a k tomu poznamenal, že „poslední odstavec se rovná přímluvě za anšlus".

Večer ministerstvo zahraničí konečně vydalo oficiální prohlášení, že „návrhy z ranních ‚The Times', podle nichž by československá vláda mohla jako alternativu k posledním návrhům zvažovat odtržení oblastí s cizím obyvatelstvem, v žádném případě nepředstavují názor vlády Jeho Veličenstva".[80] Avšak bylo už příliš pozdě. Harvey si poznačil, že článek „navzdory *démenti* Foreign Office" přinesl „fatální následky". V Německu byl odvysílán v rozhlase a „všude, zejména v U. S. A., ho interpretovali jako *ballon d'essai* [pokusný balónek; pozn. překladatele] a jako předzvěst kapitulace V. J. V.". „Ten poraženec Dawson" ho pěkně namíchl.[81] Také ruský velvyslanec Ivan Majskij zavítal na ministerstvo zahraničí a bědoval, že zveřejnění takového článku „nemohlo mít horší důsledky". Halifax se zmohl pouze na nepřesvědčivou odpověď, že „v tomto bodě s ním nemůže nesouhlasit", ale když ho Majskij vyzval, aby dodal dementi ze včerejška větší důraz, ministr zahraničí odvětil, že nemá ve „zvyku nesouhlas opakovat".[82]

Londýnem mezitím kolovaly nejrůznější konspirační teorie. Zdroj z *The Times* Haroldu Nicolsonovi potvrdil, že „autorem textu je Leo Kennedy a Geoffrey Dawson na něj pouze mrknul".[83] Chipse Channona jeho informátor z Foreign Office ubezpečil, „že lord Halifax večeřel s Geoffreym Dawsonem pátého, v pondělí večer". Článek „měl jako *ballon d'essai* stoprocentně zjistit, jak by reagovala veřejnost". [84] Claud Cockburn, levicový šéfredaktor týdeníku *Week*, který pro stoupence appeasementu, volně se sdružující kolem Nancy Astorové, vymyslel pojmem „clivedenská skupina", tvrdil, že článek nejen vznikl z podnětu vlády, ale ve skutečnosti byl nejprve zaslán na německé velvyslanectví ke schválení. Dawson řekl Barrington-Wardovi, že Halifax „sám za sebe předem nevylučoval žádné řešení – v Praze se mělo jednat i o odtržení území s německou menšinou".[85]

Přestože článek mohl vyjít s tichým souhlasem Halifaxe, skutečnost je taková, že jeho vznik je nutno dávat do souvislosti s kvapným návratem Dawsona z dovolené, kvůli čemuž měl slovy publikace o dějinách *The Times* „na přípravu textu a na jeho promyšlení a úpravy, které si za daných okolností vyžadoval, nedostatek času, ať už to bylo před večeří, či po ní".[86] Pro Čechy to mělo katastrofální důsledky. Poprvé bylo formálně navrženo, že by se mělo Československo rozdělit a dobrovolně odevzdat Hitlerovi to, co požadoval, aniž by to ještě vůbec vyslovil. Za situace, kdy se práce Runcimanovy mise chýlila ke konci a všechny pohledy se upíraly k Norimberku, způsobila představa, že britská vláda souhlasí s tím, aby se Sudety staly součástí Říše, i kdyby byla naprosto mylná, pouze jediné. Zarazila jakékoli další jednání. Sudetoněmeckým vyjednavačům nyní stačilo dostatečně dlouho oddalovat uzavření dohody, poněvadž věděli, že Hitler a jeho armáda už za ně zbytek práce udělá.

9

Uprostřed válečného řevu

Ne aby voják byl, zplodil jsem, vychoval
syna, své chlouby a radosti květ.
Kdo smí mu pušku dát, rozkázat, aby šel
jiným teď maminkám synáčky zabíjet?

sir Nevile Henderson, 1. června 1937[1]

Nebo má-li nějaký král táhnout do boje, aby se střetl s jiným králem, což nezasedne nejprve
k poradě, zda se může s deseti tisíci postavit tomu, kdo proti němu táhne s dvaceti tisíci?
Nemůže-li, vyšle poselstvo, dokud je jeho protivník ještě daleko, a žádá o podmínky míru.

Lukáš 14, verše 31 – 32

Není to strašlivá představa, že osudy stovek milionů spočívají na jednom muži, který
je napůl šílený?

Neville Chamberlain, 3. září 1938

„HITLER SE ROZHODNE V HORÁCH" hlásil titulek *Daily Express*
1. září. „Přemítaje… v tichu bavorských Alp, rozhodne do čtyř dnů,
jakou politiku k Česko-Slovensku a sudetoněmeckému problému
zaujme."[2] Ve skutečnosti Hitler strávil většinu léta, navzdory příle-
žitostným výletům za kontrolou stavu opevnění či sledováním vojen-
ských manévrů, schován před zbytkem světa na Berghofu. V tomto
ročním období rád pobýval v horách a zimní radovánky, v prvé řadě
to platilo o lyžování, které se v Alpách přímo nabízely, odmítal. „Jak
někdo může mít zalíbení v tom, že si dobrovolně prodlužuje pobyt
v příšerné zimě? Nejraději bych tyto zimní disciplíny zakázal, neboť
při nich dochází k tolika neštěstím."[3] I v čase intenzivního meziná-
rodního napětí se jeho uvolněný denní režim změnil jen nepatrně.

Den začínal klidnou snídaní v posteli, z níž si mohl užívat překrásné výhledy na příkrou hradbu hor, které tvořily untersberský masív. Zde bylo to místo, kde podle legendy spal císař Karel Veliký a svíraje meč v rukách čekal na zvuk polnice, aby znovu obnovil slavnou německou říši do její původní slávy. „To není náhoda," říkával svým hostům, „že mám sídlo naproti němu."[4]

Formální den začal později, poté co se odebral do spodního patra, často oděn do tradičního bavorského úboru či vycházkového obleku. Nějaký čas se zabýval pročítáním aktuálního přehledu tisku, který mu nachystal tiskový vedoucí Otto Dietrich, nebo diplomatických telegramů a vojenských zpráv. Jelikož vyžadoval, aby s ním na Berghofu byli jen nejbližší přátelé a poradci, pozdní oběd býval intimní záležitostí, kde nebylo více než dvacet hostů, avšak nesměly chybět žádné formality. Hosté vstupovali do jídelny v prvním patře v párech a pakliže zde nebyli žádní návštěvníci zvenčí, Eva Braunová mu seděla po levici. Podle jeho architekta Alberta Speera, který mu pomáhal při přestavbě tohoto domu, byla jídelna „směsicí umělecké rustikálnosti a městské elegance." Stěny a stropy byly obloženy modřínovým dřevem a hosté sedávali ve zdobených křeslech potažených červeným safiánem; obsluhovali je vysocí číšníci z řad SS bez jediné chybičky „vyfiknutí" do bílého důstojnického saka a černých kalhot. Jídlo se podávalo na bílý čínský porcelán, který nesl Hitlerův osobní monogram. Dokonce i různé drobnosti na stole nesly svastiku.

Následně se ve spodním salónu s obrovským oknem servíroval šálek čokolády a koláče[5] a potom skupina v zástupu vyrazila na pravidelnou procházku, ne delší než půl hodiny, do tak zvané čajovny, chatky riskantně postavené na kamenitém ochozu, skýtající panoramatické výhledy. Zde si Hitler povídal s Evou Braunovou, podával se čaj, a než skončilo odpoledne, führer si ještě zdříml v křesle, načež se nechal odvézt zpět na Berghof připraveným černým Mercedesem. Příležitostně si troufl na více a v doprovodu několika vybraných přátel pokračoval do nedalekého horského lesa či na břeh tamějšího jezera a oddával se speciálně připravenému pikniku – zatímco jeho osobní fotograf Heinrich Hoffmann každý krok dokumentoval pro příští generace a pro připravovanou knihu o führerovi. Některé večery si Hitler nechal předvolat Speera a strávil hodiny „zábavou s kompasem a úhloměrem" při studiu architektonických plánů nových budov.

Obvykle se však po večeři promítal film, zejména s Hitlerovou oblíbenou herečkou Gretou Garbo – „je takovým ztělesněním nordické rasy" – nebo se z gramofonu pouštěla hudba. „Tento idylický stav trval dny a klidně i týdny," napsal Ivone Kirkpatrick, který se na vlastní oči o způsobu života na Berghofu dvakrát přesvědčil. „Hitler si klidně může říkat, že to nejsou žádné prázdniny," dodával, „ale každý německý voják i dělník by s radostí svoji dovolenou vyměnil za pár dní okouzlující atmosféry Berchtesgadenu."[6]

Poté, co na Berghofu 2. září instruoval Henleina, následujícího dne si předvolal Brauchitsche s Keitelem, aby s nimi probral poslední verzi Fall Grün; oba generálové museli poslouchat führerův zdlouhavý monolog, v němž vyjádřil nelibost snad nad každým aspektem připravovaného napadení Československa. Brauchitsch poukázal na špatný stav motorizovaných divizí, na očekávatelný nedostatek posil na frontu a na zřejmou nezkušenost některých velitelů. Nicméně Hitler všechny námitky odmítl. Prohlásil, že 2. armáda pod velením Rundstedta, která měla nést hlavní nápor a izolovat Čechy a Moravu od zbytku Československa, nemá náležitou sílu ani není na místě, aby mohla vést útok. A to budou v místě s největším počtem českých vojáků a v nejlépe opevněné části hranic. Obával se „možného opakování Verdunu" a nechtěl se dívat na to, jak jeho vojáci „krvácí kvůli úkolu, který nelze splnit". Nařídil, že vojáci mají být shromážděni ve vzdálenosti dvoudenního pochodu od hranic a velitelé, varoval zlověstně, „musí do poledne 27. září vědět termín dne X".[7] Konečné datum invaze bylo určeno.

Pondělek 5. září byl oficiálním „uvítacím dnem" desátého sjezdu Národně socialistické strany v Norimberku. Hitler dorazil vlakem z Mnichova a na pestře vyzdobeném historickém nádraží ho přivítal jeho zástupce Rudolf Hess; za zvuku kostelních zvonů přijel k odpoledním sluncem ozářené radnici. Hitler ke shromážděným davům pronesl, že začínající kongres bude znám jako „první Velkoněmecký sjezd" na počest návratu Rakouska zpět do Říše – do Norimberku se vydalo 35 000 Rakušanů. Na nádraží přijížděl jeden vlak za druhým a svážel nacisty ze všech koutů Říše a hosty z dalších zemí, takže město se rázem rozrostlo o půl milionu obyvatel. Nechybělo dvě stě padesát novinářů z celého světa; na počest delegace z „nového Španělska", vedené generálem Millánem Astrayem, legendárním zakladatelem španělské cizinecké legie, byly všude vidět barvy nacionalistického Španělska; a poprvé na sjezd zavítal i americký velvyslanec. Pouze papežský nuncius a sovětský velvyslanec zůstali v Berlíně. Mysl všech přítomných, psal korespondent *The Times*, se

„upínala k jediné myšlence – zda se führer odhodlá k prohlášení na téma Československo".[8]

Nazítří se před zraky 14 000 stoupenců v ohromné kongresové hale uskutečnilo formální zahájení sjezdu. Hitlerovo úvodní prohlášení předčítal chraplavým hlasem ve snaze napodobit führera bavorský gauleiter Adolf Wagner. Prohlášení důkladně rozebíralo nehynoucí víru německého lidu ve führerovo božské poslání a jeho radost, že může přivítat Rakousko v Říši.

> Je to Velké Německo, co v těchto dnech poprvé můžeme v Norimberku spatřit. Pakliže se insignie dávné říše vrátily do tohoto staroněmeckého města, doneslo je sem šest a půl milionu Němců v dnešních dnech sjednocených se všemi ostatními muži a ženami našeho lidu. Pro nás a pro všechny, kdo přijdou po nás, bude už navždy Německá říše pouze Velkým Německem [Großdeutschland].[9]

Odkaz na insignie staré říše byl vysvětlen o něco později při ceremonii v starobylém kostele sv. Kateřiny, proslaveném 1. dějstvím *Die Meistersinger* [Mistři pěvci norimberští, opera Richarda Wagnera; pozn. překladatele]. Seyss-Inquart v čele rakouské delagace ustrojené do modrých uniforem předal korunovační klenoty Svaté říše římské norimberskému starostovi. Drahokamy zdobená koruna, císařský meč, zlaté říšské jablko a žezlo byly v roce 1809 před postupujícím Napoleonem převezeny do vídeňského Hofburgu. Nyní, prohlašoval slavnostně Hitler, budou navěky navráceny německému národu, a město Norimberk vyzval, ať se stane jejich strážcem.

Večer Hitler navštívil kulturní kongres v budově opery. Goebbels dohlížel na předávání Národní ceny za vědu a umění, kterou obdrželi Fritz Todt, stavitel německých dálnic a Západního valu; profesoři Willy Messerschmitt a Ernst Heinkel za jejich návrhy letadel; a Ferdinand Porsche, designér takzvaného „lidového vozu", brouka od Volkswagenu.[10] Jakoby mimochodem byla na sjezdu politická výstava *„Kampf im Osten"* [Boj na Východě]. Sám Hitler sepsal nepřehlédnutelně umístěné vysvětlující prohlášení, které zdůrazňovalo vzájemné vazby poutající dohromady západoevropské národy – kulturu, historii a budoucnost – a akcentující údajný boj, který společně vedly za životní prostor a čistotu rasy. Německo bylo líčeno jako „bašta chránící Evropu před zničením západní kultury a pronikáním hord z Východu, Hunů, Turků [a] jejich moderních protějšků – komunistů povzbuzovaných Ruskem".

Veliká mapa zobrazovala Československo jako místo, odkud mají ruské bombardéry přístup do srdce Evropy. Další exponáty útočily na Židy a neřest „svobodného zednářství v politice", což ilustrovala fotografie krále Eduarda VII. ještě jako prince z Walesu, na níž byl v kompletním zednářském hávu.[11]

Ačkoli z Hitlerova hlediska první dny zkazil liják, ducha 40 000 příslušníků Říšské pracovní služby, kteří se shromáždili na rozlehlém Zeppelinwiese (Zeppelinova louka) na Národní den pracovní služby, nemohl zchladit ani déšť. Šest šedohnědých zástupů „opálených a zocelených", smetánka z Hitlerjugend, pochodovalo před Hitlerem a jejich 40 000 rýčů se blyštilo na slunci, které občas prosvítalo mezi mraky. „Toto je průvod, jehož opakovaní nikdy neomrzí," rozplýval se dopisovatel The Times. „Něco takového u každého Němce pokaždé vyvolá pocit hrdosti a u většiny zahraničních návštěvníků závist." Do toho shromáždění členové opěvovali Hitlera:

> Utrpení Rakouska je u konce. Führer se zjevil jako Boží posel a zemi osvobodil... Krev je silnější než síla nepřítele, co je německé, musí být součástí Německa.

Na tato slova se Göring přitočil k Hendersonovi, který stál vedle něho, a „s úsměvem" mu „ozřejmil" jejich význam.[12] Henderson se nechal snadno unést. „Podle mého názoru," psal soukromě Halifaxovi, byla přehlídka „tím nejlepším na celém nacistickém režimu".[13]

Henderson byl na stranickém sjezdu podruhé. Jeho předchůdce, sir Eric Phipps, návštěvu Norimberku pokaždé odmítnul, nicméně jedním z Hendersonových prvních kroků bylo oznámení, že má v úmyslu se na sjezd vydat, aniž by to předem konzultoval s ministerstvem zahraničí, takže Vansittarta neskutečně dopálil. Henderson vyrazil z Berlína 6. září 1938 a do Norimberku přijel následujícího rána. V Londýně se dosud vážně zabývali možností Hitlera důrazně varovat a téhož dne navrhl v dopise Halifax Chamberlainovi, jak se zachovat, naskytne-li se příležitost promluvit si s Hitlerem. Doporučoval, že by měl Henderson jasně vyložit, že pakliže Hitler zaútočí na Československo, „tato země by napadenému nutně musela přijít na pomoc".[14] Nicméně Henderson cokoli takového učinit odmítal. „Oficiální demarše," upozorňoval Halifaxe, „[Hitlera] přinutí k ještě většímu násilí či silnějším hrozbám..., další varování nepomůže." Bylo to neuvěřitelné, ale on si byl stále jist, že se Hitler může rozhodnout pro stranu míru. „Opravdu bych si přál, aby se podařilo," pokračoval, „přesvědčit alespoň ‚The Times', Camrose a Beaverbrookovy noviny, že mají o Hitlerovi psát jako o apoštolovi míru. Jestli se to neudělá, bude to od nás neskutečně krátkozraké. Nemůže s tím pomoci tiskové odd.?"[15] Do Berlína se vrátil 31. srpna a v uších mu stále zněla slova ze zasedání kabinetu. Proto se jeho jedinou starostí stalo, jak své londýnské nadřízené odradit od vydání demarše. Celou svoji kariéru argumentoval proti diplomatické taktice vydávání nesmyslných výhrůžek a po květnové krizi jeho obava z popuzení Hitlera dosáhla téměř stavu posedlosti. V první řadě si stál za tím, že vzhledem k Hitlerově narůstající iracionalitě bude něco takového kontraproduktivní. Z Norimberku hlásil, že Hitler je „ve stavu vysokého nervového napětí" a „jeho abnormalita se zdá větší než kdy jindy".[16] Je docela dobře možné, že „hnán velikášstvím vojenské síly… může zešílet".[17] Hendersonovu zdráhavost dále vysvětluje pevné přesvědčení, že nárok sudetských Němců na autonomii a klidně i na odtržení je oprávněný. Jak bylo pro Hendersona typické, v telegramu zaslaném Halifaxovi argumentoval, že mají „morální právo na samosprávu a případně i na sebeurčení. Je to morálně nespravedlivé," dodával, „nutit tuto solidní germánskou menšinu, aby zůstala podřízena slovanské vládě v Praze."[18] Stejně tak si se svými názory nedělal žádné tajnosti v Berlíně a v přítomnosti význačných německých představitelů prohlašoval, že „by Velká Británie kvůli Československu ani neuvažovala, zda riskovat život jediného námořníka či pilota".[19]

Jen pár poválečných historiků bylo ochotno Nevila Hendersona obhajovat a týden, který strávil v Norimberku, představuje pro řadu z nich kámen úrazu celé jeho kariéry. Podle hodnocení, které je nejvíce shovívavé, tehdy předvedl „pro něj ne neobvyklou náklonnost k zemi, v níž byl akreditován".[20] Jeho podřízení však neprojevili tolik pochopení. Cadoganův soukromý tajemník, Gladwyn Jebb (později se stal lordem Gladwynem), označil velvyslancovo berlínské působení za „neštěstí… od první chvíle měl tendence stranit pohledu nacistů". Henderson se prý domníval, „že expanze nacistického Německa do střední Evropy je dobrá věc" a že Británie „má nechat Němce jednat podle vlastního rozumu" a umožnit jim „pohlcení Československa".[21] Ještě tvrdší kritiku si vysloužil od Cona (pozdějšího sira Cona) O'Neilla, který pod ním v Berlíně sloužil jako třetí náměstek. Centrální oddělení ministerstva zahraničí popisoval jako „doupě nenávisti k Hendersonovi, [jenž] u lidí, kteří se potýkali s tím, co napáchal, nevzbuzoval nic jiného než hrůzu a nenávist" a který „k Německu zaujímal skutečně příšerné postoje a zásady".[22]

A dokonce i Hendersonův životopisec, který mu je jinak nakloněn, poznamenává, že jeho „chování v Norimberku bylo nepochybně podivné" a „vysloužil si za něj kritiku a posměch".[23] Nebylo však jeho vinou, že všichni příslušníci zahraničních diplomatických sborů museli přebývat, spát a pracovat v neobyčejně stísněných podmínkách lůžkových vozů, které byly přistaveny na vedlejší koleji. Všechny hotely byly vyhrazeny pro Hitlerovy hosty. Nemohl spát a hořce si stěžoval na potíže, čemuž nepochybně nepřidala již tak vážná rakovina hrtanu, kvůli níž se musel o měsíc později vrátit domů a podstoupit léčbu, na niž v roce 1942 zemřel. V obavě, zda bude na místě dostatečně bezpečno, si s sebou nevzal šifrovací stroj, takže nemohl napřímo komunikovat s Berlínem či Londýnem. A co bylo ještě horší a těžce vysvětlitelné, zapomněl si s sebou vzít psací potřeby, takže byl nucen „k těmto účelům využít prázdné stránky vytržené z detektivek, jež jsem shodou náhod měl u sebe".[24]

Odpoledne 7. září se Henderson zúčastnil Hitlerovy recepce pro členy diplomatického sboru. Mírně řečeno tu panovala příjemná atmosféra. Hitler „na tom" byl „docela dobře, přemohl se a na všechny s výjimkou českého vyslance byl milý". Nicméně nezlomně odmítal diskutovat o politice a s Hendersonem se bavil pouze o počasí a přehlídce pracovních jednotek, jež proběhla toho rána, vychloubaje se, že by dokázal „držet pravici napřaženou celé hodiny pouhou silou vůle". [25] Přítomný François-Poncet se alespoň pokusil zavést řeč na vážnější téma a dal si tu práci a hovořil německy, aby mu rozuměl i Hitler.

> Mohu-li to vyjádřit, všem nám leží na srdci jedna věc, a tou je naděje, že lidstvo, které tolik let strádalo, bude nyní žít v míru. Neboť tím největším oceněním, jímž může být státník vyznamenán, je, že matky nepropuknou v pláč. Nechť je ten vavřín váš! To si z celého srdce přejeme.

François-Poncet vzpomíná, že navzdory této vzrušené prosbě Hitlerův „výraz zůstal nepovniknutelný".[26] „Věřím tomu, že žádná matka v důsledku mých rozhodnutí ronit slzy nebude," odvětil, načež si s velvyslancem potřásl rukou a zmizel.[27]

K Hitlerově potěšení 9. září konečně nad Norimberkem vysvitlo slunce. Na Zeppelinwiese tleskalo sto tisíc diváků tisícovkám atletů, z nichž byla většina členy SS, SA a Hitlerjugend, kteří se na „Den přátelství" účastnili branných her. Toho večera prošel městem ohromný průvod s pochodněmi. V Londýně téměř nepřetržitě po celý den zasedal užší kabinet. Jen na oběd byla přestávka, protože na Foreign Office zavítal Eden, který se vrátil z Irska, aby se pozdravil se svým nástupcem. „Vehementně prosazoval, ať se Hitlerovi zašle další a konkrétnější varování", a Harveymu se svěřil, že Halifax byl „opravdu sklíčený" a že se „silně obával, že V. J. V. může dát od Čechů ruce pryč a nechat je padnout".[28] Kirkpatrickovi byly zaslány další informace a ten je Hendersonovi do Norimberku přeposlal nočním vlakem. Měl požádat o okamžité přijetí u Ribbentropa, kterému bylo třeba zdůraznit, že Britové jsou „vážně znepokojeni signály horšící se atmosféry obklopující pražské jednání. Jestliže dojde k válce a Francouzi splní své závazky, zdálo se „nevyhnutelné, že sled událostí vyústí v rozsáhlý konflikt a Velká Británie nebude moci zůstat stranou".[29]

V noci Hitler promluvil k 180 000 příznivců shromážděným na Zeppelinwiese; byli v hnědých košilích, sešikováni do desíti zástupů, které byly 200 yardů dlouhé a oddělené širokými uličkami. Hitler se objevil na druhém konci stadionu a obklopen vyššími důstojníky pochodoval doprostřed. Na jeho příchod se náhle rozsvítilo tři sta světlometů, které vytvořily „úžasný stadion završený dómem modrého světla".[30] Světla od sebe stála vzdálena čtyřicet stop a reflektory na noční obloze svítily do výšky 25 000 stop, kde se protínaly, což dle Speera, který tento efekt navrhl, působilo jako klenba „ohromného prostoru, kdy jednotlivé paprsky vypadaly jako obrovské sloupy nekončících vysokých vnějších stěn".[31] Za Hitlerem následovali muži nesoucí obrovské nasvícené svastiky, což vyvolávalo dojem, který byl „nepopsatelný" a „malebný" současně – jako by se shromážděné davy „zčeřily rudou a zlatou barvou". „Výsledek," psal Henderson, „byl velkolepý a nádherný, jako byste stáli v ledové katedrále."[32]

Opojná atmosféra norimberských sjezdů Hitlera vždy omámila a po této poctě se vrátil do svého hotelu Deutscher Hof s ještě vyšším sebevědomím, než měl obvykle. Přítomnost patolízala Keitela ho v pocitu jen utvrdila.[33] Na setkání s generalitou, které začalo krátce před půlnocí, si předvolal Brauchitsche, Keitela a generála Franze Haldera, jenž po Beckovi převzal funkci náčelníka štábu. Jako první vystoupil Halder, který pevně obhajoval nejnovější plány na provedení Případu zelená, byť je minulý týden na Berghofu Hitler podrobil drsné kritice, a který hlavní roli nadále ponechával Rundstedtově 2. armádě. Hitlera generálův výstup nepřesvědčil a nadále se k plánům stavěl výrazně kriticky. Trval na svém, že vojenské plány nemají vycházet ze „zbožných přání, nýbrž z pravděpodobného postupu nepřítele". Rundstedt stál před nejimpozantnějším opevněním Československa, avšak štáb mu neposkytl sílu nezbytnou k jeho proražení, aby se mohl dostat do srdce Československa a zmocnit se země obchvatem. A nadto nadevšechno Hitler vyžadoval „rychlý úspěch… První týden je z politického hlediska rozhodující a v té době se musí dosáhnout rozsáhlých územních zisků".[34]

Přizpůsobivý Keitel s radostí přikyvoval každému slovu vyřčenému führerem, ale k jeho hrůze Brauchitsch s Halderem nadále Hitlerovi odporovali, takže ho ještě více rozzuřili a vyslechli si od něj další přednášku. Krátce před čtvrtou hodinou ráno došla Hitlerovi všechna trpělivost; znenadání ukončil setkání, generálům nařídil, že ho mají poslouchat na slovo, a naštvaně je propustil. Cestou z hotelu se všichni tři generálové zastavili v baru na skleničku. „O co mu jde?" chtěl vědět Halder a hlas se mu třásl rozhořčením. „Jestli jste to dosud nezjistil," reagoval podrážděně Keitel, „máte moji soustrast." Brauchitsch vše urovnal a k Hitlerově spokojenosti nařídil vypracování nových povelů. „Proč s ním bojujete," chtěl vědět Keitel, „když moc dobře víte, že bitva je předem prohraná? Nikdo si nemyslí, že se kvůli tomu plánuje nějaká válka, celá záležitost přece nestojí za ten trpký povyk kolem zadního voje."[35] Jodl, Keitelův náčelník štábu, ve svém deníku mluví za oba.

> V armádě je pouze jeden neukázněný prvek – generálové a z poslední analýzy vyplývá, že je to zapříčiněno jejich arogancí. Nejsou smělí ani disciplinovaní, jelikož jim nedošlo, jak je führer geniální.[36]

V sobotu 10. září čekaly na celý svět po probuzení palcové titulky britského tisku. „PŮLNOČNÍ ROZHODNUTÍ MINISTRŮ" hlásaly *Daily Mail* tučným písmem. „BRITÁNIE DNES ZAŠLE NĚMECKU VAROVÁNÍ – NEZŮSTANE STRANOU, BUDOU-LI ČEŠI NAPADENI – POKYNY ZASLÁNY VELVYSLANCI".

> Krátce před půlnocí se britská vláda rozhodla německou vládu jasně a oficiálně informovat, že Británie nezůstane stranou, jestli se Česko-Slovensko stane cílem vojenské agrese. V tomto smyslu předá sir Nevile Henderson, britský velvyslanec, v několika příštích hodinách nejspíše v Norimberku a osobně panu Hitlerovi diplomatickou nótu.[37]

Daily Express se shodoval: „BRITÁNIE ZAŠLE HITLEROVI ‚OSTRÉ‘ VAROVÁNÍ – VELVYSLANCŮV ROZHOVOR S RIBBENTROPEM BYL ‚NEÚSPĚŠNÝ‘". Beaverbrook, navzdory apokalyptickému znění titulků, udělal, co bylo v jeho silách, aby obavy čtenářů rozptýlil.

> *Daily Express* již poněkolikáté opakuje, že tento národ nebude zatažen do žádného konfliktu tento ani příští rok. Matka roníc slzy pro svého syna, dívka děsíc se loučení se svým milým – obě mohou být klidné.[38]

Henderson se však zhrozil a nějakým zázračným způsobem se mu o půl deváté podařilo s ministerstvem zahraničí telefonicky spojit. Cadogan si poznačil, že „posílá odpověď letecky, jenže uvízla někde v Kolíně. Odletěl jsem v 9.30, abych poslíčka v Kolíně vyzvedl. Oznámili jsme přesuny námořnictva (na německého námořního atašé to udělalo dojem)."[39] Henderson odpověděl stroze a k věci. Oficiální varování „by bylo špatně načasované a jeho důsledky by byly katastrofální".[40] Ujišťoval Halifaxe, že již promluvil s Göringem, Goebbelsem, Neurathem a Ribbentropem a „lidem, kteří něco znamenají, britský postoj naprosto vyjasnil… Je klíčové zůstat klidný, jelikož atmosféra je napnutá. Za těchto okolností postačí příběh o letadle, které mi z Londýna veze zprávu k tomu, aby rozpoutal zkazky o dalším 21. květnu, čemuž je nutno za každou cenu zabránit. Něco takového Hitlera pouze vyprovokuje k nějaké unáhlenosti."[41]

O něco později ráno se stranickému sjezdu v rámci „Dne Hitlerjugend" dostalo dosavadního zlatého hřebu – v podobě neobvykle dlouhého projevu Göringa.

> Všichni víme, co se tam dole děje. Víme, že není tolerovatelné, aby malý nárůdek – bůhví odkud pochází – nepřetržitě utiskoval vysoce civilizovaný lid a překážel mu. Stejně tak však víme, že z toho nelze vinit ty směšné trpaslíky. Stojí za tím Moskva a ustavičně se šklebíc žido-bolševická lůza.[42]

Pouze dopisovatel *The Times* jako by nepoznal, jak nenávistná tato řeč byla. Jak napsal, Göring byl „ve výborné formě. Jako energický, často vtipný a občas i vulgární řečník dokázal své publikum dle libosti rozesmát, či u něj vzbudit vlastenecké nadšení."[43]

Navzdory tomu, že byla sobota, to byl pro politiky a diplomaty po celé Evropě hektický den. V Londýně kvůli zprávě o částečné mobilizaci britské flotily zavládlo na německém velvyslanectví zděšení. Námořní ataše pospíchal přímo na ministerstvo námořnictva a stěžoval si řediteli námořního zpravodajství, který odsekl, že opatření si vyžádala situace v Evropě. Ataše odvětil, že „v Německu nikdo nevěří, že by se Velká Británie, ať budou okolnosti jakékoli, zapojila [do války; pozn. překladatele] proti Německu," i když si v tu chvíli poprvé uvědomil, že je to velmi pravděpodobné, a „tato vyhlídka jej velice zasáhla".[44] Odpoledne zasílal rada z německého velvyslanectví na Wilhelmstrasse upozornění, že britský tisk a veřejné mínění prošly v několika minulých dnech radikální proměnou. Obecně se mělo za to, že Hitler byl „o postoji britské vlády a názoru veřejnosti mylně informován", že „české návrhy sudetským Němcům jsou skutečně dalekosáhlé" a že „pro německou ozbrojenou akci není žádné oprávnění". Celá Británie, uzavíral, „proto bere v potaz, že může dojít k válce".[45]

Hendersonova reakce do Londýna dorazila ve čtyři hodiny odpoledne a okamžitě se jí na Downing Street zabýval užší kabinet; po Hoareově návratu byla sestava kompletní (na žádost krále zůstal na Balmoralu ještě jeden den a společně se věnovali lovu).[46] Velvyslancův protest nakonec odsouhlasili. „N. H. se ostře vyslovil proti varování a ministři se uklidnili," zapsal si Cadogan. „Mám za to, že oprávněně. Van zuří."[47] Halifax Hendersonovi odpověděl ještě téhož večera. „Vzhledem k tomu, jak důrazně jste vyjádřil svůj názor v dnešní zprávě," napsal, „a s vědomím toho, že jste již s panem von Ribbentropem a dalšími hovořil a smysl instrukcí tlumočil…, souhlasím s tím, že není třeba, abyste podnikal další komunikaci.[48] Když čtveřice ministrů vyšla ze zasedací místnosti vlády, ke svému zděšení zjistili, že na ně čeká Winston Churchill, který se „domáhal okamžitého ultimáta určeného Hitlerovi", jež „nám" dle jeho „mínění skýtalo poslední šanci, jak zastavit lavinu".[49] Nikdo ale jeho názor nebral na vědomí. Místo toho byly na velvyslanectví do Paříže, Berlína a Prahy zaslány telegramy, jež popíraly ranní zprávu. „Lze kategoricky prohlásit, že žádné takové prohlášení nelze považovat za věrohodné."[50] Alespoň prozatím byl Henderson vítězem dne.

Nazítří, v neděli 11. září, instruoval Chamberlain na Downing Street vybranou skupinu novinářů, že Británie „nebude moci zůstat stranou, vypukne-li rozsáhlý konflikt, ve kterém by mohla být ohrožena bezpečnost Francie".

Bez pochyb je nadmíru důležité, aby německá vláda v tomto směru neměla žádné iluze a neměla by počítat s tím, jelikož některé zdroje naznačují, že by tak činit mohla, že krátká a úspěšná kampaň proti Československu může být bez rizika uskutečněna.[51]

Toho odpoledne Ribbentrop v Norimberku pořádal každoroční čajový dýchánek pro tři sta zahraničních hodnostářů. Nechyběla ani Británie a lord Brocket, horlivý zastánce appeasementu a oblíbenec nacistů, měl tu čest, že seděl po boku führera. Byl „vybrán záměrně", naříkal Horace Wilson, poněvadž to byl „slaboch". Brocket se pustil do opěvování všech nacistických výdobytků, během čehož i Hitler, který byl „skutečně zábavný [a] hodně se smál", působil z jeho patolízalství rozpačitě. „Zahraniční vztahy i počasí," vtipkoval Hitler, „jsou spíše deprimující." Když se však konverzace stočila na Československo, souhlasil s Brocketem, který Beneše charakterizoval jako „riziko pro svět". „Budu muset na toto téma v pondělí pronést několik tvrdých slov," uzavřel tento bod Hitler.[52]

Podle amerického novináře Williama Shirera „by se" v Praze „napětí dalo krájet". Ten samý večer, kdy promlouval Göring, promluvil k národu Beneš. Mluvil česky i německy a vyzýval ke klidu, ale podle Shirera byla jeho řeč příliš „rozumná" a měl za to, že se Beneš „zjevně snažil potěšit Brity".[53] Všude kolovaly zvěsti, že na hranici s Rakouskem je shromážděno 200 000 německých vojáků, a Newton hlásil, že český generální štáb „je stále více zneklidněn, že se nepodnikají žádná preventivní opatření, když se vezme v potaz ohromná síla a připravenost německé armády".[54] Pražské letiště a železniční stanici okupovali zoufalí Židé, kteří se snažili prchnout ze země, a do toho se rozdávaly plynové masky pro případ bleskového útoku německých bombardérů.[55] Runciman víkend trávil s hrabětem Černínem na jeho zámku nedaleko Karlových Varů a zjišťoval, že je vystaven novému druhu nátlaku. V neděli připochodovalo k branám zámku několik stovek sudetských Němců vedených místním poslancem a hlasitě předváděli „Deutschland über Alles" a hymnu nacistické strany – píseň Horsta Wessela. Dav byl natolik roznícený, že ho Runciman musel z balkónu pozdravit a pronést pár smířlivých vět v angličtině. Odpovědí mu bylo mohutné „Sieg Heil!" a „Heil Hitler!" a také nová píseň složená na jeho počest: „Lieber Runziman mach uns frei, Von der Tschechoslowakei." [Drahý Runcimane, zbav nás Československa; pozn. překladatele] [56]

V pondělí 12. září, v den Hitlerova projevu, který uzavíral stranický sjezd, *The Times* informovaly, že Parteitag se chýlí ke konci v atmosféře nepopsatelného napětí".[57] *Daily Express* na titulní straně otiskly fotografii Hitlera s nervózním Hendersonem pořízenou v Norimberku. Kabinet se sešel v 11.00 a Chamberlain vyjádřil naději, že již samotný akt svolání schůzky „přispěje k uklidnění veřejnosti". Halifax pro své kolegy nachystal *tour d'horizon* událostmi od minulého zasedání. Francouzi „povolali zálohy a Maginotova linie byla obsazena posádkou". Benešův poslední návrh popsal jako „dostačující základ pro jednání" a postěžoval si na „nešťastný úvodník" z *The Times*, který napsal jeho přítel Geoffrey Dawson. Francouzský premiér oznámil Phippsovi, že „vkročí-li Němci do Československa, Francie bude mobilizovat a vyhlásí Německu válku", a Henderson v Norimberku Ribbentropovi zopakoval dřívější výstrahu. On, Halifax, se setkal jak s Edenem, tak Churchillem. Své vystoupení uzavřel slovy, že „jestliže si pan Hitler usmyslí zaútočit, nejspíše není na světě nic, co by ho mohlo zastavit". Měl za to, že „je asi, či dokonce pravděpodobně šílený".

Stejně jako tomu bylo 30. srpna, i tentokrát hlavní opozici v následné diskuzi představoval Duff Cooper, kterému se nelíbilo, že jen kvůli Hendersonově názoru sešlo z vydání domluveného varování. „Zdá se, že řešení, které má v úmyslu sir Nevile," prohlásil na schůzi, „vyústí v naprostou kapitulaci na straně Čechů."[58] V soukromí byl ještě kousavější. Kabinet byl seznámen se „sérií Hendersonových zpráv, které mi přijdou téměř hysterické a v nichž vládu prosil, ať netrvá na uskutečnění dojednaných instrukcí… A vláda ustoupila."[59] Nicméně Chamberlain žádnou kritiku netoleroval. „Pakliže si pan Hitler usmyslel použít síly," oznámil, „navrhovaná zpráva by ho nezastavila, a jestliže si to neusmyslel, zaslání takové zprávy by ho nejspíše přimělo uchýlit se ke krokům, kterým jsme se tak horečnatě chtěli vyhnout." Cooperovy obavy Chamberlain odmítl argumentem, že Henderson je „na místě a ví, jaká tam vládne atmosféra".[60]

S blížícím se vrcholem norimberského sjezdu nabývalo očekávání celého světa ohromných rozměrů a napětí přestávalo být snesitelné. Poslední den sjezdu, tradičně nazvaný „Den armády", strávil Hitler obdivováním nacistické vojenské moci, která se předváděla před zraky 100 000 lidí shromážděných na Zeppelinwiese. Mezi atrakcemi byla i první helikoptéra dnešního typu, která předvedla vzrušující kolmé přistání a vzlet uprostřed simulované bitvy.[61] Té noci se 30 000 vybraných stoupenců shromáždilo v kongresové hale, kam Hitler dorazil krátce před 19.00. Pomalu došel k pódiu a orchestr, navzdory své velikosti a převaze žesťových nástrojů, byl přehlušen voláním „Sieg Heil!". Jen co ho Hess představil davu, rozhostilo se ticho a Hitler započal svůj obvyklý a vleklý projev na téma nacistická strana – počínaje prvotními boji až po dnešní triumf. A potom, zrovna ve chvíli, kdy už zahraniční pozorovatelé začali doufat, že o tématu, na které všichni tak napjatě čekali, nepadne ani slovo, se atmosféra náhle změnila – to si dav uvědomil, že téma právě otevírá.

Je „nepřijatelné", hřímal, aby existoval stát, „kde je velká část našich lidí nestydatým způsobem týraná, aniž by se mohli alespoň náznakem bránit".

Tento stát je demokracie, tedy byl založen podle demokratických zásad... Jako pravá demokracie začali pak v tomto státě potlačovat většinu, zle s ní nakládali, připravovali ji o její životní práva. Mezi většinou národností, které jsou v tomto státě utlačovány, je také tři a půl milionu Němců... Poměry v tomto státě jsou, jak je obecně známo, nesnesitelné. Hospodářsky je sedm a půl milionů lidí plánovitě ruinováno, a tak vystaveno pomalému vyhlazení. Bída sudetských Němců je nepopsatelná. Chtějí je zničit. Po lidské stránce jsou nesnesitelně utlačováni a ponižováni... Ochuzování těchto lidí o jejich práva musí skončit... Prohlásil jsem, že Říše nebude žádné další utlačování tří a půl milionu Němců tolerovat, a prosím zahraniční státníky, aby mi věřili, že nešlo o žádnou frázi.[62]

V psané podobě nelze vystihnout brutalitu Hitlerova přednesu ani divoké nadšení, s nímž slova přijímali jeho oddaní stoupenci. „Do každé odmlky," popisoval atmosféru jeden historik, se ozval „řev davu dožadujícího se pokračování... a dunivé ‚Sieg Heil! Sieg Heil! Sieg Heil!' vytvářelo zlověstnou kulisu."[63] Zatímco protřelí pozorovatelé se shodovali, že „šílenství dosáhlo takových rozměrů, které svět na stranickém sjezdu dosud neviděl", korespondent New York Times akci velebil jako něco krásnějšího, ne-li impozantnějšího, než kdo kdy viděl".[64] Plné znění projevu přenášelo na sto rádiových stanic po celých Spojených státech a newyorská Wall Street krátce před uzavřením zcela utichla.

V Londýně tisk srovnával „Hitlerovu noc" s abdikací krále Eduarda VIII.; po celé zemi se kolem rozhlasových přijímačů shromažďovaly rodiny. V 17.30 byly před Downing Street shromážděny tři stovky lidí a každého ministra, který se objevil, pozdravily hlasitým jásotem; do 21.00 se dav rozrostl na 10 000 lidí a návštěvníky divadla Whitehall, naparáděné do večerních šatů, vypískali, že se v tak významné noci věnují radovánkám. Náklad zvláštního vydání „s Hitlerovým projevem" Evening Standard dosáhl 150 000 kopií[65] a BBC mezi 20.00 a 23.00 natřikrát přerušila program, aby mohla živě informovat z Norimberku.[66] V Praze bylo pošmourno, pod mrakem a zima. Bičující déšť vyhnal téměř všechny lidi z ulic; v okamžiku, kdy Hitler promluvil, bylo město téměř liduprázdné. Shirer projev poslouchal v zakouřeném pokoji se skupinkou ostatních novinářů, a ač Hitlera vyslechl mnohokrát, zapsal si, že nikdy „Adolfa neslyšel tak plného nenávisti" – jeho slova a tón „byly nasáklé nenávistí".[67]

Oliver Harvey řeč poslouchal u svého kolegy a Hitlera vylíčil jako „šílence či spíše náčelníka afrického kmene promlouvajícího ke svému lidu".[68] Leo Amery se domníval, že tak „nepříčetný duch a divoký jásot davu působí děsivě".[69] Konzervativní poslanec Harold Macmillan si rádio naladil doma v Sussexu a jeho manželka se snažila, seč mohla, a spolu s „několika německými chůvami" mu projev překládala. Připojil se k nim i nedaleký soused, lord Cecil, který doma neměl rádio a nyní vysílání poslouchal, „leže jak dlouhý tak široký" na Macmillanově pohovce. „Jeho dlouhá a vyzáblá postava, překrásná hlava a zobákovitý nos – to vše připomínalo novodobého Savonarolu". Macmillan později vzpomínal, že ačkoli jejich znalost němčiny nebyla kdovíjaká, „žádný posluchač nemohl nepochopit význam nenávistných vět plných urážek, které sršely z řečníka – halasného, posedlého až nelidského – a burácení ,Sieg Heil!', jež křičelo šílenstvím posedlé publikum podobající se hordám divochů vydávajícím válečný pokřik". Když to vše utichlo, Cecil „se pomalu posadil" a vážným hlasem pronesl: „To znamená válku."[70]

Ale projev válku nepřinesl. Navzdory brutalitě svého projevu se Hitler přímému vyhlášení války vyhnul. Napadl Čechy ostrým tónem a tituloval prezidenta „Beneše lhářem". Ale po zevrubném popisu „netolerovatelného útisku", jehož úděl prý musejí sudetští Němci snášet, se pouze dožadoval, aby se jim dostalo „spravedlnosti", což znamenalo právo na sebeurčení. Chytře si vyhradil právo na to, zabývat se problémem po svém a v jím určeném čase. Cadoganovi se ulevilo, že projev „nebyl rozbuškou".[71] Mussolini v Římě vypnul rádio se slovy: „Čekal jsem něco hrozivějšího... Nic není ztraceno."[72] Nazítří se z Norimberku vydal na dlouhou cestu do svých domovů téměř milion führerových stoupenců. „Na shledanou v roce 1939," oznamoval velikánský transparent visící nad hlavní silnicí vedoucí z města. Ve skutečnosti, i když to nikdo nevěděl, to byl poslední norimberský sjezd. Počínaje příštím zářím byl svět ve válce.[73]

•••

Ve 21.30, téměř okamžitě poté, co dozněla poslední Hitlerova slova, zasedl na Downing Street vnitřní kabinet a před jeho členy na stole ležel přeložený projev. Byť to bylo již páté takové zasedání, poprvé ho formálně zapisoval nový tajemník kabinetu Edward Bridges.[74] Přítomni byli čtyři ministři, Chamberlain, Halifax, Simon a Hoare, a dále poradci Vansittart, Cadogan a Wilson. Zavládla úlevná atmosféra, jelikož „řeč působila dojmem…, že pan Hitler se nezavázal k užití násilí". Proběhla krátká diskuze, nakolik je moudré posílat do Prahy dva strážce, kteří by chránili Runcimana; francouzští informátoři upozornili, že existuje „vážné a opravdové riziko vražedného útoku… na lorda Runcimana, který sice měla spáchat česká strana, ale akci měli zosnovat Němci s vidinou, že mezi Čechy a Brity dojde k roztržce". [75] Newton však tvrdil, že „Němci by uvítali příjezd dvou anglických detektivů, kteří by lordovi zajišťovali ochranu, jako důkaz, že česká vláda není schopna zajistit pořádek".[76]

O dva týdny později Chamberlain v Dolní sněmovně prohlásil, že v konečném důsledku Hitlerova řeč „situaci nijak podstatně nezměnila, jen mírně snížila napětí".[77] Jestliže tomu tak skutečně bylo, tento dojem trval maximálně jen několik hodin. Byť se Hitler zdržel vyhlášení války, jeho slova byla signálem pro povstání v Sudetech. Do několika minut po 20.40, kdy řeč skončila, byli v ulicích Henleinovi stoupenci, skandovali „Ein Volk, Ein Reich, Ein Führer!" a dopřávali si sporadické akty násilí, když napadali českou policii.[78] Do dvou hodin se boje vystupňovaly a celou noc trvaly všeobecné nepokoje. Úderné oddíly SdP dostaly za úkol shromáždit se ve středu měst, odkud měly poslouchat řeč – zvláště to platilo pro okolí Chebu a Karlových Varů, což jejich členové pochopili jako nevyřčený rozkaz vzít si s sebou pušky, granáty a kulomety; doufali, že zakrátko přijedou německé tanky a podpoří je. V Praze mezitím SdP v tichosti zavřela své kanceláře, spálila všechny dokumenty a ženaté a starší funkcionáře poslala na neurčenou dobu na dovolenou.

Do příštího rána byly ulice řady sudetských měst a vesnic poseté rozbitým sklem a troskami vyrabovaných českých a židovských obchodů. Během noci došlo k napadení mnoha policejních stanic a uskutečnily se pokusy obsadit železniční stanice, pošty a celnice. Téměř na všech veřejných budovách zavlály obrovské prapory se svastikou. Ulice byly plné nacistických bojůvek a i většina obyvatel si na paži připnula pásku se svastikou. Během dne se povstání rozšířilo do dalekého okolí. Při pokusu ubránit místní českou školu zahynuli čtyři četníci a několik dalších zemřelo v ostatních okresech. Skupina dvaceti šesti četníků, kteří byli vysláni na pomoc svým kolegům, byla unesena, zmizela za hranicemi v Německu a více už o nich nikdo neslyšel. Do konce dne dosáhly ztráty na životech v celé oblasti počtu dvaceti tří osob, třináct bylo Čechů, převážně četníků, sudetských Němců bylo deset; desítky dalších byly zraněny.[79]

Pražská vláda nezpanikařila a ve snaze obnovit pořádek vyhlásila výjimečný stav a v řadě sudetských oblastí i stanné právo. Civilní soudnictví nabylo pravomoci obžalované soudit, vynést rozsudek, a bylo-li to nezbytné, vykonat do tří dnů trest smrti, proti němuž nebylo odvolání. Byla zakázána veřejná shromáždění a průvody a do postižených oblastí vysláno množství policistů a vojáků. Sudetoněmecké tlupy, jež se na dvacet čtyři hodin tak okázale promenádovaly ulicemi, se prostě vytratily a přivolané posily nad městy tiše získaly kontrolu. Některá místa však bylo nutno vybojovat zpět, přičemž byla svedena řada krvavých bitev. Do pozdního odpoledne 13. září byla nad většinou území opět obnovena kontrola s výjimkou hraniční obce Bublavy (Schwaderbachu), kde nešlo zaútočit, aniž by kulky nelétaly na německou půdu.[80] Celé povstání skončilo téměř ještě dříve, než začalo. Nepodařilo se rozpoutat občanskou válku a z Hitlerova pohledu vnímat vše jako podnět k obvinění české vlády, že ztratila kontrolu, a k ospravedlnění vojenské intervence, to bylo k ničemu.

Runciman měl v Praze na odpoledne naplánovanou schůzku s Henleinem, kde chtěl obnovit přerušené jednání. Ale vůdce SdP v noci uprchl z města a v Chebu se místo toho sešel ústřední výbor SdP. V 16.00 Frank Hodžovi telefonicky předal ultimátum. Henlein odsoudil, že „státní orgány zabily a zranily takové množství sudetských Němců", a předložil několik požadavků, jež měly být ve lhůtě šesti hodin splněny. Pokud se tak nestane, je Henlein nucen „zříci se veškeré odpovědnosti za následný vývoj".[81] Šlo o následující požadavky: „1) stažení státní policie, 2) odvolání stanného práva, 3) stažení vojenských jednotek z ulic do kasáren a 4) kontrola policejní moci bude svěřena představitelům místní samosprávy".[82] Česká vláda projevila mimořádně velkou dávku sebezapření a s požadavky souhlasila, ale trvala na tom, že Sudety nemohou zůstat bez formálního zajištění právního stavu. Požádali o vyslání zástupce SdP, který by v Praze dojednal bezpečnostní opatření, což však SdP odmítla.

V posledním zoufalém pokusu zachránit Runcimanovu misi zamířil toho večera Ashton-Gwatkin do Aše, kam dorazil o půl druhé v noci. Namísto Henleina však na něj čekal jeho dopis, v němž oficiálně ukončoval jednání a rozpouštěl jednací výbor. Ve 2.00 se Ashton-Gwatkin vrátil do Chebu, kde sídlila stranická centrála „Arbeitstelle der S. d. P...., téměř pevnost s ocelovými dveřmi". Zde ho „uvítala skupina ,tvrďáků' skandujících ,Heil Hitler'" a Frank mávající ve své kanceláři revolverem.

Do půl čtvrté se spolu procházeli ulicemi Chebu pozorujíce české vojáky zajišťující klid, ale Frank byl „natolik pohlcen duchem Norimberku a svojí důležitostí, že z něho nebylo možné dostat ani jedno rozumné slovo, natož něco zodpovědného".[83] V 11.00 dorazil Ashton-Gwatkin do Aše, aby naposledy promluvil s Henleinem. Byť se vše odehrálo ve vlídném duchu a ze strany sudetského vůdce nic podobného nezaznělo, bylo zřejmé, že britská mise je u konce.

V Praze té noci vypukla válečná horečka; všeobecně se mělo za to, že po vypršení Henleinova ultimáta vypukne válka. Shirer s dalšími kolegy z branže ponocovali s ušima napjatýma, neslyší-li už německé bombardéry, o nichž se předpokládalo, že již odstartovaly a jsou na cestě k hlavnímu městu Československa. Poté, co se rozkřiklo, že hrozí německá invaze, v hale hotelu Ambassador, tradičním „doupěti" diplomatů a dopisovatelů, zavládlo takové „napětí a zmatek", že ho nešlo „popsat slovy". Jediného telefonického operátora obléhal chumel novinářů, kteří se snažili předat své zprávy do redakcí, a vzrušení opadlo jen na chvíli, když dopisovateli *Chicago Tribune* přišel od nadřízeného zvláštní telegram. „Války začínají vždy za svítání," informoval ho. „Buďte tedy za východu slunce připraven." Přichází úředník z ministerstva zahraničí a s vážnou tváří oznámil, že Henleinovo ultimátum bylo zamítnuto. „Dopisovatelé se opět rozběhnou k telefonům," zapsal si Shirer. „Několik Židů odbíhá pryč." Ze Sudet volá korespondent *Daily Express*: stojí na policejní stanici a vedle něj, přikryta dekou, leží mrtvá těla čtyř zabitých četníků.[84]

Vyčerpaný Ashton-Gwatkin se do Prahy vrátil, jen aby se dozvěděl, že Runcimanova mise je u konce. Její účastníci se už „přesunuli z tísnivé atmosféry, kterou skýtal hotel, na klidnější místo, jímž bylo velvyslanectví J. V."[85] V noci do Frankovy pevnosti v Chebu vtrhla česká armáda. Henlein s dalšími předáky SdP uprchl do Bavorska a zřídil si tam novou centrálu. Zanechal za sebou proklamaci určenou sudetským Němcům, která byla posledním činem odporu a vlastizrady.

Chceme žít jako svobodní němečtí lidé! Chceme opět mír a práci v naší zemi! Chceme domů do Říše! [Wir wollen heim ins Reich] Bůh žehnej nám i našemu spravedlivému boji![86]

Tou dobou už bylo Runcimanovi všechno jedno. Jako zprostředkovatel měl být zakrátko nahrazen ministerským předsedou, který, jak bylo oznámeno, nazítří poletí za Hitlerem do Berchtesgadenu. V Praze pouliční prodejci prodávali večerní vydání novin. „Zvláštní vydání! Zvláštní vydání! Přečtěte si vše o tom, jak mocný šéf britské říše odjíždí žebrat k Hitlerovi!"[87] O dva dny později, 16. září, se Runciman společně se svým týmem naposledy vrátil do Londýna.

10

Na ostří nože

Do noci vycházíš, bohy veden
vykoupit mladíky před bitvou živé.
Podoben Priamu, který už dříve
vydal se pro syna za Achillem.

sir John Masefield, dvorní básník, *The Times*, 16. září 1938

Podařilo se mi vzbudit jistou důvěru, což bylo mým cílem… Nabyl jsem dojmu, že jde
o muže, na něhož se lze spolehnout, dá-li své slovo.

Neville Chamberlain Idě Chamberlainové po návratu z Berchtesgadenu,
19. září 1938

Chamberlain se svým poradcem, sirem Horacem Wilsonem, začali dělat diplomacii se
stejnou bláhovostí, jako když dva kaplani poprvé vlezou do hospody; nerozpoznali rozdíly
mezi veřejným shromážděním a brajglem; stejně tak jim nedošlo, že přítomní rváči
nemluví jejich řečí ani jí nerozumí.

Harold Nicolson, *Why Britain is at War*, 1939

Nápad, že by se měl ministerský předseda setkat s Hitlerem, vznikl
během nočního rozhovoru Chamberlaina s Wilsonem, k němuž došlo
28. srpna po schůzi ministrů, když se Chamberlain rozhodl, že se
svěří přítomnému Halifaxovi, Simonovi a Hendersonovi, který byl na
zasedání povolán z Berlína. Myšlenka byla „natolik neobvyklá a trou-
falá," psal Chamberlain sestře, „že Halifaxovi málem vyrazila dech".
Henderson ji však s drobnými výhradami uvítal a souhlasil, že něco
takového by možná mohlo „zachránit situaci hodinu před dvanáctou".
[1] Wilson nápad dále prodiskutoval s Hendersonem a poté připravil
hrubé obrysy návštěvy.

Existuje model nazývaný plán Z, který je znám pouze ministerské- mu předsedovi, ministru financí, ministru zahraničí a mně, a tento okruh osob se nesmí rozšířit. K jeho uskutečnění dojde výhradně za vymezených okolností... Úspěch tohoto plánu, bude-li realizo- ván, závisí na momentu překvapení a je klíčové, aby o něm nikde nepadlo ani slovo.[2]

„Plán Z" měl značit nultou hodinu a o Chamberlainovi se v korespon- denci mělo hovořit jako o „X". Vyvstanou-li vhodné okolnosti k usku- tečnění tohoto plánu, měl být Henderson co nejdříve upozorněn, aby bylo možno stihnout zařídit všechna nezbytná opatření.

Do 8. září, kdy opět zasedl užší kabinet, o „plánu Z" nepadlo ve vládě ani slovo; tehdy se diskuze točila kolem dvou bodů – oficiálního varování Hitlera, nebo Chamberlainovy návštěvy Německa. „M. P. není varovné zprávě příliš nakloněn," zapsal si Cadogan. „Myslí si, že by měl jet on sám. Souhlasím."[3] Vansittarta to naproti tomu „vy- točilo a mermomocí ji odmítal" a „ustavičně upozorňoval na analogii s Jindřichem IV. putujícím do Canossy".[4] 9. září zasedal vnitřní ka- binet bezmála po celý den – „Téměř celý den jsme proseděli v našem obvyklém hloučku," zapsal si Cadogan.[5] Chamberlain začínal být návštěvou naprosto pohlcen a přemítal, jaké by to bylo dramatické gesto: znenadání by stanul před Hitlerem uprostřed norimberského sjezdu, nebo v následujícím týdnu v Berlíně. Odpoledne Wilson Hen- dersonovi odeslal zvláštním leteckým kurýrem důvěrný dopis. Užší kabinet se „opět zabýval Z a má za to, že se schyluje k okamžiku, kdy ho bude nutné přijmout".

Jedna věc však všem dělala vážné starosti. Vzhledem k tomu, že měl ministerský předseda přijet neplánovaně, co když führera skolí diplomatická chřipka a odmítne se s ním setkat? „To by bylo značně nepříjemné," hloubal Wilson předváděje mistrný eufemismus, „a tady by to nevypadalo příliš dobře. Bude příjezd premiéra natolik prestižní záležitostí, aby Hitlera odradil od toho ji ignorovat?"[6] Henderson odepsal ze svého lůžkového vozu v Norimberku. „Podle mého názoru čas k X dosud nenastal. Rozhodně ne tady v Norimberku, to absolutně nepřichází v úvahu." Navíc byl „proti, nebude-li vše předem domlu- veno s Hitlerem".[7] Ještě ten večer obdržel z Londýna další dotaz a jeho půlnoční odpověď nemohla nechat Wilsona na pochybách, co se týče jeho pohledu na věc. „Třebaže silně pochybuji o tom, že H. bude indisponován a odmítne se s X. setkat," psal, „mohlo by k tomu dojít, pokud by události nabraly takový spád, že nabude dojmu, že mu tak velí učinit německá čest. Nejsem toho názoru, že by se mělo podstupovat takové riziko, poněvadž takové fiasko X by stěží bylo tolerováno." Na závěr opět zopakoval svoje dřívější doporučení. *„Myšlenka, že se to celé uskuteční bez předchozí domluvy, se mi skutečně nelíbí."*[8]

Když se v sobotu 10. září Hoare vrátil zpátky z Balmoralu, zamířil rovnou na Downing Street, kde v zasedací místnosti vlády našel osamoceného Chamberlaina. Ministerský předseda svého ministra vnitra sklesle informoval, že „situace dosáhla kritickému stavu" a že „je třeba nějaké dramatické intervence, která by zabránila děsivé katastrofě". Hoare poukázal na to, že „osobní intervencí, která s vysokou pravděpodobností selže, podstupuje nesmírné politické riziko." Nicméně Chamberlain namítl, a různé variace této odpovědi měly v příštích týdnech opakovaně zaznívat, že „by si to nikdy neodpustil, kdyby vypukla válka, které se nevynasnažil všemi prostředky zabránit". Odpoledne se ministr vnitra Hoare poprvé zúčastnil zasedání vnitřního kabinetu. Po obšírné diskuzi, která se rozvinula nad Hendersonovými zprávami zasílanými z Norimberku, z nichž bylo cítit rostoucí zoufalství, obrátili ministři pozornost k Chamberlainově cestě. „Všichni ministři jsou zajedno, že se má uskutečnit," poznačil si Hoare, „a že by ji nejprve měla schválit celá vláda."[9]

Navzdory této shodě, když 12. září, ráno před Hitlerovým projevem, zasedal kabinet v kompletním složení, nepadlo o „plánu Z" ani slovo. Ministra koordinace obrany Inskipa, který se o tomto tajemství také dozvěděl, předem upozornil Wilson, „aby si dával pozor a nikde se o tom nezmiňoval".[10] Chamberlain se však o svůj úmysl podělil s Runcimanem. „Musím z celého srdce vyjádřit obdiv nad vaší trpělivostí, diskrétností a zručností, s níž jste se chopil vašeho nevděčného úkolu," začal. „Pokud by to bylo jen na vás, jsem si jist, že byste dosáhl dohody." Byť to působí sebezvláštněji, Chamberlain oznámil svůj úmysl realizovat „plán Z", ačkoli ho „do poslední chvíle nezamýšlel vyjevit kabinetu" s odůvodněním, že by se „jeho úmysl spíše vyzradil". Taktéž naléhal, že by Runciman mohl sehrát hlavní roli v nadcházejícím dramatu; chtěl Hitlerovi navrhnout, ať Runciman přestane vystupovat jako zprostředkovatel a při řešení sudetského problému se ujme role konečného rozhodčího.[11] Runciman nebyl nijak poctěn, nicméně souhlasil: „S velkou nechutí a v krajním případě vykonám, co navrhujete. Samozřejmě by to znamenalo konec mého zprostředkování v Československu."[12]

Tou dobou do rozvah britských ministrů vstoupil nový faktor, a sice postoj jejich francouzských protějšků. Vyvolala-li Hitlerova řeč na norimberském sjezdu v Londýně nejistotu, v Paříži způsobila zmatek a rozpaky. Ačkoli v ní nezaznělo definitivní vyhlášení války, Hitler se prohlásil za ochránce sudetských Němců a dal jasně najevo, že tomuto závazku hodlá dostát. Francie tak řešila zásadní dilema. Jakožto nejbližší spojenec Československa se francouzská vláda musela rozhodnout, zda v případě, že Hitler bude mobilizovat a podpoří sudetské Němce, přijde Čechům na pomoc. Tíha této zodpovědnosti těžce spočívala na ramenou předních francouzských politiků. Premiér Édouard Daladier trvale prohlašoval, že by jeho země stála za Československem. 8. září britskému velvyslanci Phippsovi „zcela jednoznačně oznámil", že „překročí-li němečtí vojáci československou hranici, Francouzi vyrazí do boje... nikoli kvůli *les beaux yeux* [krásným očím; pozn. překladatele] Čechů, nýbrž aby si zachránili vlastní kůži, poněvadž po jisté době by se Německo... obrátilo proti Francii".[13] O dva dny později Halifax shledal, že francouzský velvyslanec Charles Corbin je „bojovně naladěn", když poznamenal, že Francie by „v případě německého útoku na Československo musela mobilizovat a vyhlásit Německu válku".[14] Nebylo tomu tak dávno, co pronesl generál Gamelin, náčelník štábu francouzské armády, „že francouzská armáda je schopna nejen udržet Maginotovu linii, ale taktéž provést úspěšnou sérii útoků na německé území".[15]

Přesto si 10. září francouzský ministr zahraničí Georges Bonnet předvolal Phippse do Quai d'Orsay a úzkostlivě se tázal, zda by mu, spíše jako příteli než britskému velvyslanci, mohl položit jednu otázku. „Předpokládejme, že Němci napadnou Československo a Francie bude mobilizovat, což by ihned učinila," započal Bonnet. „Předpokládejme, že se poté Francie obrátí na Velkou Británii a řekne: ,Vyrážíme do boje; potáhnete s námi?' Jakou by dostala odpověď?" Phipps byl v rozpacích, ale Bonnet dotaz zopakoval zdůrazňuje, že je to „nesmírně důležité" a že se s informací bude nakládat „důvěrně" a nebude to oficiálně zaznamenáno. Nakonec Phipps odvětil, že, „co se týče jeho osobně", nejenže „odpověď na takovou otázku nemůže dát, ale stejně tak nevěří, že toho bude schopna vláda Jeho Veličenstva".[16] O dva dny později zaslal Halifax Phippsovi obezřetnou reakci.

Vzhledem k tomu, že je na mně, abych za této situace dal odpověď na otázku pana Bonneta, věc se má tak: zatímco by vláda Jeho

Veličenstva nikdy nedovolila, aby došlo k ohrožení bezpečnosti Francie, není s to dát přesné prohlášení o charakteru své budoucí akce ani o době, kdy by byla zahájena, za okolností, jež nemůže v současnosti předvídat.[17]

Bonnet na tento telegram zareagoval téměř hystericky a Phipps se za ním musel vydat napodruhé. Ministr téměř „ztratil hlavu".[18]

P. Bonnet byl velice znepokojen a říkal, že mír se musí zachránit za každou cenu, jelikož Francie ani Británie nejsou na válku připraveny. Plukovník Lindbergh se vrátil ze své cesty [po Německu] vystrašen neskutečnou silou německého letectva... Uvedl, že Německo má 8000 letounů a může jich za měsíc vyrobit až 1500. P. Bonnet prohlásil, že francouzská a britská města by byla srovnána se zemí a případná odveta by mohla být jen značně omezená, ne-li žádná.

Bonnetovo „zhroucení, k němuž došlo tak náhle a tak pozoruhodně",[19] přimělo Phippse, aby požádal o okamžitý rozhovor s Daladierem, jenž toho dne předsedal naprosto rozhádané vládě. Brzy bylo zřejmé, že proměna Bonnetova chování je součástí obecného trendu. I Daladier najednou „postrádal nadšení" pro plnění francouzských závazků k Československu. „Dnešní p. Daladier byl naprosto jiný než p. Daladier z 8. září," hlásil velvyslanec Phipps Halifaxovi, „a stejně tak se lišil jeho tón a jazyk." Obával se, že Francouzi blafovali – „byť jsem celou dobu poukazoval na to, že Hitlera nikdo neoklame".[20]

13. září se britská vláda „ze zdrojů tajné služby" dozvěděla, „že všechna německá velvyslanectví a zastupitelné úřady obdržely informaci, že Hitler zamýšlí Československo napadnout 25. září".[21] Vansittartovy soukromé zdroje citovaly Wiedemanna, který o Hitlerovi prohlásil, že je „fanaticky odhodlán zničit Československo letos na podzim". K mobilizaci mělo dojít 15. září a k invazi o deset dní později; vše mělo proběhnout takovou rychlostí, že pátého dne měli být němečtí vojáci v Praze.[22] Henderson z Berlína hlásil, že „pouze *okamžitá* akce československé vlády může odvrátit německé rozhodnutí použít sílu. Jestliže československá vláda nemůže poskytnout, či neposkytne zadostiučinění, vypukne válka, ať jsou následky jakékoli."[23] Chamberlainovi bylo jasné, že musí okamžitě jednat. Posadil se a napsal králi.

Již nějaký čas se zabývám myšlenkou na náhlý a dramatický krok, jenž by mohl celou situaci změnit. Plán je následující: sdělím panu Hitlerovi, že navrhuji ihned se za ním vydat do Německa. Bude-li souhlasit, přičemž odmítnout něco takového by nebylo snadné, doufám, že se mi ho podaří přesvědčit, že se mu naskytla jedinečná příležitost zvýšit svoji prestiž a dostát svým tolikrát zmiňovaným cílům, totiž ustanovení vzájemného anglo-německého porozumění, jemuž by předcházelo dořešení česko-slovenské otázky.[24]

Užší kabinet se sešel v 15.00 a zběžně probral návrh, který těsně předtím dorazil od Francouzů, svolat konferenci čtyř mocností. Obecně panovala shoda, že „nabídka by v žádném směru nebyla pro Německo zajímavá, snad jen v tom, že z ní bylo vynecháno Rusko". Poslední dva body jednání obnášely:

(9) plán „Z" (ministerský předseda přijede za panem Hitlerem)
(10) zveřejnění plánu „Z".

Diskuze nebyla zaznamenána.[25] Na 18.00 byli na Downing Street svoláni ministři mající na starost ozbrojené síly a sbor náčelníků štábu. Ministr námořnictva Duff Cooper se dožadoval odsouhlasení mobilizace flotily, ale Chamberlain jej odbyl příslibem, že otázku nadnese na zítřejším zasedání kabinetu.[26] Ve skutečnosti byl ministerský předseda myšlenkami někde jinde. Inskip, který se jednání taktéž zúčastnil, doléhající pocit krize živě popsal.

Okolo třetí hodiny začal příval řečí o válce. Pohyby německých vojsk, boje v Československu, intenzivní německá a sudetská propaganda. Phipps hlásil, že Bonnet ztratil hlavu. Daladier se pokoušel dovolat M. P., ale ten s ním nepromluvil. Phipps byl u Daladiera... Dozvěděl se, že Německo se musí zastavit, „ať to stojí, co to stojí". Je nutno nalézt nějaké východisko. Bude-li Československo napadeno, Francie bude „stát před povinností dostát svým závazkům", čehož se Daladier podle všeho děsí. Vše nasvědčovalo tomu, že Francie nechce válčit, není na střetnutí připravena a že ani nebude bojovat.[27]

Chamberlain později v Dolní sněmovně vysvětloval, že počínaje tímto večerem „se situace natolik vyhrotila, že bezprostředně hrozilo, že němečtí vojáci se za hranicemi připravují na vpád do Československa, aby zabránili dalším incidentům v Sudetech". Proto se rozhodl „uskutečnit plán, který jsem si již nějaký čas ponechával v záloze pro případ nouze".[28] Bylo tedy „klíčové," psal v dopise sestře, „aby se plán jednak vyzkoušel až v okamžiku, kdy bude vše vypadat beznadějně, a jednak aby se objevil zcela nečekaně." Měl v úmyslu nechat si ho schválit kabinetem ve středu ráno, „avšak v úterý v noci jsem poznal, že přišla jeho chvíle a je nutno konat, nemá-li být už příliš pozdě".[29] Ministr financí Simon již stihl Wilsona informovat, že podle něj není nutné kvůli tomu svolávat kabinet. „Nemyslím si, že je to nezbytné. Kabinet bude věřit/děkovat M. P. V tom jsme se S[amem] H[oarem] zajedno."[30] Ve 22.00 se v zasedací místnosti vlády sešli Chamberlain, Halifax, Cadogan a Wilson; jediným bodem jednání byl „plán Z". V zápisu stojí, že „telefonicky byl kontaktován sir Nevile Henderson, který se nenápadně snažil zjistit, kde se zrovna nachází pan von Ribbentrop".

Nějaký čas se věcí zabývali a poté se dohodli, že „se má připravovaná zpráva odeslat, nicméně vzhledem k tomu, kolik bylo hodin, měl sir Nevile Henderson s kontaktováním pana von Ribbentropa posečkat do rána 14. září".[31] Spěšně byl nachystán telegram, schválen a pozdě v noci telefonicky předán Hendersonovi. Dostal za úkol, jakmile to bude možné, vyhledat Ribbentropa se záměrem doručit „následující zprávu panu Hitlerovi jakožto osobní poselství od ministerského předsedy".

> Vzhledem k narůstající kritičnosti situace navrhuji okamžitě za Vámi přijet a pokusit se najít mírové řešení. Navrhuji dorazit letecky a jsem připraven tak učinit zítra. Dejte mi, prosím, vědět, kdy se se mnou nejdříve můžete setkat, a navrhněte, kde k tomu má dojít. Budu Vám vděčný za brzkou odpověď.[32]

Chamberlain dále napsal králi, jenž stále dlel na Balmoralu.

> Události na evropském kontinentě se odvíjejí takovou rychlostí a zdá se, že situace spěje k tak kritickému okamžiku, že jsem panu Hitlerovi zaslal osobní poselství, kde navrhuji letecky odcestovat do Německa, což jsem připraven učinit již zítra.[33]

Král rozhodl, že se ihned vydá na jih, „aby získal více času na prodiskutování mezinárodní situace se svými ministry".[34]

Nazítří se v 9.00 Henderson zastavil za Weizsäckerem na Wilhelmstrasse, aby předal Chamberlainův telegram. Ukázalo se, sdělil státnímu tajemníkovi, „co vše je anglický MP ochoten učinit, aby zabránil další

269

válce mezi Británií a Německem, k níž by celkem nepochybně došlo, pokud by Německo zasáhlo v Československu".[35] Ribbentrop pobýval zrovna v Mnichově, kam na pár dní odjel, aby byl v blízkosti Hitlera, jenž se z Norimberku vrátil zpět do Berchtesgadenu. O půl desáté mu Weizsäcker do telefonu diktoval Chamberlainův vzkaz, k němuž dodal, že plán „není nic nového", ale sám fakt, že muž Chamberlainova věku je ochoten „jménem míru osobně zakročit…, prokazuje jeho úmysl i za cenu velké oběti podniknout poslední krok". Ve 12.15 si nervózní Henderson u Weizsäckera zjišťoval, jak celá záležitost pokročila, a dostalo se mu ujištění, že Ribbentrop dorazil do Berchtesgadenu a během chvilky by měla přijít Hitlerova odpověď. Trvalo to však až do 14.40, než Ribbentrop zavolal Weizsäckerovi s Hendersonem a oznámil jim, že Hitler ministerského předsedu s potěšením přijme.[36]

V Londýně v 11.00 započal Chamberlain zasedání kabinetu prohlášením, že svojí řečí na norimberském sjezdu Hitler potvrdil správnost britské politiky, jelikož „se nedopustil ničeho nezrušitelného". Dodal však, že „projev nebyl příliš povzbuzující a že v něm zaznělo několik znepokojujících frází". Následujících padesát minut odhaloval stěžejní prvky „plánu Z", o němž doufal, že „by mohl hodinu před dvanáctou zachránit mír". V tomto směru mu bylo vzpruhou Hendersonovo mínění, že „usmyslel-li si Hitler napadnout Československo, tato myšlenka ho mohla přimět změnit názor". Omluvil se, že kolegy o plánu neinformoval dříve, nicméně jeho rozhodujícím prvkem byl moment překvapení, a „měl za to, že nejlepší bude zmínit se o něm co nejpozději". Opustil svoji původní myšlenku přijet do Německa neohlášen a ve světle stále závažnějších incidentů v Sudetech a kvůli „mimořádné zprávě", kterou zaslal Phipps, kde naznačoval, že se Bonnet „zhroutil" a je „do morku kosti vyděšený", se rozhodl návštěvu urychlit. Přiznal, že Hitlerovi již odeslal telegram. „Doufal, že kabinet tento krok neshledá jako překročení pravomocí…, když k němu došlo bez předchozí konzultace s celou vládou." Choval naději, že se tato iniciativa „zalíbí hitlerovské mentalitě… mohlo by to učinit za dost jeho domýšlivosti, že by měl britský ministerský předseda podniknout tak bezprecedentní krok".[37]

Premiérovo oznámení „přišlo" jeho kolegům „jako výbuch bomby". Ministr války, Leslie Hore-Belisha, si pomyslel, že to „není bez rizika", a připomínal, že Hitlerovy kroky jsou „součástí nesmiřitelného plánu, který vylíčil v *Mein Kampf*". Vláda by okamžitě měla „zintenzivnit znovuvyzbrojování".[38] Několik ministrů projevilo rozpaky nad myšlenkou plebiscitu. Ministr obchodu Oliver Stanley prohlásil, že takový ústupek by „panu Hitlerovi dal všechno, o co nyní násilím žádá, a znamenalo by to totální kapitulaci". Sám Chamberlain uznal, že se mu plebiscit nelíbí, protože by to znamenalo připojení Sudet k Říši, nicméně argumentoval, že je „nepředstavitelné, aby demokratická země, jako jsme my, říkala, že by šla do války kvůli tomu, aby zabránila konání plebiscitu". Pochyboval, zda by Československo „vůbec mohlo žít v míru, dokud jsou jeho součástí sudetští Němci".[39] Bylo téměř nevyhnutelné, že se „Sudety připojí k Říši, ať už to bude násilím, nebo vyjádřením vlastní vůle v plebiscitu", a je „bez diskuze, která z těchto dvou možností znamená menší zlo".[40]

Duff Cooper namítl, že „se nevolí mezi válkou a plebiscitem, nýbrž mezi válkou nyní či později". Přestože ještě nedávno navrhoval mobilizaci celého loďstva, nyní byl ochoten dát Chamberlainově návrhu šanci.[41] Do deníku si však nesouhlasně zapsal, že kabinetu „to bylo pouze oznámeno, nebylo to konzultováno a telegramy již byly odeslány".[42] Lord Hailsham se tázal, co by se stalo, kdyby plebiscit požadovaly také další menšiny, na což Chamberlain opáčil, že „nastolení takového požadavku nečeká". Taková odpověď vyprovokovala Halifaxe, jenž varoval, že plebiscit by mohl být pěkně „nakažlivý". Sir John Simon chtěl vědět, co by se po odstoupení Sudet Říši stalo se zbytkem Československa. Pro Chamberlaina to byla ta nejtěžší otázka; počínaje anšlusem zarytě odmítal možnost, že by Británie formálně nabídla Československu určitou formu garance. Avšak nyní s viditelnou neochotou připouštěl, že by se snad „tato země mohla podílet na zárukách integrity zbytku Československa... Hodnota této záruky by spočívala v efektu zastrašení. Garantovat podobu nového neutrálního Československa měla Francie, Rusko, Německo a Velká Británie."

Jako jediný nesouhlasil s Chamberlainovým návrhem ministr zdravotnictví Walter Elliot, který si stěžoval, že záležitost nebyla řádně projednána, a varoval, že vláda „je tlačena k něčemu, pro co by se z vlastní vůle nerozhodla".[43] Jinak, zapsal si Inskip, „téměř všichni obdivovali premiérův smělý tah" a Simon to celé „zakončil sprškou komplimentů na adresu M. P."[44] Simon nevynechal ani jednu příležitost, kdy se mohl zavděčit, a tak si svůj komentář nechal až nakonec. Bylo „mu jasné, že ministerský předseda musí být značně pohnut", že jeho kolegové souhlasí s jeho „výtečným nápadem". Vyzval kabinet, aby „svoji jednohlasnou podporu přijatých kroků zaprotokoloval [a] aby vyjádřil svoji víru a důvěru v ministerského předsedu".

271

I kdyby zemi opustil jen na krátký čas, byla by to bolestivá záležitost, avšak vrátí-li se zpět se zárodkem čestného míru, bude uznáván, že vykonal největší výdobytek za posledních dvacet let.

Chamberlain poděkoval svým kolegům a zopakoval, že „by si to nikdy neodpustil, kdyby se nepokusil zabránit hrozící katastrofě". „Velice ho dojalo, jakou mu projevili důvěru".[45]

Ihned poté, co dvouapůl hodinové setkání skončilo, volal z Paříže Phipps a potvrzoval, že francouzští ministři, kteří o „plánu Z" dosud nic nevěděli, otočili o 180 stupňů. Bonnet mu sdělil, že by Francie „přijala jakékoli řešení československé otázky, aby se vyvarovala války", a že by Francouzi nepřipustili „obětování deseti milionů mužů jen proto, aby zabránili tři a půl milionům sudetských Němců připojit se k Říši". V krajním případě by vedeni snahou „vyhnout se německé agresi… souhlasili s plebiscitem, který by se obecně tázal, zda si sudetští Němci přejí zůstat v rámci [Československa; pozn. překladatele], či jim má být umožněno připojit se k Říši". Vzhledem k tomu „Bonnet adresoval p. Benešovi jasnou narážku na to, že Francie může být donucena své závazky k Československu znovu promyslet".[46] Phipps informoval Lea Ameryho, poslance za konzervativní stranu, který toho dne projížděl Paříží, že Francouze „válka natolik děsí, že budou hledat jakoukoli výmluvu, jen aby se mohli vyvázat ze svých obligací k Československu". [47] „Co bylo naprosto jasné," zapsal si ministr pro Indii lord Zetland, byl fakt, „že tváří v tvář hrozící německé agresi se francouzská vláda chovala jako propíchnutý balónek".[48]

V 15.30 telefonoval Henderson Cadoganovi, že Hitler bude ministerskému předsedovi „plně k dispozici".[49] O návštěvě byl informován předseda labouristů Clement Attlee a spolu s ním i ostatní předáci opozice. Phipps s Runcimanem dostali telegram, že Chamberlain nazítří vyráží do Německa.

Runciman měl být v pohotovosti, aby v případě nutnosti mohl na místo okamžitě dorazit. Zato když se o cestě dozvěděl Daladier, hlásil Phipps, „nevypadal zrovna potěšeně".[50] Během odpoledne v reakci na zprávu, že bude oznámeno něco důležitého, se před Downing Street hromadil „početný a nervózní, nicméně zdrženlivý dav" a ve 21.00, když bylo vydáno oficiální prohlášení, již stálo před Whitehallem několik tisícovek lidí. Ihned po zveřejnění zprávy se k telefonním budkám rozběhla skupina čekajících novinářů, kteří závodili, kdo bude o návštěvě informovat jako první, a kolem nich se tlačili zvědaví lidé, snažíce se zaslechnout, jaké zprávy zaplní zpravodajství po celém světě.[51]

Toho večera vydal sbor náčelníků štábu studii, kterou si o několik dní dříve vyžádal Inskip. Analyzoval v ní připravenost britské armády na německé napadení Československa. Jak to popsal sám Inskip, bylo to prospěšné čtení.

Opět zde vyjádřili své přesvědčení, že žádný tlak, který s Francií můžeme vyvinout na moři, na zemi či ve vzduchu, nezabrání Německu obsadit Čechy a rozhodně porazit Československo. Následovala by totální válka, ve které, aniž bychom zahájili bombardování, musíme dříve či později počítat s možností, že na nás až po dva měsíce denně dopadne 500 nebo 600 tun bomb.[52]

Chamberlainovo nadšení však nic zchladit nemohlo. „Hitler mi šel naprosto na ruku," chvástal se před sestrou, „a prý zda nepřiletí i paní Chamberlainová!" A co víc, zaslechl, že Hitler poté, co vyslechl jeho návrh, „byl jako opařený a vykřikl: ,Muže jeho věku nemůžu nechat podstoupit takovou cestu; musím se vydat do Londýna'".[53] Z Hitlerovy reakce lze vyčíst, že nemohl uvěřit svému štěstí. „Ich bin vom Himmel gefallen [To se mi snad zdá]," zasmál se pro sebe, když se o novině poprvé dozvěděl.[54]

■ ■ ■

„Celý svět s překvapením zalapal po dechu," hlásily následujícího rána *Daily Express*, „načež se po ustaraných metropolích rozlila vlna úlevy." Jak doma, tak v cizině téměř jednohlasně velebili Chamberlainův smělý tah a obdivovali jeho odhodlání podniknout ve věku šedesáti devíti let první let. „V sázce je toho příliš na to, aby upřednostňoval vlastní pohodlí či komfort," informoval list své čtenáře.[55] A uznání se mu dostalo i od tisku, který byl normálně k jeho zahraniční politice kritický. Pod titulkem „HODNĚ ŠTĚSTÍ, CHAMBERLAINE!" vítal prolabouristický *Daily Herald* premiérův „odvážný kurz, jemuž se dostane všeobecné podpory. Je to úsilí zažehnat válku, která se jeví klíčit hrozivě blízko," pokračoval článek, „a jako takové si musí získat sympatie bez ohledu na místo a politické přesvědčení."[56] Liberálům nakloněná *News Chronicle* aplaudovala „jednomu z nejsmělejších a nejdramatičtějších tahů v historii diplomacie".[57] *The Times* pod nadpisem

„FÜHRER SRDEČNĚ VÍTÁ" uváděly, že Chamberlainova iniciativa „všechny ostatní zprávy o evropské krizi naprosto zastiňuje". Oznámení návštěvy přineslo „všem pocit úlevy a nesmírného zadostiučinění" a „svědectví o jeho [Chamberlainově; pozn. překladatele] odvaze a zdravém rozumu". Avšak stránky věnované finančnictví informovaly o propadu na burze, silné poptávce po amerických dolarech a nárůstu pojistného pro případ války.

Veřejné mínění i politici se téměř všeobecně vyslovili pro premiérovu cestu. Agentura Mass-Observation zaznamenala náhlou změnu názoru ve prospěch Chamberlaina, když 70 % dotázaných uvedlo, že cesta „prospěje míru".[58] V Ženevě proběhlo oznámení návštěvy na banketu pořádaném britskou delegací Společnosti národů. Diana Cooperová seděla vedle irského premiéra Eamona de Valery, který to komentoval slovy, že jde o „nejvelkolepější věc, která kdy byla podniknuta".[59] Na témže večírku popsal Chips Channon Chamberlainovu iniciativu jako „jeden z nejlepších a nejvíce inspirujících činů v celé historii... všichni si stoupli a připili na jeho zdraví, stejně tak musí učinit i celý svět". Jediné rozčarování mu způsobilo, že „samozřejmě zuří pár Židů a řada ještě pochybnějších novinářů, kteří se poflakují po Ženevě".[60] Arcibiskup canterburský mezitím oznámil, že Westminsterské opatství zůstane po celý den a noc otevřené, „aby bylo možné se s ohledem na trvající krizi neustále přimlouvat". V chrámu vznikl provizorní prostor určený pro modlitby, jenž vymezovaly židle a klekátka okolo hrobu neznámého vojína, a když se okolo 8. hodiny otevřely chrámové dveře, stála před nimi již značná fronta.

Vedení labouristické strany bylo klidné. Týden předtím na shromáždění labouristických voličů v durhamském hrabství stínový ministr zahraničí Hugh Dalton svým příznivcům vysvětloval, že válku „nyní" lze „odvrátit pouze jediným způsobem". Hitler musí dostat varování napsané zcela jasnou řečí, která neumožňuje žádné pochyby, že spáchá-li zločin, Británie se připojí k Francii a sovětskému Rusku a společnými silami se postaví jeho agresi."[61] Nyní se Dalton svěřoval Douglasu Jayovi z *Daily Herald*, že „ho Chamberlain ujistil, že míří do Německa se zprávou pro Hitlera: podnikne-li jakýkoli agresivní krok, jsme připraveni bojovat".[62] Kanadský vysoký komisař Vincent Massey promluvil jménem jinak obvykle skeptických vlád dominií a vítal Chamberlainovu iniciativu jako „vskutku statečný krok", o němž se domníval, že „věci nemůže zhoršit a mohl by je zlepšit".[63] Dokonce i tak zarytý odpůrce appeasementu, jako byl Leo Amery, měl za to, jde o „smělý tah, který právě tak může celou situaci zachránit, byť se nelze zbavit pomyšlení na Schuschnigga". Když se ve Whitehallu setkal s Annie Chamberlainovou, pogratuloval jí, do jaké „odvážné akce se to Neville" pouští.[64]

Naproti tomu Churchill návštěvu označil za „největší blbost, které se kdy někdo dopustil",[65] a když se o ní dozvěděl Eden, byl „zlostí bez sebe".[66] Také v Praze na novinku reagovali zdrženlivě, protože se zde ještě vyrovnávali s Henleinovým útěkem do Německa; vláda ho označila za vlastizrádce a nakázala, aby byl ihned zatčen, vstoupí-li na českou půdu. Shirer hlásil, že Češi jsou „ohromeni…, tuší, že je [Chamberlain; pozn. překladatele] prodá".[67] V zemi se spontánně demonstrovalo a v ulicích shromážděné zástupy lidí naléhaly na Beneše, aby se nepodvoloval tomu, k čemu docházelo jejich jménem. „Dobré pro mír, špatné pro Československo," znělo obecně sdílené heslo.[68] Také v Římě byli překvapeni. „Válka nebude," oznamoval vzrušeně Mussolini Cianovi, „nicméně toto znamená konec britské prestiže."[69] V Berlíně zpráva „zapůsobila jako bomba a veřejnost ji přijala s velikánskou úlevou a spokojeností". [70] Zprávy o návštěvě crčely z předních stránek novin: „SPADL NÁM KÁMEN ZE SRDCE". Těmito slovy zprávu tituloval místní korespondent The Times. Když se tato zpráva objevila, zrovna obědval v plném podniku; všichni přítomní povstali a připili na Chamberlainovo zdraví. Podle Berlíňanů byla Chamberlainova návštěva „chlapským krokem", skýtala „nejlepší vyhlídku na mír, jaká se po dlouhé době objevila, a pro Německo představovala velikou poctu".[71]

Downing Street Chamberlain opouštěl v 7.45, radostně se usmíval a spokojeně mával početnému davu, který se navzdory brzké hodině v ulici shromáždil. Na hestonském letišti, vzdáleném půl hodiny jízdy autem na západ od Londýna, na něj čekala skupina hodnostářů, mezi nimiž nechyběli lord Halifax se svou paní, které na letiště zavezl Cadogan, Theodor Kordt, konzul z německého velvyslanectví nastrojený v žaketu, předseda a vrchní ředitel British Airways, a lord Brocket, který se zrovna vrátil z Norimberku. Právě když Chamberlain postupoval po rozjezdové dráze k letadlu, další z Hitlerových přátel mezi Brity, lord Londonderry, „se snesl z nebe" ve svém soukromém letadle a připojil se ke skupince vysílající ministerského předsedu na cestu.[72] Osamělého demonstranta drželi za plotem, ale přesto to bylo natolik blízko, aby ve chvíli, kdy kolem procházel Chamberlain, bylo možno slyšet jeho volání: „Braň Československo. Neustupuj Hitlerovi!"[73] V 8.30 promluvil premiér do BBC.

Chystám se setkat s německým kancléřem, poněvadž mi současná situace přijde jako okamžik, ve kterém naše diskuse může přinést užitečné výsledky. Mojí politikou byla vždy snaha zajistit mír a führerův ochotný souhlas s mým návrhem mi dodává naději, že má návštěva nebude bezvýsledná.[74]

S těmito slovy nastoupil do blyštivě stříbrného dvoumotorového letadla Lockheed Electra společně s doprovodem, který obstarával sir Horace Wilson a William Strang, ředitel Central Department ministerstva zahraničí. *The Times* své čtenáře ujistily, že jde o nejmodernější stroj letky British Airways, který je vybaven „všemi navigačními a bezpečnostními přístroji, jež současná věda zná"; Chamberlain si bude moci odpočinout v „pečlivě připevněných a polohovatelných sedadlech ve zvukotěsné kabině", zatímco letadlo poletí rychlostí 280 km/h.[75] Ve skutečnosti byl jeho první let neklidný a chvíli mu trvalo, než překonal původní nervozitu. Později přiznal, že když letadlo stoupalo nad londýnským předměstím, dostali se do „menších turbulencí".[76] Brzy se však natolik uklidnil, že si mohl vychutnávat šunkové sendviče a whisky, které cestující dostali na zpříjemnění cesty.[77] Wilson dělal, co mohl, a Chamberlainovu pozornost rozptyloval předčítáním vybraných pochvalných dopisů a telegramů, které již dorazily na Downing Street, takže slovy jednoho kritického historika docílil toho, že Chamberlain se „do Berchtesgadenu donesl na obláčku uznání".[78] Naproti tomu podle Stranga byl premiér překvapivě klidný a první let u něho nevyvolal žádné vzrušení, což se nezměnilo, ani když letadlo nedaleko od Mnichova vlétlo do silné bouře; byl „jako vždy, rezervovaný, zdrželivý, chladnokrevný a neotřesitelně samostatný".[79]

Přistáli o půl hodiny dříve, ve 12.35, a jak později vzpomínali očití svědci, z letadla vystoupil „velice hezký postarší muž s deštníkem".[80] Na schůdkách pod letadlem na něj čekal Henderson, který z Berlína dorazil vlakem, Dirksen z londýnského velvyslanectví a Ribbentrop, jenž se tázal, jaká byla cesta. „Přestál jsem ten let docela dobře," odvětil Chamberlain, „i když jsme měli v některých úsecích cesty špatné počasí a já jsem ještě nikdy v životě neseděl v letadle."[81] *Daily Mail* hlásil, že se ministerský předseda usmíval a „vypadal svěží, měl zdravou barvu a v očích jiskru". Když si potřásal rukou s německými hodnostáři, jeho „naškrobený frakový límeček a hedvábná vázanka připomínaly příslušníkům Schütz-Staffel v černých uniformách spíše staromódního Angličana".[82] „Jsem odhodlaný a houževnatý," ujišťoval Hendersona.[83]

Navzdory dešti se shromáždil asi tří- či čtyřtisícový dav, aby alespoň na kratičký okamžik zahlédl ministerského předsedu, který byl pozván, aby si za doprovodu bubnů prohlédl čestnou stráž. Na silnici na ně čekalo čtrnáct kabrioletů, ale kvůli dešti byly střechy mercedesů zataženy. Během jízdy k pět mil vzdálené železniční stanici se rychle ukázalo, že Mnichované vyšli do ulic v hojném počtu – lemovali silnici až na nádraží a hlasitě premiéra vítali. Podle Hitlerova tlumočníka Paula Schmidta, který jel s nimi, se Chamberlainovi dostalo znatelně vřelejšího přijetí než o rok předtím Mussolinimu. Podle všeho to na ministerského předsedu po dlouhém letu mělo posilňující účinek. Sám to komentoval slovy, že ho „potěšilo nadšené přijetí, jímž mě zahrnuly davy čekající v dešti. Po celou cestu až na nádraží mě zdravily nacistickým pozdravem a z plna hrdla křičely ‚Heil'.[84] Naproti tomu Ribbentrop měl špatnou náladu a byl viditelně ‚vzteklý'."[85]

Pro účely tříhodinové cesty do Berchtesgadenu nechal Hitler pro Chamberlaina vypravit svůj vlastní vlak, který tvořilo šest šedozelených vagonů, a nechyběl v něm ani všudypřítomný Ward Price z *Daily Mail*, který měl za to, že ministerský předseda si cestu viditelně užívá. Oběd se konal ve führerově jídelním voze obloženém javorovým dřevem, na stole bylo prostřeno pro patnáct osob. A Chamberlain seděl po boku Ribbentropa. Servírovala se „želví polévka, lososovitá ryba síh (žije v alpských jezerech), hovězí pečeně s yorkshirským pudinkem, sýrové lívanečky a ovoce". Když se podávala káva, likéry a cigarety, Chamberlain viditelně „ožil".[86] Vlak šplhal do hor a za okny rychle ubíhala malebná bavorská scenérie. Jak si Schmidt všiml, Chamberlaina však více zajímalo něco jiného – „vojenské transportní vlaky s vojáky, oblečenými do čerstvých uniforem a s hlavněmi čnícími do vzduchu, [které; pozn. překladatele] tvořily dramatické pozadí".[87] Celou trasu je provázely masy čekajících lidí, ve stanicích, na železničních přejezdech, všude vítaly vyslance míru. V Berchtesgadenu to horečnatou aktivitou po celé stanici bzučelo jako v úlu. Uvítání Hitler přenechal svému řediteli kancléřství Otto Meissnerovi a jeho třem pobočníkům a po celém městě se to jen hemžilo netrpělivými novináři. Doprovod ministerského předsedy se zastavil v Grand hotelu, kde zanechali svá zavazadla a kde na ně čekala čestná stráž SS, načež se s Hitlerovým šoférem za volantem vydali vzhůru do hor. Začalo pršet a obloha potemněla, takže jakýkoli výhled na hory zakrývala mračna a mlha.

Třebaže na cestu vyrazil již za úsvitu, šedesátidevítiletý Chamberlain vykročil na schody Bergofu teprve krátce před pátou hodinou odpoledne. Za doprovodu dalšího víření bubnů se čestná stráž, tvořená příslušníky SS Leibstandarte Adolf Hitler, postavila do pozoru. Hitler s Keitelem po svém boku sešel ze schodů a potřásl si s ministerským předsedou rukou. Chamberlain „přátelsky zamával svým kloboukem", a když dokončil prohlídku čestné stráže, „zamával jím opět, přičemž deštník měl zavěšený na levé ruce".[88] Důkladně si prohlížel svého hostitele. „Na první pohled," řekl později členům kabinetu, „není pan Hitler ničím výrazný."[89]

> Byl prostovlasý, měl na sobě sako v barvě khaki, na rukávu připnutou rudou pásku se svastikou a na hrudi mu visel válečný kříž. K tomu měl černé kalhoty, jaké jsme zvyklí nosit navečer, a šněrovací boty z černé lakované kůže. Má hnědé vlasy, nikoli černé, jeho oči jsou modré a ve tváři má spíše nepříjemný výraz, zejména když na něco reaguje, a po všech stránkách vypadá dosti nevýrazně. V davu by sis ho nikdy nevšimla a domnívala by ses, že je to malíř pokojů, kterým kdysi býval.[90]

Hitler je provedl spoře zařízenou chodbou do obrovské haly s proslaveným oknem skýtajícím výhled na Untersberg, kde u nízkého kulatého stolu proběhl „morbidní" čajový dýchánek.[91] Zdálo se, že Chamberlaina naprosto pohltily malované akty. Na stěnách po celém domě jich viselo velké množství různých velikostí, nicméně ministerský předseda se taktně zdržel jejich komentování. Napětí bylo hmatatelné. Hitler byl nervózní a hovor při čaji probíhal ve škrobené atmosféře. Vyjádřil politování, že Chamberlain absolvoval tak dlouhou cestu, na což ministerský předseda obratem reagoval oceněním scenérie a zalitoval, že počasí nedovolí vychutnat si výhledy na hory. „O tomto pokoji jsem slyšel mnohokrát," dodal, „ale přesto je mnohem větší, než jsem čekal."

„To vy máte v Anglii velké místnosti," odvětil Hitler.

„Musíte někdy přijet a na vlastní oči se přesvědčit."

„Čekal by mě pouze demonstrovaný nesouhlas," opáčil Hitler a konečně mu na tváři probleskl náznak úsměvu.

„No asi by bylo moudré vybrat k tomu příhodný okamžik."[92]

Po půlhodině plné podobně zdvořilostních frází Hitler náhle konverzaci přerušil dotazem, jak si Chamberlain přeje pokračovat. Bylo dohodnuto, že oficiální konverzaci povedou obě hlavy státu o samotě a jediným přítomným bude Schmidt, který bude překládat. Toto schéma již předem s Hitlerovým souhlasem navrhoval Henderson s Weizsäckerem, přičemž cílem bylo vyloučit z konverzace Ribbentropa. Sice se to podařilo, ale ministr zahraničí se cítil natolik dotčen, že si nazítří neodpustil malichernou pomstu. Hitler vzal Chamberlaina po schodech nahoru do své pracovny obložené dřevem, kde se nacházela pouze kamna, pohovka a stolek se třemi židlemi. Byla to stejná místnost, kde se v minulých měsících s führerem setkali Halifax a Schuschnigg, byť obě schůzky proběhly ve zřejmém kontrastu. Hitler svému hostu ani nenabídl sklenici vody, které stály připravené na stole.

V tomto okamžiku mu už muselo být téměř jasné, že Chamberlain do Německa dorazil s návrhem nějakého kompromisu. Když se mu poprvé dostal do rukou premiérův telegram, myslel si přesný opak. Polskému velvyslanci v Berlíně později sdělil, že ho „Chamberlainův návrh, že přicestuje do Berchtesgadenu, zarazil…, ale samozřejmě nebylo možné, aby britského ministerského předsedu nepřijal. Domníval se, že Chamberlain přijede a velkolepě pronese, že Velká Británie je připravena vyrazit do boje."[93] Tyto obavy však byly záhy rozptýleny. V reakci na Hitlerovu řeč na norimberském sjezdu den předtím, než byla s návštěvou Berchtesgaden seznámena veřejnost, informoval premiérův tiskový poradce německé korespondenty pobývající v Londýně, že Chamberlaina „führerova řeč znepokojila a zasáhla". Premiér se obával, že „budou-li události takto pokračovat, nevyhnutelně dojde k válce", ale „nadále byl ochoten přezkoumat dalekosáhlé německé návrhy, plebiscit nevyjímaje, napomoci s jejich realizací a obhájit je před veřejností".[94] Hitlerovi tak byla Chamberlainova vyjednávací pozice předem známa.

Než premiér dorazil na Berghof, situace se opět proměnila. Během cesty z Mnichova německý rozhlas odvysílal podrobnosti Henleinovy proklamace nazvané „Wir wollen heim ins Reich!" [Chceme domů do Říše; pozn. překladatele], v níž požadoval připojení sudetských oblastí k Říši. Kopii provolání s osobním dopisem zaslal i Hitlerovi.

Pakliže pro danou etapu svolíte s krátkodobým řešením, můj Vůdce, dovolil bych si Vám předložit dva návrhy:

1. Žádný plebiscit, nýbrž okamžité odstoupení území, kde se nalézá více než 50 % německého obyvatelstva.

2. Obsazení tohoto území během 24 hodin (48) německými vojsky (důvod: učinit přítrž dalším vraždám páchaným českými fanatiky).

Heil, můj Vůdce![95]

Mířil-li Chamberlain do Berchtesgadenu s vidinou debaty o případném plebiscitu v Sudetech, či dokonce o odstoupení dílčího území, potom ani jednu z pozic nebylo možné dále hájit. Hitler se prezentoval jako ochránce utlačovaných sudetských Němců, a i když jejich předák nyní požadoval začlenění Sudet do Říše, stala se tato podmínka *de facto* minimálním požadavkem. Henleinovu proklamaci Hitler nadšeně uvítal. Na jednu stranu si byl velice dobře vědom, že k uspokojení světového mínění je nutné souhlasit se setkáním s Chamberlainem, navzdory tomu ale zůstal odhodlán zaútočit na Československo, k čemuž se připravoval řadu měsíců, i kdyby to vyústilo v celoevropskou válku. Svolení ke schůzce s Chamberlainem bylo součástí dvoustranné strategie, která vyžadovala, aby Henlein vyvolával incidenty, které by, jak se Hitler domníval, poskytly záminku k válce a které snad mohly i Británii s Francií odradit od angažmá v následném konfliktu. „Tyto provokace mám domluvené," informoval své blízké na Berghofu.[96] Krom toho Henleinův odkaz na „krátkodobé řešení pro danou etapu" prozrazuje připravený plán. Anexe Sudet neměla být ničím jiným než odrazovým můstkem k definitivní okupaci celého Československa.

Chamberlain setkání započal přivítáním „možnosti dosáhnout dalšího porozumění mezi Anglií a Německem", což si již dlouho přál, byť to až dosud nebylo možné. Nyní to chtěl napravit. Avšak Hitler téměř okamžitě upozornil, že třebaže je tato otázka, stejně jako jiná témata, nepochybně důležitá, strádání sudetských Němců je „nanejvýš naléhavé a nelze s ním otálet".[97] Podle čerstvě přijatých zpráv padlo za oběť střetům s českými orgány na tři sta sudetských Němců. Bylo tedy klíčové tuto otázku probrat jako první. Schmidtovi rychle došlo, že Hitler je stále naladěn na vystupování vhodné pro stranické sjezdy. Vymínil si, že prvotním tématem bude Československo, začal však, jako by pronášel promyšlenou řeč, přednesem zdlouhavé tirády, v níž vychvaloval, čeho všeho pro německý lid dosáhl, a vypočítával všechny křivdy, které byly na Německu spáchány. Chamberlain trpělivě poslouchal a vyslechl Hitlerův názor na versailleskou mírovou smlouvu, Společnost národů, odzbrojování, nezaměstnanost a řadu dalších témat, která měla co do činění s nacionálním socialismem. „Nic v jeho dobře tvarovaném, typicky anglickém obličeji," postřehl Schmidt, „s hustým obočím, ostrým nosem a energickými ústy pod malým černým vousem neprozrazovalo, co se děje za vysokým čelem pod lehce prošedivělými hustými vlasy."[98]

Když se Hitler ve svém monologu konečně dostal k tématu vztahů mezi Británií a Německem, poprvé si postěžoval na britské hrozby a poté Chamberlaina překvapil dotazem ohledně platnosti a účelu anglo-německé námořní dohody. Teprve nyní Chamberlain zareagoval a jemně upozornil na rozdíl mezi hrozbou a varováním. Avšak Hitler tyto jazykové nuance bagatelizoval, a jak se začal dostávat do varu, jal se detailně rozvíjet svoji teorii rasové jednoty, od čehož se odvíjel jeho základní požadavek, že by se všichni Němci měli „navrátit do Říše, do níž po tisíc let patřili". Dosud vyslyšel volání sedmi milionů Němců v Rakousku a nyní byly na řadě tři miliony sudetských Němců, „jejichž opravdovou touhou bylo navrátit se zpět do Německa". A tomu vyhoví, ať to stojí, co to stojí.[99] „I kdyby to znamenalo světovou válku," křičel na Chamberlaina. „Je mi čtyřicet devět let a jsem ještě dostatečně mlád na to, abych svůj lid přivedl k vítězství."[100]

Tehdy se Chamberlain opět ujal slova.

> Zadržte; tady jde o jeden bod, který si musíme vyjasnit, a hned vám vysvětlím proč. Říkáte, že tři miliony sudetských Němců se musí navrátit zpět do Říše; uspokojilo by vás splnění tohoto požadavku, je to vše, co požadujete? Ptám se, protože se mnoho lidí domnívá, že to vše není; že si přejete zničit Československo.

Hitler spustil další nesouvislý proslov. Bylo „nemyslitelné, aby Československo zůstalo jako kopí v boku Německa, [ale] nepožadoval mnoho Čechů, chtěl pouze sudetské Němce". Stejně tak se nemohl cítit bezpečně, dokud trvala smlouva o vzájemné pomoci mezi Československem a Ruskem. Ačkoli k tomu Chamberlain neměl mandát, navrhl, že by se smlouva mohla upravit, nicméně Hitler nápad zamítl poukazem, že jakmile se součástí Říše stanou sudetští Němci, od zbytku Československa se odtrhne taktéž maďarská, polská a slovenská menšina „a to, co zůstane, bude natolik malé, že si tím nebude zatěžovat hlavu".[101] Na to začal Chamberlain řešit praktické otázky, jaké území má být postoupeno Německu a jaké procento populace bude rozhodujícím kritériem. I v případě, že by se součástí Říše staly oblasti s 80% podílem německé populace, stále by v českých oblastech zůstal značný počet Němců a naopak; byly by tedy nutné nejen úpravy hranic, ale i přesuny obyvatelstva. Chamberlain přislíbil, že dokud nedojde k použití násilí, pro nápravu německých křivd udělá, co bude moci. Nicméně Hitlera takové maličkosti vůbec nezajímaly. Procenta nepředstavují žádný problém; všechna území, kde mají Němci většinu, by měla připadnout Říši. Naříkal, že diskuze začíná být až příliš akademická. Bylo zabito tři sta sudetských Němců. „Násilí!" vyjekl, „kdo mluví o násilí? Pan Beneš používá tohoto násilí proti mým krajanům v Sudetech, to pan Beneš mobilizoval v květnu, nikoli já." Jak tak do oken bičoval déšť a kolem domu hučel vítr, Hitler nakonec vybuchl. „Déle už si to nenechám líbit. V nejkratší lhůtě tuto otázku – ať tak či onak – vyřeším z vlastní iniciativy."[102]

Poprvé Chamberlain zareagoval podrážděně. „Pokud jsem vám rozuměl správně," odvětil, „jste tedy v každém případě připraven zakročit proti Československu. Je-li vaším záměrem tohle, proč jste mne do Berchtesgadenu vůbec zval? Za těchto okolností by bylo nejlepší, kdybych ihned odjel. Zdá se, že to všechno nemá smysl."[103] Bylo to skutečně působivé odseknutí. Tehdy se Schmidt obával nejhoršího – buď Chamberlain ustoupí, nebo dojde k válce. „V této vteřině," vzpomínal později, „šlo skutečně na ostří nože ‚o válku nebo mír'."[104] Ke Schmidtově překvapení Hitler ustoupil; jeho vystupování prošlo změnou a začal mluvit klidněji. „Pokud při projednávání sudetské otázky uznáte jako východisko zásadu sebeurčení," sdělil Chamberlainovi, „můžeme se bavit o tom, jak tuto zásadu uvést do praxe."[105] Ve skutečnosti již v Chamberlainovi dozrálo rozhodnutí vyřešit otázku sudetských Němců principem sebeurčení a byl s to dát ihned Hitlerovi záruky, kterých se domáhal. Později toho večera sestře vlastně napsal, že jemu osobně „je úplně jedno, zda jsou Sudety součástí Říše, či nikoli".[106] Trval ale na tom, nejspíše pod dojmem, že si napoprvé vydobyl Hitlerovu naprostou pozornost, že se nejdříve bude muset vrátit a celou záležitost prodebatoval s kolegy z kabinetu. Hitler nejprve vypadal znepokojeně, ale když mu Schmidt objasnil, že Chamberlain chce za účelem dalšího jednání ještě přijet, bylo vidět, že se mu ulevilo.

Když setkání skončilo, Hitler Chamberlaina doprovodil po schodech dolů a do čekajícího auta. Nálada se mu zlepšila, dokonce svého hosta pozval, ať přijede zítra a užije si výhledy na hory. Čestná stráž opět stanula v pozoru, bubny zavířily a Chamberlain vyrazil ke svému hotelu, kde čekajícím novinářům sdělil, že to byl „velice přátelský rozhovor".[107] Společné tiskové prohlášení označilo setkání za „vyčerpávající a upřímnou výměnu názorů" a dodávalo, že jakmile premiér záležitost probere s členy kabinetu, „v několika příštích dnech se uskuteční další rozmluva".[108] Mezitím se na Berghofu začal život vracet do běžných kolejí; Hitler vykládal o Chamberlainovi a „ze stínů se vynořily kamarádky Evy Braunové". Večeřel společně se Speerovými a Bormanovými a ženy „si dělaly legraci ze staromódního Angličana, který byl tak oddaný svému deštníku". Hitler si nemohl odpustit příležitost pořádně se pochlubit. „Ten starý muž poprvé v životě nasedne do letadla, jen aby se se mnou setkal," povídal svým příznivcům a sarkasticky dodal, že Chamberlain „musí být připraven zaplatit, když se terčem vašeho posměchu má stát ještě jednou".[109]

Se svojí celodenní prací byl Hitler nadmíru spokojen. Podal Ribbentropovi s Weizsäckerem „živý a radostný popis rozhovoru" a „zatleskal si jako po úspěšném představení. Cítil, že se mu podařilo toho suchého civilistu zahnat do úzkých." Je si jist, řekl jim, že „svým brutálním prohlášením vyřešit českou otázku nyní, a to i za cenu evropské války, a slibem, že poté by byl s evropskými poměry spokojen, přiměl Chamberlaina, aby zahájil práce na odstoupení Sudet". On, Hitler, plebiscit neodmítá, ale učiní-li tak Češi, „cesta k německému útoku bude otevřena". Odstoupí-li Československo Sudety, zbytek země bude tak jako tak anektován příští jaro. Ať se stane cokoli, on prohrát nemůže; toužebně očekávané války se dočká ještě za svého života.[110]

V závěru jednání Chamberlain požadoval, než se znovu setkají, aby nedošlo k žádné vojenské akci proti Československu. „Německá vojenská mašinérie je mocný nástroj," odvětil Hitler. „Jakmile se dá do pohybu, je nemožné ji zastavit. Nicméně za předpokladu, že ze strany Čechů nedojde k žádné zásadní provokaci, ji před dalším jednáním neuvedu do chodu."[111] V hotelu Chamberlain připravil prohlášení, které nechal poslat nahoru na Berghof.

> Abychom mohli nerušeně pokračovat v našem rozhovoru a vyhnuli se dalším ztrátám na životech a zranění dalších osob, doufáme, že se Češi stejně tak jako sudetští Němci zdrží všech provokací a zůstanou v klidu.[112]

Naneštěstí i tímto krokem nahrál Hitlerovi do karet. Ochotně svolil, a ač to vypadalo jako ústupek, v souladu s Fall Grün stejně k napadení Československa v následujících čtrnácti dnech dojít nemělo. Měl dokonce tolik drzosti, že navrhl, aby Chamberlain apeloval na Čechy, „ať odvolají státní policii ze sudetoněmeckých okresů, stáhnou vojáky do kasáren a ukončí mobilizaci", jinými slovy, aby nechali hranice volné pro jeho útočící tanky.[113]

Hitler zůstal odhodlán vpadnout do Československa, i kdyby hrozilo další rozšíření konfliktu. Nepochyboval, že se pro jeho požadavky Chamberlainovi nezdaří získat souhlas kabinetu, přesto se však chtěl pojistit proti „riziku", že by nějakým zázrakem došlo k jejich splnění. Proto se uchýlil k opatřením, která měla „minimalizovat pravděpodobnost, že bude ošizen i o tu krátkou válku".[114] Toho večera Schmidt, který se ubytoval ve stejném hotelu jako britská delegace, diktoval zprávu o rozhovoru. Netrpělivý Henderson se za ním několikrát zastavil a tázal se, kdy bude záznam hotový a bude ho moci předat ministerskému předsedovi. Bylo běžnou diplomatickou praxí, že se zápis z jednání předává druhé straně, nehledě na to, že Chamberlain se vědomě zřekl možnosti přivést si vlastního tlumočníka. Když to však zjistil Ribbentrop, rozzuřil se. „Vy si snad myslíte, že jste ještě v Ženevě," řval na Schmidta, „kde může každý každému vydat všechny tajné papíry… Něco takového už v nacionálně socialistickém Německu neexistuje, tyto poznámky jsou určeny výhradně pro Vůdce."[115] Schmidtovi tak připadla nepříjemná úloha vysvětlit Hendersonovi, že nakonec přece jen zápis z rozhovoru nedostane. Nejprve to vypadalo, že Ribbentrop tento rozkaz vydal jako pomstu za to, že byl z jednání vyloučen. Ve skutečnosti rozkaz pocházel od Hitlera, který se chopil šance, že by si mohl udržet flexibilnější vyjednávací pozici; nemusel užívat tak formální jazyk, a později dokonce popřel mnoho z řečeného.

Jen co se Chamberlain příštího rána objevil před hotelem, britský žurnalista se ho tázal, zda má pro britské publikum nějakou zprávu. Premiér odvětil, že se vrací zpátky do Londýna, a tudíž je „nyní s to doručit tuto zprávu do Anglie osobně".[116] Do Mnichova ho společně s Ribbentropem odvezl Hitlerův šofér po sto dvacet kilometrů dlouhém úseku nově postavené dálnice. Wilson a Strang jeli druhým autem s Dirksenem. Dirksen vykládal Wilsonovi, že „ministerský předseda" na všechny obyvatele Berghofu „evidentně učinil dojem" a Hitler si cenil zejména toho, „jak otevřeně promlouval a jak rychle porozuměl, o co v této situaci jde". Chamberlainův „diplomatický mistrovský kousek" se führerovi zamlouval „jako něco podle jeho gusta". Také Weizsäcker Wilsonovi sdělil, že „na Hitlera" Chamberlain „dobře zapůsobil", a Walter Hewel, Ribbentropův styčný důstojník, prohlásil, že Hitler „cítil, že rozmlouvá s *mužem*". Dokonce i Schmidt si přisadil a tvrdil, že „na Hitlera nejvíce zapůsobila přímočarost pana Chamberlaina a jak se jasně vyjadřoval a přemýšlel".

Příznačné bylo, že se tohoto velebení Chamberlaina neúčastnil Ribbentrop, který byl nevrlý nejen cestou do Mnichova, ale i při obědě. Wilson využil příležitosti a plísnil ho za zprávy, kterých byl předchozího dne plný celý Berghof, že v Chebu bylo zmasakrováno tři sta sudetských Němců. Ve snaze tyto zprávy potvrdit či vyvrátit uskutečnil Wilson předchozího večera několik telefonátů a ověřoval si informaci v Londýně, Berlíně a u Runcimana v Praze. „Nesmysl," zněla vždy odpověď. Žádný masakr se neodehrál a v průběhu dne ani nedošlo k žádným ztrátám na životech. Celkový počet mrtvých, Čechy nevyjímaje, byl dvacet osm. „Bylo by záhodno, kdyby si všichni dotčení pamatovali," komentoval to poměrně odměřeně Wilson, „že je dobrým zvykem před uskutečněním nějakého rozhodnutí nejprve znát fakta."[117]

Na mnichovském letišti po boku Ribbentropa Chamberlain anglicky poděkoval za to, „jak byl vřele a přátelsky přijat, a to nejen vládou, ale i německým lidem"; těšil se, až se sem zase vrátí. „Na shledanou, Hendersone," loučil se. „Brzy se opět setkáme."[118] Stále pršelo a čestná stráž SS za zvuku bubnů naposledy dostala povel „k poctě zbraň!" Šunkové sendviče s whisky, které zpříjemňovaly cestu sem, při zpátečním letu vystřídaly sendviče s kuřecím masem a klaret. Pilot Pelly *The Times* vypověděl, že Chamberlain s potěšením připustil, že létání „není tak hrozné, jak mu bylo řečeno…, bylo to velmi pohodlné". Během letu foukal silný protivítr a letadlo muselo v Kolíně doplňovat palivo, ale vzniklé zdržení rychle dohnali a krátce po 17.00 přistáli na Hestonu; na ministerského předsedu tu čekal početný dav. „Doufám, že si uvědomujete, jak jste byl úspěšný," zjišťoval Theodor Kordt. „V každém případě se vám podařilo získat si srdce mých krajanů."[119]

Na letišti také čekal televizní štáb BBC připraven zaznamenat Chamberlainův přílet. V 17.15 začalo v rozhlase živé vysílání jeho slov, jásot davu je z nahrávky jasně slyšitelný.

Z cesty, kterou bych hodnotil naprosto pozitivně, nebýt mého vytížení, jsem se vrátil zpět rychleji, než jsem si myslel. Včera odpoledne jsem s panem Hitlerem vedl dlouhý rozhovor. Byl to upřímný rozhovor a k tomu přátelský a cítím uspokojení, že nyní oba naprosto rozumíme, co je v mysli toho druhého. Samozřejmě že nemůžete očekávat, že nyní budu rokovat o tom, co by mohlo být výsledkem těchto jednání. Nejprve to musím prodiskutovat se svými kolegy. Později – možná už za pár dní – mě čeká další rozhovor s panem

Hitlerem; sdělil mi, že tentokrát zamýšlí setkat se v půli. Tedy ušetřit starého muže další takové dlouhé cesty.

Písemná zpráva BBC uvádí, že premiérova slova byla přijata s „radostí a jásotem".[120]

11

Meč nový a ostřejší

Krutá a nezodpovědná zrada
Československa nepřinesla mír
nýbrž meč nový a ostřejší...

Hugh MacDiarmid, „Když gangsteři ovládli Londýn", říjen 1938[1]

Pravdomluvnost, lituji, že to musím říci, není nejsilnější stránkou průměrného
francouzského politika.

sir Eric Phipps lordu Halifaxovi, 17. září 1938

Nic jiného nezbývalo, protože jsme zde stáli sami.

prohlášení československé vlády, 21. září 1938

Do Londýna jel Chamberlain s Halifaxem a dosavadní pozitivní reakce na jeho cestu jej opravňovala k tomu, cítit se skutečně spokojeně. *The Times* toho rána publikovaly speciálně pro tuto příležitost složenou báseň, jejímž autorem byl uznávaný básník sir John Masefield, který oslavoval Chamberlainovu odvahu. O kus dál se čtenáři mohli dočíst, že vřelost, s jakou byl premiér přijat, „značí vysoký vděk za jeho snahu zachovat mír".[2] Jeho krátký projev z Hestonu tisk nadšeně přijal, a když dorazil do Downing Street, čekaly tam na něho téměř 3000 lidí. Když toho večera londýnská kina promítala záběry z Berghofu, diváci na Chamberlaina reagovali jásotem, zato na Hitlera nesouhlasně pískali a syčeli.[3] Krátce po příletu na hestonské letiště obdržel Chamberlain rukou psaný dopis od krále, který ho žádal, zda by mu při nejbližší příležitosti mohl poreferovat o své cestě.

Posílám Vám tento dopis, protože se s Vámi po Vašem návratu hodlám sejít, poněvadž jsem dosud neměl příležitost Vám sdělit, jak velice si vážím Vaší odvahy a moudrosti, že jste se rozhodl jet za Hitlerem osobně. Muselo Vám udělat radost, že Váš krok byl přijat s takovým souhlasem.[4]

Přestože se král o vývoj krize velice zajímal, byl nucen odjet z Balmoralu na jih na pohřeb svého bratrance prince Arthura z Connaughtu, takže zpátky do Londýna přijel až ráno, kdy už byl Chamberlain na cestě do Berchtesgadenu. Zatímco byl předseda vlády v Německu, král s Halifaxem, Hoarem, Simonem, Inskipem a dalšími ministry jednal v Buckinghamském paláci. Uvažoval o tom, že by sám vyvinul diplomatické snahy, v čemž ho podporoval jeho osobní tajemník sir Alexander Hardinge tvrdící, že by „šlo o jediný krok, který by Vaše Výsost pro mírové řešení mohla učinit, když by k této otázce přistoupila zcela nepoliticky."[5] Král tedy vypracoval koncept dopisu pro Hitlera, který nepojal, „jako když píše jedna hlava státu druhé, ale spíše v duchu dopisu jednoho vojenského vysloužilce druhému." Přesvědčen, že Hitler se také „hrozí, že by k takové pohromě mělo opět dojít," připomněl krveprolití 1. světové války. „V mladší generaci je až příliš horkých hlav, které na rozdíl od nás neví, jakou hrůzu válka představuje," pokračoval.[6] Avšak když se král tázal Halifaxe, zda by taková iniciativa mohla být užitečná, ministr zahraničí reagoval nepřehlédnutelně zdrženlivě.

Do Downing Street se Chamberlain vrátil o půl sedmé večer a okamžitě svolal poradu užšího kabinetu. Runciman, který na Hestonu přistál jen několik minut po předsedovi vlády, se k setkání, jehož se jako obvykle účastnili čtyři ministři a tři úředníci, připojil. Záhy vyšlo najevo, že v soukromí Chamberlain hodnotil schůzku s Hitlerem o poznání méně optimisticky, než se zdálo z jeho veřejných vystoupení. Téměř okamžitě po příjezdu na Berghof „mu došlo, že situace je téměř beznadějná. Napětí bylo takové, že čekal, kdy dojde ke katastrofě". Sice si nebyl si jistý, zda se už Hitler definitivně rozhodl napadnout Československo, ale „ze všech stran" slyšel „senzační řeči", a tak měl za to, že Hitler „dospěl k přesvědčení, že kdykoli může udeřit." Wilson zmínil nepodložené zvěsti o třech stovkách mrtvých sudetských Němců a potvrdil, že „atmosféra byla po příjezdu do Berchtesgadenu tak napjatá, že se báli, zda se rozhovory vůbec uskuteční".

SPECIAL 4 A.M. EDITION

MODEL GLIDER

Daily Express

WORLD'S LARGEST DAILY SALE

No. 11,959   Friday, September 30, 1938   One Penny

BEAR BRAND'S Slimming Sy-metra

The Daily Express declares that Britain will not be involved in a European war this year, or next year either

| Mussolini draws up frontier | # PEACE! | Commission to decide plebiscites |

LATEST CENTRAU 8000

AGREEMENT SIGNED AT 12.30 a.m. TODAY

German troops march in tomorrow: Then occupation gradually until October 10

FRONTIER GUARANTEED

From SELKIRK PANTON

MUNICH, Friday morning

A PACT of peace was signed in Munich at 12.30 this morning.

ONLY TWENTY-THREE HOURS BEFORE THE WAR ULTIMATUM WAS TO HAVE EXPIRED MR. CHAMBERLAIN, DALADIER, HITLER AND MUSSOLINI REACHED AGREEMENT ON THE CZECHO-SLOVAK PROBLEM.

Under its terms Hitler will march his troops into Czecho-Slovakia tomorrow, but not as far as he meant to under the terms of the German memorandum to Czecho-Slovakia of last week-end.

The official communique says that the heads of the four Governments agree that the evacuation of the Sudeten districts should begin tomorrow and that German troops should begin to occupy Sudetenland progressively from tomorrow, completing the occupation on October 10.

WHEN POLAND WILL JOIN

Britain and France undertake to guarantee the new frontiers of Czecho-Slovakia, and Germany and Italy will join in this guarantee when all the questions have been settled.

Poland will join the guarantee when the Polish and Hungarian demands concerning their minorities have been granted. If that has not been done within three months, a new meeting of the four statesmen will be called.

An international commission will decide the territories in which plebiscites are to be held.

Mr. Neville Chamberlain, at 1.36 this morning, came in to the Hotel Regina in Munich and said "Everything is signed. We are going back today."

He was received by a loud burst of cheering which is still going on as I telephone. The hotel lounge is crowded with both foreigners and Nazis, the Nazis saluting with the Nazi salute and hailing, the foreigners cheering and clapping.

PREMIER THANKS CROWD

Mr. Chamberlain thanked the crowd. It is obvious that the Prime Minister feels that all danger to peace is now past.

The plebiscite will be held at the end of November.

At this moment he is continuing his discussions, this time with the Czechs.

Britain, France and Italy have enabled Hitler to keep his word to the German people by allowing him to march into Czecho-Slovakia on October 1.

It is said that as a gesture the German troops who

march in today will wear forage caps instead of steel helmets and will march in quietly.

A German spokesman said that a revised line of demarcation between Germans and Czechs—a new frontier for tomorrow—was drawn up by Mussolini himself.

Mussolini left Munich for Rome at 1.55 a.m., accompanied by Count Ciano. Hitler and Goering accompanied him to the station, and shook him by the hand.

But the German people who have, for weeks, feared war are not celebrating tonight a German victory, but that peace has been preserved. They are thanking the British Prime Minister for that.

General comment in his hotel this morning was: "He is a real peace maker. We have much to thank him for."

This is what they signed

THIS is the text of the communique:—

"Agreement reached on September 29, 1938, between Germany, the United Kingdom, France and Italy.

Germany, the United Kingdom, France and Italy, taking into consideration the agreement which has been already reached in principle for the cession to Germany of the Sudeten German territory, have agreed on the following terms and conditions governing the said cession and the measures consequent thereon, and by this agreement they each hold themselves responsible for the steps necessary to secure its fulfilment:—

1. The evacuation will begin on October 1.

2. The United Kingdom, France and Italy agree that the evacuation of the territory shall be completed by October 10, without any existing installations having been destroyed, and that the Czecho-Slovak Government will be held responsible for carrying out the evacuation without damage to the said installations.

3. Conditions governing the evacuation will be laid down in detail by an international commission composed of repre...

THE PRIME MINISTER MEETS MUSSOLINI AT MUNICH. Picture wired last night; see also Back Page.

Weather: cooler (see page 11)

HE MAY BE SIR NEVILLE

Daily Express Staff Reporter

MR. NEVILLE CHAMBERLAIN is likely to be offered a Knighthood of the Garter—the highest honour the King can bestow—in recognition of his services to the cause of peace.

Mr. Chamberlain, Lord-President of the Council, was made a K.G. on his appointment as Prime Minister in bringing about the Munich agreement.

Later comment comes with it that Mr. Chamberlain's action deserves some special reward "just like Mr. Baldwin got his Earldom."

There is a precedent for this in the days of Disraeli, when Queen Victoria...

Premier's wife mobbed

ARE YOU REALLY A GOOD

Are you fond of your family. You provide them with a good home, education — in fact with everything they need.

But an income payable in the event of your early death is something you have possibly regarded as beyond your means at present.

Here is a plan which can help you

If you are under 45 you can arrange, by means of the

PRUDENTIAL "Heritage" PLAN

Chamberlain podrobně popsal rozhovor s Hitlerem, a pak pronesl následující zhodnocení. „Mám-li mluvit za sebe," sdělil svým kolegům, „nemám nic proti principu sebeurčení. Vlastně mu nepřikládám nějaký velký význam". Domníval se, že „společné soužití sudetských Němců a Čechů je nemožné" a že je nemyslitelné, aby šla Velká Británie do války s cílem zabránit možnosti sebeurčení sudetských Němců.[7] Podle Cadogana sice vypadal předseda vlády vyčerpaně, ale aspoň „na chvíli zadržel Hitlera"; bylo „celkem jasné, že nic jiného než princip ‚sebeurčení' nebude fungovat".[8] Když setkání skončilo, Chamberlain odpověděl na královské předvolání a v 21.30 vyrazil do Buckinghamského paláce, kde na něj čekal král „natěšený jako malý kluk".[9] Ministerský předseda opět popsal své setkání s Hitlerem a svěřil se s obavou, že führer „neblafoval, ale byl skutečně odhodlán záležitost vyřešit" pomocí síly. Domníval se, že návštěva Německa přispěla k odložení útoku na Československo a že „získal na týden oddechový čas". Na krále však dojem neudělal, jak poté přiznal svému osobnímu důvěrníku Alanu Lascellesovi; naopak se po sdělení zpráv cítil „jak rozrušeně, tak i bezradně".[10]

Během rozhlasového projevu na Hestonu Chamberlain pravdivě, ale možná poněkud neuváženě upozornil na to, že se z Německa vrátil dříve, než očekával. Přesto tato zmínka o délce jednání s Hitlerem přešla bez povšimnutí. Ministerský tajemník Harry Crookshank prohlásil, že „po příletu Nevilla byli všichni ohromeni. Bez ohledu na to, co to vlastně znamená, se předpokládal mír na úkor Čechů (morálně s ostudou)."[11] Také Inskip si poznamenal, že to byl „naprostý šok, číst v ranních novinách, že se Chamberlain vrací"; to nevěděla ani jeho manželka, dokud neotevřela ranní vydání The Times.[12] Chamberlain se vydal do Německa s představou, že bude jednat se svým protějškem; měl za to, že se mu podaří rozvinout debatu, kde bude nutné učinit ústupky, a vše vyvrcholí uzavřením přátelské dohody. Ve skutečnosti mu byl představen pouze jediný, kategorický požadavek, který byl podpořen hrozbou okamžité války, nebude-li splněn. Třebaže jeho smělý tah vydat se letecky za Hitlerem zaujal dokonce i jeho kritiky, jen pár z nich pochopilo, že do Německa nemíří pouze s vidinou vyřešení české krize, ale také ve snaze navázat s Hitlerem osobní vztah a dosáhnout trvalé anglo-německé dohody.

Bylo k neuvěření, že se do Londýna vrátil přesvědčen, že se mu s Hitlerem „podařilo navázat jistou důvěru" a že „navzdory tvrdosti a nemilosrdnosti, jež jsem viděl v jeho tváři, jsem nabyl dojmu, že jde o muže, na něhož se lze spolehnout, dá-li své slovo". Pěl nezasloužeuou chválu na Wilsona, že se nenechal obelhat Hitlerovými kumpány, a chvástal se, že z důvěryhodného zdroje zaslechl, že ho titulují „nejoblíbenějším mužem v Německu".[13] Dokonce i ten nejshovívavější Chamberlainův životopisec připouští, že jeho přeceňování „osobního kontaktu" bylo „tragickým omylem",[14] a Hitlerův životopisec poznamenává, že tyto výroky dokazují „jeho podlehnutí klamnému dojmu a ujišťování německého diktátora".[15] A autor Halifaxova životopisu poznamenává, že Chamberlain začal být „sám sebou nesnesitelně posedlý [a] potlačoval všechny kritické soudy o führerovi".[16] O rok později, v roce 1939, přirovnal Harold Nicolson Chamberlainovy a Wilsonovy pokusy o diplomacii ke stejné bláhovosti, „jako když dva kaplani poprvé vlezou do hospody; nerozpoznali rozdíly mezi veřejným shromážděním a brajglem; stejně tak jim nedošlo, že přítomní rváči nemluví jejich řečí ani jí nerozumí. Představovali si, že jejich protějšky jsou jako oni slušní a počestní."[17]

Chamberlain projevil své odhodlání v případě sudetských Němců podpořit princip sebeurčení a v okamžiku, kdy se tak stalo, zbývalo pouze dořešit, jakým způsobem toho bude dosaženo; zvolený mechanismus, plebiscit či přímý převod, by zásadním způsobem ovlivnil, jak velké území se má odevzdat. Zatímco byl Chamberlain v Německu, sešel se užší kabinet, aby prodiskutoval myšlenku lidového hlasování a co by to obnášelo. Ráno 16. září Halifaxe ve Foreign Office navštívil jeho starý přítel a uznávaný expert na Československo Leo Amery. V minulosti Amery pracoval pro Lloyda George, a tak nechyběl v Paříži během mírové konference v roce 1919 a znal jak Tomáše G. Masaryka, tak i Beneše; taktéž byl blízkým přítelem Masarykova syna Jana, který byl českým vyslancem v Londýně. Ameryho rada Halifaxovi byla jasná: „Samo Československo mělo vyhlásit neutralitu a ta měla být garantována," a třebaže byl plebiscit „nepoužitelný, proveditelné mohlo být odstoupení severozápadního výběžku, jehož se Masaryk chtěl vzdát už v roce 1919". S Halifaxem to „téměř zacloumalo",[18] nicméně jen dva dny předtím rozmlouval na téže téma britský vyslanec Newton s Benešem. Český prezident „se zmínil, že někteří sudetští Němci žijí v oblastech, jako je Chebsko, které dle jeho názoru mohou být odtrženy od Československa, aniž by to ohrozilo existenci státu". Vlastně on sám v době mírové konference „navrhl jejich oddělení, ale nikdy se o tom vážně nejednalo ani se to nesetkalo se souhlasem ostatních členů jeho delegace".[19]

Ještě předtím, než v sobotu 17. září došlo k mimořádnému zasedání kabinetu, se objevily příznaky narůstající nespokojenosti. V soukromí vyjádřilo své pochybnosti několik ministrů. Chips Channon zaslechl „ze soukromého zdroje, že Duff [Cooper], Walter Elliot, [lord] Winterton a samozřejmě také ten ponurý Oliver Stanley – říkáme mu ,Sněhurka' – nejspíše způsobí nějaké problémy".[20] Harold Nicolson narazil na kanadského vysokého komisaře Vincenta Masseye v klubu, kam pravidelně chodí, a tázal se, zda se Massey domnívá, že bude vláda souhlasit s Hitlerovými požadavky. „Lepší je dostat neštovice za tři roky než okamžitě," reagoval vysoký komisař. „To ano, ale chytneme-li je nyní, uzdravíme se," kontroval Nicolson. „Dojde-li k tomu až za tři roky, bude nás to stát život."[21] Harvey byl „zhnusen…, že se máme snížit k tomu, jednat s Hitlerem pod výhrůžkou".[22] Setkání započalo Runcimanovou pesimistickou zprávou. Musel přiznat, že Henlein „byl po celou dobu jednání v mnohem užším kontaktu s Hitlerem, než si vůbec představoval". Podle jeho názoru byl Beneš „extrémně inteligentní… celkově se blížil k názoru, že není tak nečestný, jak se zdá".[23] Česká vláda však bohužel zůstala „slepá k tomu, co se kolem ní děje", a on tudíž „dospěl k závěru, že Československo již nadále v současné podobě nemůže existovat. Je nutné něco podniknout, i kdyby se nanejvýše jednalo o odseknutí některých okrajů."[24]

Na to navázal Chamberlain se svým vyprávěním. Začal dlouhým popisem své cesty, Berghofu a Hitlerova vzhledu – „ten nejběžnější psík, jakého jsem kdy viděl".[25] Nicméně ani tato přímočará kritika jeho hostitele na Duffa Coopera nezapůsobila. Bylo „zvláštní", zapsal si Cooper, že Chamberlain „líčil své zkušenosti s určitým uspokojením". Viditelně byl poctěn zprávami, jaký že to udělal dobrý dojem, a opakoval „s neskrývaným zadostiučiněním, jak Hitler před někým prohlásil, že cítil, že Chamberlain je ,chlap'".[26] Neviděl „žádné náznaky šílenství, ale řadu příznaků vzrušení. Příležitostně pan Hitler ztratil nit a přešel do zanícené tirády. Bylo nemožné nebýt uchvácen schopnostmi tohoto muže. Byl neskutečně odhodlaný; měl promyšleno, co chce, hodlal toho dosáhnout a případný nesouhlas nemohl překročit určitou mez." Jakkoli je to neuvěřitelné, Chamberlain „soudil, že cíle pana Hitlera jsou přísně omezené". Celé se to točí okolo bodu, uzavřel ministerský předseda, zda Hitler myslí vážně, co říká, či nikoli. „Ministerský předseda je toho názoru," stojí v oficiálním zápise, „že pan Hitler říkal pravdu."[27]

V daném okamžiku si Chamberlain musel „všimnout úžasu na tváři některých kolegů",[28] poněvadž ministry promptně uklidňoval. Když dorazil do Německa, situace „byla nanejvýš urgentní. Pakliže by se nikam nevydal, touto dobou by již byl rozpoután válečný stav. Atmosféra byla opravdu napjatá." Třebaže opět zopakoval, že všechny „zdroje se shodují na tom, že führer byl v pozitivním slova smyslu ohromen",[29] bylo zcela patrné, že v případě členů kabinetu shromážděných kolem stolu se mu stejný dojem vyvolat nepodařilo. Cooper si poznačil, že:

Holá fakta o rozhovoru působila děsivě. Nepadla zmínka... ani o jednom z plánů, jimiž jsme se v kabinetu důkladně zabývali. Měl pocit [ministerský předseda; pozn. překladatele], že to neumožnila panující atmosféra. Hitler se před ním nejprve chvástal a fantazíroval, načež mluvil o principu sebeurčení a tázal se M. P., zda tento princip akceptuje. M. P. odvětil, že to musí probrat se svými kolegy. M. P. podle všeho očekával, že tento způsob bez dlouhých řečí všichni přijmeme, protože není času nazbyt.[30]

Dokonce i naprosto loajální Inskip nebyl ve své kůži. „Vyprávění M. P. vyvolává lehce nepříjemný pocit," myslel si. „Bylo jasné, že tím aktivním byl H. – ve skutečnosti M. P. vydíral."[31]

Když se po obědě ministři opět sešli, zůstala diskuze otevřená i pro členy širšího kabinetu. Kancléř lord Maugham začal s poněkud unavujícím výkladem o principech zahraniční politiky, jež zastávali Canning a Disraeli. „Abychom intervenovali, musely by být splněny dvě podmínky," prohlásil vážným hlasem. „Zaprvé musely by být vážně ohroženy britské zájmy; a zadruhé k intervenci by došlo ‚pouze pokud jsme disponovali drtivou silou."[32] Britské zájmy, končil svoji řeč, v tomto případě ohroženy nejsou. Cooper tímto způsobem vymezenou intervenci považoval za „ubohou"; pokud by byl tento argument dotažen do důsledku, vysvětloval, bylo nepravděpodobné, že Británie bude ještě někdy disponovat takovou silou, aby mohla v Evropě zasáhnout. Pro sebe si zapsal: „Jsme vyřízení".[33] Upozornil, že kabinetu „hrozí, že bude obviněn z podlézání diktátorům a předhazování našich nejlepších přátel". Podle něj měla Británie „dát jasně najevo, že než aby souhlasila s bídnou kapitulací, bude bojovat".

S různou mírou nadšení Cooperův názor podpořila řada jeho kolegů. Oliver Stanley se důrazně ohradil vůči Hitlerovu „ultimátu" a oznámil, že „má-li vláda v následujících čtyřech dnech na výběr mezi kapitulací a bojem, měli bychom bojovat". Lord Hailsham vystoupil s působivým poraženeckým tvrzením, jímž se snažil kabinet sjednotit za Chamberlainem. Třebaže nebylo v britském zájmu, aby Evropě dominovala jediná mocnost, v podstatě „přesně k tomu nyní došlo a on měl za to, že nemáme žádnou jinou alternativu, než se nechat pokořit". Toto prohlášení vyprovokovalo lorda Wintertona k poněkud krkolomnému přirovnání odstoupení Sudet k událostem, kdy se Britové také museli podřídit – „při vpádu Sasů či kapitulaci ostrova Wight". Již předtím Winterton v dopise Chamberlainovi hrozil, že bude-li Čechům vnucen plebiscit, lze očekávat rezignaci nejméně tří ministrů. Na závěr vystoupil předseda národních labouristů lord De La Warr, který jako jediný člen kabinetu kategoricky prohlásil, že „veden snahou zbavit svět ustavičných výhrůžných ultimát je připraven uchýlit se i k válce".

Avšak Chamberlain by žádný nesouhlas nestrpěl. V situaci, kdy byl kabinet zřetelně rozdělen, zaujal středovou pozici a nevyslovil se ani pro pacifistický přístup ani pro bojovnější postoj Coopera a Stanleyho. Postupně opětovně prosadil své stanovisko, když zdůraznil, že kabinet „s principem sebeurčení vyslovil souhlas a na jeho žádost ho v tomto ohledu podpořil". Na závěr se vytasil s otřepanou frází politiků – s údajnou záplavou dopisů podpory. Přál si, aby svým kolegům mohl ukázat „některý z mnoha dopisů, které v uplynulých dnech obdržel a z nichž bylo patrné, že se po celé zemi rozlila hluboká úleva, a které vyjadřovaly vděčnost, že alespoň dočasně zmizelo ono břemeno".[34] Schůze skončila 17.40, aniž by padlo nějaké oficiální rozhodnutí, takže Chamberlain se mohl sestře pochlubit, že se mu „nakonec podařilo zdolat všechny kritiky, a to někteří z nich svůj odpor připravovali už dopředu".[35]

Toho večera přijali Chamberlain, Halifax a Wilson na Downing Street delegaci Národní labouristické rady. Hugh Dalton a Herbert Morrison zastupovali vedení Labouristické strany a sir Walter Citrine Kongres odborových svazů. Obě skupiny seděly semknutě proti sobě u stolu, kde probíhala jednání kabinetu, a během hodinu a půl trvajícího rozhovoru dali labourističtí zástupci premiérovi pocítit „krušné chvilky".[36] Citrine prohlásil, že „Chamberlainovou cestou za Hitlerem značně utrpěla britská prestiž",[37] a Dalton zdůraznil, že je velice nepravděpodobné, že jde o Hitlerovy poslední požadavky. „Věřím, že má v úmyslu postupně přitvrzovat," sdělil ministerskému předsedovi,

„dokud nebude dominovat nejprve celé střední a jihovýchodní Evropě, poté celé Evropě a nakonec celému světu."[38] Chamberlain reagoval banalitami a chvástáním: „sice nechce působit egoisticky," ale přesto má za to, že „na Hitlera učinil nemalý dojem". Té noci Dalton sepsal jedovaté hodnocení ministerského předsedy.

To nejlepší, co lze o M. P. napsat, je, že navzdory své ignoraci je racionální, nicméně mě děsí, jak moc je nevzdělaný. Je evidentní, že Hitler na něj udělal značný dojem, dílem svým zastrašováním a dílem několika komplimenty a pár zdvořilostními frázemi. Kdyby byl Hitler britským šlechticem a Chamberlain britským dělníkem s komplexem méněcennosti, nemohlo to celé skočit jinak.[39]

Nazítří, v neděli 18. září, dorazila do Londýna francouzská delegace. Bonnet již stihl projevit své podráždění, že po Chamberlainově návratu z Berchtesgadenu nedostal žádné informace, což v obavě, že jakákoli důležitá informace, která se dostane do ruky Francouzům, nevyhnutelně unikne, vědomě zařídilo Foreign Office.[40] V 11.00 se Daladier, Bonnet a další pracovníci Quai d'Orsay posadili naproti členům vnitřního kabinetu: Chamberlainovi, Halifaxovi, Simonovi a Hoareovi, které doplňoval Cadogan, Vansittart, Wilson a Strang. Chamberlain započal delší a věcnou analýzou Runcimanovy zprávy a pokračoval stejně tak vyčerpávajícím popisem svého setkání s Hitlerem, který se podle Hoarea fakticky rovnal „sedativu dlouhého vyprávění".[41] Svůj ponurý monolog zakončil strohým varováním, že jestliže nebudou Sudety okamžitě předány Německu, „musíme počítat s tím, že pan Hitler zareaguje rozkazem k útoku".[42]

Následná diskuze byla extrémně náročná. „Museli jsme poslouchat Daladiera," stěžoval si Cadogan, „který třesoucím se hlasem a důkladně potlačenými emocemi vykládal o francouzské cti a závazcích."[43] Bylo zřejmé, že Daladier s Bonnetem ve své snaze dostát smluvním závazkům vůči Československu a současně se za jakoukoli cenu vyhnout válce podlehli náporu emocí. Snažili se Francii zachovat diplomatickou důstojnost, viditelně však byli „s rozumem v koncích".[44] Daladier, zapsal si Hoare, seděl „schouleně a přikrčeně, tvář zarudlou více než kdy jindy", zato Bonnet byl „tak bílý, jako byl Daladier červený, podrážděný a vypadal, že je na pokraji *crise de nerfs* [nervového zhroucení; pozn. překladatele]. Zvláště ho rozhodilo, když zjistil, že ve Francii nemají žádné plynové masky".[45] Daladier nakonec musel přiznat, že stojí před dilematem, „kdy se snaží zajistit, aby Francie kvůli svým závazkům nemusela jít do války a současně aby zůstalo zachováno Československo a bylo z něj zachráněno tolik, kolik je v lidských silách".[46]

„Jak tomu často bývá při mezinárodních jednáních," vzpomínal nazítří Chamberlain, „podle něj přišla nejtemnější hodinka před obědem." Avšak na obědě se nálada uvolnila. Během dopoledne se Daladier silně stavěl proti myšlence sebeurčení, pokud by měla být realizována plebiscitem, protože se obával, že by to vedlo k přívalu identických požadavků vznesených ostatními menšinami. Ale nyní Chamberlainovi sdělil, že „si myslí, že by dokázal p. Beneše přimět, aby v případě sudetských Němců s odstoupením území vyslovil souhlas". Bonnet Halifaxovi vysvětlil, že hlavní potíž spočívá v otázce, „zda je Británie ochotna přidat se k nám a podílet se na zatím blíže neurčené formě mezinárodní záruky".[47] Zdálo se, že v ostatních ohledech je Daladier „naprosto pod vlivem" svého ministra zahraničí, a po zbytek rozhovoru „v tichosti zachmuřeně" seděl „smířen s tím, že Bonnet cynicky souhlasí s předáním území francouzského spojence Německu".[48]

Ihned po obědě svolal Chamberlain užší kabinet. Bylo dohodnuto „nabídnout Francii spoluúčast na zárukách Československu" za podmínky, že česká vláda bude souhlasit „s vyhlášením neutrality [a] v otázkách míru a války bude jednat na základě našich rad". Následovala povrchní diskuze o kladech a záporech plebiscitu a přímého odstoupení území; Hitlerův požadavek, že kritériem se má stát více než 50% zastoupení německé populace, nikdo nezpochybnil. Halifax vznesl zásadní dotaz: budou, či nebudou Češi souhlasit s takovým návrhem? „Mělo by naprosto jasně zaznít," dodal, „že nevloží-li dr. Beneš svůj osud do našich rukou, umyjeme si nad jeho údělem ruce." Závěr zněl, že „by se dr. Benešovi mělo dát jasně najevo, že pokud promptně neodsouhlasí tento návrh, za důsledky neponese francouzská ani britská vláda žádnou odpovědnost. Neměl se ztrácet žádný čas."[49]

Obě delegace se opět setkaly v 15.30 a do hodiny nalezly dostatečnou shodu na to, aby naproti přes ulici ve Foreign Office mohla začít práce na společném anglo-francouzském telegramu pro Beneše. V diskuzi Chamberlain souhlasil s Daladierovým návrhem, že k postoupení sudetského území by mělo dojít spíše metodou přímého odstoupení než prostřednictvím plebiscitu, ale upozornil, že záruka pro zbytek Československa by byla „vážným zdrojem nesnází pro tuto zemi [tj. Británii; pozn. překladatele], k čemuž však nakonec svolil."[50] Po další přestávce na večeři, během níž se francouzská delegace přesunula na své velvyslanectví a probírala zde návrh ministerstva zahraničí, Daladier oznámil, že i když shledává návrh hluboce „skličující", v „zájmu evropského míru ... cítil, že je jeho povinností za těchto strastiplných okolností souhlasit".[51] Bylo krátce po půlnoci, když Daladier vykazující známky notného napětí odsouhlasil podobu telegramu určeného Benešovi. Simon to popsal jako „ten největší projev vděčnosti, jaký jsem kdy od Francouze slyšel".[52] Uvědomoval si, že nejen že obětovává spojence, ale že také oslabuje francouzskou strategickou základnu, nezbývala mu však jiná možnost.

Chamberlain požadoval, aby se telegram do Prahy odeslal okamžitě, ale Daladier trval na tom, že se musí nejprve vrátit do Paříže a nechat si znění odsouhlasit vládou. Chamberlain nakonec souhlasil, ale zdůraznil, že si nepřeje odkládat další setkání s Hitlerem na později než na 21. září. Na závěr se Daladiera zeptal: co když Beneš řekne „ne"? Daladier to odmítl jako něco nepředstavitelného; znamenalo by to válku a nebylo pochyb o tom, že Češi nebudou chtít sami tak závažnou věc rozhodnout. „Na dr. Beneše budeme muset vyvinout nejsilnější nátlak," soudil francouzský premiér, „aby československá vláda přijala navržené řešení."[53] Jednání nakonec skončilo v 0.15 a Halifaxův tajemník Harvey vyprovodil francouzskou delegaci na croydonské letiště, přičemž si povšiml, jak všichni „vypadali zoufale".[54]

Na bouřlivém zasedání vlády Daladierovi část ministrů energicky oponovala, nejhlasitěji se vyslovovali ministr kolonií Georges Mandel a Paul Reynaud. Daladier musel přistoupit na to, že anglo-francouzský návrh bude Hitlerovi odhalen teprve poté, co s ním vysloví souhlas Praha, a třebaže Chamberlainovi řekl pravý opak, na českou vládu nebude uskutečněn žádný nátlak. Nepřijme-li Praha návrh jako celek, francouzské závazky k Československu zůstanou v platnosti. Tento slib byl porušen téměř okamžitě. Když o hodinu později Bonneta v Quai d'Orsay navštívil bodrý český vyslanec Štefan Osuský, jeho naléhání, aby se Francie Hitlerovým požadavkům vzepřela, se „setkalo se stručným a cynickým ‚Acceptez' [Přijměte; pozn. překladatele]".[55] „Má země je souzena a odsouzena soudem, který si nás ani nepředvolal," hořce si stěžoval přihlížejícím novinářům. „Jeden ze soudců již navštívil pana Hitlera a vyslechl si jeho svědectví, ale nás se nikdo na nic neptal. A to je jeden soudce naším oficiálním spojencem a doufali jsme, že ten druhý je naším významným přítelem."[56]

Toho rána se také sešel britský kabinet. Chamberlain kolegy vyzval, aby potvrdili dohodnutou iniciativu, již si nenechal odsouhlasit předem; vlastně aniž by o tom kabinet věděl, byla už anglo-francouzská propozice v noci odeslána do Prahy a nyní se čekalo pouze na to, až ji odsouhlasí francouzská vláda a bude možno ji předat Benešovi. Kabinet byl rozdělen a ohledně navrhované záruky Československu proběhla ostrá debata. Jaké další státy by se na ní podílely? Jaké závazky by to přesně znamenalo? Byla by to „společná" garance, která by se realizovala pouze v případě, že by si ji přál vynutit každý ze signatářů, nebo by se jednalo o „několik" garancí, takže by se teoreticky mohlo stát, žc bude požádána o obranu Československa pouze Británie? V reakci na panující obavy Halifax připustil, že ho „garance" také „naplňuje značnými pochybnostmi, nicméně... pokud by vzniklo při jednání s Francouzi jakékoli zdržení, bylo by to fatální".[57]

Své obavy dával najevo nejhlasitěji Hore-Belisha, který argumentoval strategicky, že Československo nelze ubránit. Jakmile dojde k předání sudetoněmeckých oblastí, zbytek bude „ekonomicky nestabilním státem, strategicky napadnutelným a nebudou existovat žádné prostředky, jimiž by šlo garanci implementovat. Bylo obtížné si představit, jak by takový stát mohl přežít." Návrhy neobsahují nic jiného než „odložení zlé chvíle".[58] Nato se rychle rozvinula prudká výměna názorů s „unaveným a sklíčeným" Chamberlainem,[59] který s odzbrojující otevřeností odvětil, že „není správné předpokládat, že nás záruka zavazuje k hájení stávajících hranic Československa, váže se pouze k nevyprovokované agresi. Její hlavní hodnota," domníval se, „spočívá v odstrašujícím účinku." Jako obvykle to byl ministr financí Simon, kdo Chamberlaina zachránil, když své kolegy informoval, že francouzští ministři přijeli, očekávajíce „něco nešťastného, nicméně odlétali plni elánu a kuráže, čehož dosáhl náš ministerský předseda".[60] I tato schůze potvrdila Chamberlainovo stanovisko.

■ ■ ■

Narůstající pocit úzkosti se neomezoval jen na kabinet. Souhlas, s jakým tisk přijal berchtesgadenskou „dohodu", se postupně začínal vytrácet. 16. září napsal lord Beaverbrook Chamberlainovi a nabídl mu svoji pomoc.

Velice si přeji, aby došlo ke jmenování ministra, který bude mít na starost vlastníky novin. Nepřejí si nic jiného než být nápomocni. Ale panují temné časy. To, co potřebujeme, nejsou informace; je to vedení... usměrňovat politiku novin, vyškrtávat mýlky a potlačovat fámy.

Beaverbrook na toto místo doporučoval svého starého přítele Sama Hoara, jenž disponoval nezbytnou „rovnováhou, soudností a prestiží". [61] Hoare začal pořádat pravidelná setkání s vlastníky a vydavateli a naprosto obcházel tiskové oddělení jak na Downing Street, tak i ve Foreign Office. Panující napětí měl uklidnit jeho zlehčováním; používal k tomu nijak neskrývaných apelů na vlastenectví vydavatele. 17. září se americký velvyslanec Joseph Kennedy setkal s Hoarem krátce poté, co skončilo jeho setkání se šéfredaktorem *Daily Herald* a sirem Walterem Laytonem z *News Chronicle*. Hoare se je dvě a půl hodiny „snažil přesvědčit, aby se angažovali pro věc míru. Domníval se, že *Herald* bude nápomocen. Doufal, že Layton také, ale zatím si nebyl zcela jist."[62]

Layton „spolupracoval", ale nový kurz mezi jeho podřízenými vyvolal široce sdílené rozhořčení; do té doby totiž *News Chronicle* v úvodníku zastával nekompromisně antihitlerovský postoj. Od druhé poloviny září se s Hoarem pravidelně setkával a podle autora jeho životopisu se „choval tak, jako by stále působil ve své předchozí funkci poradce vlády, než jako člověk z novin". Když se jeden z jeho začínajících korespondentů vrátil z Prahy s tajným dokumentem henleinovců, v němž byl údajně krok za krokem popsán plán německého napadení Československa, Layton nedovolil zprávu publikovat; místo toho dokument předal Chamberlainovi, za což mu Hoare osobně poděkoval.[63] Také neochvějnému odpůrci appeasementu Vernonu Bartlettovi, který dopisoval z Prahy, nebyl dáván nijak zvlášť velký prostor, a když redaktor Gerald Barry napsal protichamberlainovsky zaměřený úvodník, Layton ho ve funkci ihned nahradil.[64]

Nebyl to však jen tisk, kdo se nechal okouzlit Downing Street. Byť to později popírali, vedení BBC se také uchýlilo k cenzuře. V jejich případě se o to postaral Horace Wilson. Interní zpráva BBC, jež vznikla po zářijové krizi 1938, odhalila, že „od konce srpna, kdy se s každým dnem krize dále prohlubovala", Wilson společnosti několikrát skrytě vyhrožoval – například, že by si BBC měla „více hlídat, co za názory zazní v jejím vysílání, příkladem budiž diskuzní pořad ‚Uplynulý týden' Harolda Nicolsona". Tatáž analýza BBC později potvrdila, že „celé zpravodajství v tomto kritickém okamžiku muselo odpovídat linii, kterou zastávala vláda".[65] 22. září Paramount News zveřejnily filmový týdeník zachycující rozhovory se dvěma ostřílenými britskými novináři, kteří byli kritičtí k Chamberlainovi. Britští diváci „se značným aplausem" přijali varování, že „Německo má nakročeno k diplomatickému triumfu... Našim lidem se neříká pravda." Ústředí konzervativní strany si stěžovalo, Halifax kontaktoval Kennedyho, a třebaže „nepadla ani zmínka o cenzuře", Hoare požadoval, aby urážlivé rozhovory zmizely. Kennedy využil svého vlivu na společnost a problematický týdeník byl z kin rychle stažen.[66]

Bylo však jasné, že nálada na Fleet Street se začíná měnit. Navzdory krajnímu úsilí Laytona *News Chronicle* 19. září vyjádřil hluboké obavy. „Bylo by to považováno za netaktní," tázal se, „kdyby se dnes v této krizi někdo zastal Čechů?" O dva dny později list protestoval, že „rozčarování střídá pocit pohoršení, neboť Velká Británie se má stát nástrojem, který pomůže donutit demokratickou zemičku, aby pod pohrůžkou síly přistoupila na sebezmrzačení".[67] *Daily Herald* lamentoval, že Češi byli „zrazeni a opuštěni lidmi, kteří je ujišťovali, že se jejich země nerozpadne",[68] a *Daily Telegraph* upozorňoval, že „politika, která nemá všeobecnou podporu, je naprosto k ničemu".[69] Dokonce i *Times*, trvale propagující appeasement, ve svém úvodníku 20. září připustily, že „za daných okolností nelze očekávat, že obecný charakter podmínek předaných československé vládě *prima facie* [na první pohled; pozn. překladatele] vyvolá kladné přijetí".[70]

Nesouhlas s ministerským předsedou začal být patrný také mezi politiky napříč politickým spektrem. 19. září vyslechla Národní labouristická rada na zasedání v Southportu hlášení Clementa Attleeho o schůzce s Chamberlainem, k níž došlo téhož dne. Rada následně vydala prohlášení, že pohlíží...

> ... s hrůzou na návrhy britské a francouzské vlády roztrhat na kusy Československo, k nimž došlo pod brutální pohrůžkou nacistických ozbrojených sil, aniž by byly předem konzultovány s československou vládou. Prohlašuje, že jde o ostudnou zradu mírumilovného a demokratického lidu a nebezpečný precedens do budoucna.[71]

Attleeho doprovodný dopis, v němž požadoval, ať je za účelem prodiskutování věci svolán parlament, Chamberlain ignoroval. Sir Archibald Sinclair sdělil radě Liberální strany, že „jsme se pouze podřídili požadavkům pana Hitlera a nedošlo k tomu tak, že bychom najednou prosazovali spravedlnost, ale že jsme podlehli hrozbě války".[72] Nešťastný Anthony Eden na mítinku s voliči uvedl, že „britský lid ví, že je nutno zaujmout stanovisko. Modlí se, aby k tomu nedošlo příliš pozdě."[73] Leo Amery nejprve Chamberlainovi napsal dopis, v němž jeho cestu do Německa vítal jako „úžasnou věc... Bude-li světový mír zachován, Váš přínos bude obzvláště významný."[74] Nyní zděšeně zjistil, že podmínky, které Chamberlain podepsal „neznamenají nic menšího než zničení [Československa] jako nezávislého státu".[75]

Winston Churchill „v naprostém zoufalství z politiky V. J. V."[76] odletěl do Paříže a proti anglo-francouzským návrhům se pokusil vyburcovat opozici. Jednání vedl s řadou tamních poslanců sdružených kolem Mandela a Reynauda. Avšak dosáhl pouze toho, že pohoršil Bonneta, který zuřil, že se míchá do francouzských záležitostí. Phipps si hořce stěžoval Foreign Office, že Churchill „nedělal nic jiného, než že dával špatné rady p. Osuskému [český vyslanec] a jistým francouzským politikům".[77] Churchill po svém návratu do Londýna vydal jasné prohlášení.

> Je nutné, aby si národ uvědomil závažnost pohromy, do níž jsme vedeni. Rozdělení Československa pod anglo-francouzským tlakem znamená naprostou kapitulaci západních demokracií před nacistickou hrozbou silou... pokoření Evropy před nacistickou mocí.[78]

Z jednoho místa obdržel ministerský předseda věrnou podporu, byť se to nesetkalo zrovna s nadšením. Během svého pobytu na Balmoralu Chamberlain s králem řešil stále neodbytnější naléhání vévody windsorského, který se dožadoval svolení k návštěvě Británie. Následovala rozsáhlá korespondence, kdy si to Chamberlain u vyhnaného vévody snažil „vyžehlit". 18. září se vévoda opět ozval ze svého útočiště v jižní Francii.

> Nejdříve ze všeho mi dovolte sdělit, jak velice lituji toho, že mě okolnosti přiměly vznést otázku našeho návratu do Anglie v době, kdy na nás všechny dolehla vážná evropská krize... Jménem vévodkyně a mne samotného bych chtěl vyjádřit náš upřímný obdiv Vaší odvaze, s níž jste odhodil všechny konvence a precedenty, vyžádal jste si osobní setkání s panem Hitlerem a odletěl do Německa. Byl to smělý krok a, dovolíte-li, byl to čin mého gusta, poněvadž jsem vždy věřil, že osobní styk je tou nejlepší politikou, „jste-li v úzkých".[79]

Ve skutečnosti byl Chamberlain značně nepříjemnému diplomatickému incidentu daleko blíže, než si nejspíš uvědomoval. Vévoda navštívil Hitlera v Berchtesgadenu minulý rok a nyní vážně zvažoval, že také on podnikne „smělý krok". Plánoval, že se nabídne jako prostředník a uskuteční druhou neplánovanou návštěvu Německa, v jejímž rámci by „diskutoval s Hitlerem".[80] Naštěstí jej od toho odradili přátelé, kteří se obávali, že taková návštěva by měla „katastrofální účinky na veřejné mínění jak v Anglii, která byla na pokraji války s Německem, tak i v USA, kde by oživila řeči o pronacistických sympatiích".[81]

Ačkoli stále nebyla známa česká reakce na výsledky anglo-francouzské konference, odpoledne 21. září se sešel kabinet, aby projednal, jaké zásady má Chamberlain při svém nadcházejícím rozhovoru s Hitlerem zastávat. Diskuzní materiál připravený Foreign Office varoval, že „dostojí-li Hitler své pověsti, musíme být připraveni… že pod hrozbou války vznese další požadavky". V Berchtesgadenu si vymyslel masakr tří set sudetských Němců a při příští příležitosti bude „nepochybně s to přijít s něčím, co mu umožní tvrdit, že se situace zhoršila… do té míry, že mu okolnosti nadále nedovolují souhlasit s narovnáním, jež dříve požadoval".[82] Cadogan přitakal, že takový scénář je pravděpodobný, nicméně také zdůraznil, že „je zřejmé, že jsme zašli až na samu hranici". Pakliže Hitler opět přijde s novými požadavky, „naši hranici překročí a nám nezbude nic jiného, než se jim postavit… Náš morální postoj bude o to silnější, že jsme ve svých ústupcích zašli až na samu mez, a jeho bude naopak před celým světem slabší."[83]

Kabinet byl následně upozorněn, že sílí důkazy o tom, že Hitler by k územním požadavkům sudetských Němců mohl připojit i nároky Maďarska a Polska. Chamberlain „si nemyslel, že by pan Hitler mohl zaujmout takový postoj", ale souhlasil, že budou-li tyto požadavky vzneseny, odmítne o nich jednat a „sdělí, že se musí vrátit a poradit se se svými kolegy".[84] Co se týče navrhované záruky pro Československo, padlo rozhodnutí, že premiér bude prosazovat, aby Francie, Velká Británie a Rusko vystupovaly jako společní garanti a aby Německo s Československem podepsalo pakt o neútočení. Nakonec se na poradě dlouze zabývali navrhovaným *modem operandi* převodu sudetského území. Chamberlain se domníval, že existuje „mnoho praktických důvodů, aby mohli němečtí vojáci velmi brzy obsadit území, na němž němečtí obyvatelé představují podstatnou většinu". Také navrhoval, že britští vojáci by mohli dohlížet na zachování stability a příměří v oblastech, kde je populace smíšena. Za oba návrhy si okamžitě vysloužil kritiku z řad svých kolegů. Stanleymu nedělalo žádnou radost, že by měl byť jen jeden německý voják překročit hranici. Cooper předpokládal, že by si němečtí vojáci snadno našli záminku pro obsazení zbytku Československa, a navrhoval, že ministerský předseda, „by měl panu Hitlerovi naznačit, že vznese-li další požadavky, půjdeme s ním do války ne kvůli tomu, abychom zabránili sudetským Němcům v právu na sebeurčení, nýbrž s cílem znemožnit panu Hitlerovi ovládnout celou Evropu".[85]

...

Chamberlain se domníval, že bez pomoci druhých zabránil vypuknutí války. Pakliže by se mu podařilo přesvědčit britskou, francouzskou a československou vládu, aby odsouhlasily německou anexi Sudet, mohla by být válka zažehnána taktéž v dlouhodobé perspektivě. Zatímco se britští a francouzští ministři radili, jak nejlépe rozdělit Československo, Hitler ve skutečnosti pokračoval bez ohledu na své sliby s přípravami k útoku. Než Keitel[86] opustil Berlín a vydal se na schůzku v Berchtesgadenu, svolal náčelníky štábu armády a Luftwaffe, aby promysleli, „co je možno udělat v případě, že se führer vzhledem k překotnému vývoji situace rozhodne uspíšit datum [útoku]". Všichni tři se shodli, že něco takového by bylo logisticky neproveditelné. V prvé řadě proto, že naplánovaný přesun vojáků po železnici už nebylo možné změnit. Jodl si zapsal, že „nový jízdní řád nevstoupí v platnost před 28. zářím. Jsme tedy vázáni datem, jež führer vybral."[87] Navíc se každý den navíc hodil k dostavbě Západního valu. Když se 16. září vracel Chamberlain zpátky do Londýna, byl vydán rozkaz, aby se podél českých hranic rozmístila posílená pohraniční stráž; a všechny rezervní vagóny měly být v tajnosti připraveny na strategické přesuny armády, jež měly započít 28. září.[88]

„Vůdce Chamberlaina včera informoval," zněla první slova tajného telegramu, který svým delegacím zaslalo ministerstvo zahraničí, „že se definitivně rozhodl ve velice blízké době tím či oním způsobem učinit přítrž nepřijatelným podmínkám panujícím v Sudetech. Autonomie pro sudetské Němce již nepřipadá v úvahu, jediným řešením je odstoupení území Německu." Telegram končil zlověstně – „jak toho dosáhnout, je stále ve fázi jednání".[89] Jodl a ministerstvo propagandy mezitím vykonávali „společné přípravy pro popření našeho porušení mezinárodního práva".[90] Goebbelsovou prací bylo ospravedlnit nacistické excesy a jeho propagandistická mašinérie jela na plné obrátky. „ŽENY A DĚTI SKOSENY ČESKÝMI OBRNĚNÝMI VOZIDLY", hlásil jeden titulek, zatímco *Börsen Zeitung* uváděl: „ÚTOK JEDOVATÝM PLYNEM NA ÚSTÍ NAD LABEM?"[91] 17. září nařídilo ministerstvo zahraničí pražské legaci, aby „výhradně verbálně a bez vyvolání jakékoli pozornosti" instruovala všechny „říšské Němce na území s československou populací, ať odešlou ženy a děti pryč ze země".[92] 18. září byl velitelům odeslán plán postupu pěti armád zahrnujících třicet šest divizí.

Hitler mezitím na Berghofu hostil druhého návštěvníka z Británie, Warda Price z *Daily Mail*, jemuž se podařilo udělat s führerem exkluzivní rozhovor. Co se týče Hitlerových úmyslů, nemohly jeho odpovědi čtenáře *Daily Mail* nechat na pochybách. Rozhovor začínal poměrně mírumilovně. Hitler tvrdil, že je „přesvědčen o upřímnosti a dobré vůli pana Chamberlaina". Jeho jazyk však záhy nabyl hrozivějšího tónu, když se z jeho slov k Wardu Priceovi začalo „ozývat zarputilé odhodlání".

> Ty české problémy musejí jednou pro vždy skončit a dojde k tomu okamžitě. Je to nádor, který otravuje celý evropský organismus... Herr Gott, co všechno bych mohl v Německu a pro Německo učinit, kdyby nebylo této příšerné české tyranie nad několika miliony Němců. Ale to musí skončit. Ono to *skončí*. Ustavit intelektuálně podřadnou hrstku Čechů, aby vládla nad menšinami náležícími k rasám, jako jsou Němci, Poláci a Maďaři, kteří za sebou mají tisíciletou kulturu, bylo dílem bláznovství a nevědomosti.[93]

Když Hitler jedním dechem zmínil Poláky a Maďary společně s Němci, prozrazoval, že hrají v jeho plánu na rozdrobení Československa významnou roli. 20. září přivítal maďarského premiéra s ministrem zahraničí v Berchtesgadenu a „pokáral maďarského džentlmena za neuvážený postoj Maďarska". Byl „odhodlán vyřešit českou otázku i za cenu světové války" a „Maďarsko" mělo „poslední příležitost, aby se připojilo". Doporučoval jim, aby se na území, na něž si Maďarsko činilo nároky, okamžitě dožadovali plebiscitu a aby se odmítli připojit k mezinárodním zárukám nově navrhovaných hranic Československa. „Führer prohlásil," stojí v oficiálním záznamu ze setkání, „že německé požadavky Chamberlainovi přednese s brutální otevřeností. Podle jeho názoru by jediné uspokojivé řešení přinesla akce armády", ačkoli mu dělalo starosti „riziko, že se Češi podvolí každému požadavku".

Polský velvyslanec Józef Lipski přijel na Berghof záhy poté, co odjela maďarská delegace. Göring nedávno Lipskému navrhoval, že „Polsko má v oblastech obydlených polskou menšinou kategoricky trvat na plebiscitu, k čemuž má využívat všechny dostupné prostředky nátlaku a agitace". Tentokrát byl přítomen i Ribbentrop. Hitler proti Čechům ostře vystupoval, ačkoli byl podle Lipského roztržitý a „velice pohlcený nadcházejícím jednáním s Chamberlainem". Avšak velvyslanci opět sdělil, že je odhodlán „v otázce připojení Sudet k Říši použít násilí," a přislíbil bezvýhradnou podporu, zapojí-li se Polsko do konfliktu.[95] 21. září Polsko formálně zažádalo o plebiscit ve sporném Těšínsku a k hranicím přisunulo vojáky. To vedlo náměstka lidového komisaře zahraničních věcí SSSR Vladimíra Potěmkina k tomu, aby polskému *chargé d'affaires* v Moskvě předal demarši, v níž varoval, že jakýkoli vstup polských jednotek do Československa by Rusko vedl k vypovězení polsko-ruské smlouvy o neútočení.

Hitler pochopil, že je nutno podniknout další kroky, aby zajistil, že k válce dojde ve chvíli, kdy jeho propracované vojenské přípravy budou dokončeny. Třebaže Chamberlaina ujišťoval, že před dalším setkáním nepodnikne žádné vojenské akce, uskutečnil nyní přesný opak. Jak při rozhovoru s Chamberlainem, tak i se zahraničními diplomaty opakovaně zdůrazňoval, že může garantovat, že se neuchýlí k žádné akci proti Československu pouze za podmínky, že v zemi nedojde k žádnému nepředvídatelnému aktu agrese proti německé populaci. Naneštěstí pro Hitlera v Sudetech poté, co ze země uprchli Henlein a ostatní radikálové, zavládl relativní klid, takže hrozilo, že politická záminka pro ospravedlnění vpádu zůstane nenaplněna. Hitler se proto pustil přesně do toho, čeho se Chamberlainovi slíbil vyvarovat, totiž organizování provokačních aktů, které měly zasáhnout celé sudetské území a které by obstaraly záminku k válce.

Henleinova rozlučková proklamace nevyvolala mezi lidem spontánní povstání, a Hitler tudíž potřeboval k rozdmýchání vzpoury alternativní prostředky. Rozhodl se pro ustavení sudetoněmeckého *Freikorpsu*, teroristické organizace, v níž se sešli a byli ozbrojeni všichni sudetští Němci, kteří z Československa uprchli do Německa. Dostali za úkol chránit sudetoněmecké obyvatelstvo v pohraničí, vyvolávat v Sudetech střety a nepokoje a podnikat útoky na československé jednotky podél německo-českých hranic. Ačkoli bylo velení formálně svěřeno Henleinovi, dostal k sobě vysoce postaveného poradce wehrmachtu, podplukovníka Köchlinga, jenž obdržel pokyny od samotného führera.[96] 19. září počet členů *Freikorpsu* dosáhl 40 000 mužů a ten samý den z Prahy legace ohlásila, že započaly „akce menšího rozsahu".[97] Ve skutečnosti se *Freikorps* ukázal velice úspěšným, a podle vrchního velení wehrmachtu dokonce příliš horlivým. Když jeho akce způsobily nasazení značného počtu jednotek české armády v pohraničí, Hitler byl nucen nařídit Köchlingovi, aby *Freikorps* projevil jistou zdrženlivost.

■ ■ ■

Zatímco se britští a francouzští ministři radili v Londýně a Hitler se na Berghofu připravoval na válku, lidé v Praze trávili víkend plný krásného pozdně letního slunce, „čekajíce v ohromném klidu, jaký bude jejich osud".[98] Londýnský a pařížský vyslanec, Masaryk a Osuský, se do určité míry snažili připravit svoji vládu na to, co je čeká. 18. září, zatímco britský a francouzský premiér stále jednali na konferenci, Masaryk předložil oficiální *demarši*, která anticipovala pravděpodobný výsledek. Varoval, že Češi „předem upozorňují, že neuskuteční žádné rozhodnutí, které s nimi předem nebude konzultováno", ale vzhledem k tomu, že k žádné konzultaci nedošlo, „nemohou za rozhodnutí, k nimž se dospělo bez nich, nést žádnou zodpovědnost".[99] Když 19. září britská a francouzská vláda schválila text společné nóty určené Benešovi, představitelé obou zemí pochopili, že se potvrdily jejich nejčernější obavy.

Ve 14.00 Newton se svým francouzským protějškem Victorem de Lacroixem zamířili na Pražský hrad, aby Benešovi představili takzvaný „anglo-francouzský plán". Prezidentovi měli ozřejmit, že obě vlády se už dohodly, že „okresy obydlené převážně Sudeten-Deutsch" nezůstanou součástí Československa „aniž by došlo k ohrožení zájmů samého Československa a evropského míru". Dané území mělo být neprodleně „odstoupeno Říši", aby se zajistilo „udržení míru a ochrana životních zájmů Československa". K tomu mohlo dojít buď pomocí plebiscitu, či přímým odstoupením – Britové a Francouzi upřednostňovali řešení druhé – a „pravděpodobně by se muselo jednat o území, kde se nalézá přes 50 procent německého obyvatelstva". V případech, kde by to bylo nutné, by úpravu hranic projednával „nějaký mezinárodní orgán, v němž by nechyběl český zástupce", a patřičný orgán by měl na starost „otázku případné výměny obyvatelstva". A konečně britská vláda byla ochotna připojit se k „mezinárodní záruce nových hranic československého státu proti nevyprovokovanému útoku", nicméně pouze za nekompromisní podmínky, že Československo bude souhlasit s anulací všech platných vojenských smluv.

Poté, co Beneš celé léto jednal s Runcimanem, již notnou dobu chápal, že při obraně před Hitlerem nemůže spoléhat na britskou podporu. Avšak nyní měl před sebou „přeběhnutí" nejbližšího spojence, Francie, pravděpodobnou ztrátu československé hranice, strategickou po stránce vojenské, a požadavek, aby ukončil životně důležitou vojenskou smlouvu s Ruskem. Stál před zásadním dilematem. Bylo nemyslitelné něco takového přijmout. Znamenalo by to odevzdat veškeré pohraniční pevnosti Říši a vytvořit alespoň 800 000 menšinu Čechů žijících pod nacistickou nadvládou. Nicméně odmítnutí návrhu by vedlo k válce, zajisté mezi Československem a Německem, a pravděpodobně k následnému celoevropskému konfliktu, z něhož by byla viněna jeho země. Francouzská a britská vláda s děsivou neupřímností prohlašovaly, že „uznávají, jak veliká je oběť požadovaná po československé vládě v zájmu míru". Přesto naléhaly „na co nejrychlejší" odpověď, poněvadž Chamberlain „musí pokračovat v rozmluvě s panem Hitlerem nejpozději ve středu [21. září]".[100]

Když Newton dohovořil, byl Beneš nejprve tak „silně pohnut a rozčílen", že se o věci odmítl bavit; uvedl, že je „ústavním prezidentem a musí záležitost projednat s vládou a také s parlamentem". Evidentně rozpačitý Newton mu vysvětloval, že rychlost je klíčová. Opětovná návštěva ministerského předsedy u Hitlera nemohla být odložena o více než čtyřicet osm hodin a bylo naprosto nutné, aby před odletem disponoval odpovědí Prahy. Když se Beneš nakonec dokázal natolik soustředit, aby dal odpověď, promluvil „se sebezapřením, ale i s hořkostí". Chápe to tak, sdělil oběma diplomatům, že „po všem úsilí, které s vládou vyvinuli, jsou opouštěni". Záruky, které už měl, se ukázaly bezcenné. Navíc navržené řešení zdaleka nebylo konečné a nakonec by nebylo ničím jiným než „stádiem ke konečnému panství Německa". Důvodem k tomu přesvědčení mu byl rozhovor Warda Price s Hitlerem v ranním *Daily Mail*.

Přesto Newton hlásil do Londýna, že Beneš „spíše přijme, než odmítne", a že je „velmi přístupný k důvodům, jež mu pomohou ospravedlnit přijetí před jeho lidem".[101] Ještě předtím, než Newton s de Lacroixem opustili Pražský hrad, obsah anglo-francouzských návrhů koloval po Praze. Třebaže britské noviny zaujaly diskrétní přístup, jejich francouzské protějšky „vděčné za únik z francouzských zdrojů", jak to komentoval britský velvyslanec Phipps,[102] obšírně zpravovaly o podrobnostech požadavků, jež byly vnuceny Čechům. Pražský tisk věrně reprodukoval návrhy a v průběhu celého dne se po celém městě okolo pouličních prodejců novin shromažďovaly skupinky zmatených lidí, na něž pomalu doléhala suchá fakta této zrady. Počáteční nedůvěru záhy vystřídal vztek a vzdor a na Pražany a Čechy dopadla „ponurá a hořká nálada",[103] pramenící zejména z postoje Francie. Přední český list, *Lidové noviny*, stručně shrnul náladu úvodníkovým titulkem: „NEPŘIJATELNO".[104]

Odpoledne 19. září Beneš svolal ministry, předsedy šesti koaličních stran a nejvyšší generály na mimořádné zasedání kabinetu; den a půl, přes noc, téměř nepřetržitě zasedali. Ani pesimisté nepočítali s tím, že budou postaveni před tak rezolutní požadavky; přesto se ani jeden z nich nevyslovil pro přijetí návrhu. V 11 hodin následujícího dne Newton obdržel zprávu, že má odpověď očekávat brzy odpoledne. Ale čas ubíhal a ve 14.15 Phipps hlásil, že ho Bonnet informoval, že Češi zvažují dvě řešení: „(1) žádat arbitráž, či (2) akceptovat principy britsko-francouzského plánu". Bonnet následně nařídil svému velvyslanci de Lacroixovi, aby urgentně intervenoval a varoval Beneše, „že (1) by bylo bláznovstvím a znamenalo by válku a že (2) je pro p. Beneše jediným možným postojem, který může zaujmout". Dále navrhoval, ať v podobném duchu vystoupí i Newton.[105] V 15.30 dorazila na Quai d'Orsay od de Lacroixe šifrovaná telefonní zpráva. Splnil Bonnetovy instrukce a na schůzce s českým ministrem zahraničí dr. Kamilem Kroftou „zdůrazňoval, že za současných okolností je nemožné, aby si Československo v rámci svých hranic ponechalo... populaci živenou čirou nenávistí ke státu, které se navíc dostává podpory z obrovského Německa".[106]

Když v Londýně do 18.30 stále nedisponovali odpovědí Čechů, padlo rozhodnutí, že Chamberlainova druhá cesta za Hitlerem bude muset být alespoň o jeden den odložena. V 19.45 Krofta konečně předal Newtonovi a de Lacroixovi československou nótu, byť její kompletní znění do Londýna nedorazilo do brzkých hodin příštího rána. Česká vláda anglo-francouzský plán důstojným způsobem odmítla. Nevěřili, že by návrhy dosáhly míru; nikdo se na ně neobrátil; a natolik závažná změna hranic se nemohla uskutečnit bez souhlasu parlamentu. Odsouhlasení podmínek by bylo protiústavní a vedlo by k „naprostému zmrzačení [československého] státu ve všech směrech". Celá sudetská otázka měla být předložena mezinárodní arbitráži v souladu s podmínkami Rozhodčí smlouvy mezi Německem a Československem, podepsané v Locarnu v roce 1925, a zvláště francouzské straně byly připomenuty její smluvní závazky vůči Československu.

Československo bylo vždy poutáno k Francii úctou a přátelstvím nejoddanějším a spojenectvím, které nikdy žádná vláda československá a žádný Čechoslovák neporuší.[107]

Newton prosil evidentně sklíčeného Kroftu, aby anglo-francouzský plán znovu uvážili, a varoval, že jeho odmítnutí „znamená zkázu pro jeho krásnou zemi". Připomněl Kroftovi, že Chamberlain se má za Hitlerem vydat nazítří a „jaké by to mělo katastrofální důsledky, kdyby dorazil bez uspokojivé odpovědi z Prahy". Návrh arbitráže může vést pouze k válce.[108] De Lacroixovi připadl ještě více nezáviděníhodný úkol, když měl jako zástupce předního československého spojence podpořit Newtonovo varování. Krátce poté si de Lacroixe předvolal český premiér Hodža. „Může se Československo spolehnout na francouzskou pomoc, či nikoli?" tázal se ho. De Lacroix byl natolik dojatý, že nedokázal odpovědět a vyhrkly mu slzy. Ačkoli v této věci nedostal jednoznačné pokyny, měl za to, že Československu by se francouzské podpory nedostalo. Na to Hodža naléhal na de Lacroixe, aby opatřil písemné potvrzení, kde bude důrazně oznámeno, že Francie by se v případě války ze smlouvy o vzájemné pomoci vykroutila. „Tohle je jediný způsob, jak zachránit mír," prohlásil Hodža.[109]

V Londýně českou odpověď přijali se špatně skrývanou podrážděností. Chamberlain celý den nervózně čekal a po neodbytných výzvách z Berlína a Berchtesgadenu žádajících potvrzení cesty nakonec kývl na Ribbentropův návrh, aby byla návštěva o den odložena. Takže, když toho večera konečně dorazily zprávy o českém odmítavém stanovisku, ministerský předseda zuřil. Avšak ve snaze zmírnit tuto ránu Newton tvrdil, že má z „dokonce ještě lepších zdrojů" informaci, že oficiální česká zamítavá odpověď nemusí být posledním slovem v této záležitosti. Je možné, že mu zřejmě na obě strany hrající Hodža soukromě sdělil, že bude-li česká vláda vystavena dostatečnému nátlaku, bude kapitulovat. Velvyslanec navrhoval, že by měl Benešovi doručit „ultimátum" tlačící na přijetí návrhů „bez výhrad a dalších průtahů, v opačném případě vláda Jeho Veličenstva přestane o osud země jevit zájem".[110] Ve 23.00 byl na Downing Street urychleně přivolán Halifax, kde společně s Chamberlainem a Wilsonem slovy Cadogana „připravili odpověď utahující šrouby nebohým Čechům".[111]

V 1.20 v noci na 21. září obdržel Newton další instrukce.

Měl byste společně se svým francouzským kolegou ještě jednou české
vládě zdůraznit, že jejich odpověď nikterak nevyhovuje kritické
situaci, již měly anglo-francouzské návrhy odvrátit, a pakliže by se
jí držela a zveřejnila ji, podle našeho názoru by to vedlo k okamži-
tému německému vpádu. Měl byste na českou vládu naléhat, ať tuto
odpověď vezme zpět a urgentně uvažuje o alternativě, která bere
v potaz současnou situaci.

Vejde-li zamítavé stanovisko veřejně ve známost, upozorňoval Halifax
Newtona, nebude mít Chamberlainova cesta do Německa žádný smysl.

Prosíme tedy českou vládu, aby urgentně a vážně zvážila, nežli dá
vzniknout situaci, za niž nebudeme moci převzít zodpovědnost.
Jestliže se česká vláda po opětovném zvážení cítí povinna naši radu
zamítnout, musí mít samozřejmě volnost jednat, jak uzná za vhod-
né. Bez ohledu na hodinu jednejte, prosím, okamžitě po příjetí.[112]

Newton vzal svého ministra zahraničí za slovo a krátce po
2. hodině v noci musel vyčerpaný Beneš vstát z postele, aby se na Hradě
setkal s britským a francouzským vyslancem. Bylo to sotva hodinu poté,
co poprvé po třech dnech usnul, a evidentně neuvažoval jasně. Oba
diplomati přečetli tytéž instrukce, jež obdrželi od svých ministrů. De
Lacroix jasně uvedl, že odmítne-li Československo anglo-francouzský
plán a vypukne válka, bude za ni odpovědna výhradně česká vláda
a Francie se nezapojí. *„La France ne s'y associera pas* [k tomu se Francie
nepřidá; pozn. překladatele]," uvedl nevyhýbavě.[113] Beneš si všiml,
že Francouz má „slzy v očích", zatímco Newton se choval chladně,
nervózně přešlapoval a vytrvale se díval do země. Význam dvojité
demarše byl zřejmý. Británie by Československu v obraně nepomohla
a Francie se zříkala smluvních závazků, jež byly dosud považovány
za nedotknutelné. „Měl jsem dojem," napsal Beneš, „že se oba z duše
styděli za misi, kterou právě jménem svých vlád vykonávali."[114]
Beneš, třebaže znavený, se pokoušel argumentovat. Předložil mapu
a vznesl všechny možné námitky ohledně navrhovaného transferu oby-
vatelstva, otázky uprchlíků a nabízené garance. Newton s de Lacroixem
znovu a znovu opakovali, že nejsou s to prodiskutovávat maličkosti
a že návrhy mají být přijaty bezvýhradně. Ale Beneš se stále nemohl

přinutit a přijmout nevyhnutelné. Návrhy, prohlásil, jsou ultimátem a on byl opět vázán ústavou je prodiskutovat s vládou; odpověď měli dostat do poledne. Již svítalo, když Newton a de Lacroix ve 4 hodiny ráno konečně opouštěli Hrad. Několik zahraničních korespondentů dostalo tip, že se děje něco významného, a vydalo se na Hrad, kde zjistili, že Beneš již zasedl s předními ministry. Trvalo jim sotva hodinu, než dospěli k rozhodnutí, že nemají jinou možnost než akceptovat anglo-francouzské návrhy, a v 6.30 započalo tříhodinové zasedání celé vlády. Mezitím Hodžův sekretář telefonoval Newtonovi a tlumočil mu „osobní a předběžnou informaci", že odpověď má být „souhlasná" a že „oficiální odpověď bude odeslána co nejdříve". Tato zpráva do Londýna dorazila v 7.30.[115]

Ačkoli vláda jako celek rozhodnutí potvrdila, nejvyšší generálové a představitelé ostatních politických stran na Beneše naléhali, aby plán odmítl. Po celý den byli Češi pod vytrvalým tlakem, v Praze i v Londýně, kde Masaryk „žalem ulehl do postele" a buď „neschopen, či neochoten" odmítal navštívit Halifaxe a vyslechnout si další požadavky. [116] Beneš Newtona žádal o písemné potvrzení jeho verbálního ujištění, které mu dal během ranního setkání. Zvláště mu šlo o ujištění, „když Československo přijme anglo-francouzskou propozici a německá vláda přesto zaútočí na Československo, obě vlády mu přijdou na pomoc". Newton ho stroze upozornil, že „podmiňovat souhlas novými podmínkami na poslední chvíli je extrémně nebezpečné".[117] Do pozdního odpoledne z Pražského hradu stále nepřišla žádná odpověď.

Jakmile se rozšířila zpráva o tom, že hrozí kapitulace, každodenní život v Praze se zastavil a kanceláře, továrny, a dokonce i byty se vyprázdnily. Všechny ulice byly plné lidí a z obrovského Václavského náměstí se stal ohromný amfiteátr, když v celé délce na lampy pouličního osvětlení umístili tlampače. V zájmu ochrany byli před budovou britského velvyslanectví rozmístěni ozbrojení vojáci. V 17.00 česká vláda nakonec „smutně" kapitulovala – „forcé par les circonstances et les insistences des gouvernements français et britannique [přinucena okolnostmi, ustupujíc neobyčejně naléhavým domluvám… vlády francouzské a britské; pozn. překladatele]." Krofta si nechal zavolat Newtona a de Lacroixe na ministerstvo zahraničí a neochotně jim předal československý souhlas s anglo-francouzskými podmínkami.[118] „Byli jsme hanebně zrazeni," protestoval Beneš. V 19.00 byla zpráva, které se celou dobu Praha děsila, vysílána tlampači na Václavském náměstí. „Nic jiného nezbývalo," oznamovala vláda, „protože jsme zde stáli sami." Dějiny, sděloval ministr propagandy, „pronesou svůj soud nad dnešními dny. Věřme sobě, věřme geniu svého národa. Nedáme se a budeme držet svou zem, svou domovinu."[119]

Téměř okamžitě se v narůstající tmě vydal obrovský dav směrem k Pražskému hradu, mohutné temné siluetě tyčící se proti obloze. V čele procesí byla červeno-bílo-modrá trikolóra, státní vlajka Československa; dav zpíval státní hymnu. Řeku překročili na barokně zdobeném Karlově mostě a pokračovali dále do kopce na náměstí před hradní bránou. Dopisovatel *Daily Express* Geoffrey Cox popsal scénu následovně:

Nebylo patrno mnoho zaslepenosti, jen smíšené pocity zmatení a odhodlání. Na jednom místě stál muž s aktovkou jdoucí domů z práce, o kus dál skupina studentů. Za nimi dělníci v černých kožených bundách s rukama ještě zamazanýma od ponku. Ženy vedly za ruce děti. Nastrojení lidé opouštěli kavárny a připojovali se k průvodu. Za svitu pouličních lamp šli všichni až nahoru na kopec.

Ústí ulice vedoucí k Hradu jim zahradilo padesát příslušníků pořádkové policie; po váhavém pokusu dostat se přes policejní kordony zůstal dav na místě a policisté se promíchali s demonstranty.

Neusilovali o násilí. Místo toho stáli ve tmě a zpívali a skandovali hesla a po několika hodinách se začali rozcházet.[120]

Nazítří v Praze vypukla generální stávka a ještě masovější demonstrace; tisíce lidí se shromáždily v továrnách, na předměstích a v okolních vesnicích, načež vyrazily na Václavské náměstí. Zde se přes 100 000 lidí dožadovalo vojenské vlády a programu národní rezistence. V 10.00 bylo z balkónu Národního shromáždění oznámeno, že Hodžova vláda, symbol kapitulace, rezignovala. Na její místo Beneš jmenoval novou, úřednickou vládu národní obrany, v jejímž čele stál generál Jan Syrový, generální inspektor československé branné moci. Jeho jmenování bylo přivítáno mohutným nadšením. Byl to vojenský hrdina, nepošpiněný politikou, který během první světové války velel v Rusku legendárním československým legiím. Legionáři nejprve válčili s Němci a poté si probojovali cestu na svobodu ze Sibiře, tentokrát proti bolševikům. Status národního hrdiny ztělesňovala černá páska přes pravé oko zakrývající válečné zranění. Syrový k davu promluvil z téhož balkónu.

Ručím za to, že armáda stojí a bude stát na našich hranicích a bránit naši svobodu až do konce. Možná vás brzy povolám, abyste se aktivně podíleli na obraně naší země, po čemž všichni tak toužíme.[121]

Po těchto slovech se Pražané začali rozcházet a s úlevou, že politiku kapitulace lze podle všeho považovat za minulost, se vraceli do zaměstnání.

12

Na břehu Rýna

Promluvím-li o pokoji, oni odpovědí válkou.

Žalm 120, verš 7

Podle jeho názoru měl pan Hitler určité standardy; záměrně by neoklamal muže, jehož si váží, a premiér si byl jist, že pan Hitler k němu cítí nějaký respekt... Domníval se, že získal na pana Hitlera jistý vliv a má u něj důvěru. Ministerský předseda věřil, že pan Hitler mluví pravdu.

Neville Chamberlain, záznamy ze zasedání kabinetu, 24. září 1938

Chamberlain opustil Heston ráno 22. září v 10.45 a mířil do lázeňského města Bad Godesberg nedaleko Kolína. I tentokrát na letišti oslovil shromážděné zástupce tisku.

> Mírové řešení československého problému je klíčovým úvodem k lepšímu porozumění mezi britským a německým lidem; a to je následně nezbytným základem evropského míru. Evropský mír je věcí, o niž usiluji, a doufám, že tento let k němu může nastolit cestu.[1]

O půl deváté si s úlevou přečetl předpověď počasí vydanou ministerstvem letectví. „Podmínky všeobecně dobré. Vítr 32–48 km/h. Let by neměl být neklidný."[2] *The Times* uváděly, že letadlo, jímž měl letět, Super Lockheed 14, minulou neděli „vytvořilo nový rekord pro civilní letectví, když trasu z Londýna do Stockholmu a zpátky zalétlo během jediného dne", a brzy mělo být nasazeno na nově zřizovaný let do západní Afriky. Na palubě letadla měli být stejní piloti, s nimiž již ministerský předseda letěl do Berchtesgadenu.[3]

Na tuto cestu s sebou Chamberlain nevzal pouze Wilsona, ale také malý tým z Foreign Office: Williama Stranga, ředitele ústředního oddělení, sira Williama Malkina, ředitele právního oddělení, a dva sekretáře. Malkinova přítomnost značila, že Chamberlain doufal, že tématem nadcházejícího setkání budou praktické otázky a nejasnosti realizování neformální úmluvy, k níž s Hitlerem dospěl v Berchtesgadenu. Delegace přistála krátce po 12.30 v Kolíně, kde na ně čekal Henderson a jeho první sekretář Kirkpatrick a také uvítací výbor, který byl ještě působivější než při minulé cestě. Na letištní dráze stála „skupina, v níž se to jen blyštilo papaláši", nechyběli Ribbentrop, Weizsäcker a velvyslanec Dirksen z londýnského velvyslanectví.[4] Chamberlain byl vyzván k prohlídce „čestné stráže" SS „složené z obřích mladíků v černých uniformách s černými ocelovými helmami a bílými límečky a rukavicemi". Mezitím se vojenská kapela jednotky SS Leibstandarte Adolf Hitler s gustem pustila do vlastního provedení britské hymny „God Save the King".[5]

Z letiště Chamberlaina odvezl do hotelu velký černý mercedes vyzdobený vlajkou Velké Británie a svastikou; silnici lemovaly jásající davy a zdobily je střídavě vlající svastika a britská vlajka. Přepychový hotel Petersberg stál nahoře na kopci a dole pod ním krajem Godesbergu protékal Rýn. Vyvýšené místo skýtalo překrásné výhledy z teras a oken na řeku, město a okolní krajinu. „Hitler je nejlepším cestovním agentem," informoval vzrušeně své čtenáře Daily Express. „Letošní sezóna nestála za nic, ale on prodal výlet k Rýnu britskému premiérovi."

Hotel nabízí ten nejpěknější výhled v Německu na první vrchol Sedmi pahorků tyčících se nad Rýnem. Ministerský předseda má nepochybně ještě působivější vyhlídku. Balkón jeho pokoje směřuje přímo ke kopcům zahaleným v mlžném oparu a pole rozprostírající se v dálce vypadají z okna jako trávníky. V údolí je po sklizni a prapory se svastikou se ve vesnici pod hotelem pohupují jako vlčí máky. Avšak řeka z výšky 300 metrů vypadá klidná a hladká. Hotel směřuje k Drachenfels, k těm tajemným horským převisům, kde se zrodily legendy o Lorelei a barbarovi.

Výhradně pro účely Chamberlaina a jeho doprovodu byla vyhrazena dvě podlaží. Poté, co zkontroloval pokoje, německý ministr zahraničí…

… nařídil kompletní obměnu výbavy a z Mnichova objednal soupravu nábytku ve stylu Ludvíka XV. Byly dovezeny hortenzie a mramorová jídelna připomínající vykachličkovanou koupelnu byla zaplněna květinami. O bezpečnost se postará dvojnásobná stráž složená z příslušníků Scotland-Yardu a SS.[6]

Vlastníkem hotelu byl Peter Mülhens, dědic impéria Eau de Cologne, jež založil jeho předek před sto padesáti lety. Podle rubriky „Deník Londýňana", vycházející v *Evening Standard*, byl Mülhens „jedním z nejbohatších průmyslníků a vlastníkem největších pozemků v Německu"; patřily mu statky a vinice a přes sto dostihových koní a všichni z nich závodili v modrozlatých barvách zdobících jeho lahvičky kolínské. Byl „jediným žijícím člověkem, který znal tajemnou formuli pro výrobu Eau de Cologne. Za dvojitými zamčenými dveřmi sám míchá nezbytné přísady a po jeho smrti přejde tajemství výroby kolínské vody na jeho syna."[7] K radosti britské delegace byly jejich pokoje velice dobře zásobeny ovocem, doutníky a k tomu patnácti vzorky Mülhensových výrobků: vlasové vody, pěny na holení, mýdla a soli do koupele. Jako mnoho návštěvníků hotelů předtím i dnes si Kirkpatrick „přivlastnil jistý počet... jako kompenzaci" pro svou ženu.[8]

Hotel Petersberg nebyl Hitlerovi neznámý; často zde na terase popíjel kávu a vychutnával si úžasné výhledy. Na protějším břehu Rýna si ve městě Godesberg v hotelu Dreesen zřídil vlastní sídlo. Zde také měly probíhat rozhovory. *Daily Express* opět pěl chválu. „Rodina Dreesenových – otec Fritz, jeho manželka a jejich skutečně blonďatí synové a dcery – pohostí führera neokázale a přirozeně. Na tomto místě, kam obvykle jezdí na dovolenou, je nejšťastnější." Pravdou bylo, že Hitler měl do svého apartmá s výhledem na řeku a dvojitými zvukotěsnými dveřmi neomezený přístup. V posledních deseti letech zde pravidelně trávil podzim, třebaže pokoje pro něj byly rezervované celý rok a v době jeho nepřítomnosti hotel rozprodával jeho ručníky, povlak na polštář a láhve na vodu jako suvenýry; jeho fotografie zkrášlovaly společné prostory.[9] Avšak co dopisovatel opomněl sdělit, byl fakt, že pan Dreesen byl všeobecně znám jako „führer německého hotelnictví", že jeho stranická legitimace měla jedno z nejnižších čísel a že to byl právě hotel Dreesen, kde Hitler plánoval takzvanou „noc dlouhých nožů", kdy byl 30. června 1934 zavražděn Ernst Röhm a jeho nohsledi z řad SA.[10]

Kvůli rozhovorům s Chamberlainem byli z Dreesenu vystěhováni ostatní hosté; stejně jako Petersberg byl důkladně uklizen a ozdoben spoustou svastik a sporadicky i britskou vlajkou. Toho rána přijel vlakem z Berlína Hitler a celé město se dostavilo, aby ho cestou ze stanice spatřilo; před jeho autem jelo nákladní auto s filmovou kamerou a každý jeho krok byl zaznamenáván. William Shirer dorazil z Prahy, aby o setkání mohl podávat zprávy pro společnost CBS, a v té době snídal na zahrádce hotelu Dreesen. Když Hitler prošel kolem směrem k nábřeží, aby si prohlédl svoji jachtu, Shirer si povšiml, že „je nesmírně rozrušen". Taktéž postřehl, že führerova „chůze" byla „opravdu podivná", vykračoval si „jako nějaká lady", a že měl „nervový tik" – nervózně mu škubalo pravým ramenem. Dále měl pod „očima... ošklivé černé kruhy", což Shirera vedlo k domněnce, že „je na pokraji nervového zhroucení". Mezi německými zpravodaji se vykládalo, že když Hitler začne běsnit, přestane se ovládat a „mrští sebou na zem a žvýká kraje koberce". Proto dostal přezdívku *„Teppichfresser"* neboli „pojídač koberců".[11]

Po lehkém obědě v Petersbergu Chamberlain sjel dolů na převozní loď, která ho v doprovodu dvou policejních člunů měla převézt přes řeku. Kam až oko mohlo dohlédnout, byly oba břehy plné tisíců přihlížejících lidí a celá scéna Hendersonovi připomínala Temži při veslařském závodu univerzit Boat Race. Z přívozu do hotelu to už byla jen krátká cesta a ulice byly opět plné tiše přihlížejících davů. Kirkpatrick si poznačil, že hotelová hala byla „nacpána zbohatlíky Třetí říše v pestrých uniformách";[12] avšak Chamberlain se podle Shirera „s výrazem sovy usmíval a byl zjevně velmi potěšen nafoukaným pozdravem skupiny stráží SS". Jak se halou šířilo: „Der Führer kommt,"[13] zaplavilo ji ovzduší očekávání. Všichni se namačkali ke stěnám a Hitler vstoupil, nedívaje se ani nalevo ani napravo. S okázalou přívětivostí potřásl Chamberlainovi rukou a zdvořile se tázal na kvalitu ubytování v Petersbergu. Vedeni stráží SS poté odešli po schodech nahoru do pokoje v prvním patře, který byl určen jako místo konání rozhovorů.

Na této malé, nezajímavé zasedací místnosti byl nejnápadnější úžasný výhled na Rýn a vrcholky Siebengebirge. Kolem dlouhého stolu přikrytého zeleným kulečníkovým ubrusem bylo dvacet židlí. Před každým místem byly úhledně připraveny poznámkový blok a šroubovací tužka; uprostřed stála kytice šarlatových a purpurových jiřin; a jedné stěně vévodila zarámovaná fotografie führera ovinutá vavřínovými věnci.[14] Hitler se posadil do čela stolu a vybídl ministerského předsedu, aby zaujal místo po jeho pravici. Chamberlain si nepřál zopakovat svoji chybu z Berchtesgadenu, a tak ho tentokrát doprovázel Kirkpatrick, který měl vystupovat jako tlumočník, pročež se s všudypřítomným Paulem Schmidtem posadil po Hitlerově levici. Za čtveřicí mužů zůstal „dlouhý průhled na zelený ubrus a prázdné židle". Bylo ticho, dokud Hitler nekývl na Chamberlaina, jako by říkal: „jsi na tahu".[15]

Ministerský předseda dorazil do Godesbergu v dobré náladě přesvědčen, že splnil vše, co bylo v jeho silách. V Berchtesgadenu sudetským Němcům odsouhlasil princip sebeurčení a následně se mu podařilo přesvědčit vlastní kabinet, poté francouzské ministry a nakonec i českou vládu, že mají všichni strpět podmínky, k nimž dospěl s Hitlerem. Přitom byl úspěšný, o čemž se mnoha lidem včetně Hitlera ani nesnilo. Nyní se do Německa vracel jako mírotvůrce; vřelost, jakou ho zahrnuly zástupy na letišti a ve městech a na vesnicích, jimiž projížděl, ho jen utvrzovala v přesvědčení, že německý i britský lid si stejně horentně přeje mír. Rozhodl se, že varovné signály, které v posledních dnech obdržel z Německa, bude ignorovat – agresivní útoky německého tisku na Čechy a řeči o Hitlerově schůzce s maďarskými a polskými vyslanci. Nyní se těšil na přátelskou diskuzi s führerem, kdy se bude jednat pouze o praktických otázkách provedení anglo-francouzského plánu. „Měl jsem s ním pouze probírat návrhy, které jsem přinesl," pronesl později v Dolní sněmovně.[16]

Chamberlain si na úvod připravil dlouhou řeč, kterou se rozhodl beze zbytku přednést. Odvolal se na dohodu z Berchtesgadenu a zdlouhavě popisoval, jak se mu podařilo obstarat souhlas britského kabinetu, francouzské vlády a konečně samotných Čechů. Nyní pouze zbývalo prodiskutovat řádný způsob převodu území z československých rukou do německých. Nastínil celkový plán, který pro tento účel vypracoval, předpokládající, že k vymezení nových hranic bude ustanovena mezinárodní komise složená z jednoho Čecha, jednoho Němce a neutrálního předsedy. Mluvil o zárukách pro ty, kdo by se ocitli na opačné straně nové hranice, o otázce převzetí státního majetku a jako poslední zmínil mezinárodní záruky, které mělo Československo dostat, a o navrhovaném paktu o neútočení s Německem. Když skončil svůj projev, s uspokojivým výrazem ve tváři se opřel ve své židli, což Schmidt interpretoval, jako by chtěl říci: „Neodvedl jsem během těchto pěti dní vynikající práci?"[17] Hitler Chamberlainovi poděkoval „za jeho velké úsilí o dosažení mírového řešení" a obezřetně se tázal, zda jsou návrhy, jež mu právě přednesl, „totožné s těmi, které předložil československé vládě". „Ano," odpověděl bez váhání Chamberlain.[18]

Ke Schmidtově překvapení a Kirkpatrickově zděšení se Hitler upřeně zadíval do stolu a strohým a chraplavým hlasem téměř lítostivě odvětil: "Es tut mir furchtbar leid, aber das geht nicht mehr."[19] Nato si odsunul židli od stolu, dal si nohu přes nohu, zkřížil ruce a zamračil se na ministerského předsedu, zatímco Schmidt překládal. "Je mi velmi líto, pane Chamberlaine, že s touto věcí již nemohu souhlasit. Po vývoji, ke kterému došlo za poslední dny, již toto řešení není možné."[20] Chamberlain seděl rovně jako svíčka, tvář měl zarudlou hněvem a několik okamžiků byl natolik ohromen, že nemohl promluvit. Po chvíli úmorného ticha, jež se zdála jako nekonečná, se uklidnil natolik, aby se Hitlera zeptal, jaký je důvod jeho náhlé změny názorů.

Jak upozorňovalo Foreign Office, že se pravděpodobně může stát, Hitler s klidným hlasem představil dva naprosto nové požadavky. Zaprvé prohlásil, že za daných okolností nemůže zvažovat žádnou dohodu, dokud nebudou splněny územní požadavky Maďarska a Polska, "které mají jeho plné sympatie." A za druhé požadoval, aby byl celý časový plán výrazně urychlen.

> Musí zdůraznit, že daný problém je nyní v nejkritičtějším stádiu. Dle jeho mínění již nebylo možné žádné zdržení… Jak celý svět ví, na obou stranách probíhají vojenské přípravy, ale tato situace není dlouhodobě udržitelná a tak či onak je nutno nalézt řešení, buď dohodou, nebo silou. Chce kategoricky prohlásit, že vše musí být definitivně a kompletně dořešeno nejpozději do 1. října.

Když skončilo toto zahřívací kolečko, rozlítil se při líčení šokujícího obrazu sudetských Němců terorizovaných českými orgány. "Lid z ulic je mobilizován a bolševici hrozí, že převezmou kormidlo". V Sudetech jsou naprosto opuštěné vesnice poté, co "muži byli zatčeni či povoláni do zbraně [a] zůstaly tam pouze děti toulající se bez dozoru po ulicích a polích". Čas od času bylo jednání přerušeno čerstvou zprávou o zvěrstvech páchaných na sudetských Němcích.

Chamberlain se s mistrovským eufemismem pouze zmohl na repliku, že je z toho, co slyšel, "zklamán a v rozpacích", a opětovně zopakoval, že Hitler všeho, co požadoval v Berchtesgadenu, dosáhl, "aniž by byla prolita jediná kapka německé krve". Naříkal, že při přesvědčování svých kritiků "musel dát v sázku celý svůj politický život", a jako ilustraci obtíží, s nimiž se setkal, uvedl, že "ve skutečnosti byl při dnešním odletu vypískán". Avšak Hitlera tento pláč na vlastním hrobě nechal naprosto klidným. Předložil mapu a oznámil, že „musí být okamžitě vytyčena hranice… a za ni musejí Češi stáhnout armádu, policii a všechny státní orgány; toto území bude ihned obsazeno Německem". Kritériem pro stanovení hranice se měl stát jazyk, přičemž by na obsazeném území souhlasil s plebiscitem provedeném na základě sčítání lidu z roku 1918; jakýkoli Němec, který později území opustil, by měl právo hlasovat, zatímco Češi, „kteří tam od té doby byli nasázeni", nikoli. Otázkou odškodnění Čechů za zanechaný majetek by se vůbec nezabýval, stejně tak neměl v úmyslu připojovat se k mezinárodní záruce zbytku Československa.

Po třech hodinách bylo jednání ve zmatku rozpuštěno. Ke konci se k rozhovoru připojili Ribbentrop, Wilson a Henderson a společně „povrchně probrali" kritéria plebiscitu. Dokonce i tentokrát došlo k přerušení jednání, když dorazila čerstvá zpráva, že bylo popraveno dvanáct sudetoněmeckých rukojmí, načež následoval další Hitlerův výbuch. Ustoupil pouze v tom, že Chamberlaina ujistil, „že generálu Keitelovi ihned vydá rozkazy", ať do dalšího setkání „není podniknuta žádná vojenská akce".[21] Samozřejmě, že ani toto prohlášení nebylo žádným ústupkem, protože zahájení útoku bylo stále naplánováno na 1. října. Ve skutečnosti Keitel na velitelství OKW v Berlíně opravdu telefonoval. „Přesné datum zatím nezjištěno," hlásil. „Pokračují přípravy podle plánu. Uskuteční-li se Fall Grün, nebude to před 30. zářím. Pakliže k tomu dojde dříve, bude to nejspíše improvizované."[22] Oba muži se dohodli, že se nazítří opět setkají, a když opouštěli hotel, Hitlerovo chování se zcela proměnilo. „Ach, pane ministerský předsedo," zamumlal. „Je mi to tak líto. Těšil jsem se, že vám ukáži nádherný výhled na Rýn, ale nyní je skryt v mlžném oparu."[23] Sklíčený Chamberlain přeplavil Rýn do bezpečí hotelu Petersberg.

■■■

Zatímco se Chamberlain dohadoval v Godesbergu s Hitlerem, Londýna se zmocnila válečná horečka. V noci z 22. na 23. září vydalo ministerstvo zdravotnictví pro BBC následující prohlášení.

Pro oběti náletů v londýnské oblasti bylo vymezeno 34 nemocnic a dále je připraven podrobný plán na transport tří až čtyř tisíc pacientů sanitními vlaky do měst vzdálených více než 80 km od Londýna. Oběti budou dopravovány na železniční stanice autokary upravenými tak, aby mohly vozit nosítka.[24]

Současně docházelo k propadu kapitálu ministerského předsedy. Podle průzkumu veřejného mínění 44 procent dotázaných uvedlo, že je „pohoršeno" Chamberlainovou politikou, a pouze 18 procent jí vyslovilo podporu. Zvláště nápadné bylo, že dotázaní muži vyjádřili ochotu bojovat, z těch „pohoršených" jich bylo 67 procent. *Daily Star* pod titulkem „Už běžím, pane" [název rychlostního závodu číšníků; pozn. překladatele] otiskl karikaturu Chamberlaina letícího za Hitlerem.[25] A večer se před Whitehallem shromáždil více než desetitisícový dav křičící „Stůjte při Češích!" a „Chamberlain musí odstoupit!"[26]

Také v řadách politiků sílil nesouhlasný postoj. Chamberlain rychle ztrácel důvěru svých předních ministrů; nejvíce patrné to bylo u ministra zahraničí. Ráno 22. září dorazil Duff Cooper na ministerstvo námořnictví, kde na něj čekaly kopie telegramů ministerstva zahraničí, z nichž vyplývalo, že nebyla dodržena kabinetem dohodnutá linie, a které „vyvolávaly zdání, že se předpokládá náš souhlas s brzkou okupací Československa německými vojáky". První lord admirality si ihned stěžoval Halifaxovi a obdržel odpověď ve smyslu, že ministr zahraničí „naprosto souhlasí [a] že rozhodně nemá v úmyslu povolit německým vojákům vstup do Československa, nebude-li s tím souhlasit československá vláda".[27] V 15.00, v okamžiku, kdy Chamberlain s Hitlerem usedali ke stolu v hotelu Dreesen, se v premiérově nepřítomnosti sešel ke schůzi užší kabinet u Halifaxe ve Foreign Office. K obvyklé sestavě se připojil ministr dominií Malcolm MacDonald a ministr koordinace obrany sir Thomas Inskip. Setkání započalo diskuzí, nakolik je moudré připravovat prohlášení pro BBC, když existuje „možnost roztržky s Německem, dopadne-li to" v Godesbergu „špatně". „Je obrovský rozdíl," shodovali se, „mezi okamžitým, nicméně řádným vyřešením německo-sudetské otázky a násilnou anexí následovanou aktivitami Gestapa."[28]

Tíživý pocit prohlubovaly znepokojivé telegramy zasílané z Prahy i z Berlína, že sudetská města Aš a Cheb v noci obsadily jednotky *Freikorpsu*, které do země pronikaly z Německa. V Berlíně François-Poncet a britský konzul sir George Ogilvie-Forbes (zastupující Hendersona, který se nacházel v Godesbergu) dorazili na Wilhelmstrasse, kde předložili protestní nótu; oběma mužům se dostalo „lakonické" odpovědi, že historky jsou „naprosto smyšlené". Avšak oficiální německá tisková agentura Deutsches Nachrichten Büro tak skoupá na informace nebyla. „Vlajky se svastikou vlají v Chebu na radnici a na kostele," hlásila.

Ještě nebylo pozdě odpoledne a večerní vydání berlínských novin se otevřeně pyšnila, že „německé vlajky vlají nad Aší".[29] A oficiální noviny nacistické strany *Völkischer Beobachter* svým postojem nenechaly nikoho na pochybách: „Pryč s Benešovým státem!"[30] Předchozí týden, 18. září během anglo-francouzské konference obě vlády přesvědčily české představitele, aby vzhledem k dalšímu kolu jednání v Godesbergu zatím nemobilizovali. Poté se vlády ujal militantnější Syrový a požadoval, aby toto doporučení bylo odvoláno. Přítomní členové vnitřního kabinetu se usnesli, že „by pro nás bylo velice obtížné obhajovat přijaté usnesení a naléhat na československou vládu, aby nemobilizovala, pokud by na zemi Německo zahájilo přímý útok".[31] Francouzi souhlasili a ve 20.00 byla Newtonovi zaslána instrukce, že má být „československá vláda informována, že francouzská a britská vláda nemohou nadále nést odpovědnost za radu, aby nemobilizovala". Zpráva však českým představitelům neměla být doručena až do 21. hodiny.[32]

Mezi Londýnem a britskou delegací v Godesbergu totiž vypukla rozmíška. Poté, co se vrátili z úvodního jednání s Hitlerem, Wilson volal na ministerstvo zahraničí a hlásil, že „dnešní konverzace byla ,pěkně obtížná' a že jsou všichni celkem vyčerpaní". Wilson i ministerský předseda byli silně proti jakékoli akci umožňující Čechům mobilizovat a doufali, že „pro dnešek ještě postavení udrží".[33] Oba neústupně trvali na tom, že „se nemá dělat nic, co by mohlo narušit premiérovo jednání. Obávali se, že by oznámení české mobilizace doprovázené prohlášením, že k ní dochází na naši radu, mohlo mít pro bad-godesberské jednání katastrofální důsledky." Když se tedy užší kabinet ve 21.30 podruhé setkal, neochotně odsouhlasil, že má Newton doručení české vládě odložit.

Po katastrofálním prvním kole britská delegace po zbytek večera přemítala, jaký má být jejich další tah. Zatímco Kirkpatrick vypracovával protokol ze setkání a byl vzhůru do 4.00 ráno, Chamberlain v 22.30 informoval Halifaxe a neubránil se nádhernému eufemismu. Uvedl, že „rozhovor s panem Hitlerem byl nanejvýš neuspokojivý" a že „se možná vrátí zítra".[34] Ve 2.00 v noci dorazil další telegram informující ministra zahraničí, že se Chamberlain rozhodl Hitlerovi napsat a „uvést pádné důvody, proč jsou jeho návrhy nepřijatelné".[35] Wilson prakticky pracoval celou noc a nazítří, krátce po snídani, byl za Rýn odeslán dopis. Navzdory srdečnému tónu Chamberlainova oslovení – „Drahý pane říšský kancléři" – ministerský předseda jasně uvedl své námitky vůči Hitlerovým návrhům; Schmidt uvádí, že dopis na ně „dopadl jako bomba".[36]

Chamberlain se o územních nárocích maďarské a polské menšiny vůbec nezmiňoval a místo toho se zaměřil na Hitlerovy neopodstatněné požadavky, že má bezodkladně dojít k vojenské okupaci. Třebaže by české vládě s potěšením předal úpravu hranic, jak ji navrhoval führer, zastával názor, že okupace daného území německými vojsky „by byla odsouzena jako zbytečná ukázka násilí".

> Myslím, že jste si neuvědomil, že nemohu souhlasit s předložením nějakého plánu, jestliže nemám důvod se domnívat, že jej veřejné mínění mé země, Francie a vůbec celého světa bude pokládat za uskutečnění řádným způsobem dohodnutých principů a prost hrozby násilím.

Pakliže němečtí vojáci vstoupí do Sudet, byl si jist, že „československá vláda nebude mít jinou možnost než vydat svým vojákům rozkaz k obraně". Alternativu spatřoval v návrhu adresovaném české vládě, že „by mohlo dojít k dohodě, na základě níž by vznikly náležité bezpečnostní složky a udržování zákonného pořádku v dohodnutých sudetoněmeckých oblastech by mohlo být svěřeno samotným sudetským Němcům".[37] Hitler reagoval zrušením sjednané ranní schůzky a místo toho strávil několik hodin v hotelu Dreesen v rozhovoru s Ribbentropem.

Naproti přes řeku v hotelu Petersberg se Chamberlain s Hendersonem celé ráno nervózně procházeli po terase, očekávajíce Hitlerovu odpověď, a jediné, co jim mohlo poskytovat útěchu, byl překrásný výhled. Podle The Times se jednalo o „den nejvážnějšího napětí".[38] Uplynul čas oběda a od führera stále neslyšeli ani slovo, přitom na obou stranách řeky netrpělivě čekali novináři zastupující světové tiskoviny. A do toho byla neustále v pohotovosti s nastartovanými motory kolona černých vozidel. V 13.30 přijali Halifaxův telegram upozorňující, že Francouzi naléhají, aby se neodvolávalo doporučení, kterým byla česká vláda zrazována od mobilizace. Ve 14.00 telefonoval na ministerstvo zahraničí Wilson a poukazoval na to, že stále čekají na Hitlerovu reakci a že „mají za to, že ministr zahraničí by měl s předáním sdělení [Čechům] ještě chvíli počkat. K tomu dodával, že zpráva by měla poukázat na to, že takový krok může velmi dobře rozpohybovat činy někoho jiného."[39]

Wilson strávil téměř celé ráno na telefonu do Downing Street a plánoval následující fázi v tomto pozoruhodném příkladu rodící se kyvadlové diplomacie; špionážní atmosféru si viditelně užíval. V 10.00 si žádal důstojníka, který zrovna konal službu v Downing Street, aby zajistil, že „obě letadla, která dopravila britskou delegaci do Godesbergu, budou ve stavu pohotovosti připravena pro všechny případy". Zvláště kladl důraz na to, „že, bude-li to nutné, mohou zamířit jiným směrem než do Londýna". Veškerá komunikace s piloty čekajícími v Kolíně se měla uskutečňovat přes Downing Street a British Airways, aby delegace v Godesbergu „nemusela pilotům posílat žádnou zprávu, jež by v Německu mohla vzbudit vzrušení". Brzo odpoledne Wilson vydal pokyn, aby byli piloti ve stavu pohotovosti a „na požádání připraveni vyrazit kamkoli – dokonce i do Egypta". Z této poznámky službu konající důstojník odvodil, „že mohou nastat okolnosti, kdy bude chtít delegace letět do Prahy; vzdušná čára z Kolína do Egypta protínala Prahu". Ačkoli byl dolet premiérova letadla 1600 km, piloti s sebou neměli příslušné mapy; poněkud ironicky by si „je museli půjčit od Lufthansy", která měla „v Kolíně velmi dobře vybavenou knihovnu".[40]

Zda Chamberlain skutečně zvažoval let do Prahy, zřejmě aby osobně Benešovi předal Hitlerovy požadavky, nebude nikdy známo. V 15.00 konečně projevil Dreesen nějaké známky života, když se Schmidt objevil před hotelem s velkou hnědou obálkou v ruce; v černém mercedesu odjel za řeku pozorně sledován stovkami zvědavých pohledů. Když vystupoval z auta před vchodem do Petersbergu, obklopil ho dav novinářů. „Nesete v té obálce mír, nebo válku?" křikl na něho jeden americký korespondent, ale Schmidt ani náznakem obsah obálky neprozradil a prodíral se davem do hotelu.[41] Chamberlaina nalezl v poschodí na balkóně. Hitlerova posla přivítal s nepřehlédnutelnou dávkou chladnokrevnosti; „neotřeseně a s klidem turisty užívajícího si dovolenou," obdivně poznamenal Schmidt.[42] Nebyl čas na vyhotovení psaného překladu pětistránkového dopisu, a tak Chamberlain pozval Schmidta do pokoje, který používal jako pracovnu, kde mu německý tlumočník text v přítomnosti Hendersona, Wilsona a Kirkpatricka osobně přeložil.

Hitlerova odpověď, uvádí jeden tehdejší historik, byla „napsána v duchu, jako když uprostřed války vojenský velitel požaduje kapitulaci blíže neurčeného města či oblasti, které je mu vydáno na milost a nemilost".[43] Chamberlain se značnou shovívavostí později v kabinetu uvedl, že „tón nebyl tak zdvořilý či taktní, jak by si člověk přál, ale je třeba mít na paměti, že Němci mají sklony k tomu, vyjadřovat se odměřeně".[44] Celkem předvídatelně dopis opakoval požadavky z předchozího dne a stejně tak vyjmenovával letité nacistické křivdy: brutální represe sudetských Němců, údajné nespravedlivosti mírové smlouvy z Versailles a nedůvěru Říše ke slibům, ať už je dává kdokoli. Hitlera nezajímalo „uznání zásady", že by Sudety měly být připojeny k Německu, ale „výhradně její uskutečnění... které v nejkratší době ukončí utrpení nešťastných obětí české tyranie a zároveň bude odpovídat důstojnosti, jíž je hodna velmoc". Dopis končil další pohrůžkou silou. Shledá-li Německo, že není možné „domoci se jasných práv Němců v Československu vyjednáváním", jak se nyní zdálo, potom by bylo „odhodláno vyčerpat zbývající možnosti, které se mu nabízejí".[45]

Schmidt se poté opět musel probojovat hordou čekajících novinářů, a když se vrátil do Dreesenu, čekal na něj zjevně napjatý Hitler. „Co říkal? Jak přijal můj dopis?" ptal se nervózně. O hodinu později, v 18.00, překročili Wilson a Henderson řeku a předali Ribbentropovi Chamberlainovu smířlivou odpověď: ministerský předseda nabízel, že bude vystupovat jako prostředník a jednat s Čechy, a vybídl Hitlera, aby formuloval své návrhy do memoranda a přiložil k němu mapu s tím, že obojí Čechům předá. Dále opět žádal o ujištění, že se Hitler po dobu jednání neuchýlí k nasazení vojenské síly, a oznámil, že jakmile obdrží požadovaný dokument, vrátí se do Londýna. Zdá se, že hrozba odletem splnila svůj účel. Ribbentrop zanechal Wilsona s Hendersonem o samotě a chvíli se radil s Hitlerem, aby se o něco později navrátil a navrhl, že k dalšímu setkání obou lídrů by mělo dojít večer, přičemž Hitler by zde Chamberlainovi memorandum osobně vysvětlil.

Avšak doba, kdy ministerský předseda udával tón jednání, pominula. Byť se Godesberg mohl zdát od Londýna velice vzdálen, z diplomatické korespondence si nemohl nevšimnout, že tváří v tvář Hitlerovým požadavkům sympatie k jeho postoji slábnou, a to i mezi jeho nejvěrnějšími stoupenci. V 15.00, právě když Schmidt předčítal Hitlerův dopis Chamberlainovi, svolal Halifax na Foreign Office další zasedání vnitřního kabinetu; ke klasické skupině se opět připojili MacDonald s Inskipem. Halifax své kolegy informoval, že se rozhodl ignorovat pokyny, které z Godesbergu zasílal Chamberlain s Wilsonem, a „proto padlo rozhodnutí zaslat do Prahy telegram, opravňující našeho vyslance vzít zpět rady" proti české mobilizaci. Vzhledem k posledním událostem v Německu bylo jedinou podmínkou, že Vansittart má

Masarykovi zdůraznit, že v dané věci je „v zájmu samého Československa vyhnout se zbytečné publicitě".

A co bylo pro Chamberlaina obzvlášť neblahé, ministr zahraničí také hlásil, že kolují „řeči nejmenovaných členů kabinetu, kteří nemají ponětí, co se vlastně děje". Halifax opomněl zmínit, že sám patří do jejich řad a že každý, kdo měl zprávy přicházející z Godesbergu v ruce, je vlastně považoval za stále více nejasné.[46] „Myslím si, že jsme si zadělali na pěknou bryndu," projevil své obavy před svým tajemníkem Harveym, když byl telegram měnící doporučení ohledně mobilizace odeslán do Prahy.[47] V 16.00 se Duff Cooper sešel s dalšími skeptickými ministry a sirem Johnem Simonem. K Cooperově překvapení byl Chamberlainův nejhorlivější fanoušek „pevně odhodlán – vesměs připraven k boji" a působil, že ho potěšila změna postoje k české mobilizaci, „navzdory nepřesvědčivému protestu ministerského předsedy". Když se Cooper vrátil na ministerstvo námořnictví, na svoji odpovědnost vydal rozkaz, že má být námořníkům zrušena dovolená, že posádky lodí se mají navýšit do plného stavu a téměř dva tisíce mužů vyslal do Středozemního moře, aby tam posílili flotilu a obsadili obranné složky Suezského průplavu.[48]

Autor životopisu ministra zahraničí uvádí, že Hitlerovy požadavky z 23. září „značí kritický bod a změnu v Halifaxově postoji k Hitlerovi a nacismu. Pozitivní křesťanská stránka appeasementu, tedy hojení ran a napravování legitimních křivd, v této krizi naprosto chyběla."[49] Užší kabinet se znovu setkal ve 21.30 a smysl zpráv, které z Godesbergu zasílal Wilson, u přítomných vyvolal značné znepokojení. Ministerský předseda měl překročit řeku, aby se naposledy setkal s Hitlerem, a „objeví-li se nějaká zadní vrátka, zůstaneme," hlásil Wilson. „Pokud ne, poletíme domů. Informujeme Prahu, že memorandum očekáváme pozdě večer a že by mohli své rozhodnutí pozdržet do doby, než se s jeho podmínkami dnes v noci seznámí." Další pokus, jak pozdržet českou mobilizaci, byl už na Halifaxe příliš. Doufal, že „výsledkem godesberských rozhovorů bude přímočařejší a důraznější prohlášení, než k němuž to podle dostupných informací směřovalo".[50]

Ve 22.00 zaslal Halifax na vlastní zodpovědnost Chamberlainovi ostře formulovanou zprávu.

Mohlo by Vám pomoci, naznačíme-li Vám, jaký je v dané věci převládající názor veřejnosti vyjadřovaný v tisku a jinde. Třebaže je k našemu plánu podezřívavý, nicméně je asi schopen ho akceptovat jako alternativu k válce, zdá se, že nabírá na síle přesvědčení, že jsme ve svých ústupcích zašli na samu hranici a nyní je řada na kancléři, aby také něčím přispěl… Vzhledem k Vaší pozici, pozici vlády a této země se Vašim kolegům zdá životně důležité, že byste neměl odjíždět, aniž byste dal kancléři jasně najevo, nejlépe při zvláštním rozhovoru, že poté, co československá vláda učinila tak veliké ústupky, by jeho odmítnutí možnosti mírového řešení ve prospěch řešení, jež musí zahrnovat válku, bylo neomluvitelným zločinem proti lidskosti.[51]

Ve 22.30 se Chamberlain opět přeplavil přes Rýn a v hale hotelu Dreesen ho přivítal Hitler; oba muži zapózovali pro fotografy a snímek měl obletět celý svět. Přítomnost Hendersona, Kirkpatricka, Ribbentropa a Weizsäckera společně s nutností dostatečně velkého prostoru, aby bylo možno rozvinout mapy připravené na setkání, si vyžádaly, že jednání proběhlo v přízemní jídelně hotelu. „Všechno, co je dobré a drahé, bude pozváno," vtipkoval jeden Schmidtův kolega sarkasticky, když se dozvěděl, že se Ribbentropovi podařilo najít si cestu k jednání. Tříhodinová porada byla podle Schmidta „jednou z nejdramatičtějších během celé sudetské krize" a začala krátce před 23.00.[52] Hitler Chamberlaina překvapil vřelostí svého přijetí a přemrštěně mu děkoval za jeho snahy o zachování míru a jeho odvahu v politice; doufal, že je stále možné dosáhnout mírového řešení. Avšak tato iluze neměla dlouhého trvání. Schmidt byl požádán, aby ministerskému předsedovi tlumočil připravené memorandum a záhy vyšlo najevo, že Hitlerovy požadavky jsou ještě dalekosáhlejší, než se předtím obávali.

Podle Hitlerova memoranda poslední zprávy ze Sudet prokázaly, „že se situace pro sudetský lid stala zcela nesnesitelnou a ve svém důsledku ohrožuje mír v Evropě". Bylo stěžejní, aby se transfer území „uskutečnil bez jakýchkoli dalších průtahů". Hitler najednou požadoval, aby se z území, vyznačeného na předložené mapě, stáhly veškeré ozbrojené složky Čechů; vystěhování mělo začít 26. září a skončit mělo o dva dny později. Území, které mělo být odstoupeno okamžitě, bylo na mapě vyznačeno červeně, a ostatní oblasti, v nichž měl proběhnout plebiscit, byly vybarveny zeleně, přičemž se hlasování měli účastnit pouze voliči, kteří v oblastech bydleli v roce 1918. Aby to nebylo málo, území mělo být předáno „ve stávajícím stavu" a neměla být zničena, či „jakkoli znehodnocena vojenská, ekonomická nebo dopravní zařízení"; ta samá omezení platila pro technickou vybavenost. Přesné znění dodatku k memorandu objasňovalo tvrdost této klauzule: „Konečně nesmějí být odváženy žádné potraviny, zboží, dobytek, suroviny atd."[53] Češi bydlící v Sudetech měli své domovy začít opouštět za pouhé dva dny, území měli opustit do čtyř dnů a s sebou si neměli vzít ani jedinou krávu.

Chamberlain byl zděšen. „To je přece ultimátum," zvolal, znechuceně odhodil svoji kopii na stůl a zvedal se ze židle, jako by chtěl odejít. „Ein Diktat," namítl Henderson, který si nikdy nenechal ujít příležitost předvést svoji němčinu, maje při tom na vědomí, že takové slovo na Hitlera zapůsobí, poněvadž ho po léta používal k popisu Versailleské mírové smlouvy. „S velkým zklamáním a hlubokým politováním musím konstatovat, pane říšský kancléři," dodal Chamberlain, „že jste mne v mých snahách o zachování míru ani v nejmenším nepodpořil."[54] Hitler, naprosto nezvyklý, že by ho tímto tónem někdo oslovoval, v důsledku prudkosti premiérovy reakce „vypadal mrzutě". Ujišťoval Chamberlaina, že se „tragicky plete".[55] Není to „nic takového", pokračoval. „Vůbec nejde o diktat: podívejte se, dokument je nadepsán slovem ‚memorandum'."[56] Chamberlain se však takovým slovíčkařením nenechal obalamutit a promluvil „velice otevřeně". Jak později uvedl, necítil se dotčen obsahem memoranda, ale spíše „jazykem a stylem tohoto dokumentu, který… by velice šokoval veřejné mínění neutrálních zemí, a kancléře za to, že to nevzal v potaz, silně pokáral".[57]

V tomto kritickém okamžiku byla Hitlerovi doručena další zpráva. Pomalu si ji přečetl a se slovy: „Přečtěte panu Chamberlainovi toto hlášení," ji předal Schmidtovi. Tlumočník obezřetně četl nahlas: „Beneš dal právě oznámit rozhlasem všeobecnou mobilizaci československé armády." V místnosti zavládlo mrtvé ticho a každý v duchu pomyslel na to, že válka je nevyhnutelná.[58] Ticho nakonec jako první prolomil Hitler. „Navzdory této provokaci, této neslýchané provokaci," zamumlal sotva slyšitelným hlasem, „dodržím svůj závazek, že proti Československu nezakročím, a dokud budou pokračovat jednání, nepoužiji síly – v žádném případě, zdržujete-li se, pane Chamberlaine, na německé půdě."[59] Napětí znatelně opadlo. „Po úderu bubnu české mobilizace," píše Schmidt, „zavládlo i v hotelovém sálu v Godesbergu pár taktů naprostého ticha." Chamberlain si z kapsy vytáhl brýle a tužku a procházel memorandum řádek po řádku. Než skončil, vymohl na Hitlerovi několika drobných úprav textu a jeden menší ústupek. „Abych vám vyšel vstříc, pane Chamberlaine," pravil, „chci učinit v otázce času ústupek. Jste jedním z mála mužů, kvůli nimž jsem něco takového udělal." Zdálo se, že Chamberlaina toto předstírané lichocení potěšilo. Nové datum pro převod Sudet bylo stanoveno na 1. října; byl to samozřejmě příhodný odklad, když byl na stejný den plánován vpád do Československa.

Byly už dvě hodiny ráno, když podle Schmitdových slov jednání skončilo „ve zcela přátelské náladě".[60] Oba muži spolu mezi čtyřma očima prohodili několik slov, načež se Chamberlain s Hitlerem „srdečně rozloučil". Ministerský předseda „měl pocit, že výsledkem rozhovorů proběhlých v posledních dnech bylo vytvoření důvěrného vztahu mezi ním a führerem" a že jakmile pomine současná krize, „rád by s führerem v podobném duchu prodiskutoval další palčivé problémy".[61] Zásadní bylo, že Hitler poté „s naprostou vážností" zopakoval svůj slib z Berchtesgadenu, že „je to jeho poslední územní požadavek v Evropě a že si nepřeje do Říše zahrnovat jiné rasy než Němce".[62] William Shirer, který zůstal vzhůru, aby mohl podat zprávu o závěru jednání, si vybudoval provizorní vysílací studio v hotelové hale a sledoval z těsné blízkosti, jak se oba muži loučí; oba se zdáli mít „k sobě blíž než kdykoli předtím".[63] Britská delegace se v ranních hodinách 24. září znovu přeplavila přes Rýn. „Jsem tak unaven," stěžoval si Chamberlain, když dorazil do hotelu Petersberg. „Je situace beznadějná, sire?" tázal se čekající novinář. „To bych říkal nerad," odpověděl. „Teď to záleží na Češích."[64]

■ ■ ■

Krátce po 22. hodině v pátek 23. září dodiktoval do telefonu pražský korespondent *Daily Express* Geoffrey Cox svůj článek pro ranní vydání novin. Ačkoli Chamberlain s Hitlerem stále jednali v Godesbergu, rozkřiklo se, že Hitlerovy požadavky jsou tvrdé, a Praha se začala připravovat na válku. Zrovna, když už chtěl Cox zavěsit, mu český spolupracovník naznačil, aby zůstal na lince. Jakožto příslušníka armádních rezerv ho zrovna upozornil přítel z ministerstva obrany, ať bezodkladně zanechá práce a jde se domů rozloučit se svojí ženou – během několika minut měla být vyhlášena všeobecná mobilizace. Beneš, s klidným vědomím, že jedná na radu britské a francouzské vlády, kterou mu konečně toho večera předali Newton a de Lacroix, nařídil okamžitou mobilizaci. Ve 22.30 byla zpráva odvysílána rozhlasem šesti jazyky republiky: česky, slovensky, německy, maďarsky, rusínsky a polsky. Cox tak mohl nadiktovat další zprávu potvrzující mobilizaci jen o chvilku dřív, než byly veškeré telefonní linky z Československa přerušeny. Díky tomu si zajistil novinářskou senzaci.[65] Informace se ještě vysílala, když se první záložníci na základě rozkazu začali hlásit u svých útvarů. Coxova zpráva, jež musela být ze země propašována, vyšla v pondělním vydání *Daily Express*.

Muži rozrušeně probíhají ulicemi směrem k domovu pro svoji výbavu, Václavské náměstí se plní davem, branci mají vážnou tvář a obávají se na válku jen pomyslet, ale jsou vděční, že se přiblížila šance bránit svoji zem, než aby ji bez boje vydali. Před všechny veřejné budovy přispěchala stráž, kam se podíváte, loučí se muži se svými ženami, na rohu ulice, v hale hotelu, na perónu. Tu kráčí na vlak muž doprovázený desetiletým synem, který pyšně nese otcův kufr, tam se s odjíždějící skupinou vojáků jásotem loučí zástupy lidí. Válka se zdá na dosah ruky. Když v jednu hodinu v noci dojde k prvnímu výpadku proudu, je jen pár lidí, kteří neočekávají, že každou minutu uslyší rachot bombardérů. Avšak žádná panika nepropuká, jen občas nějaký poplach.[66]

Ochota Čechů bojovat byla naprosto evidentní. Nejen že uposlechli povolávací rozkaz, „tváří v tvář hrozícímu napadení se chopili zbraní s nevylíčitelným nadšením". Divadla a kina ukončila představení a projekce; během chvilky se vyprázdnily kavárny, restaurace a bary; ostatní lidé byli zdvořile požádáni, aby v tramvajích uvolnili místo hordám mužů snažícím se dorazit na stanovené místo; jako mávnutím kouzelného proutku policisty v ulicích nahradili příslušníci civilní protiletecké ochrany; a branci, kteří se nedokázali namáčknout do auta, taxíku či tramvaje, ve skupinách pochodovali městem na určená stanoviště a hrdě následovali muže v čele, který nesl národní vlajku. Do toho, navzdory Henleinovým apelům z německy mluvícího rádia, že žádný Němec nemá poslouchat mobilizační rozkaz, se ke svým českým sousedům připojilo mnoho německých sociálních demokratů.

Eric Gedye z *Daily Telegraph* tou dobou zrovna seděl v restauraci jen několik kroků od Henleinových nejbližších spolupracovníků; jedním z nich byl i Ernst Kundt, který vedl jednání s Runcimanovou misí. V půlce večeře jejich číšník položil podnos, odhodil zástěru a nejbližšími dveřmi vyběhl ven. Naštvaně chtěli vědět, kam číšník zmizel, a ke své hrůze se dozvěděli, že odběhl narukovat. Kundt i jeho kolegové byli později zatčeni.[67] Všechny lampy pouličního osvětlení byly zhasnuty, příslušníci civilní protiletecké obrany hlídkovali v ulicích a každý s sebou měl plynovou masku; vedení hotelu Alcron, kde měl nedávno hlavní stanoviště Runciman, poskytlo každému hostu také jednu. Přesto přese všechno každý věděl, že německé bombardéry mohou přiletět každou chvíli. Do čtyř hodin byla mobilizace dokončena, a než skončila noc, bylo československé opevnění obsazeno plnou posádkou. „V Praze klid," hlásil téměř souhlasně německý vojenský přidělenec do Berlína. „Uskutečněna poslední mobilizační opatření. Podle odhadů mobilizován milion mužů. V poli osm set tisíc."[68]

Ve skutečnosti té noci k vyhlášení války dojít nemělo a nazítří česká vláda obdržela strašlivé detaily Hitlerových požadavků z Godesbergu. Chamberlain přislíbil, že bude jednat jako prostředník, a německé memorandum bylo do Prahy doručeno dvěma protikladnými cestami. Telegram se Schmidtovým překladem obdržel Newton během noci a předal ho ministru zahraničí Kroftovi. Bylo však nutné nějakým způsobem Čechům předat i originální německý text a k němu patřící mapu. Tímto úkolem byl pověřen britský vojenský přidělenec v Berlíně, plukovník Mason-MacFarlane. Byl všem známý jako „Mason-Mac", představoval legendární postavu, která po Německu jezdila obhlížet vojenské objekty v autě značky Rolls-Royce, a v diplomatické komunitě, kde se mu kvůli jeho silnému vídeňskému přízvuku říkalo „rakouský Skot", byl velice oblíben. Dnes je známý hlavně tím, že v roce 1938 podle všeho učinil vážně míněnou nabídku berlínskému dopisovateli *The Times*, že kvůli světovému míru zavraždí Hitlera. Z jeho bytu byl výhled na tribunu, z níž měl führer zdravit armádní jednotky v rámci oslavy svých narozenin. „Snadná střela," komentoval to Mason-Mac. „Mohl bych odtud toho bastarda sejmout, byla by to hračka, a co víc, skutečně uvažuji, že to udělám."[69]

Mason-MacFarlane byl zarytým odpůrcem appeasementu a pro Chamberlaina či svého bezprostředního nadřízeného Hendersona měl jen málo pochopení. Rozhodně nebyl nadšen, když ho požádali, aby vystupoval jako Hitlerův kurýr. Zároveň však chápal, že po mobilizaci není šance dostat se do Prahy běžnými prostředky. A tak se pustil do výpravy hodné Richarda Hannaye [fiktivní agent z knih Johna Buchana; pozn. překladatele]. Z Godesbergu se vrátil do Berlína a na cestě autem do Prahy ho doprovázel český zastupující vojenský přidělenec. Na hranici v Cínovci dorazili za soumraku a od pohraniční stráže se dozvěděli, že dál je cesta neprůjezdná. Než se stihli rozmyslet, jak budou pokračovat, českou strážnici napadla hlídka *Freikorpsu*, a tak se pěšky vydali do lesa. O dvě hodiny později, poté, co se prodrali ostnatým drátem, se ocitli v nejbližším městě, Teplicích – „ucouraní, ruce a obličeje celé od ostružin a krve, s oblečením promočeným a nalepeným na kůži". Ve městě dostali k dispozici auto, kterým se dostali až do Prahy, kde konečně po půlnoci odevzdali veškeré dokumenty. Když se nazítří Mason-MacFarlane vrátil Německa, k jeho hrůze ho na hranicích přivítali příslušníci SS a *Freikorpsu* a jejich velitel mu hlasitě poděkoval, že „zafungoval jako führerův posel".[70]

■ ■ ■

Chamberlain po několikahodinovém spánku v Petersbergu vyrazil do Londýna a na Hestonu přistál v 13.15. Podle zpráv ho čekající „dav srdečně uvítal" a „on sám vystupoval vesele a optimisticky". Opět oslovil přítomné zástupce tisku.

> Když jsem se nyní vrátil zpět, je v prvé řadě mojí povinností informovat britskou a francouzskou vládu o výsledku mé mise, a dokud s tím nebudu hotov, bude pro mě obtížné k této věci cokoli sdělit. Řeknu jen toto: věřím tomu, že všichni dotyční se budou i nadále snažit vyřešit československý problém mírovou cestou, protože na tom spočívá evropský mír naší doby.[71]

V 15.30 Chamberlain svolal do Downing Street užší kabinet. Kolegy ujišťoval, že je pevně „přesvědčen, že pan Hitler říká pravdu, když pravil, že tuto otázku považuje za rasovou" a že Sudety představují poslední územní ambici. Také si byl jist, že Hitler „považoval předložené podmínky za jeho poslední slovo, a budou-li zamítnuty, bude bojovat. Pakliže vypukne válka, bude Československo v každém případě obsazeno…, což bude konec této země." Svůj proslov zakončil holedbáním, že se mu podařilo dosáhnout výrazných ústupků ze strany führera a že nepochybuje o tom, že „pan Hitler své slovo neodvolá, jakmile ho jednou dal".

V této chvíli se od premiérovy sebechvály distancoval jediný Hoare, byť svá slova volil obezřetně. Vláda, upozorňoval, může velmi snadno „zjistit, jaké obtíže jsou spojeny s podporou německých návrhů, jestliže nebudou něčím vyváženy".[72] Cadogan se již stihl s Hitlerovým memorandem seznámit, pokládal ho za „otřesné", a když dorazil na Downing Street, v duchu děkoval Bohu za to, že Chamberlain „dokument ještě nedoporučil schválit". Avšak jak setkání pokračovalo, postupně vyšlo najevo, že přesně to má ministerský předseda v úmyslu. „Byl jsem naprosto zděšen," poznačil si Cadogan. „Totální kapitulace ho nevyváděla z míry…, Hitler ho v tomto směru evidentně zhypnotizoval." A co bylo ještě horší, Chamberlain nato „zhypnotizoval H[alifaxe], který se úplně vzdává". Simon, který byl po čas Chamberlainovy nepřítomnosti překvapivě bojovný, nyní pochopil, „jak se věci mají", a opět zaujal premiérovo stanovisko.[73]

Po půlhodinové přestávce Chamberlain stanul v 17.30 před kompletním kabinetem a nečekala ho „o nic horší zkušenost". Celou hodinu podrobně líčil rozhovory s Hitlerem a jednotlivé body memoranda. Ačkoli tvrdil, že „když pročítal německé podmínky, rozhořčeně si ‚odfrkl'", a dal svým kolegům jasně najevo, že „se domnívá, že bychom tyto podmínky měli akceptovat, a to samé bychom měli doporučit Čechům".[74] Domníval se, že „pan Hitler má určité standardy…, záměrně by neoklamal muže, jehož si váží, a byl si jist [premiér; pozn. překladatele], že pan Hitler k němu cítí nějaký respekt". Nadto byl přesvědčen, že „pan Hitler mluví pravdu", a bylo by „obrovskou tragédií", pokud by byla promarněna příležitost „dosáhnout dohody ve všech bodech, kde se neshodujeme". S dechberoucí ješitností a naivitou soudil, že „má za to, že získal na pana Hitlera jistý vliv a má u něj důvěru a Hitler je nyní ochoten spolupracovat".[75]

Záhy poté, co se rozproudila diskuze, se ukázalo, že ministerský předseda své obecenstvo špatně odhadl. Hore-Belisha volal po mobilizaci armády a obhajoval ji slovy, že je to „jediná věc, na niž Hitler slyší". Nato ke značné nevoli Chamberlaina varoval, že lidé „by nám to nikdy neodpustili, kdybychom byli znenadání napadeni a nebyli na to řádně připraveni".[76] Ministra války v tomto názoru podpořil Duff Cooper, Walter Elliot, Oliver Stanley, dva peeři, lordové Winterton a De La Warr. Cooper, stejně jako na předchozím setkání, útočil nejvíce. Doposud předjímal pouze dvě možná rozřešení krize – „nepříjemná alternativa mezi mírem s ostudou či válkou". Najednou spatřil i třetí možnost, „konkrétně válku s ostudou", čímž měl na mysli situaci, kdy „budeme do války dokopáni veřejným míněním poté, co ti, kvůli nimž budeme bojovat, budou poraženi". Chamberlainovi spojenci, v prvé řadě Simon a Hoare, se překvapivě nezmohli ani na slovo a Cooper dále vysvětloval. Sbor náčelníků štábu, zdůraznil, se už mobilizace dožadoval – „jednoho dne možná budeme muset vysvětlovat, proč jsme nedbali na jejich rady". Toto proroctví popudilo Chamberlaina, který naštvaně upozornil, že jejich rada vycházela z předpokladu, že bezprostředně hrozí válka. Cooper suše namítl, že je „těžké popřít, že žádné takové nebezpečí nehrozí". Když bylo rozhodnuto přerušit jednání do zítřejšího rána, Cooper si uvědomil, že „Hitler Nevilla okouzlil".[77]

Tento názor si začal rychle získávat další příznivce. Po zasedání kabinetu spěchal Winterton za svým přítelem a kolegou z tajné rady Leem Amerym, aby se s ním poradil. Připouštěl, že „alespoň čtyři či pět [ministrů] vážně zvažuje rezignaci".[78] Amery patřil k Chamberlainovým nejstarším přátelům z politiky, Chamberlainův otec byl jeho chráněncem a po mnoho let byl v parlamentu za sousední birminghamský obvod; až do tohoto okamžiku byl premiérovi platnou oporou. Avšak v dané chvíli, jak napsal bývalému australskému předsedovi vlády Billymu Hughesovi, se Chamberlain „vrátil s neuvěřitelným Hitlerovým ultimátem, které žádalo, aby si od něj Češi nechali nasadit oprátku ..., a přikláněl se [premiér, pozn. překladatele] k tomu, že máme Čechům povědět, ať ho akceptují!"[79] Následujících čtyřiadvacet hodin se Amery horečně snažil vládu přimět ke změně postoje. „Téměř každý, koho jsem potkal," psal Halifaxovi, „byl zděšen takzvaným ‚mírem', jenž máme vnutit Čechům."[80] Nazítří brzo ráno adresoval Chamberlainovi ještě ostřejší dopis a osobně ho zanesl na Downing Street. Tázal se Chamberlaina, jak vůbec mohl předpokládat, že se Češi „dopustí takové bláhovosti a zbabělosti"? Pokud se nedokáže Hitlerovi postavit, riskuje, že Británie bude „v očích celého světa" vypadat „směšně a stejně tak opovrženíhodně". Na závěr Amery připojil prorocké varování.

> Bude-li se tato země a tento parlament jednou domnívat, že jste byl
> s to souhlasit, či dokonce podporovat tento poslední požadavek,
> vznese se proti Vám bouře odporu.[81]

Byť Amerymu nebyl Eden blízký ani politicky, natož společensky, v dané chvíli se rozhodl vyhledat jeho podporu. Tou dobou již Eden bil na poplach. Když se český vyslanec Jan Masaryk 24. září doslechl, co obnáší godesberské požadavky, byl to Eden, na koho se obrátil jako na prvního. „Svírá ho veliká úzkost," zapsal si Eden, „a několikrát zopakoval, že nové podmínky jeho vláda nemůže přijmout. Považuje za neuvěřitelné, že ministerský předseda Velké Británie může něco takového předávat přátelské vládě."[82] Eden se s Masarykem nepodělil o své mínění, že to skutečně bylo „neuvěřitelné, že takové podmínky mohou být doporučovány V. J. V., a nanejvýš politováníhodné, že je má Chamberlain předávat Praze". Eden pohovořil s řadou svých kolegů a nazítří ráno zavolal Halifaxovi a naléhal na něj, že jsou-li Hitlerovy požadavky skutečně takové, jak o nich píše tisk, měly by být bezodkladně zamítnuty.[83] Ukázalo se, že apel přišel v příhodný moment. Když se Halifax po skončení mimořádného zasedání kabinetu vrátil do Foreign Office, čekal tam na něj Cadogan plný obav. Cadogana silně znepokojilo zjištění, že ministr zahraničí zaujal „naprosto a víceméně s potěšením defétisticko-pacifistický postoj", a když té noci Halifaxe vezl domů, „z plných plic mu řekl [svůj] názor a ani mu nepotřásl rukou".[84] Ve skutečnosti, byť si toho Cadogan nebyl vědom, jeho slova na Halifaxe hluboce zapůsobila. Ministr zahraničí od svých přátel obdržel záplavu dopisů a telefonátů naléhajících, aby se Hitlerovi důrazně postavil. „Winston, A. E. a Amery," varoval Harvey, „se děsí představy, že bychom měli tlačit na Československo, aby se podvolilo."[85] V jednu hodinu v noci se Halifax probudil a nemohl usnout. Mysl mu stále tížil rozhovor s Cadoganem. „Alecu, jsem na vás velice rozzlobený," peskoval svého stálého náměstka ráno. „Kvůli vám jsem si prožil bezesnou noc… Ale došel jsem k závěru, že máte pravdu."[86] „Není to zase tak příliš melodramatické," píše Halifaxův životopisec, „označit tu noc jako čas, kdy Halifax prodělal konverzi téměř jako na cestě do Damašku – ze stoupence appeasementu v protivníka [odkaz na náhlou konverzi Saula, následně apoštola Pavla; pozn. překladatele]."[87]

Od svého jmenování ministrem zahraničí Halifax Chamberlaina bezvýhradně podporoval ve všech zahraničně-politických záležitostech. Najednou už tak činit nemohl. Když v neděli 25. září v 10.30 opět zasedl kabinet, Chamberlain Halifaxe vyzval, aby zahájil diskusi, a ten si nebral servítky. Tichým, třesoucím se hlasem se svým šokovaným kolegům přiznal, že „shledal, že se jeho názor za poslední den poněkud změnil".

Včera pociťoval, že rozdíl mezi přijetím principu návrhu z minulé neděle a plánem předloženým o týden později neobnáší přijetí nového principu. Nebyl si však jist, zda tento názor chová i nadále… Nemohl se zbavit dojmu, že nám pan Hitler nic nenabízí a pouze si diktuje podmínky, jako by bez jediného výstřelu vyhrál válku… Není si jist konečným cílem, jehož naplnění by rád viděl, totiž zničení nacismu. Dokud nacismus existuje, bude mír nejistý. Kvůli tomu si nemyslí, že je správné tlačit na Československo, aby podmínky přijalo. Měli bychom to nechat na nich.

Mají-li Češi Hitlerovy požadavky zamítnout, dodal Halifax, přišla by jim na pomoc Francie a podle něho by jejího příkladu měla následovat i Británie. K tomuto přesvědčení ho dovedlo noční rozjímání a, zatímco se Chamberlain kroutil na své židli, svoji řeč zakončil slovy, že třebaže „po celou krizi úzce spolupracoval s ministerským předsedou..., nyní si nebyl jist, zda jsou ve svých úvahách stále zajedno".[88] Kabinet byl ohromen. Hore-Belisha si pomyslel, že Halifax dává „působivý příklad vedení",[89] a Cooper připustil, že tato intervence „byla pro všechny, kdo smýšlejí jako já, ohromným překvapením".[90] Další podpora přišla z nečekané strany – od lorda Hailshama považovaného za neochvějného příznivce Chamberlaina. Na lorda předsedu rady zapůsobila zkušenost jeho syna Quintina Hogga, který se aktivně zúčastnil doplňovacích voleb v Oxfordu proti Sandymu Lindsayovi, mistru koleje Balliol, který měl v programu odmítnutí politiky appeasementu. Hailsham teatrálně předložil novinové výstřižky, které podrobně dokazovaly mnoho situací, kdy Hitler nedodržel své slovo.

Halifaxovi oponovali pouze dva ministři, kteří stáli na straně Chamberlaina. Lord Stanhope, ministr školství, dokázal, nakolik je odtržen od reality, když s Hailshamem nesouhlasil a ujišťoval své kolegy, že je velký rozdíl mezi Hitlerovými předchozími sliby a těmi současnými, jelikož „ministerský předseda na něj viditelně zapůsobil". Ministr letectva Kingsley Wood si k tomu přisadil, že Chamberlainova návštěva „v Německu zanechala znatelný dojem a nacismus nejspíše oslabila více než cokoli jiného v posledních letech".[91] Avšak Chamberlain měl uši pouze pro Halifaxe a zlostně drápal vzkaz, který přes stůl podal ministru zahraničí.

Halifaxův návrh, že by válka mohla být tím vhodným prostředkem k vyhlazení nacismu a svržení führera, ostře kontrastoval s Chamberlainovým záměrem vyjednat dlouhodobý smír s Hitlerem poté, co bude uspokojivě urovnán ožehavý československý problém.

> Vaše naprostá změna názorů od včerejší noci, kdy jsem Vás naposledy viděl, je pro mě strašlivou ranou, ale Vaše názory si samozřejmě musíte utvářet Vy sám. Uvidíme, co řeknou Francouzi. Vyjádří-li se,

že jdou do toho, takže nás do toho zatáhnou, nemyslím, že bych za takové rozhodnutí mohl přijmout odpovědnost. Ale nechci předjímat budoucnost. N. C.

Tato chabě maskovaná hrozba rezignací přiměla Halifaxe ke kajícné odpovědi.

Připadám si jako necita – ale většinu noci jsem probděl, zakoušeje muka, a nezdálo se mi, že v otázce donucování ČS mohu dospět k jinému závěru. E.

S Chamberlainem to nijak nehnulo. „Závěry činěné v noci zřídkakdy vychází ze správné perspektivy," odepsal mu na lístek. „Uvítal bych, kdyby Češi s ohledem na fakta souhlasili," uzavřel dopisování Halifax, „ale necítím se oprávněn je k tomu nutit."[92]

Během polední pauzy zřetelně vyšlo najevo, že Chamberlain není s to prosadit svůj pohled. Když Harvey narazil na Hore-Belishu, byl „velmi odměřený a útočný" a zdůrazňoval, že se godesberský „návrh musí odmítnout. Dozrál čas s Hitlerem bojovat".[93] Po pětihodinové diskuzi zasedání skončilo a Halifaxův postoj postupně podpořili Cooper, Hailsham, Stanley, De La Warr, Elliot a Hore-Belisha. Bylo zřejmé, že Chamberlain je z toho nesvůj, a diskuzi rekapituloval opatrně volenými slovy. Uznával, že na problém „panují různé názory, jak se ostatně dalo čekat", ale přesto prosazoval, aby kabinet vystupoval jednotně. Hitlerovy požadavky se týkaly Čechů, nikoli Británie, a nebylo tudíž nutné stavět se ani na jednu stranu, nýbrž pouze je obě seznámit se všemi informacemi.[94] S Cooperem tato slova nijak nehnula – takový nátlak považoval „za sofistikovanou manipulaci".[95] Následně nabídl svoji rezignaci s odůvodněním, že jeho „neustálá přítomnost v kabinetu byla pouze zdrojem otálení a rozmrzelosti". Chamberlain zareagoval, že takový krok očekával, nicméně mu nevyhověl a žádal ho, aby nečinil „žádné ukvapené kroky". Podle všeho Cooper svoji nabídku nemyslel vážně a doufal, že rezignace nebude přijata.[96]

Den předtím Masaryk Halifaxovi sdělil, že Češi raději všichni padnou, než aby přijali [Hitlerovo memorandum]".[97] Jen co skončilo zasedání kabinetu, dorazil do Downing Street Masaryk s formální odpovědí československé vlády. Poselství kladlo do kontrastu „jedinečnou disciplínu a sebezapření" Čechů s „neuvěřitelně hrubou a vulgární kampaní, kterou proti Československu vedl regulovaný německý tisk".

Masarykova země původní anglo-francouzský plán akceptovala „pod nejsilnějším nátlakem", nicméně Hitlerovy nové požadavky představují „*de facto* ultimátum, které se obvykle předkládá poraženému národu", a jsou „absolutně a bezpodmínečně nepřijatelné. Národ svatého Václava, Jana Husa a Tomáše Masaryka nebude národem otroků."[98] Taková odpověď Chamberlaina rozčílila. To si Češi neuvědomují, jaké je „rozložení sil"? Ať se stane cokoli, není pravděpodobné, že by šlo Československo ubránit či po vyhrané válce obnovit ve svých původních hranicích. Ale Masaryk se nenechal zastrašit. Vždyť britská vláda odsouhlasila odvolání zákazu mobilizace, z čehož „jasně vyplývá, že přece nemohli očekávat, že [Češi; pozn překladatele] přijmou Hitlerovo memorandum". Když teď mobilizovali, bylo nepředstavitelné, aby se najednou česká armáda stáhla a Hitlerovi zemi předala bez boje.[99]

■■■

Signály, které v posledních dnech přicházely z Paříže, postupně přestávaly být čitelné. 21. září se Bonnet britské vlády tázal, jakou cenu má jako pojistka proti možnému napadení Německem „umístění sedmi divizí do bojových pozic za Maginotovou linií".[100] Halifax se k otázce odmítl vyjádřit a vyhýbavě odpověděl, že Francouzi sami „musí odhadnout potřeby své bezpečnosti", ale dodal, že proti takovému opatření nebude nikdo nic namítat.[101] Ve světle znepokojivých zpráv přicházejících z Godesbergu, z Čech o mobilizaci a hlášení o narůstání tempa německých vojenských příprav se celou noc na 24. září Daladier s Bonnetem radili, jaké kroky podniknou. S podporou náčelníka hlavního štábu generála Gamelina byla nařízena částečná mobilizace; nazítří byly povolány dvě kategorie záložníků, přes půl milionu mužů, takže počet francouzských vojáků v pohotovosti dosáhl jednoho milionu. Německý vojenský přidělenec v Paříži s obavami hlásil, že tato akcelerace vojenských opatření svádí „k očekávání, že v případě německých útočných opatření dojde ke všeobecné mobilizaci a okamžitému útoku".[102]

Téhož dne Foreign Office obdržela poněkud neobvyklý telegram od sira Erica Phippse z Paříže, v němž předkládal „výhradně" své „osobní dojmy".

> Pominu-li možnost, že německá agrese bude tak brutální, krvavá
> a táhlá, že rozzuří francouzské veřejné mínění do takové míry, že

ztratí rozum, byla by v této době válka ve Francii nanejvýš nepopulární. Domnívám se tudíž, že by si vláda Jeho Veličenstva měla uvědomit, jak je nepředstavitelně nebezpečné jen náznakem podporovat malou, ale hlučnou a zkorumpovanou skupinku válečných štváčů. Celý výkvět Francie je proti válce, *téměř* za jakoukoli cenu.[103]

Tato zpráva na ministerstvu zahraničí vyvolala úžas. „Ještě nikdy jsem neviděl něco tak poraženeckého, jako nám zasílá Phipps," zapsal si Harvey. „Buď o poměrech ve Francii nepíše upřímně, nebo mu nečiní problém formulovat názory, jež mohou být pro V. J. V. těžko přijatelné. Je tragédií, že zrovna v tomto čase máme tak bídnou trojici velvyslanců [v Římě, Berlíně a Paříži]."[104] Cadogan odeslal odměřenou odpověď a požadoval objasnit, co přesně velvyslanec Phipps „malou, ale hlučnou a zkorumpovanou skupinkou válečných štváčů" myslel, a trval na tom, že by měl svoji síť kontaktů více rozšířit, aby pokryl reprezentativnější vzorek francouzského politického mínění.[105]

V neděli 25. září ve 21.25 zasedl užší kabinet společně s Daladierem a Bonnetem ke stolu. William Strang, který Chamberlaina doprovázel jak do Berchtesgadenu, tak i do Godesbergu, po letech uvedl, že jednání bylo „jedno z těch nejúmornějších, jichž jsem se ke své smůle účastnil". Ministerský předseda, viditelně nešťastný, jakého přijetí se mu dostalo ze strany Hitlera i vlastního kabinetu, „před panem Daladierem nijak neskrýval své ponížení".[106] Úvodem sáhodlouze vylíčil průběh godesberského jednání, které hojně opepřil pochvalnými komentáři, jak se postavil Hitlerovi. Daladier opáčil, že francouzská Rada ministrů dnes odpoledne jednohlasně godesberské požadavky zamítla. Ukázalo se, že se nejedná „o otázku dosažení spravedlivého urovnání", nýbrž že Hitlerovým jediným cílem je „silou zničit Československo, zotročit je a následně ovládnout Evropu".

Chamberlain se nato příkře otázal, jaký tedy Francouzi navrhují další krok, a Daladier navrhl vrátit se k původnímu anglo-francouzskému plánu. Chamberlain se poté tázal, co se stane, jestliže to Hitler odmítne, o čemž byl pevně přesvědčen. Daladier poněkud tajemně odvětil, že každý z nich „bude muset konat svoji povinnost". Něco takového však puntičkářského Chamberlaina nemohlo uspokojit a Daladiera podrobil křížovému výslechu. Pronesl, že „této otázce" se nadále nemohou „vyhýbat"; bylo načase „přistoupit k neúprosné realitě vzniklé situace". Diskutované memorandum bylo nepochybně Hitlerovým „posledním slovem", a pakliže Češi požadavky odmítnou,

Hitler „ihned podnikne vojenská opatření". Jak se k tomu postaví Francie, když taková situace nastane? Daladier se pouze zmohl na nepříliš přesvědčivou odpověď, že každý z nich „by konal, co mu situace ukládá". Znamená to, dorážel Chamberlain, že by Francie Německu vyhlásila válku? Věc je naprosto jasná, přitakal Daladier – „v případě agrese proti Československu by Francie dostála svým závazkům". Ostatně kvůli tomu milion Francouzů „klidně a důstojně" nastoupil na hranice.[107]

Sir John Simon, eminentní královský právní zástupce, poté zahájil „chladný výslech" francouzského premiéra, k němuž se choval se stejně *falešnou* zdvořilostí, jako když advokát vyslýchá svědka druhé strany. [108] Za využití všech soudních zkušeností Simon položil Daladierovi s Bonnetem sérii nemilosrdně přímých otázek. „Byl by velice nerad, kdyby to vypadalo, že si tady hraje na stratéga," spustil se strojenou nesmělostí, „neboť je pouhým řadovým veřejným činitelem." Ale potřeboval by odpověď na několik závažných otázek. Budou Francouzi netečně vyčkávat za Maginotovou linií, nebo Německo napadnou? Bude nasazena pouze pozemní armáda, nebo bude proti Německu použito francouzské letectvo? Skutečně k nasazení letectva dojde, když je v tak mizerném stavu? Je francouzská veřejnost psychicky připravena na německé bombardování, jež bude nepochybně následovat? Jaký druh podpory očekávají od Ruska? Těžko může překvapit, že Daladiera série dotěrných a agresivních otázek stále větší měrou dopalovala a jeho odpovědi se stávaly vyhýbavějšími a vyhýbavějšími. Simon nasadil ještě povýšenější tón a své dotazy zopakoval, poněvadž „mu podle všeho nebylo rozuměno". Daladier mu to oplatil stejnou mincí, že by bylo „směšné mobilizovat francouzské pozemní síly jen kvůli tomu, aby nečinně a se zbraněmi v ruce zahálely v pevnostech". Předpokládá se pozemní ofenzíva a letecký útok má směřovat na vojenské a průmyslové cíle.

Již letmý pohled na oficiální britské zápisy stačí k pocítění panovačného a povýšeneckého chování britské delegace. Chamberlain se opakovaně snažil „vyvrátit jakékoli pochybnosti ohledně návrhů pana Hitlera a zamezit jejich nepochopení"; Simon zopakoval otázky, jež dle jeho mínění nebyly správně pochopeny, a „přál si ujistit pana Daladiera jménem všech britských ministrů, jak hluboce a opravdově jim" záleží na francouzském názoru. K Francouzům konejšivě promluvil i ministr vnitra Hoare. Prý „naprosto chápe pocity pana Daladiera a doufá, že si snad nemyslí, že by byl kdokoli z přítomných německými podmínkami nadšen". Nakonec také Daladier zlostně položil tři otázky. Přijímají Britové Hitlerovo memorandum? Jsou připraveni vyvinout na Československo nezbytný tlak, aby ho přijalo? A opravdu si „myslí, že Francie nemá nic dělat"?[109] Odpovědím na všechny tři otázky se Chamberlain vyhnul. Není věcí Britů přijímat či odmítat tyto požadavky, je to věcí Čechů, stejně tak není věcí „britské vlády, aby sdělovala své mínění, co má Francie dělat. Toto je záležitostí vlády francouzské."[110]

Ve 23.40 bylo setkání na hodinu přerušeno a potřetí za čtyřiadvacet hodin zasedl kabinet. Chamberlain si stěžoval, že Francouzi jsou vyhýbaví, ale Cooper si z toho odnesl, že „ani zdaleka nebyli tak vyhýbaví jako [Chamberlain]", a „pěkně ostře" vystoupil.[111] Už se zdálo, že neshody naberou ještě větších rozměrů, když k překvapení všech Chamberlain oznámil novou iniciativu. Nazítří vyšle do Berlína Wilsona s dopisem adresovaným Hitlerovi, v němž mu navrhne, že předání území má dořešit mezinárodní komise. „Pakliže tento dopis zůstane bez odpovědi pana Hitlera," pokračoval Chamberlain, „bude sir Horace Wilson oprávněn předat osobní vzkaz od ministerského předsedy v tom smyslu, že bude-li tato výzva odmítnuta, Francie půjde do války, a jestli se tak stane, zdá se jisté, že se přidáme."[112] Toto prohlášení pronesl Chamberlain „téměř bezstarostným hlasem" a Cooper se musel tázat, zda slyšel správně. „Konec konců to bylo naprostým opakem toho, co nám [Chamberlain] den předtím doporučoval. Politiku, kterou podporovala většina kabinetu, to otáčelo o 180 stupňů. Ani jeden z ‚přitakávačů' celou dobu podporujících jeho politiku nepronesl slovo kritiky na tento obrat." Chamberlain „poprvé vypadal naprosto vyřízeně".[113] Té noci navštívil Hugh Dalton Jana Masaryka a vyptával se, jestli konečně britská a francouzská vláda zaujala pevnější postoj. „Prý pevnější!" vybuchl Masaryk. „Asi tak pevný jako erekce sedmdesátiletého starce!"[114]

13

Zachovejte klid a kopejte

Domnívám se, že je na místě, aby si každý uvědomil, že na zemi není síla, která ho může ochránit před bombardováním. Bez ohledu na to, co mu lidé řeknou, se bombardér vždy dostane k cíli... Jedinou obranou je útok, což znamená, že pokud se chcete zachránit, musíte více žen a dětí zabít rychleji.

Stanley Baldwin, Dolní sněmovna, 10. listopadu 1932

Hrůza, která zachvátila Londýn během mnichovské krize, byla jako tupý povyk zvířat pobíhajících v hořícím lese.

Louis MacNeice, *The Strings are False*, 1965

Jak je to příšerné, neuvěřitelné a ohromné, že bychom tady měli kopat zákopy a zkoušet plynové masky kvůli sporu ve vzdálené zemi mezi lidmi, o nichž nic nevíme.

Neville Chamberlain, 27. září 1938

Když se Británie v pondělí 26. září probudila, válka se zdála být za dveřmi. Neoficiální, ale poměrně přesné znění godesberských požadavků vyšlo v *The Times*, kterým ho pravděpodobně poskytla československá vláda, a v sekci dopisů dostala přední místo filipika Lea Ameryho.

Máme kapitulovat před nemilosrdnou brutalitou a vydat svobodný lid, jehož věc jsme doposud hájili, ale nyní ho předhazujeme vlkům, abychom si zachránili vlastní kůži, nebo jsme s to se násilníkovi ještě postavit?[1]

Po celý víkend se země odhodlaně připravovala na válku. Většina populace měla s válkou spojeny pouze hrůzy zákopů a i po dvaceti letech byly vzpomínky na ně stále čerstvé. A do toho slýchali varování, ať se připraví na konflikt, který bude daleko krvavější, než kdo kdy viděl. Vyhlídka to byla děsivá. Agentura Mass-Observation zjistila, že někteří lidé by raději spáchali sebevraždu, než aby se smířili s válkou. „To bych raději své dva syny viděla mrtvé," vypověděla jedna žena, „než aby zažili bombardování, k němuž došlo jinde. Otrávila bych je, kdyby to mělo přijít."[2]

Po Godesbergu, napsal Harold Macmillan, se Britové „neradostně, ale tiše a věcně srovnávali s hrozící válkou. Bylo jim řečeno, že nálety způsobí zkázu, jež je mimo jakékoli představy. Vedli je k očekávání kolosálních ztrát na životech. Ve svém nitru věděli, že naše válečné přípravy jsou chabé a nedostačující, a přesto tomuto martyriu čelili klidně a důstojně." Poprvé byla hrozba útoku ze vzduchu a zvláště bojovým plynem velice reálná. Mussolini nasadil bojový plyn proti Habešanům v roce 1935 a naprosté zničení španělského města Guernicy, které provedla v roce 1937 Luftwaffe, bylo hojně promítáno filmovými týdeníky v kinech. „V roce 1938 jsme na letecké válčení pohlíželi stejně," napsal Macmillan o třicet let později uprostřed studené války, „jako dnes lidé myslí na nukleární válku."[3]

Noviny přejmenovaly neděli 25. září na „neděli plynových masek". Po celé zemi začaly stanice civilní protiletecké ochrany (CPO) rozdávat plynové masky, což vyvolávalo rozporuplné emoce. *Daily Express* hlásil, že jak před chelseaskou radnicí narůstala fronta, „skoro to vypadalo na církevní dýchánek. Byli tam – urozené dívky i spojovatelky – všichni."[4] Ale samotné zkoušení plynové masky bylo pro mnohé prvním hmatatelným příznakem blížícího se krveprolití a nahánělo strach. Ze silně páchnoucí gumy se lidem dělalo špatně, občas omdlel nějaký důchodce a chyběly masky pro děti a nemluvňata. Ministerstvo vnitra vydalo směrnice, aby se každý „dobře staral o svoji masku" a nedovoloval dětem si s ní hrát, „jelikož poškozená maska netěsnila, a tudíž byla nebezpečná". V brožuře také museli přiznat, že „výroba ekvivalentů plynových masek, které by posloužily nemluvňatům, byla velice komplikovaná". Proto „jako vhodný způsob ochrany dítěte v případě útoku bojovým plynem" doporučovali „zabalit ho celé do deky, takže ho bude možné bezpečně přenést do nejbližšího vzduchotěsného krytu".[5]

Stanice zůstaly otevřené po celý víkend často dlouho do noci a v Londýně projíždělo ulicemi auto s tlampačem: „Má každý obyvatel Westminsteru na své plynové masce dobře utažený řemínek? Neváhejte s tím." Podobná oznámení se objevovala „na plátnech v kinech, na divadelních jevištích, zaznívala z kazatelen kostelů a na sportovních a veřejných shromážděních". V sobotu odpoledne na fotbalovém utkání mezi Brentfordem a Sunderlandem hlas z reproduktoru 28 000 diváků přesvědčoval, aby si co nejdříve správně utáhli plynové masky.[6] Zatímco její manžel dělal trable ministerskému předsedovi, lady Diana Cooperová nastoupila jako dobrovolník do místní pobočky CPO; celý den strávila „stahováním čenichů a frňáků do gumových masek a rozdělováním čekajících do mužské a ženské fronty. Matky se mě tázaly, zda nemám nějaké malé pro jejich děti," vzpomínala později. „Ale ani jedna nebyla... Nebyla to ta nejlepší práce pro neurotika, ale bylo to lepší než sedět s rukama v klíně."[7] Virginia Woolfová v dopise své sestře do Sussexu psala:

> Londýn byl plný vzruchu a ponurý a zároveň zoufalý a nadto cynic-
> ký a pokojný. Ulice byly přecpané. Všude byli lidé a hlasitě hovořili
> o válce. V ulicích se objevily pytle s pískem, muži kopali zákopy,
> nákladní auta dovážela fošny... [8]

Zběsilé hloubení zákopů v londýnských parcích představovalo další viditelný důkaz blížící se války. Rada městské části Hammersmith na výkopové práce povolala 2000 nezaměstnaných mužů. Z rozhlasu zněly výzvy, aby se k nim připojili další tělesně zdatní muži. V parcích Hampstead Heath, Hackney Downs, v Hyde Parku, v James's Parku, v Green Parku, v Regent's Parku a London Fields muži pracovali celou noc a ve světle ze světlic a reflektorů nákladních aut dokončovali zákopy. Každá domácnost obdržela od ministerstva vnitra ilustrovanou příručku, informující, jak „správně vybavit domovní kryty, jaká opatření podniknout na ochranu proti požáru a jak funguje systém civilní protiletecké ochrany". Brožura také obsahovala postup, jak v zahradě za domem vybudovat „provizorní kryt pro šest osob" pomocí „vlnitého plechu, pytlů s pískem či beden se zeminou a starých prken". Lidé „s sebou měli mít" v každém případě „plynové masky, jelikož do zákopů by plyn pronikl".

Výbor imperiální obrany vydal instrukci, že „předběžná opatření, která předcházejí mobilizaci, mají být pokládána za platná". Během noci se na prostranství Horse Guards Parade a na nábřeží Temže objevily protiletecké baterie a na obloze hlídkovaly osamělé Hurricany. „Londýn se tohoto rána naježil dlouhými hlavněmi protiletadlových zbraní s vysokorychlostní municí," hlásil Daily Express. „Kolem klíčových

budov vyrostla hradba pytlů s pískem…, na místě jsou stovky zbraní."
Ministerstvo války ohlásilo vytvoření nové organizace, Pomocných
sborů při pozemní armádě, kam se mohly hlásit ženy, které usilovaly
o vstup do armády, zejména jako řidičky – „Ministerstvo války hledá
25 000 žen". Náborový plakát zobrazoval fotografii dívky hrající na
trumpetu. Všechny dovolené policistů byly zrušeny, doktoři a zdravotní sestry se měli zapsat do ústředního registru a londýnská hrabská
rada povolávala pracovníky civilní protiletecké ochrany, dobrovolné
hasiče, řidičky sanitek a noční hlídače protiletecké ochrany.[9]

Vláda nařídila, že ceny potravin (slaninu, šunku, vejce, sýr, máslo,
vepřové sádlo a tuky na vaření nevyjímaje) se v následujících čtrnácti
dnech nezmění, a s Národní federací asociací obchodníků s masem
aktivně projednávala nouzová opatření pro distribuci masa za války.
[10] Také na finančních trzích zavládl zmatek a kurz libry prudce oslabil.
„Pouze rázný krok pracovníků britské devizové kontroly zabránil, aby
se londýnské City zmocnila kontinentální panika," informoval *Daily
Express*. Nicméně navzdory zásahům ministerstva financí, které se
vyšplhaly do výše 20 milionů liber, když se trhy 27. září opět otevřely,
ztratila libra na kurzu v porovnání s dolarem 2,75 centů a newyorská
burza spadla na nejnižší hodnoty od roku 1935.[11] Úřad ministra pošt
vydal upozornění, že telefonním linkám hrozí kolaps, protože jsou
obrovským způsobem přetěžovány, a jejich uživatele vyzýval, aby
volání omezili jen na nejnutnější hovory.

Londýnské metro oznámilo, že řadu jeho linek postihnou „urgentní stavební práce" a linky budou zavřeny; skutečný účel, jejich
přetvoření na protiletecké kryty, zůstal taktně nevyřčen. „Prvním
pravidlem CPO je zachovat klid," poučoval *Daily Express* své čtenáře.
„Bomby nemohou naše bráněná města srovnat se zemí. K úplnému
zničení Londýna by bylo potřeba několik *vlaků plně naložených* vysoce
účinnou výbušninou, nikoli pár letadel." Matriční úřady v té době
měly práce nad hlavu, protože „stovky lidí se hrnuly nechat se sezdat",
a do toho se objevily reklamní inzeráty nabízející vyhotovení fotokopií
bankovních účtů, které se poté odvezou z Londýna, aby nemohlo dojít
k jejich zničení. Pocit, že se odehrává něco neskutečného, prohlubovala každodenní povaha ostatních zpráv. Uprostřed novin čekal na
čtenáře poslední díl románu Daphne du Maurierové *Rebecca* [česky
jako Mrtvá a živá; pozn. překladatele] – slibující „překvapivý závěr
příběhu šlechtického sídla Manderley a manželů de Winterových".
[12] Obrazový editor listu *Evening Standard* nepozbyl svého smyslu

pro humor, když nechal otisknout fotografii policisty taktně stojícího v Lower Regent Street mezi sousedícími pobočkami Československé dopravní kanceláře („Československo – lovecký ráj ve střední Evropě") a Informační kanceláře německých železnic („dovolená s písní a úsměvem na rtech").[13]

Také evakuační opatření byla v plném proudu. Jako první Londýn opustilo tři sta slepých dětí a dále byly vyhlášeny plány, jak by v případě války pokračovaly další evakuace. „Lidé, kteří si přejí využít možnosti opustit Londýn, nechť se odeberou na jedno z hlavních nádraží," vyhlásila BBC. „Uprchlíci by s sebou měli mít své respirátory a obléci se do svého nejteplejšího oblečení. Mohou si vzít pouze malé zavazadlo a měli by s sebou mít nějaké jídlo na cestu a deku či přikrývku. Není možné si s sebou brát domácí zvířata." Stejně tak není možné, „aby si lidé sami vybírali místo pobytu".[14] Silnice na pobřeží byly přecpané jako v den pracovního klidu a americké velvyslanectví svým občanům, kteří propadali panice, doporučovalo vrátit se domů. Bohužel však všechna místa na zaoceánských parnících byla vyprodaná a na *Queen Mary* bylo ve frontě na dvě stě zájemců.

Ze svého domova na Sissinghurtském zámku zaslala spisovatelka Vita Sackville-Westová svému manželovi Haroldu Nicolsonovi dopis, který zosobňuje panující obavy. „Vůbec se mi nelíbí představa, že bys měl páteční noc strávit v Londýně," napsala mu 27. září. „Má-li být sobota skutečně *giorno fatale* [osudný den; pozn. překladatele], k prvnímu náletu dojde okamžitě po sobotní půlnoci, myslím, v jednu hodinu v noci."[15] Krize byla vyhodnocena jako natolik závažná, že král musel zůstat v Londýně; královna společně s oběma princeznami odjela do Clydebanku, aby se mohla zúčastnit spuštění na vodu své jmenovkyně, nového zaoceánského parníku *Queen Elizabeth*. Poprvé promluvila k národu prostřednictvím rádia.

> Mám pro vás poselství od krále. Vybízí lid této země k dobré náladě, ačkoli se nad ním a vlastně nad celým světem stahují temná mračna. Dobře ví, že jako tomu bylo v těžkých časech vždy předtím, zachovají si chladnou hlavu a statečná srdce.[16]

■■■

Chamberlainovo setkání s Daladierem skončilo pozdě v noci 25. září, aniž by bylo dosaženo nějakého závěru. Nazítří francouzskou delegaci posílil generál Maurice Gamelin, náčelník francouzského štábu. Při jednání s Chamberlainem byl výrazně optimističtější než jeho političtí kolegové noc předtím. Slíbil, že Francie by v případě napadení Československa Německo do pěti dnů napadla, přičemž útok by byl veden jednak letecky, jednak na známá slabá místa stále nedokončeného Západního valu. Česká armáda měla k dispozici třicet čtyři divizí, 500 letadel a dalších 250 mělo přidat Rusko. Domníval se, že by „se dobře uvedli i sami [Češi; pozn. překladatele]." Francie na západní frontě disponovala dvaceti třemi divizemi a na německé straně proti nim stálo jen osm divizí, takže by francouzská armáda měla všechny předpoklady k „odčerpání německých vojáků z Československa".[17] Avšak jak také později Halifax referoval velvyslanci Phippsovi, Gamelin se vyjádřil, že pakliže by došlo k německé invazi, „český odpor by měl nejspíše jen velmi krátké trvání".[18]

Později toho rána zasedl Chamberlain s Daladierem a Bonnetem opět k jednacímu stolu. Francouzský vojenský ataše si již stihl Hore-Belishovi postěžovat, že Francouze „pobouřilo, jakého se jim dostalo přijetí, a že byli zastrašováni a vyslýcháni ohledně vojenských technikálií, o nichž nic nevědí".[19] Tentokrát si však obě strany role vyměnily. Chamberlain doufal, že Hitler ozřejmí své úmysly ve své pečlivě připravované řeči, kterou měl té noci pronést v Berlíně. Také už bylo jasné, že Češi godesberské požadavky nepřijmou a napadení se budou bránit. Kdyby k tomu došlo, Francie by svému spojenci přišla na pomoc a Británie by ji podpořila. Daladier byl těmito informacemi potěšen, myšlenku Wilsonovy návštěvy Berlína nadšeně podporoval a taktéž přiznal, že se včera v noci nepřesně vyjádřil. Podpořen Gamelinem opět ujišťoval Chamberlaina, že „napadne-li Německo Československo a mezi zeměmi vypukne válečný stav, Francouzi plánují vstoupit do války a do pěti dnů Německu vypovědět válečný stav".[20]

V poledne opět zasedl kabinet; Chamberlain přečetl telegram, který předchozí noci obdržel od prezidenta Roosevelta a který byl adresován taktéž Daladierovi, Benešovi a Hitlerovi.

Mírový systém na evropském kontinentě je v přímém ohrožení. Důsledky jeho narušení jsou nevyčíslitelné. Rozhoří-li se boje, životy milionů mužů, žen a dětí v každé zemi budou téměř jistě za nepopsatelné hrůzy ztraceny... V zájmu lidstva na celém světě se na Vás obracím s největší naléhavostí, abyste nepřerušoval jednání.[21]

Poté se kabinet zabýval řadou opatření týkajících se obrany. Důstojníci a mužstvo sloužící u jednotek protiletadlové a pobřežní obrany Pozemního vojska měli toho odpoledne obdržet povolávací rozkaz a personál Royal Air Force měl být povolán z dovolených. Ministerský předseda měl k národu promluvit nazítří večer a za dva dny měl zasednout parlament. Malcolm MacDonald se sešel s vysokými komisaři dominií; „všichni se co nejdůrazněji zasazovali o to, že... existuje-li šance, že bude zachován mír, neměla by být promarněna. Domnívali se, že přijetí Hitlerových návrhů je lepší nežli válka." Byl si jist, že pokud by vypukla válka, Austrálie a Nový Zéland by se připojily, a stejně tak byl přesvědčen, že Jižní Afrika a Irská republika nikoli.[22]

Na závěr setkání Chamberlain oznámil, že Wilson je *na cestě* za Hitlerem. Přiznal, že „do tohoto posledního apelu nevkládá žádné velké naděje", ale pořád tu byla „šance, že to k něčemu bude". Doufal, že Wilson na Hitlera zapůsobí, poněvadž „promluví jménem ministerského předsedy jako jeho důvěrný poradce". Nebude-li Hitler s touto výzvou přicházející za pět minut dvanáct souhlasit, měl mu Wilson předat Chamberlainův dopis, na jehož znění se Britové shodli s Francouzi.

Francouzská vláda nás informovala, že odmítnou-li Češi memorandum a Německo napadne Československo, dostojí svým závazkům vůči Československu. Pokud budou francouzské síly aktivně zapojeny do nepřátelství vůči Německu, budeme se cítit vázáni je podpořit.[23]

Coopera náhlá změna názorů natolik zaskočila, že musel přiznat, že „s přijatou politikou bezvýhradně souhlasí". S jistou ostýchavostí dodal, že „pokud jsem na posledních zasedáních svůj názor vyjadřoval příliš důrazně a často, a tudíž jsem premiérovi jeho břemeno neulehčoval, je mi to velice líto". Zopakoval, že s radostí uvolní svůj post, bude-li si ministerský předseda přát jmenováním opozičních členů zajistit vládě širší podporu.[24] Nic takového však Chamberlain neměl v úmyslu.

Kabinet se rozešel, Wilson odletěl do Berlína a francouzští ministři zamířili na croydonské letiště. Chamberlain se vydal do Buckinghamského paláce, kde s králem poobědval. Králi Jiřímu poslední vývoj, který chápal jako neúprosně se blížící válku, dělal vážné starosti a během rozhovoru se vrátil ke svému nápadu, který už navrhoval Halifaxovi, a sice zaslání královského apelu Hitlerovi. Věřil, že „dodá zvláštní váhu výzvě nabádající k rozumu, a nikoli síle, kterou měl odpoledne… před dnešním Hitlerovým proslovem… předat sir Horace Wilson". Avšak ke králově nelibosti byl Chamberlain přesvědčen, že k tomu nenastala vhodná doba, a nazítří odmítl královu myšlenku zveřejnit svoji odpověď a ještě více tím zjitřit již tak napjaté vztahy mezi oběma zeměmi, s odůvodněním, že „Hitler může odepsat urážlivě".[25]

Nedaleko Buckinghamského paláce zrovna probíhalo ještě jedno setkání, i když zde by si Chamberlain rozhovor do takové míry neužíval. Nejen kabinet v jeho nepřítomnosti nabral tvrdší kurz; stále častěji se objevovaly důkazy organizované revolty i mezi řadovými poslanci. Před čtyřmi dny, když se mezi Chamberlainem a führerem v Godesbergu rozhořel konflikt, se do Churchillova malého bytu v Morpeth Mansions nalézajícího se kousek od Poslanecké sněmovny natěsnali podobně smýšlející poslanci a peerové. Krátce předtím se Churchill vrátil z Downing Street, kde byl zevrubně informován, a nyní stál „za zástěnou vedle krbu, pohupoval v ruce sklenicí whisky se sodou, svým způsobem zaskočen a vyveden z míry". Své kolegy uklidňoval, že Chamberlain zaujme k situaci odpovídající postoj, a pokud Hitler anglo-francouzský plán odmítne, „Chamberlain se dnes večer vrátí a budeme ve válce". Jeho kolegové však takoví optimisté nebyli, což, jak se později ukázalo, bylo naprosto oprávněné. „Lze to shrnout následovně," zapsal si Nicolson do svého deníku. „Buď se Chamberlain vrátí s čestným mírem, nebo ho přeruší. V obou variantách ho budeme podporovat. Ale jestliže se vrátí s ostudným mírem, jdeme proti němu."[26]

Během večera začaly vycházet najevo první informace o godesberském jednání a Churchillova nálada se zhoršovala. Jeden starý přítel mu telefonoval domů a napjatě zjišťoval, co se v Godesbergu děje. „Nevím," odvětil Churchill, „ale mám podezření, že to bude něco ostudného."[27] Toho večera přijal ještě několik telefonátů. Mezi volajícími nechyběli ani ustaraný Masaryk a předseda labouristů Clement Attlee. Opozice labouristické strany, tradičního soupeře konzervativců, byla naprosto pochopitelná, i když vzhledem k drtivé parlamentní podpoře národní vlády si ji ministerský předseda mohl dovolit z velké míry ignorovat. Avšak Attlee a řada jeho kolegů se domnívali, že Chamberlain se plete i morálně. „Tato vláda vede naši zemi do války," napsal svému bratru toho roku. „Rozhodně nejde o žádný mírový program. Chamberlain je jen dalším stoupencem imperiální ideje ze staré školy, chybí mu však povědomí o mezinárodních vztazích a nechápe, jaké síly jsou ve hře. Pěkně skličující výhled."[28] 26. září zaslal Attlee Chamberlainovi dopis, v němž si stěžoval: „Jsem přesvědčen", že godesberské podmínky, „jejichž předání československé vládě jste odsouhlasil, šokovaly britské veřejné mínění".[29]

Odpoledne 26. září se Churchill vrátil na Downing Street a zúčastnil se diskuze Halifaxe s Chamberlainem, jejímž důsledkem bylo vydání kontroverzního komuniké Foreign Office.[30] Poté se v jeho bytě opět shromáždila početná skupina odpůrců appeasementu, mezi nimiž nechyběli spíše levicověji orientovaní, jako byl Harold Macmillan, a stejně tak spíše pravicovější jako Leo Amery a lord Lloyd. Opět zde byl Nicolson a stejně tak i předseda liberálů sir Archie Sinclair, nicméně po Edenovi nebylo ani stopy. Podle Ameryho to byla „pestrá sbírka", na druhou stranu tato rozmanitost dokazovala narůstající vnitrostranickou opozici vůči politice ministerského předsedy; opoziční platforma vešla ve známost jako „skupina Focus". Churchill Chamberlaina popsal jako „velmi vyčerpaného a zlomeného muže". Tvrdil, že „si vedl statečně, ale s tak chabou kvalifikací se do takových rozhovorů nikdy neměl pouštět".[31] Byť byl předchozí noci kabinet plný „hrůzy", Churchill pochopil, že vládní radikálové s francouzskými ministry společnými silami „obnovili důvěru"; Wilsonova zpráva „alespoň nebyla ústupem… pouze snahou zachránit Hitlerovi tvář, jestliže se rozhodne ustoupit". Po dlouhé diskuzi skupina dospěla k přesvědčení, že by měli tlačit na užší spolupráci se Sovětským svazem, volat po vládě napříč stranickým spektrem a usilovat o zavedení všeobecné branné povinnosti. „Jestliže Chamberlain zradí," zapsal si Nicolson, „vytvoříme proti němu jednotnou frontu."[32]

■ ■ ■

V neděli 25. září nastalo v Berlíně nádherné babí léto. V ostrém kontrastu k válečné horečce, jež zachvátila Londýn, se zde hrnuly davy lidí k jezerům a do lesů obklopujících město, až to vypadalo, že hrozba války pominula. Zatímco Chamberlain po celý den střídavě jednal se svým kabinetem či francouzskými ministry, Hitler se konečně vrátil do Berlína z prodlouženého pobytu v Obersalzbergu. Zjištění, že Londýn a Paříž zaujaly tvrdší postoj, ho opravdu rozzuřilo. A co bylo ještě horší, Praze po zprávách o francouzské mobilizaci a ruském varování Polska svitla naděje, že by se Československo přece jen na francouzskou, ruskou a možná i britskou podporu mohlo spolehnout. „Český postoj k Německu se postupně vyostřuje," upozorňoval německý chargé d'affaires, který se domníval, že Beneš je najednou „ochoten nechat to zajít až k válce".[33]

Hitler si stejně jako ostatní Berlíňané užíval báječného počasí. Odpoledne strávil procházkou v zahradách říšského kancléřství, kde probíral další kroky s Goebbelsem, jenž o tom zanechal zmínku ve svém deníku.

> On nevěří, že Beneš ustoupí. Ale pak ho stihne strašlivý osud. 27.–28. září už bude náš vojenský vstup připraven. Vůdce tedy má pětidenní prostor pro manévrování. Tyto termíny stanovil už 28. května. A dění se odvíjelo přesně tak, jak předpověděl. Vůdce je geniální věštec. Nejdříve však přijde naše mobilizace. Ta proběhne s tak bleskovou rychlostí, že svět užasne. Všechno tedy bude připraveno za osm až deset dní. Pokud napadneme Čechy od našich hranic, Vůdce počítá s tím, že se to vyřídí za dva až tři týdny. Pokud ale na ně zaútočíme po našem vstupu, dle jeho mínění se s tím skoncuje za osm dní. Nejlepší je radikální řešení. Jinak bychom se té věci jakživi nezbavili.

Počínaje květnovou krizí Hitler plánoval jednorázovou, bleskovou invazi do Československa na počátek října. Najednou však podle všeho své ambice potlačil a místo toho se rozhodl pro dvoustupňový útok; nejprve mělo dojít k vojenskému obsazení Sudet a nato k ovládnutí zbytku země.[34]

Následujícího rána, v pondělí 26. září, vyrazil na cestu do Berlína sir Horace Wilson. Jakožto nadmíru uzavřený muž ke svému zděšení ráno zjistil, když opouštěl dům, že na něj před dveřmi čeká houf fotografů. Po příletu do Berlína nejprve zamířil na britské velvyslanectví a poté se v doprovodu Hendersona a Kirkpatricka vydal na říšské kancléřství. V 17.00 byli uvedeni za führerem. Naneštěstí pro Wilsona k tomu došlo v naprosto nevhodném okamžiku, protože Hitler měl zvláště špatnou náladu. Jak bylo jeho běžnou praxí před pečlivě připravovaným vystoupením, soustředil se na svůj projev, který měl večer přednést ve Sportovním paláci. Když přišel Wilson, byl už v nezbytné ráži. Bylo to poprvé a naposledy, co Hitler ve Schmidtově přítomnosti „ztratil… nervy".[35]

Wilson předal Chamberlainův dopis Schmidtovi, aby jej přeložil, a požádal, zda by mohl nejprve říci pár slov na úvod. „Německé memorandum bylo publikováno," začal, „a anglické mínění bylo jeho požadavky hluboce šokováno." Ale sotva stačil otevřít ústa, Hitler zbledl a vybuchl. „V tom případě," přerušil ho, „už nemá smysl vést žádná další jednání." Avšak Wilson setrval a zdvořile trval na tom, že si má Hitler poslechnout, co mu chce sdělit. Nebyly to ani tak samotné návrhy, nýbrž rychlost, s jakou měly být splněny, co „šokovalo a pobouřilo veřejné mínění". Na to vybídl Schmidta, aby přeložil Chamberlainův dopis. Nicméně po dvou větách Schmidt dospěl k pasáži, kde stojí, že godesberské požadavky jsou pro Čechy „naprosto neakceptovatelné".[36] V tom okamžiku Hitler vztekle zakřičel, vymrštil se ze židle a vyrazil ke dveřím, jako by jednání skončilo. Wilson později popsal své reakce.

> Schmidt povstal, následován Ribbentropem a Hendersonem a Kirk-patrickem. Já se ani nehnul. Pomyslel jsem si, že Hitler byl velice neslušný, když odešel. Nebyl jsem zvyklý, aby se se mnou takovým způsobem zacházelo. Byl jsem, konec konců, zástupcem britské vlády. Proto jsem ze židle nevstával.[37]

Hitlera tak otevřeně projevený odpor zaskočil, a když doběhl ke dveřím, náhle si „zřejmě uvědomil, jak nemožně se chová", pokrčil rameny a „vrátil se jako trucovitý chlapec na svoje místo".[38] Schmidt tedy mohl pokračovat v překládání dopisu, ale Hitler ho celou dobu neustále přerušoval brbláním a prskáním, a když tlumočník skončil, samou zuřivostí vybuchl. Následovala hádka: Hitler nenávistně útočil na Beneše a Čechy, Schmidt se vše snažil překládat, ale všichni si skákali do řeči a Wilson se musel přemáhat, aby zůstal v klidu. A jeho tichý tón, z něhož bylo patrné varování, Hitlera pouze o to více rozčiloval. „S Německem se zachází jako s negry," vřískal. „Něco takového by si nedovolili ani k Turkům." V jednom okamžiku Kirkpatricka scéna, které přihlížel, natolik paralyzovala, že mu Wilson musel připomenout, aby dělal poznámky. „1. října," zaječel Hitler, „budu mít Československo tam, kde ho chci mít."[39] Jestli se Francie a Anglie rozhodly udeřit, burácel dál, ať si klidně udeří. „To je mi úplně jedno."[40]

Chamberlain v dopise argumentoval, že Češi už v podstatě s Hitlerovými požadavky vyslovili souhlas. Navrhoval proto jednání českých a německých zástupců, kde by „usilovali o dohodu, jakým způsobem má být území odevzdáno". Chamberlain dále s potěšením nabízel „zastoupení britské vlády při těchto rozhovorech".[41] Na to Hitler odvětil, že s Čechy bude jednat pouze tehdy, přijmou-li godesberské memorandum; musí souhlasit, že k okupaci sudetského území německými vojsky dojde 1. října, a odpovědět do 14 hodin 28. září – na rozhodnutí tedy měli čas čtyřicet osm hodin. Wilsonovi doporučil, ať si večer přijde do Sportovního paláce poslechnout jeho proslov. Wilson, který dosud nepředal klíčovou část Chamberlainovy zprávy, zdvořile odmítl, ale přislíbil, že ji bude poslouchat v rádiu. „To je něco jiného," upozorňoval Hitler. „Musíte tam být, abyste pocítil tu atmosféru."[42] Wilson se vrátil na velvyslanectví a telefonoval do Londýna: prožil si „padesát velice hektických minut", ale zůstává přes noc, protože se s Hitlerem chce sejít nazítří ráno. Když se na druhé straně sluchátka ozvalo: „Dobře!" Wilson suše namítl: „To nebylo to nejpříhodnější slovo."[43] V informativním telegramu pro Chamberlaina hlásil, že protrpěl „velmi divokou hodinku".[44]

Ve 20.00, když Hitler započal svůj projev ke 20 000 pečlivě vybraným nacistickým stoupencům, kteří byli namačkaní v obrovském Sportovním paláci, celý svět zbystřil a pečlivě poslouchal každé jeho slovo. William Shirer vše sledoval z balkónu přímo nad řečnickým pultem a podle něj Hitler „křičel a ječel v nejhorším stavu rozčilení, v jakém jsem ho kdy viděl". Za všechna ta léta, co informoval o Třetí říši, tomu bylo poprvé, „kdy se zdálo, že zcela ztratil sebekontrolu". [45] Po krátkém úvodu se dostal ke stěžejnímu bodu a spustil vzteklou a nenávistnou tirádu proti českému národu a zvláště proti jeho prezidentovi. „Problém, který nás v posledních měsících a týdnech tak tížil," vyřvával, „je všem dobře znám. Problémem není ani tak Československo, ale pan Beneš."

> Na počátku českého státu byla lež a otec této lži se jmenuje Beneš… Jediné, co jsem požadoval, je, aby se pan Beneš po dvaceti letech konečně smířil s tím, jaká je pravda. Toto území nám musí vydat 1. října… Nyní proti sobě stojí dva muži: tam je pan Beneš a zde stojím já.

Každé tvrzení dav podpořil bouřlivým řevem. Pro uklidnění světového mínění Hitler prohlásil, že kromě Československa už nemá žádné územní nároky. Prohnaně pochválil Chamberlaina za jeho snahy o zachování míru.

> Vděčím panu Chamberlainovi za veškeré jeho úsilí. Ujistil jsem ho, že německý lid netouží po ničem jiném než po míru… Dále jsem ho

ubezpečil, což opakuji i nyní, že jakmile bude tento problém vyřešen, Německo už v Evropě nebude mít žádné územní požadavky. A k tomu jsem mu slíbil, že v okamžiku, kdy se Československo vypořádá se svými problémy..., nemám o český stát nadále zájem. A za to mu ručím! My žádné Čechy nechceme!

Avšak jeho trpělivost s Benešem byla u konce a v posledních slovech zazněla výhrůžka.

Něco jsem panu Benešovi nabídl... Rozhodnutí nyní spočívá v jeho rukou: Mír či Válka! Buď tuto nabídku bude akceptovat a konečně dá Němcům jejich svobodu, nebo vyrazíme a tuto svobodu si vezmeme sami. Jsme rozhodnuti! Ať nyní volí pan Beneš.[46]

Po sedmdesáti minutách na nohou dospěl Hitler ke konci, kterým byla skutečná erupce násilí. Shromáždění nacisté přerušující téměř každou větu výkřiky „Sieg Heil" po několik minut skandovali: „Když Vůdce zavelí, my poslechneme! [Führer befiehl, wir folgen!]"[47] Nakonec se objevil Goebbels a popadl mikrofon. „Jedno je jisté," zvolal k davu, „rok 1918 se nebude nikdy opakovat!" Na to se podle Shirera „na něho" Hitler „podíval s dychtivým a divokým výrazem v očích", opět se postavil na nohy „a s fanatickým výrazem ve tváři... napřáhl pravou ruku, udeřil do stolu a z plných plic zařval: ‚Ja!' Poté klesl vyčerpán zpět na židli."[48] Byl to jeden z nejpůsobivějších projevů Hitlera. Goebbels ho charakterizoval jako „mistrovský kousek z oboru psychologie",[49] a řada z těch, kdo ho slyšeli v rádiu, poukazovala na to, s jakou brutalitou byl přednesen. Leo Amery, který němčinu výborně ovládal, ho popsal jako „něco skutečně děsivého..., podobal se více vrčení divokého zvířete než mluvě lidské bytosti a z jedu a vulgarit, s nimiž osočoval ‚Beneše lhářem', se mi téměř dělalo špatně. V tom výlevu čiré nenávisti bylo něco děsivého a obscénně hrozivého."[50]

Je k neuvěření, že když v Londýně zasedl užší kabinet, jen co dozněla poslední slova, přítomní ministři se shodli, že byť byla řeč agresivní, „neospravedlňuje k nařízení všeobecné mobilizace".[51] Místo toho byla učiněna dvě vzájemně si odporující prohlášení. Ve 21.15 tiskový odbor Foreign Office vydal „oficiální prohlášení" připisované „oficiálním kruhům", které bylo ještě v noci odvysíláno v rozhlase a nazítří zaplnilo stránky tisku.

Německý požadavek na transfer sudetského území francouzská, britská a československá vláda uznala, nicméně zaútočí-li Německo navzdory všem snahám britského ministerského předsedy na Československo, okamžitým důsledkem musí být, že Francie bude zavázána přijít mu na pomoc a Velká Británie a Rusko se zajisté postaví za Francii.[52]

Do dnešních dnů není autorství tohoto prohlášení, známého jako „Leeperův telegram", jasné. Co však jisté je, že ho připravoval Rex Leeper, ředitel tiskového odboru Foreign Office, a že jeho vydání schválil Halifax v mylné víře, že „naprosto odpovídá" názorům Chamberlaina.[53] Prohlášení si vysloužilo hojné komentáře, jednak protože se tvářilo, že zná pozici Sovětského svazu, jednak kvůli důraznému oznámení, že Británie je připravena zapojit se po boku Francie do války.

Druhé prohlášení používalo tradiční formule a bylo vydáno premiérovým jménem v noci v 1.50 v reakci na Hitlerův projev.

> Přečetl jsem řeč německého kancléře a oceňuji, že zmiňuje úsilí, které vyvíjím na zachování míru. Těchto snah nemohu zanechat, jelikož se mi zdá neuvěřitelné, že by evropský lid, který si nepřeje mezi sebou válčit, měl být zatažen do krvavého konfliktu kvůli něčemu, čeho už bylo z velké části dosaženo.[54]

Wilson v noci Chamberlainovi vysílal dlouhý telegram, v němž uvítal jisté aspekty Hitlerovy řeči. Domníval se, že nebyla „tak agresivní, jak se očekávalo"; Hitler konec konců Chamberlaina pochválil a zaručil se, že Československo je posledním evropským územním požadavkem. Nebylo však pochyb o tom, že godesberské memorandum je jeho posledním slovem. Wilson dále popsal zvláštní informaci, kterou během schůzky v kancléřství slyšel z více stran. Jak Hitler, tak i Ribbentrop mu řekli, což později Hendersonovi potvrdil i Göring, že Němci odposlouchávají telefonní linky mezi Benešem a Masarykem v Londýně. Masaryk prý Benešovi pověděl, „aby vytrval a že se nemusí trápit odstoupením území, protože on, Masaryk, je v kontaktu s Winstonem Churchillem a dalšími a je přesvědčen, že Chamberlainova politika selže". Na závěr Wilson připojil obavu, že „je otázkou, nakolik je nezbytné, či moudré, aby zítra ráno tlumočil zvláštní zprávu".[55]

Nazítří krátce po poledni se Wilson napodruhé odebral na říšské kancléřství. Kirkpatrickovi včerejší zkušenost přišla natolik odporná, že

Wilsona žádal, zda by nemohl být druhé schůzky ušetřen; vládla tam „aura tak nemilosrdné zloby, že sedět v téže místnosti bylo skličující a téměř děsivé". Ale Wilson trval na tom, aby s ním šel i tentokrát. Chodby kancléřství a místnosti pro návštěvníky byly plné nohsledů, kteří doufali, že se jim podaří získat kousek führerova drahocenného času. Kulatá předsíň Hitlerovy kanceláře byla napěchovaná strážemi SS a nacistickými hodnostáři. Když Britové vstoupili, generál Bodenschatz, Göringův styčný důstojník na kancléřství, Kirkpatrickovi spiklenecky zašeptal: „Buďte silný".[56]

Hitlerova nálada se zlepšila pouze nepatrně a Wilson zahájil konverzaci skandálním pokusem o patolízalství. Poslouchal Hitlera v rádiu a „chce mu poblahopřát k přijetí, jakého se mu dostalo; musí to být báječný zážitek, zažít něco takového". Poté zmínil premiérovo noční prohlášení a zvláště zdůrazňoval pasáž, kde Chamberlain prohlásil, že se cítí „morálně zodpovědný", aby pohlídal, že Češi území odstoupí „poctivě a beze zbytku a… s odpovídajícím rychlostí". Ve skutečnosti nabízel, že předání dotčeného území bude garantovat. Má führer, ptal se Wilson, nějakou zprávu, kterou by mohl přivézt do Londýna? Ano, odvětil Hitler, a opět se začal dostávat do varu. Češi mají na výběr pouze ze dvou možností – „memorandum přijmout, či odmítnout".[57] Pokud se rozhodnou pro druhou variantu, hulákal, čeká je pouze jediné. „Ich werde die Tschechen zerschlagen!" opakoval stále dokola. Schmidt to věrně přeložil slovy „Rozdrtím Čechy".

V té chvíli nastal okamžik, aby Wilson tlumočil jádro své zprávy. Tichým a rozvážným hlasem oznámil, že chce sdělit ještě něco. Pokusí se to sdělit způsobem, jakého by užil ministerský předseda, kdyby byl přítomen. „Kdyby se Francie vedena snahou splnit své smluvní závazky aktivně účastnila boje proti Německu," varoval Hitlera, poté „by Spojené království pokládalo za svoji povinnost ji podpořit".[58] Hitler se rozzuřil. Jelikož neměl v úmyslu Francii napadnout, „znamenalo to, že kdyby se Francie rozhodla Německo napadnout, Velká Británie byla zavázána napadnout Německo také".[59] Wilson se mu snažil vysvětlit, že mu špatně porozuměl, ale Hitlera to pramálo zajímalo. Mimořádně rozčílen se vrtěl v křesle, plácal se po kolenou a patami bubnoval do parket na podlaze.

„Chtějí-li Francie s Anglií udeřit," křičel, „ať si tak učiní. Je mi to naprosto jedno. Jsem připraven na všechny možnosti. Jejich postoj mohu vzít pouze na vědomí. Dnes je úterý a do příštího pondělí budeme všichni ve válce."[60] V jednu chvíli dorazil mladý sekretář z britského velvyslanectví, Con O'Neill, se zprávou pro Hendersona. „Jak to jde?" zjišťoval, když ji předával Kirkpatrickovi, který na ni mrknul a strčil si ji do kapsy. Šepotem odvětil: „Je to válka!" Zapřísáhlého odpůrce appeasementu tato slova potěšila a O'Neill „odcházel zpátky na velvyslanectví v dobré náladě".[61] Wilson se však nenechal tak snadno převézt a snažil se Hitlera opět zatáhnout do konverzece, když mu Henderson naznačil, že je čas odejít. Při odchodu si vzal führera stranou a pravil: „Katastrofě se musí zabránit za každou cenu. Pokusím se, aby ti Češi dostali rozum."[62] Kirkpatrick si loučení s Hitlerem pamatuje poněkud jinak. „Když jsem sevřel jeho mdlou ruku," vzpomínal po letech, „šíleně se mi ulevilo, že už se s ním nikdy v životě nesetkám."[63]

■ ■ ■

Wilson se vrátil do Londýna odpoledne 27. září právě tehdy, aby stihnul rozšířené zasedání vnitřního kabinetu v Downing Street. Společně s Inskipem se dostavili tři náčelníci štábu: první námořní lord, admirál sir Roger Backhouse, náčelník Imperiálního generálního štábu, generál vikomt Gort a náčelník štábu letectva, hlavní letecký maršál sir Cyril Newall. Jejich zpráva přišla přítomným ministrům od začátku do konce bezútěšná.

> Dle našeho mínění žádný tlak, jakého je schopna Velká Británie s Francií vyvinout, ať už na moři, na zemi či ve vzduchu, nemůže Německu zabránit v obsazení Čech a úplné porážce Československa. Obnovy československé integrity lze dosáhnout výhradně porážkou Německa v dlouhotrvajících bojích, od nichž je nutno očekávat, že budou mít od počátku charakter totální války.[64]

Další pesimistické zprávy přivezl Mason-MacFarlane, který byl odvolán do Londýna, aby se podělil o své názory na německou armádu a vylíčil svoji nedávnou cestu do Prahy, když předával godesberské memorandum. Morálka Čechů „mu přišla nízká a řada *materiálních* příprav ještě nebyla dokončena. Pohraniční celní stráž byla nepopiratelně vystrašena k smrti. Jižní hranice v rozmezí Vídně a Lince se mu zdála žalostně nepřipravena. Domníval se, že by bylo velice unáhlené zakládat politiku na předpokladu, že Češi budou bojovat jako tygři."[65]
Na jednání byl také přítomen ministr dominií Malcolm MacDonald a australský vysoký komisař a bývalý premiér Stanley Bruce. Bruce

tvrdil, že vlády dominií projevily minimální nadšení a naléhaly, ať dojde k přijetí godesberských podmínek. Vysoký komisař Jižní Afriky promluvil jménem všech ostatních dominií, když MacDonaldovi sdělil, že „je bláhové očekávat, že Jižní Afrika se zapojí do války o Československo".[66] Když Wilson popsal své zážitky z Berlína, ponurou náladu prohloubil Hendersonův telegram, který po Wilsonově schůzce s Hitlerem hovořil s Göringem.

> Z jeho postoje jasně vyplývalo, že každičký detail plánu na okupaci sudetských okresů je kompletně připraven. Bez sebemenšího náznaku nervozity či vzrušení s absolutní jistotou tvrdil, že postaví-li se Češi na odpor, bude v nejkratším možném čase zlomen zdrcující silou. Bylo celkem jasné…, že kostky jsou vrženy, že britská mediace je u konce, a že nedorazí-li do zítřejších 14.00 [čeští; pozn. překladatele] zástupci s plnou mocí dojednat ty nejlepší podmínky, jaké jen půjdou, bude nařízena všeobecná mobilizace a neprodleně nastane okamžik okupace Sudet.[67]

Padlo rozhodnutí zaslat do Prahy předběžný telegram, který bude Chamberlain adresovat Benešovi, a ještě v průběhu jednání byl text odeslán.

> Cítím se povinen Vám a československé vládě sdělit, že zprávy z Berlína, jimiž vláda Jeho Veličenstva disponuje, jasně ukazují, že německé síly dostanou rozkaz překročit československou hranici téměř okamžitě, jestliže do zítřejších 14.00 nepřijme československá vláda německé podmínky. Výsledkem bude, že Čechy budou obsazeny, a nic, co by jiné mocnosti mohly učinit, nezabrání tomuto osudu Vaší vlastní země a Vašeho lidu. Toto zůstává skutečností, ať už bude konečný výsledek pravděpodobné světové války jakýkoli. Vláda Jeho Veličenstva na sebe nemůže vzít zodpovědnost radit Vám, co máte dělat, ale myslí si, že se tato informace má neprodleně dostat do Vašich rukou.[68]

Schůzka se chýlila ke konci, když se Chamberlain tázal Backhouse, zda je spokojen, že byla přijata všechna nezbytná opatření. První námořní lord odvětil, že by rád podnikl ještě jeden krok, a sice mobilizaci loďstva. Chamberlain několik okamžiků odporoval, ale nakonec přikývl. Backhouse rychle posbíral své dokumenty a pospíchal na ministerstvo, aby mašinerii uvedl do chodu. Všechna zasedání a schůzky skončily a Cadogan o samotě pracoval v zasedací místnosti kabinetu, když dveřmi nahlédl Wilson. „Uvědomujete si, že jsme Duffovi neřekli, že loďstvo má být mobilizováno?" ptal se.[69]

Třebaže britská vláda Benešovi sdělila, že mu nemůže poskytnout žádnou další radu, přesně k tomuto kroku se poté uchýlila. Halifax s Cadoganem již měli připravený alternativní návrh, jak by měla proběhnout německá okupace Sudet. Ještě nebyl večer a na stole ležel připravený dokument, který byl po schválení Francouzi odeslán Newtonovi a Hendersonovi. Nový plán počítal s okamžitou okupací měst Chebu a Aše (1. října); poté mělo následovat ustanovení mezinárodní komise pro stanovení hranic a postupný transfer sudetského území mezi 3. a 10. říjnem. V návrhu Čechům opět nechyběla skrytá výhrůžka.

> Jedinou alternativou k tomuto plánu by byla invaze a násilné rozdělení země, a byť by to mohlo vyústit ve všeobecný konflikt spojený s nesmírnými ztrátami na životech, je nepředstavitelné, že by po jeho skončení, bez ohledu na jeho výsledek, mohlo být Československo obnoveno ve svých dnešních hranicích.[70]

V 19.30, po tříhodinovém jednání, technici BBC vypověděli zbývající členy užšího kabinetu ze zasedací místnosti vlády, aby mohli připravit mikrofon pro premiérovu rozhlasovou řeč. Chamberlain se společně s Halifaxem, Wilsonem a Cadoganem odebral do sousedního pokoje, kde zasedání dále pokračovalo. Wilson poté připravil návrh dalšího telegramu, který navrhoval zaslat Benešovi. Čechy v něm žádal, aby přijali okamžitou okupaci území, které bylo vyznačeno na mapě přiložené k Hitlerovu memorandu.

> Ve světle úvah uvedených v mé dřívější zprávě se nám zdá, že by bylo moudré, kdybyste zvážili stažení Vašich vojáků z oblastí, jež mají být obsazeny, a tímto aktem německým silám umožnili provést nekrvavou okupaci. Pakliže byste se měli rozhodnout, že za daných okolnosti je tento krok prozíravý, bylo by vhodné o Vašem úmyslu co nejdříve informovat německou vládu, v každém případě by bylo záhodno jí to oznámit před zítřejším odpolednem.[71]

Cadogan se zhrozil, když se s textem „naprosté kapitulace" seznámil, a řekl to i nahlas. Také Halifax se od tohoto návrhu distancoval. Avšak

Chamberlain, který už byl „dočista vyčerpán", byl podle všeho s to ji akceptovat. „Potácím se od čerta k ďáblu," svěřil se Cadoganovi a s těmito slovy odešel do zasedací místnosti vlády.[72]

Ve 20.00 Chamberlain oslovil národ v rozhlasovém projevu. Nebyl připraven nejlépe; mluvil pomalu, hlas se mu chvěl únavou a emocemi. Jak je pro Chamberlaina příznačné, začal poděkováním všem těm, kteří „mé ženě i mně samotnému v posledních týdnech napsali slova vděčnosti za mé vyvinuté úsilí, a aby nás ujistili o svých modlitbách za můj úspěch".

Pakliže jsem se domníval, že na mně spočívá velká zodpovědnost, po přečtení těchto dopisů mi přišla téměř zdrcující. Jak je to příšerné, neuvěřitelné a ohromné, že bychom tady měli kopat zákopy a zkoušet plynové masky kvůli sporu ve vzdálené zemi mezi lidmi, o nichž nic nevíme. Ještě nemožnější se zdá, že hádka, která byla v zásadě již urovnána, by měla být příčinou války.

Mluvil o své návštěvě Německa, kdy si „živě" uvědomil, „jak se pan Hitler cítí, když musí bojovat za další Němce", a zopakoval své přesvědčení, že Sudety představují Hitlerův poslední územní požadavek v Evropě. Posluchačům sliboval, že „se nevzdává naděje na mírové řešení a nezanechá svých mírových snah, dokud šance na mír existuje; vlastně by se s radostí do Německa vydal i napotřetí, kdyby byl přesvědčen, že to bude k něčemu dobré.

Ministerský předseda pokračoval popisem přijatých preventivních válečných opatření; zdůraznil, že jejich realizace neznamená, že je válka nevyhnutelná. Vybízel ke klidu a volal po dalších dobrovolnících, kteří by pomohli s obranou své země. Poté naznačil, že velmi pravděpodobně přijdou ještě další ústupky.

Jakkoli sympatizujeme s malým národem, který čelí velkému a mocnému sousedovi, za těchto okolností nemůžeme přijmout, že by celá britská říše byla zatažena do války jen kvůli němu. Máme-li bojovat, musí pro to být pádnější důvod, než je tento. Až do nitra své duše jsem mužem míru. Ozbrojené konflikty mezi národy jsou mou noční můrou; nicméně kdybych byl přesvědčen, že si nějaký národ usmyslel strachem ze své síly ovládnout svět, cítil bych, že je nutno se tomu postavit… válka je strašná věc, a než ji zahájíme, musíme mít jasno, že v sázce je něco skutečně obrovského a že pokušení riskovat vše na jeho obranu, když se zváží všechny následky, je neodolatelné.[73]

Za tyto poznámky, které dnes zní jako naivní a realitu ignorující, což někteří rozpoznali již tehdy, se na Chamberlainovu hlavu oprávněně snesla vlna kritiky. Do té doby britská zahraniční politika nikdy nezávisela na geografické vzdálenosti či povědomí veřejnosti. Cooper vystoupení hodnotil jako „nejdepresivnější projev" a naštvalo ho, že Chamberlain opomněl zmínit mobilizaci loďstva, třebaže to přislíbil. Svým shrnutím mluvil mnohým z duše: „Nepadlo ani slovo o Francii a stejně tak nezazněl sebemenší projev solidarity s Československem. Jediný projev sympatií se týkal Hitlera, jehož soucit se Sudeťany označil ministerský předseda za skutečně pochopitelný."[74] Když volal Churchill Cooperovi, „málem se vzteky nezmohl ani na slovo. Tato řeč, prohlásil, byla přípravou na úprk."[75] A Amery se vyjádřil ještě kousavěji. Bylo to „prohlášení velice vyčerpaného muže se zlomeným srdcem…, které pouze dodá odvahu Němcům, aby v tom pokračovali… Pokud někdy skutečně existoval občan, občan zvyklý jednat s dalšími občany v městském zastupitelstvu, či v kabinetu, ale zároveň dočista neschopen uvažovat v pojmech síly, či strategie, anebo diplomacie, je to Neville."[76]

Ve 21.30 započalo mimořádné zasedání kabinetu. Chamberlain varoval, že vyhlídky jsou „ponuré". Zopakoval poraženecké zprávy, které již odpoledne zazněly na schůzce vnitřního kabinetu: Hendersonův telegram z Berlína, pesimistickou prognózu Mason-MacFarlana ohledně bojeschopnosti české armády a zapřísahlou opozici vlád dominií k jakékoli politice, jež by mohla vést k válce. Přečetl telegram australského premiéra, varující, že „postoupení sudetského území již bylo v zásadě odsouhlaseno a konkrétní metoda, jak toho dosáhnout, nebyla takového významu, aby ospravedlňovala spor ústící ve válku". Na to Wilson vylíčil svá setkání s Hitlerem, což zakončil slovy, že Hitler Beneše považuje za „podvodníka, který své sliby nikdy nesplní". Poté se vrátil ke svému dřívějšímu návrhu, aby byl do Prahy zaslán telegram, zdůrazňující, že „československá vláda má jedinou možnost, jak zabránit obsazení celé země, a sice stáhnout své vojsko z červeně označených oblastí a umožnit Německu jejich okupaci bez ztráty na životech". V tom ho podpořil i Chamberlain, který Wilsonův návrh pokládal za „poslední šanci, jak předejít válce".[77]

Nebylo tomu poprvé, co ministerský předseda špatně odhadl názory přítomných; pro řadu ministrů už byl Wilsonův text nepřijatelný. Cooper „pochopil, že se musí chopit vesla dříve, než tak učiní velká čtyřka". Poukázal na rostoucí podporu od Roosevelta, která korespondovala se změnami ve Francii, kde sílilo volání po tvrdším postupu; uvedl, že na Mason-MacFarlana měl zajisté škodlivý vliv Henderson, a otázku podpory dominií smetl ze stolu konstatováním, že je tak jako tak irelevantní. Poté zkritizoval Chamberlaina, že v projevu nijak nepochválil Čechy. „Pokud bychom nyní měli Čechy opustit, či jim dokonce radit, aby kapitulovali," uzavřel svůj výstup, „dopustili bychom se jedné z těch nejhorších zrad v historii."[78] Bylo klíčové, že Coopera podpořil Halifax, který prohlásil, že také on s Wilsonovým telegramem nemůže souhlasit. Kroky, které telegram navrhoval, „se rovnaly naprosté kapitulaci před Německem" a něco takového by Poslanecká sněmovna neakceptovala. Simon poté snažně podpořil silnější stranu, což Chamberlaina přimělo připustit, že existují „pádné a přesvědčivé důvody „proti přijetí jeho návrhu... Pakliže takový názor zastávají jeho kolegové, byl ochoten na věci nic neměnit."[79]

Chamberlain zůstal vzhůru dlouho do noci a v Downing Street připravoval svoji řeč na zítřejší zasedání Dolní sněmovny. Lidé, kteří ho toho večera slyšeli v rádiu, usínali s pocitem, že až se nazítří vzbudí, téměř jistě bude Británie ve válce. Dokonce i král sdílel obavy svých poddaných. Té noci v Buckinghamském paláci usedl a do dopisu své matce, králově Marii z Tecku, vylíčil poslední návrhy zaslané do Prahy a do Berlína.

> Benešovi bylo řečeno, jak dobře ví, že jeho země bude stejně obsazena a že by bylo moudré zařídit se podle toho. Pakliže Hitler tuto nabídku odmítne, budeme konečně s jistotou vědět, že je to *šílenec*. Je to tak mučivé, to děsivé čekání, zda nastane to nejhorší.[80]

„Vím pouze to, že s úderem každé hodiny," napsal Chamberlain později svojí sestře, „se zdá, že události se s děsivou nevyhnutelností a rychlostí chýlí ke konci a ženou nás na okraj propasti."[81]

■ ■ ■

Zatímco v Londýně napětím tajili dech, v Berlíně vrcholily přípravy na napadení Československa. S trochou nadsázky lze říci, že v sudetském pohraničním městě Aši vybíhajícím na německé území už vlastně začala. Česká armáda se z města obydleného téměř výhradně Němci

361

stáhla a nejprve ji zde vystřídaly jednotky *Freikorpsu* a poté na Hitlerův rozkaz dva prapory lebek SS. Nazítří krátce poté, co Wilson opustil kancléřství, vydal Hitler „přísně tajný" rozkaz, aby se sedm divizí tvořících útočné síly přesunulo z klidových stanovišť na odrazové body poblíž českých hranic. Měly být připraveny „zahájit akci proti ‚Grün' 30. září; rozhodnutí bude učiněno o den dříve do 12.00".[82] Pozemní síly měly zaútočit v 6.15, zato letectvo si mělo čas zahájení operací zvolit samo podle počasí.[83] OKW upozornilo funkcionáře nacistické strany, že všeobecná mobilizace je přede dveřmi; jakékoli požadavky vznesené OKW na místní stranické funkcionáře měly být „okamžitě vyplněny, aniž by byly předávány vyšším místům."[84] A konečně OKW toho večera „bez varování" vydalo rozkaz, aby podél Západního valu bylo tajně rozmístěno „pět řadových západních divizí".[85]

V 18.00, když se po pošmourném dni v Berlíně stmívalo, projela městem pomalu motorizovaná divize, plně vyzbrojená a připravená na válku, a pokračovala směrem k české hranici. Přehlídku nařídil Hitler, dílem aby výzvou k patriotismu připravil Berlíňany na válku a také aby na zahraniční diplomaty a dopisovatele zapůsobil vojenskou mocí Říše. Po tři a půl hodiny kolona obrněných vozidel a těžkého dělostřelectva burácela po Wilhelmstrasse a Hitler v hnědé blůze a černých kalhotech obklopen třemi vojenskými pobočníky nehybně stál na balkóně kancléřství. Přehlídka byla naplánována tak, aby zastihla Berlíňany na cestě domů z práce, avšak bylo-li jejím cílem na ně zapůsobit, žalostně se minula svým účinkem. William Shirer přišel na roh Unter den Linden, kde kolony odbočovaly dolů na Wilhelmstrasse, a očekával, že bude svědkem hlasitých projevů podpory, připomínajících scény po vypuknutí války v roce 1914. Jak si zapsal do deníku, namísto toho Berlíňané „neměli zájem pochodující vojáky pozorovat a mizeli v metru; a hrstka, která přihlížela z chodníků, tak činila v naprosté tichosti". Byla to „nejpodivnější protiválečná demonstrace, jakou jsem kdy viděl".[86]

Na Wilhelmplatzu naproti balkónu kancléřství zasmušile a v tichosti stála skupina dvou set civilistů. Přišli se podívat na Hitlera, ale nemysleli si, že jim ukáže své zbraně. Korespondent *Daily Express* popsal, jak „maskované náklaďáky kodrcaly do dáli a na jejich korbách vzpřímeně seděli mladí vojáci s apatickým výrazem, s puškami mezi koleny…, vypadali zasmušile a mrzutě". Nikdo se nesmál, nikdo nejásal, nikdo nemával.[87] Na britském velvyslanectví, sídlícím na Wilhelmstrasse jen o pár metrů dál od kancléřství, také Henderson pozoroval tuto vzdorovitou přehlídku síly, která připomínala obraz

„nepřátelské armády projíždějící podrobeným městem".[88] Hitlera tento bezostyšný projev apatie až nelibosti doháněl k zuřivosti. Celé to bylo v naprostém kontrastu ke včerejším ovacím prověřeného publika ve Sportovním paláci. Fritz Wiedemann si za svůj hlasitý komentář: „Venku to vypadá jako pohřební pochod!" vysloužil ostré pokárání.[89] Nakonec Hitler se zaťatou pěstí opustil balkón a zmizel za záclonou. „S takovými lidmi," naříkal, „nemohu válčit."[90]

Vzhledem ke zběsilému stupňování vojenské aktivity, která byla beze zbytku podřízena plánovanému útoku 30. září, je těžké zjistit, proč Hitler instruoval Weizsäckera, aby připravil odpověď na Chamberlainův dopis, jen co Wilson opustil Berlín. Vždyť předchozího dne mu bylo zatěžko jen poslouchat jeho znění. Někteří komentátoři přičítají obrat v jeho jednání chladnému přijetí vojenské přehlídky obyvatelstvem, avšak čas doručení jeho odpovědi prokazuje, že dopis byl vypracován již odpoledne.[91] Stejně tak nemohla být příčinou mobilizace britského loďstva, která byla až do pozdních hodin utajována. Ribbentropův soukromý tajemník nabízí prozaičtější vysvětlení, když zásluhu přičítá Weizsäckerovi, který, „ve snaze udržet při životě alespoň záblesk naděje", přesvědčil Hitlera, že je „slušností nějak zareagovat".[92] Když dostal Schmidt nařízeno přeložit tuto odpověď napsanou v poněkud „smířlivějším tónu", měl podruhé během několika dní pocit, že „Hitler přece jen ustupuje před nejkrajnějším řešením".[93] Také Henderson se domníval, že dopis „představuje znatelný pokus o usmíření a vypovídá o jisté nervozitě".[94] Státní tajemník Weizsäcker se později od Göringa dozvěděl, že Hitler se v této fázi rozhodl pro mírové metody ze dvou důvodů: „zaprvé měl pochyby, zda je německý lid nakloněn válce, a zadruhé se obával, že by ho Mussolini mohl nechat na holičkách".[95]

Chamberlain obdržel Hitlerovu reakci ve 22.30 a okamžitě v něm vyklíčila naděje. Třebaže Hitler nadále zaujímal neústupný postoj jako v Godesbergu a při rozhovoru s Wilsonem chytře zvolil umírněnější tón, aby se Chamberlainovi zalíbil. Popřel, že by si přál „zmrzačit Československo v jeho národní existenci či po stránce politické a ekonomické nezávislosti". Stejně tak nezvažoval okupování celého území a Čechům, kteří by zůstali na sudetském území, rozhodně nehrozilo kruté zacházení. Češi stále ještě chovali naději, že by se jim mohlo podařit „zmobilizovat síly v jiných zemích, zejména v Anglii a Francii, od nichž doufali získat bezvýhradnou podporu pro své cíle, a tudíž že se jim podaří rozpoutat všeobecný bojový požár".

Musím ponechat Vašemu úsudku, zda s ohledem na tato fakta zvažujete pokračovat ve svém úsilí, za něž bych Vám rád při této příležitosti ještě jednou srdečně poděkoval, tyto manévry zhatit a přivést pražskou vládu k rozumu opravdu v poslední hodině.[96]

Chamberlain si uvědomil, že rozdílnost názorů obou stran se nyní „natolik zmenšila, že dosáhla bodu, kdy bylo opravdu nepředstavitelné, že by nemohla být vyřešena jednáním". Rozhodl se, že své dosavadní návrhy musí rozšířit o jeden finální, „skutečně poslední" dopis Hitlerovi.[97]

■ ■ ■

Ve 4 hodiny ráno 28. září vzbudil francouzského velvyslance v Berlíně Andrého François-Ponceta telegram z Quai d'Orsay. Phipps v noci informoval Bonneta o obsahu návrhu britské vlády, který na poslední chvíli zaslala Hitlerovi – navrhovala postupnou okupaci Sudet, která by začala okamžitým obsazením Chebu a Aše. Nyní Bonnet instruoval François-Ponceta, aby osobně Hitlerovi jménem francouzské vlády učinil podobnou nabídku, „která by se držela metod obsažených v poslední britské propozici, ale počítala by s bezprostředním obsazením rozsáhlejšího území".[98] V 7.00 o pár stovek metrů dál na britském velvyslanectví vzbudil Hendersona telefonát François-Ponceta, který mu oznamoval přijetí nových instrukcí z Paříže. Jak Hendersonovi sdělil, o urgentní audienci u führera již požádal.

V 8.30 volal François-Poncet Weizsäckerovi a tlumočil mu své instrukce. Na to Weizsäcker vypátral Ribbentropa pobývajícího v hotelu Kaiserhof a hlásil mu, že nový francouzský návrh je znatelně velkorysejší než skromnější návrh Britů z minulé noci. Francouzi rázem nabízeli „obsadit německými vojsky všechny čtyři strany českého čtyřúhelníku a taktéž okupaci území, kde se nacházelo české opevnění. Hladký průběh okupace, nakolik by to jen bylo možné, by garantovala francouzská vláda." François-Poncet zdůraznil, že o tomto návrhu Praha dosud zpravena nebyla a že návrh má být nejprve konzultován s führerem. Bude-li Hitler souhlasit, Francouzi si „vyžádají souhlas české vlády. Pakliže Československo odmítne, budou z toho vyvozeny důsledky, které není třeba blíže rozebírat." François-Ponceta dále napadlo a vstřícně se o to podělil, že britský plán „je po všech stránkách k ničemu".[99]

Když v 7.30 sešla Annie Chamberlainová do spodního patra Downing Street na snídani, nalezla tam svého muže pohlceného sepisováním odpovědi na Hitlerův poslední dopis a zprávy pro Mussoliniho do Říma. Oznámil jí, že se vzbudil brzo ráno a „pocítil, že požádat Mussoliniho o intervenci u Hitlera skýtá poslední nadějí. Němci vyrazí ve 2 hodiny odpoledne a to by byl pro nás všechny počátek války."[100] „Jsem si jist," psal Chamberlain, „že vše podstatné můžete dostat bez války a bez prodlení."

> Jsem ochoten ihned přijet do Berlína a dojednat s Vámi a společně se zástupci Francie a Itálie i s představiteli české vlády transfer, jestliže si to přejete. Jsem přesvědčen, že do týdne můžeme dosáhnout dohody. Nemohu uvěřit, že byste na sebe vzal odpovědnost za rozpoutání světové války, která může znamenat konec civilizace, jen kvůli několikadennímu prodlení při řešení tohoto dlouhotrvajícího problému.[101]

Chamberlain oba dopisy pokládal za „zoufalé chytání se posledního trsu trávy na samém okraji propasti".[102] Mladý lord Birkenhead, Halifaxův osobní parlamentní tajemník, který později napsal životopis svého nadřízeného, se na věc díval poněkud jinak. „Z telegramu byl cítit šeredný tón," napsal, „téměř zanícená dychtivost pokračovat v postupné kapitulaci." Bylo to „samé dno diplomacie".[103]

V 10.00 François-Poncet opět volal Hendersonovi. Na svoji žádost o audienci u Hitlera stále neobdržel odpověď a obával se nejhoršího. Nemohl vědět, že zdržení má na svědomí bojovně naladěný Ribbentrop, který zprvu žádost ani nepředal na patřičná místa, protože mu vadilo, že „by jeho hra mohla být zmařena, tentokrát z Paříže". Téměř celý včerejší večer utvrzoval Hitlera v názoru zahájit válku a najednou ho Weizsäcker upozorňuje, že je to „nehoráznost… chtít zahájit válku, když jsou neshody mezi oběma stranami tak malého rázu".[104] Henderson nabídl, že se okamžitě vydá na francouzské velvyslanectví, ale před odchodem ještě zatelefonoval Göringovi. Polnímu maršálovi sdělil, že François-Poncet žádal o rozhovor a dosud neobdržel odpověď a že velvyslanec disponuje novým návrhem. Ve zkratce jde o otázku míru či války a začal podrobně líčit parametry francouzského návrhu. „Nemusíte už říkat ani slovo navíc," přerušil ho Göring. „ Ihned běžím za führerem."[105]

Henderson ještě nedorazil na francouzské velvyslanectví, když od Hitlera přišla zpráva, že může François-Ponceta přijmout v 11.15.

Téměř v tutéž dobu britské velvyslanectví přijalo telegram s Chamberlainovou „skutečně poslední" zprávou pro führera a instrukcí, že ji má Henderson co nejdříve osobně doručit. Zdá se, že rozhodující intervence přišla od Göringa, který se poté, co ukončil hovor s Hendersonem, vydal na kancléřství. Shodou okolností na totéž místo mířil i bývalý ministr zahraničí von Neurath, a tak oba muži strávili dobrou hodinku přesvědčováním Hitlera v zimní zahradě, kde mu vykládali, jaké přednosti má nenásilný kompromis. „Mein Führer," zapřísahal ho Neurath, „ přejete si zahájit válku, ať budou okolnosti jakékoli? Samozřejmě, že ne!"[106]

Když Göring odešel, narazil na Ribbentropa, který nervózně postával venku. Ministr zahraničí se na válku připravoval pilně a s „radostným vzrušením", jak píše jeho životopisec. Před dvěma dny zabral zvláštní vlak, aby disponoval mobilním ústředím, a nařídil obstarání pistolí, ocelových přileb a plynových masek pro sebe a svůj personál. Göring se do něho pustil a nazval ho „válečným štváčem" a „trestuhodným bláznem".[107] Kráčeje halou před zimní zahradou křičel: „Herr von Ribbentrop, jestliže vypukne válka, budu tím prvním, kdo německému lidu oznámí, že to vy jste nechal věci zajít tak daleko!" Přítomný personál nervózně předstíral, že si hádky mezi „dvěma uraženými ‚primadonami'" nevšiml, a Ribbentrop s Göringem se navzájem obviňovali. Když Ribbentrop Göringa nařkl, že se bojí jít do války, polní maršál se neudržel. Moc dobře ví, co je to válka, štěkal na ministra zahraničí, a nechce to zakusit znovu. Avšak „jakmile führer zavelí ‚Do boje!', vzlétne s prvním letadlem – za předpokladu, že Ribbentrop bude sedět na sedadle vedle něho."[108]

■ ■ ■

S tím, jak vyhlídka na válku nabírala jasnějších obrysů, se nad Římem stejně tak jako nad Londýnem a Berlínem vznášela neskutečná atmosféra. Personál britského velvyslanectví ničil archiválie a balil se domů a přitom se přemáhal, aby nedal najevo žádnou paniku. Mezi politiky a diplomaty zavládl pocit, že Itálie byla v probíhající krizi do značné míry opomenuta. Vzhledem k napjatým vztahům mezi zeměmi, danými v první řadě italskou agresí v Habeši a účastí ve španělské občanské válce, nebyl v Římě přítomen francouzský velvyslanec, a dokonce i britští diplomaté nabyli přesvědčení, že se na ně zapomnělo. Po Chamberlainově návštěvě Berchtesgadenu odeslalo velvyslanectví do Londýna telegram a urgovalo Foreign Office, aby využila úlevy, která se rozlila po celé Itálii, a „zapojila Mussoliniho do dalších plánů na urovnání sporu". Pracovníci velvyslanectví se domnívali, že duce „pošilhává po pobídce, aby se zapojil do velké středoevropské hry, a dychtí po tom, dostat větší roli".[109] Žádná odpověď však nepřišla.

Večer 27. září britský velvyslanec v Římě, hrabě z Perthu, opět kontaktoval Foreign Office a žádal o svolení „oficiálně a neprodleně tlumočit hraběti Cianovi premiérovu deklaraci, kterou vydal po řeči pana Hitlera [ve Sportovním paláci]", s dotazem, zda „by signor Mussolini mohl použít svého vlivu a přimět pana Hitlera přijmout návrhy v ní obsažené".[110] Nazítří ráno dorazil do práce britský chargé d'affaires Pierson Dixon, kde na něj čekal Halifaxův telegram schvalující žádaný postup. Dixon nelenil a ihned velvyslanci domluvil jednání s Cianem. Perth si „stále užíval klidnou snídani přesvědčen, že do 1. října bude klid", ale v 10.00 na žádost odpověděla Cianova kancelář a vyzvala velvyslance, aby se neprodleně vydal do Palazzo Chigi.[111] Teprve před dvěma dny se Ciano od italského velvyslance v Berlíně Bernarda Attolica dozvěděl, že Hitler lhůtu ultimáta Čechům posunul již na 14. hodinu 28. září. Mussolini však po evropské válce, do níž by nedostatečně vyzbrojená a špatně připravená Itálie byla nepochybně zatažena, rozhodně netoužil. Těžko tak může překvapit, že v okamžiku, kdy do propuknutí bojů zbývaly méně než čtyři hodiny, měl Ciano „ve tváři velice vážný výraz".

Ciano pozorně naslouchal Chamberlainově dopisu a Perthovo prohlášení, že Mussolini je „nejspíše jediným člověkem, který může přimět Hitlera k přijetí mírumilovného řešení", ho ohromilo. „Potom tedy není času nazbyt; je to otázka hodin, nikoli dní."[112] Zanechal Pertha ve své kanceláři a pospíchal za Mussolinim do nedalekého Palazzo Venezia. Mussolini okamžitě souhlasil s Perthovým návrhem a Ciano se spojil s Ribbentropem. Avšak ministr zahraničí nebyl ve Wilhelmstrasse, ale právě se v kancléřství dohadoval s Göringem, a tak Ciano požádal operátora, aby ho spojil s tamějším italským velvyslanectvím.

Když se na druhé straně ozval velvyslanec Attolico, Mussolini popadl sluchátko. „Tady duce. Slyšíte mě?"

„Ano, slyším vás."

„Ihned požádejte o audienci u kancléře. Řekněte mu, že britská vláda mě v sudetské otázce prostřednictvím lorda Pertha požádala o zprostředkování. Rozdíly v názorech jsou velmi malé. Vyřiďte kancléři, že stojíme při něm, já i fašistická Itálie. Je na něm, ať rozhodne.

Ale řekněte mu, že se domnívám, že takový návrh by se měl přijmout. Slyšíte mě? Pospěšte si!"[113]

Netrvalo to ani dvacet minut, co Ciano opustil Pertha, když se vrátil zpět do Palazzo Chigi. Rozhodl se, že z nastalé situace vyždímá, co to půjde.

Informoval jsem Pertha, že boje mají započít dnes, a potvrdil jsem, že stojíme při Německu. Tvář se mu zachvěla a oči zrudly. Když jsem však dodal, že si duce osvojil Chamberlainovu žádost a navrhl prodloužit lhůtu o dalších 24 hodin, propukl v zajíkavý smích a upaloval na velvyslanectví.[114]

Perth dorazil na velvyslanectví krátce po 11.15, jen aby před ním zastavil jeho Rolls-Royce a na schodech spatřil čekajícího Dixona, který mával dalším telegramem z Londýna. Obsahoval osobní vzkaz pro Mussoliniho, který Chamberlain připravil během snídaně, a dále k němu byla přiložena premiérova poslední výzva určená Hitlerovi. Perth se se svým autem otočil a podruhé za to ráno se vydal za Cianem.

...

V Berlíně mezitím na kancléřství dorazil François-Poncet, aby mohl promluvit s Hitlerem. Vládla tam bojovná a bouřlivá atmosféra. Že je krize vážná, bylo cítit na každém kroku. Chodby a vedlejší místnosti byly zaplněny zvláštní směsicí ministrů, generálů, vysoce postavených činitelů nacistické strany a pobočníků. Všichni někam horečnatě spěchali a každý dychtil po rozhovoru s führerem. Hitler, napsal do svých vzpomínek Schmidt, procházel kancléřstvím a tu a tam s někým improvizovaně promluvil, na koho zrovna narazil. Čas od času se odebral do zimní zahrady či do své kanceláře a s Göringem, Ribbentropem, anebo Keitelem něco probíral. Když procházel místnostmi, politikové vstávali, generálové se stavěli do pozoru a každý bez ohledu na svoji hodnost musel poslouchat jeho sáhodlouhé kázání o panující krizi, které nápadně připomínalo jeho projev ze Sportovního paláce, byť tentokrát v malém vydání. Říšské kancléřství, vzpomíná Schmidt, „spíše" připomínalo „vojenské ležení než spořádanou vládní centrálu".[115]

François-Poncet se nejprve domníval, že sousední místnost Hitlerovy pracovny se chystá na oběd. Na dotaz, kdo že jsou ti hosté, mu bylo řečeno, že führer pozval velící důstojníky jednotek, které se za krátkou dobu mají zúčastnit invaze do Československa. Hitler byl samým napětím přetažen a seděl v místnosti pouze s Ribbentropem. Pro každý případ v rohu seděl Schmidt, i když velvyslancova němčina byla naprosto plynulá. François-Poncet rozložil mapu Československa, na níž bylo červeně vybarveno území Sudet, které mělo být podle francouzského návrhu okupováno okamžitě. Šlo o znatelně větší oblast, než navrhoval nejnovější britský plán, který však Hitler dosud neviděl. „Mýlíte se, pane říšský kancléři," prohlásil velvyslanec, „když si myslíte, že můžete konflikt lokalizovat na Československo. Pokud tuto zemi napadnete, rozpoutáte oheň v celé Evropě." Hitler reagoval tirádou výpadů proti Benešovi, ale François-Poncet se nenechal vyvést z míry. „Jste přirozeně přesvědčen, že válku vyhrajete," pokračoval, „přesně tak, jako my věříme, že vás porazíme. Ale proč vůbec chcete toto riziko podstoupit, když přece můžete dosáhnout splnění nejpodstatnějších požadavků i bez války?"[116]

Attolico na italském velvyslanectví na instrukce z Říma zareagoval s nevšední ochotou. Nedošlo mu, že Ciano se neúspěšně pokoušel zkontaktovat Ribbentropa, a také on telefonoval na Wilhelmstrasse, kde ho přepojili na Ribbentropovu recepci. Hovor přijal Ribbentropův soukromý tajemník Reinhard Spitzy. Attolicova němčina byla nevalné úrovně a jeho proslov kombinující italštinu s angličtinou pronášený pronikavým hlasem vyvolal mezi naslouchajícími úředníky velké pobavení. „Prosím vás, okamžitě musím mluvit s führerem, prosím, rychle, rychle, rychle, jde o osobní vzkaz od duceho." Spitzy došel na kancléřství, kde našel Hitlera s Ribbentropem, který byl očividně otráven, že je někdo vyrušuje. „No, co je nového?" zeptal se Hitler. Když Ribbentrop zaslechl, že se Attolico dožaduje setkání, snažil se Hitlera přimět, aby mu nevyhověl, nicméně Hitler si vše v klidu rozmyslel a nakonec prohlásil: „Řekněte Attolicovi, že v jedenáct hodin mám přijmout francouzského velvyslance, ale že může přijít o půl dvanácté!"[117]

Jakmile se to doneslo Attolicovi, vyrazil z velvyslanectví v takovém spěchu, že si zapomněl klobouk. Nebyl s to najít svého šoféra, a tak si zastavil projíždějící taxi a do budovy kancléřství vstupoval v 11.40, popadaje dech a propocen až na kost. Hitler doposud hovořil s François-Poncetem, ale svolil přijmout italského velvyslance v jiném pokoji a francouzského velvyslance na krátký čas opustil. Attolico se dostavil „poněkud předkloněný" a jeho „obličej byl zčervenalý vzrušením". „Mám vám, Vůdce, předat naléhavé poselství od duceho!" volal na Hitlera, nedbaje protokolu, přes celou místnost. „Ať už se rozhodnete jakkoli, Vůdce, fašistická Itálie stojí za vámi," pokračoval popadaje dech. „Duce je ale toho názoru, že přijetí tohoto anglického návrhu by bylo vhodné, a prosí vás, abyste se neuchyloval k mobilizaci." Podle Schmidta byl Hitler Mussoliniho zprávou „viditelně dojat" a po chvilkovém přemítání se obrátil na Attolica. „Řekněte ducemu, že jeho návrh přijímám."[118]

■ ■ ■

V Římě Perth podruhé během hodiny uháněl k Palazzo Chigi a dorazil v okamžiku, kdy Attolico v Berlíně předstupoval před Hitlera. Sdělil Cianovi, že má další telegram od Chamberlaina a že tentokrát jde o osobní zprávu pro Mussoliniho s bližšími detaily o premiérově finálním apelu na Hitlera – nabízel, že potřetí navštíví Německo, a doufal, že se k němu na tamější mezinárodní konferenci Mussolini přidá.

> Věřím, že Vaše excelence bude německého kancléře informovat, že jste ochoten se zúčastnit a přesvědčíte ho, aby s mými návrhy, které uchrání všechen náš lid před válkou, vyslovil souhlas.[119]

Zpráva na Ciana opět natolik zapůsobila, že se s ní okamžitě vydal za Mussolinim, a duce i napodruhé hbitě zareagoval a poslal Attolica zpátky na kancléřství. Po dvaceti minutách Ciano stanul před čekajícím Perthem. „Výborné zprávy, skutečně výborné," hlásil.

„Pan Hitler kývnul na žádost signora Mussoliniho odložit mobilizaci o dvacet čtyři hodin. Dále jsem oprávněn vám říci, že signor Mussolini konání konference čtyř mocností podpoří a panu Hitlerovi ji doporučí a má zájem se jí zúčastnit." Oba muži si potřásli rukou. „Myslím, že jsme dnes ráno odvedli pěkný kus práce," uzavřel rozhovor Ciano.[120]

Tou dobou již François-Ponceta v Hitlerově pracovně vystřídal Henderson a přednášel nový britský plán, který však už stihla přebít Francie. Když dorazil, povšiml si, že na kancléřství zavládla radostnější nálada, což mu dodalo naději. V reakci na příchod italského a francouzského velvyslance byla mezi umírněnějšími nacistickými důstojníky postávajícími kolem Hitlerovy pracovny patrná úleva. Po uvedení mu Bodenschatz pošeptal do ucha: *Das geht besser: halten Sie nur fest* [Je to na dobré cestě, jen vydržte]." K Hendersonovu úžasu na úvod Hitler prohlásil: „Na žádost mého výborného přítele a spojence, signora Mussoliniho, jsem mobilizaci odložil o dvacet čtyři hodin."[121] Na to se Henderson hodinu snažil Hitlera přesvědčit, aby se uvolil k pořádání konference v Berlíně, na což mu Hitler opáčil, že jednání s Mussolinim dosud trvají a že bez konzultací se svým spojencem nepodnikne žádné kroky.

Podruhé během tohoto rána přerušil Attolicův příchod jednání – nyní tlumočil zprávu, že Mussolini se zasazuje o Chamberlainem navrhovanou konferenci. A to nebylo vše, měl zájem se jí sám zúčastnit. Vzhledem k tomu, že již odložil mobilizaci, Hitler neměl mnoho na výběr, a tak přistoupil i na Mussoliniho druhé přání. Zbývalo pouze dohodnout místo konání a procedurální otázky. Krátce po poledni tak stanul v kancléřství Attolico potřetí a dostal odpověď, že Hitler by s konferencí souhlasil za dvou podmínek: že Mussoliniho nabídka zúčastnit se stále platí a že proběhne co nejdříve, v Mnichově či ve Frankfurtu. Telefonický rozhovor obou vůdců následně potvrdil, že pozvánku na zítřejší jednání v Mnichově obdrží Chamberlain a Daladier. A ještě jednu věc spolu domluvili. Chamberlain v dopise Hitlerovi původně navrhoval pětistranný formát, ale tím posledním, co měl Hitler v úmyslu, bylo zvát Československo.

Pouhou hodinu před vypršením ultimáta Československu a po měsících příprav na rozpoutání války se Hitler rozhodl jinak. Představovala jeho změna stanoviska vítězství, či přiznání porážky? Není pochyb o tom, že se obával ztráty prestiže. Po květnové krizi slíbil, že je jeho „nezměnitelným rozhodnutím zničit Československo", přesto lze říci, že souhlasem s vyjednanou anexí Sudet Hitler neustoupil, ani neztratil tvář. Samotné odložení mobilizace o dvacet čtyři hodin nic neznamenalo; hrozba invaze přetrvávala jako „visící Damoklův meč" po všechna nadcházející jednání. Poslední propozice Britů i Francouzů, třebaže nešly tak daleko jako jeho godesberské memorandum, stále garantovaly, že jeho vojska překročí československou hranici k jím zvolenému datu, k němuž se zavázal před dvěma dny v proslovu ve Sportovním paláci. Slovy jednoho historika vlastně „dostal vše, co chtěl, na stříbrném podnose".[122]

Přesto bylo jeho nejužší okolí ohromeno. „Tuto změnu nelze pochopit," zapsal si důstojník Abwehru Helmuth Groscurth. „Vůdce ustoupil, a to na celé čáře."[123] Jak hodiny ubíhaly a nezadržitelně se blížil okamžik útoku, byl Hitler vystaven rostoucímu tlaku, aby ustoupil. Jediný Ribbentrop zůstal nezlomným zastáncem války. V noci z 27. na 28. září prezident Roosevelt odeslal druhé poselství, v němž

Hitlera naléhavě žádal, aby měl na paměti zkušenosti první světové války, a doporučoval „konferenci všech národů, kterých se současný spor přímo dotýká". Třebaže by Spojené státy v jednáních žádnou roli nehrály, pokud by se Hitler uvolil k mírovému řešení, „stovky milionů po celém světě Váš čin ocení jako mimořádnou historickou službu humanitě".[124] Z Londýna dorazily zprávy o Chamberlainově rozhlasovém projevu, premiérově návrhu na svolání konference a mobilizaci britské flotily. Doma v Německu Hitler na vlastní oči spatřil, jak je německý lid k válce apatický až nepřátelský a jak jsou bázliví jeho generálové.

Henderson se domníval, že „ze všech faktorů, které přiměly Hitlera vzdát se myšlenky na českou válku", nebyla Göringova intervence zdaleka „nejméně důležitá".[125] Přesto ještě ráno 28. září Göring předvídal válku. „Světové válce se do budoucna stěží vyhneme," řekl Jodlovi, než dorazil dopis od Chamberlaina a došlo k Mussoliniho intervenci. „Pravděpodobně potrvá sedm let a vyhrajeme ji."[126] Naproti tomu Hitlerův životopisec za „rozhodující" považuje Mussoliniho „zákrok".[127] Také Schmidt se domnívá, že v té chvíli, kdy Hitler vyhověl Attolicově žádosti o odložení mobilizace, pouhé dvě hodiny před jejím plánovaným začátkem, nastal okamžik, kdy „padlo rozhodnutí ve prospěch míru" a Hitler „uhnul před nejkrajnějším řešením".[128] V Římě dostal telefonický operátor, který po celý den zajišťoval spojení mezi Římem a Berlínem, odměnu ve výši 2000 lir. Kdyby toho dne na linkách mezi oběma městy došlo k výpadku, vtipkoval Attolico před Hendersonem, „nastala by válka".[129] A přesto Mussolini se svojí celodenní prací spokojen nebyl. „Moje spokojenost je pouze poloviční," řekl Cianovi toho večera, „protože, ačkoli cena mohla být krvavá, mohli jsme navždycky zlikvidovat Francii a Velkou Británii. Nyní se to naprosto potvrdilo."[130]

14

Létající posel míru

Jako malý chlapec jsem si opakoval:
„Jestli to nevyjde napoprvé, zkoušej to znova a znova."
Neville Chamberlain, letiště Heston, 29. září 1938

Když si to nepřiznáš napoprvé, létej tam znova a znova.
pořekadlo na Foreign Office, říjen 1938

Lidé, kteří chodí s deštníkem, nikdy nemohou dát vzniknout impériu.
Benito Mussolini, říjen 1938

Co člověk nenávidí, je ta příšerná a šokující fraška, kterou představoval ten „vítězný
návrat" – to „triumfální" vystoupení na balkóně Buckinghamského paláce, když v ulicích
Prahy plakali lidé, že jsou opuštěni.
poslanec Ronald Cartland svojí sestře Barbaře Cartlandové, říjen 1938[1]

Naši nepřátelé jsou malí červi. Viděl jsem je v Mnichově.
Hitler v projevu ke svým generálům, srpen 1939

V průběhu pondělka 28. září Londýňané pokračovali v přípravách na válku a o diplomatickém šílenství, odehrávajícím se v Berlíně, neměli ani tušení. Muži i ženy se probudili s nepřekonatelným pocitem, že zažívají poslední den míru a že nazítří může být Londýn naprosto zničen po masovém německém náletu. Ranní noviny přinesly zprávy o mobilizaci loďstva a další podrobnosti o platných opatřeních civilní protiletecké ochrany. Exodus Londýna nerušeně pokračoval.[2] Univerzity v Oxfordu a Cambridge oznámily odklad začátku semestru; Červený kříž a další charitativní organizace St. John Ambulance naléhavě žádaly o nové pracovníky. BBC odvysílala varování, že kdokoli bude skupovat potraviny, „poškozuje zbytek obyvatelstva", a případné panikáře uklidňovala prohlášením, že „ceny benzínu se po následujících 14 dní nezmění".[3]

Na 10.30 král svolal zasedání královské rady v Buckinghamském paláci, aby oficiálním prohlášením odsouhlasila mobilizaci loďstva a svolání pomocných a pozemních sil. Byl vyhlášen výjimečný stav a vláda nabyla mimořádných válečných pravomocí. Duff Cooper se na chvíli zdržel a krátce si o samotě promluvil s králem, který na něj působil klidným dojmem – „očekával válku se stoickým klidem".[4] Chips Channon se vracel z Francie, aby stihnul svolané zasedání parlamentu, a shledal, že na hestonském letišti „již panuje válečná atmosféra, posedávali tam mladí letci, někteří kouřili; dokonce jsme znova zaslechli slova jako ‚skopčák' a někdo pronesl ‚civil'. Rok 1914 najednou zase ožil."[5] V Churchillově bytě nedaleko Westminsteru na dalším setkání odpůrců appeasementu bylo chvílemi velice dusno; Amerymu přišli „někteří mladíci, obzvláště Harold Macmillan, velmi prudcí. Dožadovali se defenestrace Nevilla a jmenování Winstona ministerským předsedou ještě před zahájením schůze parlamentu".[6]

Na odpoledne se scházeli poslanci poslanecké sněmovny, aby si poslechli Chamberlainův proslov. Nicolson u Whitehallu narazil na početný, „tichý a úzkostmi naplněný" dav. Někteří přítomní pokládali květiny na kenotaf – „němě na nás zírali zvědavýma očima".[7] Churchill šel do sněmovny společně s blízkým spojencem Brendanem Brackenem a polským velvyslancem hrabětem Raczyńským. Raczyńskému sdělil, že „nedovolí Chamberlainovi zradit a ustoupit", a pokud by to bylo nutné, byl „připraven promluvit a oponovat jakékoli kapitulaci".[8] Nálada ve sněmovně byla chmurná a naplněná úzkostí a zelené lavice a galerie pro veřejnost byly nacpané k prasknutí; poslanci seděli namačkaní na schodcích mezi lavicemi. Místa pro tisk byla plně obsazená. V galerii pro peery nad hodinami seděl vévoda z Kentu obklopen Halifaxem, bývalým ministerským předsedou lordem Baldwinem a arcibiskupem canterburským. Královna Marie oděná kompletně v černé seděla v galerii předsedy sněmovny. Společně s ní tam byly manželky dalších přítomných, vévodkyně z Kentu a Annie Chamberlainová. Také galerie pro diplomaty byla zcela zaplněná. Jan Masaryk seděl jen pár míst od německého velvyslance Dirksena a kousek opodál zaujali místo zástupci Francie a Sovětského svazu. Americký velvyslanec Joseph Kennedy s sebou vzal svého jednadvacetiletého syna Johna F. Kennedyho.

Program sněmovny začal jako obvykle modlitbou, na niž navázaly resortní otázky. Ve 14.50, zrovna když předseda sněmovny oznamoval úmrtí dřívějšího poslance, proklouzl Chamberlain do sněmovny a usadil se na své místo. Byl přivítán ohromnými ovacemi, vládní poslanci se všichni téměř do jednoho postavili, hlasitě jásali a mávali listy s pořadem schůze. Opozice a jeden či dva poslanci z vládních řad zůstali na svých místech. Na řečnickém pultu stál stoh knih a na něm něco neobvyklého – mikrofon pro rozhlasové vysílání, „zvláštní kovová plástev…, která nám v tu chvíli naháněla hrůzu a současně nás naplňovala pýchou".[9] Původně se plánovalo, že premiérova sněmovní řeč bude poprvé živě vysílána rozhlasem, ale na poslední chvíli se od toho upustilo s tím, že mikrofon bude pouze přenášet jednání do knihovny Sněmovny lordů, kde se k poslechu shromáždili peerové, a na galerii sněmovny, aby lépe slyšela královna Marie. Chamberlain pomalu povstal, opustil své sousedy Simona a hlavního whipa Davida Margessona a pečlivě rozložil své papíry na pultík.

Svoji řeč si připravoval dlouho do noci a hned ráno se vrhl do dalších úprav a k tomu koresponedoval s Hitlerem a Mussolinim. Když obě zprávy odeslal, nemohl dělat nic jiného než čekat a doufat. Během ranní procházky zahradou Downing Street se svěřil manželce, že „by se rád postavil k té zdi a nechal se zastřelit, pokud by to zabránilo válce".[10] Nyní vypadal unaveně a vyčerpaně. Před vstupem do sněmovny alespoň dostal jednu dobrou zprávu, aspoň ždibec útěchy. Ve 13.00 velvyslanec Perth z Říma hlásil, že Hitler vyhověl Mussoliniho žádosti a odložil mobilizaci o dvacet čtyři hodin. Duce taktéž podpořil Chamberlainem navrhovanou konferenci, ale z Berlína zatím žádná reakce nepřišla. Začal mluvit klidným a rozvážným hlasem. Sněmovně sdělil, že doufal, že nalezne mírové řešení krize, „bohužel tyto naděje dosud nebyly naplněny". „Dnes," varoval, „čelíme situaci, která od roku 1914 nemá obdoby."[11]

Jeho slova zněla do téměř hrobového ticha, ani nejdéle působící poslanci si nevybavovali, že by tak vážnou atmosféru někdy zažili. Všichni se připravovali na to nejhorší, že možná už za několik hodin bude vyhlášena válka. Jediné zvuky pocházely od pobíhajících poslíčků oděných do fraků, kteří roznášeli růžové lístky, na nichž byly zaznamenány telefonáty a telegramy určené jednotlivým členům komory. Churchill sedící na svém obvyklém místě u uličky jich obdržel takové množství, že musely být staženy páskou. Attlee s nohama na stole naproti přední lavici opozice nehybně poslouchal. Chamberlain pokračoval podrobným popisem krize, která sužovala zemi, počínaje letním přerušením zasedání parlamentu. Vysvětloval, jak v červenci došlo ke jmenování lorda Runcimana, a když ostatní liberální peerové hlasitě zareagovali na jméno svého kolegy, Chamberlain se odmlčel, „sundal si cvikr a obrátil oči v sloup".[12]

Událost za událostí líčil minulé týdny, až se popisem návštěv v Berchtesgadenu a Godesbergu dostal k posledním událostem. Tehdy si posluchači uvědomili, že jeho slova nabývají na významu. „Tato zem," zanotoval, „jež se k válce neuchýlí pro nic za nic, by za námi nestála, kdybychom ji zavlekli do války kvůli tomu, že menšině bráníme v nabytí autonomie, či jí dokonce neumožníme uchýlit se k jiné vládě." Soustředil se na práva sudetských Němců a práva české populace zohledňoval o poznání méně. V jeho slovech byly patrné motivy včerejší rozhlasové řeči. „Byť může být toto území sebevzdálenější, moc dobře víme, že i pouhá jiskra může zažehnout všezničující požár, a cítíme jako povinnost učinit vše, co je v našich silách, a pomoci znepřáteleným stranám v dosažení dohody."[13] Jeho kritici tiše naslouchali a při tak vážné příležitosti se neopovažovali poukázat na to, že „znepřátelené strany" jsou ve skutečnosti suverénní česká vláda a nacistická diktatura. Amery řeč hodnotil příznačně; premiérovo vystoupení bylo „k Hitlerovi velice zdvořilé [a] celkově bez projevu sebemenších sympatií k Čechům".[14]

Stejně tak nebyl britský tlak na Československo, aby se uvolilo k dohodě, tak mírný, jak vyplývalo z Chamberlainových slov. Jeho ústní líčení dále doplňovala Bílá kniha, která byla od rána k dispozici a která obsahovala řadu klíčových dokumentů. Avšak dojem, který vytvářela, ani zdaleka neodpovídal realitě. Předchozího dne užší kabinet diskutoval nad tím, zda je vůbec rozumné tyto materiály publikovat. Svůj nesouhlas s tímto krokem jasně projevil Halifax. Nicméně Chamberlaina k jejímu zveřejnění dotlačil Attlee, a tak členové nakonec neochotně souhlasili s tím, že bude „vynecháno sdělení československé vlády, v němž přijímá francouzsko-britskou propozici…, jelikož zmiňuje, že francouzští a britští představitelé na československou vládu vyvíjeli silný a trvalý tlak". Tímto podvodem se mělo předejít požadavkům na zveřejnění dalších telegramů, jež byly používané při naléhání na českou vládu a které byly taktéž opomenuty ze strachu, že vyjde najevo síla a v některých případech i nemilosrdně nepřívětivý jazyk.[15]

Bylo 15.15 a Cadogan ještě neopustil ministerstvo zahraničí, když zazvonil telefon – volal Nevile Henderson z Berlína. Z Wilhelmstrasse

376

ho právě informovali, že „pan Hitler zve na zítřejší ráno ministerského předsedu do Mnichova. Dále pozval pana Mussoliniho, který dorazí v 10 hodin, a pana Daladiera."[16] Cadogan zprávu spěšně nadiktoval a běžel do nedalekého parlamentu, kde nejprve „vytáhl Halifaxe z galerie pro peery", načež společně sešli po schodech do malé místnosti za křeslem předsedy sněmovny.[17] Zaklepali na dveře malé místnosti vedle křesla předsedy, kde se při parlamentních debatách shromažďovali vládní úředníci a poradci. Wilson převzal lístek a ihned si posuňkem přivolal Chamberlainova parlamentního tajemníka lorda Dunglasse, který seděl jednu řadu za ministerským předsedou. S trochou snahy se Dunglassovi podařilo přelézt několik kolegů a dostat se k „zaraženému" Wilsonovi. „Co se proboha stalo," zjišťoval, „to už vydal povel k útoku?" Wilsonova odpověď mu přišla téměř neuvěřitelná, ale ujal se lístku se zprávou a předal ho Simonovi, který seděl vedle ministerského předsedy. Dunglass Simonovi vyřídil, že Wilson doporučuje, aby Chamberlain novinku „neoznamoval okamžitě, nýbrž až po ohlášení čtyřiadvacetihodinového odkladu".[18]

Simon si na okamžik nevěděl rady, jak poznámku Chamberlainovi předat, protože ho nechtěl „přerušovat ani mu skákat do řeči, aby mohl oznámit tuto radostnou novinku, což by premiéra mohlo vyvést z míry". Chamberlain zprvu nejevil žádné známky ochoty nechat se přerušit, ale krátký okamžik, kdy se odmlčel, aby sněmovna mohla propuknout v jásot, stačil k tomu, aby ho Simon zatahal za kabát a předal mu lístek.[19] Okolní posluchači okamžitě pochopili, že došlo k něčemu významnému – hlavička Foreign Office byla na listu papíru nepřehlédnutelná. Chamberlain si opět „posunul cvikr a přečetl zprávu… tvář i celé tělo jako by se najednou změnilo. Obrátil obličej ke světlům, takže mu bylo vidět do tváře. Všechny rysy úzkosti a obav náhle zmizely; vypadal o deset let mladší a měl vítězný výraz."[20] Peerové poslouchající jeho řeč z knihovny horní komory zaslechli, jak se na Simona šepotem obrací: „Mám to oznámit teď?" Simon stručně přitakal: „Ano."[21]

Bylo 16.15 a ministerský předseda už stál na nohou déle než hodinu. Odkašlal si a po tváři se mu rozlil slabý náznak úsměvu. Mluvil o telegramech, které ve „skutečně poslední" snaze o mír odeslal toho rána Hitlerovi a Mussolinimu, a italského vůdce ocenil, že se do krize vložil a obrátil se na Hitlera. Führer, oznámil, svolil s odložením mobilizace o dvacet čtyři hodin. „Ať si ctihodní členové sněmovny o panu Mussolinim mysleli cokoliv," přisadil si, „věřím, že každý přivítá

jeho gesto ochotně se s námi podílet na mírovém úsilí v Evropě."[22]
Komorou prolétlo úlevné mumlání. „Jak bláznivě najednou vypadají ti
kritici Itálie," myslel si Chips Channon, „a Anthony Eden – pozoroval
jsem ho – sebou škubl a zrozpačitěl."[23]

> To není vše. Musím sněmovně říci ještě něco. Právě jsem byl informo-
> ván, že mě pan Hitler zve, abych se s ním zítra ráno sešel v Mnichově.
> Pozval také signora Mussoliniho a pana Daladiera. Signor Mussolini
> pozvání přijal a nepochybuji o tom, že pan Daladier pozvání taktéž
> přijme. Nemusím říkat, jaká bude moje odpověď.

Na sekundu se rozhostilo ticho, než posluchači vstřebali význam jeho
slov, a poté v celé sněmovně propukly nadšené ovace. „Díky Bohu
za tohoto premiéra!" někdo zakřičel.[24] „Takový závěr mu seslal sám
Bůh," zamručel ke Kingsleymu Woodovi Ernest Brown, „a bylo to
právě včas."[25]

Když jásot konečně utichl, Chamberlain požádal, zda by debata
mohla být přerušena.

> Pane předsedo, nemám, co bych k tomu dodal. Jsem si jist, že sně-
> movna mě nyní ochotně propustí, abych se mohl jít podívat, co
> z této poslední námahy mohu vytěžit. Ve světle nejnovějších událostí
> se možná poslanci domnívají, že by bylo záhodno tuto debatu na
> několik dní přerušit, kdy se snad potkáme při šťastnější příležitosti.

Následovalo pět krátkých proslovů. Promluvil Attlee za labouristy
a Sinclair za liberály. Oba souhlasili s odročením schůze a přáli minis-
terskému předsedovi dobré pořízení. Jedině člen komunistické strany
William Gallagher měl námitky a odmítl „se toho, co se tu právě děje,
zúčastnit. Naproti mně sedí stejně fašistů, jako jich je v Německu,"
prohlásil, „a já protestuji proti čtvrcení Československa."[26] Když
hlavní whip podnikl formální kroky k odročení schůze, vládní poslanci
začali opět jásat a povstali, aby premiérovi vzdali poctu. Tentokrát se
připojili i opoziční poslanci, kteří nejprve „tiše a zamračeně" seděli, ale
na signál od Attleeho povstali a oslavovali Chamberlaina se stejným
nadšením jako jejich konzervativní kolegové, „třebaže při tom", podle
Coopera, „vypadali poněkud směšně".[27] Jak o mnoho let později se
špetkou ironie napsal Dunglass: „Toho dne bylo v parlamentu mnoho
‚stoupenců appeasementu'."[28]

Zástupce šéfredaktora *The Times*, Barrington-Ward, vše sledoval z galerie pro tisk. „Během sekundy byla celá sněmovna na nohou," napsal. „Následoval dlouhotrvající jásot a zběsilé mávání listy s pořadem schůze. Zaslechl jsem hlasité tleskání, neobvyklé pro toto místo. Rozhlédl jsem se a spatřil divoce tleskající diváky na galerii pro veřejnost. Bylo to úchvatné."[29] Jeho slova potvrzuje sir John Simon. Něco takového za třicet let, co působil v poslanecké sněmovně, nezažil. „Velvyslanci na galerii pro diplomaty porušili všechna pravidla a povstali a aplaudovali," dole ve sněmovně se objevila „záplava mávajících rukou a listů s programem". Odehrávalo se „jednoznačně to největší drama, jaké kdy Dolní sněmovna zažila".[30] Po celých pět minut stál Chamberlain „zkoprněle a s bledou" tváří, „jako by se musel ovládat". Ani se nehnul a kolem něj dále trvala nadšená vřava. *News Chronicle* hlásil, že „královně Marii vyhrkly slzy" a arcibiskup canterburský „oběma rukama bouchal do zábradlí před ním a hrabě Baldwin tloukl do země svojí hůlkou".[31] Channon se nechal atmosférou zcela strhnout; stál na zelené lavici, mával papírem a skandoval, dokud neochraptěl. Cítil „k MP vděčnost a obdiv, které potrvají věčně. Nadšení mě úplně zmohlo a zatoužil jsem potřást mu rukou..."[32] Sněmovna se vyprazdňovala a Simon pozoroval, jak řada zarytých kritiků Chamberlaina „se slzami v očích přišla k premiérovi a naprosto dojatě mu sevřeli ruku".[33]

Avšak ne všichni poslanci se k bouřlivým ovacím přidali. Harold Nicolson zůstal sedět jako přikovaný a zapsal si, jak „Liddall [poslanec za město Lincoln] za mnou zlostně zasyčel: ,Povstaň, ty surovče!'"[34] Jeden ostřílený komentátor české problematiky měl výborný výhled na lavice konzervativců. Pozoroval, jak se poslanci radují a vyhazují listy s programem do vzduchu a „někteří z nich dojetím a úlevou pláčou". Přesto by „nikdy nezapomněl na zasmušilou, nehybně sedící trojici, která se nadšených projevů stranila, uvědomujíce si důsledky, kteréžto si sněmovna sama sobě chystá: šlo o pány Churchilla, Edena a Ameryho".[35] Všichni tři zůstali sedět na svých místech, dokud Eden „bledý studem a vztekem neopustil sněmovnu".[36] Amery ten okamžik popsal jako „zvláštní chvíli, kdy se neskutečná úleva mísila s obavou, zda ten oddych bude trvat déle než několik hodin". Všiml si, že Churchill „vypadal velice nešťastně".[37]

Ve skutečnosti nejprve Churchill vstával, ve snaze upoutat pozornost předsedy sněmovny a zapojit se do debaty. Polský velvyslanec, s nímž do sněmovny dorazil, pozoroval, že „napůl vstal, ale poté se rezignovaně posadil". Bylo zřejmé, že „navzdory tomu, co měl připraveno, pochopil, že nic, žádné námitky ani proslov, nemůže panující atmosféru proměnit".[38] Poslanci stojící kolem něj začali pokřikovat: „Povstaň! Povstaň!" Chamberlain si užíval okamžik slávy, sršela z něho „obrovská spokojenost a ještě větší samolibost" a kolem něj se tlačili jeho příznivci. Churchill mu potřásl rukou, ale jeho uznání bylo jízlivé. „Gratuluji vám k vašemu velkému štěstí," prohlásil a k viditelné nelibosti ministerského předsedy dodal: „Pěkně se vám poštěstilo."[39] Avšak třebaže Churchill premiérovi popřál „hodně štěstí", později vydal tiskové prohlášení, kde jasně uvedl, že Chamberlainovu iniciativu podporuje „z hloubi své duše".[40]

Chamberlain zamířil domů a jásot davů shromážděných kolem Whitehallu byl stejně silný jako ve sněmovně. Jak se svěřil, bylo to „takové drama, jaké žádná fikce nikdy nepředčí"[41]. Jeho vůz v Downing Street byl obklopen zástupy; široce se usmál a zamával kloboukem. „Tentokrát je vše v pořádku," pravil a nazítří se tímto obratem honosil *Daily Express*.[42] Dunglass společně s manželi Chamberlainovými strávil chvilku u čaje. „Chci, aby ses z Německa vrátil s čestným mírem," řekla manželovi Annie Chamberlainová. „Musíš promluvit z okna jako tenkrát Dizzy [přezdívka Benjamina Disraeliho, který v projevu po návratu z berlínské konference v roce 1878 použil obrat čestný mír; pozn. překladatele]."[43] Večer Chamberlain s Halifaxem na ministerstvu zahraničí přijali Masaryka. Pro syna zakladatele Československa to byl bolestný a skličující rozhovor. Masaryk se pokoušel prosadit, že česká přítomnost na mnichovské konferenci by měla být nezbytným předpokladem jejího uskutečnění, ale jediný argument, který vyslechl, zněl, že Hitler se k uspořádání konference uvolil za předpokladu, že se jí nezúčastní Československo a Rusko. Masaryk zápasil, aby ovládl své emoce. „Jestliže obětujete můj národ, abyste zachovali na světě mír," oznámil jim, „budu prvním, kdo vám přijde poblahopřát. Avšak jestliže ne, pánové, sám Bůh pomáhej vašim duším."[44]

■ ■ ■

Když mocnosti Osy odsouhlasily konání konference, neztrácely čas a zahájily přípravy. Ještě ani nebyly Chamberlainovi s Daladierem odeslány pozvánky, když se v kancléřství pustil do práce Weizsäcker a chystal návrh smlouvy, která by byla pro Německo přijatelná. S formulací textu mu pomáhali Göring s Neurathem. Jakmile byl dokument dokončen, Göring si ho nechal schválit Hitlerem, nato ho obdržel

Schmidt, který vyhotovil francouzský překlad, aby byl předložen Attolicovi, který jej obratem telegrafoval Mussolininu, než se vydá z Říma. Z celého procesu přípravy byl záměrně vynechán Ribbentrop. Italský diktátor tak mohl později v Mnichově návrh vydávat za svou vlastní práci. Weizsäcker dále podnikl kroky, aby bylo bedlivě sledujícímu světu adresováno patřičné propagandistické prohlášení; jakékoli domněnky, že se führer dal na ústup, měly být zpochybněny. Pozvánky do Mnichova byly vydány až „poté, co britská a francouzská vláda prohlásily, že jsou ochotny učinit významné ústupky německým požadavkům. Tímto krokem výrazně narostla vyhlídka, že bude zachován mír."[45]

V 18.00 Mussolini a Ciano společně s početným doprovodem nastrojeným do zářivých uniforem vyjeli ve zvláštním vlaku z Říma. Nadšené volání davu bylo obzvláště slyšitelné v blízkosti britského velvyslanectví. „Ve vlaku," zapsal si Ciano, „má duce dobrou náladu." Při večeři se podělil o své názory na Brity.

> O takové zemi, která zvířata zbožňuje do té míry, že pro ně staví hřbitovy, nemocnice a domy, a v které se v závěti odkazuje papouškům, si můžete být jisti, že ji zachvátil úpadek…, taktéž je to důsledkem skladby britského lidu. Čtyři miliony nadbytečných žen. Čtyři miliony sexuálně neuspokojených žen, které uměle vyvolávají hromadu problémů, když se snaží vzrušit či uspokojit své smysly. Když nemohou obejmout nějakého muže, musejí se přimknout k humánnosti.[46]

V brzkých ranních hodinách 29. září do vlaku v brennerském průsmyku nastoupila skupina čelných nacistů, kteří Mussoliniho informovali, že se s ním führer setká v Kufsteinu, malé stanici na dřívější rakousko-německé hranici. Jejich tón nebyl zdaleka uklidňující. „Führer je spokojený pouze z poloviny," sdělil Cianovi princ Filip Hessenský.[47]

Hitler v doprovodu Göringa a Ribbentropa na noc vyjel vlakem z Berlína a příští ráno dorazil do Mnichova. Téměř okamžitě se vydal na další cestu a krátce po deváté přijel do liduprázdné stanice v Kufsteinu, kam o chvíli později dorazil Mussolini, načež společně zasedli v Hitlerově jídelním voze. Cestou do Mnichova měl Hitler bojovou náladu. Rozprostřel několik obrovských map, které zobrazovaly, jaké území Sudet se má postoupit, nákresy opevnění Západního valu a podrobné nasazení německých divizí na české a francouzské hranici.

Měl v plánu „zlikvidovat Československo v jeho současné podobě" a připomenul Mussolinimu, že odklad mobilizace, k němuž se uvolil, vyprší ve 14.00. Potom se ukáže. „Buď bude konference rychle úspěšná, nebo se řešení uskuteční silou zbraní". Mussolini pečlivě poslouchal a mysl mu plnily zlé předtuchy, ale mnoho toho neřekl. „Kromě toho," uzavřel téma Hitler, „přijde čas, kdy budeme muset bok po boku bojovat proti Francii a Anglii. Tím lépe, nastane-li ten okamžik, dokud jsme s ducem hlavami států a dosud mladí a plni elánu."[48]

■ ■ ■

Členové britské delegace, kteří měli společně s Chamberlainem letět do Mnichova, se v úterý 29. září brzy ráno setkali na Downing Street; tentokrát šlo o znatelně početnější skupinu než při cestě do Berchtesgadenu či Godesbergu. Opět měli letět všudypřítomný Wilson, dále William Strang a sir William Malkin z Foreign Office; k nim se přidal Frank Ashton-Gwatkin, odpočatý po nedávné práci v Runcimanově misi. Chamberlainův personál z Downing Street zastupovali lord Dunglass, Cecil Syers z osobní kanceláře, soukromý doktor, dva sekretáři a detektivové. Když ministerský předseda nastupoval do auta, halasně ho pozdravila skupina dělníků, která od brzkých hodin obestavovala okna nedaleké Foreign Office pytli s pískem. Cestu na letiště Heston, kam delegace dorazila před půl devátou, lemovaly jásající davy. Na Simonův návrh si celý kabinet přivstal a v nečekaném projevu solidarity na premiéra čekal na letišti – byli tam všichni s výjimkou „toho nesmyslně nonkonformistického kozla Eddieho Wintertona", uvádí Channon.[49] Drobně mrholilo a zástupy ministrů, zahraničních diplomatů a novinářů se chystaly Chamberlainovi zamávat k odletu.

Stejně jako tomu učinil minule, ministerský předseda se zastavil u schodků do letadla.

> Jako malý chlapec jsem si opakoval: „Jestli to nevyjde napoprvé, zkoušej to znova a znova." To dělám i nyní. Doufám, že až se vrátím, budu moci říci jako Hotspur v Jindřichovi IV.: „Z této kopřivy nebezpečí si utrhneme květ – bezpečnost."[50]

Letadlo bylo na cestu opět hojně zásobeno. Slavnostní pokrmy připravil hotel Savoy. Nechyběly mezi nimi sendviče plněné tetřívky, kaviár, pâté a uzený losos. Aby toho nebylo málo, zásoby zahrnovaly pivo, klaret a cider. Během letu panovala napjatá atmosféra. Wilson si připravoval poznámky na konferenci. Všichni doufali, že rámcem pro diskuzi se stane poslední britský návrh. Bylo úterý a mělo se za to, že přinejlepším bude konference trvat až do neděle. Chamberlain byl zamlklý a Dunglassovi se svěřil, že „jde o jeho poslední pokus, ale nechápe, co by z toho Hitler mohl mít, kdyby vše dohnal až k válce".[51] Včerejší noci zaslal Benešovi telegram, v němž sliboval, že bude „dbát na zájmy Československa" a že do Mnichova odjíždí „s úmyslem nalézt mezi postojem německé a československé vlády kompromis".[53] Ve skutečnosti nic takového v úmyslu neměl, stejně tak neměl sílu prosadit, o co ho ve své odpovědi žádal Beneš. „Prosím, aby se v Mnichově nedělalo nic bez toho," žádal český prezident, „aniž by Československo bylo slyšeno."[53]

Obě britská letadla se dotkla země oberwiesenfeldského letiště krátce před polednem. Daladier po příletu působil unaveně a zničeně; dokonce i vlastnímu velvyslanci přišel „zachmuřen a pln starostí… hlava zapadlá mezi rameny, čelo přikryté vráskami."[54] Ribbentrop doprovodil Francouze překvapené srdečným přijetím Mnichovanů do jejich hotelu Čtvero ročních období. Avšak podle dopisovatele *The Times* si obrovské zástupy na letišti a podél ulic „ponechávaly své nadšení" až pro Chamberlaina.[55] Ribbentrop se na letiště vrátil právě včas, aby mohl pozdravit také Brity, v čemž mu sekundovaly nezbytná vojenská kapela, čestná stráž SS a skandování „Heil Hitler!" Z Berlína přijeli Henderson s Kirkpatrickem. Než se kavalkáda vydala do mnichovských ulic, Chamberlain v otevřeném voze nakrátko vstal a pokynul nadšenému davu. Na rozkaz místního gauleitera bylo město vyzdobeno vlajkami a transparenty.

K překvapení britské delegace nezamířila jejich auta k hotelu, ale přímo k vůdcovu domu, centrále místní pobočky nacistické strany, kde se měla konat konference. Ulice lemovaly masy jásajících lidí a „jejich nadšení bylo neuvěřitelné". Později vyšlo najevo, že Ribbentrop záměrně vybral jinou cestu, aby se kolona vyhnula místům, kde byly zástupy nejpočetnější.[56] Vůdcův dům, dostavěný v roce 1937, představoval poslední příspěvek k nacistickému neoklasicistnímu stylu: „jeden z charakteristických dokladů hitlerovské architektury, která se vyhýbá podrobnosti, ozdobě, křivce a kulatosti a chce působit na mysl dórskou prostotou linií a masivními rozměry". Jedinou okrasou na smetanové a růžově mramorové fasádě byl obrovský bronzový orel s rozpjatými křídly.[57] Byla to jedna ze dvou identických budov uzavírajících rozsáhlé Královské náměstí, kde se nalézá ohromné muzeum Glyptotheka. Z jedné se stalo Hitlerovo mnichovské ústředí a z druhé administrativní budova. Navrhl je Hitlerův oblíbený architekt Paul Troost, než v roce 1934 zemřel, a po dokončení nahradily dřívější sídlo strany v nedalekém tzv. Hnědém domě. Z každé strany vůdcova domu stál neoklasicistní nezastřešený Pantheon. Čestné temply vznikly v roce 1935 jako trvalé místo odpočinku šestnácti litinových sarkofágů, v nichž byla uložena těla „mučedníků", padlých při nacistickém puči v listopadu 1923. Celé místo představovalo srdce „nacistických rituálů" a temply „oltáře hnutí".[58]

Halifax budovu navštívil minulý podzim na cestě z Berchtesgadenu a „moderní německá architektura" na něj silně zapůsobila. Bývalému vicekráli Indie budovy připomínaly „dvě budovy sekretariátu v Dillí". Vnitřek byl „velmi prostorný, charakteristická byla dvě velkorysá schodiště, vzdušné chodby a společenská hala, které vévodily štukové reliéfy Hitlerovy mládeže, dále reliéfy zemědělství, průmyslu, jednotek SS atd." Ohromná vstupní hala vedla ke dvojitému kamennému schodišti, nad nímž se nalézaly salónky a Hitlerova kancelář. Dojem velkorysosti umocňovaly mramorové sloupy a dřevěné obklady. Pokoje byly vybaveny vlněnými koberci, obrovským krbem, pohodlnými lenoškami a drahými kusy umění. Hitlerova kancelář byla „vyzdobena posmrtnou maskou Fridricha II. Velikého…, který očividně symbolizuje hrdinu".[59] Zato The Times napsaly, že místnosti „vévodil Lenbachův obraz císaře Viléma I."[60] Pisatel rubriky „Deník Londýňana", vycházející v Evening Standard, tak ohromen nebyl. Vůdcův dům, informoval své čtenáře, připomíná „průměrná kasárna" a „stráž v modro-zlaté uniformě", stojící před budovou, působí poněkud absurdně.[61]

V impozantním vstupu do budovy se k Chamberlainovi připojil Keitel a za víření bubnů a salutování čestné stráže společně vyšli po schodech. Dunglass si později vybavil, jaký to byl pocit, když byli „dovedeni" do pokoje, který dostali přidělen – „bylo to, jako by nás zatkli".[62] Tento dojem nevznikl náhodou, byl vyvolán záměrně a dále znásoben přítomnými „SS-meny" stojícími na rozlehlých chodbách. Muži „s vážnou tváří dostali rozkaz, že mají působit, jako by měli každou minutou vyrazit do boje". Na jejich výkřiky „Heil Hitler!" odpovídal Chamberlain „přátelským přikývnutím".[63] Přijel jako první a byl uveden po schodech nahoru do přijímacího salónu, kde čekal přichystán švédský stůl. Britové v místnosti nervózně postávali doprovázeni

tichými komorníky, kteří byli odění do černého fraku se stříbrnými
nárameníky, jezdeckých kalhot a bílých punčoch a na nohou měli
boty se stříbrnou přezkou. Naštěstí nemuseli čekat příliš dlouho.
Daladier dorazil krátce poté společně s François-Poncetem a státním
tajemníkem Quai d'Orsay, Alexisem Légerem. Z hotelu je vyzvedl
Göring, který byl „vyšňořen, na obličeji mu zářil srdečný úsměv".
Chamberlain připomínal François-Poncetovi typ starého britského
právníka – „šedivý, ohnutý... s hustým obočím, vystouplými zuby,
se zamodralou tváří a rukama červenýma od rheumatismu." Stál
nervózně mezi Wilsonem a Strangem a celá trojice byla oblečena
v nevýrazných černých oblecích.

Jako další se dostavil Mussolini, namačkaný do uniformy s „césar-
skou, protektorskou tváří; vedl si nenuceně, jako by byl doma." Za ním
v čele menší armády italských důstojníků a diplomatů, vystrojených
do různě nápadných uniforem ověnčených hromadou zlatých stuh
a vyznamenání, kráčel Ciano. Šlo o „velkého, silného mládence, který
se úslužně točí okolo svého pána a vypadá spíš jako ordonanční dů-
stojník než jako zahraniční ministr."[64] Nakonec napochodoval i Hitler
obklopen svými adjutanty. Bledý jako stěna, nervózní a již od prvního
pohledu vyveden z míry neztrácel čas zdvořilostními formalitami.
Třebaže si dal záležet a srdečně se přivítal s Mussolinim, s Daladierem
a Chamberlainem si chladně potřásl rukou. Mussolini zprvu postával
v rohu místnosti v hloučku nacistů, s nimiž se bavil, jako by šlo o staré
přátele, a Britové s Francouzi rozpačitě předstírali konverzaci. Nakonec
se za Mussolinim vydal Chamberlain, aby se mu představil. „Děkuje
mu za vše, co učinil," zapsal si Ciano, „ale duce reaguje chladně a za-
počatou konverzaci nijak nerozvádí, takže je záhy po rozhovoru."[65]

Hitler všechny účastníky pozval do své pracovny. Zaujali mís-
ta vedle velkého krbu. Seděli v kruhu kolem nepohodlně nízkého
konferenčního stolku. Hitler seděl zády k oknu, aby měl tvář skry-
tou ve stínu, mezi ním a Chamberlainem usedl Schmidt a nalevo od
ministerského předsedy spočinul Wilson, který půlkruh uzavíral.
Naproti seděli Weizsäcker a Ribbentrop, vedle nich Daladier a Léger
a Mussolini s Cianem se pohodlně zabořili do pohovky stojící uprostřed
místnosti naproti krbu. Velvyslanci, ostatní diplomaté a vojáci museli
všichni zůstat venku. Jednání započalo ve 12.45 a okamžitě bylo jasné,
že předběžná organizace diskuze nebyla stěžejním bodem příprav
konference. Vzhledem k tomu, že každý seděl v pohodlném křesle,
atmosféra rozhodně nebyla nakloněná věcnému jednání. Nebyla určena

žádná agenda, nikdo jednání nepředsedal, nikdo jednání nezapisoval, a psací potřeby dokonce nedostali ani přítomní členové. Telefonní linky nefungovaly. Bylo to celé, napsal Strang, „dost tajnůstkářské".[66] Neformální atmosféra hrála Hitlerovi do karet. Hendersonovi bylo diskrétně sděleno, aby „během konverzací za žádných okolností nevystupovali prudce",[67] a Schmidt již od zahájení cítil, že zavládla „atmosféra všestranného porozumění".[68] Ačkoli se Chamberlain obával nejhoršího a později uvedl, že celý den „byla jedna nekonečná noční můra", Hitlerovy úvodní poznámky shledal „natolik umírněnými a pochopitelnými", že „se mu na moment ulevilo".[69] Zápis z průběhu konference však prozrazuje, že Hitler měl naspěch a neměl náladu se o něčem dohadovat.

> Ve své řeči, pronesené ve Sportovním paláci, prohlásil, že v každém případě vpochoduje [do Sudet; pozn. překladatele] 1. října. Na to mu bylo tehdy řečeno, že takový krok by měl povahu aktu násilí. Úkolem tedy je, aby tento krok této povahy pozbyl. Avšak daný krok je nutno uskutečnit neprodleně.

Ciano si do deníku zapsal, že Hitler mluvil „klidně, ale čas od času se rozčílil, zvýšil hlas a uhodil pěstí do dlaně".[70] Trojice hostů führerovi poděkovala za pohostinnost a na Mussolinim bylo, aby představil plán kroků, který si dopředu připravil, „aby se dosáhlo praktického řešení daného problému".

Mussoliniho pětibodové memorandum nebylo samozřejmě ničím jiným než dokumentem, který předchozího dne na říšském kancléřství vypracoval Weizsäcker a který byl následně odeslán do Říma. Navzdory do očí bijící podobnosti s Hitlerovými podmínkami z Godesbergu si tohoto faktu ani Chamberlain ani Daladier nevšimli. K úlevě Britů Daladier „duceho návrh, prodchnutý objektivním a realistickým duchem, přivítal" a Chamberlain poté „taktéž uvítal duceho návrh a prohlásil, že sám přemítal nad vyřešením otázky v duchu tohoto návrhu".[71] Naivita britského i francouzského premiéra byla neskutečná. Henderson si myslel, že Mussolini „svými kroky Hitlera krotí", a „diskrétně předložil vlastní kombinaci návrhů Hitlera a anglo-francouzských propozic".[72] François-Poncet zase nabyl dojmu, že diskuze vychází z britského memoranda, které je „práce Horace Wilsona a Stranga."[73]

Jednotlivé body poté byly probírány věta za větou. Nad prvním bodem panovala shoda – vyklízení Sudet mělo započít 1. října. Avšak první náznak potíží se projevil hned u druhého bodu, který uváděl, že „garanční mocnosti Anglie, Francie a Itálie Německu zaručí, že vyklizení území bude dokončeno do 10. října a že nedojde k ničení existujícího vybavení".[74] V polovičaté snaze dostát svému slibu Benešovi Chamberlain trval na tom, že něco takového nemůže garantovat, aniž by věděl, zda česká vláda tuto podmínku přijme. K tomu by bylo třeba dostat oficiální ujištění od pověřeného českého zástupce, který, navrhoval Chamberlain, by měl být neprodleně přizván na konferenci. Tímto návrhem vyprovokoval Hitlera, který spustil zuřivou tirádu slovních výpadů proti Čechům a předně proti Benešovi.

Líčení setkání se neshodují, nakolik byl Chamberlainův názor ojedinělý. Podle François-Ponceta, který scénu popisuje zprostředkovaně, na to konto zamlklý Daladier pronesl jeden ze svých nemnoha příspěvků do debaty. „Jasně a pevně pronesl zásadní otázku" – chtějí, či nechtějí, aby Československo nadále existovalo?

> Jde-li o to, připravit rozkouskování a vymazání Československa z mapy, potom tady on, Daladier, nemá co pohledávat. Odmítá být s takovým zločinem spojován a odejde.[75]

Ciano s nechutí dal François-Poncetovi za pravdu: „Daladier se dost nepřesvědčivě zastával Čechů."[76] Naproti tomu Schmidt v oficiálním německém zápisu cituje Daladiera: „Francouzská vláda by v žádném případě v této záležitosti nestrpěla průtahy ze strany české vlády. Česká vláda dala své slovo a musí je dodržet. O odkladu evakuace nelze diskutovat."[77] Tak jako tak byly jejich názory bezpředmětné. Hitler odmítal sdílet místnost s nějakým Čechem a Chamberlain byl nucen ustoupit, i když se usnesli, že český představitel by měl být k dispozici poblíž v případě, že by ho bylo potřeba.

K Hitlerově rostoucí nevoli se Chamberlain pokusil dostát své pověsti obchodníka a tvrdohlavě otevíral otázku kompenzací, které měly české vládě náležet za budovy a vybavení, které přejde do německých rukou. Hitler umíněně odsekl: Každá budova byla vystavěna za peníze vybrané na daních od sudetských Němců, takže o žádném odškodnění nemůže být řeč. Chamberlain se však nedal a své návrhy rozšířil o odškodnění pro soukromé osoby, kterým bylo podle godesberských podmínek zakázáno odnést si svůj majetek. „Chtějí-li Čechoslováci toto území opustit, ale nemohou-li s sebou vzít svůj dobytek," tázal se Chamberlain, „kdo je odškodní?"[78] Na to Hitler nakonec vybuchl.

„Je škoda našeho času, abychom ho promarnili takovými lapáliemi," rozkřikl se.[79]

V 15.15 bylo jednání přerušeno z důvodu oběda s pokynem, aby se všichni do vůdcova domu vrátili do hodiny. Mussolini s Cianem zamířili do Hitlerova soukromého apartmá, Francouzi se vrátili do svého hotelu a Britové se vydali obhlédnout svůj hotel. Wilson tvrdí, že Britové vyzvali Francouze, aby se k nim připojili, aby mohli v hotelu Regina prodiskutovat průběh konference, ale Daladier se nedostavil. Místo toho francouzská delegace poobědvala v jídelně hotelu Čtvero ročních období ve společnosti Göringa, Ribbentropa a jejich manželek u vedlejšího stolu. Když jednání v 16.30 opět začalo, Hitlerova nálada byla o poznání horší. Po návratu shledal, že Chamberlain s Daladierem vášnivě diskutují na chodbě v prvním patře mimo místnost, kde probíhalo samotné jednání. Celý nedočkavý, aby se už začalo, za nimi poslal Ribbentropa, aby oba muže přivedl. Chaotická atmosféra ranního jednání se dále prohloubila. François-Poncet jako první vstoupil do místnosti, aniž by se někoho zeptal, a celý houf velvyslanců, generálů, pobočníků, právních poradců a asistentů následoval jeho příkladu.

Po dvě a půl hodiny se diskuze točila kolem Mussoliniho návrhu, který byl během oběda přeložen do všech jazyků. Spory zvláště vyvolávala otázka garancí Československu a přesné vymezení území, jež mělo být mezi 1. a 10. říjnem okupováno. Chaotičnost jednání ustavičně narůstala. Byly rozloženy mapy a účastníci se rozdělili do menších skupinek, takže se celá diskuze rozpadla. Odpovědnosti za konečnou podobu smlouvy se chopili právní poradci. François-Poncet vylíčil scénu následovně.

> Nikdo nezůstal na svém místě. Nebyl stanoven program jednání. Diskuze probíhala bez jakékoli kontroly, pracně a zmateně. Celé jednání se vleklo ustavičným překládáním, čas od času se pohnulo dopředu a najednou se opět objevila nějaká bezvýchodná situace a průběh uvázl.[80]

Mussolini byl „poněkud otráven neurčitostí připomínající atmosféru parlamentu" a bloumal „dokola po pokoji s rukama v kapsách a myšlenkami jinde".[81] Celou dobu z něho Hitler „nespustil oči; byl jím okouzlen. Byl jako fascinován a hypnotizován." Když se směje duce, „směje se také; jestliže se duce zamračí, mračí se také".[82]

Poskoci, kteří k dění v Hitlerově studovně nebyli přizváni, se snažili, seč mohli, se nějak zabavit. Strang a Dunglass si v místnosti vyhrazené britské delegaci udělali maximální pohodlí a otevřenými dveřmi pozorovali kvapné příchody a odchody „zástupů mladých elegánů z SS oděných do černých uniforem, kteří se tvářili povýšeně a počínali si pedantsky". Největší pozornost si vysloužila provizorní pivnice dole ve sklepě, kam se odebrali, když už se to nudou nedalo vydržet.[83] Spřátelili se s Keitelem a Neurathem a ohromeně zírali na Göringa, který „si po celou dobu uchoval bujarou náladu" a během dne si několikrát převlékl uniformu, aby na všechny zapůsobil. Mussolini „se povýšenecky naparoval" a vyzařovala z něj sebedůvěra, která pramenila ze skutečnosti, že byl jediný ze čtyř reprezentantů, který rozuměl a konverzoval ve všech čtyřech jazycích. Němci, povšiml si Dunglass, „své pohrdání Italy skrýt nedokázali," a s potěšením se o něj dělili s dalšími hosty.[84]

Den pomalu přecházel v noc a Hitler byl stále podrážděnější. Zorganizoval na devátou hodinu večerní vytříbenou hostinu, jež měla značit konec konference, avšak záhy bylo zřejmé, že jednání se protáhne až dlouho do noci. Jídlo tak vystydlo a livrejovaní sluhové kolem nečinně postávali. Došlo k dalšímu přerušení jednání, ale Hitlerovu pozvánku na hostinu Chamberlain s Daladierem odmítli s omluvou, že se musí telefonicky poradit se svými vládami. „Zjevně též neměli náladu na to, aby se zúčastnili slavnostního banketu," všiml si Schmidt. Sice „zachránili… mír, ale museli za to zaplatit těžkou ztrátou prestiže."[85] Oba premiéři zmizeli do svých hotelů, kde využili pokojové služby. Ve vůdcově domě se mezitím Hitler a Mussolini oddávali banketu, i když stůl byl najednou na počet hostů příliš dlouhý. Hitler měl ustavičně slovo a dštil síru a oheň na Čechy, zato Göring lyricky rozprávěl o svém oblíbeném tématu – zkaženosti západních demokracií.

Mezitím do Mnichova přijeli, jak požadoval Chamberlain, dva zástupci české vlády. Dr. Vojtěch Mastný, český vyslanec, dorazil z Berlína, a dr. Hubert Masařík, parlamentní sekretář ministra zahraničí Krofty, neprodleně přiletěl z Prahy. Masaříka cestujícího se svou paní na letišti vyzvedlo Gestapo a policejním autem ho odvezli přímo do hotelu Regina, kde pobývala i britská delegace. Atmosféra byla tíživá, nikoho neznali a chodby byly plné příslušníků SS a čekajících novinářů. Ačkoli byli uvedeni do útulného pokoje, záhy bylo patrné, že jsou fakticky vězni; nemohli opustit hotel ani si zatelefonovat. Nakonec je v 19.00 navštívil patrně trapně se cítící Ashton-Gwatkin. Byl „rozrušený a zamlklý", a třebaže prozradil jen drobnosti, Masařík pochopil, že je na stole plán, který „už nabyl konkrétních obrysů a který je daleko horší než anglo-francouzské propozice".

O tři hodiny později, ve 22.00 během pauzy na večeři, si nechal Wilson přivést Masaříka a Mastného do svého pokoje, kde je stroze seznámil s podmínkami dojednávané smlouvy. K tomu jim předal mapu s vyznačeným územím, které mělo být okupováno. Sérii jejich dotazů a připomínek, jaká města a okresy jsou považovány za důležité, uťal formalitou, že „nemá, co by dále dodal", a rozhovor ukončil. Dvojice poté zůstala s Ashton-Gwatkinem, který byl sice sdílnější, neprojevil však větší pochopení. S Hitlerem se složitě jednalo, vysvětloval. Britové jsou novému návrhu nakloněni a Čechům upřímně poradil: „Pakliže to nepřijmete, budete si to muset vyřešit s Německem úplně sami," varoval je. „Možná vám to Francouzi řeknou přívětivěji, ale věřte mi, dívají se na věc stejně jako my. Dezinteresují se."[86]

Ve 20.33 svět oblétla první várka telegramů zpravodajské agentury British United Press s podrobnostmi z průběhu jednání. Pracovníci agentury si hlavní stan rozbili v hale jednoho mnichovského hotelu a zprávy zjišťovalo šest reportérů. Ostatní se starali, aby telefonní a dálnopisné linky mezi Mnichovem a Londýnem řádně fungovaly. Získali informátora z Hitlerova nejužšího kroužku, Fritze Wiedemanna, a třebaže si BBC později stěžovala, že agentura skočila po každé mimořádné zprávě, aniž by si ji řádně ověřila, svým zpravodajstvím British United Press všechny konkurenty předčil. Zatímco „německé zdroje" celý večer uváděly, že dohoda je na spadnutí, ve 21.26 britský mluvčí, nejspíše Wilson, cestou do hotelu Regina stroze prohlásil, že „diskuze probíhají v přátelské atmosféře a že je nutno projednat řadu bodů." Čtyři minuty nato agentura hlásila, že italští novináři byli „oficiálně informováni, že Mussolini doufá, že do vlaku směr Řím nasedne kolem půlnoci".[87]

Krátce po desáté hodině večerní konference opět pokračovala. Tentokrát už však stěžejní část spočívala v rukou několikačlenné komise, v níž Brity zastupoval sir William Malkin. Ostatní bloumali kolem krbu a čekali na finální podobu dohody. Zdálo se, že práce komise trvá celou věčnost. Daladier seděl sklesle v křesle, zato temperamentní Göring byl vždy v centru dění. Hitler se společnosti „rozmrzele stranil", znepokojeně se vrtěl na pohovce a ustavičně si přehazoval nohu přes nohu, zakládal ruce na hruď a vrhal pohledy po místnosti. Několikrát se bezvýsledně pokusil zapojit do konverzace.[88] O půl druhé v noci byl vyhotovený dokument, který nečítal více než několik stran strojopisu, konečně slavnostně umístěn na mahagonový stůl ve středu místnosti vedle obrovského, bohatě zdobeného kalamáře. Hitler měl dohodu podepsat jako první a chvíli se zdálo, že tak činí nerad, a málem ani tento akt neproběhl hladce. „Když nastal okamžik podpisu finální verze dohody," líčil nazítří události kabinetu Chamberlain, „ukázalo se, že kalamář, kam pan Hitler ponořil pero, je prázdný!"[89]

Mnichovská dohoda stanovila, že německá armáda přece jen započne okupaci „převážně německého území" v Československu 1. října, jak se Hitler vždy domáhal. Pro účely „vyklizení" mělo být dané území rozděleno do čtyř zón, které byly jasně vyznačeny na přiložené mapě. První fáze okupace měla započít 1. října a měla být dokončena do 10. října. Británie, Francie a Itálie se zaručily, že vyklizení území proběhne v dohodnuté lhůtě a „aniž by došlo k ničení existujícího vybavení". Přesné podmínky evakuace měla určit mezinárodní komise, složená ze zástupců čtyř mocností a jednoho českého zástupce, která měla ihned zahájit práce v Berlíně. Dále byla zodpovědná za vymezení „zbývajícího území převážně německého charakteru…, aby do 10. října proběhla jeho okupace německými oddíly". Komise také měla určit sudetské území, kde proběhne plebiscit, a sjednat podmínky hlasování, aby mohlo proběhnout do konce listopadu. A konečně měla navrhnout definitivní vymezení hranic a čtyřem mocnostem byla oprávněna doporučit „v určitých výjimečných případech drobné modifikace od přísně etnografického stanovení zón, jež se předávaly bez konání plebiscitu".[90]

V 1.57 vydal British United Press vrcholný telegram celé noci.

Tiskové prohlášení výslovně uvádí, že tato dohoda je uzavřena mezi Německem, Spojeným královstvím, Francií a Itálií a nezmiňuje československý souhlas. Dále specifikuje, že vyklizení má proběhnout, aniž by došlo k ničení existujícího vybavení. Česká vláda bude zodpovědna za to, že při evakuaci nebude nic poškozeno.[91]

Pro profesionální diplomaty byl podpis Mnichovské dohody „skličujícím počinem".[92] Kirkpatrick ji shledal „velice smutnou záležitostí…, nepřinášející žádný světlý rys". Dále uvádí, že Göring a Mussolini byli „radostí bez sebe" a nebylo snadné se zbavit vzpomínky na „mdlý úsměv na bledé tváři Himmlera".[93] Jediný François-Poncet měl odvahu nazvat věci pravým jménem. „Voilà comme la France traite les seuls alliés qui lui étaient restés fidèles [A takto se Francie chová k jediným spojencům, kteří jí zůstali věrní; pozn. překladatele]," zvolal hořce.[94] Také Daladier vypadal nešťastně. „Až se vrátíte do Francie, budete přivítán jásotem," smál se na něj Mussolini.[95]

Ve 2.30 opouští Královské náměstí poslední vozidlo. „To je děsivé," svěřil se Hitler Ribbentropovi na schodech vůdcova domu, když pozorovali odjíždějícího Chamberlaina a Daladiera, „pokaždé se musím zaobírat takovými nulami."[96] William Shirer vydržel až do hořkého konce a zvenčí pozoroval, jak lídři odcházejí. Později popsal, že Hitler „prošel kolem mě jako dobyvatel". Mussolini „odjel brzy ráno, namyšlený jako kohout." Také Chamberlain při návratu do hotelu Regina „vypadal obzvláště spokojeně". Naproti tomu Daladier „vypadal jako zcela zbitý a zlomený muž". Nějaký novinář vykřikl a tázal se, zda je spokojen s dohodou. Daladier „se otočil, jako kdyby chtěl něco říci. Byl však příliš unavený a zdrcený a žádná slova nenašel. Načež se mlčky vypotácel ze dveří."[97]

Když se ocitli zpátky v hotelu Regina, zbývala Britům a Francouzům ještě jedna nepříjemná povinnost. Celou noc čekali čeští zástupci na nějaké zprávy a nyní byli předvoláni do obývacího pokoje v Chamberlainově apartmá, kde na ně čekali oba premiéři, Wilson, Léger a Ashton-Gwatkin. Všichni už byli úplně vyčerpaní. „Nálada byla tíživá," zapsal Masařík, „nastala chvíle rozsudku. Francouzi očividně nebyli ve své kůži, vědomi si toho, jaká je to rána pro francouzskou prestiž." Chamberlain pronesl dlouhou řeč na obhajobu dohody, Daladier jen předal text dohody a k ní náležející mapu Mastnému, který je rychle prolétl a začal požadovat vysvětlení nejasností. Do toho Chamberlain „neustále zíval bez sebemenších rozpaků… a neskrýval svoji únavu". Masařík se Daladiera tázal, zda se od české vlády očekává nějaká odpověď, ale francouzský premiér byl natolik „v rozpacích", že za něj odpověděl téměř bezstarostně Léger. Klíčový je čas, takže odpovědi netřeba. „Plán se považuje za přijatý". Bylo pouze nutné, aby se do Berlína do 17.00 dostavil český zástupce, protože poprvé zasedne mezinárodní komise.

„Tím s námi skončili," líčil setkání Masařík, „a mohli jsme odejít. Československá republika ustavená v hranicích z roku 1918 přestala existovat."[98] Mastný dostal od Wilsona „explicitní radu, že – vezme-li se v potaz závažnost jediné alternativy – nejlepším postupem jeho vlády je přijmout, jelikož ve srovnání s německým memorandem jde o znatelný pokrok k lepšímu". [99] Na to se Mastný rozplakal. François-Poncet se ho snažil utěšit. „Věřte mi!" říkal. „To všecko není definitivní! Je to jenom okamžik historie, která teprve začíná." [100] Nelze se divit, že Daladier nesouhlasil, že to on by měl doručit dohodu do Prahy. Místo něho se tohoto úkolu ujal Ashton-Gwatkin, který s Čechy odletěl v 6 hodin ráno. Byla to, vzpomíná Ashton-Gwatkin, „jedna z nejnemilosrdnějších věcí, jichž jsem se kdy dopustil", a během letu nepadlo ani slovo. [101] Chamberlain pro jistotu velvyslanci Newtonovi brzo ráno odeslal telegram, urgující „bezvýhradné přijetí" podmínek. „Oceníte," končil, „že není času na diskuzi." [102] Daladier se naproti tomu snažil, seč mohl, české spojence ukonejšit. Beneše ujišťoval, že dohodu podepisoval s „těžkým srdcem, a... nebylo mým rozhodnutím, že zástupce Československa nebude přizván". Avšak i on instruoval francouzského velvyslance v Praze, „aby se ujistil, že prezident souhlasí". [103]

Ve skutečnosti je všechny do kapsy strčil německý velvyslanec v Praze. V 5 hodin ráno vzbudil ministra zahraničí Kroftu a rázně mu předložil dohodu jen pár hodin po jejím podepsání. Beneš, jeho vláda a velení armády po celé ráno zvažovali své možnosti a britský, francouzský a italský velvyslanec se na příkaz svých vlád domáhali, aby nejpozději do poledne byli informováni o jejich rozhodnutí. Ve 12.30 Krofta trojici velvyslanců sdělil, že se Československo podrobilo „rozhodnutí, k němuž došlo v Mnichově bez nás a proti nám".

> Vláda Republiky československé činíc toto usnesení, tlumočí zároveň světu svůj protest proti tomuto rozhodnutí, učiněnému jednostranně a bez naší účasti.

V 17.00 připadla generálu Syrovému obtížná role oznámit kapitulaci země do rádia.

> Prožívám nejtěžší chvíle svého života, neboť plním svůj nejbolestnější úkol, nad nějž lehčí by bylo zemřít. Měli jsme volbu mezi zoufalou a bezvýslednou obranou, která by znamenala nejen obětování celého dospělého pokolení, ale i dětí a žen, a mezi přijetím podmínek, které v bezohlednosti, jsouce položeny po nátlaku bez války, nemají příkladu v dějinách. Byli jsme opuštěni. Zůstali jsme sami. [104]

■ ■ ■

Před odchodem z vůdcova domu se Chamberlain Hitlera dotázal, zda by se spolu mohli nazítří setkat k soukromému rozhovoru, a führer se očividně „této myšlenky chopil".[105] 30. září proto Chamberlain po několikahodinovém spánku vstal, nechal si předvolat vyčerpaného Williama Stranga a nařídil mu, aby připravil krátké prohlášení o budoucnosti anglo-německých vztahů. Zatímco se ministerský předseda oblékal a snídal, vedoucí ústředního oddělení Strang vypracoval tři krátké odstavce. Výsledný dokument představuje jeden z nejznámějších textů 20. století.

> My, německý vůdce a kancléř a britský ministerský předseda, jsme se dnes opět setkali a shodli se, že otázka anglo-německých vztahů je prvořadou záležitostí našich dvou zemí a celé Evropy.
>
> Považujeme dohodu podepsanou minulou noc stejně jako anglo--německou námořní smlouvu za symbol touhy našich národů již nikdy nejít proti sobě do války.
>
> Jsme odhodláni metodou konzultace vyřizovat i ostatní otázky týkající se obou našich zemí a pokračovat ve snahách odstraňovat potencionální zdroje neshod, a tak přispět k zabezpečení míru v Evropě.

Chamberlain přepsal druhý odstavec a upravil několik detailů navzdory Strangově námitce, že anglo-německá námořní smlouva „nepředstavuje nic, na co lze být pyšný". Avšak Chamberlain tvrdil přesný opak, že právě to je ten typ smlouvy, kterého by chtěl s Německem dosáhnout. Když Strang navrhl, že by měl ministerský předseda upozornit Daladiera, že hodlá podepsat jednostrannou dohodu s führerem, Chamberlain odsekl, že „nevidí žádný důvod, proč by měl Francouzům něco říkat".[106] Po snídani Chamberlain dokument představil svému parlamentnímu tajemníkovi Dunglassovi a seznámil ho se svou úvahou. „Jestliže dohodu podepíše a bude ji dodržovat, bude to v pořádku," řekl, „nicméně jestli ji poruší, Američané poznají, co že je to za muže." Až se vrátíme domů, uzavřel Chamberlain, postarám se, aby se společnému prohlášení dostalo „maximální publicity".[107]

Už se chystali k odchodu a Chamberlaina zajímalo, proč je venku takový povyk. Vyšlo najevo, že na ulici se shromáždila masa lidí a nechtěla se rozejít, dokud je ministerský předseda nepozdraví. Chopil se kytice, kterých měl plný pokoj, vyšel na balkón a gestem jim poděkoval za jejich skandování. Také Daladierovi se dostalo podobně vřelého přijetí. Chamberlain s Dunglassem se nechali odvézt do Hitlerova bytu na Prinzregentenplatz. Žil zde od roku 1929 a podle Ciana, který zde s Mussolinim předchozího dne obědval, šlo o „skromný příbytek v obrovské budově plné dalších nájemníků". Avšak ani Cianovi neušlo, že führer vlastní „řadu hodnotných obrazů".[108] Hitler měl svoji typickou náladu – byl mrzutý a nemluvný. „Za černým stolem," vzpomínal po mnoha letech Dunglass, „sklesle seděl zakaboněný mužíček... oblečený do běžných šatů a velmi, velmi se mračil."[109]

Chamberlain konverzaci zahájil vyjmenováním témat, která by rád prodiskutoval, ale Hitler poslouchal jen napůl ucha. Ministerský předseda nejprve führera přesvědčoval, aby při realizaci čerstvě podepsané Mnichovské dohody projevil určitou velkorysost, protože se obával možnosti, že by snad „česká vláda mohla být natolik šílená, že podmínky odmítne a pokusí se vzdorovat". Pakliže by k tomu skutečně došlo, doufal, že se Hitler postará o to, že se nestane nic, „co by znevážilo vysoké mínění, které o něm po včerejším jednání zavládlo po celém světě". Chamberlain zvláště naléhal, že by nemělo dojít k „bombardování Prahy či zabíjení žen a dětí vzdušnými útoky". Hitler nenuceně odpověděl, že „se mu hnusí pomyšlení na zabíjení nemluvňat plynovými bombami".[110]

Ministerský předseda pokračoval a jeho monolog přestával být souvislý. Také si přál prodiskutovat ukončení občanské války ve Španělsku, dále anglo-německé vztahy, světovou ekonomiku a konečně otázku odzbrojení a případného zákazu bombardování. Třebaže Chamberlain později schůzku popsal jako „velmi přátelský a milý rozhovor", za celou dobu Hitler stěží pronesl několik slov. Schmidt uvádí, že führerovo rozladění se prohlubovalo. Dunglass si myslel, že Chamberlain návrh dohody skrývá v kapse z obavy, že ji Hitler odmítne, ale přesně ve chvíli, kdy se zdálo, že rozhovor se táhne už moc dlouho, ministerský předseda sáhl do kapsy a předal dokument Hitlerovi. V dopisu sestře vylíčil Chamberlain scénu Schmidtova překládání dokumentu následovně: „Hitler několikrát zvolal ‚Ja! Ja!' a nakonec řekl, ‚Ano, toto rozhodně podepíši. Kdy to vyřídíme?' Odpověděl jsem, ‚Teď?' a okamžitě jsme se přesunuli k psacímu stolu a podepsali jsme obě znění, která jsem s sebou přivezl."[111]

Ačkoli Chamberlain soudí, že Hitler dohodu podepsal nadšeně, Schmidt tvrdí přesný opak a ve vzpomínkách píše, že führer souhlasil „po jistém zaváhání... [že; pozn. překladatele] chce udělat Chamberlainovi pouze laskavost".[112] Stejně tak se nenechal napálit ani

Dunglass, který Hitlera mechanicky připojujícího svůj podpis bedlivě pozoroval. „Podepsal to s podezřelou ochotou," vypověděl později. „Obsah ho vůbec nezajímal."[113] Naproti tomu Chamberlain byl nadšen, „srdečně führerovi děkoval za jeho ochotu a podtrhoval obrovský psychologický efekt, který si od podepsání dohody sliboval".[114] Poté si smlouvu zastrčil do náprsní kapsy, podepsal se do knihy hostů a radostně si s Hitlerem potřásl rukou. Před odchodem ještě dvojice lídrů zapózovala na červené sametové pohovce pro Hitlerova fotografa Heinricha Hoffmanna. Když fotografii spatřila Eva Braunová, spiklenecky prohlásila: „Kéž by jen Chamberlain věděl, co se na té pohovce všechno událo."[115] Na ulici poté ministerský předseda žoviálně smekl klobouk na výkřiky příslušníků SS „Heil Hitler".[116]

Lidé z ministerstva zahraničí byli Chamberlainovou naivitou a očividným potěšením znepokojeni. Když ministerský předseda spatřil Stranga, „spokojeně si poklepal po náprsní kapse a pronesl: ,Mám to!'"[117] Ashton-Gwatkin se od německého přítele dozvěděl, že Hitler to komentoval: „No, on to byl tak milý a starý džentlmen, že jsem si říkal, že mu jako suvenýr dám svůj autogram!"[118] Před svým komorníkem se Hitler chvástal: „Dal jsem mu houby s octem. V blízké době mě už znova nenavštíví."[119] Když Ribbentrop téhož dne vyjádřil své pochybnosti, nakolik bylo moudré podepsat takové prohlášení, Hitler námitky smetl ze stolu. „Ale no tak, neberte to tak vážně. Ten papír nemá naprosto žádný význam."[120] Podobné vysvětlení podalo Německo i svým spojencům. S obavou, že by se Italů mohla dotknout tato zdánlivě jednostranná diplomacie, byl o dva dny později do Říma vyslán princ Hessenský s instrukcemi, aby význam dohody ještě více bagatelizoval. „Führer byl toho názoru, že nemůže odmítnout," sdělil Cianovi. Mussolini byl stejně klidný. „Žádná vysvětlení nejsou nutná," prohlásil. „Žíznivému přece neodmítnete sklenici limonády."[121]

Cestou do hotelu Chamberlain absolvoval krátkou okružní jízdu po mnichovských pamětihodnostech. Mezi místy, která navštívil, nechyběla bývalá pivnice Sterneckerbräu, kde se Hitler v roce 1919 účastnil první schůze DAP, předchůdkyně nacistické strany. Poté si strana v pivnici Sterneckerbräu pronajala místnost, která sloužila jako její první sídlo, a 1920 se stala místem, kdy byly založeny nechvalně proslulé Sturm Abteilung (SA), úderné oddíly sloužící k ochraně Hitlera. Od roku 1938 sloužila jako muzeum, či spíše svatyně, plná nacistických memorabilií.[122] O měsíc později se diplomatický korespondent *Daily Herald*, William Ewer, písemně tázal Wilsona na tuto „nenadálou" návštěvu rodiště nacistické strany, která dle jeho mínění „naznačovala zvláštní zájem". Wilson pohrdavě odpověděl, že „by bylo neslušné nepřijmout" nabídku na „krátkou projížďku…, návštěvě nepřikládá žádný politický význam a bylo by samozřejmě absurdní hledat v ní něco takového".[123] Ať už byl důvod prohlídky jakýkoli, působí to dojmem, že Chamberlain buď projevil překvapivě ubohé znalosti historie nacismu, anebo ho zradil v jiných případech spolehlivý politický důvtip.

■■■

Na zprávy z Mnichova čekali v Londýně celý večer 29. září se zatajeným dechem. The Other Club, politický klub, který založil Churchill a F. E. Smith v roce 1911, se sešel na večeři v hotelu Savoy. Počínaje Smithovou smrtí v roce 1930 se hlavní postavou stal Churchill a té noci „sršel hněvem a působil sklíčujícím dojmem". Odpoledne strávil přesvědčováním kolegů, aby společně podepsali otevřený telegram pro Chamberlaina, v němž by ho zapřísahali, aby nedělal žádné další ústupky na úkor Čechů. Nicméně Eden i Attlee se toho odmítli zúčastnit. Souběžně s tím, jak se dovídali další a další podrobnosti o událostech v Mnichově, narůstal mezi přítomnými pocit beznaděje. Churchill si svou zlost vylil na oba přítomné ministry, Duffa Coopera a Waltera Elliotta. Jak může, tázal se nechápavě, „ctihodný muž s bohatými zkušenostmi a výbornou pověstí z Velké války mhouřit oko nad tak zbabělou politikou? Bylo to něco nízkého, odporného, bylo to pod lidskou úroveň a k tomu sebevražedné."

Atmosféra houstla a došlo k několika prudkým sporům. Šéfredaktor *Observer*, J. L. Garvin, který ve svých redakčních textech po celou dobu krize neochvějně podporoval Chamberlaina, se musel hájit – minulou sobotu přece noviny přinesly „úvodník, který se vyslovoval pro rázný přístup". „A k čemu to je," namítl Bob Boothby, „když těch čtyřicet předtím bylo pěkně zbabělých?" Garvin vyrazil ze dveří a do roku 1945 ho v klubu nikdo nespatřil. S přibývajícími hodinami se Cooperova nálada zhoršovala. Když někdo donesl z rušné ulice *The Strand*, ranní noviny, Cooper „po nich skočil a s patrnou nechutí a rozčílením zprávy přečetl. Rozhostilo se ticho, jako by všichni oněměli hrůzou."[124] Cooper zrudl a zašeptal Boothbymu: „Zítra ráno rezignuji."[125] Než večer skončil, „všichni si navzájem vyměnili nějakou urážku a Winston tomu nasadil korunu prohlášením, že před příštími volbami promluví proti vládě na každém veřejném shromáždění socialistů".[126] Při odchodu ho smích upozornil na večírek, který se konal ve vedlejší restauraci. „Ti ubožáci!" zvolal. „Vůbec nevědí, čemu se budou muset postavit."[127]

Nazítří se Chamberlain triumfálně vrátil z Mnichova. Cestu z Hestonu do Londýna s ním absolvoval Halifax vystupující jako otrok z dob antického Říma, který ve válečném voze doprovází generála vracejícího se z vítězné bitvy a „jehož povinností je ustavičně šeptat" generálovi „do ucha, že není nesmrtelný".[128] Halifax se s ministerským předsedou podělil o dvě rady. Jednak mu vymlouval lákavou nabídku, že by měl využít svého úspěchu v Mnichově a vyhlásit předčasné volby, kterou vehementně prosazovalo Ústředí konzervativní strany. A za druhé mu navrhoval, aby svoji pozici v parlamentu posílil rozšířením kabinetu o nové členy a vytvořením skutečně národní vlády. Znamenalo by to nabídnout vládní posty Churchillovi a Edenovi a také členům labouristů a liberálů. „Do tří měsíců bude po všem," předpověděl Chamberlain, zatímco se vůz šinul hustým provozem a ubíral se k Buckinghamskému paláci, kde měl premiér schůzku s králem.[129]

Na večerní zasedání vlády si ministři museli razit cestu jásajícími davy. Sir Orme Sargent, asistent zástupce ministra, pozoroval scénu přes ulici z balkónu Foreign Office. „Člověk by si skoro pomyslel, že jsme dosáhli velkolepého vítězství," řekl znechuceně, „a ne že jsme právě zradili malý stát."[130] V 19.30 se konečně dostavili všichni ministři a jednání mohlo započít. „Navzdory normálním zvyklostem" jako první promluvil Simon a schůzi zahájil přehnanou poklonou ministerskému předsedovi. „Jménem celého kabinetu" si přál „vyjádřit hluboký obdiv bezpříkladnému úsilí premiéra a jím dosaženému úspěchu. Také by chtěl říci, jaká je to pro všechny čest, že byli v tomto čase premiérovi kolegové." Chamberlain, který „cítil, že s klidem můžeme krizi považovat za ukončenou", na okamžik z přívalu chvály vypadal zaraženě a zmohl se pouze na zamumlání, že je „hluboce vděčný".

Poté popsal průběh mnichovských jednání, která se zbytečně vlekla, „neboť Němci přípravu konference podcenili". Kolegy ujistil, že německý nesouhlas s přítomností českého zástupce (odůvodněný časovým tlakem) přijal s nechutí. Mussolini, informoval ministerský předseda své kolegy, „svoji recepci v Římě připravil už na pátek". „Pro Československo, navzdory tomu, že na konferenci nemělo svého zástupce," nicméně učinil, „co bylo v jeho silách, a uzavřenou dohodu lze jako celek pokládat za uspokojivou". Dlouze citoval z dokumentu, který na zpáteční cestě vypracoval Wilson a který popisoval údajné rozdíly mezi godesberskými podmínkami a Mnichovskou dohodou, o které tvrdil, že představuje „nesmírný pokrok" a „triumf diplomacie, neboť se zástupci dotčených čtyř velmocí setkali a dosáhli mírového řešení dané záležitosti".[131]

V průběhu půlhodinového setkání dal najevo svoji nelibost pouze Duff Cooper. Když ráno pročítal text Mnichovské dohody, jako první ho napadlo, že musí rezignovat na své ministerské křeslo. Zbytek dne si užíval „pomyšlení na možnosti, jaké nově nabyté svobody skýtají". Když dorazil na Downing Street, „scény nepopsatelného nadšení" ho utvrdily v dojmu, že „je se svým postojem velmi osamělý, radost mas prostě nedokázal sdílet".[132] Připustil, že rozdíly mezi godesberskými a mnichovskými podmínkami jsou zásadnějšího rázu, než si původně myslel, ale „přesto ho dohoda naplňovala značnými rozpaky". Na zasedání přišel s tím, že podá rezignaci, a „byl přesvědčen, že nabídnout ministerskému předsedovi demisi je jeho povinností".[133] Chamberlain se na něj „celkem přátelsky" usmál a pravil, že tuto záležitost dořeší v soukromí. Hore-Belisha a Stanley přiznali, že podobné obavy naplňují i je, ale naléhali na Coopera, aby z vlády neodcházel. Hoare zabručel, že „to je nanejvýš nečestné a vlastně i bezprecedentní, zabývat se personáliemi tohoto druhu na zasedání kabinetu, a vyjádřil naději, že debata se nebude dále protahovat".[134]

Nazítří ráno se Cooper vydal za Chamberlainem, aby mu předložil svoji rezignaci. „Rozhovor trval stejně krátce, jako byl přátelský". Poté následovala návštěva Buckinghamského paláce, kde odevzdal úřední razítko vážící se k úřadu prvního lorda admirality. Král byl zdvořilý, ale upřímný. „Prohlásil, že se mnou nemůže souhlasit, nicméně respektuje ty, kdo jednají podle svého přesvědčení."[135] Ve skutečnosti krále více zajímala vyhlídka, že by mohl pokračovat ve své letní dovolené. „Možná dorazíme už zítra v noci," napsal toho dne matce. Ministerský předseda „nevidí žádný důvod, proč bychom neměli odjet". Před odjezdem z Londýna adresoval svému lidu král Jiří VI. následující prohlášení: „Čas úzkosti je minulostí. Poté, co ministerský předseda předvedl grandiózní úsilí pro věc míru, mám vroucí naději, že mezi lidmi tohoto světa začíná nová éra přátelství a blahobytu." Královna Marie svoji podporu Chamberlaina vyjádřila ještě přímočařeji. „Jsem si jista, že reptání lidí, kteří nadávají na kroky M. P., Vás naplňuje stejným vztekem jako mě," odepsala svému synovi po několika dnech. „Přinesl domů Mír, proč nemohou být vděční?"[136]

Po krátký čas se Chamberlain těšil z přízně velkou měrou nekritického tisku a vděčných lidí. „Žádný dobyvatel vracející se z vítězného bojiště," rozplývaly se The Times, „nepřijel ověnčen vznešenějšími vavříny než pan Chamberlain po včerejším návratu z Mnichova."[137] Za normálních okolností kritický Daily Telegraph také neměl žádné výhrady: „Tato zpráva bude přijata s hlubokou a všeobecně sdílenou úlevou… Ani na okamžik pan Chamberlain v honbě za svým cílem nepolevil." Daily Express reagovaly typicky přemrštěně. „Vítězství ministerského předsedy je drtivé a trvalé – miliony šťastných srdcí a domovů si oddychly úlevou. Jemu noste vavřínové věnce!"[138] Dokonce i labouristům nakloněný Daily Herald nerad přiznával, že „pan Hitler se musel zříci nejkrutějších podmínek z Godesbergu", ačkoli dohodu bylo možno „v mnoha ohledech podrobit kritice".[139] Lord Rothermere za sebe poslal krátký telegram: „Jste úžasný."[140] A prezident Roosevelt volil ještě méně slov: „Hrdina".[141] Z jižní Francie také přispěl vévoda windsorský: „I my s vévodkyní se chceme přidat k milionům, které Vás po celém světě velebí, a vyjádřit naši hlubokou vděčnost a obdiv za to, čeho jste dosáhl."[142]

Ve dnech následujících po mnichovské konferenci Chamberlain obdržel více než 20 000 děkovných dopisů a telegramů a byl zasypán „nepříjemnou hromadou" dárků – „nespočetným množstvím rybářských mušek, pruty vhodnými pro lov lososa, skotským tvídem na obleky, záplavou ponožek, bažanty a tetřívky, prvořadým rýnským vínem, podkovou pro štěstí, květinami z Maďarska, 6000 cibulek od vděčných nizozemských obdivovatelů a křížem od papeže".[143] Lord Lee z Farehamu, který v roce 1921 daroval britskému národu své sídlo Chequers, z něhož se stalo venkovské sídlo ministerských předsedů, nyní Chamberlainovi věnoval stříbrný jídelní servis, „aby svůj obdiv a vděčnost vyjádřil v hmatatelné a trvalé podobě".[144] Noviny Paris Soir otevřely účet, aby britskému premiérovi mohly zajistit nemovitost ve Francii: „Kousek francouzské půdy. Jednoduchý domek – neboť jeho vkus je prostý, jako ten co používal při naléhání na českou vládu, vedle řeky, poněvadž rád rybaří… Dům Míru." Charity se snažily využít zavládnuvší úlevy a nechávaly v novinách otisknout inzeráty požadující po čtenářích trochu štědrosti: „Když byla nyní hrozba tragédie světové války odvrácena, pošlete prosím oběť za mír Královské nemocnici pro onkologickou léčbu a pomozte v jiné válce, která zrovna probíhá."[145] Když deník Daily Sketch čtenářům nabídl zaslání fotografie manželů Chamberlainových za třípencovou známku, našlo se 90 000 zájemců.

Prominentní podnikatel věnoval 10 000 liber univerzitě v Birminghamu na podporu stipendia honosícího se Chamberlainovým jménem.[146]

Řadu lidí přemohl pocit, který sir Isaiah Berlin nazval kombinací „hanby a úlevy".[147] Odpůrce appeasementu a editorka týdeníku *Time and Tide* toto dilema vyjádřila, když se pokoušela napsat úvodník o Mnichovské dohodě. Devět desetin jejího „nitra není zasaženo pouze studem, ale i jistotou strašného neštěstí…, jedna desetina je blažena pocitem úlevy: Dnešek se obejde bez bomb."[148] I Harold Macmillan pocítil úlevu. Syn „zůstane ve škole a na podzim nastoupí do Oxfordu… můj dům i děti, stejně jako jiné domy po celé zemi, budou ušetřeny – alespoň na čas".[149] Dokonce i Halifax Harveymu sdělil, že „to [Mnichovskou dohodu; pozn. překladatele] považoval za odpornou a ponižující záležitost, a nemá smysl to přehlížet, ale pořád lepší než evropská válka".[150]

1. října odjel Chamberlain na Chequers, aby se připravil na nadcházející parlamentní debatu naplánovanou na příští týden. Když se toho dne procházel po panství, zatímco přemítal nad „dalším martyriem, jímž si bude muset ve sněmovně projít", přiblížil se, jak se svěřil v dopise sestře, „nervovému zhroucení blíže než kdykoli předtím".[151] V jeho nepřítomnosti se na ministerstvu financí sešel vnitřní kabinet a shodl se, že „by bylo chybou nechat se zatáhnout do detailní debaty o smluvních podmínkách Mnichovské dohody, či obšírně komentovat její jednotlivé body".[152] Kompletní kabinet se sešel 3. října před parlamentní debatou. V tisku se objevilo množství spekulací, že budou následovat další rezignace. Ministr obchodu Oliver Stanley si písemně stěžoval, že stále mají s ministerským předsedou „značně rozdílné názory", a „k nacistickým slibům" zůstával „naprosto skeptický…, vyvstalou situaci" nepovažoval za „‚mír naší doby', ale za nejisté příměří". Avšak nyní s ohledem na vládní zodpovědnost svolil a připustil, že mnichovské podmínky představují pokrok oproti godesberskému ultimátu.[153]

Čtyřdenní rozprava započala Cooperovou rezignační řečí, která vzbudila zaslouženou pozornost. Začal ponaučením z roku 1914.

Tehdy jsem se domníval, a tento postoj jsem vždy zastával i v dalších mezinárodních krizích, které měly později vypuknout, že naší povinností je v první řadě vyložit, kde stojíme a co hodláme dělat. Jsem přesvědčen, že obrovskou chybou naší zahraniční politiky v posledních měsících bylo, že jsme toto neučinili. Během posledních čtyř týdnů jsme se den za dnem stále více blížili válce s Německem, ale za celou dobu jsme až do posledního okamžiku neřekli, ani poté ve chvíli největší nejistoty, že jsme připraveni bojovat.

Na to pokračoval kritikou Chamberlainovy naivity. Ministerský předseda „věří, že se s panem Hitlerem má jednat sladkým a uvážlivým jazykem. Já věřím, že je pro něj pochopitelnější jazyk železné ruky." Cooperova slova na rozloučenou byla emotivní.

> Přišel jsem o hodně. Vzdal jsem se práce, kterou miluji, práce, jež mě skutečně baví, a personálu, na který by mohl být pyšný každý... Možná jsem svoji politickou kariéru obrátil v trosky. Ale to vše nic není. Neztratil jsem to, co pro mě má nesmírnou hodnotu – stále mohu po světě chodit se vztyčenou hlavou.[154]

Když si sedal, dostal poznámku od Churchilla: „Vaše řeč byla tím nejlepším parlamentním vystoupením, jaké jsem kdy slyšel. Měla velkolepou formu, silné argumenty a vynikala odvahou a vlastenectvím."[155]

Na Cooperovy námitky se Chamberlain ani nepokusil odpovědět. Místo toho argumentoval, že princip, že Sudety budou postoupeny „Německé říši..., byl již rozhodnut", což dohodu ospravedlňuje. „Co se muselo ještě promyslet, byla metoda, podmínky a termín převodu území." Rozhodnutí muselo být učiněno rychle, aby se zabránilo „rozpoutání konfliktu, který mohl přivodit katastrofu". Především kladl důraz na pokroky, k nimž došlo ve srovnání s godesberskými podmínkami. Okupace měla proběhnout nikoli během jediného dne, nýbrž v rozmezí deseti dnů; přesný postup Němců měl být stanoven mezinárodní komisí, která dále vymezí oblasti, kde se uskuteční plebiscit; a konečně Británie bude nové hranice Československa garantovat. „Chovám naději a je to mým přáním," dodal, „že nově vytvořený systém garancí bude novému Československu skýtat větší bezpečnost, než jaké se těšilo v minulosti." Poté, co někteří poslanci jeho výklad přerušili výkřiky „hanba", Chamberlain dokonce žádal o větší pochopení Hitlerovy pozice v Německu. „Po tom všem, co bylo o německém kancléři dnes a v minulosti řečeno, mám silný pocit, že by si sněmovna měla uvědomit, jak nesnadné je pro muže, jako je on, odvolat tak důrazné prohlášení, když už ho jednou za doprovodu nadšeného jásotu svých příznivců pronesl."[156]

Té noci dal Macmillan dohromady rebely konzervativců s vedením labouristů pod záminkou, že projednají přesné znění pozměňovacího návrhu, který měl být následující den podán k prohlášení schvalujícímu postup vlády. Hugh Dalton nakonec s určitou nevolí po půlnoci doprovodil Macmillana do domu Brendana Brackena ve Westminsteru, kde nalezli Churchilla s Edenem. Daltonovi vštěpovali, že v zájmu dosažení co nejvyššího počtu toryovských poslanců, kteří pro prohlášení nezvednou ruku, je nutné, aby text „nekritizoval" vládu „ani příliš nepřátelským tónem ani příliš zveličeně", neboť se báli, že vystraší váhající řadové poslance konzervativců.[157] Jeden návrh odkazoval k „národní jednotě a síle", ale Dalton ho odmítl: „Takový jazyk nepoužíváme." Když nato varoval, že někteří labourističtí poslanci si přejí, aby zazněla jasná a ostrá slova, která by prokázala, že jsou „stateční a nekompromisní", Churchill opáčil: „Nestačí být statečný. Musíme také zvítězit." Během setkání se taktéž řešilo, jaká je šance, že Chamberlain vyhlásí předčasné volby, ve kterých „jako Zachránce Míru drtivě zvítězí v celé zemi". Strana by si po skončení probíhající debaty o Mnichovu „zapsala" jména všech konzervativních rebelů „a proti nim postavila oficiálního toryovského kandidáta". Volební pakt, podle něhož by labouristé proti rebelům z řad konzervativců, kteří budou o mandát soupeřit s „loajálním" prochamberlainovským poslancem, nenasadili svého kandidáta, však Dalton nechtěl na místě uzavřít.[158]

Zbývající dny zasedání parlamentu pro Chamberlaina představovaly „nesnesitelná muka", neboť „se na moji hlavu snášel nepřetržitý příval urážek, což mi na duchu nijak nepřidalo".[159] Zajisté to bylo tak, že ti, kdo s ním nesouhlasili, byli nejhlučnější. Když se Harold Nicolson pokoušel upoutat pozornost předsedy sněmovny, aby mohl pronést svůj nesouhlas, předseda se mu omluvil, že „se snažil věci rozložit; čtyři dny to byl samý chléb a másla bylo jen poskrovnu".[160] Chamberlain byl zvláště zatrpklý, že „Winston proti mně s pomocí Masaryka provádí skutečné komploty", a těžko může překvapit, že když třetí den debaty promluvil Churchill, nebral si žádné servítky.

Začnu výrokem, který bude každý nejspíše ignorovat, ale který stejně musí zaznít, totiž že jsme utrpěli naprostou a strašnou porážku.[161]

Když Nancy Astorová sedící za ním vykřikla „Nesmysl!", Churchill oplatil stejnou mincí, že „tato ctihodná dáma nepochybně právě absolvovala kurz společenského chování".[162]

„Je po všem," pokračoval Churchill „Mlčící, plné smutku, opuštěné a zlomené Československo mizí v temnotě." Hitler „místo toho, aby do sebe jídlo ze stolu naházel, si nechal chod za chodem naservírovat" a rozdíly mezi godesberskými podmínkami a Mnichovskou dohodou se dají jednoduše vyjádřit".

Diktátor namíří zbraň a požaduje 1 libru. Když ji dostane, pod stejnou pohrůžkou požaduje 2 libry. Nakonec se spokojí s 1 librou, 17 šilinky a 6 pencemi a zbytkem v příslibech dobré vůle do budoucna.

„Nevyčítal" britskému lidu jeho „přirozený, živelný výbuch radosti a úlevy". Ale stejně tak by lidé měli vědět, že došlo k „obrovským pochybením a nedostatkům v našich ozbrojených složkách. Měli by vědět, že bez války jsme utrpěli porážku".

Nepředpokládám, že se jedná o konec. Toto je pouze počátek účtování. Toto je pouze první doušek, první náznak kalichu hořkosti, který nám bude rok za rokem nabízen, jestliže… znovu nepovstaneme a nepostavíme se za svobodu jako za starých časů.[163]

6. října v 16 hodin proběhlo v Dolní sněmovně po skočení debaty hlasování. Na samý závěr pronesl Chamberlain ještě jeden proslov a podařilo se mu přesvědčit některé váhající poslance, aby se za něj postavili, k čemuž zvláště pomohlo, když vyloučil, že chce vyhlašovat předčasné volby. Toho večera napsal ministerskému předsedovi Amery: „Vaše řeč mě velmi zasáhla a téměř, skutečně téměř mě i Anthonyho Edena přiměla, abychom pro Vás hlasovali. Pouze doufám, skutečně upřímně, že obavy, které ani Vy neumíte zahnat, se dalšími událostmi ukáží jako neopodstatněné."[164] Nakonec se mezi dvaceti a třiceti nespokojenými poslanci konzervativců rozhodlo, že nebudou hlasovat proti vládě, nýbrž že se zdrží hlasování. Většina to dala ostentativně najevo tím, že když probíhalo hlasování, kdy poslanci svůj hlas odevzdávají ve zvláštních místnostech, zůstali na svém místě. Nešlo ani tak o množství rebelů, ale o jejich „reputaci" – Churchill, Eden, Amery, Macmillan, Cranborne a Cooper, ti všichni byli mezi nimi. „Ani jeden seznam nevypadá příliš dobře," poznamenal Nicolson, který se také zdržel hlasování. „Sněmovna chápe, že většina nadřízených toho ví o skutečných problémech mnohem více než poslanci."[165]

Přestože ne všichni konzervativci hlasovali společně s vládou, *Manchester Guardian* správně předpověděl, že „k zneklidnění vlády by bylo třeba 200, nikoli 20 toryovských poslanců". Pro většinu konzervativních poslanců představoval Chamberlain „vykupitele a bez výjimky pro něj budou hlasovat".[166] Nakonec vláda v hlasování pohodlně zvítězila, když dostala 366 hlasů proti 144. Přesto se Chamberlain hněval, že musel snášet kritiku. „Příležitostně jsem zkoušel," stěžoval si sestře, „vzít si proti tomu jedovatému plynu protilátku v podobě četby několika z nespočetně dopisů a telegramů, které dále přicházely a vyjadřovaly tím nejdojemnějším způsobem pisatelovu srdečnou úlevu a vděčnost. Zdálo se, že mě chválí celý svět s výjimkou poslanecké sněmovny."[167] Okamžitě po hlasování Chamberlain vyrazil na nádraží King's Cross, kde nastoupil do lůžkového vozu nočního vlaku mířícího do Skotska. Naprosto vyčerpán událostmi posledních čtrnácti dní využil pozvánky Dunglassova otce, hraběte Homea, a jak mu radil doktor, na několik dní si pořádně odpočinul na panství Hirsel nedaleko Berwicku. Hrabě ho ujišťoval, že zde „v jednom z nejlepších rybářských revírů na řece Tweed" nalezne dobrý úlovek a prvotřídní příležitost ke střílení koroptví.[168]

Epilog

Tasení meče

Chamberlain Mírotvůrce: na jeden týden.

vývěska londýnského kina, říjen 1938

V následujících šesti měsících Prahu okupovat nebudu. Něco takového tomu staříkovi
nyní nemohu udělat.

Adolf Hitler, říjen 1938

Jsem si jist, že Češi jednoho dne pochopí, že smyslem našich činů bylo zachránit je pro
šťastnější budoucnost.

Neville Chamberlain, 2. října 1938

Naše politika nikdy nezamýšlela oddálit válku či umožnit nám vstoupit do ní sjednocenější.
Cílem appeasementu bylo odvrátit válku, navždycky.

sir Horace Wilson, 1962

„Mnichovský pakt je podepsán," zapsal si Jodl do deníku. „Československo je jako mocnost ze hry. Génius führera a jeho odhodlanost, kdy se nezastavil ani před světovou válkou, opět přinesly vítězství, aniž by došlo k použití síly."[1] Navzdory tomu, že Hitlera v Berlíně přivítali jako hrdinu, všeobecné nadšení, že se podařilo zachovat mír, nesdílel. „Tohle byla moje první mezinárodní konference," brblal, „a mohu vás ujistit, že byla i poslední. Jestli se tady ještě jednou ukáže ten starý hlupák s tím svým deštníkem a bude se mi do něčeho plést, skopnu ho před zraky fotografů ze schodů a skočím na něj."[2] Především se cítil ošizen o triumf, kterým by nepochybně skončila válka s Československem, na niž se připravoval celé léto: „Ten chlápek (Chamberlain) mi zkazil vstup do Prahy!"[3] Hendersonovými slovy byl připraven

407

o „obrovské zadostiučinění – na něž se šíleně těšil – poskytnout své armádě drobnou zkušenost, představit se v roli dobyvatele a pomstít se Benešovi a Čechům".[4] Ani Goebbelsovi neuniklo, že führer je všechno, jen ne spokojený: „Tehdy jsme v podstatě dosáhli všeho, oč jsme usilovali podle takzvaného malého plánu. Za daných okolností nelze velký plán v současném okamžiku ještě prosadit."[5]

Také v Hitlerově armádním velení pochopili nutnost demonstrovat vojenskou sílu. „Současný stupeň přípravy mobilizace se má bez výjimky zachovávat," nařídil Keitel 30. září. Nenásilné překročení československých hranic se mělo „naplánovat takovým způsobem, aby bylo možno snadno přejít do operace ,Grün'".

> Jednotky ozbrojených sil vyčleněné na okupaci sektoru I musí 1. října překročit bývalou česko-německou hranici do 12.00. Ozbrojený odpor na území vymezeném k okupaci musí být zlomen. Čeští vojáci a jiné ozbrojené osoby, které se budou nacházet v rámci sektoru, mají být odzbrojeni a zajati. Chování polních jednotek musí reflektovat, že se okupuje území, jehož populace byla po roky utlačována, a na německé síly pohlížet jako na osvoboditele.[6]

A vskutku 1. října německé síly, které týdny nečinně vyčkávaly na československých hranicích, konečně zahájily obsazování Sudet. Jak bylo dohodnuto v Mnichově, během dvou dnů byla zabrána zóna I v jižních Čechách. Zóna II v severních Čechách následovala 2. a 3. října a zóna III, která byla zdaleka největší a zahrnovala Karlovy Vary, Cheb a Aš, byla okupována silami pod velením Reichenaua mezi 3. a 5. říjnem. Zabrání zóny IV na severní Moravě následovalo o dva dny později.

3. října před rozbřeskem přijel Hitler do Aše, kde se setkal s generálem Guderianem. Ačkoli ho polní snídaně nenadchla – v polévce bylo maso –, náladu mu záhy zlepšilo turné po nově nabytém území. V Chebu ho přivítali Reichenau, Keitel, Himmler a Henlein.[7] „Mein führer," začal Reichenau, „armáda dnes koná tu největší oběť, kterou mohou vrchnímu veliteli vojáci přinést, a sice vstupují na nepřátelské území, aniž by alespoň jedenkrát vystřelili." Jiný generál přitakal: „Dnešní ráno jsem pobyl se svým bývalým plukem. Muži plakali, že mají zakázáno napadnout české bunkry." Hitler byl nadšen. „A to se mi ti defétisté celou dobu snažili namluvit," pravil, „že moje politika by vedla k válce!"[8] Sudety projížděl v třínápravovém černém mercedesu. V každé vesnici vlála vlajka se svastikou a místní obyvatelé lemovali

ulice. „Endlich Heim ins Reich" – „Konečně nazpět v Říši" – znělo ze všech stran. Jen co odešla česká armáda, následovaly ji jednotky SA; některé obchody již nesly značku „Jude". V Karlových Varech pronesl Hitler krátkou, plamennou řeč z balkónu divadla. „Byli jsme kvůli vám připraveni tasiti meč," sdělil rozvášněným davům. „Ani na okamžik jsem nikdy nepochyboval, že zde před vámi budu stát."[9]

Jakmile jednání v Mnichově skončila, Henderson se společně s Weizsäckerem, François-Poncetem a Attolicem vrátili do Berlína. První setkání mezinárodní komise vzniklé na základě Mnichovské dohody proběhlo 1. října krátce poté, co první německé tanky překročily českou hranici. Henderson to komentoval slovy, že měla úkol, který byl „nevděčný, co se týče principu, a odporný, pokud jde o detaily",[10] a François-Poncet ji popsal jako práce na „chirurgické operaci při rozčtvrcování chroptící oběti".[11] Velvyslanci a český zástupce Mastný záhy zjistili, že nemají co do činění s přívětivým Weizsäckerem, ale s generály Keitelem a Brauchitschem, kteří Mnichovskou dohodu chápali jako naprosto přechodné urovnání. Když Hitler přijal nového českého ministra zahraničí Františka Chvalovského, varoval ho, že při první známce české neposlušnosti „skoncuje s Československem do dvaceti čtyř, ne-li do osmi hodin".[12]

Stěžejním úkolem komise bylo dohodnout se na hranicích páté zóny, „zbývajícího území převážně německého charakteru", které mělo být okupováno po 10. říjnu. Mastný a François-Poncet zastávali názor, že „převážně" má znamenat 75% či 80% podíl obyvatelstva. Avšak Henderson podpořil německý pohled na věc, že dostačující by měla být prostá většina. O pár dní později se dohodli, že ani na zbývajícím sporném území plebiscit neproběhne, a Češi ztratili podstatně více území, než kdy předvídali. Během čtrnácti dní padla všechna hlavní opevnění do německých rukou a obrana zbylého území bylo zhola nemožná; Praha nebyla ani 65 kilometrů od nových hranic. Když byla odsouhlaseno finální urovnání, Československo přišlo o více než 17 500 km^2, které obývalo 2 800 000 sudetských Němců a 800 000 Čechů. Infrastruktura byla narušena k nepoznání a země přišla o tři čtvrtiny průmyslové výroby. „Už nikdy nechci pracovat s Němci," napsal Henderson Halifaxovi.

> Ve svém nejhlubším pesimismu jsem se utěšoval dvěma myšlenkami: (a) že válka zbaví Německo Hitlera a (b) že budu odvolán z Berlína. Udržením míru jsme však zachránili Hitlera a jeho režim a já jsem dosud v Berlíně.[13]

Avšak bravurní tah, kterým se führerovi podařilo získat Sudety, aniž by byla prolita jediná kapka krve, mu nestačil. Nejen že mu bylo odepřeno vojenské vítězství, ale ve spárech dosud neměl ani obrovské průmyslové, zbrojní a surovinové bohatství Československa. 9. října pronesl řeč v Saarbrückenu a hořce naříkal, že v Mnichově byl podveden, a předjímal, že Británie by měla „upustit od jistých manýrů, které zdědila z Versailles. Nadále již nelze tolerovat žádné poručnictví guvernantek!" Pro ty z Němců, kteří zpochybňovali jeho československou politiku, měl tvrdá slova. „Muselo padnout těžké rozhodnutí: dokonce i mezi námi byli slaboši, kteří to asi nepochopili." A konečně varoval, že britský demokratický systém připouští nejistotu.

> Stačí, aby se v Anglii k moci místo Chamberlaina dostal pan Cooper, pan Eden či pan Churchill, a pak, jak dobře víme, by tito lidé usilovali o rozpoutání nové světové války – nijak to neskrývají. To nám ukládá být ostražití a mít na paměti ochranu Říše…, každou hodinu být připraveni se bránit.[14]

Pro postup wehrmachtu dále ze Sudet a obsazení zbytku Československa byly z vojenského hlediska samozřejmě i další strategické důvody. Jak Hitler vyjevil armádnímu velení 5. listopadu na říšském kancléřství během setkání, kdy vznikl Hossbachův protokol, začlenění Rakouska a Československa do Říše neznamenalo konec, nýbrž počáteční manévr dalekosáhlé kampaně usilující o Lebensraum ve východní Evropě na úkor Polska, Ukrajiny a nakonec samotného Ruska. Československo tudíž představovalo rozhodující předmostí k další vojenské expanzi na východ. Téhož dne, kdy Hitler promluvil v Saarbrückenu, se tázal Keitela, „jaké jsou třeba posily, aby mohl být za současné situace zlomen odpor v Čechách a na Moravě?" Keitel otázku prodiskutoval s nasazenými veliteli a obratem odpověděl. V Československu je nyní dislokováno 24 německých divizí a bylo by třeba jen omezených posil. „S ohledem na současné náznaky slabého odporu ze strany Čechů se OKW domnívá," uzavíral Keitel, „že operaci by bylo možno podniknout i bez těchto posil."[15]

21. října si Hitler Keitela předvolal na říšském kancléřství a výsledkem jednání byl vznik nové směrnice pro wehrmacht, který se měl připravil na „následující eventuality":

1. Zajištění hranic Německé říše a ochrana před překvapivými leteckými útoky.
2. Likvidace zbytku českého státu.
3. Okupace Memellandu.

Direktiva uváděla, že musí „být kdykoli možné rozdrtit zbytek českého státu, bude-li zastávat protiněmeckou politiku". Nastane-li tato eventualita, bude cílem „bryskní okupace Čech a Moravy a odříznutí Slovenska". [16] V případě Slovenska byly na stole dva přístupy, jednak politický a jednak vojenský. Ribbentrop tedy začal uskutečňovat strategii, jejímž cílem bylo vrazit diplomatický klín mezi Slováky na východě a zbytek země, a tak urychlit konečný rozpad státu. Memorandum ministerstva zahraničí potvrzovalo Hitlerovy úmysly využít Československa jako odrazového můstku pro další expanzi: „Nezávislé Slovensko bude z ústavního hlediska slabé, a bude tudíž lépe vyhovovat německým potřebám, kterými je pronikání na Východ a jeho osídlení."[17]

7. listopadu sedmnáctiletý polsko-židovský uprchlík Herschel Grynszpan, jehož rodiče byli deportováni z Německa do Polska, smrtelně postřelil německého velvyslaneckého radu pařížské legace. Když o dvě noci později von Rath podlehl zraněním a zemřel, Goebbels v pomstě a nepochybně s Hitlerovým souhlasem proti německým a rakouským Židům rozpoutal noc koordinovaného teroru. V jedné z nejvíce neblaze proslulých epizod dějin Třetí říše byly do základů vypáleny synagogy a tisíce židovských domovů zničeno či podpáleno. Neskutečné množství rozbitého skla, které následujícího rána leželo na ulicích před vypleněnými židovskými obchody, dalo noci její jméno – *Křišťálová noc*. Téměř sto Židů bylo zabito, mnohem více zbito a zraněno a desetitisíce byly zatčeny a odvlečeny do koncentračních táborů. „Utrpení obětí," napsal Hitlerův životopisec, „bylo nezměrné. Bití a brutální zacházení, postihující dokonce i ženy, děti a staré lidi, se nevyhnulo žádnému lidnatějšímu místu."[18] Rozsahem a zuřivostí antisemitského pogromu nebyli zděšeni pouze Němci a nechyběli mezi nimi ani vysoce postavení nacističtí činitelé. Událost šokovala celý svět a v první řadě Spojené státy a velmi přispěla k rozptýlení euforické nálady zavládnuvší po Mnichovu.

Vlna zhnusení, která se prohnala britským tiskem, odrážela šokované veřejné mínění. Evidentně mystifikovaný Chamberlain přesto stále choval naděje, že s Hitlerem je možno dosáhnout dlouhodobého smíru. 31. října shrnul svoji politiku před členy kabinetu následovně: „Naší zahraniční politikou je politika appeasementu," pravil. „Musíme usilovat o navázání vztahů s diktátorskými mocnostmi, což v důsledku přinese Evropě klid."[19] Po *Křišťálové noci* napsal své sestře:

Naplňuje mě hrůzou, jak se Němci chovají k Židům. Zdá se, že anglo-německé vztahy ovládá nějaká fatalita, která setrvale blokuje každý pokus o jejich zlepšení. Nejspíše budu muset na toto téma někde promluvit... Je otázkou, jak se vyhnout shovívavosti k jedné či druhé straně, poněvadž kritika může těm nebohým obětem ještě přitížit.[20]

Na zasedání kabinetního Výboru pro zahraniční politiku ministerský předseda vágně hovořil o „neuspokojivé cestě, po níž se v Německu věci po mnichovském narovnání ubírají". Zato Halifax tak netečný nebyl. Je načase, oznámil, napravit „mylný dojem, že jsme dekadentní, bezpáteřní a je možno si do nás beztrestně kopat".[21]

■■■

„Češi sotva ocení frázi pana Chamberlaina, že přivezl ‚čestný mír'," stálo v *Manchester Guardian* a šlo o jedna z mála kritických slov, která v tisku bezprostředně po Mnichovu zazněla. „Po politické stránce je Československo vydáno napospas rovnováze sil ve východní Evropě se vším, co to znamená, a Hitler může dále postupovat, kdykoli si zamane, a se znatelně větší silou."[22] Diplomatický korespondent *Daily Herald* přesně předpověděl bezútěšnou situaci těch, kdo budou prchat před Hitlerovými tanky.

Na první pohled Adolf Hitler zajisté dosáhl osobního triumfu. Prohlásil, že Sudety obsadí zítra, a skutečně toho zítra dosáhne. Československo, které již učinilo tolik obětí, muselo pod obrovským nátlakem britské a francouzské vlády podstoupit ještě jednu. Tisíce lidí (a zdaleka se to netýká Čechů jako spíše sudetoněmeckých odpůrců nacismu) čeká utrpení. Musí utíkat o život, anebo čelit gumovým obuškům a koncentračním táborům.[23]

3. října britský kabinet jednal o žádosti, kterou jménem české vlády přednesl Masaryk. Šlo o mimořádnou půjčku ve výši 30 milionů liber,

která měla pomoci zvládnout příval uprchlíků ze Sudet a přispět k obnově postižené ekonomiky. Chamberlain nejprve trval na tom, že „není možné vyhovět každému výroku pana Masaryka", načež Simon připomenul, že nejde „o příležitost, kdy by bylo třeba, aby tato země zaujala omluvný přístup. Skutečnost je taková, že Československo z naší strany nemůže cítit žádné legitimní křivdy... Naopak, věc se má tak, že se podařilo odvrátit světovou válku a Československo bylo zachráněno." Třebaže se zasazoval o menší a krátkodobou kombinaci daru a půjčky, rozhodně k tomu nemělo dojít s odůvodněním, že jde o odčinění naší viny. Kabinet byl dále informován, že starosta Londýna sir Harry Twyford vyhlásil sbírku na pomoc českým uprchlíkům. Chamberlain na to reagoval, že se „spíše obává, zda vyhlášení sbírky nezapůsobí špatně na německé veřejné mínění", a vyjádřil naději, že se Halifaxovi starostu podaří přesvědčit, aby se k takovým krokům neuchyloval.[24]

Vláda nakonec 350 sudetským uprchlíkům udělila vízum a Harold Macmillan byl jedním z jejich chlebodárců, když si jich 40 vzal na své panství Birch Grove v Sussexu. I toto rozhodnutí vzbudilo kontroverze. Když Nancy Astorová proti této politice v poslanecké sněmovně vystoupila tvrdíc, že Češi jsou komunisti a mají být odesláni do Ruska, Macmillan jí vztekle odepsal. Mezi lidmi, kterým poskytl střechu nad hlavou, poukazoval, byl bývalý starosta Ústí a jeden z předních sudetských advokátů. Šlo o „klidné a kultivované lidi, omráčené nedávným vývojem... pilné, zdvořilé a vděčné. Vzhledem k tomu, co všechno si museli protrpět," dodal, „nechápu, proč by ještě měli být uráženi v našem parlamentu."[25] Při výročí zmařeného pokusu o zničení parlamentu, které se slaví večer 5. listopadu, se Češi připojili k tradičním radovánkám. Zvláštní rozměr večeru dodalo nahrazení tradičního slaměného panáka, který se pálil na ohni, „výtečnou podobiznou Chamberlaina". Macmillan se „pro tyto účely vzdal černého plstěného klobouku, který se nacházel v poměrně dobrém stavu, a klasického holového deštníku".[26]

Samotné Československo, republika založená Masarykem a po tvrzená Versailleskou smlouvou, bylo v procesu rozpadu. 5. října na Hitlerovo naléhání rezignoval Beneš na funkci prezidenta a odletěl do Anglie do exilu. Na několik týdnů ho nahradil generál Syrový, který se 30. října vzdal úřadu a místo uvolnil dr. Emilu Háchovi, dosavadnímu prezidentu Nejvyššího správního soudu. Šestašedesátiletý Hácha měl slabou vůli a tělesně churavěl. Po Mnichovu byla Praha přinucena udělit větší autonomii Slovensku a Podkarpatské Rusi a obě nyní měly vlastní vládu a parlament. Zákon, který potvrzoval slovenskou autonomii, taktéž změnil název státu na Česko-Slovensko; psát tímto způsobem název státu bylo do té doby urážlivé. Polským požadavkům na těšínské území bylo vyhověno 10. října a v listopadu následovaly další územní anexe. Maďarské požadavky částečně schválil 2. listopadu Ribbentrop a Ciano v rámci první vídeňské arbitráže. A do toho neustále německé ministerstvo zahraniční povzbuzovalo slovenské separatistické hnutí. „Český stát bez Slovenska nám je o to více vydán na milost," poznamenal Göring. „Letecké základny na Slovensku jsou pro operace proti východu velmi důležité."[27]

Co se týkalo předpokládaných mezinárodních garancí čtyř mocností, Chamberlain po návratu z Mnichova sdělil kabinetu, že britská a francouzská záruka „nabývá platnosti ihned a německá a italská poté, co budou urovnány otázky maďarské a polské menšiny".[28] Ve skutečnosti Německo Česko-Slovensku žádnou záruku nikdy nedalo. „Budoucnost Československa spočívá v německých rukou," informoval Weizsäcker zahraniční diplomaty, „a nějaké garance jiných mocností budou naprosto bezcenné."[29] 12. ledna 1939 český ministr zahraničí Chvalkovský oznámil německému chargé d'affaires v Praze, že po městě kolují fámy, „že bezprostředně hrozí inkorporace Československa do Říše". V zoufalé snaze zastavit wehrmacht zdůraznil, že jeho vláda se „vynasnaží, aby dokázala loajalitu a dobrou vůli při plnění dalekosáhlých německých přání".[30] 21. ledna odletěl Chvalkovský do Berlína, kde si od Hitlera vyslechl kázání. Dostalo se mu jasného varování, že je „zbytečné chovat nějaké naděje na pomoc ze strany Británie a Francie" a že Československo je nyní „naprosto vydáno na milost Německé říši".[31]

Ve snaze udržet zemi sjednocenou se Hácha v noci na 10. března pokusil zabrzdit slovenský separatismus a opatření se ukázalo jako katastrofální chyba. Slovenská vláda byla rozpuštěna, vládní kanceláře v Bratislavě obsadila česká policie, sesazený ministerský předseda, katolický kněz Jozef Tiso, byl umístěn do domácího vězení a na Slovensku bylo vyhlášeno stanné právo. Příležitosti se okamžitě chopil Hitler. Zrušil cestu do Vídně, kde měl oslavovat výročí anšlusu, a nedočkavě sdělil Goebbelsovi, Ribbentropovi a Keitelovi, že přišla jeho chvíle „zakročit, rozdrtit zbytek českého státu a obsadit Prahu". K invazi mělo dojít o pět dnů později na Den zrady. „Vůdce křičí radostí," zapsal si Goebbels. „Vítězství už je jisté!"[32] Göring, který zrovna pobýval na dovolené v letovisku San Remo u Středozemního moře, byl informován, aby se předčasně nevracel a zbytečně v zahraničí neživil podezření. Téhož pátku Henderson telegrafoval Halifaxovi, že pochybuje, „zda pan Hitler už učinil nějaké rozhodnutí, a mám za to, že je naprosto žádoucí vyvarovat se během víkendu jakýkoli komentářů, které ho podráždí a přimějí ke zbrklé akci".[33] Nazítří ráno Keitel armádě a Luftwaffe nařídil být ve stavu pohotovosti, aby bylo možné vpadnout do Česko-Slovenska v 6.00 o tři dny později.

Toho večera byl do Berlína předvolán Tiso, který uprchl z kláštera, kde měl v domácím vězení pobývat. Příštího dne ho v kancléřství přijal Hitler v doprovodu Keitela a Brauchitsche a slovenského předáka na ně jasně upozornil. „Zítra o půlnoci," začal führer, „započnu vojenskou akci proti Čechům, kterou provede generál Brauchitsch."[34] Proto nechal poslat pro Tisa, aby „[slovenskou] otázku urovnal ve velmi krátkém čase".

> Bylo mu naprosto jedno, co se se zemí stane. Bylo otázkou, zda chce Slovensko existovat jako nezávislý stát, či nikoli? Nebyla to otázka dní, nýbrž hodin. Zdráhá-li se země oddělit od Prahy, nebo to odmítá, nechá Slovensko napospas událostem, za které neponese žádnou odpovědnost. Poté se bude ohlížet výhradně na zájmy Německa.[35]

Tiso neměl náladu se hádat a spěšně se vrátil do Bratislavy, kde nazítří slovenský sněm vyhlásil nezávislost, a maďarští vojáci, jak bylo dohodnuto s Němci, obsadili Podkarpatskou Rus a jižní Československo.

Ten samý den odpoledne se starý Hácha se svojí dcerou, vystupující jako zdravotní sestra, a Chvalkovským vydali vlakem do Berlína; na let bylo jeho zdraví příliš chatrné. Po pětihodinové cestě dorazili do města v 22.40 a ve svém hotelu museli čekat až do prvních hodin následujícího dne, než Hitler shlédne jeden ze svých oblíbených filmů. Poté, co absolvoval tradiční rituál prohlídky čestné stráže SS, byl zarudlý a vyčerpaný Hácha konečně uveden do Hitlerovy studovny ve Speerově zbrusu nové budově říšského kancléřství. Zde v přítomnosti početného publika, které tvořili přední nacisté, byl vystrašený Hácha podroben brutálnímu zastrašování. Hitler nejprve spustil známou písničku a zaútočil na benešovského ducha, načež pohrozil, že wehrmacht je připraven za několik hodin k šesté hodině ranní překročit hranici a že Luftwaffe obsadí česká letiště. Když se Hácha pokusil odporovat, Hitler zařval, že invaze je neodvratitelná – Hácha musí armádě okamžitě nařídit, aby zůstala v kasárnách. Objeví-li se jakýkoli odpor, „bude za použití všech dostupných prostředků hrubou silou potlačen".[36] Na to se Hitler vyřítil z pokoje. Hácha a Chvalkovský zůstali o samotě s Göringem a Ribbentropem, kteří sepsali dokument, jenž by stvrdil dobrovolné připojení Čech a Moravy k Německu jako „protektorátu" Třetí říše. Oba Němci doslova pronásledovali Háchu kolem stolu, cpali mu do ruky plnicí pero a zastrašovali ho, jaký osud Česko-Slovensko čeká, odmítne-li podepsat. Göring bez ustání opakoval pohrůžku, že stovky německých bombardérů čekají na povel k útoku, a že než nastane rozbřesk, polovina Prahy bude ležet v troskách. „Mrzelo by mě," přiznal Háchovi, „pokud bych měl krásnou Prahu bombardovat."[37] Konečně ve 3.55 se Hácha uvolil podepsat. V průběhu enormního nátlaku téměř jistě utrpěl srdeční příhodu a nyní byl natolik zesláblý, že bylo třeba, aby mu Hitlerův osobní lékař dal několik injekcí, jinak by nejspíše zbytek noci nepřečkal. Po nějakém čase se podařilo zajistit telefonní linku do Prahy a Hácha českým vojákům nařídil, aby se wehrmachtu nebránili. Hitler byl samým vzrušením bez sebe. „Je to nejšťastnější den mého života," sdělil svým dvěma sekretářkám a požadoval od každé polibek na tvář. „Do dějin vejdu jako největší Němec."[38]

Dvě hodiny nato překročila německá armáda hranice a vyrazila k Praze. Nikdo nekladl odpor a pro wehrmacht okupace zbytku Československa nepředstavovala nic víc než běžné cvičení. 17. prosince 1938 jménem Hitlera vydal Keitel další direktivu. Přípravy na „likvidaci zbytku českého státu" měly být provedeny „za předpokladu, že nelze očekávat žádný citelný odpor. Navenek musí být zcela zřejmé, že jde o nenásilný krok, a nikoli o válečnou akci."[39] Ačkoli hustě sněžilo a silnice byly namrzlé, první německé tanky vjely do Prahy v 9 hodin ráno. Navečer dorazil z Berlína vlakem Hitler a několik posledních mil ujel v otevřeném voze. Navzdory padajícímu sněhu jako vždy stál a pravačku měl napřaženou. Když projel branou Pražského hradu, zrovna se stmívalo. Přivítal ho generál Syrový,[40] načež ho čekal provizorní piknik sestávající z šunky, sýra a k Hitlerově překvapení plzeňského piva. Té noci se posadil za Benešův stůl a vydal oficiální prohlášení o začlenění Československa do Říše. „Česko-Slovensko," zněla poslední slova, „zaniklo."[41]

Poznámky

PROLOG: LETIŠTĚ HESTON

1. Christiansen, A. *Headlines All My Life*, Heinemann 1961, s. 143
2. *The Times*, 1. října 1938, s. 13
3. *Evening News*, 30. září 1938, s. 1
4. Sherwood, T. *A Short History of Hounslow, Hanworth and Heston Aerodromes, 1911–1946*, Heritage Publications, Hounslow Cultural and Community Services 1999. Po vypuknutí války se letiště Heston přestalo využívat pro civilní leteckou dopravu a v roce 1946 bylo uzavřeno, když padlo rozhodnutí zvětšit nedaleké Heathrow. Dnes je stěží poznatelné, že se tu kdysi nacházelo letiště. Stromořadí vedoucí k bývalému terminálu stále stojí, ale působivé budovy (například první kontrolní věž postavená z betonu) již dávno zmizely a na místě se nachází průmyslová zástavba sloužící nedalekému letišti Heathrow. Rozpoznatelné jsou jeden či dva hangáry, které se používají jako skladiště. Obrovská přistávací dráha dnes hostí Hestonskou čerpací stanici, kterou rozdělují oba jízdní směry dálnice M4.
5. *The Times*, 1. října 1938, s. 12
6. The National Archives, CAB 23/95/180, Cabinet 42 (38), 24. září 1938
7. Velké množství jídla v letadle pocházelo z mnichovského hotelu. Avšak jakmile Chamberlain zjistil jeho původ, prohlásil, že „by pro něj bylo obrovskou satisfakcí, kdyby se jídla nikdo nedotkl". Palubní inženýr o mnoho let později vzpomínal, že „po celou cestu domů" byly k dispozici pouze „dietní suchary".(*Daily Telegraph*, 26. srpna 1992, s. 15)
8. Toland, J. *Adolf Hitler*, Doubleday, New York 1976, s. 493
9. *Evening News*, 1. října 1938, s. 1
10. BBC Written Archives, R34/325 Czechoslovak Crisis, General File 1938–1939, „Recorded Programmes Library", 30. září 1938
11. *The Times*, 1. října 1938, s. 12
12. The Royal Archives, RA PS/GVI/C 047/13, král Jiří VI. Nevillu Chamberlainovi, 30. září 1938
13. Neville Chamberlain Papers, NC 18/1/1070, Chamberlain Hildě

Chamberlainové, 2. října 1938

14. *The Times*, 1. října 1938, s. 12
15. Král Jiří VI. původně zamýšlel, že se na Heston k přivítání svého ministerského předsedy vypraví osobně, ale byl od toho odrazen. Z řad historiků si za tento neskrývaný projev politických preferencí vysloužil kritiku. Například John Grigg přivítání v Buckinghamském paláci popsal jako „krok britského monarchy, který ve 20. století nejvíce odporoval duchu ústavy. Bez ohledu na klady a zápory Mnichovské dohody je zde stěžejní, že ji odsoudila oficiální opozice a měla být předmětem hlasování parlamentu." (*The Times*, 11. listopadu 1989)
16. Wheeler-Bennett, J. *King George VI: His Life and Reign*, Macmillan 1958, s. 354
17. *Daily Herald*, 1. října 1938, s. 5
18. BBC Written Archives, R19/2172, série „I Was There", Rozhovor se sirem Alecem Douglas-Homem, 14. ledna 1968. Lord Dunglass (poté sir Alec Douglas-Home a následně lord Home) se vždy domníval, že Chamberlaina přesvědčila jeho manželka, která mu při návratu z Hestonu do Downing Street neustále stála po boku.
19. *The Times*, 1. října 1938, s. 12

1: HITLER CÍTÍ PŘÍLEŽITOST

1. Heineman, J. *Hitler's First Foreign Minister: Constantin Freiherr von Neurath, Diplomat and Statesman*, University of California Press, Los Angeles 1979, s. 155–6
2. Kershaw, I. *Hitler 1936–45: Nemesis*, Allen Lane 2000, s. 46 (originál viz Goebbels, J. Deníky, 6. listopadu 1937); česky *Hitler 1936–45: Nemesis*, Argo 2004, s. 68
3. *Trial of the Major War Criminals before The International Military Tribunal*, svazek IX, Norimberk 1947, s. 307, Göringova výpověď, 14. března 1946 (dále cit. jako *TMWC*)
4. *Documents on German Foreign Policy 1918–1945*, série D (1937–1945), svazek 1, „From Neurath to Ribbentrop", His Majesty's Stationery Office 1949 (dále cit. jako *DGFP*D/1), č. 19, s. 29, „Minutes of the Conference in the Reich Chancellery, Berlin, November 5, 1937". (Původní německé poznámky ze setkání známé jako Hossbachův protokol viz *TMWC*, svazek XXV, s. 402–13)
5. Brissaud, A. (přel. Colvin, I.), *Canaris: The Biography of Admiral Canaris*,

Weidenfeld and Nicolson 1973, s. 60

6. Shirer, W. *The Rise and Fall of the Third Reich: A History of Nazi Germany*, Secker and Warburg 1961, s. 303–4; česky *Vzestup a pád Třetí říše: Dějiny nacistického Německa*, Marek, L. 2004, s. 278–9

7. *DGFP* D/1, č. 19, s. 29–34, „Minutes of the Conference in the Reich Chancellery, Berlin, November 5, 1937"

8. Kershaw, s. 48; česky s. 69

9. *DGFP* D/1, č. 19, s. 35–8, „Minutes of the Conference in the Reich Chancellery, Berlin, November 5, 1937"

10. Wright, J. & Stafford, P. „Hitler, Britain, and the Hossbach Memorandum", *Militärgeschichtliche Mitteilungen*, roč. 42, 2/1987, s. 86

11. Brissaud, s. 62

12. Heineman, s. 160

13. *DGFP* D/1, č. 19, s. 35–8, „Minutes of the Conference in the Reich Chancellery, Berlin, November 5, 1937"

14. Raeder, E. *Struggle for the Sea*, William Kimber 1959, s. 122

15. *TMWC*, svazek XVI, s. 640, Neurathova výpověď, 24. června 1946

16. Shirer, *The Rise and Fall of the Third Reich*, s. 309; česky s. 283

17. *TMWC*, svazek XVI, s. 640–1, Neurathova výpověď, 24. června 1946

18. Brissaud, s. 60–3

19. Heineman, s. 163

20. Hickleton Papers A4/410/3/2 (i), Parker Halifaxovi, 13. října 1937

21. Hickleton Papers A4/410/3/3 (i)

22. Churchill, W. *The Second World War, Volume I: The Gathering Storm*, Cassell 1948, s. 194; česky *Druhá světová válka, díl 1: Blížící se bouře*, Lidové noviny 1992, s. 227. Halifax ve svých pamětech Churchillův popis označuje jako „bezděčně nepřesný". (*Fulness of Days*, Collins 1957, s. 183.) V roce 1946 si Halifax dal tu práci a napsal siru Ormovi Sargentovi, který v té době působil jako stálý podtajemník na Foreign Office, a snažil se vyvrátit „legendu, že cesta do Berlína byla rozhodnutím Chamberlaina, který prosazoval usmiřování, a došlo k ní proti vůli pevně odhodlaného Anthonyho Edena". Halifax uvádí, že cestu podnikl, protože ho k ní „oba nabádali". (Hickleton Papers A4/410/3/3 (vi), Halifax Sargentovi, 6. května 1946)

23. Lord Avon, *The Eden Memoirs: Facing the Dictators*, Cassell 1962, s. 509

24. Hickleton Papers A4/410/3/3 (vi), Halifax Sargentovi, 6. května 1946

25. NC 18/1/1025, Chamberlain Hildě Chamberlainové, 24. října 1937

26. Neville, P. „The Appointment of Sir Nevile Henderson, 1937 – Design or Blunder?" in *Journal of Contemporary History*, roč. 33, č. 4, říjen 1998,

s. 613 & s. 611, pozn. 20

27. Jones, T. *A Diary With Letters, 1931–50*, Oxford University Press 1954, s. 208
28. Neville, „The Appointment of Sir Nevile Henderson", s. 612
29. Colvin, I. *Vansittart In Office*, Victor Gollancz 1965, s. 146
30. Henderson, N. *Failure of a Mission, Berlin 1937–1939*, Hodder and Stoughton 1940, s. 13
31. Neville, P. „Sir Nevile Henderson", in *Oxford Dictionary of National Biography*, Matthew, H. & Harrison, B. (eds.), svazek 26, Oxford University Press 2004, s. 330
32. LSE Archive, 1/3/7, „Munich 1938", rozhovor se sirem Geoffreym Harrisonem, nedat. Harrison udělal vynikající diplomatickou kariéru, kterou zakončil posty britského velvyslance v Teheránu a poté v Moskvě. Službu v Moskvě však bohužel nedokončil, když v roce 1968 došlo k incidentu s ruskou pokojskou a KGB.
33. *Daily Telegraph*, 16. listopadu 1937, s. 14
34. Kirkpatrick, I. *The Inner Circle*, Macmillan 1959, s. 90–1
35. Neville, P. „Sir Noel Mason-MacFarlane", in *Oxford Dictionary of National Biography*, Matthew, H. & Harrison, B. (eds.), svazek 35, Oxford University Press 2004, s. 381
36. LSE Archive, 1/3/7, „Munich 1938", rozhovor se sirem Geoffreym Harrisonem, nedat.
37. V prosinci 2007 televizní stanice Channel 4 vysílala pořad o životě vévody, jinak známém jako princ Charles Edward, jehož název zněl „Hitlerův oblíbený člen královské rodiny".
38. Conwell-Evans, T. *None So Blind: A Study of the Crisis Years 1930–1939, Based on the Private Papers of Group-Captain M. G. Christie*, Harrison & Sons 1947, s. 92
39. Henderson, s. 20
40. Dodd, W. & M. (eds.), *Ambassador Dodd's Diary, 1933–1938*, Victor Gollancz 1941, s. 417
41. Henderson, s. 96
42. Hickleton Papers A4/410/3/2 (i)
43. Dalton Papers, I/18/29–34, Daltonův deník, 28. října 1937
44. Avon, *Facing the Dictators*, s. 503–4
45. LSE Archive, 1/1/9, „Munich 1938", rozhovor se sirem Frankem Robertsem, nedat. V roce 1938 Roberts pracoval v ústředním oddělení ministerstva zahraničí v Londýně, ale později ho čekala ohromující diplomatická kariéra, kdy vystřídal plejádu postů jako velvyslanec v Jugoslávii, NATO, SSSR a v Západním Německu.

46. NC 18/1/1026, Chamberlain Idě Chamberlainové, 30. října 1937
47. Hickleton Papers A4/410/3/2 (ii), Henderson Halifaxovi, 29. října 1937
48. *Documents on British Foreign Policy 1919–1939*, 2. série, svazek XIX, Her Majesty's Stationery Office 1982 (dále cit. jako *DBFP* 2/XIX), č. 273, s. 447, „Minute by Mr. Eden", 27. října 1937
49. *DBFP* 2/XIX, č. 264, s. 434, Eden Ogilvie-Forbesovi (Berlin), 22. října 1937. Eden tato slova záměrně připojil k pracovní verzi telegramu, kterou vypracoval jeho soukromý tajemník a která berlínské velvyslanectví informovala o pozvánce.
50. *DBFP* 2/XIX, č. 283, s. 459, Henderson ministerstvu zahraničí, 2. listopadu 1937. (Komentáře úředníků jsou připojeny k Hendersonově telegramu jako pozn. 4.)
51. *DBFP* 2/XIX, č. 294, s. 471, Henderson Edenovi, 6. listopadu 1937
52. *DBFP* 2/XIX, č. 298, s. 476, Henderson Edenovi, 7. listopadu 1937. (Vansittartovy poznámky k telegramu jsou uvedeny jako pozn. 2.)
53. Avon, *Facing the Dictators*, s. 510
54. *DBFP* 2/XIX, č. 295, s. 471–2, Eden Hendersonovi, 6. listopadu 1937
55. *DBFP* 2/XIX, č. 299, s. 476, Eden Hendersonovi, 8. listopadu 1937
56. Roberts, A. *The Holy Fox: The Life of Lord Halifax*, Weidenfeld and Nicolson 1991, s. 65
57. Harvey, J. (ed.), *The Diplomatic Diaries of Oliver Harvey, 1937–1940*, Collins 1970, 7. a 8. listopadu 1937, s. 57–8
58. NC 18/1/1027, Chamberlain Hildě Chamberlainové, 6. listopadu 1937
59. NC 18/1/1025, Chamberlain Hildě Chamberlainové, 24. října 1937
60. Harvey, 8. listopadu 1937, s. 58
61. Avon, *Facing the Dictators*, s. 510
62. Harvey, 11. listopadu 1937, s. 59
63. *The Times*, 10. listopadu 1937, s. 8
64. *Evening Standard*, 10. listopadu 1937, s. 1
65. Rhodes James, R. (ed.), *Chips: The Diaries of Sir Henry Channon*, Weidenfeld and Nicolson 1967, 9. listopadu 1937, s. 140–1 (dále cit. jako *Channon Diaries*). Editor Rhodes James či sám Channon tento záznam chybně zařadil pod 9. listopad. Ve skutečnosti se večeře v hotelu Savoy i Chamberlainovo dřívější prohlášení v Dolní sněmovně, které pronesl v reakci na úmrtí Ramsaye MacDonalda, o němž se Channon také zmiňuje, uskutečnily 10. listopadu. Za pozornost to stojí z toho důvodu, že to vylučuje možnost, že by se Chamberlainovy poznámky u večeře staly základem zprávy v *Evening Standard*, která vyšla už odpoledne 10. listopadu před premiérovým projevem na banketu v Guildhallu.

66. NC 18/1/1028, Chamberlain Idě Chamberlainové, 14. listopadu 1937

67. Harvey, 11. listopadu 1937, s. 59

68. *Daily Express*, 12. listopadu 1937, s. 2

69. *Evening Standard*, 13. listopadu 1937, s. 1

70. *DBFP* 2/XIX, č. 321, s. 525–6, Henderson Edenovi, 14. listopadu 1937 v 20.15

71. *DBFP* 2/XIX, č. 322, s. 526, Henderson Edenovi, 14. listopadu 1937 v 21.00

72. Hickleton Papers A4/410/3/3 (ii), Henderson Edenovi, 14. listopadu 1937 ve 22.25

73. *DBFP* 2/XIX, č. 324, s. 527–8, Eden Hendersonovi, 15. listopadu 1937

74. Andrew, C. *Secret Service: The Making of the British Intelligence Community*, Heinemann 1985, s. 380

75. Cockett, R. *Twilight of Truth: Chamberlain, Appeasement and the Manipulation of the Press*, Weidenfeld and Nicolson 1989, s. 37

76. *Daily Telegraph*, 16. listopadu 1937, s. 14

77. *The Times*, 16. listopadu 1937, s. 16

78. Harvey, 16. listopadu 1937, s. 60–1

79. *DĠFP* D/1, č. 29, s. 52–3, „Conversation with the Prime Minister's press chief", 18. listopadu 1937

80. Cockett, s. 15

81. Lord Birkenhead, *Halifax: The Life of Lord Halifax*, Hamish Hamilton 1965, s. 367

82. Hickleton Papers A4/410/3/3 (vi), lord Halifax, „Diary of Visit", 17.–21. listopadu 1937

83. Roberts, *The Holy Fox*, s. 69

84. Hickleton Papers A4/410/3/3 (vi), lord Halifax, „Diary of Visit", 17.– 21. listopadu 1937

85. *Evening Standard*, 19. listopadu 1937, s. 6 a s. 10

86. Lane, A. „Sir Ivone Kirkpatrick", in *Oxford Dictionary of National Biography*, Matthew, H. & Harrison, B. (eds.), svazek 31, Oxford University Press 2004, s. 807–8. Jako řada jiných diplomatů, kteří sehráli významnou roli při mnichovské krizi, Kirkpatrick později působil ve vrcholných diplomatických postech a sloužil jako britský vysoký komisař v Západním Německu a jako stálý podtajemník na Foreign Office mezi lety 1953 a 1957. S touto funkcí je spojován kvůli roli, kterou sehrál v Suezské krizi.

87. LSE Archive, 2/4/7, „Munich 1938", rozhovor se sirem Conem O'Neillem. Ačkoli O'Neill na protest proti podpisu Mnichovské do-

hody rezignoval, po válce se ke kariéře na ministerstvu zahraničí vrátil a působil jako velvyslanec ve Finsku, Evropských společenstvích v Bruselu a nakonec se stal zástupcem podtajemníka zodpovědného za jednání o vstupu Británie do Evropského hospodářského společenství.

88. Lord Halifax, *Fulness of Days*, Collins 1957, s. 185

89. *Country Life*, 28. března 1936, s. 322–3. V listopadu 1938 otiskl *Homes and Gardens*, sesterský titul *Country Life*, podobně laděný článek o Hitlerově životě na Berghofu, který napsal tentýž korespondent. V roce 2003 se společnost IPC Media, vlastník obou časopisů, pokusila poněkud nešikovným způsobem umlčet novináře z listu *Guardian*, který článek pověsil na svůj web. IPC Media ho napadla, že jde o „neoprávněnou reprodukci" a „porušování vlastnických práv". Teprve poté, co mezinárodní média rozpoutala nesouhlasné protesty, k čemuž je částečně vyburcovali přední bojovníci proti holocaustu, musela IPC ustoupit a přiznat, že je „zděšena", že časopis v podstatě otiskl „nacistickou propagandu". (*Guardian*, 3. listopadu 2003)

90. Eberle, H. & Uhl, M. (eds.), (přel. MacDonagh, G.), *The Hitler Book: The Secret Dossier Prepared for Stalin*, John Murray 2005, s. 24

91. Lambert, A. *The Lost Life of Eva Braun*, Century 2006, s. 225

92. Kirkpatrick, s. 95

93. Schmidt, P. (ed. Steed R.), *Hitler's Interpreter*, William Heinemann 1951, s. 76; česky *Paměti Hitlerova tlumočníka*, Barrister & Principal 1997, s. 99.

94. Roberts, *The Holy Fox*, s. 67

95. Hickleton Papers A4/410/3/3 (vi), lord Halifax, „Diary of Visit", 17.–21. listopadu 1937

96. *DGFP* D/1, č. 31, s. 55–6, Memorandum, „Conversation between Lord Halifax and Herr Hitler", 19. listopadu 1937

97. Hickleton Papers A4/410/3/3 (vi), lord Halifax, „Diary of Visit", 17.–21. listopadu 1937

98. Hickleton Papers A4/410/3/3 (vi), lord Halifax, „Diary of Visit", 17.–21. listopadu 1937

99. Avon, *Facing the Dictators*, s. 515

100. Hickleton Papers A4/410/3/3 (vi), lord Halifax, „Diary of Visit", 17.–21. listopadu 1937

101. *DGFP* D/1, č. 31, s. 64, zpráva, „Conversation between Lord Halifax and Herr Hitler", 19. listopadu 1937

102. Kirkpatrick, s. 95–7

103. Schmidt, s. 77; česky s. 101

104. Hickleton Papers A4/410/3/3 (vi), lord Halifax, „Diary of Visit",

17.–21. listopadu 1937

105. Schmidt, s. 77; česky s. 101
106. Eberle & Uhl, s. 25
107. Halifax, s. 190
108. Hickleton Papers A4/410/3/3 (vi), lord Halifax, „Diary of Visit", 17.–21. listopadu 1937
109. Vévodkyně windsorská, *The Heart Has Its Reasons*, Michael Joseph 1956, s. 305–6
110. Halifax, s. 190–1
111. Schmidt, s. 78; česky s. 102
112. Hickleton Papers A4/410/3/3 (vi), lord Halifax, „Diary of Visit", 17.–21. listopadu 1937
113. Birkenhead, s. 372
114. Halifax, s. 191
115. Kirkpatrick, s. 101
116. Hickleton Papers A4/410/3/3 (vi), lord Halifax, „Diary of Visit", 17.–21. listopadu 1937
117. *Evening Standard*, 22. listopadu 1937, s. 1 a s. 12
118. CAB 23/90A/165-7, Cabinet 43 (37), 24. listopadu 1937
119. NC 18/1/1030, Chamberlain Idě Chamberlainové, 26. listopadu 1937
120. Roberts, *The Holy Fox*, s. 75

2: SKANDÁL V BERLÍNĚ

1. Kershaw, s. 51
2. Vansittart Papers, VNST I/1/22, Kirkpatrick Edenovi, „Record of Leading Personalities in Germany", 6. ledna 1938
3. NC 18/1/1004, Chamberlain Hildě Chamberlainové, 15. května 1937
4. *TMWC*, svazek XIV, s. 37, Raederova výpověď, 16. května 1946
5. *Documents on German Foreign Policy 1918–1945*, série D (1937–1945), svazek VII, „The Last Days of Peace", Appendix III (K) (i), Her Majesty's Stationery Office 1956, s. 635–6
6. Ohledně jména slečny Gruhnové nepanuje shoda. V dnešních novinových článcích a historických pracích se lze dočíst o Erně Luise, Erně, Erice, Elli a Evě.
7. Gisevius, H. (přel. Winston, R. & C.), *To the Bitter End*, Greenwood Press, Connecticut 1975, s. 244; česky *Až k hořkému konci*, Dělnické nakladatelství [1948]

8. Deutsch, H. *Hitler and His Generals: The Hidden Crisis, January–June 1938*, University of Minnesota Press, Minneapolis 1974, s. 87

9. Shirer, *The Rise and Fall of the Third Reich*, s. 312 (originál viz *TMWC*, svazek XXVIII, s. 356, Jodlův deník); česky s. 285

10. Gorlitz, W. (ed.), (přel. Irving, D.), *The Memoirs of Field-Marshal Keitel*, William Kimber 1965, s. 42 (dále cit. jako Keitel)

11. Brissaud, s. 66-7

12. *Daily Mail*, 13. ledna 1938, s. 10

13. *Daily Mail*, 18. ledna 1938, s. 13

14. Gisevius, s. 220; česky s. 336

15. Deutsch, *Hitler and His Generals*, s. 99-100

16. Brissaud, s. 68-9

17. Gisevius, s. 220; česky s. 337

18. VNST I/1/22, Kirkpatrick Edenovi, „Record of Leading Personalities in Germany", 6. ledna 1938

19. Brissaud, s. 69

20. Keitel, s. 44

21. Brissaud, s. 70

22. Gisevius, s. 222-3; česky s. 339-40

23. Deutsch, *Hitler and His Generals*, s. 105-6

24. Kershaw, s. 53; česky s. 74

25. Taylor, T. *Sword and Swastika: The Wehrmacht in the Third Reich*, Victor Gollancz 1953, s. 149

26. Kershaw, s. 53 (originál viz Goebbels, J. Deníky, 27. ledna 1938); česky s. 74

27. Deutsch, *Hitler and His Generals*, s. 111

28. Gisevius, s. 224; česky s. 341

29. Shirer, *The Rise and Fall of the Third Reich*, s. 315; česky s. 289

30. Deutsch, *Hitler and His Generals*, s. 116

31. Shirer, *The Rise and Fall of the Third Reich*, s. 315; česky s. 288

32. Brissaud, s. 74

33. Warlimont, W. (přel. Barry, R.), *Inside Hitler's Headquarters, 1939–1945*, Weidenfeld and Nicolson 1964, s. 13

34. Deutsch, *Hitler and His Generals*, s. 120

35. Taylor, T. *Sword and Swastika*, s. 150-1

36. Keitel, s. 45-6

37. *Daily Express*, 7. února 1938, s. 10

38. Taylor, T. *Sword and Swastika*, s. 151

39. Keitel, s. 49

40. Deutsch, *Hitler and His Generals*, s. 136-7
41. Deutsch, *Hitler and His Generals*, s. 140
42. Deutsch, *Hitler and His Generals*, s. 153
43. Brissaud, s. 73
44. Deutsch, *Hitler and His Generals*, s. 159
45. Kershaw, s. 48
46. Shirer, *The Rise and Fall of the Third Reich*, s. 316; česky s. 289
47. Gisevius, s. 230; česky s. 347
48. Deutsch, *Hitler and His Generals*, s. 165
49. Kershaw, s. 862 pozn. (originál viz Goebbels, J. Deníky, 30. ledna 1938); česky s. 775
50. Deutsch, *Hitler and His Generals*, s. 163
51. Taylor, T. *Sword and Swastika*, s. 149
52. Deutsch, *Hitler and His Generals*, s. 205
53. Brissaud, s. 77
54. Deutsch, *Hitler and His Generals*, s. 181
55. Deutsch, *Hitler and His Generals*, s. 324
56. Kershaw, s. 57 (originál viz Goebbels, J. Deníky, 28. ledna 1938); česky s. 77
57. Kershaw, s. 58 (originál viz Goebbels, J. Deníky, 1. února 1938); česky s. 78
58. Keitel, s. 51
59. VNST I/1/22, Kirkpatrick Edenovi, „Record of Leading Personalities in Germany", 6. ledna 1938
60. Jędrzejewicz, W. (ed.), *Diplomat in Berlin, 1933–1939: Papers and Memoirs of Józef Lipski, Ambassador of Poland*, Columbia University Press, New York 1968, s. 336 (dále cit. jako *Lipski Papers*)
61. *TMWC*, svazek XVI, s. 641, Neurathova výpověď, 24. června 1946
62. Heineman, s. 168
63. *TMWC*, svazek IX, s. 290, Göringova výpověď, 14. března 1946
64. Heineman, s. 169
63. *TMWC*, svazek IX, s. 290, Göringova výpověď, 14. března 1946
66. Shirer, *The Rise and Fall of the Third Reich*, s. 315; česky s. 291
67. Taylor, T. *Sword and Swastika*, s. 165
68. *Daily Express*, 2. a 5. února 1938, s. 1
69. Guderian, H. (přel. Fitzgibbon, C.), *Panzer Leader*, Michael Joseph 1952, s. 47; česky *Vzpomínky generála*, Jota 2009, s. 44
70. Taylor, T. *Sword and Swastika*, s. 173
71. Kershaw, s. 60; česky s. 80

72. Deutsch, *Hitler and His Generals*, s. 338
73. Brissaud, s. 79

3: POSLEDNÍ SLABÁ ŠANCE

1. Avon Papers, AP 20/1/18, Edenův deník, 5. ledna 1938
2. RA EDW/3540, vévoda windsorský Chamberlainovi, 22. prosince 1937
3. Thorpe, D. R. *Eden: The Life and Times of Anthony Eden*, Chatto and Windus 2003, s. 201
4. Welles, S. *Seven Major Decisions*, Hamish Hamilton 1951, s. 41
5. PREM 1/259/84, Lindsay ministerstvu zahraničí, 11. února 1938
6. PREM 1/259/81, Lindsay ministerstvu zahraničí, 12. února 1938
7. PREM 1/259/82, Lindsay ministerstvu zahraničí, 12. února 1938
8. NC 18/1/1031, Chamberlain Idě Chamberlainové, 12. prosince 1937
9. Berridge, G. „Sir Alexander Cadogan", in *Oxford Dictionary of National Biography*, Matthew, H. & Harrison, B. (eds.), svazek 9, Oxford University Press 2004, s. 413
10. *DBFP* 2/XIX, č. 428, s. 733–4, „Minute by Sir A. Cadogan for Mr. Chamberlain", 12. ledna 1938
11. Dilks, D. (ed.), *The Diaries of Sir Alexander Cadogan*, Cassell 1971, 12. ledna 1938, s. 36 (dále cit. jako *Cadogan Diaries*)
12. Welles, s. 41
13. *DBFP* 2/XIX, č. 425, s. 732, Lindsay ministerstvu zahraničí, 12. ledna 1938
14. NC 2/24A, Chamberlainův deník, 19. a 27. února 1938
15. NC 18/1/1036, Chamberlain Idě Chamberlainové, 23. ledna 1938
16. *Cadogan Diaries*, 13. ledna 1938, s. 36
17. NC 2/24A, Chamberlainův deník, 19. a 27. února 1938
18. Rhodes James, R. *Anthony Eden*, Weidenfeld and Nicolson 1986, s. 188
19. Avon, *Facing the Dictators*, s. 548
20. Avon, *Facing the Dictators*, s. 552
21. Welles, s. 41
22. *DBFP* 2/XIX, č. 443, s. 753, Eden Lindsayovi, 16. ledna 1938
23. AP 20/1/18, Edenův deník, 16. ledna 1938
24. *DBFP* 2/XIX, s. 758, Lindsay Edenovi, 18. ledna 1938
25. Harvey, 18. ledna 1938, s. 73
26. AP 20/1/18, Edenův deník, 17. ledna 1938
27. Thorpe, *Eden*, s. 204

28. Harvey, 20. ledna 1938, s. 76
29. *DBFP* 2/XIX, č. 455, s. 767, Eden Lindsayovi, 21. ledna 1938
30. *DBFP* 2/XIX, č. 462, s. 776, Lindsay Edenovi, 22. ledna 1938
31. Churchill, s. 199; česky s. 231-2
32. NC 18/1/1034, Chamberlain Hildě Chamberlainové, 9. ledna 1938
33. Halifax, s. 376
34. NC 1/17/5, Ivy Chamberlainová Chamberlainovi, 16. prosince 1937
35. NC 1/17/6, Ivy Chamberlainová Chamberlainovi, 2. ledna 1938
36. Muggeridge, M. (ed.), (přel. Mayor, A.), *Ciano's Diary 1937–1938*, Methuen 1952, 1. ledna 1938, s. 57 (dále cit. jako *Ciano's Diary*)
37. Rhodes James, R. *Memoirs of a Conservative, J. C. C. Davidson's Memoirs and Papers, 1910–37*, Weidenfeld and Nicolson 1969, s. 272. Lord Blake napsal, že sir Joseph Ball byl „klíčovou *šedou eminencí* [a že jeho] vliv na události nelze odvozovat podle počtu písemných zmínek o něm". (*Oxford Dictionary of National Biography*, svazek 3, 2004, s. 567)
38. Mills, W. „Sir Joseph Ball, Adrian Dingli, and Neville Chamberlain's ‚Secret Channel' to Italy, 1937–1940", *The International History Review*, roč. XXIV (2), 2002, s. 284
39. Mills, s. 292
40. Mills, s. 293
41. Mills, s. 294–5
42. Avon, *Facing the Dictators*, s. 570
43. NC 1/17/7, Ivy Chamberlainová Chamberlainovi, 2. února 1938
44. PREM 1/276/105, Perth Edenovi, 6. února 1938
45. Andrew, s. 402
46. *DBFP* 2/XV, s. 693 pozn.
47. NC 1/17/7, Ivy Chamberlainová Chamberlainovi, 2. února 1938
48. PREM 1/276/99 & 100, Eden Chamberlainovi, 8. února 1938
49. PREM 1/276/96, Chamberlain Edenovi, 8. února 1938
50. Mills, s. 295
51. *Daily Mail*, 9. února 1938, s. 11
52. Avon, *Facing the Dictators*, s. 574
53. Harvey, 9. února 1938, s. 87
54. Mills, s. 295
55. Harvey, 14. února 1938, s. 89–90
56. *Ciano's Diary*, 7. února 1938, s. 71
57. NC 18/1/1039, Chamberlain Hildě Chamberlainové, 13. února 1938
58. *The Sunday Times*, 13. února 1938
59. *Ciano's Diary*, 11. a 15. února 1938, s. 73–5

60. Muggeridge, M. (ed.), *Ciano's Diplomatic Papers*, Odhams Press 1948, Ciano Grandimu, 16. února 1938, s. 161–2
61. PREM 1/276/87, Perth Edenovi, 17. února 1938
62. PREM 1/276/85, Perth Edenovi, „Personal", 17. února 1938
63. Mills, s. 297
64. *Ciano's Diplomatic Papers*, Grandi Cianovi, 19. února 1938, s. 165
65. PREM 1/276/83-4, Eden Chamberlainovi, 17. února 1938
66. NC 2/24A, Chamberlainův deník, 19. a 27. února 1938
67. PREM 1/276/67-75, Halifax Perthovi, 21. února 1938
68. Avon, s. 581–2
69. PREM 1/276/67-75, Halifax Perthovi, 21. února 1938
70. *Ciano's Diplomatic Papers*, Grandi Cianovi, 19. února 1938, s. 172
71. Avon, *Facing the Dictators*, s. 581
72. *Cadogan Diaries*, 18. února 1938, s. 50
73. Avon, *Facing the Dictators*, s. 582
74. *Cadogan Diaries*, 18. února 1938, s. 50
75. Ball, S. *The Guardsmen, Harold Macmillan, Three Friends and the World They Made*, Harper Collins 2004, s. 167
76. Avon, s. 584–5
77. *Ciano's Diplomatic Papers*, Grandi Cianovi, 19. února 1938, s. 183
78. Mills, s. 300
79. Harvey, 18. února 1938, s. 93–4
80. NC 2/24A, Chamberlainův deník, 19. a 27. února 1938
81. Hickleton Papers A4/410/4/11, „A Record of Events connected with Anthony Eden's resignation, February 19-20th 1938"
82. CAB 23/92/179-187, Cabinet 6 (38), 19. února 1938
83. NC 2/24A, Chamberlainův deník, 19. a 27. února 1938
84. CAB 23/92/191, Cabinet 6 (38), 19. února 1938
85. Lord Norwich (ed.), *The Duff Cooper Diaries 1915–1951*, Weidenfeld & Nicolson 2005, 20. února 1938, s. 241
86. CAB 23/92/212, Cabinet 6 (38), 19. února 1938
87. NC 2/24A, Chamberlainův deník, 19. a 27. února 1938
88. Avon, *Facing the Dictators*, s. 591
89. Hickleton Papers A4/410/4/11, „A Record of Events connected with Anthony Eden's resignation, February 19-20th 1938"
90. Mills, s. 301
91. NC 2/24A, Chamberlainův deník, 19. a 27. února 1938
92. Avon, *Facing the Dictators*, s. 592. Když Eden později zjistil, jakou roli v událostech provázejících jeho rezignaci sehrál sir Joseph Ball, s po-

vzdechem to ve svých pamětech komentoval slovy, že Ball „zajisté Mussolinimu posloužil dobře". (Avon, *Facing the Dictators*, s. 578)

93. Mills, s. 301
94. *Daily Express*, 21. února 1938, s. 1
95. CAB 23/92/224–8, Cabinet 7 (38), 20. února 1938 v 15.00
96. Thorpe, *Eden*, s. 207
97. Harvey, 20. února 1938, s. 96
98. *Daily Mail*, 21. února 1938, s. 13
99. Mills, s. 302
100. *Ciano's Diary*, 20. února 1938, s. 78
101. CAB 23/92/254, Cabinet 8 (38), 20. února 1938 ve 22.00.
102. *Channon Diaries*, 21. února 1938, s. 145
103. Rhodes James, R., *Anthony Eden*, s. 197
104. House of Commons, Official Report, 5. série, svazek 332, sl. 52, 21. února 1938
105. Amery Papers, AMEL 7/32, Ameryho deník, 21. února 1938
106. Crookshank Papers, MS Eng. Hist. d.359/195, Crookshankův deník, 21., 23. a 24. února 1938
107. Harvey, 27. února 1938, s. 103. „Jak odpoví lord Stanley? Přivede svá vojska?" ptá se Shakespearův Richard III. „Můj pane, odmítá přijíti." (*Král Richard III.*, V, iii)
108. NC 7/11/31, Ball Chamberlainovi, 21. února 1938
109. *Daily Mail*, 21. února 1938, s. 12–3
110. Simon Papers, 84/180, Simon Edenovi, 23. února 1938
111. Harvey, 21. února 1938, s. 97
112. NC 18/1/1040, Chamberlain Hildě Chamberlainové, 27. února 1938
113. House of Commons, Official Report, 5. série, svazek 332, sl. 257–8, 22. února 1938
114. NC 1/17/8, Ivy Chamberlainová Chamberlainovi, 22. února 1938
115. FO 800/313/1, Henderson Halifaxovi, 27. února 1938
116. Churchill, s. 257; česky s. 234

4: PODEZŘELÁ PAUZA

1. Shirer, *The Rise and Fall of the Third Reich*, s. 324–5; česky s. 295–7
2. Pauley, B. *Hitler and the Forgotten Nazis: A History of Austrian National Socialism*, Macmillan 1981, s. 157

3. von Schuschnigg, K. *The Brutal Takeover*, Weidenfeld and Nicolson 1971, s. 5

4. Pauley, s. 172

5. Kershaw, s. 65–6; česky s. 85

6. Gedye, G. *Fallen Bastions*, Victor Gollancz 1939, s. 217

7. *DGFP* D/1, č. 273, s. 486, Papen Hitlerovi, 21. prosince 1937

8. Brook-Shepherd, G. *Anschluss: The Rape of Austria*, Macmillan 1963, s. 15

9. von Papen, F. (přel. Connell, B.), *Memoirs*, André Deutsch 1952, s. 406

10. Kershaw, s. 865, pozn. 27 (originál viz Goebbels, J. Deníky, 15. prosince 1937); česky s. 778

11. Weinberg, G. *The Foreign Policy of Hitler's Germany, Starting World War II 1937–1939*, University of Chicago Press, Chicago 1980, s. 290

12. Papen, s. 407–8

13. von Schuschnigg K. (přel. von Hildebrand, F.), *Austrian Requiem*, Victor Gollancz 1947, s. 18–19

14. Kershaw, s. 70; česky s. 89

15. Weinberg, s. 292

16. Keitel, s. 57. Podle jedné historky Hitler vybral své „nejděsivěji vyhlížející generály, aby Schuschnigga jejich drsné tváře zastrašily". (Taylor, T. *Sword and Swastika*, s. 179). I letmý pohled na fotografii Sperrleho stačí k tomu, aby čtenář uznal, že vybral skutečně pravého kandidáta.

17. Spitzy, R. (přel. Waddington, G.), *How We Squandered the Reich*, Michael Russell 1997, s. 174

18. Schuschnigg, *The Brutal Takeover*, s. 191–2

19. Schuschnigg, *Austrian Requiem*, s. 20

20. Shirer, *The Rise and Fall of the Third Reich*, s. 326; česky s. 297

21. Schuschnigg, *Austrian Requiem*, s. 21–5

22. Gedye, s. 227

23. Schuschnigg, *Austrian Requiem*, s. 26

24. Papen, s. 415

25. Spitzy, s. 175

26. Schuschnigg, *Austrian Requiem*, s. 27

27. *DGFP* D/1, č. 294, s. 513–14, koncept „Protocol of the Conference of February 12, 1938"

28. Schuschnigg, *Austrian Requiem*, s. 27–8

29. Shirer, *The Rise and Fall of the Third Reich*, s. 329; česky s. 300

30. Schuschnigg, *Austrian Requiem*, s. 30

31. Papen, s. 417

32. Eberle & Uhl, s. 26

33. Papen, s. 417
34. Shirer, *The Rise and Fall of the Third Reich*, s. 329; česky s. 300
35. Schuschnigg, *Austrian Requiem*, s. 32
36. Gedye, s. 226
37. Shirer, *The Rise and Fall of the Third Reich*, s. 331; česky s. 301–2
38. *DGFP* D/1, č. 297, s. 518, Papen německému ministerstvu zahraničí, 14. února 1938
39. *Nazi Conspiracy and Aggression* (dále cit. jako *NCA*), svazek IV, dokument 1780-PS, United States Government Printing Office, Washington 1946, s. 361, Jodlův deník, 13. února 1938
40. Brissaud, s. 81
41. *NCA*, svazek IV, dokument 1780-PS, s. 361, Jodlův deník, 14. února 1938
42. Pauley, s. 183
43. Shirer, *The Rise and Fall of the Third Reich*, s. 332; česky s. 303
44. Brook-Shepherd, s. 27
45. *DBFP* 2/XIX, č. 513, s. 892, Palairet Edenovi, 13. února 1938
46. *DBFP* 2/XIX, č. 516, s. 895, Palairet Edenovi, 15. února 1938
47. *Cadogan Diaries*, 15. února 1938, s. 47
48. Harvey, 15. a 16. února 1938, s. 90–1
49. Kershaw, s. 72; česky s. 90
50. *DBFP* 2/XIX, č. 516, s. 896, Palairet Edenovi, 15. února 1938
51. Brook-Shepherd, s. 80
52. *Ciano's Diary*, 15. února 1938, s. 75
53. *DBFP* 2/XIX, č. 522, s. 900, Palairet Edenovi, 15. února 1938
54. FO 800/313/3, Henderson Halifaxovi, 27. února 1938
55. Kershaw, s. 73; česky s. 90
56. *Daily Mail*, 21. února 1938, s. 14
57. Baynes, N. (ed.), *The Speeches of Adolf Hitler, Volume II, April 1922–August 1939*, Oxford University Press 1942, s. 1404–6
58. Gedye, s. 248
59. Schuschnigg, *Austrian Requiem*, s. 36–7 (poslední slova se rýmují i v němčině)
60. CAB 27/623, Výbor pro zahraniční politiku 21 (38), 24. ledna 1938
61. FO 800/313/1, Henderson Halifaxovi, 27. února 1938
62. Henderson, s. 115–16
63. *DGFP* D/1, č. 138, s. 248, Ribbentrop Hendersonovi, 4. března 1938
64. *DGFP* D/1, č. 139, s. 249, Henderson Ribbentropovi, 4. března 1938
65. Henderson, s. 117

66. Schuschnigg, *Austrian Requiem*, s. 39
67. Pauley, s. 206
68. Schuschnigg, *Austrian Requiem*, s. 41
69. Brissaud, s. 83
70. Taylor, A. J. P. *The Origins of the Second World War*, Hamish Hamilton 1961, s. 146; česky *Příčiny druhé světové války*, Perfekt 2005, s. 153
71. Kershaw, s. 74 (originál viz Goebbels, J., Deníky, 10. března 1938); česky s. 92
72. *NCA*, svazek IV, dokument 1780-PS, s. 362, Jodlův deník, 10. března 1938
73. Spitzy, s. 181–2
74. CAB 23/92/325–7, Cabinet 11 (38), 9. března 1938
75. Harvey, 10. & 11. břeyna 1938, s. 112–13
76. *Documents on British Foreign Policy 1919–1939*, 3. série, svazek I, Her Majesty's Stationery Office 1949 (dále cit. jako *DBFP* 3/I), č. 2, s. 2, Palairet Halifaxovi, 9. března 1938
77. Harvey, 11. března 1938, s. 113
78. *Cadogan Diaries*, s. 59, 10. března 1938
79. Andrew, s. 391
80. Brissaud, s. 83–4
81. Guderian, s. 50; česky s. 47
82. Brook-Shepherd, s. 133
83. Kershaw, s. 75–6; česky s. 93
84. Shirer, *The Rise and Fall of the Third Reich*, s. 336; česky s. 306
85. Schuschnigg, *Austrian Requiem*, s. 45–6
86. Papen, s. 427–8
87. *DGFP* D/1, č. 146, s. 263, Ribbentrop Hitlerovi, 10. března 1938
88. Spitzy, s. 187
89. Butler, E. *„Mason-Mac": The Life of Lieutenant-General Sir Noel Mason--Macfarlane*, Macmillan 1972, s. 66
90. *DBFP* 3/I, č. 34, s. 17, Henderson Halifaxovi, 11. března 1938
91. *DBFP* 3/I, č. 14, s. 8, Henderson Halifaxovi, 11. března 1938
92. Není často komentovaným faktem, jakkoli je to zvláštní, že během dlouhého období, kdy se německé velvyslanectví na Mallu opravovalo, měli Ribbentropovi pronajatý Chamberlainův dům na Eaton Square. V té době byl Chamberlain ministrem financí a žil na Downing Street v čísle 11.
93. Bloch, M. *Ribbentrop*, Bantam Press 1992, s. 171
94. *DGFP* D/1, č. 149, s. 272–3, Ribbentropův zápis, 11. března 1938

95. Harvey, 7. března 1938, s. 113
96. Smart, N. (ed.), *The Diaries and Letters of Robert Bernays, 1932–1939*, Edwin Mellen Press, Lewiston 1996, s. 352
97. vikomt Templewood, *Nine Troubled Years*, Collins 1954, s. 282
98. Churchill, s. 211–12; česky s. 245–6
99. NC 18/1/1041, Chamberlain Hildě Chamberlainové, 13. března 1938
100. *DGFP* D/1, č. 150, s. 274–5, Ribbentropův zápis, 11. března 1938
101. *Cadogan Diaries*, 11. března 1938, s. 60
102. Bullock, A. (ed.), *The Ribbentrop Memoirs*, Weidenfeld and Nicolson 1954, s. 84–6
103. *DBFP* 3/I, č. 44, s. 22, Halifax Hendersonovi, 11. března 1938
104. Roberts, *The Holy Fox*, s. 92
105. NC 18/1/1041, Chamberlain Hildě Chamberlainové, 13. března 1938
109. Vévodkyně windsorská, s. 306
107. Papen, s. 410
108. Deutsch, *Hitler and His Generals*, s. 343
109. *TMWC*, svazek IX, s. 296, Göringova výpověď, 14. března 1946
110. Schuschnigg, *Austrian Requiem*, s. 47
111. Pauley, s. 208
112. Schuschnigg, *Austrian Requiem*, s. 48–9
113. Papen, s. 429
114. Kershaw, s. 77; česky s. 95
115. Schuschnigg, *Austrian Requiem*, Appendix s. 253, Göring Seyss-Inquartovi, 11. března 1938 v 17.26
116. Schuschnigg, *Austrian Requiem*, Appendix s. 255, Göring Kepplerovi, 11. března 1938 v 18.28
117. Shirer, s. 340; česky s. 310
118. Schuschnigg, *Austrian Requiem*, s. 51–2
119. Shirer, *The Rise and Fall of the Third Reich*, s. 341; česky s. 311
120. Brook-Shepherd, s. 173
121. Brissaud, s. 84
122. Shirer, *The Rise and Fall of the Third Reich*, s. 342; česky s. 311
123. Schuschnigg, *The Brutal Takeover*, s. 336, (originál viz *TMWC*, svazek XXXIV, dokument 182-C, s. 774)
124. *DGFP* D/I, č. 352, s. 575–6, Hitler Mussolinimu, 11. března 1938
125. Eberle & Uhl, s. 27
126. Shirer, *The Rise and Fall of the Third Reich*, s. 343 (originál viz *TMWC*, svazek XXXI, s. 368); česky s. 312–3
127. Wheeler-Bennett, J. *Munich, Prologue to Tragedy*, Macmillan 1948, s. 22

128. *Lipski Papers*, s. 351
129. Henderson, s. 124
130. Noguères, H. (přel. O'Brian, P.), *Munich, or the Phoney Peace*, Weidenfeld and Nicolson 1965, s. 19
131. Wheeler-Bennett, *Prologue to Tragedy*, s. 25
132. Henderson, s. 124–5
133. *TMWC*, svazek IX, Göringova výpověď, 14. března 1946, s. 300–1
134. *DGFP* D/I, č. 364, s. 584–5, zápis ministerstva zahraničí, 12. března 1938
135. Keitel, s. 58
136. Shirer, *The Rise and Fall of the Third Reich*, s. 346; česky s. 316

5: JARNÍ BOUŘKA

1. Guderian, s. 50–1; česky s. 48–9
2. Churchill, s. 210; česky s. 244
3. *DBFP* 3/I, č. 51, s. 27, Palairet Halifaxovi, 12. března 1938
4. Keitel, s. 59
5. Spitzy, s. 190
6. Guderian, s. 52–6; česky s. 54
7. Shirer, *The Rise and Fall of the Third Reich*, s. 347; česky s. 316
8. Spitzy, s. 191
9. Shirer, *The Rise and Fall of the Third Reich*, s. 348; česky s. 316
10. *DGFP* D/1, č. 362, s. 583, Dieckhoff německému ministerstvu zahraničí, 12. března 1938
11. NC 18/1/1041, Chamberlain Hildě Chamberlainové, 13. března 1938
12. CAB 23/92/345–55, Cabinet 12 (38), 12. března 1938. Navzdory tomu, co se lze dočíst v řadě knih, které se zabývají těmito událostmi, nebylo Halifaxovo varování adresované Schuschniggovi ve skutečnosti nikdy předáno. Palairet, který předání dostal na starost, věděl, že „by to nepřineslo nic dobrého". (Weinberg, s. 297)
13. Heinemann, s. 174
14. *DBFP* 3/I, č. 47, s. 25, Kirkpatrick Neurathovi, 11. března 1938
15. *DBFP* 3/I, č. 46, s. 24, Henderson Halifaxovi, 12. března 1938
16. *DBFP* 3/I, č. 54, s. 29, Halifax Hendersonovi, 12. března 1938
17. Gehl, J. *Austria, Germany and the Anschluss, 1931–45*, Oxford University Press 1963, s. 194
18. Bukey, E. *Hitler's Austria, Popular Sentiment in the Nazi Era, 1938–1945*,

University of North Carolina Press 2000, s. 25; česky *Hitlerovo Rakousko: Jedna říše, jeden národ*, Rybka 2002, s. 48.

19. Toland, s. 452
20. Kershaw, s. 80; česky s. 97
21. Mussolini, B. (přel. Lobb, F.), *Memoirs 1942–1943*, Weidenfeld and Nicolson 1949, s. 190 pozn.
22. Brook-Shepherd, s. 193
23. *TMWC* svazek XV, s. 632, Stuckartův affidavit, 10. června 1946
24. *TMWC* svazek XV, s. 633, Seyss-Inquartova výpověď, 10. června 1946
25. Brook-Shepherd, s. 195
26. Butler, s. 70
27. Jetzinger, F. *Hitler's Youth*, Hutchinson 1958, s. 55
28. Gedye, s. 318
29. *DBFP* 3/I, č. 76, s. 43, Palairet Halifaxovi, 14. března 1938
30. Keitel, s. 60
31. Gun, N. *Eva Braun, Hitler's Mistress*, Leslie Frewin 1969, s. 151
32. Brook-Shepherd, s. 200
33. Papen, s. 432
34. CAB 23/92/365–77, Cabinet 13 (38), 14. března 1938
35. Amery Papers, AMEL 7/32, Ameryho deník, 14. března 1938
36. NC 18/1/1041, Chamberlain Hildě Chamberlainové, 13. března 1938
37. Rhodes James, R., *Victor Cazalet, A Portrait*, Hamish Hamilton 1976, s. 200
38. *Channon Diaries*, 11. března 1938, s. 150–1
39. AMEL 2/2/10, Eden Amerymu, 5. února 1938
40. AMEL 7/32, Ameryho deník, 12. března 1938
41. *The Times*, 14. března 1938, s. 11 a 15
42. House of Lords, Official Report, 5. série, svazek 111, sl. 448–9, 29. března 1938
43. FO 800/269/104, Cadogan Hendersonovi, 22. dubna 1938
44. *DBFP* 3/I, č. 55, s. 30, Halifax Palairetovi, 12. března 1938
45. *The Times*, 14. března 1938, s. 14
46. Gedye, s. 301
47. Shirer, *The Rise and Fall of the Third Reich*, s. 351; česky s. 319
48. Nicolson, N. (ed.), *Harold Nicolson, Diaries and Letters, 1930–1939*, Collins 1966, s. 347 (dále cit. jako Nicolson Diaries)
49. Kershaw, s. 84; česky s. 101
50. Gedye, s. 305–6
51. NC 18/1/1042, Chamberlain Idě Chamberlainové, 20. března 1938

52. Noguères, s. 28

53. Wiskemann, E. *Czechs and Germans: A Study of the Struggles in the Historic Provinces of Bohemia and Moravia*, Oxford University Press 1938, s. 118

54. Gedye, s. 396

55. Toland, s. 459

56. Gedye, s. 393

57. Bruegel, J. *Czechoslovakia Before Munich: The German minority problem and British appeasement policy*, Cambridge University Press 1973, s. 110

58. Bruegel, s. 120

59. *Daily Telegraph*, 10. prosince 1935

60. Henlein, K. „The German Minority in Czechoslovakia", *International Affairs*, roč. XV, č. 4, The Royal Institute of International Affairs 1936, s. 568–9

61. Bruegel, s. 135

62. Shepherd, R. *A Class Divided: Appeasement and the Road to Munich 1938*, Macmillan 1988, s. 145

63. Weinberg, s. 314

64. Kershaw, s. 83; česky s. 99–100

65. *DBFP* 3/I, č. 97, s. 68, Newton Halifaxovi, 22. března 1938

66. *DBFP* 3/I, č. 120, s. 105, Newton Halifaxovi, 29. března 1938

67. *DBFP* 3/I, č. 129, s. 121, Newton Halifaxovi, 6. dubna 1938

68. *Documents on German Foreign Policy 1918–1945*, série D (1937–1945), svazek II, „Germany and Czechoslovakia 1937–1938", His Majesty's Stationery Office 1950, (dále cit. jako *DGFP* D/II), č. 107, s. 198, nepodepsaná zpráva německého ministerstva zahraničí, 28. března 1938

69. Wheeler-Bennett, *Prologue to Tragedy*, s. 33

70. House of Lords, Official Report, 5. série, svazek 104, sl. 498, 3. března 1937

71. NC 18/1/1042, Chamberlain Idě Chamberlainové, 20. března 1938

72. *DBFP* 3/I, č. 92, s. 65, Chilston Halifaxovi, 17. března 1938

73. *DBFP* 3/I, č. 148, s. 161, Chilston Halifaxovi, 19. dubna 1938

74. House of Commons, Official Report, 5. série, svazek 333, sl. 1406, 24. března 1938

75. NC 18/1/1042, Chamberlain Idě Chamberlainové, 20. března 1938

76. *Nicolson Diaries*, 7. března 1938, s. 329

77. *Cadogan Diaries*, 12. a 16. března 1938, s. 62–3

78. Lord Gladwyn, *The Memoirs of Lord Gladwyn*, Weidenfeld and Nicolson 1972, s. 74–5

79. *DBFP* 3/I, č. 81, s. 50, Phipps Halifaxovi, 15. března 1938
80. CAB 27/623, Výbor pro zahraniční politiku (36), 26. zasedání, 18. března 1938
81. *Cadogan Diaries*, 18. března 1938, s. 63
82. CAB 23/93/32–34, Cabinet 15 (38), 22. března 1938
83. Lord Norwich (ed.), *The Duff Cooper Diaries 1915–1951*, Weidenfeld & Nicolson 2005, 27. března 1938, s. 245
84. CAB 23/93/35, Cabinet 15 (38), 22. března 1938
85. *Nicolson Diaries*, 29. března 1938, s. 333
86. House of Commons, Official Report, 5. série, svazek 333, sl. 1405–6, 24. března 1938
87. *DBFP* 3/I, č. 135, s. 141, Halifax Phippsovi, 11. dubna 1938
88. FO 800/311/27, Phipps Halifaxovi, 11. dubna 1938
89. *DGFP* D/II, č. 147, s. 257, Dirksen německému ministerstvu zahraničí, 6. května 1938
90. NC 18/1/1049, Chamberlain Idě Chamberlainové, 1. května 1938
91. Keitel, s. 62
92. *DGFP* D/II, č. 133, s. 239–40, zpráva majora Schmundta o operaci „Zelená", 22. dubna 1938
93. Churchill, s. 221; česky s. 256
94. Schmidt, s. 81–3; česky s. 105-7
95. *Ciano's Diary*, 7. a 8. května 1938, s. 113
96. Weizsäcker, E. von (přel. Andrews, J.), *Memoirs*, Victor Gollancz 1951, s. 131
97. Toland, s. 462
98. *Ciano's Diary*, 6. května 1938, s. 112
99. Weinberg, s. 307
100. *Ciano's Diary*, 7. května 1938, s. 113
101. *DGFP* D/1, č. 761, s. 1109, Ribbentrop všem německým velvyslanectvím, 12. května 1938
102. *DGFP* D/1, č. 762, s. 1110, Weizsäcker Woermannovi, 12. května 1938
103. Birkenhead, s. 385
104. *DBFP* 3/I, č. 166, s. 236-7, Halifax Newtonovi, 2. května 1938
105. *DGFP* D/II, č. 145, s. 255, Dirksen ministerstvu zahraničí, 3. května 1938
106. *DGFP* D/II, č. 149, s. 262, Woermann Ribbentropovi, 7. května 1938
107. *DGFP* D/II, č. 151, s. 265, Bismarckovo memorandum, 10. května 1938
108. *DGFP* D/II, č. 155, s. 273, Weizsäckerovo memorandum, 12. května

1938

109. *DGFP* D/II, č. 156, s. 274, Eisenlohr (Praha) německému ministerstvu zahraničí, 12. května 1938

110. Vansittart Papers, VNST II/2/17/, zpráva o setkání s Henleinem, 16. května 1938

111. Churchill, s. 223; česky s. 259

112. PREM 1/249/125, Churchill Chamberlainovi, 15. května 1938

113. *Nicolson Diaries*, 13. května 1938, s. 340

114. *DGFP* D/II, č. 23, s. 50, Henlein Hitlerovi, 19. listopadu 1937

115. Keitel, s. 63

116. Shirer, *The Rise and Fall of the Third Reich*, s. 367; česky s. 333

117. Bruegel, s. 189 pozn. 2, (originál viz *TMWC*, svazek XXV, s. 419)

118. *DGFP* D/I1, č. 175, s. 299, Keitel Hitlerovi, 20. května 1938

119. *DGFP* D/I1, č. 175, s. 300, „Draft for the New Directive ‚Green', 20. května 1938

120. Taylor, T. *Sword and Swastika*, s. 189

121. Weinberg, s. 302

6: KVĚTNOVÁ KRIZE

1. Beaverbrook Papers, BBK A/224, R. Beaverbrook B. Bennettovi, 9. března 1938

2. NC 18/1/1043, Chamberlain Hildě Chamberlainové, 27. března 1938

3. NC 18/1/1046, Chamberlain Hildě Chamberlainové, 9. dubna 1938

4. Harvey, 13. dubna 1938, s. 127

5. *Channon Diaries*, 17. března 1938, s. 151–2

6. *Nicolson Diaries*, 7. dubna 1938, s. 333

7. Lord Swinton, *Sixty Years of Power, Some Memories of the Men Who Wielded It*, Hutchinson 1966, s. 111–14

8. Watt, D. C. *How War Came: The immediate origins of the Second World War, 1938–1939*, Heinemann 1989, s. 78

9. Harvey, 12. března 1938, s. 115

10. Avon Papers, AP 8/2/13A, Eden Baldwinovi, 11. května 1938

11. Harvey, 19. května 1938, s. 140

12. Stuart, J. *Within the Fringe: An Autobiography*, Bodley Head 1967, s. 83

13. Lord Home, *Letters to a Grandson*, Collins 1983, s. 30

14. Aster, S. „‚Guilty Men': The Case of Neville Chamberlain", in *Paths to War, New Essays on the Origins of the Second World War*, Boyce, R. & Ro-

bertson, E. (eds.), Macmillan 1989, s. 240–1

15. Watt, s. 76–8

16. Margach, J. *The Abuse of Power: The War between Downing Street and the Media from Lloyd George to Callaghan*, Allen, W. H. 1978, s. 50

17. Cockett, s. 7

18. Margach, J. *The Anatomy of Power: An Enquiry into the Personality of Leadership*, Allen, W. H. 1979, s. 129

19. Margach, *The Abuse of Power*, s. 53

20. Margach, *The Abuse of Power*, s. 50–3

21. Bruce Lockhart, R. *Jan Masaryk: A Personal Memoir*, Dropmore Press 1951, s. 18; česky *Jan Masaryk. Osobní vzpomínky*, Vladimír Kořínek 2003, s. 20

22. NC 18/1/1030, Chamberlain Idě Chamberlainové, 26. listopadu 1937

23. NC 18/1/1042, Chamberlain Idě Chamberlainové, 20. března 1938

24. CAB 27/623, Výbor pro zahraniční politiku (36), 26. zasedání, 18. března 1938

25. *DBFP* 3/I, č. 135, s. 142, Halifax Phippsovi, 11. dubna 1938

26. Weinberg, s. 334–5

27. FO 371/21721/168, Vansittartova zpráva pro Halifaxe, 25. května 1938

28. CAB 23/93/235, Cabinet 22 (38), 5. května 1938

29. NC 18/1/1051, Chamberlain Idě Chamberlainové, 15. května 1938

30. Gedye, s. 410

31. Parliamentary Debates, House of Commons, Official Report, 5. série, svazek 337, sl. 852–3, 20. června 1938

32. Parliamentary Debates, House of Commons, Official Report, 5. série, svazek 337, sl. 955, 21. června 1938

33. Parliamentary Debates, House of Commons, Official Report, 5. série, svazek 337, sl. 854–6, 20. června 1938

34. Parliamentary Debates, House of Commons, Official Report, 5. série, svazek 337, sl. 958, 21. června 1938

35. *The Times*, 28. června 1938, s. 9

36. NC 18/1/1057, Chamberlain Hildě Chamberlainové, 25. června 1938

37. Shepherd, R. *A Class Divided: Appeasement and the Road to Munich, 1938*, Macmillan 1988, s. 162

38. Moravec, F. *Master of Spies: The Memoirs of General František Moravec*, Bodley Head 1975, s. 84; česky *Špión, jemuž nevěřili*, Academia 2002, s. 107–8. Thümmel Čechy kvalitními zpravodajskými poznatky zásoboval ještě jeden rok a správně předpověděl obsazení Československa a napadení Polska. Poté, co Prahu obsadili Němci, SIS převezla Mo-

ravce a jeho síť do Londýna a Thümmel začal pracovat pro SIS.

39. Andrew, s. 392–3
40. Stronge Papers, MS Eng. Hist. d.150/154, „Personal Memorandum relating to the state of morale and general readiness for war of the army of the Czechoslovak Republic at the time of the Munich Crisis", 8. února 1974
41. DBFP 3/I, č. 240, pozn. 4, s. 323, Henderson Halifaxovi, 20. května 1938
42. DBFP 3/I, č. 244, s. 327, Newton Halifaxovi, 20. května 1938
43. Weinberg, G. „The May Crisis 1938", in The Journal of Modern History, roč. XXIX, University of Chicago Press 1957, s. 217
44. DBFP 3/I, č. 245, s. 327, Newton Halifaxovi, 20. května 1938
45. DBFP 3/I, č. 249, s. 329, Henderson Halifaxovi, 21. května 1938
46. Schmidt, s. 84; česky s. 111
47. Pohřbu obou sudetských Němců se zúčastnili vojenský i letecký přidělenec německého velvyslanectví, kteří na rakev položili věnce ozdobené svastikami a rudými stuhami, na nichž bylo zlatým písmem napsáno Adolf Hitler (Bruegel, s. 190, pozn. 3).
48. Henderson, s. 136
49. NC 18/1/1053, Chamberlain Hildě Chamberlainové, 22. května 1938
50. DBFP 3/I, č. 250, s. 331, Halifax Hendersonovi, 21. května 1938
51. DGFP D/II, č. 186, s. 317, Ribbentropova zpráva, 21. května 1938
52. Harvey, 22. května 1938, s. 144
53. Henderson, s. 139
54. DBFP 3/I, č. 264, s. 341, Halifax Hendersonovi, 22. května 1938
55. Duff Cooper Diaries, 29. května 1938, s. 249–50. Jednasedmdesátiletý lord Maugham byl nejstarším ministrem a krátce předtím byl Chamberlainem „k překvapení politického i právnického světa" jmenován do funkce předsedy Sněmovny lordů. „Naprosto postrádal politické zkušenosti na místní i národní úrovni. Od politického dění byl vlastně natolik odtržený, že s ministerským předsedou před jejich rozhovorem, jenž proběhl v Downing Street 10 dne 9. března 1938, nikdy nemluvil." I samotný Maugham později přiznal, že „nemá ponětí, jak se jeho jméno dostalo k ministerskému předsedovi". (Heuston, R. Lives of the Lord Chancellors, 1885–1940, Clarendon Press 1964, s. 553)
56. Stronge Papers, MS Eng. Hist. d.150/154-5
57. DBFP 3/I, č. 316, s. 380, Henderson Halifaxovi, 25. května 1938
58. Watt, D. C. „British Intelligence and the Coming of the Second World War in Europe", in E. May (ed.), Knowing One's Enemies, Princeton University Press 1984, s. 262

59. Bond, B. (ed.), *Chief of Staff: The Diaries of Lieutenant-General Sir Henry Pownall, Volume One 1933–1940*, Leo Cooper 1972, s. 147

60. NC 18/1/1054, Chamberlain Idě Chamberlainové, 28. května 1938

61. Pownall, s. 147

62. Harvey, 24. května 1938, s. 144

63. FO 371/21721/167, Vansittartova zpráva pro Hallfaxe, 25. května 1938

64. CAB 21/540/17, Henderson Halifaxovi, 10. března 1939

65. *NCA*, svazek IV, dokument 1780-PS, s. 363, Jodlův deník, nedat.

66. Kershaw, s. 100; česky s. 114

67. Toland, s. 464

68. Kershaw, s. 101; česky s. 115

69. *NCA*, svazek V, dokument 3037-PS, s. 743–4, affidavit Fritze Wiedemanna, 21. listopadu 1945

70. *DGFP* D/II, č. 221, s. 358–9, „Directive for Operation Green", 30. května 1938

71. *DGFP* D/II, č. 282, s. 473, „General Strategic Directive", 18. června 1938

72. Shirer, *The Rise and Fall of the Third Reich*, s. 366; česky s. 333

72. Vansittart Papers, VNST I/1/22, Kirkpatrick Edenovi, „Record of Leading Personalities in Germany", 6. ledna 1938

74. Kershaw, s. 101; česky s. 115

75. Deutsch, H. *The Conspiracy Against Hitler in the Twilight War*, University of Minnesota Press, Minneapolis 1968, s. 34

76. Kershaw, s. 874, pozn. 246; česky s. 785

77. Weinberg, s. 384

78. Deutsch, *The Conspiracy Against Hitler in the Twilight War*, s. 34

79. Deutsch, *Hitler and His Generals*, s. 406

80. Toland, s. 467

81. Kershaw, s. 102; česky s. 116

82. Brissaud, s. 110

83. Chisholm, A. & Davie, M. *Beaverbrook: A Life*, Hutchinson 1992, s. 333

84. BBK C/275, Beaverbrook Ribbentropovi, 17. února 1938

85. Chisholm & Davie, s. 348

86. Taylor, A. J. P. *Beaverbrook*, Hamish Hamilton 1972, s. 378–9

87. BBK B/261, Beaverbrook F. Gannettovi, 9. prosince 1938

88. Chisholm & Davie, s. 349

89. Gilbert, M. *Winston S. Churchill*, svazek V, díl 3, Heinemann 1982, s. 958 a 987

90. Low, D. *Low's Autobiography*, Michael Joseph 1956, s. 278–9

91. Taylor, S. *The Great Outsiders: Northcliffe, Rothermere and the Daily Mail*,

Weidenfeld and Nicolson 1996, s. 290-2

92. Cockett, s. 56
93. FO 800/313/54-5, zpráva Warda Price, 30. března 1938
94. Cockett, s. 12-13
95. *The History of The Times, Volume IV: The 150th Anniversary and Beyond, 1912-1948,* The Times 1952, s. 907
96. *The History of The Times,* s. 908
97. *The History of The Times,* s. 917
98. *The Times,* 3. června 1938, s. 15
99. *DBFP* 3/I, č. 374, s. 444, Halifax Newtonovi, 4. června 1938
100. *The History of The Times,* s. 921
101. *DGFP* D/II, č. 247, s. 399-400, Dirksen ministerstvu zahraničí, 9. června 1938
102. *The Times,* 14. června 1938, s. 17
103. FO 800/309/183-4, Halifax Dawsonovi, 15. června 1938
104. FO 800/309/186, Dawson Halifaxovi, 19. června 1938
105. Schad, M. (přel. McGeoch, A.), *Hitler's Spy Princess: The Extraordinary Life of Stephanie von Hohenlohe,* Sutton Publishing 2004, s. 78
106. FO 800/313/166, Halifax Cadoganovi, 8. července 1938
107. Taylor, S., s. 257
108. Schad, s. 40-1
109. Dodd, M. *My Years in Germany,* Victor Gollancz 1939, s. 223-4
110. *Nicolson Diaries,* 26. května 1938, s. 344
111. Harvey, 11.-16. července 1938, s. 161-2
112. Selby, W. *Diplomatic Twilight,* John Murray 1953, s. 72
113. Schad, s. 85
114. FO 800/314/10-17, Halifaxova zpráva, 18. července 1938
115. Harvey, 18. července 1938, s. 163
116. Schad, s. 86 a 89
117. *DGFP* D/VII, Appendix III (H) (iii), s. 631, Wiedemannova zpráva pro Ribbentropa, nedat. Halifaxův životopisec uvádí, že takové prohlášení „zní naprosto nevěrohodně", nicméně upozorňuje, že když o tomto incidentu dánský šéfredaktor v r. 1957 napsal do *Manchester Guardian,* v té době pětasedmdesátiletý Halifax „na den zmizel z Garrowby [jeho yorkshirský domov] a neodpovídal na dotazy tisku". (Roberts, s. 103)
118. Bassett, R. *Hitler's Spy Chief: The Wilhelm Canaris Mystery,* Weidenfeld & Nicolson 2005, s. 150-1

7: VZDÁLENÁ ZEMĚ

1. Cox, G. *Countdown to War: A Personal Memoir of Europe 1938–1940*, William Kimber 1988, s. 11–13
2. Wheeler-Bennett, *Prologue to Tragedy*, s. 77–9
3. Neville, P. *Hitler and Appeasement: The British Attempt to Prevent the Second World War*, Hambledon Continuum 2006, s. 92; česky *Hitler a appeasement: Britský pokus zabránit druhé světové válce*, Víkend 2008, s. 119.
4. V červnu při procházce v parku St. James's Park narazil Chips Channon na manžele Chamberlainovy a před ministerským předsedou „smekl svoji buřinku". Do deníku si zapsal: „Všichni nyní nosí buřinku, jelikož Eden se svým černým homburgem [plstěným kloboukem; pozn překladatele] utrpěl debakl a už ‚není v módě'." *Channon Diaries*, 14. června 1938, s. 159
5. Gedye, s. 392. Krátce po anšlusu byl Eric Gedye Gestapem vyhoštěn z Vídně a léto strávil v Praze, odkud dopisoval pro *Daily Telegraph*. V dalším roce dostal „padáka", když vydal *Fallen Bastions*, z nichž pochází i tento odkaz. V knize ostře kritizuje Chamberlaina a jeho politiku. Třebaže *Telegraph* v zásadě politiku usmiřování odmítal, šéfredaktor uvedl, že Gedye odešel „po vzájemné dohodě". Gedye to komentoval: „Celkem to sedí. Je to, jako byste tvrdili, že pan Hitler obsadil Československo po ‚vzájemné dohodě' s prezidentem Háchou (*DNB*, svazek 21, s. 711). Jeho citace není přesná, měla by znít: „Šerem se šinul kat se svým pytlíkem." Oscar Wilde, *The Ballad of Reading Gaol*, část III
6. Cox, s. 13
7. Shirer, W. *Berlin Diary*, Hamish Hamilton 1941, s. 102; česky *Berlínský deník*, Marek, L. 2007, s. 89
8. *DBFP* 3/I, č. 425, s. 501, Halifax Newtonovi, 18. června 1938
9. *DBFP* 3/I, č. 431, s. 505, Newton Halifaxovi, 21. června 1938
10. *DBFP* 3/I, č. 354, s. 419, Halifax Phippsovi, 31. května 1938
11. Gedye, s. 410
12. *DBFP* 3/I, č. 368, s. 439, Newton Halifaxovi, 2. června 1938
13. *Daily Mail*, 26. května 1938
14. PREM 1/265/232, Wilson Halifaxovi, 22. června 1938
15. Noguères, s. 77
16. FO 800/309/202, Runciman Halifaxovi, 30. června 1938
17. *DBFP* 3/I, č. 493, s. 567, Halifax Newtonovi, 16. července 1938
18. Parliamentary Debates, House of Lords, Official Report, 5. série, svazek 105, sl. 1282, 27. července 1938

19. *DBFP* 3/I, č. 521, s. 600, Newton Halifaxovi, 20. července 1938

20. *Documents on British Foreign Policy 1919–1939*, 3. série, svazek II, His Majesty's Stationery Office 1949 (dále cit. jako *DBFP* 3/II), č. 547, s. 8, Newton Halifaxovi, 26. července 1938

21. *DBFP* 3/II, č. 552, s. 13, Henderson Halifaxovi, 27. července 1938

22. PREM 1/265/206, Ribbentrop Halifaxovi, 21. srpna 1938

23. FO 800/269/207, Henderson Halifaxovi, 26. července 1938

24. Dne 22. července se Chamberlain v Downing Street setkal s německým velvyslancem Dirksenem a jejich rozhovor byl natolik dlouhý, že přitáhl značnou pozornost tisku. Dirksen do Berlína hlásil, že Chamberlain „zdůraznil opravdové přání britské vlády, kterým je urovnání české krize a zajištění autonomie pro sudetské Němce, a obojího má být dosaženo pomocí zvýšeného a trvalého nátlaku na Prahu". (*DGFP* D/II, č, 266, s. 432, Dirksen ministerstvu zahraničí, 23. června 1938)

25. Parliamentary Debates, House of Commons, Official Report, 5. série, svazek 338, sl. 2956–8, 26. července 1938

26. PREM 1/265/221, Chamberlain Runcimanovi, 28. července 1938

27. Self, R. *Neville Chamberlain: A Biography*, Ashgate 2006, s. 263

28. Shepherd, s. 164

29. Shirer, *Berlin Diary*, s. 102; česky s. 89

30. *News Chronicle*, 27. července 1938, s. 10

31. *Evening Standard*, 26. července1937, s. 6

32. Amery Papers, AMEL 7/32, Ameryho deník, 26. července 1938

33. *The Observer*, 31. července 1938, s. 10

34. NC 18/1/1060, Chamberlain Idě Chamberlainové, 26. července 1938

35. RA PS/GVI/ C 047/09, král Jiří VI. Chamberlainovi, 14. srpna 1938

36. Cox, s. 38

37. *DBFP* 3/II, č. 583, s. 51, Runciman Halifaxovi, 4. srpna 1938

38. Gedye, s. 435

39. V misi také působil Robert Stopford, bývalý tajemník Simonovy komise pro indickou ústavní reformu; Geoffrey Peto, někdejší poslanec za konzervativce a Runcimanův osobní parlamentní tajemník v letech 1931 až 1935; Ian Henderson, britský konzul v Sudetech, a slečna Millerová, sekretářka z Foreign Office. Později se k nim připojil mladý úředník z ministerstva financí David Stephens, který provedl rozsáhlý výzkum problematiky německé menšiny v Československu a v zemi zrovna pobýval na cyklistické dovolené.

40. *DBFP* 3/II, č. 587, s. 55, Halifax Hendersonovi, 5. srpna 1938

41. Douglas, R. *In the Year of Munich*, Macmillan 1977, s. 37

42. Neville, *Hitler and Appeasement*, s. 92; česky s. 119
43. Henderson, A. *Eyewitness in Czecho-Slovakia*, George Harrap 1939, s. 145
44. Cox, s. 39
45. Macmillan, H. *Winds of Change, 1914–1939*, Macmillan 1966, s. 552
46. *DGFP* D/II, č. 336, s. 535, Hencke ministerstvu zahraničí, 5. srpna 1938. Kinského syn, který většinu života strávil v Argentině, v roce 2003 zahájil 150 soudních řízení s českou vládou a jednotlivci. Požadoval navrácení rodinných majetků, o nichž tvrdil, že byly protiprávně zkonfiskovány na základě tzv. Benešových dekretů na konci 2. světové války. Procesy se týkaly i nádherného paláce Kinských v centru Prahy a pravděpodobně i zámku, kde pobýval Runciman.
47. Andrew, s. 382
48. Bruegel, s. 133
49. FO 371/20374/25, Eden siru J. Addisonovi (Praha), 27. července 1936
50. *Cadogan Diaries*, 12. května 1938, s. 76
51. Bruegel, s. 219
52. Bruegel, s. 228–9
53. VNST, II/2/19/6–12, zpráva Christieho pro Vansittarta, 8. srpna 1938
54. Laffan, R. „The Crisis over Czechoslovakia, January to September 1938", in *Survey of International Affairs 1938*, roč. II, Oxford University Press 1951, s. 214
55. *DBFP* 3/II, č. 602, s. 74–5, Runciman Halifaxovi, 10. srpna 1938
56. Cox, s. 55
57. Cox, s. 55–6
58. *DBFP* 3/II, Appendix II/I/1, s. 656, „Note of a Conversation between Viscount Runciman and Herr Henlein on August 18", 19. srpna 1938
59. Bruegel, s. 233
60. LSE Archive, „Munich 1938", 2/1/4, rozhovor se sirem Geoffreym Coxem. Coxe čekala dlouhá a úspěšná novinářská kariéra, ale kvůli ledabylé zprávě o událostech na zámku Červený Hrádek málem přišel o práci. Ve snaze zhodnotit prodlené hodiny uvedl, že se během Runcimanovy návštěvy v zahradách zámku mihla princezna Stephanie Hohenlohe. Ve skutečnosti však na místě nebyla a *Daily Express* musel otisknout zveličenou omluvu. Cox se vyhnul trestu, poněvadž lord Beaverbrook měl radost z potíží princeznina „mentora" a svého rivala lorda Rothermera.
61. *DBFP* 3/II, Appendix II/I/2, s. 658, „Note of a Conversation between Mr. Ashton-Gwatkin and Herr Henlein at Marienbad on August 22", 23. srpna 1938

62. Bruegel, s. 236

63. *DBFP* 3/II, Appendix II/III, s. 664, Ashton-Gwatkin Strangovi, 23. srpna 1938

64. *DBFP* 3/II, č. 710, s. 180, Halifax Newtonovi, 29. srpna 1938

65. Taylor, T. *Sword and Swastika*, s. 193

66. Shirer, *The Rise and Fall of the Third Reich*, s. 368; česky s. 334

67. Taylor, T. *Sword and Swastika*, s. 198

68. Kershaw, s. 103; česky s. 116–7

69. Brissaud, s. 111

70. Kershaw, s. 103; česky s. 117

71. *NCA*, svazek IV, dokument 1780-PS, s. 364, Jodlův deník, 10. srpna 1938

72. Colvin, I. *Chief of Intelligence*, Victor Gollancz 1951, s. 43

73. Brissaud, s. 111

74. Kershaw, s. 104; česky s. 118

75. *DGFP* D/II, č. 374, s. 593–4, nepodepsaný protokol Weizsäckera, 19. srpna 1938

76. *NCA*, svazek III, dokument 388-PS, „přísně tajná" Jodlova zpráva pro Hitlera, 26. srpna 1938

77. *DGFP* D/II, č. 284, s. 479, Weizsäcker Ribbentropovi, 7. července 1938

78. Sakmyster, T. *Hungary's Admiral on Horseback, Miklós Horthy, 1918–1944*, Columbia University Press, New York 1994, s. 214–16

79. Weinberg, s. 408 a pozn. 132

80. Weizsäcker, s. 139

81. Sakmyster, s. 216. Přední historik zabývající se tímto obdobím maďarských dějin Thomas Sakmyster v jiném článku uvádí, že Hitlerovy vehementní a opakované pokusy přesvědčit Maďary, aby se k němu připojili a zaútočili na Československo, představují klíčové argumenty pro domněnku, že počínaje létem 1938 byl Hitler pevně rozhodnut rozpoutat na podzim téhož roku válku (Sakmyster, T. „The Hungarian State Visit to Germany of August 1938: Some New Evidence on Hungary in Hitler's pre-Munich Policy", in *Canadian Slavic Studies*, 3, č. 4, 1969, s. 684).

82. Taylor, T. *Sword and Swastika*, s. 204. Ačkoli v té době ještě nebyly k dispozici Adamovy paměti, Taylor toto líčení opírá o rozhovor, který s Adamem provedl na počátku roku 1948, když se připravoval jeden z norimberských procesů.

83. Kershaw, s. 106; česky s. 120

84. Taylor, T. *Sword and Swastika*, s. 205. Tato epizoda se také objevuje

v Jodlově deníku, kde Hitler užívá slova *Hundsfott*, což je znatelně vulgárnější než „ničema".

85. *DBFP* 3/I, č. 530, s. 610–2, Strang Hendersonovi, 21. července 1938
86. *DBFP* 3/I, č. 507, s. 580, Henderson Halifaxovi, 18. července 1938
87. VNST, I/2/37/1, Vansittartova zpráva pro Halifaxe, 18. srpna 1938
88. VNST, I/2/37/2-3, Vansittartova zpráva pro Halifaxe, 18. srpna 1938
89. Colvin, *Chief of Intelligence*, s. 46 a 60
90. Bassett, s. 151–2
91. *DBFP* 3/II, Appendix IV, s. 683, Henderson Halifaxovi, 16. srpna 1938
92. Colvin, *Chief of Intelligence*, s. 62
93. Bassett, s. 152
94. *DBFP* 3/II, Appendix IV (i), s. 685–6, „Note of a Conversation between Sir R. Vansittart and Herr von Kleist", 18. srpna 1938
95. FO 800/309/246–7, Churchill Halifaxovi, přiložená „Note of a Conversation between Mr. Winston Churchill and Herr von Kleist", 20. srpna 1938
96. FO 800/309/243–5, Churchill Kleistovi, 19. srpna 1938
97. Colvin, *Chief of Intelligence*, s. 66. Originální dopis si Kleist ponechal ve svém stole na venkovském sídle. Poté, co byl zatčen po neúspěšném atentátu na Hitlera 20. července 1944, ho zde objevilo Gestapo a použilo ho jako důkaz, za nějž si vysloužil trest smrti. Vykonán byl v berlínském vězení Plötzensee 16. dubna 1945 (Wheeler-Bennett, *The Nemesis of Power*, s. 413, pozn. 3). Beck byl zatčen v den atentátu a následujícího dne dostal nařízeno spáchat sebevraždu. Když se o to neúspěšně pokusil, byl do jeho cely poslán seržant, aby ho střelou do zátylku usmrtil. Canaris a Oster byli taktéž zatčeni a oba byli 12. dubna 1945 v koncentračním táboře Flossenburg popraveni. Na Canarisovi byl rozsudek vykonán jako na posledním. Pověšen byl „nadvakrát" – poprvé, „aby zakusil chuť smrti" (Bassett, s. 289). Schlabrendorffovi se válku v koncentračních táborech zázračně podařilo přežít, třebaže byl Gestapem zatčen a mučen.
98. FO 800/314/60, Chamberlain Halifaxovi, 19. srpna 1938
99. *DBFP* 3/II, č. 658, s. 126, Henderson Halifaxovi, 21. srpna 1938
100. Gedye, s. 353
101. *The Times*, 19. srpna 1938, s. 12
102. *The Times*, 22. srpna 1938, s. 12
103. Andrew, s. 396
104. West, N. *MI6, British Secret Intelligence Service Operations, 1909–1945*, Weidenfeld and Nicolson 1983, s. 58

105. Simon Papers, 272/4, *Sunday Dispatch*, 28. srpna 1938
106. FO 800/309/290, Hoyer-Millar Hardingovi, 26. srpna 1938
107. Vikomt Simon, *Retrospect*, Hutchinson 1952, s. 245
108. *News Chronicle*, 29. srpna 1938, s. 10
109. *DBFP* 3/II, č. 736, s. 204, Henderson Halifaxovi, 1. září 1938
110. *The Times*, 29. srpna 1938, s. 12
111. Self, s. 307
112. *DBFP* 3/II, Appendix IV (ii), s. 686, Chamberlain Halifaxovi, 19. srpna 1938
113. NC 18/1/1066, Chamberlain Idě Chamberlainové, 3. září 1938
114. Colvin, *Vansittart in Office*, s. 232
115. NC 18/1/1066, Chamberlain Idě Chamberlainové, 3. září 1938

8: ČESKOSLOVENSKO OSAMOCENO

1. RA PS/GVI/PS 03348/001, Bridges Hardingovi, 27. srpna 1938
2. PREM 1/265/193, Bridges členům kabinetu, 25. srpna 1938
3. *The Times*, 29. srpna 1938, s. 12
4. Stanley byl v květnu jmenován ministrem dominií a Toronto bylo prvním místem v cizině, které navštívil. Při hraní golfu si vymkl levý kotník a vážně nemocen se koncem září vrátil do Londýna, kde ve věku čtyřiceti čtyř let 16. října zemřel. Příčinnou úmrtí byl lymfosarkom – poranění nohy uvolnilo do krevního oběhu rakovinotvorné buňky. V mnichovské, či české krizi proto nesehrál žádnou roli (*DNB*, svazek 52, s. 202).
5. *Daily Mail*, 30. srpna 1938, s. 11
6. CAB 23/94/286, „Meeting of Ministers", 30. srpna 1938
7. Inskip Papers, INKP 1, Inskipův deník, 30. srpna 1938
8. CAB 23/94/289–96, „Meeting of Ministers", 30. srpna 1938
9. Templewood, s. 299
10. *Duff Cooper Diaries*, 30. srpna 1938, s. 224
11. CAB 23/94/315, „Meeting of Ministers", 30. srpna 1938
12. PREM 1/265/184–5, Wilsonova zpráva, 30. srpna 1938
13. PREM 1/265/180–1, Chamberlain Halifaxovi, 30. srpna 1938
14. *The Times*, 31. srpna 1938, s. 10
15. *Daily Express*, 1. září 1938, s. 1
16. NC 18/1/1066, Chamberlain Idě Chamberlainové, 3. září 1938
17. NC 1/26/530, Chamberlain Annie Chamberlainové, 2. září 1938

18. NC 18/1/1067, Chamberlain Hildě Chamberlainové, 6. září 1938
19. *DBFP* 3/II, č. 737, s. 205, Halifax Hendersonovi, 1. září 1938
20. *DBFP* 3/II, č. 748, s. 216, Henderson Halifaxovi, 2. září 1938
21. Conwell-Evans, s. 140
22. *Cadogan Diaries*, 3. září 1938, s. 94
23. *The Times*, 5. září 1938, s. 12
24. Thorpe, D. R. *Alec Douglas-Home*, Sinclair-Stevenson 1996, s. 75
25. *Evening Standard*, 5. září 1938, s. 6
26. Gilbert, M. „Horace Wilson: Man of Munich?", in *History Today*, roč. 32, č. 10, říjen 1982, s. 4
27. Templewood, s. 260
28. Lord Woolton, *Memoirs*, Cassell 1959, s. 140. Bezprostředně po anšlusu se lord Woolton (či sir Frederick Marquis, jak byl přesto znám) rozhodl pro demonstrativní postoj a inicioval bojkot veškerého německého zboží v pobočkách obchodního domu John Lewis, kde působil jako vedoucí. Na toto téma poté promluvil ve městě Leicester, kde na ostatní společnosti naléhal, ať následují jeho příkladu. Třebaže byli s Wilsonem blízcí přátelé, Wilson si jej předvolal do Downing Street a dal mu „pěknou sodu". Protestoval, že Chamberlain jeho kroky „rezolutně odmítá", a Marquisovi sdělil, že „nemá žádné právo vměšovat se do zahraniční politiky země" (Woolton, s. 132).
29. Gilbert, s. 3–5
30. Lowe, R. „Sir Horace Wilson", in *Oxford Dictionary of National Biography*, Matthew, H. & Harrison, B. (eds.), svazek 59, Oxford University Press 2004, s. 574
31. Dalton, H. *The Fateful Years, Memoirs 1931–1945*, Frederick Muller 1957, s. 176
32. Gilbert, s. 5
33. Deutsch, *The Conspiracy Against Hitler in the Twilight War*, s. 17–18
34. *Cadogan Diaries*, 6. září 1938, s. 94–5
35. Wheeler-Bennett, *The Nemesis of Power*, s. 418
36. Colvin, *Vansittart in Office*, s. 236. Citát samozřejmě pochází ze slavného Hamletova proslovu, III. dějství, 1. scéna; český překlad Martina Hilského.
37. *Cadogan Diaries*, 8. září 1938, s. 95
38. Colvin, *Vansittart in Office*, s. 237. V roce 1076 se císař Svaté říše římské Jindřich IV. dostal do konfliktu s papežem Řehořem VII. v rámci tzv. „sporu o investituru", který se týkal otázky papežských pravomocí při jmenování duchovních. V lednu 1077 byl císař přinucen vydat se

pěšky zasněženými Alpami a tři dny čekat před papežským palácem v Canosse, aby Řehoře VII. mohl prosit o odpuštění. Pojem „pouť do Canossy" se od té doby používá pro obrazné vyjádření ponížení.

39. *DGFP* D/II, č. 369, s. 586, zpráva Altenburga (ministerstvo zahraničí), 18. srpna 1938
40. *DBFP* 3/II, Appendix II, III, s. 666, Ashton-Gwatkin Strangovi, 29. srpna 1938
41. *DBFP* 3/II, č. 706, s. 177, Troutbeck (Praha) Halifaxovi, 29. srpna 1938
42. Bruegel, s. 236
43. *DGFP* D/II, č. 407, s. 661, Hencke (Praha) německému ministerstvu zahraničí, 30. srpna 1938
44. PREM 1/265/113–15, Runciman Halifaxovi, 30. srpna 1938
45. *DBFP* 3/II, č. 731, s. 200, Newton Halifaxovi, 1. září 1938
46. *DBFP* 3/II, Appendix II, III, č. 668, Ashton-Gwatkin Strangovi, 6. září 1938
47. *DBFP* 3/II, č. 734, č. 202, Newton Halifaxovi, 1. září 1938
48. Smelser, R. *The Sudeten Problem, 1933–1938*, Dawson 1975, č. 234–5
49. Kershaw, s. 107 (originál viz Goebbels, J., Deníky, 1. září 1938); česky s.120
50. *DBFP* 3/II, č. 727, s. 195–6, Halifax Newtonovi, 31. srpna 1938
51. *DBFP* 3/II, č. 753, s. 221, Newton Halifaxovi, 3. září 1938
52. *DBFP* 3/II, č. 758, s. 226–7, Newton Halifaxovi, 4. září 1938
53. BBC Written Archives, T 56/177/1, *Ten Years After – A Munich Survey*, rozhovor s Frankem Ashton-Gwatkinem, 11. října 1948
54. Wheeler-Bennett, *Prologue to Tragedy*, s. 91
55. Bruegel, s. 248; český text převzat z Beneš, E. *Mnichovské dny*, Svoboda 1968, s. 211–3
56. Laffan, s. 239
57. Laffan, s. 253
58. *Daily Express*, 8. září 1938, s. 1
59. *The Times*, 8. září 1938, s. 12
60. Laffan, s. 254
61. *DBFP* 3/II, č. 801, s. 265, pozn. 1, hlášení majora Sutton-Pratta, 8. září 1938
62. *DBFP* 3/II, Appendix II, III, s. 671, Ashton-Gwatkin Strangovi, 17. září 1938
63. BBC Written Archives, T56/177/1, *Ten Years After – A Munich Survey*, rozhovor s Ashton-Gwatkinem, 11. října 1948
64. *DBFP* 3/II, č. 801, s. 265, Newton Halifaxovi, 8. září 1938

65. Smelser, s. 237

66. Laffan, s. 255

67. Cockett, s. 72

68. Vedení SdP oznámilo, že má v plánu také pořádat stranický sjezd, který bude analogický k norimberskému sjezdu, a že proběhne 15. a 16. října. Konat se měl v Ústí v Čechách.

69. *The Times*, 7. září 1938, s. 13

70. *The History of The Times*, s. 927, pozn. 1, Barrington-Ward Dawsonovi, 25. srpna 1938

71. *The Times*, 31. srpna 1938, s. 10

72. Dawson Papers, 42/132, Dawsonův deník, 6. září 1938

73. *The History of The Times*, s. 929–30. Tato oficiální historie *The Times* vydaná r. 1952 Dawsona silně kritizuje, že tak sporný článek pustil do tisku, „aniž by se tázal na názor interního či externího specialisty [na zahraniční vztahy]". Publikace však také připouští, že to bylo důsledkem „nedostatků ve struktuře Printing House Square [tehdejší sídlo *The Times*; pozn. překladatele]", které zapříčinilo rozhodnutí uskutečněné před deseti lety, že v redakci nebude zahraniční redaktor formátu, jako byli Chirol či Wickham Steed. Výsledkem bylo, že se zástupce šéfredaktora Barrington-Ward stal „generálním novinářem" a *de facto* vystupoval jako „zahraniční redaktor". (*The History of The Times*, s. 930–1).

74. Coote, C. *Editorial: The Memoirs of Colin R. Coote*, Eyre & Spottiswoode 1965, s. 170

75. Dawson Papers 42/133, Dawsonův deník, 7. a 8. září 1938

76. *DBFP* 3/II, s. 271, pozn. 1

77. Dawson Papers, 80/24, Dawson Barrington-Wardovi, 7. září 1938

78. FO 371/21735/186 & 189, Vansittart Halifaxovi, 7. září 1938

79. *DGFP* D/II, č. 443, s. 722–3, Kordt německému ministerstvu zahraničí, 8. září 1938

80. *DBFP* 3/II, s. 271, pozn. 1

81. Harvey, 8. září 1938, s. 171

82. *DBFP* 3/II, č. 808, s. 271, Halifax Chilstonovi (Moskva), 8. září 1938

83. *Nicolson Diaries*, 9. září 1938, s. 358

84. *Channon Diaries*, 10. září 1938, s. 164–5

85. *The History of The Times*, s. 934

86. *The History of The Times*, s. 932. O více než třicet let později se *The Times* pokusily svoji chybu napravit a otiskly na první straně úvodník a článek, který se tématem zabýval. *Der Spiegel* nedlouho předtím přišel se zprávou, že generál (tehdy plukovník) Mason-MacFarlane mohl za-

vraždit Hitlera, když v Berlíně sloužil jako vojenský přidělenec. *The Times* návrh komentovaly, že k takovému kroku by se Británie uchylovat neměla, „nicméně v daném roce 1938 měla podniknout něco rozhodnějšího. Navzdory radám, které tehdy dával tento list, se v Mnichově měl zaujmout rozhodnější postoj, čímž se skutečně mohla ovlivnit historie" (*The Times*, 6. srpna 1969, s. 9).

9: UPROSTŘED VÁLEČNÉHO ŘEVU

1. Viz 1. kapitolu, pozn. 37, 38 a 39 k dalším podrobnostem o Hendersonově projevu a jeho posluchačích. „Americká pacifistická říkanka" je refrén oblíbené americké protiválečné balady z roku 1914 (Conwell--Evans, p. 93). Za tato slova si Henderson rychle vysloužil od britských novin přezdívku „náš nacistický britský velvyslanec v Berlíně" (Henderson, s. 20).
2. *Daily Express*, 1. září 1938, s. 2
3. Speer, A. (přel. Winston, R. & C.), *Inside the Third Reich*, Weidenfeld and Nicolson 1970, s. 47; česky *Řídil jsem Třetí říši*, Grada 2010, s. 55
4. Speer, s. 86; česky s. 92
5. Ve svých pamětech Speer jako hlavní vadu na kráse celého domu zmiňuje, že se garáž nacházela přímo pod famózním oknem, a tuto chybu připisuje spíše Hitlerovi než sobě. Když bylo v horkých dnech okno otevřené a foukal mírný vánek, pronikal kvůli tomu do místnosti „zápach benzínu" (Speer, s. 86; česky s. 91).
6. Kirkpatrick, s. 98–9
7. *NCA*, svazek III, dokument 388-PS, s. 334–5, „Notes by Major Schmundt of Conference at the Berghof", 4. září 1938
8. *The Times*, 6. září 1938, s. 12
9. Baynes, s. 1470–2, Hitlerovo úvodní prohlášení na norimberském sjezdu, 6. září 1938
10. Burden, H. *The Nuremberg Party Rallies: 1923–39*, Pall Mall Press 1967, s. 151
11. *The Times*, 6. září 1938, s. 12
12. *The Times*, 8. září 1938, s. 12
13. FO 800/314/141, Henderson Halifaxovi, 13. září 1938
14. FO 800/314/108, Halifax Chamberlainovi, 5. září 1938
15. FO 371/21737/112, Henderson Halifaxovi, 6. září 1938
16. *DBFP* 3/II, č. 837, s. 296, Henderson Halifaxovi, 12. září 1938
17. *DBFP* 3/II, č. 839, s. 299, Henderson Halifaxovi, 12. září 1938

18.   FO 800/313/75, Henderson Halifaxovi, 7. dubna 1938
19.   *DGFP* D/II, č. 337, s. 536, zpráva ministerstva zahraničí pro Ribbentropa, 6. srpna 1938
20.   Douglas, s. 19
21.   LSE Archive, „Munich 1938", 1/1/7, rozhovor s lordem Gladwynem
22.   LSE Archive, „Munich 1938", 2/4/7, rozhovor se sirem Conem O'Neillem
23.   Neville, P. *Appeasing Hitler: The Diplomacy of Sir Nevile Henderson 1937–39*, Macmillan 2000, s. 97–8
24.   Henderson, s. 145
25.   FO 800/314/141-2, Henderson Halifaxovi, 13. září 1938
26.   Laffan, s. 300
27.   Burden, s. 152 (originál viz *New York Times*, 8. září 1938)
28.   Harvey, 9. září 1938, s. 172
29.   FO 371/21737/19-20, Halifax Kirkpatrickovi, 9. září 1938
30.   *The Times*, 10. září 1938, s. 10
31.   Speer, s. 59; česky s. 64
32.   Henderson, s. 71
33.   Keitel si od svých kolegů vysloužil posměšky, že je Hitlerův psíček, a přezdívku „Lokajtel", která vznikla kombinací jeho jména a slova „lokaj" [německy „Lakaitel" a „Lakai"; pozn. překladatele].
34.   *DGFP* D/II, č. 448, s. 729, „Manuscript Notes by Hitler's Adjutant (Schmundt) on Conference at Nuremberg", 10. září 1938
35.   Keitel, s. 69–70
36.   Toland, s. 472
37.   *Daily Mail*, 10. září 1938, s. 1
38.   *Daily Express*, 10. září 1938, s. 1
39.   *Cadogan Diaries*, 10. září 1938, s. 96
40.   *DBFP* 3/II, č. 818, s. 279, Ogilvie-Forbes (Berlín) Halifaxovi, 10. září 1938
41.   *DBFP* 3/II, č. 819, s. 280, Ogilvie-Forbes (Berlín) Halifaxovi, 10. září 1938 (kurzíva Hendersona)
42.   Laffan, s. 302
43.   *The Times*, 11. září 1938, s. 14
44.   *DBFP* 3/II, č. 827, s. 286–7, Halifax Hendersonovi, 10. září 1938
45.   *DGFP* D/II, č. 452, s. 734–5, Selzam (Londýn) německému ministerstvu zahraničí, 10. září 1938
46.   Hoarovi byli blízcí přátelé s královským párem. Podle plánu se měl král s královnou v případě nutnosti, pokud by kvůli bombardování měli opustit Londýn, odebrat na rodinné sídlo lady Maud Hoarové,

Madresfield Court ve Worcestershire (Roberts, A. *Eminent Churchillians*, Weidenfeld & Nicolson 1994).

47. *Cadogan Diaries*, 10. září 1938, s. 96
48. FO 371/21737/24, Halifax Hendersonovi, 10. září 1938
49. Templewood, s. 302
50. PREM 1/265/14, prohlášení Downing Street, 10. září 1938
51. *DBFP* 3/II, Appendix III, s. 681, „Text of the Prime Minister's Statement to the Press", 11. září 1938
52. PREM 1/249/65–70, Wilsonova zpráva pro Chamberlaina, přiložená zpráva lorda Brocketa napsaná v Norimberku, 12. září 1938
53. Shirer, *Berlin Diary*, s. 105; česky s. 92–3
54. *DBFP* 3/II, č. 820, s. 280–1, Newton Halifaxovi, 10. září 1938
55. Shirer, *The Rise and Fall of the Third Reich*, s. 383
56. *DBFP* 3/II, Appendix II, III, s. 672, Ashton-Gwatkin Strangovi, 17. září 1938
57. *The Times*, 12. září 1938, s. 12
58. CAB 23/95/3–14, Cabinet 37 (38), 12. září 1938
59. *Duff Cooper Diaries*, 12. září 1938, s. 257–8
60. CAB 23/95/15, Cabinet 37 (38), 12. září 1938
61. Burden, s. 157
62. Baynes, s. 1489–91
63. Bullock, A. *Hitler: A Study in Tyranny*, (opravené vydání) Odhams 1965, s. 453
64. Burden, s. 159 (originál viz *New York Times*, 13. září 1938)
65. Madge, C. & Harrison, T. *Britain by Mass-Observation*, Penguin 1939, s. 58
66. BBC Written Archives, R34/325 Czechoslovak Crisis, General File 1938–1939
67. Shirer, *Berlin Diary*, s. 106; česky s. 93
68. Harvey, 12. září 1938, s. 176
69. Amery Papers, AMEL, 7/32, Ameryho deník, 11. září 1938
70. Macmillan, s. 554
71. *Cadogan Diaries*, 12. září 1938, s. 97
72. Noguères, s. 116
73. Burden, s. 160
74. Historici setkání užšího kabinetu z 12. září často označují jako druhé či třetí zasedání, třebaže je prvním, z něhož existuje oficiální zápis. Ve skutečnosti se totéž seskupení ministrů a úředníků sešlo 8., 9., 10. a 11. září a Hoare se k nim poprvé připojil desátého. Na čtyři setkání odkazují deníkové záznamy Harveyho i Cadogana.

75. *DBFP* 3/II, č. 833, s. 292, Phipps Halifaxovi, 11. září 1938

76. CAB 27/646/7–9, „The Czechoslovakian Crisis 1938, Notes of Informal Meetings of Ministers", 1. setkání, 12. září 1938. Protokoly ze sedmnácti zasedání vnitřního kabinetu (někdy označovaného jako „velká čtyřka") mezi 12. zářím a 2. říjnem 1938 jsou úhledně založeny v černém, v kůži vyvázaném svazku označeném „TAJNÉ". Chamberlainovi kritici upozorňují, že tyto diskuze měly probíhat v kabinetním Výboru pro zahraniční politiku, který se mezi 16. červnem a listopadem 1938 nesešel ani jedenkrát. Zato menší skupinka věrných příznivců (nikdy nebyli přítomni více než čtyři ministři) nepochybně Chamberlainově snaze dosáhnout shody vyhovovala lépe (Colvin, I. *The Chamberlain Cabinet*, Victor Gollancz 1971, s. 146).

77. Parliamentary Debates, House of Commons, Official Report, 5. série, svazek 339, sl. 12, 28. září 1938

78. Cox, s. 67

79. Laffan, s. 312–13

80. Gedye, s. 449

81. Noguères, s. 117

82. *DGFP* D/II, č. 466, s. 751, zpráva německého ministerstva zahraničí, 13. září 1938

83. Karl Hermann Frank patřil mezi sudetoněmeckými předáky k největším radikálům a během války vystupoval nejvíce bezohledně. Stál v čele policie bývalého Československa, ochrannou ruku nad ním držel Himmler, a tak postupně stoupal v hodnostech SS. Často si liboval ve tvrdých zákrocích proti českému opozičnímu hnutí. Po válce ho zajali Američané a vydali české vládě. 22. května 1946 byl v Praze za válečné zločiny před zraky 5000 lidí oběšen.

84. Shirer, *Berlin Diary*, s. 108–9; česky s. 95

85. „Wilson Papers" T 273/404, Ashton-Gwatkin Wilsonovi, 13. září 1938

86. *DGFP* D/II, č. 490, s. 802, „Proclamation by Konrad Henlein to the Sudeten Germans", 15. září 1938 (zvýrazněno v originále)

87. Shirer, *Berlin Diary*, s. 110; česky s. 96

10: NA OSTŘÍ NOŽE

1. NC 18/1/1066, Chamberlain Idě Chamberlainové, 3. září 1938

2. PREM 1/266A/363, Wilsonova zpráva, 30. srpna 1938

3. *Cadogan Diaries*, 8. září 1938, s. 95

4. Inskip Papers, INKP 1, Inskipův deník, 7. září 1938 (viz 8. kapitolu, pozn. 38)
5. *Cadogan Diaries*, 9. září 1938, s. 96
6. PREM 1/266A/359-60, Wilson Hendersonovi, 9. září 1938
7. FO 800/314/117-18, Henderson Wilsonovi, 9. září 1938
8. FO 800/314/124, Henderson Wilsonovi, 9. září 1938 o půlnoci (zvýrazněno Hendersonem)
9. Templewood, s. 300-1
10. INKP 1, Inskipův deník, 9. září 1938
11. PREM 1/266A/320-3, Chamberlain Runcimanovi, 12. září 1938
12. PREM 1/266A/319, Runciman Chamberlainovi, 13. září 1938
13. *DBFP* 3/II, č. 807, s. 269, Phipps Halifaxovi, 8. září 1938
14. INKP 1, Inskipův deník, 12. září 1938
15. Zetland Papers, Mss Eur D609/10/57, Zetland Brabournovi, 16. září 1938
16. Phipps Papers, PHPP III/1/20/67, Phipps Halifaxovi, 10. září 1938
17. PHPP III/1/20/76, Halifax Phippsovi, 12. září 1938
18. Mss Eur D609/10/57, Zetland Brabournovi, 16. září 1938
19. PHPP III/1/20/70, Phipps Halifaxovi, 13. září 1938
20. *DBFP* 3/II, č. 857, s. 312, Phipps Halifaxovi, 13. září 1938
21. *Duff Cooper Diaries*, 13. září 1938, s. 259
22. Conwell-Evans, s. 144-5
23. *DBFP* 3/II, č. 849, s. 306, Henderson Halifaxovi, 13. září 1938
24. RA PS/GVI/C 235/02, Chamberlain králi Jiřímu VI., 13. září 1938
25. CAB 27/646/15, „The Czechoslovakian Crisis 1938, Notes of Informal Meetings of Ministers", 2. setkání, 13. září 1938 v 15.00
26. Cooper, D. *Old Men Forget*, Rupert Hart-Davis 1953, s. 228
27. INKP 1, Inskipův deník, 13. září 1938
28. Parliamentary Debates, House of Commons, Official Report, 5. série, svazek 339, sl. 13, 28. září 1938
29. NC 18/1/1069, Chamberlain Idě Chamberlainové, 19. září 1938
30. PREM 1/266A/316, Wilsonova zpráva, 13. září 1938
31. CAB 27/646/18, „The Czechoslovakian Crisis 1938, Notes of Informal Meetings of Ministers", 3. setkání, 13. září 1938
32. *DBFP* 3/II, č. 862, s. 314, Halifax Hendersonovi, 13. září 1938
33. RA PS/GVI/C 235/03, Chamberlain králi Jiřímu VI., 13. září 1938
34. RA PS/GVI/PS 03348/004, tiskové prohlášení, 14. září 1938
35. FO 800/309/305, Henderson Halifaxovi, 14. září 1938
36. *DGFP* D/II, č. 480, s. 763, Weizsäckerův protokol, 14. září 1938
37. CAB 23/95/34-41, Cabinet 38 (38), 14. září 1938

38. Minney, R. *The Private Papers of Hore-Belisha*, Collins 1960, s. 139–40
39. CAB 23/95/41 & 49, Cabinet 38 (38), 14. září 1938
40. Mss Eur D609/10/57, Zetland Brabournovi, 16. září 1938
41. CAB 23/95/55, Cabinet 38 (38), 14. září 1938
42. *Duff Cooper Diaries*, 14. září 1938, s. 259
43. CAB 23/95/46, Cabinet 38 (38), 14. září 1938
44. INKP 1, Inskipův deník, 14. září 1938
45. CAB 23/95/56-8, Cabinet 38 (38), 14. září 1938
46. *DBFP* 3/II, č. 874, s. 323, Phipps Halifaxovi, 14. září 1938 ve 14.20
47. AMEL 7/32, Ameryho deník, 14. září 1938
48. Mss Eur D609/10/57, Zetland Brabournovi, 16. září 1938
49. *Cadogan Diaries*, 14. září 1938, s. 98
50. *DBFP* 3/II, č. 883, s. 329, Phipps Halifaxovi, 14. září 1938 v 20.00
51. *The Times*, 15. září 1938, s. 10
52. INKP 1, Inskipův deník, 14. září 1938
53. NC 18/1/1069, Chamberlain Idě Chamberlainové, 19. září 1938. Třebaže se Chamberlain za tato slova několikrát stal terčem posměchu, v tomto případě bylo jeho tvrzení trefné. Weizsäckerovy rukou psané poznámky, které zachycují jeho rozhovor s Ribbentropem, potvrzují, že pozvánka se týkala i paní Chamberlainové a že se krátce zvažovala i myšlenka, že se za Chamberlainem vydá letecky Hitler. Také zazněla myšlenka, že by se setkání mohlo uskutečnit v neutrálních vodách na Hitlerově jachtě *Grille*. Přednost nakonec dostala cesta Chamberlaina do Berchtesgadenu.
54. Namier, L. *Diplomatic Prelude 1938–1939*, Macmillan 1948, s. 35, pozn. 1
55. *Daily Express*, 15. září 1938, s. 1–2
56. *Daily Herald*, 15. září 1938, s. 8
57. *News Chronicle*, 16. září 1938, s. 10
58. Madge & Harrison, s. 65
59. *Duff Cooper Diaries*, 14. září 1938, s. 260
60. *Channon Diaries*, 14. & 15. září 1938, s. 166
61. Pimlott, B. *Hugh Dalton*, Macmillan 1985, s. 256
62. Jay, D. *Change and Fortune: A Political Record*, Hutchinson 1980, s. 75
63. Massey, V. *What's Past is Prologue: The Memoirs of the Right Honourable Vincent Massey CH*, Macmillan 1963, s. 258
64. AMEL 7/32, Ameryho deník, 14. a 16. září 1938
65. Harvey, 15. září 1938, s. 180
66. Colvin, *Vansittart in Office*, s. 250
67. Shirer, *Berlin Diary*, s. 110; česky s. 96

68. *The Times*, 16. září 1938, s. 12
69. *Ciano's Diary*, 14. září 1938, s. 156
70. *DBFP* 3/II, č. 890, s. 334, Henderson Halifaxovi, 15. září 1938
71. *The Times*, 15. září 1938, s. 10 a 11
72. Cadogan Papers, ACAD 1/7, Cadoganův deník, 15. září 1938
73. *The Times*, 16. září 1938, s. 11 a 14
74. BBC Written Archives, R34/325 Czechoslovak Crisis, General File 1938–1939
75. *The Times*, 15. září 1938, s. 10
76. NC 18/1/1069, Chamberlain Idě Chamberlainové, 19. září 1938
77. Madge & Harrison, s. 58
78. Wheeler-Bennett, *Prologue to Tragedy*, s. 108, pozn. 2
79. Lord Strang, *Home and Abroad*, André Deutsch 1956, s. 137
80. LSE Archive, „Munich 1938", 1/2/3, rozhovor s Reinhardem Spitzym
81. Schmidt, s. 90; česky s. 117
82. *Daily Mail*, 16. září 1938, s. 12
83. Henderson, s. 149
84. NC 18/1/1069, Chamberlain Idě Chamberlainové, 19. září 1938
85. Spitzy, s. 239
86. *Daily Mail*, 16. září 1938, s. 12
87. Schmidt, s. 91; česky s. 118
88. Eberle & Uhl, s. 29
89. CAB 23/95/71, Cabinet 39 (38), 17. září 1938
90. NC 18/1/1069, Chamberlain Idě Chamberlainové, 19. září 1938. „Válečný kříž", na nějž Chamberlain odkazuje, byl Železný kříž první třídy.
91. Strang, s. 137
92. NC 18/1/1069, Chamberlain Idě Chamberlainové, 19. září 1938
93. *Lipski Papers*, s. 408
94. *DGFP* D/II, č. 470, s. 754, Kordt německému ministerstvu zahraničí, 13. září 1938
95. *DGFP* D/II, č. 489, s. 801, Henlein Hitlerovi, 15. září 1938
96. Conwell-Evans, s. 145
97. CAB 23/95/72, Cabinet 39 (38), 17. září 1938
98. Schmidt, s. 92; česky s. 119
99. *DBFP* 3/II, č. 896, s. 345, „Translation of notes made by Herr Schmidt of Mr. Chamberlain's conversation with Herr Hitler at Berchtesgaden", 15. září 1938
100. Dalton, s. 178

101. *DBFP* 3/II, č. 895, s. 345, „Notes by Mr. Chamberlain of his conversation with Herr Hitler at Berchtesgaden", 15. září 1938
102. Schmidt, s. 92; česky s. 120
103. Kershaw, s. 111; česky s. 124
104. Schmidt, s. 93; česky s. 120
105. Kershaw, s. 111; česky s. 124
106. NC 18/1/1069, Chamberlain Idě Chamberlainové, 19. září 1938
107. *Daily Express*, 16. září 1938, s. 1
108. *DBFP* 3/II, č. 896, s. 351, „Translation of notes made by Herr Schmidt of Mr. Chamberlain's conversation with Herr Hitler at Berchtesgaden", 15. září 1938
109. Eberle & Uhl, s. 29–30
110. Weizsäcker, s. 150–1
111. Dalton, s. 179
112. NC 8/26/1, rukou psaná zpráva, Chamberlain Hitlerovi, nedat. (16. září 1938)
113. *DBFP* 3/II, č. 895, s. 341, „Notes by Mr. Chamberlain of his conversation with Herr Hitler at Berchtesgaden", 15. září 1938
114. Weinberg, s. 433
115. Schmidt, s. 94; česky s. 122
116. *The Times*, 17. září 1938, s. 10
117. NC 8/26/2, „Notes by Sir Horace Wilson on conversations during Mr. Chamberlain's visit to Berchtesgaden", 16. září 1938
118. *Evening Standard*, 16. září 1938, s. 1
119. *The Times*, 17. září 1938, s. 10
120. BBC Written Archives, R34/325 Czechoslovak Crisis, General File 1938–1939

11: MEČ NOVÝ A OSTŘEJŠÍ

1. Za odkaz bych chtěl poděkoval D. R. Thorpeovi; báseň zůstala bez povšimnutí přes 60 let. Další verše Chamberlaina popisují jako „Nejhanebnějšího muže, který se kdy vkradl do vysokých funkcí ... Horšího než Hitler" (McCulloch, M. „Littler than Hitler", in *Times Literary Supplement*, 17. března 2000).
2. *The Times*, 17. září 1938, s. 10
3. Madge & Harrison, s. 69
4. RA PS/GVI/C 235/08–9, král Jiří VI. Chamberlainovi, 16. září 1938

5. RA PS/GVI/C 235/04, zpráva, Hardinge králi Jiřímu VI., 15. září 1938
6. RA PS/GVI/C 235/05, koncept rukou psaného dopisu, král Jiří VI. Hitlerovi, 14. září 1938
7. CAB 27/646/25–9, „The Czechoslovakian Crisis 1938, Notes of Informal Meetings of Ministers", 5. setkání, 16. září 1938
8. *Cadogan Diaries*, 16. září 1938, s. 99
9. NC 18/1/1069, Chamberlain Idě Chamberlainové, 19. září 1938
10. Wheeler-Bennett, J. *King George VI: His Life and Reign*, Macmillan 1958, s. 349–50
11. Ms. Eng. Hist. d.359/215, Crookshankův deník, 16. září 1938
12. INKP 1, Inskipův deník, 16. září 1938
13. NC 18/1/1069, Chamberlain Idě Chamberlainové, 19. září 1938
14. Self, s. 314
15. Kershaw, s. 112; česky s. 125
16. Roberts, *The Holy Fox*, s. 110
17. Nicolson, H. *Why Britain is at War*, Penguin 1939, s. 106
18. AMEL 7/32, Ameryho deník, 16. září 1938
19. *DBFP* 3/II, č. 888, s. 333, Newton Halifaxovi, 15. září 1938
20. *Channon Diaries*, 16. září 1938, s. 166
21. *Nicolson Diaries*, 16. září 1938, s. 360
22. Harvey, 16. září 1938, s. 182
23. Mss Eur D609/10/58, Zetland Brabournovi, 16. – 20. září 1938
24. CAB 23/95/65–9, Cabinet 39 (38), 17. září 1938
25. INKP 1, Inskipův deník, 17. září 1938
26. *Duff Cooper Diaries*, 17. září 1938, s. 260
27. CAB 23/95/72–6, Cabinet 39 (38), 17. září 1938
28. Colvin, *The Chamberlain Cabinet*, s. 156
29. CAB 23/95/79–80, Cabinet 39 (38), 17. září 1938
30. *Duff Cooper Diaries*, 17. září 1938, s. 260
31. INKP 1, Inskipův deník, 17. září 1938
32. CAB 23/95/86, Cabinet 39 (38), 17. září 1938
33. *Duff Cooper Diaries*, 17. září 1938, s. 260–1
34. CAB 23/95/107, Cabinet 39 (38), 17. září 1938
35. NC 18/1/1069, Chamberlain Idě Chamberlainové, 19. září 1938
36. Harvey, 17. září 1938, s. 184
37. Dalton, s. 176
38. Pimlott, s. 256
39. Daltonův deník, I/18, 17. září 1938
40. Harvey, 16. září 1938, s. 182

41. Templewood, s. 305
42. *DBFP* 3/II, č. 928, s. 379, „Record of Anglo-French Conversations held at No. 10 Downing Street", 18. září 1938
43. *Cadogan Diaries*, 18. září 1938, s. 100
44. Simon Papers 10/2, deník, 29. září 1938
45. Templewood, s. 305
46. *DBFP* 3/II, č. 928, s. 387, „Record of Anglo-French Conversations held at No. 10 Downing Street", 18. září 1938
47. CAB 23/95/116–17, Cabinet 40 (38), 19. září 1938
48. Wheeler-Bennett, *Prologue to Tragedy*, s. 114
49. CAB 27/646/41–4, „The Czechoslovakian Crisis 1938, Notes of Informal Meetings of Ministers", 6. setkání, 18. září 1938
50. CAB 23/95/119, Cabinet 40 (38), 19. září 1938
51. *DBFP* 3/II, č. 928, s. 397, „Record of Anglo-French Conversations Held at No. 10 Downing Street", 18. září 1938
52. Simon Papers 10/3, deník, 29. září 1938
53. *DBFP* 3/II, č. 928, s. 399, „Record of Anglo-French Conversations Held at No. 10 Downing Street", 18. září 1938
54. Harvey, 19. září 1938, s. 186
55. Wheeler-Bennett, *Prologue to Tragedy*, s. 116
56. *The Times*, 20. září 1938, s. 12
57. CAB 23/95/121, Cabinet 40 (38), 19. září 1938
58. Minney, s. 142
59. INKP 1, Inskipův deník, 19. září 1938
60. CAB 23/95/125–6 a 131, Cabinet 40 (38), 19. září 1938
61. BBK C/80, Beaverbrook Chamberlainovi, 16. září 1938
62. Adamthwaite, A. „The British Government and the Media, 1937–1938", in *Journal of Contemporary History*, roč. 18/2, duben 1983, s. 288
63. Hubback, D. *No Ordinary Press Baron: A Life of Walter Layton*, Weidenfeld and Nicolson 1985, s. 157–8
64. Cockett, s. 79
65. BBC Written Archives C41, „Compilations, ‚September Crisis 1938'". Sérii třinácti víkendových debat započal Nicolson v červenci; s prohlubováním české krize byly stále kontroverznější a otevřenější. Od září scénář pořadu podléhal kontrole Foreign Office a po Wilsonově intervenci začala rozhovory cenzurovat sama BBC.
66. Adamthwaite, s. 288–9
67. *News Chronicle*, 19. září 1938, s. 11 a 21. září 1938, s. 10
68. *Daily Herald*, 21. září 1938, s. 8

69. *Daily Telegraph*, 20. září 1938
70. *The Times*, 20. září 1938, s. 13
71. *The Times*, 20. září 1938, s. 14
72. *News Chronicle*, 22. září 1938, s. 13
73. *News Chronicle*, 22. září 1938, s. 1
74. AMEL 2/1/28, Amery Chamberlainovi, 17. září 1938
75. Amery, L. *My Political Life, Volume III: The Unforgiving Years, 1929–1940*, Hutchinson 1955, s. 268
76. Harvey, 20. září 1938, s. 189
77. *DBFP* 3/II, č. 1001, s. 444, Phipps Halifaxovi, 21. září 1938
78. Gilbert, M. *Winston S. Churchill*, svazek V, díl 3, „The Coming of War 1936–1939", Heinemann 1982, s. 1171–2
79. RA EDW/3545, vévoda windsorský Chamberlainovi, 18. září 1938
80. Rose, N. (ed.), *Baffy: The Diaries of Blanche Dugdale 1936–1947*, Vallentine Mitchell 1973, s. 127
81. Monckton Papers, Dep Monckton Trustees 16/150, Philip Guedalla Moncktonovi, 21. září 1938
82. Weinberg, s. 445–6
83. PREM 1/266A/267-8, Cadoganova zpráva, 20. září 1938
84. CAB 23/95/145-6, Cabinet 41 (38), 21. září 1938
85. CAB 23/95/154-60, Cabinet 41 (38), 21. září 1938
86. V dopisu sestře, který popisuje návštěvu Berchtesgadenu, Chamberlain Keitela charakterizuje jako „pomladšího, slušně vyhlížejícího vojáka se sympatickým obličejem" (NC 18/1/1069, Chamberlain Idě Chamberlainové, 19. září 1938).
87. Taylor, T. *Sword and Swastika*, s. 215
88. *NCA*, svazek IV, dokument 1780-PS, Jodlův deník, 16. září 1938
89. *DGFP* D/II, č. 500, s. 810, německé ministerstvo zahraničí německé zahraniční misi, 16. září 1938
90. Shirer, *The Rise and Fall of the Third Reich*, s. 387; česky s. 351
91. Shirer, *Berlin Diary*, s. 113; česky s. 99
92. *DGFP* D/II, č. 517, s. 825, německé ministerstvo zahraničí pražské legaci, 17. září 1938
93. *Daily Mail*, 19. září 1938, s. 13
94. *DGFP* D/II, č. 554, s. 863–4, Kordtův protokol pro Weizsäckera, 21. září 1938
95. *Lipski Papers*, s. 403 a 408–11
96. *NCA*, svazek III, dokument 388-PS, s. 344
97. *DGFP* D/II, č. 528, s. 836, Hencke německému ministerstvu zahraničí, 19. září 1938

98. Cox, s. 68
99. *DBFP* 3/II, č. 929, s. 400, Masaryk Halifaxovi, 18. září 1938
100. *DBFP* 3/II, č. 937, s. 404–5, Halifax Newtonovi, 19. září 1938
101. *DBFP* 3/II, č. 961, s. 416–17, Newton Halifaxovi, 19. září 1938
102. *DBFP* 3/II, č. 959, s. 414, pozn. 2, Phipps Halifaxovi, 19. září 1938
103. *The Times*, 20. září 1938, s. 12
104. Bruegel, s. 279
105. *DBFP* 3/II, č. 967, s. 419, Phipps Halifaxovi, 20. září 1938
106. Noguères, s. 145
107. *DBFP* 3/II, č. 986, s. 432–4, Newton Halifaxovi, 21. září 1938 ve 12.20
108. *DBFP* 3/II, č. 981, s. 426, Newton Halifaxovi, 20. září 1938
109. Toland, s. 477
110. *DBFP* 3/II, č. 979, s. 425, Newton Halifaxovi, 20. září 1938. Někteří historikové Hodžu (Slováka) napadají, že sám usiloval o separatismus a že během krize až do 22. září, kdy odstoupil, nejednal s Benešem čestně. Jisté se zdá, že britského i francouzského velvyslance informoval, že nebudou-li Británie s Francií Československo podporovat, bude se vláda muset vzdát a ustoupit.
111. *Cadogan Diaries*, 20. září 1938, s. 102
112. *DBFP* 3/II, č. 991, s. 437–8, Halifax Newtonovi, 21. září 1938 v 1.20
113. Wheeler-Bennett, *Prologue to Tragedy*, s. 123
114. Bruegel, s. 280
115. *DBFP* 3/II, č. 993, s. 438–9, Newton Halifaxovi, 21. září 1938 v 7.30
116. Harvey, 19. září 1938, s. 187
117. *DBFP* 3/II, č. 998, s. 442, Newton Halifaxovi, 21. září 1938 v 15.45
118. *DBFP* 3/II, č. 1005, s. 447, „Note from the Czechoslovak Government to the British Legation, Prague", 21. září 1938
119. Ripka, H. *Munich: Before and After*, Victor Gollancz 1939, s. 106–8
120. Cox, s. 70
121. Gedye, s. 467

12: NA BŘEHU RÝNA

1. BBC Written Archives, R34/325 Czechoslovak Crisis, General File 1938–1939
2. NC 8/26/5, „Memorandum for the Prime Minister", 22. září 1938
3. *The Times*, 23. září 1938, s. 12
4. Macleod, I. *Neville Chamberlain*, Frederick Muller 1961, s. 242

5. *The Times*, 23. září 1938, s. 12
6. *Daily Express*, 21. září 1938, s. 10
7. *Evening Standard*, 21. září 1938, s. 6
8. Kirkpatrick, s. 113
9. *Daily Express*, 21. září 1938, s. 10
10. Noguères, s. 160
11. Shirer, *Berlin Diary*, s. 115; česky s. 100–1. Hitlerovi dva přední životopisci uvádějí, že jeho přezdívka „pojídač koberců" byla ve skutečnosti pouhou legendou, která vznikla, když američtí novináři nepochopili německý slang. Hovorově by se měla správně přeložit „lozit po stropě", a nikoli „žvýkat koberce" (Toland, s. 480 a Kershaw, I. *The Hitler Myth: Image and Reality in the Third Reich*, Clarendon Press 1987, s. 187).
12. Kirkpatrick, s. 114
13. Shirer, *Berlin Diary*, s. 115; česky s. 100
14. *Daily Express*, 21. září 1938, s. 10
15. Kirkpatrick, s. 114
16. House of Commons, Official Report, 5. série, svazek 339, sl. 20, 28. září 1938
17. Schmidt, s. 96; česky s. 124.
18. *DBFP* 3/II, č. 1033, s. 465, „Notes of a conversation between Mr. Chamberlain and Herr Hitler at Godesberg", 22. září 1938
19. Henderson, s. 155
20. Schmidt, s. 96; česky s. 124
21. *DBFP* 3/II, č. 1033, s. 466–73, „Notes of a conversation between Mr. Chamberlain and Herr Hitler at Godesberg", 22. září 1938
22. *NCA*, svazek IV, dokument 1780-PS, s. 367, Jodlův deník, 21. září 1938
23. Maurois, A. (přel. Lindley, D.), *Tragedy in France*, Harper & Brothers, New York 1940, s. 13
24. BBC Written Archives, R34/325 Czechoslovak Crisis, General File 1938–1939
25. Madge & Harrison, s. 75
26. *Daily Herald*, 23. září 1938
27. *Duff Cooper Diaries*, 22. září 1938, s. 263
28. CAB 27/646/65, „The Czechoslovakian Crisis 1938, Notes of Informal Meetings of Ministers", 9. setkání, 22. září 1938 v 15.00
29. Noguères, s. 164
30. Harvey, 22. září 1938, s. 192
31. CAB 27/646/65, „The Czechoslovakian Crisis 1938, Notes of Informal

Meetings of Ministers", 9. setkání, 22. září 1938 v 15.00

32. *DBFP* 3/II, č. 1027, s. 461, Halifax Newtonovi, 22. září 1938

33. PREM 1/266A/183, zpráva Gladwyna Jebba o telefonickém rozhovoru se sirem Horacem Wilsonem, 22. září 1938 v 20.14

34. CAB 27/646/70 a 76, „The Czechoslovakian Crisis 1938, Notes of Informal Meetings of Ministers", 10. setkání, 22. září 1938 v 21.30

35. *DBFP* 3/II, č. 1035, s. 474, britská delegace (Godesberg) Halifaxovi, 23. září 1938 ve 2.00

36. Schmidt, s. 98; česky s. 125

37. *DBFP* 3/II, č. 1048, s. 482, britská delegace (Godesberg) Halifaxovi, 23. září 1938, přiložený text Chamberlaina Hitlerovi

38. *The Times*, 24. září 1938, s. 10

39. CAB 27/646/78, „The Czechoslovakian Crisis 1938, Notes of Informal Meetings of Ministers", 11. setkání, 23. září 1938 v 15.00

40. PREM 1/266A/173-7, zpráva Downing Street o telefonickém rozhovoru se sirem Horacem Wilsonem, 23. září 1938

41. Schmidt, s. 99; česky s. 126

42. Noguères, s. 167

43. Laffan, s. 382

44. CAB 23/95/173, Cabinet 42 (38), 24. září 1938

45. *DGFP* D/II, č. 573, s. 890–1, Hitler Chamberlainovi, 23. září 1938

46. CAB 27/646/78-9, „The Czechoslovakian Crisis 1938, Notes of Informal Meetings of Ministers", 11. setkání, 23. září 1938 v 15.00

47. Harvey, 23. září 1938, s. 194

48. *Duff Cooper Diaries*, 23. září 1938, s. 263–4

49. Roberts, *The Holy Fox*, s. 113

50. CAB 27/646/86-9, „The Czechoslovakian Crisis 1938, Notes of Informal Meetings of Ministers", 12. setkání, 23. září 1938 v 21.30

51. *DBFP* 3/II, č. 1058, s. 490, Halifax britské delegaci (Godesberg), 23. září 1938

52. Schmidt, s. 100; česky s. 127

53. *DBFP* 3/II, č. 1068, s. 495–6, britská delegace (Godesberg) Newtonovi, 24. září 1938, přiložený text memoranda

54. Schmidt, s. 100–1; česky s. 128

55. Kirkpatrick, s. 121

56. Henderson, s. 157

57. House of Commons, Official Report, 5. série, svazek 339, sl. 5, 28. září 1938

58. Schmidt, s. 101; česky s. 128–9

59. BBC Written Archives, T 56/177/1, *Ten Years After – A Munich Survey*, rozhovor s Paulem Schmidtem, 11. října 1948

60. Schmidt, s. 101–2; česky s. 129-30

61. *DGFP* D/II, č. 583, s. 907, „Memorandum on the Conversation Between the Führer and the British Prime Minister", 23. září 1938

62. House of Commons, Official Report, 5. série, svazek 339, sl. 22, 28. září 1938

63. Shirer, *The Rise and Fall of the Third Reich*, s. 395; česky s. 358

64. *The Times*, 24. září 1938, s. 10

65. Cox, s. 71

66. *Daily Express*, 26. září 1938, s. 2

67. Gedye, s. 471–2

68. Noguères, s. 176

69. Butler, p. 75. S neobvyklým návrhem Mason-MacFarlana přišel poprvé *Der Spiegel* v srpnu 1969 a následně se zpráva objevila na titulní straně *The Times* s titulkem „Měl zastřelit Hitlera?" V reakci na to proběhla v sekci dopisy několikadenní diskuze, která podrobně řešila etické a praktické rozměry tohoto kroku. Jedním z účastníků debaty byl brigádní generál Stronge, který v roce 1938 působil v Praze jako vojenský atašé a který Mason-MacFarlana ostře zkritizoval (*The Times*, 6. a 8. srpna1969).

70. Butler, s. 81–3

71. BBC Written Archives, R34/325 Czechoslovak Crisis, General File 1938–1939

72. CAB 27/646/91–2, „The Czechoslovakian Crisis 1938, Notes of Informal Meetings of Ministers", 13. setkání, 24. září 1938

73. *Cadogan Diaries*, 24. září 1938, s. 103

74. *Duff Cooper Diaries*, 24. září 1938, s. 264

75. CAB 23/95/179–80, Cabinet 42 (38), 24. září 1938

76. Minney, s. 145

77. *Duff Cooper Diaries*, 24. září 1938, s. 264–5

78. AMEL 7/32, Ameryho deník, 24. září 1938

79. AMEL 2/1/28, Amery Billymu Hughesovi, 25. září 1938

80. Barnes, J. & Nicholson, D. *The Empire at Bay: The Leo Amery Diaries 1929–1945*, Hutchinson 1988, s. 483

81. NC 7/2/81, Amery Chamberlainovi, 25. září 1938

82. Edenův deník, AP 20/118, 24. září 1938 (Thorpe, s. 225)

83. Lord Avon, *The Eden Memoirs: The Reckoning*, Cassell 1965, s. 27

84. *Cadogan Diaries*, 24. září 1938, s. 103

85. Harvey, 25. září 1938, s. 196
86. *Cadogan Diaries*, 25. září 1938, s. 105
87. Roberts, *The Holy Fox*, s. 114
88. CAB 23/95/198–200, Cabinet 43 (38), 25. září 1938 v 10.30
89. Minney, s. 146
90. *Duff Cooper Diaries*, 25. září 1938, s. 265
91. CAB 23/95/202 a 207, Cabinet 43 (38), 25. září 1938 v 10.30
92. Hickleton Papers, A4/410/3/7/2-4, tužkou psané vzkazy mezi Chamberlainem a Halifaxem, nedat. (25. září 1938)
93. Harvey, 25. září 1938, s. 197
94. CAB 23/95/224, Cabinet 43 (38), 25. září 1938 v 15.00.
95. Charmley, J. *Duff Cooper: The Authorized Biography*, Weidenfeld and Nicolson 1986, s. 120
96. *Duff Cooper Diaries*, 25. září 1938, s. 266. Je pozoruhodné, že oficiální zápisy žádnou zmínku o Cooperově první nabídce rezignace neobsahují.
97. CAB 23/95/189, Cabinet 42 (38), 24. září 1938
98. *DBFP* 3/II, č. 1092, s. 518–19, „Note from the Czechoslovak Minister to Viscount Halifax", 25. září 1938
99. Wilson Papers, T 273/406, poznámky o setkání Chamberlaina, Halifaxe a Masaryka, 25. září 1938
100. *DBFP* 3/II, č. 1009, s. 451, Phipps Halifaxovi, 21. září 1938
101. *DBFP* 3/II, č. 1015, s. 456, Halifax Phippsovi, 22. září 1938
102. *DGFP* D/II, č. 647, s. 977, německý vojenský přidělenec (Paříž) německému ministerstvu zahraničí, 27. září 1938
103. Phipps Papers, PHPP III/1/20/90, Phipps Halifaxovi, 24. září 1938
104. Harvey, 24. září 1938, s. 195
105. PHPP III/1/20/91, Halifax Phippsovi, 25. září 1938
106. Strang, s. 140. William Strang (pozdější lord Strang) působil jako stálý podtajemník na Foreign Office mezi lety 1949 a 1953. Během své pozoruhodné kariéry zažil řadu jednání, mj. i se Stalinem. Rokování s Francouzi tedy muselo být opravdu martyriem.
107. *DBFP* 3/II, č. 1093, s. 523–7, „Record of an Anglo-French Conversation held at No. 10 Downing Street", 25. září 1938
108. Strang, s. 141
109. *DBFP* 3/II, č. 1093, s. 527–34, „Record of an Anglo-French Conversation held at No. 10 Downing Street", 25. září 1938
110. Wheeler-Bennett, *Prologue to Tragedy*, s. 143
111. *Duff Cooper Diaries*, 25. září 1938, s. 266–7
112. CAB 23/95/241, Cabinet 44 (38), 25. září 1938 v 23.30

113. *Duff Cooper Diaries*, 25. září 1938, s. 267

114. Dalton Papers I/18, deník, 26. září 1938

13: ZACHOVEJTE KLID A KOPEJTE

1. *The Times*, 26. září 1938, s. 13
2. Madge & Harrison, s. 49–50
3. Macmillan, s. 560 a s. 575
4. *Daily Express*, 26. září 1938, s. 6
5. BBC Written Archives, R34/325 Czechoslovak Crisis, General File 1938–1939, „Special Announcements and Bulletins", 26. a 27. září 1938
6. *The Times*, 26. září 1938, s. 14
7. Diana Cooper, *The Light of the Common Day*, Rupert Hart-Davis 1959, s. 243
8. Nicolson, N. (ed.), *Leave the Letters Till We're Dead: The Letters of Virginia Woolf, Volume VI: 1938–1941*, The Hogarth Press 1980, s. 275
9. *Daily Express*, 26. září 1938, s. 5–6
10. BBC Written Archives, R34/325 Czechoslovak Crisis, General File 1938–1939, „Special Announcements and Bulletins", 26. September 1938
11. *Daily Express*, 27. září 1938, s. 2 a Madge & Harrison, s. 91
12. *Daily Express*, 28. září 1938, s. 5–12
13. *Evening Standard*, 29. září 1938, s. 6
14. BBC Written Archives, R34/325 Czechoslovak Crisis, General File 1938–1939, „Special Announcements and Bulletins", 27. September 1938
15. *Nicolson Diaries*, Vita Sackville-West to Nicolson, 27. září 1938, s. 368
16. Wheeler-Bennett, J. *King George VI: His Life and Reign*, Macmillan 1958, s. 352
17. CAB 23/95/258, Cabinet 45 (38), 26. září 1938
18. *DBFP* 3/II, č. 1143, s. 575, Halifax Phippsovi, 27. září 1938
19. Cooper, s. 237
20. CAB 23/95/249, Cabinet 45 (38), 26. září 1938
21. Welles, S. *The Time for Decision*, Hamish Hamilton 1944, s. 58
22. CAB 23/95/256, Cabinet 45 (38), 26. září 1938
23. CAB 23/95/247–8, Cabinet 45 (38), 26. září 1938
24. *Duff Cooper Diaries*, 26. září 1938, s. 267
25. RA PS/GVI/C 235/10, Hardingova zpráva, 26. a 29. září 1938
26. *Nicolson Diaries*, 22. září 1938, s. 364

469

27. Jay, s. 75
28. Attlee Papers, MS Eng. c.4792/85, Clement Attlee Tomovi Attlee, 29. dubna 1938
29. PREM 1/266A/96, Attlee Chamberlainovi, 26. září 1938
30. Viz pozn. 53
31. AMEL 7/32, Ameryho deník, 26. září 1938
32. *Nicolson Diaries*, 26. září 1938, s. 367
33. *DGFP* D/II, č. 603, s. 930, Hencke německému ministerstvu zahraničí, 25. září 1938
34. Kershaw, s. 115–6 (originál viz Goebbels, J. Deníky, 26. září 1938); česky s. 128
35. Schmidt, s. 103; česky s. 130
36. *DBFP* 3/II, č. 1118, s. 555, „Notes of a Conversation between Sir Horace Wilson and Herr Hitler at Berlin", 26. září 1938
37. Gilbert, „Horace Wilson: Man of Munich?", s. 7
38. Schmidt, s. 103; česky s. 131
39. *DBFP* 3/II, č. 1118, s. 555, „Notes of a Conversation between Sir Horace Wilson and Herr Hitler at Berlin", 26. září 1938
40. Kershaw, s. 116; česky s. 129
41. *DBFP* 3/II, č. 1097, s. 542, Chamberlain Hitlerovi, 26. září 1938
42. Kirkpatrick, s. 124
43. PREM 1/266A/79, zpráva Gladwyna Jebba, 26. září 1938
44. *DBFP* 3/II, č. 1115, s. 552, Henderson Halifaxovi, 26. září 1938
45. Shirer, *Berlin Diary*, s. 118; česky s. 103–4
46. Baynes, s. 1509, s. 1517 a s. 1525–7
47. Kershaw, s. 117; česky s. 129
48. Shirer, *Berlin Diary*, s. 11–89; česky s. 104
49. Kershaw, s. 117 (originál viz Goebbels, J., Deníky, 27. září 1938); česky s. 129.
50. Amery, s. 278
51. CAB 27/646/95, „The Czechoslovakian Crisis 1938, Notes of Informal Meetings of Ministers", 14. setkání, 26. září 1938 ve 22.00
52. *DBFP* 3/II, č. 1111, pozn. 1, s. 550
53. Gilbert, M. *Winston S. Churchill*, svazek V, díl 3, Heinemann 1982, s. 1182, Halifax Churchillovi, 24. července 1947. Winston Churchill v *The Gathering Storm* (s. 277–8) uvádí, že byl s Halifaxem a Chamberlainem v zasedací místnosti vlády, když komuniké odpoledne 26. září vzniklo (viz pozn. 30). Když to však chtěl v roce 1947 potvrdit, Halifax mu odepsal, že se domnívá, že „si to [Churchill; pozn. překladatele] špatně

vybavuje". Třebaže toho odpoledne mohla proběhnout obecnější diskuze, Halifax text prohlášení toho večera obdržel od Rexe (pozdějšího sira Reginalda) Leepera a pouze odsouhlasil jeho zveřejnění, domnívaje se, že je „naprosto v souladu" s Chamberlainovým pohledem. „Když se však komuniké objevilo, byl Neville", k Halifaxově překvapení, „velice otrávený a vytkl mi, že jsem ho s tím neseznámil před zveřejněním" (Gilbert, s. 1182, Halifax Churchillovi, 24. července 1947). Prohlášení získalo své přízvisko podle Leepera, který jej poskytl tisku. Francouzské diplomatické kruhy měly za to, že jde o podvrh, či práci sira Roberta Vansittarta.

54. *The Times*, 27. září 1938, s. 12
55. PREM 1/266A/76-7, Wilson ministerstvu zahraničí, 26. září 1938
56. Kirkpatrick, s. 124
57. *DBFP* 3/II, č. 1129, s. 565, „Notes of a Conversation between Herr Hitler and Sir Horace Wilson at Berlin", 27. září 1938
58. Henderson, s. 160
59. *DBFP* 3/II, č. 1129, s. 566, „Notes of a Conversation between Herr Hitler and Sir Horace Wilson at Berlin", 27. září 1938
60. Henderson, s. 160
61. LSE Archive, „Munich 1938", 1/1/8, rozhovor se sirem Conem O'Neillem, nedat. Šestadvacetiletý O'Neill byl absolventem koleje All Souls a syn sira Hugha (pozdějšího lorda) O'Neilla, který byl členem tajné rady a poslancem za konzervativce. Po podpisu Mnichovské dohody mladý O'Neill znechuceně rezignoval na své místo na ministerstvu. Sir Hugh v obavě o kariéru svého syna žádal sira Horace Wilsona, zda by na něj mohl zatlačit, aby vzal rezignaci zpět, a pomohl mu s nalezením nového místa. Nejen že Wilson něco takového odmítl, dokonce prohlásil, že si myslí, že O'Neill má odejít. Vyjádřil se o něm jako o „horkokrevném mladíkovi… Jako státní úředník nemáte kritizovat vládu. Co s tím měl společného? Psal na obálky adresu, nebo dělal něco podobného. Netýkalo se ho to ani za mák". (Gilbert, „Horace Wilson: Man of Munich?", s. 8)
62. *DGFP* D/II, č. 634, s. 965, „Memorandum on the Conversation between the Führer and Sir Horace Wilson", 27. září 1938 (fráze je anglicky v originálním Schmidtově německém zápise)
63. Kirkpatrick, s. 126
64. *Cadogan Diaries*, s. 108
65. CAB 27/646/101, „The Czechoslovakian Crisis 1938, Notes of Informal Meetings of Ministers", 15. setkání, 27. září 1938

66. PREM 1/242/27, zpráva Te Watera, 27. září 1938
67. *DBFP* 3/II, č. 1126, s. 561–2, Henderson Halifaxovi, 27. září 1938
68. *DBFP* 3/II, č. 1136, s. 570, Halifax Newtonovi, 27. září 1938 v 17.45
69. *Cadogan Diaries,* s. 108
70. *DBFP* 3/II, č. 1138, s. 571, Halifax Newtonovi, 27. září 1938 v 18.00
71. PREM 1/266A/115, koncept telegramu, Chamberlain Benešovi, 27. září 1938
72. *Cadogan Diaries,* 27. září 1938, s. 107
73. Chamberlain, N. *The Struggle for Peace,* Hutchinson 1939, s. 274–6
74. *Duff Cooper Diaries,* 27. září 1938, s. 268
75. Diana Cooper, s. 245
76. AMEL, 7/32, Ameryho deník, 27. září 1938
77. CAB 23/95/261–70, Cabinet 46 (38), 27. září 1938
78. *Duff Cooper Diaries,* 27. září 1938, s. 268–9
79. CAB 23/95/272-4, Cabinet 46 (38), 27. září 1938
80. Wheeler-Bennett, *King George VI,* s. 352
81. NC 18/1/1070, Chamberlain Hildě Chamberlainové, 2. října 1938
82. *NCA,* svazek III, dokument 388-PS, s. 352, memorandum, 28. září 1938
83. *NCA,* svazek III, dokument 388-PS, s. 379, „Coordinated Time of Attack by Army and Air Forces on X Day", 27. září 1938
84. *NCA,* svazek III, dokument 388-PS, s. 351, Keitelova zpráva, „Mobilization Measures", 27. září 1938
85. *NCA,* svazek III, dokument 388-PS, s. 350, „přísně tajná" Keitelova zpráva, 27. září 1938
86. Shirer, *Berlin Diary,* s. 119; česky s. 104
87. *Daily Express,* 28. září 1938, s. 2
88. Henderson, s. 161
89. Toland, s. 45
90. *TMWC,* svazek XII, s. 219, Giseviova výpověď, 25. dubna 1946
91. Hitlerův dopis pro Chamberlaina na Foreign Office obdrželi ve 20.40 (viz pozn. 96). Vzhledem k tomu, že ho musel někdo napsat, Schmidt přeložit, doručit Hendersonovi a odeslat do Londýna, musel vzniknout už před vojenskou přehlídkou.
92. Spitzy, s. 246
93. Schmidt, s. 105; česky s. 133
94. Henderson, s. 161
95. Weizsäcker, s. 154
96. *DBFP* 3/II, č. 1144, s. 576–9, Henderson Halifaxovi, 27. září 1938
97. House of Commons, Official Report, 5. série, svazek 339, sl. 25, 28. září 1938

98. Laffan, s. 423
99. *DGFP* D/II, č. 656, s. 988–9, Weizsäckerův protokol pro Ribbentropa, 28. září 1938
100. NC 8/26/13, složka Mnichov, poznámka Annie Chamberlainové, nedat.
101. *DBFP* 3/II, č. 1158, s. 587, Halifax Hendersonovi, přiložená zpráva Chamberlaina Hitlerovi, 28. září 1938
102. NC 18/1/1070, Chamberlain Hildě Chamberlainové, 2. října 1938
103. Birkenhead, s. 405
104. Weizsäcker, s. 153
105. Henderson, s. 163
106. Toland, s. 487
107. Bloch, s. 195–6
108. Toland, s. 487
109. P Dixon, *Double Diploma: The Life of Sir Pierson Dixon, Don and Diplomat*, Hutchinson 1968, s. 48
110. *DBFP* 3/II, č. 1125, s. 561, Perth Halifaxovi, 27. září 1938
111. Dixon, s. 50
112. *DBFP* 3/II, č. 1231, s. 642–3, Perth Halifaxovi, 30. září 1938
113. Noguères, s. 222
114. *Ciano's Diary*, 28. září 1938, s. 165
115. Schmidt, s. 106; česky s. 134
116. Schmidt, s. 106; česky s. 134 (přeloženo z François-Poncet, A. *Souvenirs d'une Ambassade á Berlin*, Flammarion, Paris 1947, s. 328)
117. Spitzy, s. 248–9
118. Schmidt, s. 107; česky s. 135-6
119. *DBFP* 3/II, č. 1159, s. 587, Halifax Perthovi, 28. září 1938
120. *DBFP* 3/II, č. 1231, s. 644, Perth Halifaxovi, 30. září 1938
121. Henderson, s. 164
122. Wheeler-Bennett, *Prologue to Tragedy*, s. 167
123. Kershaw, s. 119 (originál viz Groscurthův deník, 28. září 1938); česky s. 131
124. Laffan, s. 407
125. Henderson, s. 164
126. Wheeler-Bennett, *Prologue to Tragedy*, s. 167, pozn. 4
127. Kershaw, s. 119; česky s. 131
128. Schmidt, s. 107–8; česky s. 136
129. Henderson, s. 166
130. *Ciano's Diary*, 28. září 1938, s. 166

14: LÉTAJICÍ POSEL MÍRU

1. Jeden z nejmladších poslanců ve sněmovně, Cartland, poté v roce 1939 statečně vystupoval proti Chamberlainově politice. Zemřel při ústupu do Dunkerku v květnu 1940 (Cartland, B. *The Isthmus Years*, Hutchinson 1943, s. 177).

2. Wheeler-Bennett dává do kontrastu spořádaný a relativně klidný exodus z Londýna s Paříží, kde „docházelo k bojům o místa ve vlacích a silnice vedoucí z města byly ucpané hustou dopravou" (*Prologue to Tragedy*, s. 167).

3. BBC Written Archives, R34/325 Czechoslovak Crisis, General File 1938–1939, „Special Announcements and Bulletins", 28. září 1938

4. *Duff Cooper Diaries*, 28. září 1938, s. 269

5. *Channon Diaries*, 28. září 1938, s. 170

6. AMEL, 7/32, Ameryho deník, 27. září 1938

7. *Nicolson Diaries*, 28. září 1938, s. 369

8. LSE Archive, „Munich 1938", 1/1/3, rozhovor s hrabětem Raczynským

9. *Nicolson Diaries*, 28. září 1938, s. 369

10. Self, s. 322

11. House of Commons, Official Report, 5. série, svazek 339, sl. 5, 28. září 1938

12. *Nicolson Diaries*, 28. září 1938, s. 369

13. House of Commons, Official Report, 5. série, svazek 339, sl. 6, 28. září 1938

14. AMEL, 7/32, Ameryho deník, 28. září 1938

15. CAB 27/646/105, „The Czechoslovakian Crisis 1938, Notes of Informal Meetings of Ministers", 15. setkání, 27. září 1938. Dále byly záměrně z Bílé knihy vynechány tyto telegramy: anglo-francouzské ultimátum z 21. září; poslední britský návrh Hitlerovi a Chamberlainův telegram Benešovi, v němž britský premiér varoval, že i kdyby vypukla válka a spojenci byli úspěšní, přesto bylo nepravděpodobné, že by došlo k obnovení Československa v jeho tehdejší podobě. Je namístě předpokládat, že výhružný jazyk těchto telegramů by dal některým poslancům důvod k zamyšlení.

16. *DBFP* 3/II, č. 1174, s. 593–4, „Note by Sir A. Cadogan", 28. září 1938

17. *Cadogan Diaries*, 28. září 1938, s. 109

18. Hirsel Archive, ADH, „Notes on Munich" lorda Dunglasse, pozdějšího Aleca Douglas-Homa a lorda Homa (ručně psané poznámky nejsou datovány, ale nesou označení, že byly „napsány bezprostředně po Mnichovu").

19. Simon Papers 10/11, Simonův deník, 29. září 1938
20. *Nicolson Diaries*, 28. září 1938, s. 370
21. *The Times*, 28. září 1938, s. 12
22. House of Commons, Official Report, 5. série, svazek 339, sl. 25–6, 28. září 1938
23. *Channon Diaries*, 28. září 1938, s. 171
24. House of Commons, Official Report, 5. série, svazek 339, sl. 26, 28. září 1938
25. Hirsel Archive, SB/7
26. House of Commons, Official Report, 5. série, svazek 339, sl. 26–8, 28. září 1938
27. *Duff Cooper Diaries*, 28. září 1938, s. 269
28. Lord Home, *The Way the Wind Blows*, Collins 1976, s. 65
29. *The History of The Times*, s. 943
30. Simon Papers 10/12, Simonův deník, 29. září 1938. Simon byl v předních řadách parlamentu, když v roce 1914 sir Edward Grey oznámil vypuknutí 1. světové války.
31. *News Chronicle*, 29. září 1938, s. 1
32. *Channon Diaries*, 28. září 1938, s. 171
33. Simon, s. 247
34. *Nicolson Diaries*, 28. září 1938, s. 371, pozn. 1
35. Seton-Watson, R. *A History of the Czechs and Slovaks*, Hutchinson 1943, s. 367 an.
36. Wheeler-Bennett, *Prologue to Tragedy*, s. 170
37. AMEL, 7/32, Ameryho deník, 28. září 1938
38. LSE Archive, „Munich 1938", 1/1/3, rozhovor s hrabětem Raczynským
39. *Nicolson Diaries*, 28. září 1938, s. 371
40. Stewart, G. *Burying Caesar: Churchill, Chamberlain and the Battle for the Tory Party*, Weidenfeld and Nicolson 1999, s. 324
41. NC 18/1/1070, Chamberlain Hildě Chamberlainové, 2. října 1938
42. *Daily Express*, 29. září 1938, s. 1
43. Hirsel Archive, ADH, „Notes on Munich" lorda Dunglasse. Tento citát ještě nikdy nebyl publikován a je nejspíše prvním odkazem ke slovům, která Chamberlain pronesl z okna Downing Street; vzpomínka silně naznačuje, že k jejich vyslovení Chamberlaina přiměla jeho manželka. Lord Hailsham toho večera také spatřil Annie Chamberlainovou a uvedl, že mu řekla: „Myslím, že Neville přiveze z Mnichova mír, a doufám, že to bude čestný mír" (Heuston, s. 490).
44. Wheeler-Bennett, *Prologue to Tragedy*, s. 171

45. *DGFP* D/II, č. 662, s. 994, německé ministerstvo zahraničí německé zahraniční misi, 28. září 1938
46. *Ciano's Diary*, 29. září 1938, s. 166
47. Laffan, s. 437
48. *Ciano's Diary*, 29. září 1938, s. 166
49. *Channon Diaries*, 29. září 1938, s. 172
50. BBC Written Archives, R34/325 Czechoslovak Crisis, General File 1938–1939, „Recorded Programmes Library", 29. září 1938
51. Thorpe, *Alec Douglas-Home*, s. 80–1
52. *DBFP* 3/II, č. 1184, s. 599, Halifax Newtonovi, 28. září 1938
53. *DBFP* 3/II, č. 1194, s. 604, Newton Halifaxovi, 28. září 1938
54. François-Poncet, A. (přel. LeClercq, J.), *The Fateful Years*, Victor Gollancz 1949, s. 269; česky *Berlín 1931–1938: Vzpomínky diplomata*, Universum 1947, s. 316
55. *The Times*, 30. září 1938, s. 12
56. Hirsel Archive, ADH, „Notes on Munich"
57. François-Poncet, s. 269; česky s. 316
58. von Halasz, J. *Hitler's Munich*, Foxley Books 2007, s. 72–3. Vůdcův dům je jednou z mála budov z nacistické doby, které v Mnichově přetrvaly dodnes. V současnosti má špinavě hnědou fasádu a obrys obrovského bronzového orla nesoucího svastiku, který stál nad vchodem, je dodnes rozpoznatelný. Budovu dnes využívá mnichovská konzervatoř a v pokoji 105 v prvním patře nad vchodem, kde došlo k podepsání Mnichovské dohody, cvičí pianisté. Na stěně je malá pamětní deska (velikosti listu A4), která připomíná historii místnosti.
59. Hickleton Papers, A4/410/3/3/vi, „Diary of Visit", 19. listopadu 1937
60. *The Times*, 30. září 1938, s. 12
61. *Evening Standard*, 29. září 1938, s. 7
62. Hirsel Archive, ADH, „Notes on Munich"
63. Eberle & Uhl, s. 33
64. François-Poncet, s. 269–70; česky s. 316–7
65. *Ciano's Diary*, 30. září 1938, s. 167
66. Strang, s. 144
67. Henderson, s. 166
68. Schmidt, s. 109; česky s. 137
69. NC 18/1/1070, Chamberlain Hildě Chamberlainové, 2. října 1938
70. *Ciano's Diary*, 30. září 1938, s. 167
71. *DGFP* D/II, č. 670, s. 1005–6, „Memorandum on the First Meeting Between the British and French Prime Ministers, the Duce, and the Führer

at Munich", 29. září 1938

72. Henderson, s. 167
73. François-Poncet, s. 271; česky s. 318. Že Mussoliniho návrhy pocházejí z Wilhelmstrasse, se zjistilo až po válce. Proto je nutno předpokládat, že Chamberlain i Henderson zemřeli přesvědčení, že jejich autorem je Mussolini.
74. *DBFP* 3/II, č. 1227, s. 634, „Note by Sir H. Wilson on the Munich Conference", Appendix A, 1. října 1938
75. Noguères, s. 265
76. *Ciano's Diary*, 30. září 1938, s. 167
77. *DGFP* D/II, č. 670, s. 1006, „Memorandum on the First Meeting Between the British and French Prime Ministers, the Duce, and the Führer at Munich", 29. září 1938
78. Noguères, s. 268
79. Schmidt, s. 110; česky s. 138
80. Laffan, s. 441, pozn. 3
81. *Ciano's Diary*, 30. září 1938, s. 167
82. François-Poncet, s. 271; česky s. 318
83. Strang, s. 145
84. BBC Written Archives, T56/177/1, „Ten Years After – A Munich Survey", 11. října 1948, rozhovor s lordem Dunglassem
85. Schmidt, s. 111; česky s. 140
86. Wilson Papers, T 273/408, zpráva dr. Huberta Masaříka, 30. září 1938
87. BBC Written Archives, R28/297325, Czechoslovak Crisis, „News Agencies 1938"
88. Kirkpatrick, s. 129
89. CAB 23/95/280, Cabinet 47 (38), 30. září 1938
90. *DBFP* 3/II, č. 1224, s. 627–8, delegace Spojeného království (Mnichov) Halifaxovi, přiložený text Mnichovské dohody, 30. září 1938
91. BBC Written Archives, R28/297325, Czechoslovak Crisis, „News Agencies 1938"
92. Strang, s. 146
93. Kirkpatrick, s. 127
94. *Ciano's Diary*, 30. září 1938, s. 168
95. Noguères, s. 284
96. Wheeler-Bennett, *Prologue to Tragedy*, s. 172, pozn. 2
97. Shirer, *Berlin Diary*, s. 121; česky s. 105–6
98. T 273/408, zpráva dr. Huberta Masaříka, 30. září 1938. Kirkpatrick se s Masaříkem v popisu Chamberlainova přístupu neshoduje. Není však

vůbec jasné, zda byl Kirkpatrick události přítomen. Uvádí, že ministerský předseda projevil „nejhlubší účast a pochopení", což vyniklo v kontrastu s „rázným chováním Daladiera, který si nebral servítky" (Kirkpatrick, s. 129–30).

99. *DBFP* 3/II, č. 1227, s. 633, „Note by Sir H. Wilson on the Munich Conference", 1. října 1938
100. François-Poncet, s. 273; česky s. 319
101. BBC Written Archives, T56/177/1, „Ten Years After – A Munich Survey", 11. října 1948, rozhovor s Frankem Ashton-Gwatkinem
102. *DBFP* 3/II, č. 1225, s. 630, britská delegace (Mnichov) Newtonovi, 30. září 1938
103. Wheeler-Bennett, *Prologue to Tragedy*, s. 175
104. Ripka, s. 231–2
105. NC 18/1/1070, Chamberlain Hildě Chamberlainové, 2. října 1938
106. Strang, s. 147
107. Thorpe, *Alec Douglas-Home*, s. 83
108. *Ciano's Diary*, 30. září 1938, s. 167. Když do bytu v květnu 1945 dorazila americká válečná korespondentka Lee Millerová, zapůsobil na ni následovně: „Prvním dojmem bylo, že tento byt nemohl vlastnit nikdo, kdo měl alespoň průměrný plat a žádné dědictví. Postrádal půvab a kouzlo, intimitu a rozhodně nebyl majestátní" (Miller, L. *Lee Miller's War*, Condé Nast Books 1992, s. 191). Dnes v domě sídlí policie.
109. Hirsel Archive, SB/104, rozhovor s lordem Homem, 28. srpna 1989
110. *DBFP* 3/II, č. 1228, s. 636, „Note of a Conversation between the Prime Minister and Herr Hitler at the Latter's Flat in Munich", 30. září 1938
111. NC 18/1/1070, Chamberlain Hildě Chamberlainové, 2. října 1938. Chamberlainovy poznámky ze setkání (14 stránek tužkou psaných poznámek v malém notýsku) jsou mezi jeho písemnostmi na Birminghamské univerzitě. Originál smlouvy (včetně označení přehybu) je uložen v Imperiálním válečném muzeu.
112. Schmidt, s. 112–13; česky s. 141
113. BBC Written Archives, R19/2172, série „I Was There", rozhovor se sirem Alecem Douglas-Homem, 14. ledna 1968
114. *Documents on German Foreign Policy 1918–1945*, série D (1937–1945), svazek IV, „The Aftermath of Munich", HMSO 1951, č. 247, s. 292, „Conversation between the Führer and the British Prime Minister", 30. září 1938
115. Lambert, s. 276
116. Eberle & Uhl, s. 35

117. Strang, s. 148
118. BBC Written Archives, T56/177/1, „Ten Years After – A Munich Survey", 11. října 1948, rozhovor s Frankem Ashton-Gwatkinem
119. Toland, s. 493
120. Spitzy, s. 254
121. *Ciano's Diary*, 2. října 1938, s. 172
122. Von Halasz, s. 36–7 a 40. Z pivnice Sterneckerbräu je dnes obchod s počítači.
123. T 273/407, Ewer Wilsonovi, 20. října 1938 & Wilson Ewerovi, 21. října 1938
124. Coote, C. *The Other Club*, Sidgwick & Jackson 1971, s. 88–91
125. Charmley, *Duff Cooper*, s. 124
126. *Duff Cooper Diaries*, 29. září 1938, s. 270
127. Coote, *The Other Club*, s. 91
128. Roberts, *The Holy Fox*, s. 123
129. Avon, *The Reckoning*, s. 36
130. LSE Archive, 1/1/5, „Munich 1938", rozhovor se sirem Johnem Colvillem
131. CAB 23/95/280-5, Cabinet 47 (38), 30. září 1938
132. *Duff Cooper Diaries*, 30. září 1938, s. 270–1
133. CAB 23/95/287, Cabinet 47 (38), 30. září 1938
134. *Duff Cooper Diaries*, 30. září 1938, s. 271
135. Cooper, s. 243
136. Wheeler-Bennett, *King George VI*, s. 354–6
137. *The Times*, 1. října 1938, s. 13
138. Hadley, W. *Munich: Before and After*, Cassell 1944, s. 94–5
139. *Daily Herald*, 1. října 1938
140. NC 7/11/31/228, Rothermere Chamberlainovi, 1. října 1938
141. Self, s. 328
142. RA EDW/3760, vévoda windsorský Chamberlainovi, nedat.
143. Self, s. 329
144. NC 7/11/31/168, Lee Chamberlainovi, 12. listopadu 1938
145. *The Times*, 1. října 1938, s. 1
146. Dutton, D. *Neville Chamberlain*, Arnold 2001, s. 55
147. Shepherd, s. 223
148. Morris, B. *The Roots of Appeasement: The British Weekly Press and Nazi Germany During the 1930s*, Frank Cass 1991
149. Macmillan, s. 562
150. Harvey, 1. října 1938, s. 208

151. NC 18/1/1070, Chamberlain Hildě Chamberlainové, 2. října 1938
152. CAB 27/646/108, „The Czechoslovakian Crisis 1938, Notes of Informal Meetings of Ministers", 16. setkání, 1. října 1938
153. PREM 1/266A/23-4, Stanley Chamberlainovi, 3. října 1938
154. House of Commons, Official Report, 5. série, svazek 339, sl. 31–4 a 40, 3. října 1938
155. Charmley, *Duff Cooper*, s. 130
156. House of Commons, Official Report, 5. série, svazek 339, sl. 42–7, 3. října 1938
157. Macmillan, s. 568
158. Dalton, s. 198–9
159. NC 18/1/1071, Chamberlain Idě Chamberlainové, 9. října 1938
160. *Nicolson Diaries*, 4. října 1938, s. 375
161. House of Commons, Official Report, 5. série, svazek 339, sl. 360, 5. října 1938
162. Nancy Astor Papers, 1416/1/7/78, *News Review*, 13. října 1938
163. House of Commons, Official Report, 5. série, svazek 339, sl. 361 a 373, 5. října 1938
164. AMEL 2/1/28, Amery Chamberlainovi, 6. října 1938
165. *Nicolson Diaries*, 6. října 1938, s. 375–6
166. Thompson, N. *The Anti-Appeasers: Conservative Opposition to Appeasement in the 1930s*, Clarendon Press 1971, s. 182–3
167. NC 18/1/1071, Chamberlain Idě Chamberlainové, 9. října 1938
168. Hirsel Archive, SB/8, 1938–40

EPILOG: TASENÍ MEČE

1. *NCA*, svazek IV, dokument 1780-PS, s. 368, Jodlův deník, 29. září 1938
2. Kirkpatrick, s. 135
3. Shirer, *The Rise and Fall of the Third Reich*, s. 427; česky s. 386
4. Henderson, s. 174–5
5. Kershaw, s. 122 (originál viz Goebbels, J., Deníky, 30. září 1938); česky s. 133
6. *NCA*, svazek III, dokument 388-PS, s. 357–8, „zelená" složka, Keitel Hitlerovi, 30. září 1938
7. Taylor, T. *Sword and Swastika*, s. 224–5
8. Toland, s. 494
9. Cox, s. 76–7

10. Henderson, s. 168
11. François-Poncet, s. 273; česky s. 320
12. Kirkpatrick, s. 131
13. Weinberg, s. 459
14. Baynes, s. 1533–5, spis 15. *NCA*, svazek III, dokument 388-PS, s. 372–4, „zelená" složka, 9. a 11. října 1938
16. *DGFP* D/IV, č. 81, s. 99–100, „Directive by the Führer for the Wehrmacht", 21. října 1938. Třetí bod odkazoval k městu Klaipědě, baltskému přístavu se 40 000 obyvateli, z nichž většina byli Němci. Oblast muselo na základě Versailleské mírové smlouvy Německo postoupit Litvě.
17. *DGFP* D/IV, č. 45, s. 46, „Memorandum for the Führer", 7. října 1938
18. Kershaw, s. 141; česky s. 133
19. CAB 23/96/92, Cabinet 51 (38), 31. října 1938
20. NC 18/1/1076, Chamberlain Idě Chamberlainové, 13. října 1938
21. Self, s. 345
22. Hadley, s. 103
23. T 273/407, *Daily Herald*, 1. října 1938
24. CAB 23/95/292–4 a 301, Cabinet 48 (38), 3. října 1938
25. Nancy Astor Papers, MS 1416/1/2/188, Macmillan Astorové, říjen 1938
26. Macmillan, s. 573
27. *DGFP* D/IV, č. 68, s. 83, poznámky o Göringově rozhovoru, nedat. (17. října 1938)
28. CAB 23/95/284, Cabinet 47 (38), 30. září 1938
29. Taylor, T. *Sword and Swastika*, s. 230
30. *DGFP* D/IV, č. 156, s. 188–9, Hencke (Prague) německému ministerstvu zahraničí, 12. ledna 1939
31. Wheeler-Bennett, *Prologue to Tragedy*, s. 316
32. Kershaw, s. 169 (originál viz Goebbels, J., Deníky, 11. března 1939); česky s. 173
33. *Documents on British Foreign Policy 1919–1939*, 3. série, svazek IV, „1939", HMSO 1951, č. 203, s. 223, Henderson Halifaxovi, 11. března 1939
34. *DBFP* 3/IV, č. 473, s. 439, Newton Halifaxovi, 21. března 1939
35. *DGFP* VI, č. 202, s. 243–4, „Conversation between the Führer and Tiso", 13. března 1939. Po válce byl Tiso Američany zadržen a předán soudu české vlády. Byl oběšen 18. dubna 1947.
36. *DGFP* D/IV, č. 228, s. 267, „Conversation between the Führer and

President Hácha", 15. března 1939

37. Toland, s. 517 pozn.
38. Kershaw, s. 171; česky s. 174–5
39. *DGFP* D/IV, č. 152, s. 185–6, Keitelova směrnice, 17. prosince 1938
40. Syrový byl po osvobození Československa zatčen a souzen kvůli obvinění z kolaborace. 21. dubna 1947 byl odsouzen k dvacetiletému odnětí svobody, přičemž deset let strávil ve věznicích pro těžké zločince.
41. Baynes, s. 1585

Prameny a literatura

ARCHIVNÍ MATERIÁLY

Král Jiří VI.	The Royal Archives
Vévoda windsorský	The Royal Archives (s laskavým svolením Její Výsosti královny)
Leo Amery	Churchill Archives Centre
Lady Astorová	Reading University
Lord Attlee	Bodleian Library, Oxford
Lord Avon	Birmingham University Library National Archives (FO 800)
Lord Baldwin	Cambridge University Library
Lord Beaverbrook	Parliamentary Archive
Sir Alexander Cadogan	Churchill Archives Centre National Archives (FO 800)
Lord Caldecote	Churchill Archives Centre
Neville Chamberlain	Birmingham University Library
Lord Cranborne	National Archives (FO 800)
Lord Crookshank	Bodleian Library, Oxford
Lord Dalton	British Library of Political and Economic Science
Geoffrey Dawson	Bodleian Library, Oxford
Paul Emrys	Evans British Library
Lord Gladwyn	Churchill Archives Centre
Lord Halifax	Borthwick Institute, University of York (The Hickleton Papers) National Archives (FO 800)
Lord Hankey	Churchill Archives Centre
Sir Nevile Henderson	National Archives (FO 800)
Lord Home	The Hirsel Archive
Lord Margesson	Churchill Archives Centre

Lord Monckton	Bodleian Library, Oxford
Lord Norwich	Churchill Archives Centre
Sir Eric Phipps	Churchill Archives Centre
Lord Runciman	National Archives (FO 800)
Sir Orme Sargent	National Archives (FO 800)
Lord Simon	Bodleian Library, Oxford
Lord Strang	Churchill Archives Centre
brigádní generál Stronge, H. C. T.	Bodleian Library, Oxford
Lord Templewood	Cambridge University Library
Lord Vansittart	Churchill Archives Centre
Sir Horace Wilson	National Archives (T273)
Lord Zetland	British Library
písemnosti kabinetu	National Archives
písemnosti Foreign Office	National Archives
písemnosti ministerského předsedy	National Archives
písemnosti ministerstva financí	National Archives
BBC Written Archives	Caversham Park, Reading
noviny	British Library, Colindale

PUBLIKOVANÉ DOKUMENTY

Documents on British Foreign Policy 1919–1939, 2. série, svazek XIX, „European Affairs, July 1, 1937–August 4, 1938", Medlicott, W. & Dakin, D. (eds.), Her Majesty's Stationery Office 1982

Documents on British Foreign Policy 1919–1939, 3. série, svazek I, „1938", Woodward, E. & Butler, R. (eds.), His Majesty's Stationery Office 1949

Documents on British Foreign Policy 1919–1939, 3. série, svazek II, „1938", Woodward, E. & Butler, R. (eds.), His Majesty's Stationery Office 1949

Documents on British Foreign Policy 1919–1939, 3. série, svazek IV, „1939", Woodward, E. & Butler, R. (eds.), His Majesty's Stationery Office 1951

Documents on German Foreign Policy 1918–1945, série D (1937–1945), svazek I,

„From Neurath to Ribbentrop, September 1937–September 1938", His Majesty's Stationery Office 1949

Documents on German Foreign Policy 1918–1945, série D (1937–1945), svazek II, „Germany and Czechoslovakia, 1937–1938", His Majesty's Stationery Office 1950

Documents on German Foreign Policy 1918–1945, série D (1937–1945), svazek IV, „The Aftermath of Munich, October 1938–March 1939", His Majesty's Stationery Office 1950

Documents on German Foreign Policy 1918–1945, série D (1937–1945), svazek VII, „The Last Days of Peace", Her Majesty's Stationery Office 1956

Nazi Conspiracy and Aggression, svazek I–VIII, United States Government Printing Office, Washington 1946

Trial of the Major War Criminals before the International Military Tribunal, Norimberk 1946

Oxford Dictionary of National Biography, Matthew, H. & Harrison, B. (eds.), Oxford University Press 2004

The History of The Times, Volume IV: The 150th Anniversary and Beyond, 1912–1948, The Times 1952

Parliamentary Debates, House of Commons, Official Report, 5. série

LITERATURA

Amery, L. *My Political Life, Volume III: The Unforgiving Years, 1929–1940,* Hutchinson 1955

Andrew, C. *Secret Service: The Making of the British Intelligence Community,* Heinemann 1985

Lord Avon, *The Eden Memoirs: Facing the Dictators,* Cassell 1962

Lord Avon, *The Eden Memoirs: The Reckoning,* Cassell 1965

Ball, S. *The Guardsmen, Harold Macmillan, Three Friends, and the World They Made,* HarperCollins 2004

Barnes, J. & Nicholson, D. (eds.), *The Empire at Bay: The Leo Amery Diaries 1929–1945,* Hutchinson 1988

Bartlett, V. *I Know What I Liked,* Chatto and Windus 1974

Bassett, R. *Hitler's Spy Chief: The Wilhelm Canaris Mystery,* Weidenfeld & Nicolson 2005

Baynes, N. (ed.), *The Speeches of Adolf Hitler, Volume II, April 1922–August 1939,* Oxford University Press 1942

von Below, N. (přel. Brooks, G.), *At Hitler's Side: The Memoirs of Hitler's Luftwaffe Adjutant, 1937–1945,* Greenhill Books 2001

Lord Birkenhead, *Halifax: The Life of Lord Halifax,* Hamish Hamilton 1965

Lord Birkenhead, *Walter Monckton: The Life of Viscount Monckton of Brenchley,* Weidenfeld and Nicolson 1969

Bloch, M. *Ribbentrop,* Bantam Press 1992

Bond, B. (ed.), *Chief of Staff: The Diaries of Lieutenant-General Sir Henry Pownall, Volume One 1933–1940,* Leo Cooper 1972

Brendon, P. *The Dark Valley: A Panorama of the 1930s,* Jonathan Cape 2000

Brissaud, A. (přel. Colvin, I.), *Canaris: The Biography of Admiral Canaris,* Weidenfeld and Nicolson 1973

Brook-Shepherd, G. *Anschluss: The Rape of Austria,* Macmillan 1963

Bruce Lockhart, R. *Jan Masaryk: A Personal Memoir,* Dropmore Press 1951; česky *Jan Masaryk. Osobní vzpomínky,* Vladimír Kořínek 2003

Bruegel, J. *Czechoslovakia Before Munich: The German minority problem and British appeasement policy,* Cambridge University Press 1973

Bukey, E. *Hitler's Austria, Popular Sentiment in the Nazi Era, 1938–1945,* University of North Carolina Press 2000; česky *Hitlerovo Rakousko: Jedna říše, jeden národ,* Rybka 2002

Bullock, A. (ed.), *The Ribbentrop Memoirs,* Weidenfeld and Nicolson 1954

Bullock, A. *Hitler: A Study in Tyranny,* (opravené vydání) Odhams 1965

Burden, H. *The Nuremberg Party Rallies: 1923–39,* Pall Mall Press 1967

Butler, E. *„Mason-Mac": The Life of Lieutenant-General Sir Noel Mason-Macfarlane,* Macmillan 1972

Cartland, B. *The Isthmus Years,* Hutchinson 1943

Chamberlain, N. *The Struggle for Peace*, Hutchinson 1939

Charmley, J. *Duff Cooper: The Authorized Biography*, Weidenfeld and Nicolson 1986

Charmley, J. *Chamberlain and the Lost Peace*, Hodder & Stoughton 1989

Chisholm, A. & Davie, M. *Beaverbrook: A Life*, Hutchinson 1992

Christiansen, A. *Headlines All My Life*, Heinemann 1961

Churchill, W. *The Second World War, Volume I: The Gathering Storm*, Cassell 1948; česky *Druhá světová válka, díl 1: Blížící se bouře*, Lidové noviny 1992

Cockett, R. *Twilight of Truth: Chamberlain, Appeasement and the Manipulation of the Press*, Weidenfeld and Nicolson 1989

Colvin, I. *Chief of Intelligence*, Victor Gollancz 1951

Colvin, I. *Vansittart In Office*, Victor Gollancz 1965

Colvin, I. *The Chamberlain Cabinet*, Victor Gollancz 1971

Conwell-Evans, T. *None So Blind: A Study of the Crisis Years 1930–1939, Based on the Private Papers of Group-Captain M. G. Christie*, Harrison & Sons 1947

Cooper, Diana *The Light of the Common Day*, Rupert Hart-Davis 1959

Cooper, D. *Old Men Forget*, Rupert Hart-Davis 1953

Coote, C. *Editorial: The Memoirs of Colin R. Coote*, Eyre & Spottiswoode 1965

Coote, C. *The Other Club*, Sidgwick & Jackson 1971

Coulondre, R. *De Staline à Hitler: Souvenirs de deux ambassades 1936–1939*, Hachette, Paris 1950

Cowling, M. *The Impact of Hitler: British Politics and British Policy 1933–1940*, Cambridge University Press 1975

Cox, G. *Countdown to War: A Personal Memoir of Europe 1938–1940*, William Kimber 1988

Dalton, H. *The Fateful Years, Memoirs 1931–1945*, Frederick Muller 1957

de Felice, R. (ed.), *The complete, unabridged diaries of Count Galeazzo Ciano*, Phoenix Press 2002

Deutsch, H. *The Conspiracy Against Hitler in the Twilight War*, University of Minnesota Press, Minneapolis 1968

Deutsch, H. *Hitler and His Generals: The Hidden Crisis, January–June 1938*, University of Minnesota Press, Minneapolis 1974

Dilks, D. (ed.), *The Diaries of Sir Alexander Cadogan*, Cassell 1971

von Dirksen, H. *Moscow, Tokyo, London – Twenty Years of German Foreign Policy*, Hutchinson 1951

Dixon, P. *Double Diploma: The Life of Sir Pierson Dixon, Don and Diplomat*, Hutchinson 1968

Dodd, M.*My Years in Germany*, Victor Gollancz 1939

Dodd, W. & M. (eds.), *Ambassador Dodd's Diary, 1933–1938*, Victor Gollancz 1941

Douglas, R. *In the Year of Munich*, Macmillan 1977

Douglas, R. *Between the Wars 1919–1939: The Cartoonists' Vision*, Routledge 1992

Dutch, O. *The Errant Diplomat: The Life of Franz von Papen*, Edward Arnold & Co 1940

Dutton, D. *Neville Chamberlain*, Arnold 2001

Eberle, H. & Uhl, M. (eds.), (přel. MacDonagh, G.), *The Hitler Book: The Secret Dossier Prepared for Stalin*, John Murray 2005

Evans, R. *The Third Reich in Power 1933–1939*, Allen Lane 2005

Farrell, N. *Mussolini: A New Life*, Weidenfeld and Nicolson 2003

Feiling, K. *The Life of Neville Chamberlain*, Macmillan 1946

François-Poncet, A. *Souvenirs d'une Ambassade à Berlin*, Flammarion, Paris 1947

François-Poncet, A. (přel. LeClercq, J.), *The Fateful Years*, Victor Gollancz 1949; česky *Berlín 1931–1938: Vzpomínky diplomata*, Universum 1947

Fuchser, L. *Neville Chamberlain and Appeasement: A Study in the Politics of History*, WW Norton, New York 1982

Gedye, G. *Fallen Bastions*, Victor Gollancz 1939

Gehl, J. *Austria, Germany and the Anschluss, 1931–45*, Oxford University Press 1963

Gilbert, M. *Winston S. Churchill*, svazek V, díl 3, „The Coming of War 1936–1939", Heinemann 1982

Gisevius, H. (přel. Winston, R. & C.), *To the Bitter End*, Greenwood Press, Connecticut 1975; česky *Až k hořkému konci*, Dělnické nakladatelství [1948]

Lord Gladwyn, *The Memoirs of Lord Gladwyn*, Weidenfeld and Nicolson 1972

Gorlitz, W. (ed.), (přel. Irving, D.), *The Memoirs of Field-Marshal Keitel*, William Kimber 1965

Guderian, H. (přel. Fitzgibbon, C.), *Panzer Leader*, Michael Joseph 1952; česky *Vzpomínky generála*, Jota 2009

Gun, N. *Eva Braun, Hitler's Mistress*, Leslie Frewin 1969

Hadley, W. *Munich: Before and After*, Cassell 1944

von Halasz, J. *Hitler's Munich*, Foxley Books 2007

Lord Halifax, *Fulness of Days*, Collins 1957

Harvey, J. (ed.), *The Diplomatic Diaries of Oliver Harvey, 1937–1940*, Collins 1970

Heineman, J. *Hitler's First Foreign Minister: Constantin Freiherr von Neurath, Diplomat and Statesman*, University of California Press, Los Angeles 1979

Henderson, A. *Eyewitness in Czecho-Slovakia*, George Harrap 1939

Henderson, N. *Failure of a Mission, Berlin 1937–1939*, Hodder and Stoughton 1940

Hesse, F. (přel. Voight, F. A:), *Hitler and the English*, Allan Wingate 1954

Heuston, R. *Lives of the Lord Chancellors, 1885–1940*, Clarendon Press 1964

Hinsley, F. *British Intelligence in the Second World War, Volume One*, HMSO 1979

Höhne, H. (přel. Brownjohn, J.), *Canaris*, Secker & Warburg 1979

Lord Home, *The Way the Wind Blows*, Collins 1976

Lord Home, *Letters to a Grandson*, Collins 1983

Horne, A. *Macmillan 1894–1956*, Macmillan 1988

Hubback, D. *No Ordinary Press Baron: A Life of Walter Layton*, Weidenfeld and Nicolson 1985

Hunter, I. (ed.), *Winston and Archie: The Letters of Sir Archibald Sinclair and Winston S. Churchill, 1915–1960*, Politico's 2005

Jay, D. *Change and Fortune: A Political Record*, Hutchinson 1980

Jędrzejewicz, W. (ed.), Diplomat in Berlin, 1933–1939: Papers and Memoirs of Józef

Lipski, Ambassador of Poland, Columbia University Press, New York 1968

Jetzinger, F. *Hitler's Youth*, Hutchinson 1958

Jones, T. *A Diary With Letters, 1931–50*, Oxford University Press 1954

Kennedy, J. F. *Why England Slept*, Greenwood Press, Connecticut 1961

Kershaw, I. *The „Hitler Myth": Image and Reality in the Third Reich*, Clarendon Press 1987

Kershaw, I. *Hitler 1936–45: Nemesis*, Allen Lane 2000; česky *Hitler 1936–45: Nemesis*, Argo 2004

Kirkpatrick, I. *The Inner Circle*, Macmillan 1959

Lambert, A. *The Lost Life of Eva Braun*, Century 2006

Low, D. *Low's Autobiography*, Michael Joseph 1956

Macleod, I. *Neville Chamberlain*, Frederick Muller 1961

Macleod, R. & Kelly, D. (eds.), *The Ironside Diary, 1937–1940*, Constable 1962

Macmillan, H. *Winds of Change, 1914–1939*, Macmillan 1966

Madge, C. & Harrison, T. *Britain by Mass-Observation*, Penguin 1939

Margach, J. *The Abuse of Power: The War between Downing Street and the Media from Lloyd George to Callaghan*, Allen, W. H. 1978

Margach, J. *The Anatomy of Power: An Enquiry into the Personality of Leadership*, Allen, W. H. 1979

Massey, V. *What's Past is Prologue: The Memoirs of the Right Honourable Vincent Massey CH*, Macmillan 1963

Vikomt Maugham, *At the End of the Day*, William Heinemann 1954

Maurois, A. (přel. Lindley, D.), *Tragedy in France*, Harper & Brothers, New York 1940

Miller, L. *Lee Miller's War*, Condé Nast Books 1992

Minney, R. *The Private Papers of Hore-Belisha*, Collins 1960

Morris, B. *The Roots of Appeasement: The British Weekly Press and Nazi Germany During the 1930s*, Frank Cass 1991

Moseley, R. *Mussolini's Shadow: The Double Life of Count Galeazzo Ciano*, Yale University Press 1999

Muggeridge, M. (ed.), *Ciano's Diplomatic Papers*, Odhams Press 1948

Muggeridge, M. (ed.), (přel. Mayor, A.), *Ciano's Diary 1937–1938*, Methuen & Co 1952

Mussolini, B. (přel. Lobb, F.), *Memoirs 1942–1943*, Weidenfeld and Nicolson 1949

Namier, L. *Diplomatic Prelude 1938–1939*, Macmillan 1948

Neville, P. *Appeasing Hitler: The Diplomacy of Sir Nevile Henderson 1937-39*, Macmillan 2000

Neville, P. *Hitler and Appeasement: The British Attempt to Prevent the Second World War*, Hambledon Continuum 2006; česky *Hitler a appeasement: Britský pokus zabránit druhé světové válce*, Víkend 2008

Nicolson, H. *Why Britain is at War*, Penguin 1939

Nicolson, N. (ed.), *Harold Nicolson, Diaries and Letters, 1930–1939*, Collins 1966

Nicolson, N. (ed.), *Leave the Letters Till We're Dead: The Letters of Virginia Woolf,*

Volume VI: 1938–1941, The Hogarth Press 1980

Noguères, H. (přel. O'Brian, P.), *Munich, or the Phoney Peace*, Weidenfeld and Nicolson 1965

Lord Norwich (ed.), *The Duff Cooper Diaries 1915–1951*, Weidenfeld & Nicolson 2005

Ovendale, R. *„Appeasement" and the English Speaking World*, University of Wales Press, Cardiff 1965

von Papen, F. (přel. Connell, B.), *Memoirs*, André Deutsch 1952

Parker, R. *Chamberlain and Appeasement: British Policy and the Coming of the Second World War*, Macmillan 1993

Pauley, B. *Hitler and the Forgotten Nazis: A History of Austrian National Socialism*, Macmillan 1981

Pimlott, B. *Hugh Dalton*, Macmillan 1985

Pimlott, B. (ed.), *The Political Diary of Hugh Dalton, 1918–40, 1945–60*, Jonathan Cape 1986

Raeder, E. *Struggle for the Sea*, William Kimber 1959

Reynolds, N. *Treason Was No Crime: Ludwig Beck, Chief of the German General Staff*, William Kimber 1976

Rhodes James, R. (ed.), *Chips: The Diaries of Sir Henry Channon*, Weidenfeld and Nicolson 1967

Rhodes James, R. *Memoirs of a Conservative: J. C. C. Davidson's Memoirs and Papers, 1910–37*, Weidenfeld and Nicolson 1969

Rhodes James, R. *Victor Cazalet, A Portrait*, Hamish Hamilton 1976

Rhodes James, R. *Anthony Eden*, Weidenfeld and Nicolson 1986

Ripka, H. *Munich: Before and After*, Victor Gollancz 1939

Robbins, K. *Munich 1938*, Cassell 1968

Roberts, A. *„The Holy Fox": The Life of Lord Halifax*, Weidenfeld and Nicolson 1991

Roberts, F. *Dealing With Dictators: The Destruction and Revival of Europe 1930–70*, Weidenfeld and Nicolson 1991

Rose, N. (ed.), *Baffy: The Diaries of Blanche Dugdale 1936–1947*, Vallentine Mitchell 1973

Rose, N. *Vansittart: Study of a Diplomat*, Heinemann 1978

Sakmyster, T. *Hungary's Admiral on Horseback, Miklós Horthy, 1918–1944*, Columbia University Press, New York 1994

Schacht, H. (přel. Fitzgerald, E.), *Account Settled*, Weidenfeld and Nicolson 1949

Schad, M. (přel. McGeoch, A.), *Hitler's Spy Princess: The Extraordinary Life of Stephanie von Hohenlohe*, Sutton Publishing 2004

Schmidt, P. (ed. Steed, R.), *Hitler's Interpreter*, William Heinemann 1951; česky *Paměti Hitlerova tlumočníka*, Barrister & Principal 1997

von Schuschnigg, K. (přel. von Hildebrand, F.), *Austrian Requiem*, Victor Gollancz 1947

von Schuschnigg, K. *The Brutal Takeover*, Weidenfeld and Nicolson 1971

Schwarz, P. *This Man Ribbentrop: His Life and Times*, Julian Messner, New York 1943

Selby, W. *Diplomatic Twilight*, John Murray 1953

Self, R. (ed.), *The Neville Chamberlain Diary Letters, Volume 4: The Downing Street Years, 1934–40*, Ashgate 2005

Self, R. *Neville Chamberlain: A Biography*, Ashgate 2006

Seton-Watson, R. *A History of the Czechs and Slovaks*, Hutchinson 1943

Shepherd, R. *A Class Divided: Appeasement and the Road to Munich 1938*, Macmillan 1988

Shirer, W. *Berlin Diary*, Hamish Hamilton 1941; česky *Berlínský deník*, Marek, L. 2007

Shirer, W. *The Rise and Fall of the Third Reich: A History of Nazi Germany*, Secker and Warburg 1961; česky *Vzestup a pád Třetí říše: Dějiny nacistického Německa*, Marek, L. 2004

Vikomt Simon, *Retrospect*, Hutchinson 1952

Smart, N. (ed.), *The Diaries and Letters of Robert Bernays, 1932–1939*, Edwin Mellen Press, Lewiston 1996

Smelser, R. *The Sudeten Problem, 1933–1938*, Dawson 1975

Speer A. (přel. Winston, R. & C.), *Inside the Third Reich*, Weidenfeld and Nicolson 1970; česky *Řídil jsem Třetí říši*, Grada 2010

Spitzy R. (přel. Waddington, G.), *How We Squandered the Reich*, Michael Russell 1997

Stewart, G. *Burying Caesar: Churchill, Chamberlain and the Battle for the Tory Party*, Weidenfeld and Nicolson 1999

Lord Strang, *Home and Abroad*, André Deutsch 1956

Strong, K. *Intelligence at the Top: The Recollections of an Intelligence Officer*, Cassell 1968

Stuart, J. *Within the Fringe: An Autobiography*, Bodley Head 1967

Lord Swinton, *Sixty Years of Power, Some Memories of the Men Who Wielded It*, Hutchinson 1966

Taylor, A. J. P. *The Origins of the Second World War*, Hamish Hamilton 1961; česky *Příčiny druhé světové války*, Perfekt 2005

Taylor, A. J. P. *Beaverbrook*, Hamish Hamilton 1972

Taylor, S. *The Great Outsiders: Northcliffe, Rothermere and the Daily Mail*, Weidenfeld and Nicolson 1996

Taylor, T. *Sword and Swastika: The Wehrmacht in the Third Reich*, Victor Gollancz 1953

Vikomt Templewood, *Nine Troubled Years*, Collins 1954

Thompson, N. *The Anti-Appeasers: Conservative Opposition to Appeasement in the 1930s*, Clarendon Press 1971

Thorne, C. *The Approach of War, 1938–1939*, Macmillan 1967

Thorpe, D. R. *Alec Douglas-Home*, Sinclair-Stevenson 1996

Thorpe, D. R. *Eden: The Life and Times of Anthony Eden*, Chatto and Windus 2003

Toland, J. *Adolf Hitler*, Doubleday, New York 1976

Lord Vansittart, *Lessons of my Life*, Hutchinson 1943

Lord Vansittart, *The Mist Procession*, Hutchinson 1958

Wark, W. *The Ultimate Enemy: British Intelligence and Nazi Germany, 1933–1939*, Tauris, I. B. 1985

Warlimont, W. (přel. Barry, R.), *Inside Hitler's Headquarters, 1939–1945*, Weidenfeld and Nicolson 1964

Watt, D. C. *How War Came: The immediate origins of the Second World War, 1938–1939*, Heinemann 1989

Weinberg, G. *The Foreign Policy of Hitler's Germany, Starting World War II 1937–1939*, University of Chicago Press, Chicago 1980

von Weizsäcker, E. (přel. Andrews, J.), *Memoirs*, Victor Gollancz 1951

Welles, S. *The Time for Decision*, Hamish Hamilton 1944

Welles, S. *Seven Major Decisions*, Hamish Hamilton 1951

West, N. *MI6, British Secret Intelligence Service Operations, 1909–1945*, Weidenfeld and Nicolson 1983

Wheeler-Bennett, J. *King George VI: His Life and Reign*, Macmillan 1958

Wheeler-Bennett, J. *Munich, Prologue to Tragedy*, Macmillan 1948

Wheeler-Bennett, J. *The Nemesis of Power: The German Army in Politics 1918–1945*, 2. vydání, Palgrave Macmillan 2005

Vévodkyně windsorská, *The Heart Has Its Reasons*, Michael Joseph 1956

Wiskemann, E. *Czechs and Germans: A Study of the Struggles in the Historic Provinces of Bohemia and Moravia*, Oxford University Press 1938

Lord Woolton, *Memoirs*, Cassell 1959

Young, K. (ed.), *The Diaries of Sir Robert Bruce Lockhart: Volume One 1915–1938*, Macmillan 1973

ČLÁNKY

Adamthwaite, A. „The British Government and the Media, 1937–1938", in *Journal of Contemporary History*, roč. 18/2, duben 1983

Aster, S. „,Guilty Men': The Case of Neville Chamberlain", in *Paths to War, New Essays on the Origins of the Second World War*, Boyce, R. & Robertson, E. (eds.), Macmillan 1989

Dilks, D. „,We must hope for the best and prepare for the worst': The Prime Minister, the Cabinet and Hitler's Germany, 1937–1939", in *Proceedings of the British Academy*, roč. 73, Oxford University Press 1988

Douglas, R. „Chamberlain and Eden, 1937–38", in *Journal of Contemporary History*, roč. 13, č. 1, 1978

Gilbert, M. „Horace Wilson: Man of Munich?", in *History Today*, roč. 32, č. 10, říjen 1982

Henlein, K. „The German Minority in Czechoslovakia", *International Affairs*, roč. XV, č. 4, The Royal Institute of International Affairs 1936
Laffan, R. „The Crisis over Czechoslovakia, January to September 1938", in *Survey of International Affairs 1938*, roč. II, Oxford University Press 1951

Mills, W. „Sir Joseph Ball, Adrian Dingli, and Neville Chamberlain's ‚Secret Channel' to Italy, 1937–1940", *The International History Review*, roč. XXIV (2), 2002

Neville, P. „The Appointment of Sir Nevile Henderson, 1937 – Design or Blunder?" in *Journal of Contemporary History*, roč. 33, č. 4, říjen 1998

Neville, P. „Nevile Henderson and Basil Newton, Two British Envoys in the Czech Crisis 1938", in *Diplomacy and Statecraft*, roč. 10, č. 2 – „The Munich Crisis 1938", Lukes, I. & Goldstein, E. (eds.), Frank Cass 1999

Neville, P. „Sir Alexander Cadogan and Lord Halifax's ‚Damascus Road' Conversion over the Godesberg Terms 1938", in *Diplomacy and Statecraft*, roč. 11, č. 3, Frank Cass 2000

Sakmyster, T. „The Hungarian State Visit to Germany of August 1938: Some New Evidence on Hungary in Hitler's pre-Munich Policy", in *Canadian Slavic Studies*, 3/4, 1969

Schroeder, P. „Munich and the British Tradition", in *The Historical Journal*, roč. 19, Cambridge University Press, 1976

Strang, B. „Two Unequal Tempers: Sir George Ogilvie-Forbes, Sir Nevile Henderson and British Foreign Policy, 1938–39", in *Diplomacy and Statecraft*, roč. 5, č. 1, Frank Cass 1994

Stronge, H. „The Czechoslovak Army and the Munich Crisis: A Personal Memorandum", in *War and Society*, Bond, B. & Roy, I. (eds.), Croom Helm 1975

Wallace, W. „The Foreign Policy of President Beneš in the Approach to Munich", in *The Slavonic and East European Review*, roč. 39, University of London 1961

Wallace, W. „The Making of the May Crisis of 1938", in *The Slavonic and East European Review*, roč. 41, University of London 1963

Watt, D. C. „Appeasement: The Rise of a Revisionist School?", in *Political Quarterly*, roč. 36, Thomas Nelson & Sons 1965

Watt, D. C. „British Intelligence and the Coming of the Second World War in Europe", in May, E. (ed.), *Knowing One's Enemies*, Princeton University Press 1984

Watt, D. C. „Chamberlain's Ambassadors", in *Diplomacy and World Power*, Dockrill, M. & McKercher, B.(eds.), Cambridge University Press 1996

Weinberg, G. „The May Crisis 1938", in *The Journal of Modern History*, roč. XXIX, University of Chicago Press 1957

Wright, J. & Stafford, P. „Hitler, Britain, and the Hossbach Memorandum", *Militärgeschichtliche Mitteilungen*, roč. 42, 2/1987

Rejstřík

David Faber
Mnichov
Krize appeasementu 1938

z anglického originálu
Munich
the 1938 appeasement crisis
vydaného nakladatelstvím Pocket Books, 2009
Copyright © David Faber 2008

přeložil Šimon Trusina
korektorka Eliška Pospíšilová, Naděžda Vondrášková
grafická úprava Markéta Horák

Vydalo nakladatelství Bourdon
Vytiskla tiskárna Tiskárna MV, p.o.
v Praze 2015
vydání první

ISBN 978-80-905173-7-0